SCHRIFTENREIHE
DER HISTORISCHEN KOMMISSION
BEI DER BAYERISCHEN AKADEMIE
DER WISSENSCHAFTEN

5

SCHRIFTENREIHE
DER HISTORISCHEN KOMMISSION
BEI DER
BAYERISCHEN AKADEMIE
DER WISSENSCHAFTEN

Schrift 5

Aus Reichstagen
des 15. und 16. Jahrhunderts

GÖTTINGEN · VANDENHOECK & RUPRECHT · 1958

AUS REICHSTAGEN
DES 15. UND 16. JAHRHUNDERTS

FESTGABE

DARGEBRACHT
DER HISTORISCHEN KOMMISSION
BEI DER BAYERISCHEN AKADEMIE DER WISSENSCHAFTEN
ZUR FEIER IHRES HUNDERTJÄHRIGEN BESTEHENS

VON DEN HERAUSGEBERN
DER DEUTSCHEN REICHSTAGSAKTEN

GÖTTINGEN · VANDENHOECK & RUPRECHT · 1958

© Vandenhoeck & Ruprecht, Göttingen 1958

Printed in Germany

Ohne ausdrückliche Genehmigung des Verlages ist es nicht gestattet, das Buch
oder Teile daraus auf foto- oder akustomechanischem Wege zu vervielfältigen

Gesamtherstellung: Hubert & Co., Göttingen

7466

VORWORT

Die Historische Kommission bei der Bayerischen Akademie der Wissenschaften arbeitet seit hundert Jahren in jener Stille, welche ihrer vornehmsten Aufgabe, der kritischen Edition von Quellenschriften, gemäß ist. An eine größere Öffentlichkeit wendet sie sich zur Feier ihres hundertjährigen Bestehens mit einer rückschauenden und mutschöpfenden Selbstdarstellung, mit dem Blick auf ihre „Idee und Erscheinung" (F. Schnabel) und auf die Arbeit ihrer Abteilungen[1]. Wie die Kommission aber schon in ihrer früheren Zeit sich mit der Quellenedition nicht begnügt, sondern auch Forschungsergebnisse vorgelegt hat — es sei nur an ihre durch vierundzwanzig Jahre (1862—1886) erschienene Zeitschrift „Forschungen zur deutschen Geschichte" und an die „Jahrbücher der deutschen Geschichte" erinnert —, so sollte es auch im hundertsten Jahre nicht mit jener „Festschrift" sein Bewenden haben. Schon im Vorjahre des Jubiläums konnte eine Schriftenreihe der Kommission mit zwei Heften eröffnet werden, deren Verfasserin Frau Mathilde Uhlirz die von ihr im Jahre 1954 vollendeten Jahrbücher des deutschen Reiches unter Otto III. durch Einzelstudien entlastete und bereicherte[2]. Zum Jubiläum stellte ein junger Forscher, Heinrich Schmidt, im dritten Heft der Schriftenreihe die von der Kommission herausgegebenen Chroniken der deutschen Städte „als Spiegel des bürgerlichen Selbstverständnisses im Spätmittelalter" dar[3], und wieder im Jubiläumsjahr legt H. Grundmann im vierten Stück ein Protokoll des Augsburger Reichstages von 1530 vor, womit er zugleich die seit vielen Jahren ruhende Arbeit an den Reichstagsakten der Reformationszeit von neuem in Gang bringt[4].
Nach den Jahrbüchern und vor den Städtechroniken sind die Reichstagsakten das älteste Vorhaben der Historischen Kommission. Herausgeber und Abteilungsleiter des hundertjährigen Werkes bringen der Historischen Kommission zu deren Jubiläum als „Festgabe" und als fünftes Stück der Schriftenreihe Forschungen dar, welche auf den Stoffsammlungen zu den Bänden der Älteren Reihe (17—23, Leitung: H. Heimpel), zu den Bänden der Mittleren Reihe (Leitung: W. Andreas) und zu Band 8 der Jüngeren Reihe

---

[1] Die Historische Kommission bei der Bayerischen Akademie der Wissenschaften 1858—1958. Göttingen, Vandenhoeck und Ruprecht 1958. Im folgenden: „Festschrift".

[2] Die älteste Lebensbeschreibung des Heiligen Adalbert. 1957 (Schrift 1 der Schriftenreihe). — Untersuchungen über Inhalt und Datierung der Briefe Gerberts von Aurillac, Papst Sylvesters II. 1957 (Schrift 2).

[3] Die deutschen Städtechroniken als Spiegel des bürgerlichen Selbstverständnisses im Spätmittelalter. 1958 (Schrift 3).

[4] Valentin von Tetleben, Protokoll des Augsburger Reichstages 1530. Herausgegeben von Herbert Grundmann. 1958 (Schrift 4).

(Leitung: H. Grundmann) beruhen. Man pflegt die Arbeit des
Editors „entsagungsvoll" zu nennen, und gewiß ist es ein weiter
Weg von der „Bereinigung" (J. Weizsäcker) von Tausenden von
Aktenstücken bis zu einer Geschichtschreibung, die frei ist von den
Spuren gelehrter Mühe; selten darf der Editor diesen Weg selbst
gehen. Aber was Entsagung heißt, ist auch Freude: die Freude an
den Quellen selbst, an ihrer Nähe, ihrer unmittelbaren Geschichtlich-
keit. Auch vollzieht sich die historische Wissenschaft nicht im
einfachen Nacheinander von Quelledition und Quellendeutung.
Zumal wenn — wie bei den Reichstagsakten — sichtende Auswahl
aus Überfülle einerseits, ergänzende Kombination von Fehlendem
andererseits gefordert ist, gehen Ausgabe und historische Erklärung
des Materials ineinander über. Die Kenntnisse, die der Herausgeber
von Akten sich erworben hat, sollten nicht mit ihm sterben. Er
wird sie in den Einleitungen seiner Bände verarbeiten, und er darf
in dieser Festgabe Probestücke für den Nutzen vorweisen, der von
den Bänden der Reichstagsakten, von dieser Schöpfung des neun-
zehnten Jahrhunderts, noch immer zu erwarten ist. Die historische
Wissenschaft hat lange, allzu lange Zeit auf das Erscheinen neuer
Bände der Reichstagsakten warten müssen[5]. Unsere Festgabe
mag der Kommission und mag der Wissenschaft zeigen, daß die
Versicherung kein leeres Versprechen ist, daß der vor zwei Jahren
erschienenen zweiten Lieferung des siebzehnten Bandes (1444:
W. Kaemmerer) bald weitere Bände folgen werden[6]. Aus festlichem
Anlaß bezeuge unsere Gabe dankbar den unermüdlichen Eifer der
Herausgeber in der jahrelangen Arbeit des Alltags; sie deute den
Reichtum allgemein-historischer, verfassungsgeschichtlicher, diplo-
matie- und personengeschichtlicher Erkenntnis an, die eine moderne,
von der Landesgeschichte wie von der internationalen Geschichte
nicht mehr zu trennende aktenmäßige Bearbeitung der Reichsgeschichte gewinnen kann[7]. Die Festgabe spannt sich von technischen
Editionsfragen der Älteren Reihe über grundsätzliche Fragen zumal
der Verfassungsgeschichte der Zeit Friedrichs III. und Maximilians I.
bis zu überraschenden Aufschlüssen aus der geheimen Korrespondenz Philipps des Großmütigen von Hessen zur Zeit des Augsburger Reichstags von 1530.
Dozent Dr. Heinz Quirin hat sich durch die mühevolle Redaktion
des Bandes unseren Dank verdient.

Hermann Heimpel   Willy Andreas   Herbert Grundmann

---

[5] Über Probleme, Problematik und Fortgang unserer Arbeiten berichten H. Heimpel, W. Andreas und H. Grundmann in der genannten Festschrift.
[6] Übersicht über die in Arbeit befindlichen Bände der Älteren Reihe in der Festschrift S. 116f.
[7] Reichstagsakten als Akten nicht nur von Reichstagen, sondern als Akten zur
Geschichte der Reichspolitik in Verbindung mit landesgeschichtlichen und internationalen Problemen: H. Heimpel in der Festschrift S. 82ff.

INHALT

INHALT

ZUM GEGENWÄRTIGEN STANDORT
DER REICHSTAGSAKTEN

aus Anlaß der Herausgabe von Band 17

Von Walter Kaemmerer

In wesentlich verändertem Gewande bieten sich die beiden letzt-
erschienenen Bände 14 und 17 der „Deutschen Reichstagsakten" ältere
Reihe ihren Benutzern wie Kritikern dar. Die Gründe hierfür finden
mit den entsprechenden Beschlüssen der Historischen Kommission im
geschichtlichen Rückblick des Abteilungsleiters Hermann Heimpel in
der gleichzeitig erscheinenden Festschrift der Historischen Kommission
ihren Ort. Hier darf an Stelle eines üblichen Vorworts zu Band 17
einiges gesagt werden, was die neue Gestalt des Bandes und seinen Inhalt
besonders augenfällig macht.

Rechenschaft und angemessene Selbstkritik mögen dabei manches vor-
weg nehmen, woran eine von ihrem Standpunkt aus nicht unberechtigte
Kritik von außen her in begreiflicher Unkenntnis um die neuen Ziele,
die Wege, aber auch die Schwierigkeiten dahin vielleicht Anstoß zu
nehmen bereit ist. Jede gute und ehrlich gewollte Anderskritik ist ein
Pegel für die Höhe derzeitiger Forschungsanliegen. Sie wird deshalb
auch niemals für die Standortbestimmung einer Edition zu entbehren
sein. Daß sie selber in ihren Wünschen und Forderungen nicht selten
mit den Zeiten wechselt, zeugt, äußerlich gesehen, von den mittlerweile
eingetretenen Veränderungen in Blickrichtung und Fragestellung der
Wissenschaft an sich. Andererseits wird auch beste Kritik im Eifer jeweils geltender Tagesmeinung den nicht minder guten Willen und die
aus langer Arbeit gewonnenen Erfahrungen der Herausgeber, die keineswegs immer offen zutage liegen können, gelegentlich ohne Absicht
übersehen. Daher sollte sich immer verantwortungsbewußte Fremd-
kritik mit eigener Selbstkontrolle zum sachlichen Nutzen für die Zukunft jeder Forschungsaufgabe auf halbem Wege fruchtbar begegnen
können.

Die Frage nach der bestmöglichsten Veröffentlichungsform spät-
mittelalterlicher Urkunden und Akten wird und darf nie verstummen.
Waren in ihrer hundertjährigen Geschichte die RTA nicht selten ein
Anlaß dazu, so ist seit einiger Zeit nun ein ähnlicher Streit in anderen

Bereichen der geschichtlichen Forschung, nämlich um Art und Zweckmäßigkeit von Regestenveröffentlichungen, neu entfacht[1]. Ihn aufmerksam zu verfolgen ist selbstverständliches Anliegen auch der RTA-
Bearbeiter. Doch wie immer man dabei den „richtigen" Standort von
Editionen schlechthin zu sehen gewillt ist, an *einer* Feststellung wird
nicht vorbeizukommen sein; daß es eine allgemein gültige, zeitlose und
jedermann befriedigende Lösung für alle Fragen nicht geben kann. So
wird denn auch Aufgabe und Ziel jeder Herausgebertätigkeit die sein
müssen, mit den gegebenen äußeren wie inneren Editionsverhältnissen
im jeweils tragbaren Ausmaß fertig zu werden.

Aus dem Gesagten erklärt sich schon das wechselnde Bild in Form
und Inhalt der einzelnen RTA-Bände. Nicht nur der Stoff bestimmte
jeweils den Umfang eines Bandes, auch die augenblicklich gültige Form
der Veröffentlichung und dazu noch manche äußeren Bedingnisse, die
dem einzelnen Bearbeiter in Mitteln und Arbeitsmöglichkeiten gesetzt
waren. Die Art und Schreibweise der spärlichen Urkunden des 14. Jahrhunderts verlangte andere Aufmerksamkeit als die wachsende Akten-
fülle mit zunehmender Schriftflüchtigkeit um die Mitte des 15. Jahrhunderts, und die Stoffsammlung mußte vom mühsamen Bruchstück-
sammeln in früherer Zeit zu einem nicht weniger Umsicht heischenden
Sondern und Ausscheiden belangloser Texte von entscheidenden Akten-
inhalten übergehen.

Zugleich war im Ringen um die beste Editionsform auch der Begriff
der „Reichstagsakten" selber in das Für und Wider gegensätzlicher
Meinungen geraten. Nicht als ob an den Tagungen an sich und den
Akten dazu Zweifel bestehen konnten. Der Oberbegriff stand als Forderung; ihm aber in jedem Einzelfall editionsgerecht zu werden, gab
sich allzu oft als Problem, und das gleich in doppelter Hinsicht: Was
durfte jeweils als RTA im eigentlichen Sinne, was nur als Beiwerk
gelten, und wie konnte die Wiedergabe dessen, was aufnahmewürdig
schien, am zweckmäßigsten erfolgen? Wenn nämlich nach der ursprünglichen Absicht die RTA editionsmäßig eine Fortsetzung der
Monumenta für das spätere Mittelalter[2] und damit Spiegel der obersten
Reichspolitik sein sollten, so schien der Rahmen der eigentlichen RTA
dann oft zu eng gespannt, wenn die Edition auf Akten der unmittelbaren Tage beschränkt bleiben mußte. Zu unregelmäßig geschahen ja
in diesen Jahrzehnten des 15. Jahrhunderts die Berufungen von Reichs-

---

[1] Vgl. dafür Karl E. Demandt, Zum Problem spätmittelalterlicher Quellen-
editionen (Blätter f. dt. Landesgesch. 90. Jg. 1953 S. 17—29), dann die Kontroverse
zwischen Demandt und Aloys Schmidt über Regestenveröffentlichungen, zuletzt in
„Der Archivar" X. Jg. 1957 S. 34ff. und 294ff.

[2] So schon Joh. Friedr. Böhmers Denkschrift vom 28. Sept. 1846, vgl. RTA 1
Vorw. S. LVIIIf., auch H. Heimpel in der oben gen. Festschrift S. 84.

versammlungen, zu brüchig war nebenher auch oft genug die Aktenüberlieferung darüber. So blieb es nicht aus, daß in gesteigertem Maße
Zwischentagungen und selbst Verhandlungsunterlagen außerhalb jeder
Tagung, etwa in Landfriedensbünden, herangezogen werden mußten,
um als Brücke und Bindeglied für die Haupttagungen zu dienen. Die
RTA-Edition war dadurch im Laufe der Zeit ein Mittelding zwischen den
Monumenta als reiner Quellenpublikation, den üblichen Regestenwerken
als kürzer gefaßten Übersichten aus gegebenen Stoffgebieten und jenem
anderen so dankenswerten Unternehmen der Münchener Historischen
Kommission, den Jahrbüchern des deutschen Reiches als einer darstellenden Verarbeitung der noch vorhandenen Quellen zur mittelalterlichen Reichsgeschichte geworden.

Unter solchen editorischen Voraussetzungen stand die Bearbeitung
von Band 17 vor einer Hochflut an Quellenstoff aus dem Beginn der
vierziger Jahre des 15. Jahrhunderts wie kaum je zuvor. Den Umfang
der laufenden Bände noch weiter auszudehnen oder die Zahl der Bände
zu vermehren, verbot der Plan des Unternehmens, einer engeren Beschränkung auf die unmittelbaren Tagungsinhalte widersprach der Sinn
einer Veröffentlichung von Akten der Reichstage als Spiegel der Reichsgeschichte. So war eine annehmbare Lösung nur noch im Ausweg
strenger Kürzungen in der Aktenwiedergabe erreichbar.

Aber äußerliche, auf das Beiwerk der Textabdrucke beschränkte
Kürzung allein versprach noch wenig Raumgewinn. Auch die Akteninhalte mußten sich nun gegenüber früher entscheidende Schnitte und
Abstriche gefallen lassen, bis das Ganze in eine gestraffte Einheit zusammengefügt werden konnte. Das wieder erschien möglich über eine
etwas veränderte technische Behandlung der Einzelakten nach gewissen
Wertmaßstäben. Unter dem Gesichtspunkt sachlicher Unterscheidung
nach mehr und minder wichtigen Urkunden und Aktenstücken durfte
dann auch die textliche Wiedergabe unterschiedlich in Druck wie in
inhaltlicher Abstufung erfolgen.

Gemessen an ihrem reichs- und reichstagsgeschichtlichen Wert scheint
mir sämtliches für die RTA in Betracht stehendes Aktenmaterial in drei
Gruppen unterschieden zu sein, die man begrifflich vielleicht als Hauptakten, Begleit- oder Beiakten und Grenz- oder Rahmenakten fassen
könnte. Von ihnen erscheint nur die erste Gruppe im Sinne echter und
unmittelbarer RTA; nur sie wurden deshalb, wie bisher, in Großdruck
(früher Garmond, jetzt Borgis) wiedergegeben. Für die beiden anderen
Gruppen jedoch sind Kürzungen in geringerem oder größerem Umfang
angebracht; die ihnen gemäße Form der Veröffentlichung ist der Petitdruck. Damit ist rein äußerlich erreicht, daß der Benutzer schon prima
vista die Wichtigkeit eines Stückes innerhalb der RTA, also auch im
Zusammenhang der ursprünglichen Verhandlungen erkennen kann.

Unter die *Hauptakten* fallen jene Stücke, die zum unmittelbaren Vorgang von *Tagungen und Verhandlungen* gehören, sei es als Beschlüsse während eines Tages oder in zwischenzeitlichen Vereinbarungen unter den zu einem Reichstag verpflichteten Partnern. Hauptakten im gleichen Sinne sind alle königlichen Ausschreiben und Erlasse, die auf einen Tag Bezug nehmen, sind Gutachten, Reden, Vorschläge zum Gegenstand der Tagungen und schließlich die Abschiede in jeder Form. Als unmittelbare RTA wird man auch die Briefe und Nachrichten ansehen dürfen, die von Besuchern eines Tages nach auswärts geschickt worden sind, weil sie gewöhnlich als Augenzeugen- oder doch Stimmungsberichte unmittelbares Zeugnis vom Tagungsgeschehen, wenn auch zuweilen in recht nichtssagendem Sinne, geben. Alles andere aber möchten wir, im Gegensatz zu der bisher geübten Gepflogenheit, besser einer der beiden anderen Gruppen zugewiesen wissen.

Als zweitrangig in ihrem geschichtlichen Aussagewert, demnach als *Bei- oder* besser *Begleitakten* dürfen alle jene Schriftstücke und Aufzeichnungen gelten, die bisher meistens in irgendeiner Unterabteilung zu einem Tage dargeboten waren, also insbesondere die verschiedenen Schriftwechsel vor und nach, jedenfalls außerhalb der Tagung selbst, dann Geleitbriefe, Stadtrechnungen, Herbergslisten, überhaupt alles, was den äußeren Verlauf eines Tages nachrichtlich zu ergänzen geeignet ist. Sie helfen zwar das Bild einer Tagung abrunden, werden uns aber im allgemeinen wenig über den Inhalt der Verhandlungen mitzuteilen wissen. Während nun solche Stücke bisher gleich den Hauptstücken in Vollabdruck erschienen sind, darf es genügen, sie nur als ausführliches Regest, oft mit wörtlichen Texteinschüssen, in Petitdruck wiederzugeben. Der äußere Anlaß zu diesem neuartigen Verfahren lag zunächst zwangsläufig in der Forderung nach notwendiger Raumersparnis. Aber auch der gleichzeitige Vorteil deutlich hervorgehobener Sonderung von Stücken wesentlichen und weniger bedeutungsvollen Inhalts durch die Verschiedenheit des Druckes wird hoffentlich als nützlich empfunden werden.

Zweifelsohne muß bei solcher Scheidung der Stücke nach Wert und Inhalt mit größter Vorsicht verfahren werden. Denn es gibt genug Grenzfälle, bei denen sich der Bearbeiter für die Zuteilung eines Stückes zur einen oder anderen Gruppe nur schweren Herzens wird entscheiden können. Einiges dazu ist schon im Vorwort Weizsäckers zu Band 1 gesagt worden[3]. Aber man wird leicht erkennen, daß zwischen der Aktenaufnahme und -wiedergabe in den Bänden des 14. Jahrhunderts und den zur Zeit bearbeiteten aus der Mitte des 15. Jahrhunderts merk-

---

[3] A.a.O. S. LVff. Doch erscheinen uns im Gegensatz zu Weizsäcker Huldigungen, Belehnungen und Privilegien-Erteilungen keineswegs als gänzlich überflüssig, vgl. darüber weiter unten.

liche Unterschiede liegen. Was im früheren Zeitabschnitt aus Nachrichten-
mangel noch in die Reihe erstrangiger Belege gehört hat, verliert später
dank einer wachsenden Stoffülle immer mehr an geschichtlichem Aussagewert, darf jetzt also dementsprechend auch eingeordnet werden. Die
Einwände aber, die gegen das „Subjektive" eines solchen Auswahlver-
fahrens vorgebracht werden könnten, erledigen sich schlecht und recht
mit den gleichen Gegengründen, die bei jeder dem Bearbeiter überlas-
senen Entscheidung über Aufnahme oder Ablehnung einer Vorlage
und ebenso für oder gegen Kürzungsverfahren bei Akteneditionen überhaupt geltend gemacht werden dürfen. Als ein Beispiel für nicht wenige
andere darf hier aus Band 17 auf die Nr. 43 kurz hingewiesen werden.
Der erste Bearbeiter dieses Stückes Hermann Herre glaubte diese „Kritischen Bemerkungen" Segovias zur Antwort Papst Eugens als reine
Privatarbeit des Verfassers beiseiteschieben zu dürfen. Erst die Feststellung, daß eine Abschrift dieses Stückes auch in die amtlichen Akten
der kurmainzischen Kanzlei übernommen worden war, gab mir die
Gewißheit, daß es sich um alles andere als eine private Meinungsäußerung
Segovias handelt. Damit gewinnt auch der Inhalt eine ungleich größere
Wichtigkeit im Zusammenhang der damaligen kirchenpolitischen Verhandlungen im Dreieck König—Papst—Konzil.

Wenn hier von regestenartiger Wiedergabe bestimmter Stücke der
zweiten Gruppe gesprochen wird, so darf ein solcher Ausdruck nur
in bedingtem Sinne verstanden werden. Jedenfalls trifft die seit einiger
Zeit neu aufgerollte Frage[4] einer zweckmäßigen Veröffentlichung von
Regesten in mehr oder minder verkürzter Inhaltsangabe auf die Stücke
unserer zweiten Gruppe nicht zu. Hier handelt es sich fast immer um
Teilabdrücke oder Ausschnitte von Vorlagen, deren vollständige Wiedergabe sich aus den angeführten Gründen nicht mehr empfiehlt oder sogar
verbietet. Der Nachdruck liegt bei uns jetzt wie immer auf dem Text
selbst; jedoch die äußere Form seiner gekürzten Wiedergabe, wobei alle
Formalien oder textlichen Weitschweifigkeiten der Vorlage fortgelassen
oder in kurzen, regestenartigen Stichworten angedeutet sind, darf den
Ausdruck „Regest" zum besseren Verständnis dessen, was gemeint ist,
rechtfertigen.

Erstmals ist schließlich für eine dritte Gruppe von Akten ein sonst in
Editionen kaum gebräuchliches Mittel der Aktenwiedergabe, das sog.
Aktenreferat, in größerem Umfang eingeführt worden. Es bleibt als
zusammenfassende Übersicht jenen Quellenüberlieferungen vorbehalten,
die nur am Rande oder schon außerhalb des eigentlichen Tagungs-
stoffes liegen, die Verhandlungsvorgänge in einigen Sonderfällen be-
grenzen und deshalb vielleicht als *Rahmenakten* bezeichnet werden dürfen.

---

[4] Vgl. oben S. 10 Anm. 1.

Jedenfalls weist ihr Inhalt keine unmittelbaren Beziehungen zu irgend-
welchen Tagungsergebnissen auf, aber seine Kenntnis kann für das Verständnis etwa von Einzelvorgängen oder für die Haltung eines oder
mehrerer RT-Mitglieder kaum entbehrt werden, wenn nicht der große
Zusammenhang lückenhaft oder gar unverständlich bleiben soll. Bisher
sind solche Akten zumeist in den Einleitungen unserer Tage mit einem
oft unerträglichen Anhang von Fußnoten behandelt worden. Sie geben
in der Tat eine Art Rahmenhandlung wieder, durften aber nach den von
Weizsäcker aufgestellten Auswahlgrundsätzen nicht im Urkundteil der
Bände aktenmäßig ausgewiesen werden. Trotzdem war dieses Prinzip
gelegentlich auch schon früher durchbrochen worden, nicht ohne daß
sich die Kritik eines solchen Fehltrittes wegen der damit verbundenen
Belastung und raummäßigen Ausweitung der Aktenabteilungen rügend
angenommen hatte. Aber auch die Verwertung dieses am Rande ge-
legenen Stoffes in Einleitungen oder Anmerkungen hatte bedenkliche
Schattenseiten an sich, zumal von einer Raumersparnis kaum dabei die
Rede sein konnte. Deshalb darf die von uns neu gewählte Form einer
Aktenübersicht unter besonderer Textnummer den Forderungen nach
Vollständigkeit der vorgelegten Akten und gleichzeitiger Kürzung wohl
noch am besten gerecht zu werden versuchen.

In einem solchen Aktenreferat kommt nun auch die Form eigentlicher
Regesten in möglichst knappem Wortlaut, soweit es jedenfalls der Inhalt
erlaubt, zu ihrem Recht. Aber im Gegensatz zu einer Regestenveröffent-
lichung in herkömmlicher Art liegt hier der Schwerpunkt weniger auf
dem Inhalt der behandelten Vorlagen als auf einer Darstellung ihrer
quellenmäßigen Überlieferung. Selbstverständlich darf der Leser dabei
nicht im unklaren gelassen werden, was die Akten an geschichtlichen
Tatsachen oder Nachrichten enthalten; wer aber Näheres über die mit-
geteilten Vorgänge wissen möchte, ist gehalten, sich an die Vorlagen
selbst zu wenden. Ihr Inhalt ist und bleibt eben nur Rahmenhandlung
für das Geschehen auf den Reichstagen als dem unverrückbaren Zweck
der RTA.

Als merkliche Beispiele für Aktenreferate in Band 17 können hier
die folgenden Sonderverhandlungen außerhalb der unmittelbaren RT-
Anliegen herausgestellt werden: die Erledigung der Luxemburger Frage
(Nr. 55), Abrechnungen Konrads von Weinsberg über seine Reise zum
RT (Nr. 143), Bündnisverhandlungen einzelner Fürsten und Städte
(Nr. 150—152), die Abtretung der Neumark an den Deutschorden
(Nr. 153), Österreichs Fehde mit den Eidgenossen (Nr. 159, 242), Ver-
handlungen und Berichte zum Armagnakenkrieg (Nr. 161, 241, 256,
271[5]). Auch das Inhaltsverzeichnis einer für die Akten besonders er-

---

[5] Daß dieses Stück entgegen der Regel in Borgis abgedruckt worden ist, beruht
leider auf irrtümlicher Druckanweisung.

giebigen Handschrift (Wolfenbüttel Hs. 797) ist entgegen dem bisher üblichen Brauch nicht für das Vorwort zurückbehalten, sondern dem Benutzer in eigener Stücknummer (163) vorgesetzt worden, darf es doch als eine Art Klammer die kirchenpolitischen RT-Verhandlungen zusammenfassen helfen.

Noch ein weiterer Schritt in der Anwendung des Aktenreferats wurde von uns gewagt, da es nach den mehrerwähnten Kriegsverlusten deutscher Bibliotheken wünschenswert erschien, auch den Inhalt der Reichsregistraturbücher N und O mit ihren Einträgen über königliche Privilegien-Erteilungen (Nr. 197), Belehnungen (Nr. 198), sowie Wappen- und Rechtsbriefe (Nr. 199), die während des Nürnberger RT 1444 ausgegeben worden sind, in einer gedrängten Übersicht wiederzugeben. Dabei war es möglich, die in Chmels Regesten aus denselben Registraturbüchern bereits verzeichneten Beurkundungen dadurch wesentlich zu ergänzen, daß wir zu vielen Einträgen auch noch den heutigen Aufbewahrungsort der damals ausgefertigten Originalurkunden nachweisen konnten. Ein Gleiches gilt von unserer Zusammenstellung Nr. 201 aller Sitzungen des Reichshof- und des Kammergerichts während des Nürnberger RT.

Die Übergänge von der einen zur anderen Aktengruppe sind auch hier fließend, und bei der Bearbeitung war immer wieder von neuem zu entscheiden, wie weit gekürzt werden durfte, ohne den Benutzer zu narren. Die mehr auf Darstellung als auf unmittelbare Wiedergabe der Aktenvorgänge berechnete Form des Aktenreferats gleicht sich fühlbar der oben schon erwähnten Quellenverarbeitung in den „Jahrbüchern des deutschen Reiches" an. Sie muß im Rahmen der RTA als Aushilfslösung hingenommen werden, dürfte damit aber so manchem Leser mühsame Umwege eigener Aktensuche in entlegenem Schrifttum oder durch besondere Archivstudien ersparen helfen oder ihn auf neue Wege und Zusammenhänge weisen.

Auch in der äußeren Form und im editorischen Beiwerk waren die Bearbeiter der Bände 14 und 17 bemüht, äußerste Sachlichkeit und Kürze zum Vorteil der Akten selber, ihrer Übersichtlichkeit und ihrer unmittelbaren Sprache anzuwenden. Dabei schien es für die Vorlagen der beiden ersten Gruppen zweckmäßig, auch innerhalb der größeren Abteilungen mehrere Stücke derselben Art oder zum gleichen Thema unter einer Sammelüberschrift zu vereinigen. Beträchtliche Ersparnis an solchen Kopfregesten und an Quellenbeschreibungen war ein äußerer Gewinn, die Zusammenfassung etwa aller Schreiben des gleichen Absenders ein editorischer Fortschritt für die Bequemlichkeit des Lesers, da er nun der Mühe enthoben ist, die Briefe eines und desselben Schreibers umständlich aus vielen anderen herauszusuchen. Lag in solchen Fällen eine nur lose Reihung von zusammengehörigen Briefen vor, so schien die chronologische Aufeinanderfolge mit Buchstabenbezifferung der einzelnen Stücke (a, b, c usw., vgl. dazu die Stücke in den Abteilungen Bb und C des Nürnberger RT 1444), gegebenenfalls unter besonderen Petit-Überschriften, angemessen. Sollte aber auch die innere Zusammengehörigkeit einzelner Briefwechsel augenfällig in Erscheinung treten, was vor allem bei korrespondierendem Schriftwechsel, etwa der Städte untereinander, sehr zweckmäßig erschien, so wurde die Untergliederung wie üblich mit arabischen Ziffern in eckigen Klammern durchgeführt. Diese Form erübrigt dann besondere Inhaltshinweise in Zwischenbeschriftungen; sie ist bei Aktenreferaten die allein gegebene.

Äußerste Sparsamkeit ist weiterhin auf die Überschriftsregesten der Stücke verwandt worden. Gegenüber dem Bestreben in einigen früheren Bänden der RTA, im Kopfregest den Inhalt eines Stückes möglichst auszuschöpfen, sind wir nun, nicht zuletzt auf fremde Wünsche[6] hin, zur ursprünglichen, knappen Darstellungsweise der ersten Bände wieder zurückgekehrt. Denn durch die Überschrift soll das Stück nicht inhaltlich beschrieben, sondern nur in seiner Eigenart gekennzeichnet sein und die entscheidenden Punkte des Inhalts dürfen bestenfalls stichwortartig angedeutet werden. Vielleicht ist dabei Band 14 manchmal etwas zu weit gegangen, da dort vereinzelt nur der Charakter des Stückes angedeutet wurde. Denn es sollte dem Leser trotzdem nicht vorenthalten werden, in welchem Sinne eine Antwort, ein Gutachten, eine Erklärung ehemals abgegeben worden ist. Als Regel galt bis jetzt, daß eine Überschrift nicht länger als drei Zeilen ausmachen darf. Eine zusätzliche Beihilfe für den Leser bei sehr langen, besonders lateinischen Stücken ist durch Verwendung von Sperrdruck im Text für die entscheidenden Worte möglich und oft angewendet worden. Fernerhin sind Kürzungen in Titel- und Datumsangaben an allen Stellen in Überschrifts- und Textregesten erwünscht und gebraucht, wo immer sie sich verwenden lassen.

Merkwürdigerweise hat die Geschichtswissenschaft sich bis heute noch nicht zur Einführung feststehender und allgemein gültiger *Titel*kürzungen (Siglen) verstehen können. Sogar innerhalb der verschiedenen Veröffentlichungen aus dem Schoß der Münchener Historischen Kommission bemerkt man sehr voneinander abweichende Gepflogenheiten. Da selbst die RTA Kurztitel dieser Art bisher nur willkürlich, jedenfalls ohne feste Normen verwendet haben, darf an dieser Stelle darüber einiges vielleicht zum Nutzen unseres wie auch anderer Unternehmen gesagt und in einige Regeln zur weiteren Kritik zusammengefaßt werden:

1. Titel-Siglen sollen eindeutig und irrtumsfrei sein; wo gedankliche Verwechslungen möglich sind oder der Leser im unklaren bleibt, was

[6] Th. Lindner, Über die Herausgabe von gesch. Quellen (MIÖG 16, 1895, 501 ff.), vgl. dazu Quiddes Stellungsnahme in RTA 10 Vorw. S. V ff.

gemeint ist, muß eine andere Abkürzung gewählt werden. Als Beispiele aus unterschiedlichem Schrifttum können genannt werden: Kap. bald für Kapitel, bald für Kapitän; der mögliche Ausweg ist Kpl. und Kpt. Dagegen wird die Abkürzung Gem. für Gemeinde oder für Gemahlin kaum je auf Sinnschwierigkeit stoßen, da nicht nur der Textzusammenhang, sondern mehr noch der folgende Eigenname niemals Zweifel auflassen wird, was gemeint sein kann.

2. Je höher der Titel selbst, umso kürzer darf seine Sigle sein: K. = Kaiser, P. = Papst bleiben nicht nur wegen der damit verbundenen Eigennamen jederzeit verständlich. Zwischen K(aiser) und K(öni)g hingegen muß immer unterschieden werden, da diese Titel zugleich eine gewichtige Aussage über die Herrscherstellung machen[7]. Bei dem Nebeneinander von „kaiserlich und königlich" genügt die Sigle k. k. oder k. u. k.; einzeln aber wird man kais. bzw. kgl. zu schreiben haben. Kf. für Kurfürst wird immer verständlich sein; auch für Pfalzgraf genügt Pf. an Stelle des unförmlichen Pfgf. Die Kürzungen Bf = Bischof und Ebf. = Erzbischof sind nicht minder einleuchtend. Herzog ist selbstverständlich mit dem einfachen Hz. wiederzugeben[8], für Fürst aber wird man schon Fst. setzen müssen. Prinz mit Pr., besser Pz. wiederzugeben, mag (vielleicht) weniger Beifall finden; bei der Kürze dieses und anderer Titel wird es sich empfehlen, nicht abzukürzen, es sei denn in einer genealogischen Aufstellung, die dann sowieso eine besondere Abkürzungs- und Zeichentafel verlangt. Handgreiflich sind weiter Gf. für Graf und die damit zusammenhängenden Titel Bgf. = Burggraf, Lgf. = Landgraf, Mgf. = Markgraf und W.-Rhgf. = Wild- und Rheingraf.

3. Für weibliche Titel genügt ein angehängtes -n (besser als -in). Soll dagegen die Mehrzahl eines Titels ausgedrückt werden, so geschehe das zur Vermeidung von Irrtümern (Verwechslung mit der weiblichen Titelform) am zweckmäßigsten durch die Verdoppelung des letzten Buchstabens: Hzz. Pff. usw.

4. Zwei Großbuchstaben nebeneinander sind nur dann angebracht, wenn sich die Sigle aus zwei ursprünglich getrennten Worten zusammensetzt, also DR. = Deutsches Reich, DO. = Deutschorden, GR. = Geheimrat. Außerhalb dieser Regel wurde in Band 17 noch wie vordem Hochmeister mit HM wiedergegeben eine Änderung in Hm., ähnlich auch Dmstr. = Deutschmeister wäre zu erwägen.

---

[7] Diese so wichtige Unterscheidung ist auch in den früheren RTA-Bänden noch nicht berücksichtigt worden.

[8] In Band 17 hatte ich allerdings selbst noch nicht gewagt, das bisher in den RTA gebräuchliche Hzg. zu ändern; aber zur Erzielung größtmöglicher Kürze soll wenigstens in den Registern das „Hz." angewandt werden.

Für niedere Titel werden meistens mehr Buchstaben zu einer verständlichen Abkürzung oder Sigle benötigt. Eine Vorschlagsliste darf hier folgen:

Adm.	=Admiral	Kfm.	= Kaufmann
Bar.	= Baron	Kpl.	= Kapitel
Bgr.	= Bürger	Kpt.	= Kapitän
Bgm.	= Bürgermeister	Ktr.	= Komtur
Ehz.	= Erzherzog	Kzl.	= Kanzler
Frh.	= Freiherr	Min.	= Minister
Frn.	= Freiin	Mj.	= Major
Ghz.	= Großherzog	Mgr.	= Magister
Grl.	= General[9]	Mstr.	= Meister
Hpt.	= Hauptmann	Obr.	= Obrist, Oberst
Kan.	= Kanonikus	Pfr.	= Pfarrer
Kapl.	= Kaplan	Vmj.	= Vogtmajor
Kdt.	= Kommandant	Vzt.	= Viztum

Andere, vornehmlich fremdsprachliche Titel vertragen bestenfalls eine Kürzung, so Kard(inal), Nunt(ius), Marsch(all), meist franz. als maréch(al), Gouv(erneur), Prok(urator), Reg(ent), Senesch(all) und sénéch(al); weiterhin Chev(alier), jedoch in altgebräuchlicher Abkürzung Cte. = Comte, dann Int(endant) und Marq(uis), um hier nur die bekanntesten Titel aufzuzeigen. Wenn vielleicht auch manche solcher Abkürzungen sich raummäßig kaum zu lohnen scheinen, so liegt doch ein gewisser rein augenfälliger Vorteil darin, daß sie beim Lesen leicht als das, was sie sind, eben untergeordnete Titel in Erscheinung treten, vor allem dann, wenn im gleichen Zusammenhang die anderen Titelabkürzungen gebraucht werden.

Ob hinter eine Sigle ein Abkürzungspunkt gehört, wird sich zweckmäßig nach dem Zusammenhang richten. In genealogischen Werken und Tabellen ist die Sigle ohne Punkt angebracht; in flüssigen Darstellungen empfiehlt es sich, einen Punkt zu setzen[10].

Anders als Titelangaben in hochdeutschen Texten werden Abkürzungen von Titel- und Höflichkeitsfloskeln in einer Wiedergabe der Originaltexte zu behandeln sein. Häufig kann man hierbei, wie in Band 17 einige Male geschehen, den Titel durch eine Sigle in Kursivdruck ersetzen oder ganz auf eine schwulstige Anrede mittels Einführung von Auslassungsstrichen (- - -) verzichten, also statt „unser allergnedigster herre der Romische kuning" kurz der Röm. Kg. oder „- - - der Rom. kuning" setzen. Werden aber originaltextliche Abkürzungen gewählt,

---

[9] Die Abkürzung Gen. für General ist wegen der Verwechslungsmöglichkeit mit genannt, der Genannte untunlich.

[10] Das ist bei den RTA, aber auch für das „Deutsche Archiv" zur Regel geworden.

so könnte dafür als eine Art Grundregel gelten, daß 1. möglichst solche Kurzformen gebraucht werden, wie sie schon in den alten Kanzleien üblich waren, z. B. u. l. fr. oder u. l. h., uw(er) l(iebe), uw(er) gn(aden) im übrigen aber 2. das erste Vorkommen einer Untertänigkeitsformel im vollen Wortlaut und nur die weiteren Stellen der gleichen Art abgekürzt gegeben werden. Dann können Vereinfachungen im Text wie allhl. = allerheiligste, alldchl. h. = allerdurchleuchtigiste herre niemals zweifelhaft sein. Auch hierbei wird man sich hüten müssen, durch ein Zuviel an Kürzung dem Leser unnötige Rätsel aufzugeben. Denn schließlich ist es gerade der Sinn einer Edition, verstümmelte Urtexte aufzulösen, nicht aber sie umgekehrt durch mißverständliche Kürzungen unleserlich zu machen.

Es schien ratsam, diese Titelfrage hier auch im Hinblick auf die weiteren Bände und andere Veröffentlichungen, bei denen sich der Bearbeiter jeweils vor die gleichen Schwierigkeiten einer gemeinverständlichen Lösung gestellt sieht, grundsätzlich aufzurollen, in der berechtigten Hoffnung, daß sich durch weitere sachliche Kritik vielleicht bald ein allgemein gültiges und brauchbares DIN-Schema auch für Titel herausarbeiten läßt.

Irgendwelche einschneidenden Eingriffe in die den RTA herkömmliche Form der *Quellenbeschreibungen* vorzunehmen, ist vermieden worden, obwohl vorübergehend ernsthaft in Erwägung stand, die lateinischen Wendungen durch deutsche Angaben abzulösen. Das hätte allerdings eine Textvermehrung bedeutet, da eine Stückbeschreibung kaum kürzer als mit lateinischen Worten geschehen kann. Es ist zweifelsohne fraglich, ob heutige Benutzer der RTA, die nicht Weizsäckers Vorwort im 1. Band gelesen und sich zu eigen gemacht haben, diese lateinische Beschriftung anstandslos aufzulösen und zu deuten vermögen. Es wäre deshalb sehr wohl zu überlegen, ob nicht aus diesen und den vorerwähnten Gründen eines durchgängigen Siglen-Gebrauchs von Band 17 ab jedem Bande auch eine Übersicht aller verwendeten Abkürzungen vorangestellt werden sollte.

In einer etwas überflüssigen Angabe wurde allerdings gegenüber früher gekürzt: Die bisher so genaue und umständliche Kennzeichnung geschlossener Briefe (litterae clausae) mit den Zusätzen *c(um) sig(illo) in v(erso) impr(esso) p(artim) del(eto)* erübrigt sich, da ja *litterae clausae* in der Regel durch ein rückseitig aufgedrücktes Siegel verschlossen gewesen waren und dieses bei der Öffnung immer wenigstens teilweise zu Bruch gehen mußte oder sich noch heute bei jedem Gebrauch des Briefes abblättern kann. Vielmehr muß der Leser, der selber das Original nicht vor sich hat, verlangen können, auf Unregelmäßigkeiten in der Besiegelung, also auf unversiegelte Versandschreiben oder auf Briefe, die, ohne seinerzeit aufgebrochen zu sein, in einer Registratur verblieben sind[11], eigens aufmerksam gemacht zu werden.

Schließlich bedarf das Problem der *Wiedergabe von Originaltexten* eines Wortes. Daß die Frage, ob buchstabengetreuer oder vereinfachter Abdruck der Vorlage, als eine Art Gewissensentscheidung vor jedem Editor steht und für das Spätmittelalter allseits befriedigend nicht zu lösen ist, kann niemand leugnen. Die RTA haben sich grundsätzlich für Vereinfachung entschieden, die mit einigen späteren Einschränkungen[12] bis heute gültig ist und im allgemeinen auch die Zustimmung der übrigen Forschung gefunden hat. Das hindert nicht, daß man vornehmlich in archivarischen Kreisen immer wieder an dem Problem herumdoktert und auf originalgetreue Lösungen oder doch neue Auswege sinnt. Im Grunde ist ja noch gar nicht erwiesen, ob die Konsonantenverdoppelungen ehemals nicht doch Versuche waren, die Länge oder Kürze einer Silbe auf solche Art zum Ausdruck zu bringen.

„Alle mittelalterliche Geschichtsforschung ist Philologie"[13]; sich dieser unleugbaren Tatsache gerade editorisch entziehen zu wollen, hieße, an Forderungen eben dieser Geschichtsforschung vorbeigehen. Gewiß, die RTA sind in erster Linie als Publikation geschichtlicher Quellen gedacht, d. h. ihre Veröffentlichung soll der Geschichtsforschung und der geschichtlichen Unterrichtung im weitesten Sinne dienen. Wer aber könnte verhindern, daß sie nebenher auch ebenso gerne und oft in kleineren Archiven und Bibliotheken zu Vergleichsstudien über Sprache und Ausdrucksform der verschiedenen deutschen Kanzleien oder als Unterrichtsstoff über die Umgangssprachen in den deutschen Gauen vor dem Anbruch der hochdeutschen Sprachbildung durch Luther von sprachgeschichtlich interessierter Seite zur Hand genommen werden? Auch hierin die Benutzer der RTA nicht zu enttäuschen, muß deshalb stets ein aufmerksames Anliegen der Herausgeber sein. Für philologische Sonderuntersuchungen reicht das in unseren Akten gebotene Material natürlich schon wegen seiner beschränkten Auswahl niemals hin. Aber für eben jene sprachliche Allgemeinunterrichtung werden sie oftmals das einzig verfügbare Quellenwerk sein. Denn in Bibliotheken nördlich des Mains wird man kaum süddeutsche Urkundtexte gedruckt vorfinden, die Publikationen der Gesellschaft für Rheinische Geschichtskunde im südlichen Deutschland wohl bestenfalls bei Universitäts- und Staatsbibliotheken suchen dürfen. Was also läge für

---

[11] Ein solcher Fall ist mir selber einmal begegnet. Die Archivpraxis gebietet, daß dann ein solches Stück nur durch den zuständigen Archivar erbrochen und dieser Vorgang auf der Vorlage selber oder auf ihrer Hülle vermerkt wird.

[12] Vgl. Vorwort zu Band 10 S. XIX—XXIX.

[13] H. Heimpel im Vorwort zu H. Quirin, Einführung in das Studium der mittelalterlichen Geschichte (1950) S. 7.

Archivare und Bibliothekare in irgendeinem deutschen Lande näher,
als auf ein entsprechendes Verlangen die einzige gesamtdeutsche Prosa-
Veröffentlichung des ausgehenden Mittelalters, eben die RTA, vorzulegen!
  Das philologische Problem des Abdrucks spät- und nachmittelalter-
licher Texte — seit den Vereinfachungsregeln Weizsäckers nie ganz
verstummt — ist seit einiger Zeit wieder stärker in das Für und Wider
wissenschaftlicher Meinungsbildung getreten, bezeichnenderweise weniger auf seiten der Sprachforschung als, wie gesagt, der Archivare als
der Betreuer und Interpreten urkundlicher Vorlagen. Es hat sich heute
nahezu allgemein eingebürgert, bei archivalischen Abschriften unbedingte Buchstabentreue zu bewahren. Daß aber auch damit das Problem
der Schriftwiedergabe, das doch dem philologischen Problem unmittelbar
vorausgeht, nicht restlos gelöst wird, weiß jeder, der Abschriften solcher
Art anzufertigen hat. Denn es gibt Schrifteigentümlichkeiten, die auch in
noch so sorgfältiger Wiedergabe dem Schriftbild nicht adäquat sind.
Buchstabenligaturen, die in den Vorlagen fast als Regel erscheinen und
sich dort auch leicht lesen lassen, stören nun einmal in der Druckschrift
ungemein, da sie hier eben nur als getrennte Eigenbuchstaben vorkommen können. Oder ein Beispiel aus späterer Zeit: die in der Barock-
schrift so beliebt gewordene Verwendung großer Anfangsbuchstaben
kann schon deshalb nicht in neuzeitlichen Abschriften wiedergegeben
werden, weil in vielen Fällen füglich bezweifelt werden darf, ob vom
damaligen Schreiber wirklich ein Großbuchstabe oder nur ein größeres,
d.h. schwungvoller ausgeführtes Schriftzeichen beabsichtigt war. Solange über diese und andere Schrifteigentümlichkeiten der Spätzeiten keine
überzeugenden Einzeluntersuchungen von philologischer Seite vorliegen,
werden übrigens alle diese Fragen weiterhin in einem Zustand der Unsicherheit und damit persönlicher Meinungswillkür befangen bleiben.
  Erörterungen solcher Art aus einer größeren Übersicht anzustellen,
schien deshalb nötig, weil sich so der eigene Standpunkt zur besonderen
Schriftlage im ausgehenden Mittelalter gegenüber manchen Neuerungs-
wünschen in vielen Punkten keineswegs überholt, sondern eher bestätigt,
in manchen Einzelheiten aber vielleicht auch berichtigenswert findet.
Auf diese Besonderheiten nun kurz einzugehen, sei hier unternommen.
  Im großen beobachtet, zeigen die Kanzleischriften im Laufe des
15. Jahrhunderts einen deutlichen Fortschritt zu vereinfachter Schreibweise; die sind gegen Ende des Jahrhunderts so frei von überflüssigem
Buchstabenballast, daß sie ohne Eingriff in den Originaltext sich buch-
stabengetreu und doch lesbar im Druck übernehmen lassen[14]. Aber

---

[14] Mir sind Kanzleischriften aus der 2. Hälfte des 15. Jahrhunderts bekannt, die
— mit *gelegentlicher* Ausnahme von Verdoppelungen des Endbuchstabens eines
Wortes (*gravenn, betzalenn*) — so vereinfacht geschrieben sind, als ob sie besonderen Ge-
setzen einer Schriftvereinfachung unterworfen gewesen wären.

um die Mitte desselben Jahrhunderts kommen immer noch genügend Texte vor, die eine Vereinfachung nach herkömmlichem Schema erforderlich machen; davon konnte deshalb auch Band 17 noch nicht abrücken. Jedoch lag gleichzeitig eine Anzahl von Originalbriefen vor, bei denen sich mehr Zurückhaltung in der Textbereinigung empfahl. Es handelt sich um persönliche Handschreiben städtischer Bürgermeister oder Vertreter auf dem RT[15], die in ihrer besonders eigenwilligen Ausdrucks- und Schreibweise vom üblichen Kanzleistil jener Zeiten erheblich abweichen. Hier wären Eingriffe eine Sünde wider Geist und Schrift der Zeit gewesen; denn Schreiben dieser Art sind ganz gewiß ein Spiegel der Persönlichkeit ihres Verfassers und deshalb auch in der Eigenart ihrer „Rechtschreibung" zu achten. Es könnte darum für die Zukunft sehr wohl erwogen werden, ob neben allen aus der königlichen Kanzlei stammenden Originalen auch solche von eigener Hand einer geschichtlichen Persönlichkeit geschriebenen Briefe keinerlei Buchstabenkürzungen oder -änderungen unterworfen werden sollten.

Auch in Einzelheiten bin ich, wohl etwas eigenmächtig, weniger weit als meine Vorgänger gegangen. So wurde das y in lateinischen und deutschen Stücken fast immer anstatt des dafür verwirkten i in den Texten belassen. Im Lateinischen geschah es vor allem deshalb, weil damit, bei sonstiger Gleichmäßigkeit der lateinischen Schreibweise, ein kleines, aber nicht zu verachtendes Hilfsmittel gegeben scheint, um gelegentlich auch im Druck den Verfasser oder Schreiber einer Vorlage zu kennzeichnen und verschiedene Texte vergleichen zu können. Wichtiger aber ist in den deutschen Schriften der bei den Schreibern selbst fast immer unterschiedene[16] Gebrauch von y und ij. Hier eine Vereinfachung in i vorzunehmen, scheint mir ein gröblicher Verstoß gegen die Schriftgesetze selbst. Wird doch heute noch in der niederländischen Schreibweise scharf zwischen i, j, y und ij unterschieden[17]. Es ist sicherlich auch als geschichtlicher Vorgang zu werten, wenn die in mittelalterlicher Zeit häufiger auch in Mitteldeutschland belegte Schriftform mit y oder ij im späteren Hochdeutsch verschwunden ist, sich aber im Niederdeutschen Sprachraum deutlich erhalten hat.

Besondere Schwierigkeiten bereiten nach wie vor die Umlautzeichen der Vorlagen. Wenn auch immer wieder versucht wird, ein übergeschriebenes e von einem o zu unterscheiden, der Bearbeiter selbst ist angesichts der flüchtigen Schreibweise so vieler Vorlagen häufig genug in die

---

[15] Vor allem die Schreiben der Straßburger Gesandten in Nr. 226.

[16] Der Unterschied wird damals sowohl durch die Setzung von einem oder zwei Punkten über dem y als auch durch eine verschiedenartige Führung der Unterlänge des y deutlich gemacht.

[17] Das zeigt ein Blick in die von der Koninklijk Nederlandsch Aardrijkskundig Genootschap herausgegeben „Lijst der Aardrijkskundige Namen van Nederland", Leiden 1936.

Zwangslage versetzt, sich für den lautlich zutreffenden Buchstaben entscheiden zu müssen, ohne sich dafür mit Sicherheit verbürgen zu können. Ob deshalb der früher erwogene Plan, in solchen Fällen im Druck neutrale Zeichen zu verwenden, grundsätzlich zur Anwendung kommen sollte, darf erneut in Erwägung gestellt werden. In zwei Fällen[18] ist schon in Band 17 ein ü verwandt worden; beide Male allerdings nur darum, weil ich mich bei bestem Willen nicht zu entscheiden vermochte.

Die Schriftzeichen c und t unterscheiden sich bekanntlich in Vorlagen des frühen und hohen Mittelalters so wenig, daß sich der Editor besonders bei lateinischen Stücken oft schweren Herzens entschließen muß, ob er c oder t, ct oder tt setzen darf. Diese Schwierigkeit besteht für Schriften des deutschen Sprachraumes im 15. Jahrhundert nicht mehr im gleichen Maße. Dafür aber gebraucht die französische Schrift dieser Zeit regelmäßig in französischen wie lateinischen Urkunden ein deutliches ct, wo man ein tt erwartet, ein solches vielleicht nach herkömmlicher Kanzleiübung auch gemeint ist. Hierbei im Abdruck der Texte willkürlich verfahren zu wollen, wäre falsch. Wie nämlich Schreiben aus den elsäßisch-lothringischen Zwischenlanden[19], also auf der Grenzscheide der beiden Sprachbereiche, offenbar machen, handelt es sich um Schreibgewohnheiten aus französischem Einfluß. Das scheinbar so unbedeutende ct in diesen Briefen zeigt also leichthin an, aus welcher Schule die fraglichen Persönlichkeiten ihre Schriftkenntnis gewonnen hatten.

Noch eine Feststellung zuguterletzt! Wenn Weizsäcker in seinen Richtlinien[20] auch das th der Vorlagen in t vereinfacht wünscht, so sollte man es doch grundsätzlich bestehen lassen. Denn auch damit ist ein kleiner Beleg zur Geschichte der deutschen Rechtschreibung gegeben. Der Gebrauch des th gewinnt im Laufe des 15. Jahrhunderts bei sonstiger Schriftvereinfachung immer mehr an Boden und Beliebtheit und hat sich bekanntlich bis zur Schwelle der Neuzeit erhalten. Nicht Idealtexte wiederzugeben, sondern die Zeiten auch in der Eigenart ihrer Schriften sprechen zu lassen, sollte oberstes Gebot jeder Textveröffentlichung sein.

Mit dem vorstehenden Beitrag zur Schriftwiedergabe ist nicht nur an eine Rechtfertigung von Besonderheiten des Bandes 17 gedacht. Vielmehr sollte damit auch aufgezeigt werden, daß es eigentlich keine starren Richtlinien für die Herausgabe von Originaltexten geben kann. Jeder Zeitabschnitt wirft neue Fragen auf und erheischt deshalb auch eigene Lösungen.

---

[18] Nr. 205d und 230.
[19] Vom Apotheker Franz Maleti (S. 256) und vom Präzeptor von Isenheim (Nr. 210, 2 u. 5 und 245, 5).
[20] Vgl. Band 1 S. LXXVII.

KÖNIG FRIEDRICH III. IN SIENA (1452)

Von Heinz Quirin

„Interea a. d. MCCCCLI in vigilia b. Thomae Apostoli Serenissimus Rex Fridericus iter arripuit versus Romanam Urbem ad suscipiendum suum imperiale diadema, quam et in gloria magna intravit fere cum tribus milibus electae gentis, decima die Martii a. d. MCCCCLII, quae erat quinta feria ante Oculi. Et dominica Laetare, quae erat vigesima eiusdem mensis, ipse dominus rex cum serenissima sponsa Leonora imperiale diadema susceperunt ex manibus Nicolai V papae . . ." berichtet Thomas Ebendorfer in seinem Chronicon Austriacum[1] schlicht von einem der großen Ereignisse seiner Zeit, dem Romzuge König Friedrichs III. Seine Wortkargheit hält sich dabei durchaus im Rahmen der üblichen Darstellungsweise, den nur wenige noch farbiger füllten, obwohl die letzte Kaiserkrönung, welche die Stadt Rom erlebt hat, zu den am besten überlieferten Ereignissen des Jahrhunderts gehört.

Daß der Krönungsakt in den Brennpunkt der Chronistik gerückt ist, liegt im Wesen der Sache und in der Eigenart dieser Form der Geschichtsschreibung begründet. Die zeitliche Abfolge der Vorgänge vermag jedoch — auch, wenn sie so zuverlässig wie möglich erzählt wird — jene innere Spannung kaum wiederzugeben, welche die Monate erfüllte, die zwischen dem Aufbruch des Königs am Montag d. 20. Dezember 1451 und seiner feierlichen Krönung am Sonntag Laetare 1452 liegen, der zugleich auch symbolisch an die Krönung des Papstes Nicolaus selbst erinnerte. Dafür bietet sich in der fast unübersehbaren Fülle der Akten verschiedenster Provenienz und reichhaltigster Sachbetreffe ein so hervorragender Ersatz an, daß wir tatsächlich in den Stand gesetzt

---

[1] ed. H. Pez. Script. rer. Austr. II (1725) Sp. 864. Vgl. O. Lorenz, Deutschlands Geschichtsquellen im Mittelalter seit d. Mitte d. 13. Jahrhunderts I (1886), 276 und bes. A. Lhotsky, Thomas Ebendorfer. Ein österreichischer Geschichtsschreiber, Theologe und Diplomat des 15. Jahrhunderts (Schrr. d. MGh. XV, 1957), bes. S. 99 ff.

werden, neben dem Gang der Ereignisse vor allem auch die Entwicklung der politischen Lage gleichsam von Tag zu Tag, an entscheidenden Punkten zuweilen sogar von Stunde zu Stunde mitzuerleben. Der Bogen spannt sich vom schlichten Teilnehmerverzeichnis mit Namen und Pferdezahl über den kanzleigerecht ausgefertigten Schriftverkehr bis zur auf unscheinbarem Zettel eilig hingeworfenen, verschlüsselten hochpolitischen Notiz. In diesem Zusammenhange überwiegt das italienische Material, wie aus der auch zeitlich gegeneinander verschobenen Entwicklung der Diplomatie, ihrer Gepflogenheiten, ihrer Technik, und, damit zusammenhängend, besonders ihrer kanzleimäßigen Formen verständlich wird, das deutsche ganz entschieden nach Menge und Wert. Aber auch innerhalb des italienischen Bereichs treffen wir auf bemerkenswerte Verschiedenheiten. Neben politische Kernpunkte mit alter diplomatischer Tradition, wie z. B. die Kurie und Venedig sie darstellen, traten „junge" Formen, etwa die Organisation, die der Condottiere Francesco Sforza sich aus dem Erbe der Visconti schaffen mußte. Der Unterschied zwischen Kommune und Signorie wirkt sich aus. Innerhalb dieser Herrschaftsformen machen sich weiter geschichtlich bedingte Strukturunterschiede im Aufbau der Diplomatie und der Kanzleien bemerkbar, wie der Vergleich zwischen Florenz und Siena auf der einen Seite, zwischen Florenz und Mailand auf der anderen Seite lehrt. Immer behält die Kurie ihre Sonderstellung und bleibt in vielem Vorbild. Gegenüber dem seine Staatsform flüssiger entwickelnden Florenz, das auch seine Siege über die Nachbarn klüger zu nutzen verstand, blieb Siena stärker traditionsgebunden, konservativ. Während in der Stadt am Arno Cosimo de' Medici als Repräsentant einer aufsteigenden Familie den Gedanken der Demokratie auszuhöhlen begann, standen in Siena Adel und Volk gegeneinander, und noch 1452 begegnete man in der Stadt den alten Familien, vor anderen Geschlechtern besonders den de' Piccolomini und Tolomei, mit großem Mißtrauen[2]. Wie die Stadt von ihrer glücklicheren Nachbarin im Laufe von 200 Jahren überflügelt wurde, so zeigten auch ihre diplomatischen Gepflogenheiten vergleichsweise altertümliche Formen. Zu neuen Einrichtungen entschloß sich das Regiment von Siena meist erst spät. Der Zusammenhang zwischen geschichtlicher Entwicklung und politischer Praxis wird gerade in diesem Falle bis in die Kanzlei hinein spürbar[3].

[2] Enea hielt sich offenbar nicht gern für längere Zeit in der Stadt auf. Auch seine rasche Abreise nach Talamone zum Empfang Eleonores wird wohl damit zusammenhängen, und es mochten ihn auch in der Jugendzeit nicht nur persönliche Gefühle aus Siena vertrieben haben, wie Th. Buyken, Enea Silvio Piccolomini. Sein Leben bis zum Episkopat (1931) S. 14 ff. zu beweisen sucht. Vgl. auch G. Voigt, Enea Silvio de Piccolomini als Papst Pius der Zweite und sein Zeitalter II (1862) 34 ff.

[3] Der gelehrte Agostino Dati, Schüler Filelfos, wurde als Sekretär und Historiograph der Stadt erst angestellt, als andere Städte ein solches Amt schon längst ein-

Die italienische Geschichte des 15. Jahrhunderts, in deren Zusammenhänge wir den Romzug Friedrichs III. nun stellen wollen, weil dadurch seine Bedeutung im Rahmen der politischen und Kirchengeschichte des westeuropäischen Staatensystems um so deutlicher wird, verläuft unter dem Gedanken des Gleichgewichts, nach außen im Zeichen der „Liga". Es tritt uns also eine Abfolge sich ständig wandelnder Bündnisse oft recht komplizierter Bauart entgegen, die, aus kleinsten Systemen aufwachsend, bald den italienischen Raum überspannten und vornehmlich auf Frankreich übergriffen, weil das französische Königshaus seit jeher mit der politischen Entwicklung der Halbinsel eng verbunden war und der König von Frankreich selbst — als *rex christianissimus* — unmittelbar Einfluß auf die Kurie zu nehmen suchte. Auch der Romzug des deutschen Königs konnte sich, wie wir sehen werden, diesen Verhältnissen nicht entziehen.

Der Gedanke der Liga erfordert die Entwicklung und Pflege der *pratica*, d.h. der diplomatischen Praxis im weitesten Sinne, die durch das Gesandtschaftswesen repräsentiert wird. Der Schriftverkehr zwischen dem Herrn und seinem Gesandten, die zunächst persönlich, später auch durch Sekretäre geführte Korrespondenz, das System der Relationen und Instruktionen, der Denkschriften und der daraus sich ableitenden politischen Verträge in ihren verschiedenartigen Formen, dienen uns im folgenden hauptsächlich als Quellen. Die Verwaltungsakten vermögen die politischen Sachverhalte wertvoll zu ergänzen. Gerade ihnen verdanken wir die Einsicht, daß die politische Entwicklung vorab der Jahre zwischen 1447 und 1453 weithin von wirtschaftlichen Überlegungen beeinflußt worden ist. Dies gilt insbesondere, wie zu zeigen sein wird, für die Vorgeschichte des sog. Toskanischen Krieges zwischen Alfons V. von Aragon und Florenz, aber auch für die an diesem Konflikt Interessierten, für die Parteigänger Venedig und Mailand, dann für Genua und Frankreich vor allem.

Aus den erzählenden Quellen wählen wir die Darstellung des vornehmsten Augenzeugen, die Historia Friderici III. Imperatoris des Enea Silvio de' Piccolomini neben der zeitgenössischen senesischen Chronistik[4]

---

gerichtet hatten. G. Voigt, Die Wiederbelebung des classischen Alterthums I (³ 1893), 114; J. N. Bandieri, De Augustino Dato libri II (Romae 1733) 51 ff. Auch an der Form der politischen Verträge läßt sich zeigen, daß die Kommune noch um die Mitte des 15. Jahrhunderts konservative Elemente verwandte.

[4] Aeneae Silvii ... Historia rerum Friderici III Imperatoris etc. (ed. A. F. Kollar, Analecta mon. omnis aevi Vindob. II (1762) zit. En. Silvio, Hist. Frid.); dazu: V. Bayer, Die Historia Friderici III Imperatoris des Enea Silvio de' Piccolomini (1872); zur Frage der Handschriften Th. Ilgen, Die Geschichte Kaiser Friedrichs III., Einleitung (Geschichtsschr. d. dt. Vorz., 1889/90); Lorenz, Geschichtsquellen II (1887) 309; G. Voigt, Enea Silvio II (1862) 310 ff.; ders. Wiederbelebung II (³ 1893) 276. Vgl. Anm. 8.

und ergänzen sie aus den diplomatischen Akten der in der Hauptsache beteiligten italienischen Mächte. In erster Linie wurden die Korrespondenzen des Francesco Sforza, seit 1450 Herr in Mailand, mit seinen Gesandten herangezogen. Ihr hoher Wert ist längst erkannt: die Briefe und Berichte gelten bereits seit mehr als fünfzig Jahren als unentbehrliche Grundlage aller Darstellungen der politischen Geschichte Italiens im 15. und 16. Jahrhundert[5]. Neben die mailändischen treten die amtlichen Briefwechsel Sienas und von Florenz, auch Schriftverkehr mehr privaten Charakters (etwa zwischen Francesco Sforza und Cosimo de' Medicis oder mit den eigenen Familienangehörigen, vorab mit seiner Frau Bianca Maria). Venedig steuert den Inhalt seiner Register bei, die politischen Tagebüchern ähneln[6].

Die Zusammenhänge treten überraschend deutlich hervor, wenn die jeweils gleichzeitig entstandene Überlieferung der verschiedenen Provenienzen und Sachverhalte im Querschnitt betrachtet wird. Sie gehen jedoch wieder verloren, sobald sie nach diesem Grundsatz dårgestellt werden sollen, weil der Gedanke der historischen Entwicklung sein Vorrecht behauptet. Deshalb werden beide Betrachtungsweisen kombiniert auf drei große Sachbereiche angewandt, die auch dem zeitlichen Ablauf im Großen entsprechen.

---

[5] Den Anfang machte B. Buser, Die Beziehungen der Mediceer zu Frankreich während der Jahre 1434 bis 1494 in ihren Zusammenhängen mit den allgemeinen Verhältnissen (1879). Vgl. jetzt Storia di Milano Bd. VII (L'età sforzesca dal 1450 al 1500, 1956) mit den vorzüglichen Beiträgen von Fr. Catalano (La nuova Signoria: Francesco Sforza. Il Ducato di Milano nella politica dell'equilibrio. La crisi politica e sociale).

[6] Staatsarchiv Siena (AStSen.): Cocnistoro (Conc.), Lettere (Lett.), Copie lettere (Cop. lett.), Legazioni e commissarie (Leg.), Deliberazioni (Del.), Biccherna (Bicch.), Consiglio generale (Cons. gen.).

Staatsarchiv Mailand (AStMil.): Potenze estere (Pot. est.), Missive (Miss.), Registri ducali (Reg. duc.) — Ergänzungen: Mailand Biblioteca Ambrosiana (BA); Paris Bibliothèque nationale (BN): Fonds italien (F. it.).

Staatsarchiv Florenz (AStFir.): Dieci di Balia (XBal.): Deliberazioni (Del.), Lettere missive — Legazioni e commissarie (Miss.), Responsive (Resp.). Signoria, la Cancelleria, (Sign.): Miss.; Resp.; Leg.; und Del. — Ergänzungen: Florenz, Biblioteca Laurenziana (BL).

Staatsarchiv Venedig (AStVen.): Deliberationes secretae Senatus (Del.) m. Nr. d. Registers. — Ergänzungen: Venedig, Biblioteca di S. Marco (BM).

Staatsarchiv Modena (AStMod.): Cancelleria ducale (Canc. duc. bzw. march.) Lettere di principi esteri (Lett. est.), Camera ducale (Cam. duc.). Ergänzungen: Modena, Biblioteca Estense (BE); Ravenna, Biblioteca Classense (BC), Ferrara, Biblioteca Comunale (BF).

Staatsarchiv Bologna (AStBol.) Archivio del Commune (Arch. Com.): Lettere al Commune (Lett.); Libri partitorum (Lib. part.).

Dankbar nenne ich hier vor anderen Dr. W. Hagemann (Rom), dann die Archivare Prof. Dr. Natale (Mailand), Prof. Dr. Prunai Siena/Florenz), Dr. Morandi (Siena) und Dr. K. Bittmann (Paris), ohne deren Hilfe und Rat das weitschichtige Material nur schwer zu bewältigen gewesen wäre.

Die Gedankengänge und Maßnahmen, die der Romzug bei den Beteiligten, vorab bei den italienischen Mächtegruppen auslöste und das Verhalten des Königs selbst blieben ohne einen Blick auf die Lage Italiens im Jahre 1451 weithin unverständlich[7]. Wir lenken unsere Aufmerksamkeit dann schließlich auf die Tage, die Friedrich in Siena verbrachte. Dafür blieben zwei Gründe maßgebend. Einmal erlaubt die gute Quellenlage, die Breite der bis auf eine (allerdings wesentliche) Lücke geschlossenen archivalischen Überlieferung der Kommune, wozu sich Chronistik und Dichtung gesellen[8], den Aufenthalt des Königs in einer Stadt des Reiches außerhalb seiner engeren Grenzen einmal in Einzelheiten zu betrachten, die auch Stadtverfassung und Stadtwirtschaft mit zu beleuchten vermögen. Darüber hinaus sah Siena während dieser Wochen der Ruhe vor dem Sturm die Gesandten aller am Romzug interessierten italienischen Mächte in seinen Mauern. In ihren Ge-

---

[7] Noch immer unentbehrlich C. Cipolla, Storia delle Signorie italiane (Mil. 1881). Neuere Überblicke mit besonderer Fragestellung: L. Salvatorelli, L'Italia comunale (Storia d'Italia illustrata 4, 1940); L. Simeoni, Signorie e Principati (in: E. Rota, Problemi storici etc. 1942); N. Valeri, L'Italia nell'età dei Principati (Storia d'It. ill. Bd. 5, 1949) mit Bibliographie; umfassend und zuverlässig in der Bearbeitung des umfangreichen Aktenmaterials jetzt Storia di Milano Bde. 6 u. 7 (1956ff.).

M. Seidlmayer, Geschichte des italienischen Volkes und Staates, 1940. G. Voigt Enea Silvio de' Piccolomini als Papst Pius der Zweite und sein Zeitalter I—III (1856ff.); J. Chmel, Geschichte Kaiser Friedrichs IV. und seines Sohnes Maximilian I., I—II (1840ff.), dazu ders. Regesta chronologico-diplomatica Friderici IV Romanorum regis etc. (1838, zit. Chmel, Reg.); ders., Materialien zur österreichischen Geschichte aus Archiven und Bibliotheken I—II (1837ff., zit. Chmel, Mat.); E. M. Lichnowsky, Geschichte des Hauses Habsburg VI: Von Herzog Friedrichs Wahl ... bis zu König Ladislaus' Tode (1842, die Regesten zit. Lichn. Reg.); Fr. Kurz, Österreich unter Kaiser Friedrich IV. T. I/II (1812ff.); L. Frh. von Pastor, Geschichte der Päpste seit dem Ausgang des Mittelalters etc. bes. Bd. 1 ([12] 1955, unv. Neudruck); J. Martens, Die letzte Kaiserkrönung in Rom 1452 (Diss. phil. Leipz. 1900).

[8] Agostino Dati, Fragmenta Senensium historiarum (bes. lib. II in: Opera omnia, Siena 1503); O. Malavolti, Historia de' fatti e guerre de' Sanesi etc., Venedig 1599; Mariano di Matheo di Ceco, Libro dello imperadore Federico III. (Hss. Bibl. Comm. Siena I/VIII, 39; Cod. Vat. Reg. Lat. 1108f. 7ff., beide saec. XV. — Druck: P. Parducci, L'incontro di Federigo III Imperatore con Eleonora di Portogallo (Bull. Senese di Storia Patria XIII (1906) 297ff. u. XIV (1907) 35ff.). Der Name Dati für den Verfasser, wie Parducci a. a. O. XIII (1906) 318 will, scheint mir nicht gesichert. Er ist am Rand des Verzeichnisses der Getauften nachgetragen. Ich nenne im Folgenden den Dichter mit dem von ihm selbst angegebenen Namen. Er ist nicht mit Agostino Dati verwandt. Daß Dati für seine (später abgefaßte) Geschichte das Gedicht benutzt hat, ist möglich. Beide waren Augenzeugen der Ereignisse im Februar 1452, so daß sich die Übereinstimmung in Einzelheiten erklärt. Sie decken sich weithin mit dem Bericht des Kaspar Enenkel (Verzeichnis, was sich bei Kaiser Friedrichen Reys nach Rom zugetragen, Druck: von Hoheneck, Die löblichen Herrenstände oder Genealogie des Erzherzogtums Österreich ob der Enns III [1747] 134ff.).

sprächen miteinander und in den Verhandlungen vor dem künftigen Kaiser klangen zum letzten Male die brennenden Probleme der italienischen Politik auf, die der König nicht zu lösen vermochte und zum Teil wohl auch nicht lösen wollte: die Frage des mailändischen Verhältnisses zum Reich und die Befriedung Italiens selbst durch den Ausgleich der Kräfte. So blieben die festfrohen Tage zugleich auch von unheimlicher Spannung und drohender Ahnung erfüllt.

I.

Es entspricht dem Sachverhalt, wenn wir die allgemeine Lage seit 1450 im Spiegel der Bündnisse und ihres Wandels darstellen. Auch, daß Mailand neben Aragon in den Blickpunkt rückt, trifft die wahren Verhältnisse; denn die Übernahme der Gewalt durch den Condottiere Francesco Sforza in der abgewirtschafteten Ambrosianischen Republik am 26. März 1450 zog einschneidende politische Maßnahmen nach sich, die das Bild von Grund auf änderten[9]. Das hungernde Stadtvolk begrüßte den Sforza als seinen Retter mit dem Rufe *viva il duca* und ließ ihm durch den Gesandten von Florenz — dies bleibt bezeichnend für die Verbindung des neuen Herrn von Mailand mit Cosimo de' Medici und seinen politischen Freunden — mit Fahne, Schwert und Szepter jene Insignien überreichen, die sonst nur das Reich lieh[10]. Sein Einzug glich, besonders in den Formen, nach der Sitte der Zeit dem Triumph eines römischen Feldherrn[11]. Die Klugen hielten sich zurück oder wechselten rechtzeitig die Partei[12]. Über die Verletzung des Reichsrechtes war kein Zweifel möglich. Alle späteren Versuche des Sforza und seiner Juristen, die Legalität seiner Nachfolge in Mailand zu begründen, umgingen diesen heiklen Punkt geflissentlich; auch Gesandtschaften der gewiegtesten Politiker, von mailändischer Seite des Sceva de Corte, von seiten des Reiches des Enea Silvio, blieb trotz einiger Ansätze der Erfolg letzten

---

[9] Storia di Milano VII, 17 ff.

[10] Neben der Erzählung des Pier Candido Decembrio (Vita Francisci Sfortiae IV., Mediolanensium ducis (ed. F. Fossati, Rer. Ital. Script. [n. e.] XX, 1935) cap. 39 vor allem auch die gut unterrichtete Cronaca di Cristoforo da Soldo (ed. G. Brizzolara, ebda. XXX/3, 1938) 99 ff.; G. Simonetta, Historia de rebus gestis Francisci I Sfortiae etc. (ed. G. Soranzo ebda. XXI/2, 1932).

[11] E. Rubieri, Francesco Sforza I, Bd. 2 (1879) 222 ff.; L. Bignami, Francesco Sforza 1401—1466 (1937); C. Assum, Francesco Sforza (1945); L. Collison-Morley war mir nur in der von G. Gidon besorgten franz. Übersetzung (Histoire des Sforza, 1951) zugängig: S. 59 ff.

[12] Dafür bietet das Verhalten des Francesco Filelfo ein eindringliches Beispiel: G. Voigt, Wiederbelebung I (³ 1893) 519 ff.; E. Garin in Storia di Milano VII, 554. Die Reden Filelfos von 1449 in Mailand, BA Ms. Ambr. 7 (55 sup.) fol. 13 ff.

Endes versagt[13]. Die Ansprüche Alfons' von Aragon stützen sich auf
ein unsicheres Versprechen und auf ein angezweifeltes Testament[14].
Frankreichs Königshaus machte seine Verwandtschaft mit den Visconti
geltend. Die mailändische Frage wurde trotzdem nicht gelöst. Ein für
die Zeit kennzeichnender Zustand wirkte sich aus: dem Condottiere
fehlte das alte Recht, dem König die Macht im Sinne der Zeit. Zwar
rühmten bereits die Zeitgenossen Francescos Sorge um den inneren
Ausbau seines Staates und seine Erfolge. Viele sahen in ihm neben
Alfons von Aragon das Herrscherideal der Zeit verkörpert[15]. Aber in
Wahrheit blieb die Lage unsicher, so daß der neue Herr um so eifriger
die *pratiche* der Politik suchte.

[13] Cipolla, Signorie 440; Buser, Beziehungen 48; Voigt, Enea Silvio I (1856)
431 ff.; Sickel, Beiträge und Berichtigungen zur Geschichte der Erwerbung Mailands
durch Francesco Sforza (Archiv f. Kunde österr. Geschichtsquellen XIV (1855));
F. Catalano in Storia di Milano VII, 17 ff. mit der dort (Anm. 3) angegebenen
reichen neueren Literatur zur mailändischen Frage. Die Akten künftig RTA XVIII.
Sie sind enthalten in Paris, BN. F. it. 1584, 355 ff. (für 1447/48) und ebda. 1585, 143 ff.,
180 ff. (Verhandlungen des Sceva de Corte 1450/51). Wien HHStA, Friedericiana I
fasc. 1443/49, fol. 63. Druck einzelner Stücke (Wiener Überlieferung) bei Chmel,
Mat. I, 255 ff. Über die französischen Ansprüche auf Mailand vgl. G. du Fresne de
Beaucourt, Histoire des Charles VII, Bd. 5 (1890) 145 ff.
[14] G. Giulini, Memorie spettanti alla Storia ... di Milano VI (1857), danach
K. Pleyer, Die Politik Nicolaus' V. (1927) 55. Francesco suchte seine Ansprüche
auf Mailand schon bald nach dem Tode seines Schwiegervaters Filippo Maria Visconti
zu klären (vgl. Paris BN. F. it. 1585 fol. 2 ff.). Auch die 1450 mit den Mailändern
geschlossenen *capitula* dienten dieser Absicht (ebda. fol. 134 zu 1450 II, dazu das
instrumentum translationis ... ducatus Med. 1450 VI 3 in Mailand BA T 151 sup. 164 ff.)
Nicolaus hat sich mit den neuen Verhältnissen offenbar abgefunden: er räumte
Francesco das Recht ein, Benefizien zu verleihen (Mailand BA. Z. 219 sup. 9275,
1450 IV 1). Als im folgenden Jahre die politische Entwicklung zur Entscheidung
drängte, verschärfte sich auch die Argumentation (mit Venedig: Paris BN. F. it.
1596 fol. 35 f.). Die Auseinandersetzung mit Alfonso fand vor Nicolaus V. statt. Deswegen wird vor allem die Instruktion für den mailändischen Gesandten Jacomello
de Trivulzio an Nicolaus V. wichtig, welche den Satz des *iustum titulum per bona et
iusta guerra* entwickelt (Paris BN. F. it. 1585, fol. 200 ff.), weitere Akten ebda. 1596
fol. 35 ff. und Mailand BA. Z. 219 sup. 9427/30). Der Hinweis auf das Testament
des Filippo Maria für Alfonso im Zusammenhang mit der territorialen Expansion
Mailands in AStMil. Pot. est. Roma C 40 (Ber. 1451 IX 29). Auch zeitbedingt propa-
gandistische Mittel wurden eingesetzt. So betont das Anschreiben eines Horoskops
für Francesco auf 1452, daß es den Erwerb Mailands durch den Sforza *cum titulo de
heredità de sua donna et loro communi filioli* genau vorhergesagt habe (AStMil. Pot. est.
Mantua 390 zu 1452 III 15. Die Formulierung entspricht sinngmäß der juristischen
Argumentation in der o. a. Instruktion). Das Horoskop wurde vermutlich vom Hof-
astrologen der Este, Giovanni Bianchini aus Bologna, aufgestellt. Er hat auch
Friedrich III. seine *Taoole astronomiche* überreichen dürfen (vgl. Ferrara BF. Cod. 147,
Cl. I). Vgl. Anm. 111.
[15] Neben seinen Biographen Simonetta und Decembrio, denen die literarische
Überhöhung ihres Helden nicht abzusprechen ist, muß vor allem der sachliche
Bericht des Cristoforo da Soldo (vgl. Anm. 10) herangezogen werden. Die Akten
belegen vor allem die Zuneigung der Bevölkerung von Siena.

Jede der italienischen Mächte beschuldigte damals ihre Nachbarn, in irgendeiner Form, und sei es in der des Königtums, nach der Vorherrschaft zu streben, damit die Freiheit der Übrigen und den allgemeinen Frieden zu bedrohen. Unberechtigt waren diese gegenseitigen Vorwürfe nicht, und vorab Venedig geriet in diesen Verdacht[16], als es aus seiner rückläufigen Orientpolitik die Konsequenzen zog und sich in der *Terra ferma* ein Hinterland auszubauen begann. Der Vorgang verstärkte sich bezeichnenderweise im Jahrzehnt zwischen 1440 und 1450, in dem allgemein von einer Periode neuartiger Herrschaftsbildung vorab in Norditalien gesprochen werden kann. Hierher gehören die Bemühungen des Condottiere Sforza um das ihm von Eugen IV. zugesicherte Faenza so gut wie sein Einzug in Mailand. Venedig mußte notwendig mit Francesco zusammenstoßen, der dem Dogen immer verdächtig blieb, weil er seine Herren, den letzten Visconti, seinen Schwiegervater, und die Republik oft gegeneinander ausgespielt hatte. Gegenüber Florenz vertrat Venedig vornehmlich seine wirtschaftlichen Interessen. Als es Anfang Juni 1451, ohne die Folgen zu bedenken, die florentinischen Kaufleute aus seinem Gebiet wies[17], trieb es Florenz endgültig in die Arme Mailands. Die Liga kam am 15. August 1451 zustande[18]. Sie bestätigte nach außen eine Politik, die letzten Endes auf der Übereinstimmung zweier ebenso weitschauender wie rücksichtsloser Männer beruhte; denn die Rüstkammern des Sforza wären ohne die Gulden des de'Medici leer, die oberitalienischen Straßen für die florentinischen Kaufleute ohne den Schutz des Condottiere unsicher geblieben. Cosimo aber konnte daheim seine persönliche Politik entschiedener durchsetzen, wenn er die mailändische Macht sich zur Hand wußte. Im November trat auch Genua der Liga bei: man mußte Aragons wegen um die offene Flanke vom Meer her besorgt sein. Die Stadt blieb ein unsicherer Partner; denn hier trafen aragonesische und französische Interessen aufeinander. Zudem fühlte Genua sich durch

---

[16] Vgl. Catalano in Storia di Milano VII, 25. Die Gegenseite argumentierte ähnlich. So versuchte der venetianische Gesandte Giovanni Mauro am 25. Dez. 1451 in Siena *multis rationibus et elegantissimis verbis* nachzuweisen, daß Florenz die *pax Italiae* störe und deshalb ein *bellum iniustum* führen werde (AStSen. Conc. 2418 fol. 55. Entsprechende Vorwürfe auch in den Berr. AStMil. Pot. est. Ferrara 318 (1451 II 1) und Roma C 40 (1451 VI 18, XI 22, XII 4). Auch die Instruktion des florentinischen Gesandten Giuglielmino Francisci Tanaglia für Genua (AStFir. XBal. Miss. Leg. 4,6: 1451 VIII 6) drückt dies aus und fordert eine *lega a difensione degli stati per la commune salute et gloria et conservation d'Italia* mit dem Ziel des *vivere in pace per tutti*. Noch nach Ausbruch des Toskanischen Krieges versicherte Florenz dem König von Frankreich, die Venetianer seien *libidine dominandi toti Italiae commoti* in Mailand eingefallen (Florenz BL. Plut. 90 cod. sup. 47 fol. 58b; AStMil. Pot. est. Roma C 40 Ber. 1451 V 30). Vgl. auch Anm. 20.
[17] AStMil. Pot. est. Roma C 40 (Ber. 1451 VI 2); ebda. Ferrara 318 (Ber. 1451 VI 11); Paris BN. F. it. 1585 fol. 195 (1451 VI 3).
[18] AStMil. Reg. duc. XVIII fol. 298ff.

Venedig und seine Bundesgenossen auch wirtschaftlich bedroht. Mailändische Faktoren nutzten ihre Rechte am Grundbesitz und wirkten so bis ins Stadtregiment. Zumindest vermochten sie aber die politische Entwicklung zu beobachten[19]. Die Stadt mußte ständig auf der Hut sein, und so werden die Geheimartikel der Liga beim Eintritte Genuas verständlich, die gegenseitige Hilfe beim Angriff auf einen der Vertragspartner zusicherten. Gerade diese Abmachungen verzögerten nun den Abschluß eines Bündnisses zwischen Florenz und Karl VII. von Frankreich, das der ebenso gewandte wie zähe Niccolo Acciaioli erst Anfang 1452 in Tours unter Dach und Fach bringen konnte[20]. Auch hier verfolgte Florenz in erster Linie die eigenen wirtschaftlichen Interessen. Inzwischen drohte sich jedoch die gegnerische Liga Venedig/Aragon immer ungünstiger auszuwirken, weil sie sich, wie noch zu zeigen ist, an entscheidenden Stellen zu erweitern suchte, so daß für Mailand/Florenz die Umschau nach einem tüchtigen Partner geraten schien. Zwar machte Frankreich, wie bereits gesagt, Ansprüche auf Mailand geltend. Trotzdem schien dem Sforza für den Augenblick ein neuer Schutzherr nicht unwillkommen, da Friedrich III. auf den rechtmäßigen Anspruch

---

[19] Die Politik Genuas wurde, wie auch die venetianische, vornehmlich von den wirtschaftlichen Interessen der Republik bestimmt. Mailand versuchte, den venetianischen Textilhandel zu treffen (AStMil. Miss. XIII zu 1452 I 11). Cosimo erwog in Krisenzeiten, seine Zentrale nach Mailand zu verlegen: Mailand BA. Z. 247 sup. (1451 XII 10). In der Hauptsache aber scheint die Behinderung der Salzstraßen den Gegner empfindlich getroffen zu haben (vgl. nur AStVen. Del. XIX fol. 118 zu 1452 I 24; AStMil. Pot. est. Genua 407: Memorandum 1452 I 13 und ebda. Miss. VII zu 1452 II 13). Die diplomatischen Verhandlungen mit den Seestädten liefen naturgemäß über Florenz. Die Genuesen blieben vorab in der Frage der Subventionen zähe: *la natura de Genovesi e strana et maxime circa allo spendere sono duri* berichtete der florentinische Gesandte Dietisalvi aus Mailand (AStFir. XBal. Resp. XXI, 131, 1452 III 16). Über das undurchsichtige Verhalten des Dogen von Genua und seine Verhandlungen mit Freund und Feind ebda. Resp. XXI, 9; XBal. Del. XX, 34 (1452 II 11); AStMil. Pot. est. Roma C 40 (1451 VIII 24, 1452 II 11), Firenze 265 (1451 VI, VII 6, X 16).

[20] 1452 II 21. Text: Du Mont, Corps universel du droit des gens III (1726) 188 ff. B. Buser, Beziehungen 33 ff., 55 ff.; Storia di Milano VII, 24; L. Rossi, La lega tra il duca di Milano, i Fiorentini e Carlo VII re di Francia (Arch. stor. lomb. 33 [Ser. IV, Bd. 5] 1906). Instruktion für Agnolo di Jacopo Acciaioli an den König von Frankreich 1451 IX 10: AStFir. XBal. Leg. IV, 8. Der diplomatische Schriftwechsel ebda. Resp. XXI. Das Bündnis wirkte sich weiter aus: Karl VII. ermächtigte den florentinischen Gesandten, den Dieci di Balia vorzuschlagen, Florenz möge ein besonderes Abkommen mit Mailand schließen. Es sollte der Entlastung Frankreichs bei seinen Unternehmen gegen England und Spanien dienen. Das Schreiben des Acciaioli (Tours 1452 II 27) mit der Vollmacht Francescos für Acciaioli an Karl VII, den *capitoli* und dem Hilfsversprechen Frankreichs für Mailand und Florenz in AStFir. Sign. Resp. VIII, 221 und Mailand BA. Z 247 sup. zu 1452 II 27. Auf diese Verhandlungen bezieht sich das Anm. 16 gen. Stück Florenz BL. Plut. 90 cod. sup. 47.

des Reiches durchaus nicht verzichtete. Ob die italienischen Bundesgenossen gewußt haben, daß Friedrich III. das Eingreifen Frankreichs in
Mailand nicht ungern sah, bleibt dahingestellt[21]. Nur die kühle Über-
legung rechtfertigte das Zusammengehen mit den Franzosen, und der
Mailänder wagte viel, wenn er Karls VII. italienische Interessen vor dem
Papste in dieser so hochgespannten Zeit mit französischen Absichten
auf das Kaisertum in Verbindung brachte, als an der Kurie der Rom-
zugsplan Friedrichs diskutiert wurde[22]. Damit schien die mailändische
Frage über das Rechtliche im engeren Sinne hinaus sich zur Kraftprobe
für das Kaisertum selbst auf ganz realer nationalpolitischer Grundlage
auszuweiten.

Trotzdem blieb die Einmischung der *ultramontani* in die italienischen
Verhältnisse unpopulär. Daß der König von Frankreich sich auch zum
Herrn Italiens gemacht hätte, war den Mächtegruppen, die im Gleich-
gewicht die politische Lösung suchten, letzten Endes nicht vorstellbar.
Einige Politiker sahen trotzdem weiter. Wenn der mailändische Gesandte
in Ferrara meinte, die Verteidigung italienischer Interessen durch
Nichtitaliener müsse schon erwogen werden *non bastando questa la materia
in mano del Turco*[23], so schimmert doch noch die Idee jener mittelalterlichen *unio christianitatis* durch, welche die Vorstufe einer von einem be-
friedeten Italien ausgehenden *unio Europae* bilden konnte: ein Gedanke,
den auch Nicolaus V. seinen Kreuzzugsplänen zugrunde legte.

Der Papst, ein kränklicher Mann, eher Gelehrter als Politiker, hatte
gegenüber solchen Gegenspielern, unter denen Alfons ohne Zweifel als
die stärkste Persönlichkeit hervorragte, keinen leichten Stand[24]. Daß er
sich als Bewahrer des allgemeinen Friedens fühlte und die Politik der
Kurie danach ausrichtete, lag im Sinne seiner durch alte Tradition gebundenen Aufgabe. Zugleich sah er sich aber als Herr des Kirchenstaates unmittelbar in das Getriebe der Mächtegruppen gestellt. Damit
rückte die päpstliche Politik in ein nur ihr eigenes Zwielicht und wurde
letzten Endes auf Wohlwollen und Kompromisse angewiesen. Alfons
von Aragon hat die unglückliche Lage des Kirchenstaates weidlich aus-
genutzt[25]. Nicolaus V. konnte eine Liga, mit deren Hilfe der Aragonese
auch im Norden hätte Fuß fassen können, um so den Kirchenstaat zu
umklammern, nicht billigen. Auf der anderen Seite band die Tradition ihn

[21] B. Buser, Beziehungen S. 58.
[22] AStMil. Pot. est. Roma C 40 (Ber. 1451 XI 22): . . . *peterlo recordando ad soa
Santita, chel Re de Franza pretende el imperio et non dorme* . . ; Pleyer, Politik Nicolaus V.
67; de Beaucourt, Histoire V, 165.
[23] AStMil. Pot. est. Ferrara 318 (1451 IV 2).
[24] Vgl. neben K. Pleyer die Studie von L. Rossi, Niccolo V e le potenze d'Italia
dal maggio 1447 al dicembre del 1451 (Riv. di scienze stor. 3 u. 4, 1906/07), auf der
Pleyer stark fußt.
[25] Pleyer 39ff.

an den künftigen Kaiser, ohne dessen *auxilium et consilium* das ständige
Vorhaben der Päpste, die Abwehr der Türken als Kreuzzug, nicht
durchführbar schien. Mailand, das Italien allgemein gegen Frankreich
und das von Nicolaus unterstützte Savoyen, die Heimat des Gegen-
papstes Felix V., entlasten konnte, wenn es nach Norden orientiert blieb
— dies war der Sinn eines päpstlichen Plans für eine Liga Venedig/
Mailand/Florenz (1449) gewesen — bedrohte auch den Kirchenstaat
nicht und hätte jetzt ein natürliches Gegengewicht gegen Aragon gebildet. Aber die Entwicklung verlief so, daß der Papst den Condottiere
nicht offen zu begünstigen wagte. Seine Zuneigung zu dem Sforza er-
schöpfte sich in freundlichen, persönlich gehaltenen Versicherungen
gegenüber den mailändischen Gesandten. Die Friedensmahnungen des
Papstes kamen zu spät. Der Gang der Ereignisse ließ sich nicht mehr
aufhalten. Die Furcht vor der politischen Einmischung der Franzosen
wurde gerade an der Kurie durch den Gedanken an einen Konzilsplan
des französischen Königs noch verstärkt, der sich mit entsprechenden
Vorschlägen des deutschen Königs überschnitt [26].

So standen sich schließlich die beiden großen Gruppen, Venedig/
Aragon und Mailand/Florenz, gegenüber. Beide versicherten dem
Papste ihre friedlichen Absichten. Er hat sich der Macht und der
Tradition schließlich nicht entziehen können und in der Frage der
Lombardischen Krönung offen gegen Mailand entschieden, das sich nunmehr erbittert Frankreich zuwandte [27]. Damit war auch der Platz der
Kurie im Spiel der Mächte klar geworden. Im Grunde drängte in den
letzten Monaten des Jahres 1451 alles bereits zum Kriege. Man betrieb
die diplomatischen Vorbereitungen intensiv, um sich die beste Ausgangs-
lage zu sichern. Noch lag die diplomatische Initiative bei Mailand/
Florenz, die der Republik von San Marco wegen der Vertreibung der
florentinischen Kaufleute zunächst die Schuld an der Entwicklung zuschieben konnten, so daß Aragon schließlich nur Überraschung oder
Gewalt zu bleiben schienen. Alles schien auf den Höhepunkt zuzutreiben.
Zu diesem Zeitpunkt betrat Friedrich III. italienischen Boden. Er verließ
ein Land, in dem der Aufstand gärte und zog in ein Land, das an der

---

[26] AStMil. Pot. est. Roma C 40 (1451 I 13). Damit hängt der Plan Francescos
zusammen, Nicolaus einen Ort der Lombardei (Pavia?) für ein Konzil vorzuschlagen
(ebda. Pot. est. Roma C 40: 1451 II 27). Die Erhöhung des Bischofs von Pavia, die
der Sforza an der Kurie wenig später betrieb, ist mit seinen Krönungsplänen in
Zusammenhang zu bringen.

[27] B. Buser, Beziehungen 60ff.; Mailand und Florenz hatten längst erwogen,
Frankreich nach Italien zu rufen (AStMil. Pot. est. Roma C 40, 1450 XI 4). Über
die Vertreibung der florentinischen Kaufleute aus Venedig, die damals als unerhört
empfunden wurde, vgl. Cronachetta degli Sforza (in: Arch. stor. per le prov. napol.
XIX (1894)) S. 736ff. und AStVen. Del. XIX fol. 30b, fol. 135b, 48. Der Senat
meinte, wenn man den Florentinern so drohe . . . *omnia facerent quam hoc pati.*

Schwelle eines Krieges stand; eine Idee sollte verwirklicht werden, die er seinen eigenen politischen Zielen dienstbar zu machen hoffte. Dazu gehörten Übersicht, Zähigkeit und Mut. Schon aus dieser Lage heraus erscheint das absprechende Urteil, das die Forschung bislang über den Habsburger gefällt hat, nicht gerechtfertigt[28]. Auch sein kluges Verhalten gegenüber den ihm an sich fremden Problemen beweist das. Die Fragen, welche Italien ihm in Siena vorlegen würde, waren durch die politische Entwicklung formuliert. Es ging um die Anerkennung des Francesco Sforza als Herzog in Mailand und um die Stellung, welche die natürlichen Verbündeten des künftigen Kaisers, Aragon und in seinem Gefolge Venedig, künftig gegenüber den übrigen Mächten einnehmen würden.

Die Kommune Siena stand zunächst abseits, weil sie politisch zu bedeutungslos war, um von sich aus in das Geschehen eingreifen zu können. Ihr Beispiel lehrt jedoch, daß gerade die *adhaerentes*, wie die Verträge solche Partner minderen Rechtes bezeichneten, in wichtigen Lagen oft den Ausschlag gaben. Um die Haltung der Stadt im diplomatischen Spiel und ihre Maßnahmen im Zusammenhang mit dem Romzug des deutschen Königs zu verdeutlichen, richten wir den Blick zunächst auf einige Tatsachen der Stadtgeschichte, die seit dem 13. Jahrhundert unter dem Zeichen des Gegensatzes zu Florenz stand. Er wuchs sich zur Erbfeindschaft aus, die sich nicht nur in der senesischen Politik allgemein, sondern auch noch in den Akten des Romzuges selbst deutlich abzeichnet. Siena erntete nur, was es einst, 1260, nach der Schlacht bei Monteaperti, als es der Rivalin am Arno stolz harte Bedingungen diktierte, selbst gesät hatte. Auf Grund ihrer staufischen Privilegien[29]

---

[28] Jetzt zusammengestellt von F. Tremel, Studien zur Wirtschaftspolitik Friedrichs III. 1435—1453 (Carinthia I [146. Jahrg., 1956] 549 ff.).

[29] Am 25. Nov. 1451 legte der senesische Gesandte Nicolaus V., um den Rechtsanspruch der Kommune auf das wegen seiner Lage gegen Florenz wichtige Figlino nachzuweisen, ein Privileg Friedrichs I. vor, in dem der Ort angeblich den Senesen übereignet wurde. (AStSen. Conc. Cop. lett. 1672, 208). Wahrscheinlich lag hier ein Irrtum vor. Der Gesandte wird sich auf ein für Siena sehr wichtiges Diplom Heinrichs VI. (Cesena 1186 X 5, St. 4595; Druck: La Farina, Studi sul secolo dezimoterzo IV (1842) 177 nr. III nach Muratori, Antiquitates Italicae IV (1741) Sp. 469; Reg.: Fed. Schneider, Regestum Sen. I, 125 nr. 328) bezogen haben, das bereits zu seiner Zeit als *or* und *cop.* im Archiv der Stadt lag. Die Urkunde, mit welcher der Stadt . . . *plena iurisdictio in civitate Siena et extra civitatem, de hominibus, quos habuit episcopus Senensis* und das *fodrum de eisdem hominibus et possessionibus . . . iure proprietatis vel feodi . . .* gegeben wurde, bezieht sich ausdrücklich auf Friedrich I., nennt jedoch keine Orte. Friedrich I. selbst hat nur eine einzige Urkunde für Siena ausgestellt (Gragnano 1158 XI 29, St. 3830, Druck: Stumpf, Reichskanzler III nr. 134, Reg.: Fed. Schneider, Regestum Sen. I, 83 nr. 221). Mit ihr beginnt die ältere senesische Stadtgeschichtsschreibung die Geschichte der Beziehungen zum Reiche. Für Figlino hätte der Gesandte dieses Stück jedoch geschickt interpretieren müssen, denn es untersagte dem Grafen von Orcia nur, im Bereich von 12 Meilen um die Stadt Befestigungen anzu-

leitete die Stadt bereits früh eine Territorialpolitik ein, die unseren Vorstellungen von Herrschaftsbildung nicht ohne weiteres entspricht. Das Land, der *contado*, wurde nicht be-, sondern entsiedelt: die Stadt zwang große Teile der ländlichen Bevölkerung, sich innerhalb der Mauern niederzulassen, während der Adel draußen als ländliche Gefolgschaft, meist längs der Straßen auf seinen bescheidenen Sitzen blieb. Diese Maßnahme wirkte sich auf den städtischen Bevölkerungskörper, die Stadtverfassung und die Stadtwirtschaft entscheidend aus. Wohlfahrt und Wohlstand hingen allmählich von der Entscheidung des *popolo* ab, in der Stadt wuchsen die politischen mit den sozialen Gegensätzen, ohne daß soziologisch bestimmbare Gruppen zunächst die Führung übernommen hätten. In friedlichen Zeiten kam es trotzdem, besonders, nachdem die Anhänger der guelfischen Partei ans Ruder gekommen waren, zu wirtschaftlichem Wohlstand, während das Land weithin verarmte und seinen Rückstand nicht mehr aufzuholen vermochte. Die rechtlichwirtschaftliche Harmonie, die das Gesicht der deutschen Stadtlandschaft im Mittelalter weithin prägt, suchen wir hier vergebens. Noch 1452 machte das *territorio* von Siena einen recht elenden Eindruck. Folgen wir den Akten, so schien es streckenweise nur aus armseligen Weilern und kleinen Straßenburgen zu bestehen. Es war jedenfalls nicht in der Lage, von sich aus größere wirtschaftliche oder organisatorische Maßnahmen zu meistern, wie die Reise des Königs sie forderte. Gemeindliche Selbstverwaltung zeigte sich nur in geringen Ansätzen. Ein offenbar streng gehandhabtes Abgabesystem (gabelle) zentralisierte den contado noch stärker. Wir beobachten also 1452 die merkwürdige Tatsache, daß ein demokratisch durchorganisiertes städtisches Gemeinwesen sein Territorium mit nahezu absolutistischen Methoden „regiert". Die Kommune befahl bei der Durchreise Friedrichs III. ihrer Landbevölkerung durch ein kollegialisches System von für diesen besonderen Zweck verfassungsgemäß ernannten Kommissaren fast jeden Handgriff, und die Untertanen nutzten, wie die Akten zeigen, ihrerseits jede Möglichkeit aus, welche die Organisation des *reggimento* zu ihrem Vorteile bot.

---

legen. Daraus kann noch nicht gefolgert werden, daß Siena „Reichsstadt" gewesen sei (wie denn überhaupt dieser Inhalt in bezug auf die italienischen Städte erneuter Untersuchung bedarf). Das Verhältnis zum Reiche wechselte: vgl. nur die aufschlußreiche Urkunde über die Verweigerung des Treueids 1268 (Druck: Ficker, Forschgen. z. Reichs- und Rechtsgesch. Italiens IV [1874] Nr. 451). Man wird deswegen eher von einer dem Reiche zugewandten Stadt sprechen müssen. Vgl. Fed. Schneider Toscanische Studien I (Quellen u. Forschgen. a. ital. Archiven u. Bibliotheken XI, (1908) 63, und II (ebda.) 281 ff.); Ficker, Forschungen z. Reichs- u. Rechtsgesch. II (1868) 229 § 312; Fed. Schneider, Die Entstehung von Burg und Landgemeinde in Italien (1924) 233; ders., Reichsverwaltung in Toscana I (1914) 277; ders. Regestum Senense I (1911) Einleitung; K. Schrod, Reichsstraßen und Reichsverwaltung im Königreich Italien (1931) 124ff. mit der dort angegebenen Literatur.

Die demokratische Stadtverfassung wurde durch das *Concistoro* repräsentiert, den Rat der Vierundzwanzig (später Sechsunddreißig: je acht bzw. zwölf Vertreter der Stadtdrittel, *monti*). An seiner Spitze stand seit 1252 der *Capitano del Popolo*, absichtlich aus stadtfremden Familien gewählt, um den Stadtadel besser im Zaum halten zu können. Um 1450 hatte das Amt die Befugnisse des *Podesta* bereits überholt. Der Capitano übte faktisch die Stadtherrschaft, führte die Aufgebote der Stadtdrittel und saß zu Gericht. Die diplomatischen Akten zeigen nun deutlich, wie um 1450 (und wohl auch schon früher) von außen her politischer Einfluß auf dieses Amt angestrebt wurde. Mailand und Venedig versuchten auf verschiedene Weise, hier ins Spiel zu kommen. Man schuf sich Parteien, die durch bestimmte Familien oder Mittelsmänner beeinflußt oder zuweilen auch finanziell unterstützt wurden. Meist führte der Erwerb von Grundbesitz zu Stimmrecht im Consiglio. So verfuhr Mailand in Venedig und Genua, Venedig in Siena, wo der Bruder des ständig hier tätigen Gesandten gerade, als Venedig Wert auf den Eintritt der Kommune in seine Liga mit Aragon legte, ein Haus erwarb[30]. In gleicher Weise nahm Siena selbst in diesen Jahren Einfluß auf das Regiment der Caterina d'Appiano, Witwe des Rinaldo Orsini, Herrn von Piombino[31].

Die Akten überraschen durch die Fülle der Maßnahmen und Ereignisse, die der Romzug für die Stadt auslöste. Sie lassen sich in der Hauptsache unter drei Gesichtspunkte ordnen. Sie betreffen *l'intenzione*, d. h. die mit dem Zuge verbundenen politischen Absichten, vor allem aber — und dies lag der Stadt zunächst näher — *il ordine*, den *ordo* des Einzuges und alles, was mit ihm zusammenhing, schließlich die wichtige Frage der *spese*, der Kosten. Dabei wird deutlich, daß dem ordo auch insofern politische Gedeutung zukam, als es galt, die Nachbarin Florenz womöglich noch zu übertreffen, so, wie das reiche Florenz Venedig in den Schatten zu stellen suchte.

Mit der Frage nach der politischen Absicht wenden wir uns nun der politischen Lage zu, wie sie sich insbesondere für Siena unter dem Eindruck des Romzuges entwickelte. Die Beziehungen zum Reiche begannen erneut mit einem Schreiben des Königs vom 1. November 1447, dessen Inhalt für das Kommende fast symbolhaft erschien. Friedrich teilte mit, daß Filippo Maria Visconti, Herzog von Mailand, gestorben sei und würdigte seine Treue zum Reiche. Siena wurde aufgefordert,

---

[30] AStSen. (ohne loc.) 1451 IX 8. Auf der anderen Seite verbot Venedig dem Sforza, sein Haus am Canal Grande weiterzubauen (der Platz — zwischen Pal. Grassi und Pal. Falier — verrät noch heute die ursprünglich großartige Planung), vgl. L. Beltrami, La „Ca' del Duca" sul Canal Grande ed altre reminiscenze sforzesche in Venezia (1901).

[31] O. Malavolti, Historia de' Sanesi III/2 fol. 37bff. (in enger Anlehnung an Ag. Dati); Cipolla, Signorie 478ff.; L. Cappelletti, Storia di città e stato di Piombino delle origini fino all'anno 1814 (1897).

gegen alle, welche versuchen sollten, die Stadt und die Lombardei dem
Reiche zu entfremden, Hilfe zu leihen: „. . . *ut in oboedientia sacri Imperii
perseverare possint, quemadmodum in fidelitate vestra confidimus . . .*"[32]. Im
folgenden Jahre hat Siena von seinen Beziehungen zum Reiche keinen
Gebrauch machen können, und es erscheint auch durchaus zweifelhaft,
ob die Stadt ihre nachbarlichen Verhältnisse unter solchem Aspekte
geregelt hat. Ende 1450 geriet die Kommune in eine schwierige Lage:
ihre Eigenschaft als südliches Tor in die Toscana gefährdete sie in den
drohenden Auseinandersetzungen zwischen Aragon und Florenz. Die
mächtigen Bündner, der Doge Francesco Foscari und König Alfons,
bemühten sich in mehreren Gesandtschaften um die ihnen so wichtige
Stadt[32a]. Die Kommune wollte ihre Unabhängigkeit so lange wie möglich
wahren; denn der Grundsatz der *libertà* (im Gegensatz zu der vor dem
künftigen Kaiser nun eifrig betonten *fidelitas*) galt als Pfeiler ihrer
demokratischen Verfassung. Aber sie sah, daß sie sich auf die Dauer
allein nicht würde halten können. In dieser schwierigen Situation traf
offenbar überraschend die Gesandtschaft König Friedrichs, Enea Silvio,
mit den Räten Georg von Volkersdorf und Michael von Pfullendorf, ein.
Am 12. Januar 1451 standen sie vor dem Concistoro und kündigten in
feierlicher Form den Romzug und die bevorstehende Hochzeit des
Königs mit der portugiesischen Prinzessin Eleonore, der Nichte
Alfons' V., an, indem sie zugleich in der üblichen Weise um Geleit für
den König und Gastung für ihn und sein Gefolge baten[33]. Dies gab der
augenblicklichen Lage der Stadt eine neue Wendung. Bestand so nicht
doppelte Gefahr, wenn der König, von dem man noch nicht wußte, wie
er sich gegenüber Italien und insbesondere der Stadt verhalten würde,
nun noch als Verwandter des gefürchteten Aragonesen erschien? Bereits
einen Tag später verließen Gesandtschaften an Papst Nicolaus und an
Alfons die Stadt. Die Instruktion des Gesandten an die Kurie war zunächst noch sehr allgemein gehalten. Aber so viel wird doch schon deutlich, daß die unmittelbare Furcht vor Alfons, der ja im Verdachte stand,
nach dem Königtum in Italien zu streben, größer war als vor den aus der
Verwandtschaft mit dem künftigen Kaiser sich ergebenden Verwicklungen, obwohl auch Friedrich das Gerücht vorauslief, er sei mit Plänen

---

[32] AStSen. Conc. Lett. 1960, 72 (1447 XI 1).

[32a] AStSen. Conc. 509 (Del.) fol. 26b zu 1451 I 23; Conc. 1592/94 fol. 24 zu 1451
II 15; Cons. gen. 225 fol. 130b zu 1451 III 5.

[33] Berichte und Protokolle: AStSen. Conc. 2418 (Leg.) fol. 47ff. mit Conc. 2178
(m. Instruktion und Responsio); Ehrengeschenk durch 3 Bürger: Conc. 509 (Del.)
fol. 11; Abstimmung (129 + : 6 — für die Ehrung im Sinne der Stadt) ebda. fol. 16b;
Cons. gen. 225 fol. 107b. Zum Gesandten an den König wurde am 26. Jan. Franciscus Joh. de Lutis mit 6 Pferden bestimmt. Er kehrte am 25. April zurück und erstattete am 29. April seinen Bericht (Conc. 2408 (Leg.) fol. 27b).

einverstanden, die auf eine Teilung Italiens zwischen Venedig und Aragon zielten[34]. Siena hatte mit der Rücksichtslosigkeit der immer fordernden napoletanischen Beamten schon schlechte Erfahrungen gemacht. Wir wissen nicht, was schließlich den Ausschlag gab. Der Rat zögerte jedenfalls lange, sich an Venedig zu binden. Wenn die Daten der Sitzungsprotokolle stimmen, beriet man über das Geleit zweimal. Es wurde dem König in aller Form zugesichert[35]. Inzwischen übersandte Venedig die capitula für den vorgesehenen Eintritt der Stadt in die Liga. Man beriet am 23. Januar, ob für den 28. Januar nochmals eine Sondersitzung einberufen werden solle, in der die Fassung des Vertragstextes überprüft werden müsse. Das Abstimmungsergebnis von 216 : 99 zeigt, wie geteilt die Meinungen waren, und daß man aus Furcht die Sache offensichtlich verschleppte[36]. Am 31. Januar kam man schließlich überein, die Liga vorerst geheim zu beraten. Sie war also offensichtlich nicht populär. Vielleicht machte sich der Einfluß der mailändischen Parteigänger oder auch der Eindruck der Persönlichkeit des Sforza selbst bemerkbar. Im Februar weilten erneut aragonesische Gesandte in der Stadt[37]. In der Folgezeit gelang es Venedig schließlich, den der Republik schon vom Vater her besonders zugetanen senesischen Gesandten zum Abschluß zu bewegen[38]. Am 14. April bewilligte der Rat die Gelder für die Durchführung der Feierlichkeiten anläßlich des Eintritts der Stadt in die Liga, die, wie das Stimmverhältnis von 238 : 69 zeigt, an Beliebtheit kaum gewonnen hatte[39]. Siena wurde darin als *collegiato* (also schon als unmittelbarer Bündner) Venedigs, nicht Aragons angeführt und glaubte so wohl, besonders klug gehandelt zu haben; denn einmal hatte sie den Gesandten König Friedrichs gegenüber in der Antwort des Capitano del Popolo ihre Reichstreue versichert und den König als Friedebringer begrüßt, andererseits meinte sie, als Zugewandte Venedigs dem unmittelbaren Zugriff Aragons zu entgehen. Ein Jahr später sollte der Ausbruch des Krieges gegen Florenz die Senesen belehren, wie sehr sie sich geirrt hatten. Fürs erste schien man gesichert zu sein. Der senesische Gesandte Gregorio Nicolai Loli sprach dies schon am 25. März vor Nicolaus V., an den man sich nochmals um Rat und doch schon den künftigen Schritt erklärend gewandt hatte,

---

[34] AStSen. Conc. 2415 (Leg.) fol. 114b.

[35] AStSen. Cons. gen. 225 fol. 107b mit Conc. 509 (Del.) fol. 15b (Einträge 1451 I 14 und I 19, Abstimmung 130 + : 5 —).

[36] AStSen. Conc. 509 (Del.) fol. 26b zu 1451 I 23.

[37] Abstimmung über die Ehrung durchreisender Gesandter (Aragon und Venedig) 147 + : 27 — in AStSen. Conc. 1592/94 fol. 27 (1451 II 15); Cons. gen. 225 fol. 130b (1451 III 5). Bestätigung des Beschlusses mit 157 + : 68 — (!) am 27. April ebda. fol. 150.

[38] Ag. Dati fol. 227b.   [39] AStSen. Conc. 1592/94 fol. 32.

offen aus [40]. Er machte dem Papst klar, vor allem auch, um ihn als Herrn des Kirchenstaates von den friedlichen Absichten der Kommune zu

---

[40] AStSen. Conc. 2415 fol. 113: Instruktion für den senesischen Gesandten Gregorio Nicolai Loli (1451 III 25). Der Gesandte machte deutlich, daß Florenz, falls es ihm gelänge, Siena zu unterwerfen, bald auch die Exklaven des Kirchenstaats bedrohe. Dessen *stato* aber sei zu häufig Veränderungen unterworfen und biete den Nachbarn daher keinen ausreichenden Schutz. Er könne in Siena nur von der *humanità* Venedigs erwartet werden. Man wolle dem Rate Nicolaus' folgen, weil die Kommune wie er den Frieden zwischen Florenz und Aragon, Mailand und Venedig, Aragon und Mailand erstrebe. Durch *confederatione et lege* müsse man erreichen, daß *Italia uno corpo* werde. Siena habe sich dies in seinem *domande et descriptiones di capitoli* mit Venedig genugsam überlegt und *solo a conservatione degli stati* sich angeschlossen. Die Liga richte sich nicht gegen die Kurie, sie diene ihr vielmehr; denn die *libertà* der Kommune sei der Schild des Kirchenstaates. Darüber hinaus habe man die Liga Venedig-Aragon *per lo comune bene ... di tucta Italia* abgeschlossen: diese Tür sei offen für alle.

Die Argumentation spiegelt die konservative politische Haltung der Stadt. Ihre *pratiche* sollten die eigene Unabhängigkeit bewahren und erstrebten die *unio Italiae* auf der Grundlage eines Gleichgewichtes, das noch auf dem System von Einzelbündnissen voneinander unabhängiger Mächte beruhte. Die alte *libertà* schien der Kommune im Sinne ihrer demokratischen Verfassung so noch am ehesten gewahrt zu bleiben. Diesen Gedanken aber hatte die tatsächliche Entwicklung bereits überholt; denn ihm stand jetzt die Blockbildung gegenüber, die auf der von einem Einzelnen geführten Liga beruhte. Soeben rangen Alfonso und Francesco in diesem Sinne um die Vorherrschaft, die unabweisbar auch zur Herrschaft über ein neues, national gedachtes Italien führen mußte. Daß diese Bewegung stark wirtschaftlich fundiert war, wie die eigenartige Politik Cosimos in Florenz gegen Venedig und Genua zeigte, verleiht ihr moderne Züge. Hier ließ sich jedenfalls der Herrschaftsanspruch des Mächtigen im Sinne der *virtù* eher verwirklichen. So betrachtet, erscheint der Friede von Lodi (1454) als echte Kompromißlösung. Dem Papsttum als Vermittler ging es um die *pax Italiae*, weil sie nur so zu einer neuen Form der *unio christianitatis* zu kommen glaubte, von der aus sie die Abwehr der Türken einleiten konnte. Allerdings besaß sie als Faktor der inneritalienischen Politik nicht die Machtmittel, um sich als Staat durchsetzen und zugleich die traditionsgebundene Aufgabe des Papsttums wirkungsvoll fördern zu können. Eben darin liegt die Tragik Nicolaus' V. Auf das Allgemeine gesehen öffnen sich hier weite Ausblicke. Im Bereich der Diplomatie schien das statische Moment nun allmählich die Oberhand zu gewinnen. Es änderten sich infolgedessen auch die diplomatischen Formen. Der Übergang zur ständigen Gesandtschaft wird damit ebenso zusammenhängen wie der Wandel im Bilde des politischen Vertrages. In der Entwicklung der Vertragsform hat vor allem Venedig neue Wege beschritten. Über die politische Bedeutung des Erwerbs von Grundbesitz vgl. Anm. 30. Auch die reinen Handelsverträge wurden von dem für die politischen Verträge gewohnten Aktensystem der Instruktionen und Relationen, Responsionen und Gutachten begleitet. Wesentlicher aber bleibt die Erweiterung echter politischer Verträge durch wirtschaftliche und finanzielle Bestimmungen (vgl. AStMod. Canc. march. e duc.: Doc. riguardanti la Casa e lo Stato (Tratti etc. tra Ferrara e Venezia 1191 bis 1494, Rep. pactorum Nr. 3 fol. 11: Vertrag zw. Borso und Venedig, 1454). Daß wirtschaftliche Fakten bewußt politisch eingesetzt wurden, zeigen wenig später die Beziehungen zwischen Alfonso und Skanderbeg. (Vgl. dazu F. Cerone, La politica orientale di Alfonso di Aragon, Arch. stor. per le prov. napol. 27 u. 28 [1902/03]). Methodische Hinweise an hochmittelalterlichem Material

überzeugen, daß Siena nicht mehr allein stehen könne. Venedig habe sich stets für den Frieden eingesetzt, und so sei der Anschluß seiner Stadt an die Republik nur zu verständlich. Zugleich wahre man — dies ein deutlicher Hinweis auf das gespannte Verhältnis zwischen dem deutschen König und Mailand — die Interessen des Reiches. Es war das erste Mal, daß ein senesischer Gesandter sich auf dieses Verhältnis berief, und er tat es nicht ohne Absicht. Die Kurie erhob territoriale Ansprüche gegen Siena in Figlino. Nur so vermochte die Stadt anzudeuten, daß sie zwar auf der Seite der Freunde des Papstes stehe, im Ernstfalle aber sich auch auf den Schutz des Reiches berufen könne: man sehe ja, wie der deutsche König die Reichsrechte in Italien zu wahren gedenke. Auch hier sprach die Sorge vor der Nähe Alfons' mit. Man wollte ihn nicht vergrämen, suchte aber doch auch Schutz vor ihm. Am 5. Mai berichtete der senesische Gesandte in Venedig über ein Bündnis zwischen Montferrat und Savoyen gegen Mailand; am gleichen Tage verließ ein Gesandter Siena, um in Neapel offenbar eigene *capitola* vorzulegen[41]. Wahrscheinlich wollte die Stadt mit Alfons zu einem Sonderbündnis kommen, um die Verwandtschaft des Aragonesen mit dem künftigen Kaiser für sich zu nützen. Alfons aber durchschaute die Absicht. Er weigerte sich zu ratifizieren und wies auf die Verbindung Sienas mit Venedig hin. Damit behielt er sich die Handlungsfreiheit gegen die Kommune vor: sie blieb ihm ausgeliefert. Auch ein Umweg mißlang den Senesen. Sie machten zur selben Zeit einen anderen Bündnisversuch, der zugleich ein Licht auf das zweifelhafte Schicksal der „Kleinen" in diesen Bündnissystemen wirft.

1450 starb Rinaldo Orsini, der Herr der kleinen Herrschaft Piombino. Siena, das an der Küste nur über das als Hafen fast völlig unzureichende Talamone verfügte, legte von jeher Wert darauf, daß Piombino ihm zugewandt blieb. Nach dem Tode des Rinaldo gelang es der Kommune, der Witwe ein Gremium unter der Führung des Cristoforo Gabrielli, des

---

jetzt bei W. Heinemeyer, Die Verträge zwischen dem Oströmischem Reiche und den italienischen Städten Genua, Pisa und Venedig vom 10. bis 12. Jahrhundert (Arch. f. Diplomatik 3 (1957) 79 ff.); zur Formgeschichte der Verträge vgl. H. Fichtenau, Arenga. Spätantike und Mittelalter im Spiegel der Urkundenformeln (Mitt. Inst. f. Österr. Geschichtsforschg. Erg. Bd. XVIII, 1957) 187 ff.).

[41] AStSen. Conc. 2415 fol. 116. Zur gleichen Zeit schrieb der mailändische Gesandte aus Rom, Alfonso habe die ohne sein Wissen geführten Verhandlungen Venedigs in Siena sehr übelgenommen (AStMil. Pot. est. Roma C 40; Ber. 1451 V 4). Er wollte, wie die Berichte der folgenden Tage erkennen lassen, offenbar die Führung der entstehenden Liga selbst in der Hand behalten und bemühte sich besonders um die Kurie (wegen des Durchmarschrechts durch bolognesisches Gebiet. Dies versuchte Venedig in Bologna durch seinen Gesandten noch im Dez. zu erlangen (AStVen. Del. XIX fol. 105 b) und um Ferrara (wohl, weil er wußte, daß Friedrich III. dem Markgrafen gewogen war). Dies hielt aber noch zu Mailand (AStMil. Pot. est. Ferrara 318, 1451 V 7 u. V 11).

späteren Capitano di Popolo, zur Seite zu stellen, das Caterina beriet und
das Schicksal der kleinen Herrschaft damit an Siena band. Caterina über-
lebte ihren Gemahl nur um ein Jahr. Jetzt aber kam trotz aller Mühe der
senesischen Partei ein Parteigänger Alfons' von Aragon ans Ruder[42].
Der senesische Gesandte stellte dem Papst offensichtlich aus Rücksicht
auf Alfonso den Vorgang jedoch so dar, daß er der Meinung sein mußte,
Emanuello hätte die Herrschaft im vollen Einvernehmen mit der Stadt
angetreten. Nachdem die Kommune bereits im Mai in Piombino ihr
neues Verhältnis zu Venedig bekanntgemacht hatte, setzten seit Juni
1451 die Bemühungen ein, auch den neuen Herrn in alter Weise enger an
die Stadt zu binden. Im Hinblick auf den Krönungszug und die bevorstehende Landung der königlichen Braut auf senesischem Gebiet
— Talamone war dazu ausersehen — führte Siena seine Funktionen als
Stadt des Reiches ins Feld, um Emanuello mit jenen Ehrungen zu locken,
die mit diesem Ereignis verbunden waren. Aber der Herr von Piombino
weigerte sich hartnäckig: er habe Alfons bereits vor seinem Herrschafts-
antritt schwören müssen, mit niemand ein Bündnis einzugehen, bevor er
nicht mit Neapel abgeschlossen habe. Schriftliche Abmachungen könne
er mit Siena also in keinem Falle treffen. Dies bedeute jedoch nicht, daß
er sich der Stadt in guten und schlechten Zeiten nicht verpflichtet
fühle — leere Worte, die auch so verstanden wurden. Man sieht, Alfonso
hatte sich auch bereits diesen wichtigen Punkt an der Küste für den Fall
einer kommenden Auseinandersetzung gesichert. Aragonesische Gesandte trafen in Piombino auf mailändische, ohne daß Siena Einzelheiten
aus ihren Gesprächen erfahren konnte. Aber man sprach doch von
gemeinsamen aragonesisch-venezianischen Operationen zur See, wenn
unbekannte Schiffe vor der Küste gesichtet wurden. Trotzdem gab der
Gesandte nicht auf, bis ihn Emanuello auf einer Gasterei, als ihm wieder
zugesetzt wurde, unvermittelt fragte, ob man ihn denn in Siena für einen
Esel hielte. Er distanzierte sich schließlich auch öffentlich, sicher unter
dem Zwang des Aragonesen, von der Kommune, als er ihre Einladung
zum Palio ablehnte; denn dieses Stadtfest galt seit jeher als repräsenta-
tives Treffen der politisch Gleichgesinnten. Emanuello ließ mitteilen,
Alfonso müsse seine Teilnahme als Brüskierung empfinden. Dies wirkte
in einer Zeit, in der gerade die Repräsentation zum integrierenden Bestandteil der Politik wurde, schärfer als einer der üblichen diplomatischen
Schritte: der Herr von Piombino mußte wissen, daß er sich damit die
Sympathie der Senesen am ehesten verscherzte, obwohl er ihnen dauernd
seine Zuneigung versicherte[43]. Den kleinen Herrschaften blieb also

---

[42] Ag. Dati fol. 227; Cipolla, Signorie 477ff.
[43] AStSen. Conc. 2415 (Leg.) fol. 126b zu 1451 VI 29. Francesco dagegen ließ
sich vom Bey von Tunis Pferde schenken, um sie seinen Anhängern in Siena für
den Palio zur Verfügung zu stellen.

nichts anderes übrig, als sich dem Mächtigen auszuliefern, eine Tatsache,
die wir weithin auch in den Bündnissystemen Norditaliens für die Herrschaften an der via Emilia in den Apenninen feststellen. Weitere Verhandlungen Sienas mit Alfonso durch eine sehr ansehnliche Gesandtschaft,
wie für diesen Kreis erforderlich wurde, blieben ohne Erfolg. Bereits
im September sprach man sowohl in Neapel als auch in Piombino offen
von der drohenden Kriegsgefahr zu Wasser und zu Lande [44].

Die Gegner der Liga Aragon/Venedig blieben nicht müßig. Siena
wurde seit dem August 1451 für die Monate bis zum Eintreffen König
Friedrichs einer der Brennpunkte italienischer Politik. Francesco Sforza
wußte, daß Friedrich mailändisches Gebiet aller Voraussicht nach meiden
werde. Florenz setzte bezeichnenderweise mit seinen Verhandlungen ein,
als es den bevorstehenden Romzug gesichert sah und als Siena zu einem
Sonderabkommen mit Aragon zu kommen suchte. Die *Dieci di Balia*
teilten jedenfalls zunächst in einem formell gehaltenen Schreiben ihren
senesischen Nachbarn am 12. August mit, daß sie sich mit Mailand verbunden hätten und begründeten ihren Entschluß ausführlich mit dem
Streben Venedigs nach der Herrschaft über Italien. Alfons wurde — dies
bleibt bezeichnend — nicht genannt [45]. Es lagen wirtschaftliche und vor
allem strategische Interessen vor: Auch Florenz versuchte, dem der Liga
innewohnenden Gesetz folgend, die drohende Umklammerung seines
Blocks zu vermeiden. Ob die im Grunde ängstliche Kaufmannsrepublik
am Arno ebenfalls unter dem Eindruck der rücksichtslos verfahrenden
Persönlichkeit Alfons' stand, bleibe dahingestellt. Erst am 18. August
kam, wie üblich, auf den Ruf der Glocke und das Gebot des preco, die
senesische Volksversammlung zusammen und nahm die Liga zwischen
Florenz und Mailand zur Kenntnis. Jetzt wurde im Rat mit 157:21
Stimmen beschlossen, Venedig das Vertrauen auszusprechen: „ . . . *quod
omnis spes nostra constitit in . . . dominio Venetiarum* . . .“: Beweis auch für die
stille Arbeit der Parteigänger und die Wirkung abgewiesenen senesischen
Entgegenkommens in Neapel —; man war entschlossen, alle Fährnis
mit Venedig *tamquam cum optimis patribus* zu teilen. Im selben Sinne sollte

---

[44] Zur Lage: AStSen. Conc. Lett. 1969, 15 (Piombino 1451 VIII 7); ebda. Lett.
1969, 51 (Piombino 1451 IX 22); Conc. 511 (Del.) fol. 53 b zu 1451 VIII 3. Francesco
Aringherii hielt sich, um über Piombino zu verhandeln, mit 7 Pferden 25 Tage in
Neapel auf. Pro Tag und Pferd wurden ihm 40 soldi gezahlt. Seine Instruktion
Conc. 2415 (Leg.) fol. 116 (1451 V 7), die Relation ebenda fol. 125 b. Die kleine Stadt
wurde nun für kurze Zeit zum Mittelpunkt der aragonesisch-senesischen Verhandlungen. Siena vor allem bemühte sich, Piombino mit seinem Hinweis auf den Besuch
des Königs und sein nahes Verhältnis zum Reiche zum Eintreten in die dem König
zugewandte Liga Siena-Venedig zu veranlassen (Die Instruktionen der Gesandten)
Conc. 2415 (Leg.) fol. 116ff.; Schriftverkehr: Conc. Lett. 1969, 8.

[45] Die offizielle Bekanntgabe des auf den 15. Aug. festgesetzten Abschlusses erfolgte durch Mailand am selben Tage: AStMil. Pot. est. Firenze 265, Cremona
1451 VIII 18 (lat. u. ital. Fassung).

der Papst unterrichtet werden[46]. Der Blick auf die Karte beweist, wie natürlich Siena sich der mailändischen Liga eingefügt und zu einer echten Blockbildung beigetragen hätte, zumal der Rat wenig später aus Genua erfuhr, daß mailändische Gesandte sich neben aragonesischen auch dort um den Beitritt der so wichtigen Hafenstadt in ihr System bemühten. Genua ist dann allerdings seine eigenen Wege gegangen und rief im folgenden Jahre sogar seine Gesandten, die den deutschen König nach Rom begleiten sollten, von halbem Wege wieder zurück[47]. Am 8. September schrieb die Kommune ihrem Vertrauensmann Niccolo de Severinis über die mailändische Liga. Genua werde sich aller Voraussicht nach daran kaum beteiligen; man erwarte den venezianischen Gesandten von der Kurie und den aragonesischen aus Venedig[48]. Der Block, der bei der militärischen Stärke Mailands ein entschiedenes Gegengewicht hätte bilden und Koalitionen beeinflussen können, die unter dem Eindruck des Romzuges ihre Aktivität verstärkten, kam also nicht zustande, weil die geographisch wichtigen Mächte sich nicht entschließen konnten. Offenbar mißtraute man auch dem Bunde zwischen Cosimo und Francesco. Florenz blieb daran nicht ganz ohne Schuld; denn in diesen Wochen machte ein böses Wort aus Florenz unter den Gesandten die Runde, das sich auf die Auseinandersetzung des Condottiere mit Venedig bezog: Man habe in Florenz weniger Geld in der Liga investiert: „... *et che speravano in questo marzo se la Signoria non rompeva di fare rompare al duca, perche la Signoria e perpetua et ambitiosa, el duca mortale ...*", und Bindo

---

[46] AStSen. Conc. 511 (Del.) fol. 27b, 1451 VIII 18.

[47] Mailand verfuhr in Genua in Übereinstimmung mit Florenz. Die Instruktion für den florentinischen Gesandten Guglielmino di Franco Tanaglia vom 6. Aug. 1451 (AStFir. XBal. Miss. Leg. IV, 6) weist auf das Streben Venedigs hin, die Lombardei zu unterjochen, während Mailand den territorialen Bestand der Nachbarn garantieren werde. Es wird ein Dreibund Genua-Florenz-Mailand vorgeschlagen, der sich nur segensreich auswirken könne (AStMil. Pot. est. Firenze 265 zu 1451 XI 10). Tatsächlich wurde das Ausscheren Genuas in Venedig als schwerer Schlag empfunden (AStVen. Del XIX fol. 106, 107b). Aber noch war es nicht so weit. In Genua verschärfte sich die Lage erst Anfang 1452, als der Doge die Verhandlungen mit Venedig abbrach und das Haus des venezianischen Gesandten bewachen ließ (AStMil. Pot. est. Genua 407, 1452 I 5). Genua mußte jedoch vielerlei Rücksichten, besonders auf Frankreich nehmen und versuchte, nach Möglichkeit unabhängig zu bleiben. Es beteiligte sich weder am Empfang des mit seinen Gegnern verbundenen deutschen Königs (AStMil. Pot. est. Genua 407, 1452 I 16 und II 25), noch wollte es von zu schneller Bindung wissen: ... *et dipoi di nuovo ci e di là, come perseverano in quello proposito cioe di tenere non essere obligati a rompere la guerra ne armare. In caso primo non sia rocta alla legha, dicendo, che, quando questo caso fusse vogliono fare ogni armata ...* berichtete Dietisalvi noch am 28. Febr. (AStFir. XBal. Resp. XXI, 13). Friedrich verübelte den Genuesen ihr Verhalten sehr. Auch Frankreich war, vor allem wegen des eigenmächtigen Vorgehens des Sforza in Genua, unangenehm berührt (AStMil. Pot. est. Genua 407 (1452 I 5 — II 25); Francia 524 (1452 I 25); Miss. XIII (1452 I 9—I 26); BA. Z 247 sup. (1452 II 27).

[48] AStSen. Conc. Cop. lett. 1672, 163 (1451 IX 8).

Ser Giovanni fügte hinzu: „. . . *e questo credeva certissimo.*"[49] Als Florenz
am 23. September anfragte, ob Siena als *socia* der Liga beitreten wolle,
beschloß der Rat (am 26. September) abzulehnen: . . . *dando unam
honestam (letteram) negativam . . . cum dulcissimis verbis*[50]. Siena bedankte
sich einen Tag später, weil es an Venedig und die Kurie durch Verträge
gebunden sei, die ebenfalls der Erhaltung des *pace universale* dienten.
Entsprechende Nachricht ging nach Rom und Venedig. Das Abstim-
verhältnis von 115 : 45 zeigt, wie geteilt die Meinungen im Ernstfalle
wieder waren und wie stark im Grunde die mailändische Partei in der
Stadt blieb. Ob sie ihren Einfluß auch gegen Friedrich III. geltend
machen würde, blieb nun die heimliche Frage. Anfang 1452 schickte
Francesco seinen gewandtesten Diplomaten, Sceva de Corte, nach Siena[51].
Er sollte den nicht unfreundlichen Ton der Kommune gegenüber Florenz
nutzen, nochmals den Vorwurf Venedigs zurückweisen, daß sein Herr
den Frieden Italiens störe, zum Eintritt in seine Liga auffordern und vor
allem mailändische Truppen im Falle eines Angriffes auf die *libertà* der
Stadt zusichern. Sceva hatte ebensowenig Erfolg wie kurz zuvor sein
florentinischer Kollege Otto de Niccolinis[52]. Auch der Venetianer
Giovanni Mauro legte am 25. Dezember — also zur gleichen Zeit, in
der der senesische Gesandte in Venedig sich über den Zug Friedrichs
informierte und die Unterstützung des Dogen vor der Kurie in territorialen Fragen erbat (Figlino) — dem Concistoro *multis rationibus et
elegantissimis verbis* dar, daß die Eroberungspläne von Florenz in der
Toscana sich letztlich gegen Siena richteten, daß dadurch die *pax Italiae*
gestört und ein *bellum iniustum* vom Zaune gebrochen werde. Nur der
Anschluß an die Liga Venedig/Aragon könne vor schlimmer Zukunft bewahren[53]. Fraglos hängen diese diplomatischen Bemühungen mit dem

[49] AStSen. Conc. Lett. 1969, 82 (Ber. d. senesischen Gesandten Bindo Ser Giovanni aus Florenz 1451 XI 15).

[50] AStSen. Conc. Lett. 1969, 52 (Florenz 1451 IX 23). Beschluß zur Antwort ebda.
Conc. 511/II (Del.) fol. 24b (1451 IX 26). Text der Antwort: AStFir. Sign. Resp.
VIII, 211 (1451 IX 27).

[51] AStMil. Miss. XIV (1452 I 5); Reg. duc. XXV fol. 17b (1452 I 16); Paris BN.
F. it. 1586, 21 (1452 I 16). Vor dem Eintreffen des Königs in Florenz (30. Jan.)
führte Sceva auch dort die Verhandlungen. Abwehr der venezianischen Vorwürfe
AStSen. 2418 (Leg.) 58 zu 1452 I 18.

[52] Er ritt mit 10 Pferden in Siena ein und wurde, wie üblich, von einem Notar
begleitet (AStFir. XBal. Del. XX, fol. 27). Zur gleichen Zeit ging Dietisalvo
Nerone für 2 Monate nach Mailand (ebda. fol. 24b). Hier wie anderswo wurden
also die Spezialisten für die betr. Verhältnisse eingesetzt, sobald die Lage es erforderte.
Zur Gesandtschaft des Otto de Niccolinis vgl. auch AStSen. Conc. 2418 (Leg.) 56
zu 1452 I 4. Siena hatte den Eintritt in die Liga Mailand/Florenz bereits im September
abgelehnt (AStSen. Conc. Cop. lett. 1672, 172 ff.).

[53] Die Instruktion für Giovanni Mauro nach Siena in AStVen. Del. XIX fol. 100b
(1451 XII 7). Der Gesandte wohnte, wie für seinen Stand allgemein Brauch war,
meist jeweils im selben Haus, von dessen Besitzer dann angenommen werden darf,

Romzuge zusammen; man wollte feste Tatsachen schaffen, bevor der
Kaiser imstande war, einzugreifen. Daß die Gesandten die Stadt auf dem
Höhepunkte ihrer Vorbereitungen zum Empfang des Königs trafen,
erhöhte die Spannung. Trotzdem wich der Capitano del Popolo,
Cristoforo Nannis Gabrieli, als besonders friedliebend von den Bürgern
gerühmt, allen Vorschlägen aus [54]. Die Kommune wollte von Mailand
unabhängig bleiben, wobei der Gedanke an das Vorgehen des Gian
Galeazzo Visconti in die Waagschale fallen mochte. In Wahrheit hatte
Siena seinen *stato* bereits verspielt, weil die konservative Haltung den
Blick auf die neuen Kräfte versperrte, die das Geschick Italiens in ihre
Hände nahmen und die Antipathie gegen die reichere und glücklichere
Rivalin am Arno die Möglichkeiten in der Toscana selbst entschieden
begrenzte.

II.

In dieser so erregten Zeit blieben wenigstens die Nachrichten über die
Pläne des deutschen Königs beruhigend, nach denen Siena sich vorsorglich durch seinen Gesandten Bindo Ser Giovanni in Venedig erkundigen
ließ [55]. Das Verhältnis Friedrichs zu Mailand und Florenz, Weg und

daß er zu den Parteigängern seines Gastes gehörte. Aber dies ist nicht immer sicher.
(Wir dürfen also von „Gesandtenherbergen" für einzelne Mächte sprechen.) Giov.
Mauro stieg bei Lodovico de Salimbene ab, der, wie wir wissen, ja als Empfangs-
kommissar für Eleonore nach Talamone abgeordnet, also sowieso nicht daheim war.
Die Miete bezahlte für die Dauer der Anwesenheit des Gesandten die Stadt, die sich
auch um die Ausstattung der Räume kümmerte (Wandbehänge, gute Betten), vgl.
AStSen. Conc. 512 (Del.) 48 zu 1451 XII 28. Sie mußte auch für Schäden aufkommen,
die in dieser Zeit entstanden, da sie das Quartier ja zugewiesen hatte (Abtretung des
Hauses AStSen. Conc. 511/II (Del.) fol. 50 zu 1451 X 30.; Ersetzung eines Schadens
durch Brand, Abstimmung 210 + : 65—, ebda. Conc. 513 (Del.) 1452 III 22. Der
Gesandte sollte einmal das Durchmarschrecht für Alfonso erreichen, dann aber
Siena grundsätzlich für den Aragonesen gewinnen und den alten Haß gegen Florenz
schüren. Anweisungen der Republik in AStVen. Del. XIX fol. 112 ff.; AStSen. 2418
(Leg.) fol. 55 zu 1451 XII 25. Vgl. allg. L. Rossi, Venezia e il re di Napoli, Firenze
e Francesco Sforza dal Novembre del 1450 al Giugnio del 1451 (Nuovo Arch. Ven.
[n. S.] V, Bd. 10).
[54] P. Parducci, L'incontro etc. 299. Noch am Tage des Einritts (7. Febr.)
wurde Herzog Albrecht vom Rat gebeten, er möge alle Reiter, die nicht in dem engen
Siena bleiben müßten, zwecks besserer Versorgung in die Quartiere längs der strata
Romana legen (AStSen. Cop. lett. 1673, 27 b). Wahrscheinlich fürchtete der Capitano die
Parteien in der Stadt, deren Aristokratie zu Venedig neigte, während weite Teile der
gewerbetreibenden Bevölkerung mit Francesco Sforza sympathisierten. Dies bedeutete
zugleich auch Anerkennung verschiedener Verfassungsformen. Nur in der Abneigung
gegen Florenz waren auch politische Gegner sich einig.
[55] Bindo Ser Giovanni Bindi löste in Venedig Francesco de Aringheriis ab, der
genau 432 Tage dort tätig gewesen war. AStSen. Bicch. 320, 95 (1451 X 30). Über
seine Tätigkeit vgl. Dati fol. 227 b. Akten über die Gesandtschaft des Bindo: AStSen.
Conc. 511/II (Del.) fol. 35 b zu 1451 X 11; Abfertigung mit Kredenz, Nota und
Geld ebda. Conc. 512 (Del.) fol. 8 b zu 1451 XI 8; Instruktion ebda. Conc. 2415

Stärke seines Zuges gewannen nach Lage der Dinge dabei für die Stadt besonderes Interesse. Man sieht, wie die Kommune sich, um den Anschluß an die nach ihrer Meinung stärkere Partei nicht zu verlieren und auch durch die Berufung auf ihr Verhältnis zum Reich nun bereits festgelegt hatte. Nicht zuletzt trieb sie aber auch die Furcht vor der Gewalt auf die Seite Venedigs. Aber das Vertragsverhältnis als *socia* (Zugewandte) macht doch eine Entschlußlosigkeit deutlich, die gerade jetzt verderblich wirken konnte: kein Zweifel, daß hier die Verfassungsform die politische Tatkraft lähmte und daß der Mann fehlte, der entschlossen die Entwicklung hätte beeinflussen können.

Der Stadtverfassung entsprechend konnte die technische Seite des Königsaufenthaltes nicht unmittelbar durch Ratsbeschlüsse organisiert werden. Die anfallenden Aufgaben waren vielmehr gewählten Ausschüssen zu übertragen, die ihre Tätigkeit an bestimmten Terminen mit den entsprechenden Unterlagen vor Concistoro und Consiglio del Popolo zu verantworten hatten.

Verwaltungsmäßig wurde der Besuch Friedrichs und Eleonores als getrennter Akt aufgefaßt. Wir folgen der Arbeit der senesischen Verwaltung chronologisch, weil so die Übersicht am ehesten gewahrt bleibt.

Die organisatorischen Maßnahmen beim Aufenthalt des königlichen Paares lagen in der Hand kurzfristig amtierender Institutionen, die durch Wahl auf der Grundlage der (topographischen) Stadtgliederung zusammentraten[55a].

Am 18. Aug. 1451 wurde auf Vorschlag des Lodovico de Petronibus, der später auch die senesische Gesandtschaft zu Eleonore nach Pisa führte, ein Bürgerausschuß gewählt, der den Empfang der Prinzessin organisieren sollte. Die drei Stadtteile ordneten je zwei Mitglieder ab, unter denen sich (wie auch in anderen Fällen — und dies bleibt für das Verhältnis der Stadtaristokratie zur Kommune bezeichnend) auch sonst im Dienst der Stadt politisch führende Namen finden, hier Francesco Aringherii, der kurz vor dem Ausbruch des Toscanischen Krieges als Gesandter nach Neapel ging, und Cristoforo Felici, Angehöriger der Gesandtschaft an Friedrich III. Die Beratungen über die Voranschläge

---

(Leg.) fol. 130b (1451 XI 12); Kredenz an den Dogen, Borso d'Este, Kardinal Bessarion in Bologna, Florenz und an die Kardinäle von Aquileia und S. Marco ebda. Conc. Cop. lett. 1672, 202b (1451 XI 12); Abreise mit 5 Pferden am 13. Nov.; Bericht vor dem Concistoro: 1452 I 20; Entlastung (Abrechnung) durch den Notar: 1452 I 27 ebda. Conc. 2408 (Leg.) 36.

[55a] Zum Verhältnis von Topographie und Verfassung Bemerkungen bei W. Braunfels, Mittelalterliche Stadtbaukunst in der Toscana (1953) 66ff., 157ff.; Die Verwaltungsmaßnahmen nach AStSen. Conc. 511—513 (Del.); Conc. 2408 (Leg.) und Cop. lett. 1673. Die Kommissare werden wie die Gesandten stets mit der Zahl ihrer Begleiter und der bewilligten Pferde genannt, und aktenmäßig unter „*Legazioni e Commissarie*" geführt; ihre Anweisungen erhalten sie meist in der Form der *lit. pat.*

dieses allgemeinen Ausschusses erfolgten im Consiglio del Popolo, der nach fester Tagesordnung verhandelte und abstimmte. Fast genau einen Monat später (18. September) trat ein neuer Ausschuß, je 15 Bürger aus einem Stadtdrittel, zusammen und ernannte einen Sechserausschuß, der später ermächtigt wurde, seine Vorbereitungen selbständig zu treffen und Auslagen zu machen. Unter den Mitgliedern treffen wir Bindo Ser Giovanni, wenig später Gesandten in Venedig. Cristoforo de Felicis wird als zeichnungsberechtigt gegenüber dem Concistoro genannt.

Für den Empfang des Königs wurde am 29. Oktober ein allgemeiner Ausschuß von 9 Bürgern gewählt ... *i quali con i Priori examinino la materia della venuta del Imperatore* (lat. Fassung: *sacri Imperii*), zugleich aber auch ... *una Balia, quale abbia autorità di provedere el mantenimento e conservazione dello Stato nella venuta dell' Imperatore*. Dies bleibt bezeichnend: die politische Spannung innerhalb der Stadt wirkte sich gerade bei diesem Anlaß bis in die Verwaltung so aus, daß durch eine *Balia* des *reggimento* den Bürgerausschüssen sofort jeweils das Gegengewicht geschaffen wurde. Es darf vermutet werden, daß die noch zu nennenden Sonderausschüsse für Sicherheit und Versorgung auch mit in den Händen solcher Balie lagen. Der Ausschuß tagte im Palazzo pubblico. Offenbar wurde in der heiklen Finanzierungsfrage keine Einigung erzielt, so daß die *spese* vor den Consiglio del Popolo gebracht wurden. Dieser beschloß, gegenüber dem König großzügig zu verfahren und schlug weiter besondere Sechserausschüsse, je dreimal zwei Mitglieder *de honorantia, per providere de stantiis et de enseniis*, vor (24. November). Sie wurden einem *Camerarius expensarum fiendarum* unterstellt, der dem *Camerarius Bicchernae* (Stadtkämmerer) verantwortlich blieb. Geldforderungen mußten durch Bürgen gedeckt werden. Je nach Bedarf konnten die Ausschüsse ihre Mitgliederzahl erweitern, Erkrankte hatten Vertreter zu stellen, Weigerungen wurden mit Geldstrafen geahndet.

Unabhängig von dieser Organisation wurden sechs Bürger beauftragt, den König bei seinem Einritt zu ehren, wie sie für recht hielten. Neben diese Gremien traten weitere Sonderausschüsse für Sicherheit und Versorgung (*novem cives super custodia civitatis et regiminis, sex cives officiales super abundantia*: die Getreideeinkäufe der Stadt wurden mit Genehmigung Alfonsos auch in Sizilien getätigt) und je vier Wachhauptleute für die drei Stadtteile. Auch die Instruktionen an den König entwarfen Sechserausschüsse, die jeweils aus 18 Bürgern ausgewählt wurden.

Das System spielte sich so gut ein, daß es für die Rückkehr des kaiserlichen Paares beibehalten werden konnte. Dort tritt es uns (seit 1452 Mitte März) nunmehr klar gegliedert entgegen, wenn auch seine Mitglieder inzwischen gewechselt hatten. Dem *Camerarius expensarum* unterstanden Ausschüsse von neun Bürgern (davon drei für die Kaiserin) *super stantiis*, sechs *super honorantia* des Paares und drei *super enseniis*.

Unabhängig von diesen kollegialisch arbeitenden Ausschüssen ernannte die Stadt Kommissare für Sonderaufgaben, die, mit besonderen Befugnissen ausgestattet, gleichsam als Gesandte geringeren Grades fungierten. Ihnen oblagen Ehrengeleite, Straßenordnung, Musterung, Betreuung der Gäste der Stadt (Talamone z. B.). Auch die den Gesandten beigeordneten Notare (z. B. nach Ferrara zur Beobachtung des Einzugs Friedrichs) wurden als Kommissare bezeichnet; sie rechneten also nicht unmittelbar zum Gesandtschaftspersonal.

Die Verfahrensweise dieser Institutionen erweckt den Eindruck großer Unbeweglichkeit. Neben dem von einer weit entwickelten Bürokratie überformten System wirkte sich vor allem die überalterte und deshalb unbeweglich gewordene Stadtverfassung aus, die noch starr am demokratischen Prinzip festhielt. Vor allem aber trug die politische Atmosphäre in der Stadt selbst, in der sich die allgemeine Erregung der Zeit schlechthin auswirkte, ihren eigenen Anteil zu solcher Entwicklung bei.

Auch eine zweite königliche Gesandtschaft, die Bindo Ser Giovanni in Florenz traf, bestätigte, daß der König friedlich und mit kleinem Gefolge heranreise[56]. Trotzdem blieben die Sorgen groß genug; denn

---

[56] Zum Folgenden vgl. G. Voigt, Enea Silvio II (1862) 32 ff.; Enea Silvio, Hist. Frid. (ed. Kollar) 183 ff., ders. Commentarii 17 ff. — Bericht des Bindo: AStSen. Conc. Lett. 1969, 82 (1451 XI 15) und ebda. Conc. Lett. 1969, 88 (1451 XI 19 aus S. Prospero). Die Briefe, in denen Enea Silvio den italienischen Mächten den *transitus imperatoris* ankündigte, waren in Siena bereits vor dem 3. Okt., in den übrigen Orten nur wenig später eingetroffen (AStSen. Conc. Lett. 1969, 64 zu 1451 X 19; aus Ferrara vgl. Wolkan, Der Briefwechsel des Enea Silvio I (Fontes rer. Austr. 6,1 (1909) 14). Siena wählte am 3. Okt. den entsprechenden Ausschuß (AStSen. Conc. 511/II (Del.) fol. 27 b). Der Bischof wurde etwa zum 10. Nov. erwartet (ebda. Conc. 2415 (Leg.) fol. 119 ff.) Er begleitete die deutschen Ehrendamen, die Friedrich III. für den Empfang seiner Braut abgeordnet hatte. Der Dombaumeister Mariano de Bargaglio mußte am 22. Nov. sein Haus für sie zur Verfügung stellen (ebda. Conc. 512 (Del.) fol. 15 b zu 1451 XI 16; ders. Beschluß, mit Randnot. *contra dom. Marianum* am 21. Nov. fol. 19 b wiederholt). Zugleich Einsetzen einer Dreier-Gesandtschaft, die dem König nach Ferrara entgegenreiten solle *per farsi confermare el regimento e governo* (ebda. Conc. 512 (Del.) fol. 17 b zu 1451 XI 19). Die deutsche Gesandtschaft mit Enea Silvio, Michel von Pfullendorf und Georg von Volkersdorf wurde am 20. Nov. empfangen (ebda. Conc. 2418 (Leg.) fol. 54). Der Geleitbrief Friedrichs für diese Gesandtschaft, der danach außer den Genannten noch Albert von Rottendorf, Bernh. von Tähenstein und Balthasar Rothenberger angehörten in Wien, HHStA. Fam. Urk. Wien 1451 X 4, *or. membr. c. s. p.* Beschluß des Consiglio del Popolo, den Romzug zu unterstützen, am 21. Nov. ebda. Conc. 1592/94 (Del.) fol. 31 und Conc. 512 (Del.) fol. 19 b (Abstimmung 190 + : 34—); Cons. gen. 225 fol. 238. Ehrung für den portugiesischen Gesandten Dominus Johannes Blanco und die deutschen Damen: ebda. Conc. 512 (Del.) fol. 21. Wahl weiterer Ausschüsse *qui habeant examinare et intellegere materiam adventus sacri imperii et facere provisiones* in Conc. 511/II (Del.) fol. 47 (1451 X 29). Überraschend starb der Freund des Eneas, Michel von Pfullendorf. Vgl. dazu G. Voigt, Enea Silvio II, 34. Begräbniskosten (dabei ein kostbarer Behang mit Wappen, Kerzen, Tücher) in Conc. 512 (Del.) fol. 35 b zu 1451 XII 10. — Kurz vor

neben der hohen Ehre, das Königspaar in seinen Mauern zu sehen, traf
die Stadt die doppelte Last, Tausende von Menschen und vor allem auch
Pferden unterzubringen und möglichst glänzend versorgen zu müssen.
Auch unmittelbare politische Bedenken kamen. Würde der König sich
nicht auf die Seite des vom Stadtregiment ausgeschlossenen Adels
stellen, dessen Ansprüche hören und in die Verfassung der Kommune
eingreifen? Deshalb wurden zwei Maßnahmen getroffen, die Zwischen-
fällen solcher Art vorbeugen sollten. Einmal beauftragte die Stadt ihre
Gesandten, die Friedrich entgegenritten, um ihn im Namen der Bürgerschaft zu begrüßen[57], sie möchten dem König und insbesondere dem
Marschalk nahelegen, daß die Stadt, weil sie zu eng gebaut sei, nicht
mehr als 800 Personen seines Gefolges aufnehmen könne. Der Rest
müsse mit gut versorgten Quartieren längs der strata Romana vorlieb
nehmen. Ohne Zweifel wirkte hier das Vorbild Bolognas: die Stadt
scheint die Zahl der königlichen Begleitung sogar auf nur 300 beschränkt zu haben. Zugleich warb Siena Mannschaften an und ließ auf
den Dörfern mustern. Der Munitionsbestand wurde ergänzt und die
Rüstkammer überprüft[58]. Florenz unterließ nicht, die Nachbarin deswegen

---

Jahresende, am 29. Dez., schickte Friedrich von Villach aus eine weitere Gesandtschaft (Thomas Haselbach, Ulrich Riederer und Heinrich Senftleben) nach Siena, die
dort nochmals wegen des Geleits und des Einzuges Besprechungen führte. Ihre
Kredenz AStSen. Conc. Lett. 1970, 17 (Villach 1451 XII 29), ihr Anliegen ebda.
Conc. 2418 (Leg.) fol. 57 (1452 I 16); am gleichen Tage wurde ihnen ein Geleitsbrief
für den König gegeben (*cop.* in Conc. Cop. lett. 1673, 13 b zu 1452 I 16).

[57] Nochmaliger Beschluß über die Gesandtschaft AStSen. Conc. 512 (Del.) fol. 33
zu 1451 XII 7. Die Mitglieder, Doctor Georgius Jacobi, Franciscus Patritius und
Cristoforus Felicis, ritten am 21. Jan. 1452 ab. Daß der König schnell reiste, war bekannt, und man hoffte, daß man ihn wenigstens zwischen Ferrara und Florenz treffen
würde (ebda. Conc. Cop. lett. 1673 fol. 16 b). Der Befehl, für die Gesandten je 8 famuli
und 8 Pferde zu stellen, erging an 3 Gefolgsleute der Stadt am 14. Jan. und mußte am
19. Jan. nochmals wiederholt werden: Zeichen für die Hast der allgemeinen Vorbereitungen, die man auch im *contado* traf (Conc. Cop. lett. 1673 10 b u. fol. 15).
Damit trat die senesische Gesandtschaft neben Florenz stärkemäßig hinter Venedig
(50) und Mailand (30) an die 3. Stelle (vgl. Niccola della Tuccia, Cronaca
de' principali fatti d'Italia dall'anno 1417 al 1468 (ed. Fr. Orioli, 1852), 214 ff.). —
Instruktion vom selben Tage (21. Jan.) Conc. 2415 (Leg.) fol. 131 b; besondere Anweisung Conc. Cop. lett. 1673, 22 zu 1452 I 23. Rückkehr am 7. Febr. mit dem
König, Bericht am 29. Apr. (nach der Rückkehr aus Rom): Conc. 2408 (Leg.) fol. 38.

[58] Vgl. die Anm. 57 gen. Instruktion von 1452 I 21. Mißtrauen in Bologna: Cronaca di Anonimo veronese 1446—1488 (ed. G. Soranza, Mon. stor. pubbl. dalla
R. Dep. veneta di storia patria Ser. III Bd. 4 (1915) 26). Rüstung der Stadt: AStSen.
Conc. 512 (Del.) fol. 13 b, 19 b; Pretianus Nannis Viceri als Musterungskommissar
in den *contado* mit 2 Pferden: Conc. 2408 (Leg.) fol. 37 zu 1451 XII 9; Wahl von
Wachhauptleuten (je 4 genannt) für die Stadtdrittel, Rüstungsausgaben des *operarius
camerae* (1451 XII 16) in Conc. 512 (Del.) fol. 36 ff. Zugleich aber mißtraute Siena den
an seiner Grenze stehenden *gente* des Kirchenstaates. Auch von militärischen Vor-
beugungsmaßnahmen in Rom selbst wurde berichtet (ebda. Conc. Cop. Lett. 1673, 9).
Damit hängt die seit etwa Mitte 1451 im senesischen Bereich anlaufende Nach-

zu verdächtigen und wɔrnte vor dem Zug durchs Senesische. Man wollte Friedrich halten und, wo möglich, auch die Braut begrüßen, zumal als sich herausstellte, Eleonore sei in Livorno und nicht in Talamone an Land gegangen. Siena fürchtete mit Recht, Ehre und Nutzen möchten verlorengehen und aller Aufwand umsonst vertan sein, weil der König, der seine Würde wahrte, trotz aller Leutseligkeit über seine Absichten schwieg und für die italienischen Gesandten, die ganz unbefangen ihre politischen Ansichten auszutauschen gewohnt waren, letzten Endes undurchschaubar blieb. Dies mag auch an dem negativen Urteil mit schuld sein, welches die Italiener über Friedrich fällten [59]. Das Mißtrauen einerseits, andererseits das Bestreben, vor den Nachbarn zu gelten, zwang Sienas Gesandte in der Begleitung des Königs nun zu einem unwürdigen Doppelspiel, in dem Friedrich die Ergebenheit der Kommune versichert, dem für die Organisation des Zugs verantwortlichen Herzog Albrecht die Notlage der Stadt erklärt wurde. Hier nun machte die Stadt auch

befestigung fester Plätze besonders in Chiusi, ihre Ausrüstung mit Geschütz, verstärkte Wachtätigkeit *quia sic opus est propter quasdas suspitiones de novo occurrentes*, Anwerbung von Söldnern, Warnung vor Verdächtigen (bes. zur See aus Talamone) zusammen, vgl. Conc. Cop. lett. 1673, 60 ff.

[59] Die Italiener urteilten über Friedrich III. nicht günstig. Sie ließen sich, wie vor allem die Berichte aus Venedig und Mailand zeigen, sehr vom äußeren Bild leiten. Pastor hat ihre Eindrücke stark verallgemeinert, wenn er auch von diesen Gesichtspunkten her den Romzug ein „klägliches Schauspiel" nennt (Päpste I, 512). Aufs Ganze gesehen, geben die Quellen ein gegenteiliges Bild. Das abfällige Urteil des Antoninus, Ebfs. von Florenz (Opus . . . historiarum seu cronicarum III tit. 22 cap. 12 § 3) bei Pastor I, 511. Friedrich hatte gewiß eigene Züge. Naturgemäß fiel den Venetianern die materielle Seite auf: sie betrachteten ihn als Mitgiftjäger. Bindo berichtete am 28. Dez. darüber: . . . *che la dota sua (d.i. Eleonore) fusse meno 75 migliaia di fiorini, et che cognoscevano la natura di questo imperadore essare avara et circa a queste parte gli ambasciadori . . . del duca (sc. di Milano) presto medisimo confirmavano* . . . Dazu hatten sie allen Grund; denn Enea Silvio hatte von ihrem Herrn, falls er den Herzogstitel erhalte, einen hohen Zins gefordert. — (Bindos Bericht AStSen. Conc. Lett. 1970, 16; Verhandlungen mit Mailand vgl. G. Voigt, Enea Silvio II [1862] 58). Hatte Friedrich es wirklich auf die Mitgift abgesehen, so fand er in Finanzfragen in Alfonso seinen Meister, wie der zwischen ihm und den Prokuratoren des Königs abgeschlossene Heiratsvertrag beweist (Wien HHStA. Fam. Urk. 619, Neapel 1450 XII 10, *or. membr. c. s. p. del.*, Druck: Chmel, Mat. I (1837) Nr. 161). Er setzte die Mitgift auf 60 000 fl. fest, die aber so angelegt und versichert wurden, daß Friedrich nur einen bescheidenen Teil davon wirklich nutzen konnte. — Das Urteil, das man in Neapel über Friedrich sich bildete, entstand am Vorbild der *virtus* Alfonsos (Pandulfus Collenutio, Historia Napoletana, (Basel 1572): . . . *quae omnia ab Alfonso in ea celebritate etsi tam magno sumptu fuissent instituta, Federicus tamen discedens nullam regiae virtutis existimationem post se reliquit* . . .). Friedrichs Vorliebe für Pretiosen schildert Dubravius, Historia regni Bohemiae etc. (1552), 178 in einer hübschen Anekdote beim Einzug ins Venezianische. Über allen wird das Bild Gültigkeit behalten, das Enea Silvio, der den König am ehesten kannte, überliefert hat (in der Europa, Opera (Helmst. 1619) 269): . . . *hortos tamen ac gemmas plus aequo admiratur et amat . . . in rebus gerendis tardior ac remissior* . . . aber doch fromm, nicht falsch, planend und im entscheidenden Augenblick entschlossen. Ganz ähnlich auch Nicc. della Tuccia, Cronaca S. 215.

4*

durch Hinweis auf ihre Zugehörigkeit zur Gruppe Venedig/Aragon von
ihren politischen Verhältnissen Gebrauch. Daß die Sache für Siena gut
ausging, verdankte die Stadt nicht so sehr dem Geschick ihrer Diplomaten, sondern der Unbeirrbarkeit des Königs, der seinen festen Plan
verfolgte und vielleicht auch dem Mißtrauen, das Friedrich seinerseits
gegen Florenz als Verbündete des Sforza hegte[60].

Dann fand, als man die Organisation für den Besuch des Königs
besprach, eine Beratung über die Änderung bestimmter Punkte der
Stadtverfassung statt. Die sorgfältig formulierten Protokolle legen bezeichnenderweise zuerst die Währung fest, die nicht verändert werden
durfte. Dann wurde der Arbeitsbereich der Ausschüsse genau auf ihre
Aufgaben beschränkt und ihnen jede Maßnahme politischen Charakters
verwehrt. Sie durften das Bürgerrecht nicht an Stadtfremde verleihen
und keinen begnadigen, der als *ribello* gegen die Kommune galt. Ihnen
war der Abschluß von Bündnissen untersagt. Zugleich wurde die Versorgung der Stadt geregelt und ein Sicherheitsausschuß für das *reggimento*
innerhalb und außerhalb der Mauern bestellt. Der Verkauf von Liegenschaften blieb untersagt. Diese politischen Erwägungen richteten sich
eindeutig gegen jeden Versuch des Stadtadels, die Anwesenheit Friedrichs zur Änderung der bestehenden Verhältnisse auszunutzen[61]. Die
Hauptausschüsse, gleichmäßig aus den Stadtdritteln zusammengesetzt,
befaßten sich vornehmlich mit der Unterbringung der Gäste, den
onoranze, wozu neben der Gastung auch die Ausgestaltung der Herbergen
gehörte, und mit der Organisation des Straßen- und Verpflegungs-
wesens im *territorio*. Die Quartierfrage war nicht einfach zu lösen, da
einige Bürger sich bereits zu Anfang weigerten, ihre Wahl in den
Wohnungsausschuß anzunehmen. Es mußten Strafen angedroht werden.
Offenbar machten die Bürger mit ihren Gästen zuweilen schlechte Erfahrungen: noch hatte die Stadt den Schaden nicht ersetzt, der eines
Abends durch den Brand in der Herberge einer Gesandtschaft entstanden war. Man wandte sich zunächst an die geistlichen Institutionen,
die ihre Räume unentgeltlich zur Verfügung halten sollten, während die
Bürger Miete erhielten. Aus der Bestimmung, daß der Raum nur für
die Dauer der Benutzung, nicht auch schon für die Bereitstellung
bezahlt wurde, läßt sich schließen, daß manche ihren Vorteil suchten.
Wer amtlich beauftragt die Stadt für längere Zeit verließ, wurde aufgefordert, sein Haus zur Verfügung zu stellen[62]. Die deutschen Ehren-

[60] AStSen. Conc. Cop. lett. 1673, 25 (1452 II 5).
[61] AStSen. Conc. 511/II (Del.) fol. 50ff. (1451 X 31). 1. Abstimmung 220+ : 54—,
2. Abstimmung 204+ : 70—. Am selben Tage Beratung über die Versorgung von
Stadt und Territorium (267+ : 7— und 261+ : 13— bzw. 206+ : 68— und 200+ :
74—. Für die Regelung der Verhältnisse in der Stadt gegen unvorhergesehene Ereignisse durch den Adel war die Sorge am größten).
[62] AStSen. Conc. 511/II (Del.) fol. 50; ebda. Conc. 512 (Del.) 14ff. 19b, 24ff., 43b.

damen für Eleonore wohnten in dem dafür freigemachten Haus des Dombaumeisters, der für den äußeren Rahmen des Empfangs, vorab für das Ausschmücken der Stadt und der königlichen Herberge verantwortlich war. Für die Kirche San Domenico wurde noch ein Bauauftrag erteilt[63]. Mehrfach reichten die den König begleitenden Gesandten Namenslisten der Teilnehmer am Zuge ein. Da etwa 4000 Pferde mit unterzubringen waren, mußte von Anfang an auch dafür für Unterstellraum gesorgt werden. Am 31. Januar, eine Woche vor der Ankunft Friedrichs, war die Hauptarbeit getan; sie hatte fast drei Monate in Anspruch genommen.

Vom 1. Februar 1452 an durften von den Toren der Stadt an bis zur Grenze des *territorio* keine Lebensmittel mehr aus den Dörfern und Herbergen entnommen werden. Die Heerstraße selbst wurde in Abschnitte eingeteilt, die Straßenkommissare laufend abritten. Man legte das Herbergensystem des Jubeljahres (1450) zugrunde: die seinerzeit belegten Orte wurden erneut mit Lebensmitteln, Stroh und Futter versorgt. Die Fremden waren gehalten, die landesüblichen Preise zu zahlen; Aufschläge wurden verboten. Für den Zustand der Straßen selbst waren die Anlieger verantwortlich[64].

Besondere Schwierigkeiten bereitete der Empfang Eleonores. Die Kommune besaß, wie bereits erwähnt, keinen geeigneten Hafen, dessen Gebäude die Prinzessin mit ihrem Gefolge und die sie erwartende deutsche Gesandtschaft mit rund 120 Pferden hätten aufnehmen können[65]. Die Unsicherheit der langen Seereise ließ die Bestimmung des Ankunftstermins kaum zu, die gespannte politische Lage seit Mitte 1451 überlastete die städtischen Behörden vollends. Die Akten geben gerade wegen dieser Umstände ein besonders gutes Bild. Bereits einen Monat

---

[63] AStSen. Conc. 512 (Del.) fol. 43.

[64] AStSen. Conc. 2408 (Leg.) fol. 38 ff.; Bereitstellung von ausgerüsteten Unterkünften nochmals angeordnet ebda. Conc. Cop. lett. 1673, 28 (1452 II 8); Verbot von Aufschlägen ebda. Cop. lett. 1673, 75 (bei der Rückkehr Friedrichs!), Straßenbau ebda. Cop. lett. 1673, 34. Kommissare: Conc. 2408 (Leg.) 38 ff. Sie mußten . . . *providere, quod hospitia . . . eorum iurisdictione subposita sint bene fulcita lettis, pane, vino et aliis cibariis et etiam stramine et bladiis, ita quod . . . gentes in transitu sufficienter de eis habere possint eorum denariis . . .* Der Bericht des Andreas von Lapiz (Druck: Wurmbrandt, Collectanea genealogica hist. ex archivo incl. Austriae inf. statuum (1705) 63 ff.), der als sechzehnjähriger Edelknecht an der Romfahrt teilnahm, schildert anschaulich, wie die Tore der Herbergen Tag und Nacht offen standen und sogar die Schmiede mit Beschlagzeug, Hufeisen und Nägeln in festen Abständen an der Straße zu warten hatten. Wie vor alters dehnte sich die Gastung auch hier im weiten Umfange auf das Gefolge aus, das mit etwa 4000 Pferden reiste.

[65] AStSen. Conc. 512 (Del.) fol. 39 b; Cop. lett. 1672, 221 b; Conc. 2408 (Leg.) fol. 37 (1451 XII 16): *Paulus Christoferi Mercarius, commissarius destinatus cum oratoribus et dominabus Serenissmi regis Romanorum euntibus obviam Ill. Imperatrici ad portum Talamonis* (m. 2 Pferden, Rückkehr 22. Dez., Bericht und Entlassung 29. Dez.).

vor der Ankunft der zweiten deutschen Gesandtschaft begannen die Vorbereitungen[66]. Ein Teil der Häuser in Talamone, von deren Ärmlichkeit spätere Schadenersatzforderungen der Besitzer anschaulich berichten, wurde zwangsgeräumt, dann Möbel, Decken und Wandbekleidung, dazu Gerät und Geschirr aus Siena zur Verfügung gestellt. Teilweise mußten die Dächer neu gedeckt werden[67]. Die Kommissare wurden mehrfach ermahnt, mit kostbaren Stücken vorsichtig umzugehen. Ebenso genau verfuhr man mit den Lebensmittelvorräten und besonders mit den zum Ehrengeschenk für Eleonore bestimmten senesischen Spezialitäten (Marzipan, Konfekt). Die Kommissare hatten sie nach einer bestimmten Zeit zu verkaufen, damit sie nicht verdürben. Der Rat empfahl größte Sparsamkeit und wollte doch die Ehre der Stadt gewahrt wissen. Ausnahmsweise erhielten die Beauftragten vom Concistoro Unterschriftsrecht und und Anordnungsgewalt (außer in Geldsachen), damit Rückfragen den Fortgang der nahezu überstürzt anmutenden Vorbereitungen nicht hinderten. Auch das schlechte Wetter erschwerte den Verkehr mit der Stadt. Rauchzeichen oder der Schuß aus einer Bombarde sollten die Landung der portugiesischen Flotte, deren Besatzung man auf rund 400 Personen schätzte, so rasch wie möglich anzeigen. Schließlich mußte man für die Deutschen in Grosseto Unterkunft besorgen, weil Talamone nicht so schnell ausgebaut werden konnte. Die Briefe der Kommissare enthalten fast nur Klagen und Geldforderungen, auf welche das Stadtregiment mit bürokratischen Vorschriften und ständigen Ermahnungen zur Sparsamkeit reagierte[68]. Alle Mühe blieb vergebens. Eleonore landete

---

[66] AStSen. Conc. 511/I (Del.) fol. 30b (1451 VIII 20): Antrag des *miles* Lodovicus de Petronibus auf Grund der Nachricht des Enea Silvio (vgl. Anm. 56), einen Ausschuß für den Empfang Eleonores einzusetzen. Er führte später die Gesandtschaft der Stadt zu Eleonore nach Pisa.

[67] AStSen. Conc. 511/II (Del.) fol. 13; Cons. gen. 225 fol. 211b.

[68] Vorbereitungen: AStSen. Cons. gen. 225 fol. 216; Conc. 494 (Del.) fol. 13ff.; ebda. Conc. 511/II (Del.) fol. 18ff.; Conc. 512 (Del.) fol. 14, 21. Gesandtschaften an Eleonore: 1. Gesandtschaft 1451 XI 9: Conc. 512 (Del.) fol. 9; Conc. 2415 (Leg.) fol. 130; Conc. 2408 (Leg.) fol. 36. Schriftverkehr: Cop. lett. 1672, 202; Lett. 1969, 83ff., 1970, 1. 2. Gesandtschaft 1452 II 8: Conc. 2408 (Leg.) fol. 39; ebda. 2415 (Leg.) fol. 135; Schriftverkehr Conc. Lett. 1970, 60ff.; Cop. lett. 1673, 28ff. Kommissare: Conc. 2408 (Leg.) fol. 35ff.; 2415 (Leg.) fol. 172bff.; Conc. 511/II (Del.) fol. 46b; Conc. 1592/94 fol. 42. Anweisungen des Concistoro (betr. Unterbringung, Versorgung, Bewachung und Finanzierungvollmachten): Conc. Lett. 1969 und 1970; Cop. lett. 1672, 198—224; 1673, 4ff. Conc. 512 (Del.) fol. 4b—37b. Abrechnung: Bicch. 320 fol. 81, 90. Besondere Vorkommnisse: Conc. 2131 fol. 52 (1452 IV 28: Schadensersatzforderungen, meist bei der überhasteten Entfernung der Bewohner aus ihren Häusern durch die Kommissare). — Die Talamone betr. Aktengruppe gibt ein besonders anschauliches Bild von der Lage, in welche die Stadt durch den hohen Besuch geriet. Nach der Landung scheint man mit insgesamt etwa 2000 Personen im Bereich von Talamone gerechnet zu haben, weswegen die Orte um Grosseto mit in den Quartierbereich gezogen wurden. Enea Silvio bewohnte das Haus eines Pfarrers

nach mühseliger Reise überraschend und sehr zum Ärger der Kommune auf florentinischem Gebiet, in Livorno[68a]. Die Gerüchte in Florenz, daß der König vielleicht doch senesisches Gebiet meide und seine Braut in der reichen Stadt erwarte, erhielten neue Nahrung. Politisch wäre dies fast einer Anerkennung der Liga Mailand/Florenz gleichgekommen. Die Senesen taten alles, um die in Talamone getroffenen Vorbereitungen für den neuen Treffpunkt noch nutzbar zu machen. Aber ihre Dispositionen kamen zu spät[69].

Das schwierigste Problem lag in der Finanzierung des königlichen Aufenthaltes. Die Lage der Kommune war angespannt genug. Außer dem Stadtsäckel verfügte sie über Guthaben bei den städtischen Banken, über Einkünfte aus Liegenschaften und über die *rendite* ihres *territorio*. Es bestand auch die Möglichkeit, Anleihen von Privaten aufzunehmen. Die Ausgaben der Stadt wuchsen in der zweiten Hälfte des Jahres 1451 nicht unbeträchtlich. Der Stadthauptmann Cechone d'India forderte (rund) 31 000 fl, fast ebensoviel ging an die städtische *famiglia* (die Bediensteten der Stadt). In Talamone wurden etwa 1300 fl aufgewendet. Hierzu kamen neben Sonderausgaben noch die Zahlungen an die Universität (16 000 fl) und der Aufwand für die Gesandten, die Kommissare und ihr Personal, die nach festen Sätzen entschädigt wurden, sobald sie vor dem Consistoro ihren Rechenschaftsbericht erstattet hatten. Das reiche Florenz hatte nach Ausweis der Rechnungsbücher nur für die täglichen kleinen Ausgaben mindestens 20 000 fl verbraucht, ohne daß dabei die privaten Ausgaben berücksichtigt worden wären, die man auf etwa 100 000 fl veranschlagte[70]. Siena sah sich nicht in der Lage, diese

---

in der Nachbarschaft. Pferdeknechte und Wachmannschaft wurden im Gebiet selbst geworben. Nur die besseren Quartiere erhielten durchweg *letti et banchagli*, und nur an den Ehrenplätzen wurden Wandbehänge und Teppiche *(panni di razo)* angebracht, die der mit der Ausstattung beauftragte Dombaumeister auf Anordnung des Rates aus dem Rathaus, den Kirchen und auch aus Privathäusern Sienas genommen hatte. Der Kämmerer, dem dauernd eingeschärft wurde, *chel commissario nostro non sia defraudato*, war angewiesen, die deutsche Gesandtschaft und die unmittelbare Begleitung Eleonores getrennt zu verpflegen und täglich nicht mehr als 100 Lire (7 Lire = 1 fl) für *pane, vino et altre simili cose* auszugeben, wovon vor der Ankunft Eleonores auf die Deutschen täglich nur 40 L entfielen. Der Satz wurde dann erhöht. Das tägliche Ehrengeschenk an die Prinzessin durfte 25 fl nicht überschreiten.

[68a] Reisebericht bei Nicolaus Lanckmann von Falkenstein, Historia desponsationis et coronationis Friderici III. et coniugis eius Eleonorae (Druck: Pez, Script. rer. Austr. II, 571 ff.; vgl. Lorenz, Geschichtsquellen II (1887), 304; Bayer, Historia Friderici 127).

[69] AStSen. Conc. Cop. lett. 1673, 23b (1452 II 4). Der Kommissar in Talamone wurde angewiesen ... *subitamente darai opera di fare caricare tuti li panni et ornamente* ... *per honorare la* ... *Ser. Regina* ... Ähnlich schrieb man auch Enea Silvio.

[70] AStFir. Onoranze Nr. 1359 u. 1359b (1452 I); AStMod. Cam. march. Reg. Nr. 4750/95 (1452), ebda. Cam. duc. Reg. 4751/95 (1453/54) und ebda. Nr. 6687/130: *Conto de spese delo Imperatore per la sua venuta a Ferrara* (Spezialreg.). Wie die Datums-

Summen aufzubringen. Deswegen wies man den Gesandten in Venedig schon beizeiten an, er möge neben dem *ordo* für den Einzug des Königs vor allem auch die Methoden studieren, welche die Republik zur Finanzierung des königlichen Aufenthaltes anwende. Bindo Ser Giovanni berichtete daraufhin, daß Venedig die Absicht habe, etwa 600000 fl aufzubringen, die sich aus privaten Anleihen (insgesamt 50000 fl zu $2^1/_3$%), aus der Besteuerung der Juden (18000 fl), der Geistlichkeit (14000 fl) und vor allem aus den Einkünften der *Terra ferma*, die vorfristig für sechs Monate beansprucht wurden (500000 fl), zusammensetzten. Daneben hatten die repräsentierenden Familien privat ihren nicht unerheblichen Beitrag zu leisten, der für die eigene Ausrüstung, für die Bewirtung der Gäste und vor allem für die Ehrengeschenke aufzubringen war. Auch Ferrara legte die Kosten auf sein Territorium um. Florenz verfügte aus städtischen Mitteln zunächst über etwa 150000 fl[71]. In Siena wurden verfassungsgemäß zunächst Ausschüsse gewählt, die diese Fragen und Beispiele berieten, ehe sie der Volksversammlung unterbreitet wurden. Es ist sicher kein Zufall, daß der Finanzausschuß am 30. Oktober, dem

lücke des modernen Inventars der Biccherna zeigt, muß auch Siena im Jan./Febr. 1452 ein besonderes Ausgaberegister geführt haben. Es ist nicht mehr aufzufinden. — Die durch ihre Fülle farbiger Einzelheiten hervorragenden Quellen geben ein eindringliches Bild aus jenen festlichen Tagen. Die verzeichneten Ausgaben lassen sich in Löhne, Entschädigungen und Aufwand gliedern. Vor allem können durch die Löhne für die Träger (für Holz, Kerzen, Lebensmittel aller Art, besonders viel Konfekt, Weine, Bekleidung und Schuhe, Schmuck und Stoffe, deren Farben und Qualität angegeben sind) die zahlreichen Ehrengeschenke erfaßt werden. Entschädigungen bekamen die Trompeter und Pfeifer des Königs. Auch Hzg. Albrecht verfügte über eigene Trompeter. 10 Goldg. als Sonderausgaben für die *tubireni (piffari) et sonatores imperatoris et ducis Alberti* AStSen. Conc. 514 (Del.) 66. Ihre Amtstracht (goldgewirktes Wams mit dem einköpfigen schwarzen Adler) erwähnt Niccola della Tuccia, Cronaca di Viterbo, S. 214). Auch Ausgaben für Mobiliar finden sich verzeichnet, und die Häuser (Läden?) sind genannt, in die der König „eintrat", wohl, um (auf Kosten der Stadt) zu kaufen. Die *albergi* (Herbergen) werden mit ihren den deutschen ähnelnden Namen genannt und ihre Aufnahmefähigkeit für Reiter und Pferde angegeben. — Beim Vergleich der Register fällt auf, daß sich in der fürstlichen *Camera* des Borso d'Este die Zahlungen an die *debitores* bis in das Jahr 1453 hinein erstrecken. Es gibt auch keinen Fonds für besondere Ausgaben (wie z.B. in Bologna). Man ging also mit den Gläubigern nicht so korrekt um wie in den Kommunen, deren klare *deliberazioni* für Bewilligungen, Ausgaberegister und Abrechnungen den geregelten Geschäftsgang einer organisierten Bürokratie verdeutlichten. Für Florenz vgl. auch den Bericht des Filippo di Cino Rinuccini (S. LXXV): *... e fattogli le spese per tutto il ... terreno, per modo, che costò al comune circa fiorini 20000 ...* In Bologna finden sich die Ausgaben für den Empfang des Königs bezeichnenderweise zwischen Posten für *munitio* und *fortificatio* (ASt Bol. Arch. Com. Lib. part. I (1450/55) zu 1452 I 17 ff.).

[71] AStSen. Conc. Lett. 1970, 14—18; AStVen. Del. XIX, 107: Belastung der *beneficia* der hohen Geistlichkeit, ebda. 108 b: zweimalige Vermögensabgabe bis 1454 als außerordentliche Kriegssteuer. Außerdem nahm Venedig Anf. Jan. 1452 eine Anleihe von 4000 fl an der Kurie auf (Mailand BA. Z 219 sup. Nr. 9135). Bindo durchschaute die Venetianer also nicht ganz.

allgemeinen Wahltag für die städtischen Behörden, seine Tätigkeit aufnahm. Man beschloß zunächst, den Gesandten bei der Kurie anzuweisen,
er möge vor dem Papste die Möglichkeit erörtern, ob die Kommune
die Geistlichkeit der Provinz einmalig bis zu 10000 fl besteuern dürfe.
Auch Enea Silvio teilte man dies mit. Schien dieser Weg nicht gangbar,
sollte der Gesandte sich in Rom um einen langfristigen Kredit bemühen.
Zugleich rief man auch die Bürgerschaft zu einer verzinslichen Anleihe
auf. Es kam jedoch nur eine schmale Summe zusammen. Eine Anleihe
auf ein Jahr im *territorio* wurde am 1. Dezember mit dem bemerkenswerten Abstimmungsergebnis von 145 : 52 auf 6000 fl festgesetzt. Sie
sollte, wie in Siena üblich, mit 5% verzinst werden. Am gleichen Tage
bat man an der Kurie nochmals um die Erlaubnis, von der Geistlichkeit
eine einmalige Abgabe bis zu 8000 fl erheben zu dürfen (Abstimmung
134 : 63). Damit kam man nicht aus; die Zahlungen kamen nur sehr unregelmäßig ein. Deshalb sah sich die Kommune im Februar 1452 zu einer
Zwangsanleihe veranlaßt, die in zwei Raten 50000 fl bringen sollte. Es
wurden Zahlungsfristen bis zu zwölf Tagen gesetzt, denn die Zeit
drängte. Pünktlichen Zahlern versprach man Vorrechte bei der Rückzahlung, Säumigen wurde mit Aufschlag gedroht. Auch dies half nicht
viel: zur Armut kam der Unwille. In der Zwischenzeit traf der König
ein. Gastung, Aufwand und Ehrengeschenke stürzten die Stadt in große
Verlegenheit. Am 3. März erließ der Rat erneut einen Zahlungsbefehl
für 55 Orte, in dem nach Ablauf einer gesetzten Frist Zwangseintreibung
und Verlust des Anspruchs auf Rückerstattung angedroht wurden[72]. Den
Versuch, durch eine Art „indirekter Steuer" (auf Lebensmittel) zu Gelde
zu kommen, hat man, wie aus einer Beratungsnotiz hervorgeht, offenbar
erwogen, aber nicht durchgeführt. Ein Ansteigen der Preise läßt sich
nicht feststellen. Die Fleischpreise fielen sogar ein wenig[73]. Auch an die
Nachbarn trat der Magistrat heran, um durch Aufnahme von Anleihen
die Geldnot zu beheben. Vor allem wandte man sich an die kleine und
wohl leistungsfähige Herrschaft Piombino, die auch politisch das Ziel
der senesischen Wünsche blieb[74]. In Florenz wurden private Außenstände eingefordert. Siena war im Gegensatz zu den reichen Kaufmannsrepubliken auf die eigene Sparsamkeit und auf ein System von Aushilfen
angewiesen. Die Aussicht auf den drohenden Krieg bedrückte das
Stadtregiment noch stärker. Enea Silvio hat in seinem Berichte auf diese

---

[72] AStSen. Conc. 512 (Del.) fol. 6—47 b; Conc. 1592/94 fol. 37; Conc. 2152
fol. 74; Conc. Cop. lett. 1672, 212 b—224 b; 1673, 22 u. 42 b. Einblick in den Geschäftsverkehr eines städtischen Ausschusses mit einer Bank (Bücher etc.) gibt Conc.
511 (Del.) fol. 10 b ff. bei der Aufnahme eines Darlehns von 900 fl durch die Stadt für
den Palio 1451.
[73] AStSen. Conc. 511/II (Del.) fol. 3 b.
[74] AStSen. Conc. Cop. lett. 1673, 3 b (1452 I 5).

schwierigen Verhältnisse hingewiesen und sie mit dem Aufenthalt König
Sigismunds in Siena in Zusammenhang gebracht, an den die Bürger
nicht gern zurückdachten. Es mag wohl sein, daß der mit der Heimat
politisch zerfallene Aristokrat diese Entwicklung der Kommune nicht
ungern gesehen hat[75].

III.

Der Ansicht des Consiglio del Popolo entsprechend, daß der Aufenthalt des Königs eine *materia grave et ponderosa . . . per la citta et regimento*
sei, beriet man das Ereignis mit den Bündnispartnern, der Kurie und
Venedig, eingehend[76]. Die Berichte des Gesandten in Venedig, die sich
zunächst mehrfach auf Informationen durch Kaufleute stützen mußten,
meldeten vorerst noch ohne rechte Einsicht in die tatsächlichen Zusammenhänge von der Entwicklung der österreichischen Verhältnisse,
wobei die Gestalt des jungen Ladislaus offenbar bereits jenen tragischen
Schimmer gewann, der die Bewunderung für das Mündel des Königs auf
der Reise dann verständlich macht[77]. Der Romzug schien zunächst in
Frage gestellt. Auch das Gerücht, Francesco betone gegenüber Friedrich
Reichstreue wie vor ihm die Visconti und suche so nach Legalität und
wolle ihn bitten, durchs Mailändische zu ziehen, wurde diskutiert und
befriedigt vermerkt, daß der König dieses Ansinnen abgelehnt habe. Die
Städte, in denen der König länger verweilen wollte, schickten ihre
Gesandten an den Hof nach Ferrara, um *l'entrada dell'omperadore, el ordine,
el modo d'entrare . . . et l'onoranza* zu studieren. Bindo meldete aus Florenz,
es habe trotz aller Prachtentfaltung und eines Zulaufs, daß er kaum habe
Quartier finden können, den Empfang durch den Markgrafen nicht
übertreffen können; in Bologna sei der Einzug *non . . . molto degno* verlaufen[78]. Hier gesellte sich auch die aus drei Mitgliedern bestehende

---

[75] G. Voigt, Enea Silvio II, 34 ff. Vgl. auch Eneas eigene Bemerkung in der
Hist. Frid. (ed. Kollar) Sp. 273.

[76] AStSen. Conc. 511/II (Del.) fol. 31 (1451 X 7).

[77] Die Quellen heben die Gestalt des jungen Ladislaus allgemein hervor. Die
österreichischen Gegner Friedrichs suchten ihn auch auf dem Romzuge zu beeinflussen (vgl. Enea Silvio, Hist. Frid. Sp. 251 ff. und öfter). Daher wird der Wunsch des
Königs verständlich, Ladislaus immer in seiner unmittelbaren Umgebung zu haben
(AStSen. Conc. Lett. 1970, 48/1 zu 1452 II 1). Auch mit den italienischen Gruppen
suchte die Partei des Grafen von Cilly über Ladislaus ins Gespräch zu kommen, als
einer ihrer Gewährsleute, Leodrysius de Cervellis, in Mailand über die österreichischen
Verhältnisse berichtete: man möge die Zuneigung des Ladislaus zu dem jungen Sohn
Francescos, Galeazzo Maria, politisch ausnutzen (Paris BN. F. it. 1586 fol. 18, 1452
I 15).

[78] AStSen. Lett. 1970, 40 (Florenz 1452 I 30); den Einzug Friedrichs vom selben
Tage erw. Conc. Lett. 1970, 44. Die Berichte über den Einzug in Florenz gewannen
für Siena wegen seiner konkurrierenden Stellung besondere Bedeutung, vgl. AStSen.

senesische Gesandtschaft zum Zuge, die den König bereits in Ferrara, das zum allgemeinen Treffpunkt bestimmt war, hatte begrüßen sollen. Ihr hatte die Stadt die politischen Verhandlungen mit Friedrich anvertraut, während Bindo nur als Beobachter berichten sollte. Der König kam den Senesen zuvor; denn er reiste, wie die Akten betonen, ungewöhnlich schnell und planmäßig[79]. Von Bologna bis Siena benötigte er einschließlich seines Aufenthaltes in Florenz nur knapp zwei Wochen. Dies lag nicht zuletzt auch an der guten Organisation des Vorkommandos unter des Königs Bruder Herzog Albrecht, das, etwa 300 Mann stark, dem Zuge Friedrichs, den die Quellen auf rund 2500 Teilnehmer schätzen, um Tage vorausritt. In Bologna gelang es der senesischen Gesandtschaft nicht, Albrecht aufzuwarten, weil er bereits wieder im Sattel saß, kaum, daß der König eingezogen war. Als die Gesandten am 27. Januar aus Bologna nach Hause berichteten, meldete der Magistrat am gleichen Tage zurück, daß Reiter Albrechts angekommen seien, und sie überraschten am 4. Februar — drei Tage vor der Ankunft des Königs — auch den senesischen Straßenkommissar in S. Quirico[80]. Am 1. Februar teilten die Gesandten aus Florenz die Zusammensetzung des königlichen Gefolges und die Rangordnung mit. Die Verwirrung wuchs vollends, als sie am selben Tage in einem Nachschreiben bekanntgaben, Eleonore sei in Livorno gelandet. Am 3. Febr. traf der Kurier des Königs ein, der die Nachricht bestätigte und der vorgesehenen deutschen Begleitung für die Prinzessin befahl, von Grosseto und Talamone eilig nach Pisa zu reisen[81]. Vor Friedrich selbst hatte die senesische Gesandtschaft eben alle Mühe angewandt, um das Mißtrauen der Stadt nicht zu offensichtlich werden zu lassen und die Verdächtigungen ihrer Rivalin Florenz zu entkräften. Auch Enea Silvio, der die Deutschen nach Pisa führte, wurde dringend gebeten, er möge verhindern, daß Eleonore nach Florenz zöge; denn man höre, Friedrich wolle durchs Arnotal nach Süden ziehen. Der König entschied diese Frage selbst. Am 5. Februar wußte Siena sicher, daß es auch die Braut in seinen Mauern werde be-

Conc. Cop. lett. 1673, 20b (1452 I 28) mit der Aufforderung der senesischen Bürgerschaft, die Gesandten sollten gerade aus Florenz alle Einzelheiten des *ordine* melden. Die florentinischen Berichte sind in der Mehrzahl gedruckt. AStFir. Filza Strozzi 178 Nr. 50 (Ber. d. Niccolo Strozzi an Filippo Strozzi in Neapel). Enenkel a.a.O. S. 135; Antoninus, Opus historiarum 178, Sp. 1ff.; Giovanni Cambi, Istorie (in: Delizie degli Eruditi toscani XX [1785] 278ff.); Giovanni Morelli ebda. XIX (1785) 174; C. Guasti, Ricordanze di Messer Gimignano Jnghirami (Arch. stor. ital. Ser. V, Bd. I/3 [1888] 68); A. Messeri, Matteo Palmieri, cittadino di Firenze del sec. XV (ebda. Ser. V. Bd. XIII/2 [1894] 283ff.). Filippo di Cino Rinuccini, Ricordi storici dal 1282 al 1460 etc. (ed. G. Aiazzi (1840)).

[79] Vgl. nur die Instruktion für die senesischen Gesandten von 1452 I 21 § 2 (AStSen. Conc. 2415 (Leg.)) und Bindos Berichte.

[80] AStSen. Cop. lett. 1673, 23. Conc. Lett. 1970, 36 (1452 I 25).

[81] Ebda. 23b.

herbergen können. Man bat nur, daß Eleonore nicht erst am Abend
käme, um den Einzug recht durchführen zu können[82].

Am Abend des 7. Februar schloß der Stadtschreiber das Blatt seines
Briefbuches in ungewöhnlich schöner Schrift ab: *Hac die serenissimus
et gloriosissimus Dominus, Dominus Federicus dei gratia Rex Romanorum
intravit civitatem Senarum cum maxima pace et triumfo*[83]. Wie üblich hatte
der König die Nacht vor dem Eintritt in die Stadt in gewisser Entfernung von den Mauern verbracht. Er blieb in Poggibonsi. Als ihm
Siena am Morgen feierlich und in gebotener Ordnung bis zum vierten
Meilenstein entgegenzog[84], schneite es sehr[85]. Eine *corona* prächtig ge-
rüsteter Jugend, an die 200 Mann stark, holte ihn ein. An ihrer Spitze
ritten drei durch ihre *dignitas* ausgezeichnete Bannerträger, die in ihrer
Mitte den Reichsadler, schwarz auf goldenem Grunde, ihm zur Seite
die Farben Sienas, Silber und Schwarz in geteiltem Schilde führten.
Lodovico Petronio übergab Friedrich das Reichsbanner und verehrte
seinen königlichen Herrn in kurzer Rede, indem er die Ergebenheit der
Stadt versicherte und (ganz im Sinne ihrer Politik) *ad pacis amorem* mahnte.
Jetzt wandte sich die Schar zurück und traf fast noch unter dem Tore,
der Porta Camollia, auf die Bürger, *qui longo agmine obviam processerunt*.
An der Spitze schritt der Magistrat, dann folgte der Klerus mit Kreuzen
in den Händen und die Hohe Schule, schließlich das Stadtvolk, vor allem
die Jugend, festlich gekleidet, bekränzt und Ölbaumzweige in den
Händen. Im Anblick des Königs stimmte die Geistlichkeit den Hymnus
Veni creator spiritus[86] an, und der König stieg vom Pferde, um den Segen

---

[82] Ebda. 26b—27. [83] Ebda. 27.
[84] Zum Empfang und Einzug des Königs vgl. jetzt H. Grundmann u. H. Heimpel, Alexander von Roes, Schriften (MGh. Staatsschr. d. spät. Mittelalters I/1, 1958)
S. 176 Anm. 2 mit der dort angegebenen Literatur. Die Senesen zogen Friedrich bis
zum vierten Meilenstein entgegen (Enea Silvio, Hist. Frid. Sp. 256) die mailändischen
und florentinischen Gesandten, um ihn gegenüber den Venetianern besonders zu ehren,
aus Rom sogar fünf Meilen (Paris BN. F. it. 1586 fol. 47 ff.), während die Abgesandten
der Kurie den König vor Rom bei der 3. Meile begrüßten (Paris BN. F. lat. 6029, 1).
[85] Das Folgende nach den Berichten des Enea Silvio, Hist. Frid. Sp. 265 ff., Ag.
Dati fol. 228 ff. und dem von P. Parducci gedruckten Gedicht des Mariano di Matteo
di Ceco (vgl. Anm. 8), dazu die ältere Studie von L. Fumi u. A. Lisini, L'incontro
di Federigo III imperatore con Eleonora di Portogallo (Siena 1876), mit einer
Auswahl von 12 Aktenstücken aus den Cop. lett. und Del. des Concistoro. Den
von den Gesandten gerühmten Einzug Friedrichs in Ferrara schildert Johannes
Ferrariensis, Ex annalium libris march. Esten. excerpta (ed. L. Simeoni, Rcr. Ital.
Script. [n. e.] XX/2 [1936] 38). Die Teile des *occursus* und *ingressus* sind erkennbar:
Borso zog dem König mit Geschenken (Pferde und Falken) entgegen; der König
übernachtete vor Ferrara; *processio* des Klerus und der *doctissimi viri, tutti togati;*
Zug zum Stadtheiligen (S. Georg); Messe; Geleiten zur Königsherberge *(regio cultu
ornatae aedes)*; Fest.
[86] U. Chevalier, Repertorium hymnologicum II (1897) S. 713 nr. 21204 und
ebda. III (1904) S. 617 nr. 34379 mit Bezug auf S. Galgano; Dreves, Analecta hym-

zu empfangen. In der Mitte der Straße wartete das Stadtregiment mit dem kostbaren Baldachin. Nochmals wurde Friedrich in feierlicher Rede begrüßt und ihm *come vero signore* die Schlüssel der Stadt übergeben. Friedrich ließ durch Enea Silvio, der als Dolmetsch diente, huldvoll antworten. Unter Glockengeläut und mit Trompetenschall zog *Cristian l'alto inperiere* nun in die Stadt ein, deren Straßen und Häuser bereits Tage zuvor festlich geschmückt worden waren. Überall sah man das Reichswappen, die Wappen Portugals und der Stadt, aus Fenstern und von Balkonen hingen prächtige, mit Bildern aller Art geschmückte Teppiche herab. Der König ritt zwischen zwei Kardinälen[87], umringt von der Signoria unter dem Baldachin, unmittelbar bei ihm Ladislaus, dessen Jugend die Herzen der Bürger besonders gewann; dann folgten Adel und fremde Gesandtschaften, zum Schluß Ritterschaft und Knechte: *cosi l'inperio ... venia con gran triompho assai glorioso ...* Die städtischen Söldner an der Spitze konnten das Volk nur mühsam zurückdrängen, und so bewegte sich der Zug nun langsam hinauf zum Dom, wo der König die Messe hörte. Die Zahl der ausgestellten Reliquien und die Pracht des Kirchenschatzes zeugten vom Reichtum der Stadt. Dann wurde Friedrich in den Convent S. Marthae geleitet, der ihm zur Herberge bestimmt war. Auf seinen Befehl lagen die Quartiere Ladislaus' und der königlichen Sekretäre unmittelbar daneben[87a]. Die Festfreude ebbte nicht ab. Am Abend leuchteten Tausende von Fackeln und Lichtern; die hohen palazzi waren bis zu den Dachkanten illuminiert. Kinder zogen mit Kerzen in den Händen durch die Straßen und sangen. Vor den Mauern wurden Freudenfeuer abgebrannt.

Bis zum Eintreffen Eleonores (am 24. Februar) verbrachte der König nun zwei Wochen in der Stadt. Er fühlte sich wohl; damals schrieb Siena an das befreundete Perugia: *Hic quidem ea tranquillitate, ea clementia atque benignitate, quam desiderabamus, se admodum gerit*[88]. Der Tageslauf ent-

---

nica L, 193; Jungmann, Missarum solemnia II, 198 u. 404 ff. *(Introitus)*. Der Hymnus eröffnete die feierliche Wahlhandlung: vgl. nur Goldene Bulle (Hrsg. K. Zeumer, Quellen z. Verfassungsgesch. d. Dt. Reiches II, 1/2 (1908) cap. II § 1, dazu II/1 S. 16 ff.). Hier, in Siena, trat er wohl an die Stelle der Antiphon *Ecce mitto angelum meum* des Römischen Ordo. E. Kantorowicz, Laudes regiae 75 ff. m. Anm. 33, 34, M. Andrieu, Le Pontifical romain au moyen-âge (Studi e testi 86—88, 99, 1938 ff.) II, 386 u. III, 427. Herrn Dr. R. Elze (Bonn) danke ich für wertvolle Hinweise.

[87] Filippo Calandrini, card. Bonon., Stiefbruder des Papstes, und Juan de Carvajal, card. S. Angeli, der dem König seit langem bekannt war und in der Kirchenpolitik des Habsburgers eine hervorragende Rolle spielte, Vgl. Eubel, Hierarchia cathol. II/1 (1901) 9 u. 11; AStFir. XBal. Resp. XXII, 8 (1452 I 18); AStSen. Conc. Lett. 1970, 35 (1452 I 24) AStSen. Conc. Cop. lett. 1673, 35. und L. Gomez Canedo, Don Juan de Carvajal (Madr. 1947) 128 ff. Das äußere Bild des Königs bei Nicc. della Tuccia, Cronaca S. 214 ff.

[87a] AStSen. Conc. Lett. 1970, 48/1 (1452 II 1).

[88] AStSen. Conc. Cop. lett. 1673, fol. 31 b.

behrte nicht seiner Ordnung. Friedrich hörte die Messe nacheinander in den verschiedenen Kirchen der Stadt. Erst am letzten Tage seines Aufenthaltes suchte er den Konvent zu S. Galgano auf, um dort das Haupt des Heiligen als eine der Hauptreliquien zu verehren. Der Abt wurde angewiesen, den König in feierlicher Prozession zu empfangen[89]. Das Hauptereignis neben dem Kirchgang bildete für die Schaulustigen die tägliche Übergabe der Ehrung, der alten Gastung, durch die Beauftragten der Stadt an den Marschalk, die öffentlich und in feierlichem Aufzug vor die Herberge des Königs geführt wurde. Agostino Dati, der damals Augenzeuge war, berichtet, wie der König selbst ihren Reichtum bestaunte[90]. Aber nicht nur nach S. Marthae bewegte sich der Zug. Auch die vornehmsten Mitglieder des königlichen Gefolges wurden durch *larga munera*, die alles umfaßten, was *ad vitam et regium luxum* gehörte, täglich in gleicher Weise geehrt, und auch fromme Stiftungen und die Universität erhielten aus Anlaß des hohen Besuches eine reiche Gabe *secundum dignitatem*. Dann warteten die Mitglieder des Magistrats und vor allem die Gesandten dem König, dem jungen Ladislaus, des Königs Bruder Herzog Albrecht und den beiden Kardinälen auf, nicht nur, um Ehre zu bezeugen, sondern vor allem auch, um politische Verhandlungen zu führen. Auch untereinander besuchte man sich nach Ausweis der Instruktionen: ein ständiges Kommen und Gehen, das Straßen und *palazzi* mit buntem Leben erfüllte. Königliche Rechte hat Friedrich kaum ausgeübt. Siena selbst besaß keine eigentliche Königsherberge, viel weniger eine Pfalz. Daß die königliche Hofhaltung in einen Konvent gelegt wurde, wird vermutlich auf das Vorbild von Florenz zurückzuführen sein[91]. Die übliche Amnestie beriet der Magistrat, um politisch

---

[89] AStSen. ebda. fol. 33. Fed. Schneider, Regestum Senense I, Einl. S. XLIX, 1; ders., Der Einsiedler Galgan von Chiusdino und die Anfänge von S. Galgano (Analecta Toscana IV in: Quellen u. Forschungen, a. ital. Arch. u. Bibl. XVII (1914) S. 61 ff.).

[90] Ag. Dati fol. 228, Zur Entstehung vgl. E. Mayer, Italienische Verfassungsgeschichte v. d. Gothenzeit b. z. Zunftherrschaft I (1909) 308, 315 ff, 462; Fed. Schneider, Entstehung von Burg und Landgemeinde in Italien [1924] 318; Deutsches Rechtswörterbuch (Hrsg. E. Frh. von Künßberg, Weimar 1935 ff.) Bd. III Sp. 1198, V Sp. 738. Zum ensenium gehörten u. a. auch Wein, Fleisch, Geflügel, Brot, Konfekt (AStSen. Conc. 513 [Del.] fol. 72b). Vgl. Anm. 54.

[91] Siena besaß wie viele andere Städte keinen Königshof, in dem der König hätte hausen können; der alte Sitz des Reichsvikars war S. Quirico. In den Bischofssitzen boten sich die Kurien an. In Siena wurden die Damen dort untergebracht. Dem König selbst gab man die vornehmste geistliche Herberge: *in Bologna locatus fuit in episcopatu iuxta S. Petrum* (Hieron. de Bursellis, Cronica ... civitatis Bononiae (ed. A. Sorbelli, Rer. Ital. Script. [n. e.] XXIII/2 (1929) 89); in Florenz wohnte Friedrich in der Sala papae neben S. Maria Novella, die schon Martin V. und Eugen IV. als Unterkunft gedient hatte, in Rom zog der König entsprechend in den Vatikan ein.

unvorhergesehene Entwicklungen zu vermeiden, bereits vor dem Einzuge[92]. Wie anderorts auch, schlug der König zwei vornehme Bürger
und den Rektor der Hohen Schule zu Rittern. Den Kardinälen leistete er
schon hier den Sicherheitseid[93].

Die *ordinatio ingressus*[94], die aus traditionellen und rechtlichen Gründen
eingehalten werden mußte, weil sie einmal das Verhältnis der Teilnehmer
zueinander ausdrückte und weiter eine Art Rechtsgrundlage für den
Aufenthalt selbst darstellte, wird beim Einzuge Eleonores deutlicher[95].
Hinter den Trabanten der Stadt folgte eine Schar deutscher Ritter, dann
der König zwischen den Kardinälen unter dem Baldachin, unmittelbar
bei ihm Ladislaus, der vom Zuge der Bürger geleitet wurde. Die Gruppe
der Gesandten leitete zum Zuge Eleonores über, die, zu Pferde, unter
einem seidenen Baldachin, von den vornehmsten Mitgliedern des
Magistrats geleitet wurde. Vor und hinter ihr zog deutscher und portugiesischer Adel, unmittelbar neben ihr das Ehrengeleit der deutschen
Damen. Herzog Albrecht mit seiner Schar beschloß den Zug. Von besonderen Insignien, etwa dem Vorantragen des Schwertes (wie dann in
Rom geschah), berichten die Quellen nicht. Auch hier gehören wieder
die Scharen der singenden Kinder zum Bild und die repräsentative
Pracht von Rüstung und Gewand, Waffen und Zaumzeug, so, wie auch
die Zuschauer sich festlich geschmückt hatten; denn sie erst vervollständigen die Einheit des *ingressus*.

Im einzelnen lehnte sich die Beteiligung der Senesen am Einzuge des
Königs — dies wird aus der Rivalität der beiden Städte verständlich —
an den Vorgang in Florenz an, dem man zumindest gleichkommen
wollte. Das Gesamtbild ist schon durch die innige Verbindung christlichliturgischer und antikisierend-mythologischer Vorstellungen gekennzeichnet: die Ereignisse des Palmsonntags und der Zug des *imperator
triumphans* fließen, wie die Quellen deutlich machen, ineinander[96]. Die
äußere Ordnung im Zuge war *secundum dignitatem* festgelegt, über die
man eifersüchtig wachte. Als maßgebliche Stationen des Verlaufes
treten das Einholen mit der *adoratio*, die liturgische und weltliche Begrüßung durch Geistlichkeit und Stadtregiment mit Übergabe der

---

[92] AStSen. Conc. 1592/94 fol. 36 und Cons. gen. 225 fol. 266.
[93] J. Martens, Die letzte Kaiserkrönung in Rom 1452, S. 45 ff.
[94] Vgl. die Ordinatio ingressus Friderici III in Urbem (Druck: Pez, Scr. rer.
Austr. II, 561), dazu Lorenz, Geschichtsquellen II (1887) 307.
[95] Parducci, L'incontro di Federigo III (Bull. sen. XIV, 1907) 35 f.
[96] Darüber künftig grundlegend die Edition der Ordines für die Kaiserkrönung,
die R. Elze soeben vollendet hat. — Die Tradition ergibt sich aus RTA VI Nr. 152
und RTA XVI Nrn. 100, 101; vgl. auch Chroniken der deutschen Städte III, 344 u.
363 nach Grundmann-Heimpel, Alexander von Roes, Schriften (1958) S. 176
Anm. 2 u. 188 Anm. 3.

Insignien der Stadt, das feierliche Geleiten des unter dem Baldachin[97]
reitenden Königs zum Dom (*processio*), die Messe und das Ehrengeleit
in die Herberge heraus. Entsprechend kann auch von einer „*ordenunge*"

---

[97] Schon die ausführlichen Beschreibungen der Berichte zeigen deutlich, daß dem
Baldachin besondere Bedeutung zukam. Über den B. in der Reihe der Herrschafts-
zeichen allgemein vgl. jetzt P. E. Schramm, Herrschaftszeichen und Staatssymbolik
(Schrr. d. MGh XIII, 1956) III, 725 ff., 716 ff. u. 864 Anm. 2. Das feierliche Schreiten
unter dem Baldachin bei Infessura, Diario della città di Roma (ed. O. Tommasini,
Fonti per la Storia Scritt, sec. XV, T. V, 1890) in der Beschreibung des Einzugs
Friedrichs III. in Rom. Das feierliche Schreiten *sotto palio* erwähnt in Florenz Rinuc-
cini (S. LXXVff.): . . . *e ando sottò il baldacchino lui solo* . . . dann (beim Einzug in
Rom) das Memoriale des Paolo di Mastro (ed. M. Paleaz, Arch. R. Soc. Romana
di storia patria XVI, 1893), ausführlich auch der Bericht über den 2. Einzug Friedrichs
in Rom 1468 (Patr. Piccolomini, *Descriptio adventus Friderici III Imp. ad Paulum
Papam II* (Druck: Mabillon, Museum Italicum I, 2 [1724] 256 ff.) und die deutsche
Fassung Cgm 276 fol. 1 ff. Einzelheiten über das Schreiten „unter dem Himmel" und
auch sonst in den Schilderungen von Empfängern Friedrichs auf deutschem Boden bei
X. Haimerl, Das Prozessionswesen des Bistums Bamberg im Mittelalter (Münch.
Studien z. Hist. Theol. XIV [1937] 94 ff.). Das dort erwähnte Schwenken von
Wappenfähnchen auch beim Empfang des Borso d'Este (Anm. 98). Vgl. auch
L. Biehl, Das liturgische Gebet für Kaiser und Reich (Veröff. Sekt. Rechts- u.
Staatswiss. d. Görres-Ges. 75 [1937] 141); ebda. S. 166 der in die Zeit Friedrichs
gehörende Empfangsordo *Ad suscipiendum Imperatorem vel Regem* (Augsburg 1487). —
Niccola della Tuccia schildert die processio des Königs in Viterbo, an der er
selbst als Baldachinträger teilnahm: sie führte von Kirchentor zu Kirchentor, wo die
Träger, vornehme Bürger, sich jeweils ablösten (Cronaca . . . d'Italia, S. 214. Der
Baldachin (solicchio) war aus Purpur angefertigt). Der Baldachin war Gegenstand des
Spolienrechtes und fiel an die Kämmerer. Zuweilen wurde er dem König symbolisch
entrissen (vgl. E. Eichmann, Die Kaiserkrönung im Abendland II [1942] 260 ff. und
H. Peyer, Stadt und Stadtpatron im mittelalterlichen Italien (Zürcher Studien z.
Allg. Gesch. XIII 1955), S. 65 für die Kleidung). Der Brauch wurde 1452 von den
Beteiligten bereits nicht mehr verstanden: in Viterbo kam es, als die Menge nach
des Königs Pferd und dem Baldachin griff, zum Handgemenge (J. Chmel, Gesch.
Friedrichs IV., Bd. 2 [1843], 710 Anm. 1 und Pastor, Päpste I, 502 nach Enea
Silvio, Hist. Frid. imp. [ed. Kollar] 247; mehr am Vorgang bleibt die Schilderung
des Della Tuccia, Cronaca 214). Das Tuch wurde zerrissen und verteilt, wodurch
der Rechtsvorgang in bezug auf den König erst seine Symbolkraft gewann. — Auch
für Siena ist der Vorgang belegt. Am 13. Febr. 1452 wurde dem Concistoro mitgeteilt:
*Magnifici et potentes etc. . . . All'onoranza del Serenissimo Re de Romani . . . insieme colli
spectabili cittadini di Balia furo heletti et deputati per cagione del baldachino, che fu stracciato
secondo l'antica consuetudine, la quale per piu ineffabile gloria de simili se usato di fare* . . . Die
erzählenden Quellen berichten darüber nicht, weil der Baldachin offenbar nach dem
Eintritt des Königs in seine Herberge den Trägern überlassen worden war. Bei der
Rückkehr des Kaisers versuchte der sparsame Rat den Kämmerern die ihnen rechtens
zustehende Gabe vorzuenthalten, worüber diese sich beschwerten. Der Baldachin
mußte ihnen nachgesandt werden, nachdem das Concistoro beschlossen hatte:
. . . *super honoranzia Ser. Imperatoris in eius reditu ab Urbe viso, quod hac die* (Mai 5) . . . *dominus Imperator in discessu suo, quem fecit . . . et petiit ianuam Kamillie et extra ipsam ianuam
eiusdem . . . Imperatoris gentes camerarii pro parte sue Maiestatis petierunt pannos et baldachinum, sub quo ipse dominus Imperator erat, et in predictis iustitiam petierunt, cum hac talia ad
eos . . . pertineat, deliberaverunt . . . quod Ser Franciscus Angeli notarius . . . vadat cum uno*

des Tageslaufs gesprochen werden, die durch den Gang zur Messe, die Ehrung *(honorantiae)* und Ehrenbesuch durch Gastgeber und Gesandtschaften bestimmt wird, und auch diese einzelnen Akte sind in festen Brauch gebunden. Das Eindringen der Allegorie zeigt sich am deutlichsten im Triumphzug und in der Beteiligung des Stadtheiligen, der an die Stelle des antiken Heiligtums und seine Gottheit trat[98]. Auch die Rede

---

famulo et duobus equis ad castrum Boggibonzi . . . et dictum baldachinum secum portet et . . . presentet et donet . . . camerariis. Beim Kaiser solle er sich entschuldigen *quod in continenti non fuit donatum secundum petitionem propter celerem discessum ipsorum . . .* (AStSen. Conc. Lett. 1970, 98 und Conc. 514 (Del.) fol. 6).

[98] Der Einzug des Fürsten wurde dem des Königs nachgebildet. Als Alfonso am 26. Febr. 1443 in Neapel einritt (vgl. G. Di Marzo, L'entrada del Re Alfonso in Napoli, Scritt. siciliane del sec. XV, pubbl. del bibliotec. della Municipale palerm., Pal. 1864), wies er die ihm angebotene *corona* zurück und zog durch die Mauerbresche ein. Auch der Triumphwagen wird erwähnt. Auf den Tag genau 7 Jahre später betrat sein Gegenspieler Francesco Sforza Mailand zum ersten Male und wurde mit „*Vivat Sphortia . . . qui venit in nomine Domini, osanna in excelsis*" begrüßt (die Quellen bei F. Catalano, Storia di Milano VII, 10 Anm. 1). Vom zweiten Einzug (am 26. März) erzählt der gut unterrichtete Cristoforo da Soldo (Cronaca, ed. G. Brizzolara, Rer. Ital. Script. [n. e.] XXX/3 [1938] S. 99 ff.) nahezu die gleichen Vorgänge wie seinerzeit in Neapel. Im Dom . . . *gli* (Francesco) *fu data la bacchetta d'il dominio, e fu vestito e dato una beretta a modo di duca . . .* Auch der Gedanke des *rex pacificus* klingt an, wenn Da Soldo gleich anschließend auf die sich nun im Lande einstellende Sicherheit hinweist. — Das eindringliche Beispiel für eine neue Form, in der alle Elemente sich vereinen, bildet der *ingressus* des Borso d'Este in Modena und Reggio nach seiner Ernennung zum Herzog durch Kaiser Friedrich III. (vgl. Anm. 118, Ber. bei Johannes Ferrariensis, Ex annalibus . . . excerpta, a.a.O. S. 38 ff.): Die Bürger zogen dem neuen Herzog drei Meilen entgegen; im Zuge trugen Kinder *(pueri)* Blumengewinde, Früchtekörbe, sie schwenkten grüne Zweige und Fähnchen. Immer wieder erklang das „*Vivat dux felix*". Das Zelt für Borso (vor der Stadt) hatte man *regio cultu* ausgeschmückt. Nach der Begrüßung durch 10 vornehme Bürger betrat der feierliche Zug, in dem Wagen mit dem Stadtheiligen und symbolische Figuren (z.B. die Fortitudo) mitgeführt wurden, die Stadt selbst. Nur die *plebs indisciplinata* störte: sie versuchte nämlich, sich in den Besitz des Pferdes und des *pallium* (Baldachins) aus Purpurstoff, unter dem der Herzog ritt, zu setzen. Auf eine elegante *oratio laudatoria* folgte die Schlüsselübergabe und schließlich (in Reggio) vor dem Dom die Krönung Borsos durch den Hl. Petrus; ein sich über Tage erstreckendes Fest bildete den Beschluß: das Ganze eine einzige Allegorie, welche die ursprünglichen Elemente der *processio* nun nahezu verdeckte. Mit dem Bild des Fürstenzuges ist der Bereich des *ingressus regis* so weit überschritten, daß auch auf die prunkvollen Einzüge der Päpste, insbesondere Pius' II. hingewiesen werden darf. (1460) . . . *introivit urbem* (d. i. Siena) *quasi triumphans . . .* (Vgl. Aen. Sylvius Commentarii rerum memor. [Frankf. 1614] 97 ff., für Rom 115 ff.). Lit. bei Pastor I, 497 Anm. 3 ff.

Daß ein solcher *ordo ingressus* aus dem Erlebnis der antiken Form als Institut ostentativ geschaffen werden konnte, zeigt der in den Bereich des Gesandtschaftswesens gehörende Bericht des Ag. Dati (Hist. Sen. 227 b) über die Heimkehr des Francesco Aringheriis aus Venedig. Er wurde von Bürgern, die grüne Zweige schwenkten, mit Festmusik feierlich eingeholt und von den Stadtvätern zu Fuße in sein Haus geleitet. Als wenig später ein anderer Gesandter (Agostino Burgensibus) zurückkehrte, erhielten beide als *publicum munus* ein *rubens vexillum, in cuius purpura*

wandelte ihren Sinn. Sie wurde zur *oratio laudatoria* und gewann zuweilen sogar, wie es scheint, politische Bedeutung[99]. Weltliche *laudes*
traten an Stelle der liturgischen; Ähnliches gilt vom geistlichen Spiel,
das in das Fest mit einbezogen wurde[100]. Die tätige Anteilnahme der
Frauen und Kinder vervollständigt das neue Bild[101]. Neben dem Rufe
Viva l'inpero, der die Straßen Sienas erfüllte, klang doch auch schon das
Viva il dux felix, mit dem die Bürger von Modena ihren neuen Herzog
begrüßten[102].

Zweck und Mittelpunkt des königlichen Besuchs bildete das Treffen
Friedrichs mit seiner Braut Eleonore von Portugal[103], und eben dies
gab den Senesen die einzigartige Gelegenheit, vor der Rivalin Florenz

---

*albescentis leonis figura inseritur. Cum pronuncianda ea societas pro more per celebria esset
urbis loca, institutum est, ut, qui id munus subituri essent, quadrigiis veherentur et tam vectores
quam falerati vehentes equi cingerentur tempora oleae ramis. In his erant et pueri stolis candidis
qui senariolos decantarent ...* (dem Wagen folgt eine Schar von Berittenen *pari habitu
et corona ornati*). — Vgl. nur J. Burckhardt, Die Kultur der Renaissance in Italien
(Hrg. W. Goetz, 1947) 377ff., 391ff.; H. Peyer, Stadt und Stadtpatron im mittelalterlichen Italien (Zürcher Studien z. Allg. Gesch. XIII, 1955) — von H. Peyer
sind in Kürze weitere Studien zum Königsempfang zu erwarten. Als Beispiel bild-
hafter Darstellung nenne ich G. B. Borino, A. Galieti u. G. Navone, Il trionfo
di Marc' Antonio Colonna (Misc. della R. Dep. Rom. di Storia Patria XVI (1938)).

[99] Sie rühmte *mores, virtutes, sapientiam, liberalitatem, gravitatem* des Angereden.
Den Reden des Enea Silvio für Friedrich III. und das Reich in Mailand (1447: Mailand
BA. J 97 inf. 45ff. Druck: Mansi, Pii II. ... Orationes politicae et ecclesiasticae I
(Lucca 1755) 122ff. und [für 1449], Enea Silvio, Hist. Frid. imp. (ed. Kollar)
147ff.) sowie den Türkenreden (Mansi I, 173; Freher-Struve, Script. rer. Germ. II
1717, 38) lagen echte politische Anlässe zugrunde. Aber schon die Anwendung des
ursprünglich liturgisch gebundenen Ausdrucks *rex pacificus* (vgl. E. Kantorowicz,
Laudes regiae S. 74 u. öfter) in der Begrüßungsrede der Senesen im Hinblick auf
ihre augenblickliche politische Lage zeigt doch, daß die Reden der Humanisten,
zumindest die anläßlich des Romzuges gehaltenen, schärfer analysiert sein wollen.
Daß die Reden des Filelfo beim Übergang Mailands an Francesco Sforza unmittelbar
politisch bedeutsam wurden, meint Loserth, Geschichte des späteren Mittelalters
(1903) 640.

[100] Laudes: E. H. Kantorowicz, Laudes regiae. A Study of Liturgical Acclama-
tions (Univ. of Calif. Publ. in History XXXIII, 1946), bes. S. 72ff. Damit wird jedoch nur ein Teil erfaßt. Aus Ag. Datis Bericht wird deutlich, daß es sich um weltliche Laudes, Wechselgesänge, gehandelt haben muß. Spiel: F. Torraca, Sacre
rappresentazione de Napolitani (Arch. stor. nap. IV [1879] 119ff.)

[101] So auch in Modena und Reggio beim Einzug des Borso d'Este. Schönstes
Beispiel aus dem Bereich der Bildenden Kunst: der Zug der spielenden Kinder an
den Orgelbühnen des Doms zu Florenz (Donatello und Luca della Robbia, Dom-
museum Florenz).

[102] Vgl. Anm. 98.

[103] Die Einladungen an die Podestà der 54 Orte des Territoriums ergingen am
Ankunftstage Friedrichs (StSen. Conc. Cop. lett. 1673, 27b). — Über Eleonore
vgl. Fr. v. Krones, Leonor von Portugal, Gemahlin Kaiser Friedrichs III., des
steirischen Habsburgers (1436—1467) (in: Mitteilungen d. Hist. Ver. f. Steiermark
59 [1902] 69ff. (m. d. ält. Lit.)).

und dann auch vor den politischen Gegnern den Vorrang ihrer Stadt nachzuweisen: kein Wunder also, daß der Magistrat diesem Ereignis seine ganz besondere Aufmerksamkeit widmete[104]. Wie beim Zuge Friedrichs verstärkte sich der Schriftverkehr des Stadtregiments mit den begleitenden Gesandten immer mehr, je näher Eleonore heranreiste. Die Aufregung wuchs; denn man wollte den genau vorbereiteten Ablauf des Empfangs sichern, in dessen Mittelpunkt die erste persönliche Begegnung Friedrichs mit seiner jungen Braut rückte. Der Ruf der Stadt stand mit auf dem Spiele. Entgegen den Wünschen des Concistoro traf Eleonore erst am frühen Nachmittag des 24. Februar ein. Der König und die Bürgerschaft zogen auf die Wiese vor der Porta Camollia, wo der Rat wenig später eine Tafel auf einer Säule errichten ließ, die Kind und Kindeskind an das festliche Ereignis erinnerte[105].

Den vergleichsweise kurzen Aufenthalt der portugiesischen Prinzessin gestaltete die Stadt durchweg zum Fest. Ähnelten Empfang und Einzug, wie zu erwarten war, dem des Königs selbst, so übertraf das Bild an äußerer Pracht doch den Verlauf des 7. Februar bei weitem. Die Chronisten sind sich darin einig, daß des Reiches Herrlichkeit erst jetzt offenbar wurde. Enea, wieder als Dolmetsch tätig, hat auch die menschlichen Züge der Begegnung fein beobachtend festgehalten. Dann formierte sich der Zug. Bei Anbruch der Nacht ritt man feierlich in die durch Fackeln und Kerzen festlich erleuchtete Stadt ein.

Den eigenartigen Höhepunkt bildete jedoch das Fest, das Magistrat und Bürgerschaft dem königlichen Paare drei Tage darauf gaben und das, da es galt, Eleonore zu huldigen, fast ausschließlich von den vornehmen Damen der Stadt getragen wurde, deren feine Art und hohe Bildung Enea Silvio vor anderen rühmt[106]. Man umzäunte die piazza und zimmerte ein großes Gerüst mit Bankreihen und einem prächtig geschmückten Thronsitz für die hohen Gäste zuoberst, alles mit kost-

---

[104] Instruktion für Giorgio de Lutis u. Lodovico de Petronibus, Gesandte an Eleonore (AStSen. Conc. 2415 (Leg.) fol. 135 zu 1452 II 8). Der Eleonore betr. Schriftwechsel ebda. Cop. lett. 1673, 19 b—33; Lett. 1970, 48/2—65/2. Ihr Zug umfaßte etwa 200 Berittene. Auch sie blieb in Poggibonsi, das altes Reichsgut war (vgl. Schrod, Reichsstraßen, 123). Die Stadt hatte, wenn dies aus der Genauigkeit der Ortsangaben in den Mitteilungen der Gesandten geschlossen werden darf, den Empfang auf die Stunde berechnet und war besorgt, Friedrich möchte die Ankunft verschieben, weil er sich nicht wohl fühlte. Die amtliche Notiz über das Eintreffen Eleonores AStSen. Conc. Cop. lett. 1673 fol. 33 b.

[105] AStSen. Conc. 513 (Del.) fol. 11 b—13 b mit dem Beschluß vom 11. März 1452 und der genauen Beschreibung der Säule für den Dombaumeister. Inschrift bei Montfaucon, Diarium Italicum (Par. 1702) 351; Joh. G. Keysler, Reisen durch Teutschland, Böhmen etc. (1740 ff.) S. 407; Parducci, L'incontro etc. (Bull. sen. XIII [1906] 315 Anm. 4). Die Begegnung Friedrichs mit Eleonore hat Pinturicchio in seinem Freskenzyklus aus dem Leben Pius' II. in der Libreria des Doms festgehalten.

[106] Enea Silvio, Hist. Frid. III Sp. 271.

baren Stoffen ausgeschlagen und mit Wappen geschmückt. Aus Fenstern
und von den Balkonen des Rathauses und der übrigen Gebäude hingen
prächtige Bildteppiche mit mythologischen Darstellungen. Die Trabanten hatten schon zeitig Mühe, das von nah und fern herbeigeströmte
Volk hinter den Schranken zu halten. Jedermann war nach seinem Vermögen festlich gekleidet. Nach Mittag holten etwa einhundert junge
Damen, ganz in Purpur, Gold und Weiß und schimmernd von Ketten
und Ringen[107], Eleonore und ihr Gefolge ab. Auf der piazza traf das
königliche Paar zusammen. Dann nahmen die Gäste und die Bürger,
qui dignitate et honoribus excellebant, Platz; was nicht *ordine* in die *corona*
gehörte, drängte sich an die Schranken. Nun begann die vornehme
senesische Jugend einen feierlichen Reigen, und schließlich trat eine
junge Dame vor die Braut, um eine zierliche, lateinische Rede zum Lobe
der Ehe zu halten[108]. Der Tanz begann von neuem, die Festesfreude stieg:
hier und da gesellten sich bereits Paare zu den Tänzern, und vorab der
lebenslustige Herzog Albrecht hatte sein Vergnügen. Fast hätte das Fest
mit einem Mißklang geendet; denn die Portugiesen bliesen auf ihren
Instrumenten dazwischen und störten ungefüge die Ordnung. Da zogen
sich die senesischen Damen allmählich zurück. Trotzdem klang der Tag
freudvoll aus.

Wie kennzeichnend sich das Bild gewandelt hatte, zeigt nicht nur der
Blick auf das mittelalterliche Fest allgemein und die Rolle, die der Dame
darin zukam, sondern auch der Vergleich mit den gleichzeitigen deutschen Festen, bei denen immer noch weithin das männliche Waffenspiel
und die Jagd im Mittelpunkt standen. Hier nun schienen — wenn auch
durch lokale Tradition besonders gefördert — wesentliche Elemente
ihren Platz zu wechseln. Trotzdem deutet dieser Wandel Typisches an.
Die mittelalterliche *processio regis* verlor offenbar allmählich ihren
sakralen Charakter. Sie wandelte sich zum allegorisierenden Triumphzug
und vertauschte, indem sie das Fest mit einbezog, den Dom mit der
piazza: ein festliches Theater, in dem jedermann seine Rolle zugewiesen
war.

Tatsächlich wußten nur wenige um die unheimliche Spannung, die
diese Wochen wirklich erfüllte; denn hinter der prächtigen Fassade von
Aufzügen und Festen rangen die gewiegtesten Diplomaten der italienischen Mächte zum letzten Male zähe um den König, um ihre eigenen Absichten durchzusetzen und so schließlich über das Schicksal ganz Italiens
zu entscheiden. Dabei blieb vor allem das Los der Stadt Siena selbst an
die politischen Interessen der beiden großen Gegner Mailand und Aragon

---

[107] Ag. Dati fol. 228[b].
[108] Malavolti, Hist. II fol. 38b berichtet, Eleonore habe der Rednerin, Battista,
Gem. des Achille Petruccio, eine Gnade gewährt. Sie bat daraufhin, der Rat möge
die strengen Kleiderordnungen der Stadt aufheben.

gebunden. Von den Verhandlungsbereichen war der erste, Siena für eine der Parteien zu gewinnen, von der Stadt selbst bisher neutralisiert worden. Aber aus den Berichten besonders der mailändischen Gesandten wird doch deutlich, wie gerade diese Frage letztlich von der Persönlichkeit des Capitano del Popolo als des eigentlichen politischen Führers der Kommune abhing, deren jetzt veraltete demokratische Verfassung sich für die neuartige Diplomatie als nicht wendig genug erwies.

Die Verhältnisse, die im Dezember 1451 sich in Österreich zu entwickeln begannen, hätten durchaus gerechtfertigt, daß der König seinen Zug aufschob, und die ersten Berichte, die von Venedig aus die am Zuge interessierten italienischen Mächte erreichten, erwogen diese Möglichkeit tatsächlich. Die Persönlichkeit des jungen Ladislaus rückte nun mit in den Mittelpunkt. Da die Informationen, wie gesagt, spärlich einliefen, blieb nicht aus, daß die Gestalt des jungen Königs bald romantisiert wurde. Politisches Schicksal, die Vorstellung der Zeit vom jugendlichen Heros und wohl auch noch Erinnerungen an die staufische Zeit scheinen das Bild der Berichte zu formen, die ihre Aufmerksamkeit durchweg dem König so gut wie seinem Mündel widmen. Dies gilt für Siena wie für die übrigen Aufenthaltsorte gleichermaßen.

Die Erzählung des Enea Silvio setzt sich auch, wenn sie die Romfahrt schildert, doch ständig mit der Partei um Ulrich von Cilly auseinander, die in Österreich für Ladislaus' rechtmäßige Nachfolge eintrat. Allein Enea betrachtete die Dinge rückschauend, und wir dürfen deshalb die Akten nach dem unmittelbaren Eindruck fragen, den die Lage im Februar 1452 hervorrief. Die Sorge, welche den König auf dem Romzuge ständig begleitete, weil er wußte, daß die Partei des Grafen Ulrich ihm in Rom mit einem Appell an den Papst zugunsten seines Neffen zuvorzukommen suchte, wurde gerade in Siena durch ein unvorhergesehenes Ereignis noch besonders verstärkt. Hatte Friedrich die österreichische Frage bislang offenbar zurücktreten lassen, so wurde ihm jetzt — gleichsam in letzter Stunde — überraschend klar gemacht, wie ernst die Dinge in Wahrheit standen.

In Siena traf nämlich ein Domherr von St. Stephan aus Wien ein, Thomas Angelpeck, der als Rechtsberater geistlicher Institutionen bekannt war. Er bemühte sich beim König um eine Empfehlung an die Kurie. Wahrscheinlich hat er zu auffällig versucht, mit Ladislaus in Verbindung zu treten und sich so verdächtig gemacht. Herzog Albrecht, dem, wie wir wissen, die Sicherheit des königlichen Zuges anvertraut war, ließ Angelpeck kurz nach seiner Abreise bei S. Quirico aufheben. Man fand Briefe an den Papst und Carvajal bei ihm, die in entschiedener Sprache die sofortige Freilassung Ladislaus' forderten, damit er anstelle Friedrichs die Herrschaft in Österreich und Ungarn antreten könne, und die weiter die Ansprüche des Königs auf die Kaiserkrone bestritten.

Durch die kluge Maßnahme Albrechts wurde es möglich, in Rom rechtzeitig Schritte auszulösen, welche die ferneren Bemühungen der österreichischen Gegenpartei lahmlegten. Es spricht viel dafür, daß die Fest-
nahme Angelpecks bei Siena — er wurde bald darauf wieder auf freien
Fuß gesetzt — in politisch so hochgespannter Atmosphäre die ent-
schiedene Haltung Friedrichs, auch besonders in der mailändischen
Frage, noch verstärkt hat; denn er mußte damit rechnen, daß seine
italienischen Gegner, also Francesco Sforza vor anderen, mit den
österreichischen Rebellen in Verbindung standen. Die Akten zeigen,
daß dies wirklich der Fall war. Naturgemäß bleibt die Überlieferung
für einen solchen Sachverhalt spärlich, weil der sicherere Weg über die
mündliche Verhandlung führte. Daß Gewährsleute am Hofe in Mailand
berichteten, ist bekannt. Aber auch sonst war die Verbindung aufgenommen. Dies läßt sich schon aus der Argumentation der Instruktion
für Angelpeck schließen, die mit dem Anschluß der abgefallenen
Österreicher an Frankreich und mit der Forderung eines Konzils
drohte: es waren die gleichen Gesichtspunkte, die der mailändische
Gesandte bereits im November 1451 an der Kurie geäußert hatte.
Am 23. März, also nach der Krönung in Rom, wurde aus Mailand nach
Florenz berichtet, man habe dort Nachricht vom mailändischen Gesandten, (der) ... *si trova in Starichi et dicia essere* ... *con quello dogie et
ragionato circa alla legha molte cose ; in fine gli a decto, che ha mandato a conte
di Ciglia per fare conclusione di legha con lui, et aspecta la risposta fra VI di* ...
Aber man wisse nicht genau, ob Ulrich abschließen wolle ... *chome e
loro natura sono lunghi.* Die Senesen nahmen in ihrem Eifer für das *imperio*
offenbar nunmehr jeden Boten fest, der aus dem Lager Eizingers und
Ulrichs kam. Noch am 11. Juni forderte der Cilly die Stadt auf, sie solle
den Wolfgang de Rabbatis, seinen Gesandten nach Rom (wegen einer
Angelegenheit der Kirche von Zagreb), der gefesselt in ihrem Gefängnis
liege, endlich losgeben.[108 a].

Der große Verhandlungsbereich galt nach wie vor der Frage nach der
künftigen Vorherrschaft in Italien, die für Aragon und Venedig an die
Unterstützung ihrer Liga durch den künftigen Kaiser zunächst auf Grund
seiner verwandtschaftlichen Beziehungen, für Mailand und Florenz an die
Anerkennung des Francesco Sforza durch das Reich gebunden blieb.
Nicolaus V. wurde in diese Probleme ständig verstrickt, weil die Parteien

---

[108a] Zum Vorgang: Enea Silvio, Hist. Frid. imp. (ed. Kollar) 251 ff.; G. Voigt,
Enea Silvio II (1862) 64 ff.; J. Chmel, Gesch. Ks. Friedrichs IV. Bd. 2 (1843), 701 ff.
— Das bei Angelpeck gefundene Schreiben der österreichischen Stände druckt
F. Kurz, Österreich unter Ks. Friedrich IV. Tl. 1 (1812) 268, dazu Chmel,
Reg. 2760. Die Empfehlung an Carvajal bei G. Pray, Ann. regum Hungariae III
(1766) 97; die Instruktion ebda. 92. Vgl. auch Enea Silvio, Hist. Frid. Sp. 258.
Bericht aus Mailand: AStFir. XBal. Resp. XXI, 133; Ulrich von Cilly an Siena:
AStSen. Conc. Lett. 1971, 49.

ihn als Informationsquelle über die Absichten Friedrichs und — wenigstens formal — auch als Vermittler betrachteten. Als die Lage sich gegen das Jahresende zuspitzte, schreckte besonders die mailändische Diplomatie in ihrer offenen Art nicht vor schärferer Sprache an der Kurie zurück, um den Papst zugunsten ihres Herrn unter Druck zu setzen. In einer Audienz kurz vor dem 22. November 1451 deutete der Gesandte Nicolaus an, *chel re de Franza pretende el imperio et non dorme* . . . und unterstellte, *che soa Santita debia operare, chel Imperatore facia suo vicariato generale in Italia el Re de Ragona*[109], wozu sich die Ansprüche Alfonsos auf Mailand trefflich gefügt haben würden. Eines mußte der Kurie so unangenehm werden wie das andere. Nicolaus blieb nichts anderes, als auf die eigenen Friedensbemühungen hinzuweisen und erneut die friedlichen Absichten des Königs zu versichern. Daß er am 6. Januar 1452, wohl unter dem Einflusse eines Teiles des Kardinalskollegiums, die italienischen Mächte erneut dringend aufforderte, bevollmächtigte Gesandte auf einen Friedenskongreß nach Rom zu schicken, beweist den Ernst der Lage[110].

Deshalb befahl Francesco seinem Vertrauten Sceva de Corte vorsorglich, bereits vor der Ankunft des Königs, der am 30. Januar in Florenz eintraf, dorthin abzureisen, und Sceva folgte augenblicklich, nachdem er seinen Herrn wie üblich um Geld, um in der reichen Stadt standesgemäß auftreten zu können, diesmal vor allem auch um die Akten über seine eigene Gesandtschaft nach Wiener-Neustadt gebeten hatte[111]. Neben den üblichen allgemeinen Informationen setzten also sofort die Verhandlungen über die Lehnsfrage ein, und es ist wahrscheinlich, daß Francesco erwogen hat, dem König die Eiserne Krone für die Übertragung des Vicevikariats nach seiner Anerkennung als rechtmäßiger Nachfolger der Visconti anzubieten[112]. In Florenz begann zudem das Gespräch der

---

[109] AStMil. Pot. est. Roma C 40 (Ber. 1451 XI 22).

[110] Von diesem Schreiben finden sich in der mailändischen Überlieferung mehrere Kopien: Mailand BA. Z 219 sup. Nr. 9218, 9278; das *or.* in Paris BN. F. it. 1596, 44b (1452 I 6). Genua wollte den Friedenskongreß in Rom besuchen. Mailand betrieb jetzt dort die Ernennung des Bfs. von Pavia im Rahmen seiner Krönungsabsichten. Dabei sollten die den König begleitenden Gesandten als Vermittler dienen (AStMil. Reg. duc. XXV fol. 21b).

[111] AStMil. Miss. XIV (1452 I 5). Berichte aus Wiener-Neustadt: Paris BN. F. it. 1585 fol. 180ff., dabei (fol. 192) die zwischen Sceva und Enea Silvio vereinbarten capitula.

[112] AStMil. Pot. est. Roma C 40 (1451 XI 22); ebda. Siena 255 (1452 I 24); Paris BN. F. it. 1586, 41 (Florenz 1452 II 7). Friedrich hatte Florenz am 6. Febr. *cum lo maior triumpho del mundo* verlassen, und die Bürger klagten bereits heimlich über die hohen Kosten, die der Aufenthalt des Königs ihnen verursacht hatte. Die Politiker waren auf Rom verwiesen, wo ihre Fragen endgültig erörtert werden sollten. Den Aufenthalt in Siena mußte deshalb als letzte Möglichkeit nutzen, wer unter ihnen seine Position verstärken wollte. Besonders Mailand wußte, daß es vor schwierigen Tagen stand. Der Plan des Vicevikariats und der Krönung in der Lombardei scheint das erregende Thema für Siena und der Höhepunkt des von Francesco klug aufgebauten mailändischen Vorhabens gewesen zu sein.

Gesandten über die Lage Italiens und seine Befriedung. Aber Friedrich
vertröstete auf seinen Aufenthalt in Siena und dann auf Rom, wo
— in Gegenwart des Papstes — voraussichtlich alle interessierten
Mächte anwesend sein würden. Damit wich er den unbequemen
Fragern aus und bevorzugte, gewollt oder ungewollt, stillschweigend
Aragon und Venedig[113], dessen Gesandte so allmählich das diplomatische
Übergewicht gewannen, wie ihr Verhalten wenig später zeigen sollte.
Die Mailänder sahen der künftigen Entwicklung ruhig entgegen. Vom
guten Willen des Königs waren sie noch überzeugt, zumal seine Vertrauten, vorab Herzog Albrecht, dessen verbindliches Wesen die Italiener
besonders ansprach, und Procop von Rabenstein, ihnen mehrfach Wohlwollen zeigten. Auch Verhandlungen in Rom konnten Mailand nur recht
sein, weil es dort auf die Unterstützung einiger Kardinäle rechnete.
Trotzdem wies der vorsichtige Francesco seine Gesandten an, in Siena
unbedingt als Block gegen die aragonesische Liga aufzutreten[114]; denn
im Gegensatz zu dem offenen Vorgehen seiner Diplomaten blieb das
Verhalten der Venetianer letztlich undurchschaubar. Die Mailänder
mußten selbst feststellen, daß *questi ambassatori Venetiani havere piu
introductione non solo cum quili posseno apresso lo Imperatore, ma etiam . . . pro
fina ali hostiarii.* Deswegen schien ihnen geraten, vor allem auch Eleonore
zu gewinnen, weil Friedrich gern sehen würde, daß man sie besonders
ehre. Aber vermutlich beabsichtigte Venedig das gleiche[115].

   In diesem Augenblick geriet die ohnehin schon gespannte Lage auf
einen Höhepunkt. Wohl bereits in Florenz, vor allem aber beim Einzug
in Siena war es zwischen den Mailändern und den Venetianern zu Auseinandersetzungen um den Ehrenplatz in der Begleitung des Königs
gekommen, wobei Venedig sein Vorrecht mit dem Hinweis auf die
Tradition ihres „*dux*" gegenüber dem usurpierten „*duca*" in Mailand
begründet hatte. Mailand, im Grunde unsicher, weil ihm diese historisch-
rechtliche Argumentation abging, hatte um des Friedens unter den Gesandten vor dem Könige und vor allem um der eigenen Sache willen
mit Florenz vereinbart . . . *observare l'ordine dato . . . non andamo ad palazo . . .*[116]
Von Friedrich war dies so anerkannt worden, daß er sich von den
Gesandten nicht mehr zur Messe begleiten ließ. Jetzt aber, in Siena,

---

[113] AStMil. Pot. est. Firenze 265 (1452 II 2). Daß Friedrich III. mit Aragon und
Venedig gemeinsame Sache mache und Nicolaus sich dem nicht werde entziehen
können, sagte der mailändische Gesandte dem Papste bereits im November 1451
(AStMil. Pot. est. Roma C 40, Ber. 1451 XI 22) und versuchte dann, ihn auf seine
Seite zu ziehen, indem er auf die undurchsichtigen Verhandlungen Venedigs in
Siena hinwies. Vermutlich betrafen sie Bologna (Mailand BA. Z 219 sup. 9136 zu
1542 I 9; AStMil. Pot. est. Firenze 265 zu 1452 I 17).

[114] AStMil. Reg. duc. XXV fol. 24 (1452 II 6).

[115] AStMil. Pot. est. Siena 255 (1452 II 13).

[116] Ebda. Ber. v. 1452 II 14.

erschien er eines Morgens vor den auf die Audienz Wartenden in Begleitung der Venetianer. Man hielt sie mit Recht für *dolissimo, perche non era servato per essi l'ordine dato.* Die offizielle Beschwerde wurde absichtlich vermieden, um Francesco die Gunst des Königs zu erhalten. Die Gesandten Mailands beklagten sich bei Albrecht, merkten aber, daß man sich auf die Angelegenheit nicht einlassen wollte. Sceva machte die Probe und brachte seine politischen Anliegen erneut vor. Der König umging sie wiederum und wies diesmal auf die Abwesenheit seiner Räte, besonders des Enea Silvio hin, die sich noch in Pisa bei Eleonore aufhielten und ohne die er die mailändische Frage nicht erörtern könne. Der Bischof von Siena, wie die Gesandtenberichte ihn vorzüglich nennen, trat jetzt als Träger der italienischen Politik Friedrichs mehr und mehr hervor: ... *perho etiamdio non havimo poi facto piu instantia sopra facto di vestri privilegii pur aspectando lo Vescovo da Siena sine quo fieri nichil potest* ... berichteten die Mailänder am 18. II. nach Hause. Aus diesem Grunde hatte sich Sceva bereits zwei Tage zuvor an Enea Silvio selbst gewandt und meinte, aus der freundlich gehaltenen Antwort auf den günstigen Fortgang der Angelegenheit schließen zu können. Friedrich selbst gab erneut zu verstehen, daß er die mailändische Sache erst nach der Krönung entscheiden wolle[117]. So blieb sein Gesicht geschickt gewahrt, weil der rechtliche Spruch für das Reich und Mailand so erst Gewicht gewinnen konnte. Francesco erfuhr zur gleichen Zeit aus Rom, daß Nicolaus mit diesem Beschluß sehr einverstanden sei, und einer der päpstlichen Vertrauten, Giorgio Sanini, ließ Sceva unter der Hand wissen, der Papst meine, es sähe durchaus nicht nach einem Erfolg der Venetianer aus. Die Mailänder sahen richtig, wenn sie erwogen, daß sich erst an der Mailändischen Krönung entscheiden könne, welche Rolle ihrem Herrn in Italien künftig zugewiesen sei. Zieht man den Ausgang in Betracht — Friedrich empfing die Krone tatsächlich aus der Hand des Papstes —, mag dahingestellt bleiben, wie weit Nicolaus und auch Friedrich bereits doppeltes Spiel trieben. Dies ist um so eher zu vermuten, als die Ernennung des Borso d'Este, des ostwärtigen Nachbarn Francescos in Ferrara, zum Herzog von Modena, die der Kaiser auf seiner Rückreise aussprach, als schwerwiegender Akt gegen Mailand gelten mußte; denn der venetianische Machtbereich gegen den Sforza wurde so beträchtlich erweitert und Borso, der bislang als Parteigänger des Mailänders gelten konnte,

---

[117] Ebda. Berr. v. 1452 II 18 u. II 19. Venedig wies seinen Gesandten ebenfalls an, die Ehre der Republik in diesem Falle zu wahren, stellte aber das politische Ziel, auf jeden Fall den *transitus* für Alfonso im Kriegsfalle von Siena zu erreichen, unbeirrbar in den Vordergrund (AStVen. Del. XIX fol. 121 ff.: Anweisungen an Giov. Mauro von 1452 II 8 ff.) Siena ließ sich jedoch weder schon jetzt noch später überzeugen; es blieb neutral. (AStFir. XBal. Resp. XXI fol. 12 u. 17: ... *dicono chome quella communità stara ferma in non volere intrare in guerra ne in nuova legha* ...).

Francesco entfremdet[118]. Im Augenblick konnte die mailändische Gesandtschaft Friedrich nur versichern, daß Francesco, der in Ferrara bei
der Begrüßung des Königs gefehlt hatte, alle Ehrungen nachholen
werde, wenn der Kaiser durch die Lombardei zurückkehre. Man nutzte
die Atempause, die durch die Vorbereitungen für den Empfang Eleonores entstand, ergänzte die schriftlichen Unterlagen für die Verhandlungen in Rom und suchte weitere Informationen; denn in Wahrheit
hatte sich die allgemeine Lage nicht zugunsten Mailands entwickelt. Dies
geht schon aus den Zahlen über die vermutliche Stärke der künftigen
Gegner hervor, die Sceva mitteilte. Er kam für Aragon auf etwa 33 000
Reiter und 9000 Knechte, für Savoyen und Montferrat auf zusammen
rund 13 000 Bewaffnete.

Auch in Siena selbst schien Mailand allmählich ins Hintertreffen zu
geraten, weil die durch ältere Erfahrung gewandtere venetianische
Diplomatie Methoden anwandte und Wege einschlug, die Sceva und
seine Kollegen überraschten. Da die Kommune deutlich zu verstehen
gegeben hatte, daß sie sich an die Liga Aragon/Venedig als unmittelbare
Partnerin nicht binden wolle, versuchte Venedig, den Capitano del
Popolo, *quel e pazo richo* (wie die Mailänder ihn ihrem Herrn schilderten),
für seine Absichten zu gewinnen[119]. Er sollte vor dem Consiglio den Antrag
stellen, Siena möchte, wenn es schon nicht in die Liga eintreten wolle,
dann vertraglich wenigstens den Durchzug Alfonsos mit Quartier und
Verpflegung unterstützen, einer Maßnahme also, die in den entsprechenden Verträgen, vorab Bündnissen, regelmäßig als Leistung der sogenannten *adhaerentes* der Vertragschließenden auftritt. Zudem ließ sich
aus dem Antrag leicht auf die strategischen Absichten Aragons schließen:
Florenz sollte von Süden, Mailand von Osten angegriffen werden, um
die gemeinsame Operation auf der inneren Linie zu verhindern. Florenz
wäre einem solchen Unternehmen nicht gewachsen gewesen. Da der
Capitano in der Öffentlichkeit nicht zum Zuge kam, wagten die Vene-

---

[118] AStMod. Canc. march. Doc. 25/31 (Ferrara 1452 V 18, *or. membr., c. s. p.*
Druck: L u e n i g, Cod. Ital. diplom I, 1639) und ebda. Doc. 25/33 (Ferrara 1452 V 18,
instr. not. or. membr., Druck: M u r a t o r i, Antichità estensi ed italiane II, 210 ff.) Revers
Borsos über die Zahlung von 4000 fl jährlich: Wien, HHStA Allg. Urk. Reihe Ferrara
1452 VI 8, Chmel, Reg. 2890. Glückwünsche: AStMod. Canc. duc. Lett. princ. est.
1425/41 (Neapel), 1441/41 (Siena, vgl. auch AStSen. Cop. lett. 1673, 85 b v. 1452
V 24 an Borso als Antwort auf dessen Anzeige) und 1168/61/I (Genua). Vgl. P a s t o r,
Päpste I, 511 Anm. 1; G. V o i g t, Enea Silvio II, 58; B a y e r, Historia Friderici III,
158. Vgl. auch den anschaulichen Bericht des Leibarztes Borsos, Michele S a v o n a r o l a,
De felici progressu ill. Borsii Estensis ad Marchionatum Ferrariae . . . (Modena BE. Cod.
lat. 215; Fassung in *Volgare*: Ravenna, BC. Cod. 302); dazu A. L a z z a r i, Il primo
Duca di Ferrara, Borso d'Este (Dep. di Storia Patria per l'Emilia e la Romagna,
Sez. di Ferrara. Atti e Mem. III, 1945) S. 20 ff.

[119] AStMil. Pot. est. Siena 255 (1452 II 16).

tianer schließlich einen Vorstoß bei Friedrich selbst. Sie versuchten, einige ihnen geneigte Senesen zu einer Anfrage beim König zu bringen, wie er selbst zur Liga stünde, um zu erreichen, daß sie, von ihm bejaht, für die Bürgerschaft so populärer würde. Die Bürger weigerten sich, Friedrich und sich selbst in diese Verlegenheit zu bringen. Als schließlich ein Vertrauter des Capitano die Frage stellte, erhielt er nicht die erwartete Antwort: ... *ela Maiesta respose, era piu apto a metere pace cha guerra, e non se voliva impacare*[120]. In diesen *pratiche* verfuhren die Venetianer besonders geschickt; denn sie stellten solche Themen weder unmittelbar selbst noch vor allem in geschlossenen Forderungen, sondern gingen schritt-weise, mit Einzelanträgen zu Werke. Zugleich verbreiteten sie das Gerücht, die Liga Mailand/Florenz rüste insgeheim zum Kriege. Es gelang ihnen nicht, die Senesen so für sich einzunehmen, daß sich dies in Abstimmungsergebnissen bemerkbar gemacht hätte; denn die Sym-pathie der städtischen Bevölkerung galt — von der provenetianischen Haltung einzelner Familien, die wirtschaftliche oder politische Beziehungen zur Republik pflegten, abgesehen — offensichtlich noch Mailand, besonders aber Francesco selbst. Auch der Gegensatz der venetianischen Wirtschafts-aristokratie zu dem als Mann des Volkes emporgekommenen Condottiere spielte eine Rolle, da die senesische Bürgerschaft dem Repräsentanten der Demokratie sich zuneigte. Seine Popularität beim gemeinen Mann verhinderte schließlich weitere diplomatische Fortschritte Venedigs, das die Furcht der Kommune vor der drohenden Kriegsgefahr nutzen wollte, sie noch im letzten Augenblick auf die Seite der Partei Alfonsos zu ziehen. Die Mailänder erwogen dagegen, mit Hilfe der öffentlichen Meinung den ihnen nicht genehmen Capitano zu stürzen. Die Neuwahl verhinderte den Konflikt. Friedrich griff nicht ein und beharrte auf seinem bereits in Florenz festgelegten Standpunkt: *se la Maiesta dello Imperatore ne parlera di pace ... chel voglia fare ad Roma*[121]. Die fernere Entwicklung zeigt, daß er bereits jetzt einer festen, gegen Mailand gerichteten Konzeption folgte, der auch sein zweiter Romzug (1468) nochmals galt. Er hielt die Mailänder hin; man verfuhr mit ihrem Hauptanliegen *secretamente, cosi volle anche l'Imperatore, e discretamente*, wohl mehr über Zugewandte, wie Herzog Albrecht und Procop von Raben-stein, als in direkter Ansprache.

Das Problem wurde wieder brennend, als die noch unentschiedene Rangfrage zwischen Mailand und Venedig beim Einzug Eleonores sich erneut stellte. Nun kam es, da der Abschied des Königs immer näher rückte, zu einer grundsätzlichen Diskussion[122], in der die Mailänder in

---

[120] AStMil. Pot. est. Siena 255 (1452 II 19).
[121] AStMil. Pot. est. Siena 255 (1452 II 16).
[122] AStMil. Pot. est. Germania 569 (1452 II 26 ff.).

althergebrachter Weise Ehre und Recht als Einheit auffaßten, die
dignitas ihres Herrn aber doch neuartig begründeten: *... item che non
erevamo in contentione con ducha veruno, ma con comunitate, la quale cosi come
ha presso titulo de ducato senza licentia de lo Impero, cosi ha potuto Milano
elegerse uno Signore et ponerli nome de duca molto meglio che Venetiani, peroche
Milano ha ducato, Venezia non. Item che le ducato de Milano comprehende non
solo Milano, ma Lombardia et consequenter piu digno e Milano per si che Venezia
per si ... concludendo che speravamo, la Maiesta sua voleva havere cura del honore del
Sacro Imperio ad honorare li principi, che dependeno da esso, et consequenter vole
honorare la celsitudine vestra, quale recognosce et vuole recognoscere la sua Maiesta
per suo Signore.* Am Abend vor dem Einzug kamen die königlichen Räte
in die Herberge der Mailänder und boten ihnen den Platz rechts von
Herzog Albrecht oder links von Ladislaus an. Da dies nicht genehm war,
wurde — nur für diesen Anlaß — ein Kompromiß geschlossen: Venedig
sollte rechts, Mailand links von Ladislaus reiten. Sceva fügte sich,
kündigte aber seinen schriftlichen Protest an. Am folgenden Tage nach
der Messe begrüßte der König beide Parteien und gab ihnen die Hand
come ha per usanza. Aber der Venetianer setzte sich sofort zwischen
Friedrich und die Mailänder, als wolle er den Sonderfall in der Ordnung
der *ingressio reginae* zur Gewohnheit machen. Sceva erhob sich, suchte die
Nähe der Majestät erneut und protestierte, der König möge ... *provedere
ad l'honore della vestra Signoria, peroche in Italia non e reverentia allo Imperio
de Signore ne Signoria, pur che quella della Signoria vestra* (i. e. *Milano*).
Friedrich erwiderte, er werde einen guten Weg finden. Auch die Räte,
vorab Hinderbach, rieten zum Frieden und machten Hoffnungen. Aber
die mailändischen Gesandten begannen, das Spiel nun zu durchschauen.
In Italien neigte die Wagschale sich Aragon zu. Es bleibt bezeichnend,
daß Florenz eben jetzt gewisse senesische Kreise warnen mußte, weil
sie erwogen, Kredite zum Anwerben eines venetianischen Truppen-
kontingents zu geben. Der König selbst, schrieb Sceva in einem seiner
letzten Berichte vor der Abreise Friedrichs, werde nun nur noch wenig
Zeit für die italienischen Verhältnisse aufbringen und seine Rückkehr
nach Österreich beschleunigen müssen, denn dort drohten *novitate, et per
questo se faciamo come certi, che non fara del facto vestro alcuna cose in questa parte.*
    Der König verließ Siena am Morgen des 28. Februar. Mariano be-
richtet auffällig, Friedrich habe seinen Ausritt verheimlichen wollen,
die Senesen aber seien auf dem Posten gewesen. Die Stadt stellte ihm,
außer ihrer offiziellen Gesandtschaft, die mit nach Rom zur Krönung
zog, ein Ehrengeleit bis Aquapendente, wo der König den Boden des
Kirchenstaates betrat. Eleonore folgte drei Tage später nach. Im Gegensatz zu Friedrichs Ausritt (dürfen wir Marianos Bericht trauen) *l'ordine
fu dato come menata esser doveva fuore*: der Rat holte die Prinzessin aus
ihrer Herberge im Palast des Bischofs ab und geleitete sie unter dem

Baldachin *con lenti passi* zur Porta Romana[122a]. Wenige Tage darauf berichteten die Senesen aus Viterbo, Alfonso mache *uno maravigliosisimo apparato per mare et per terra con animo di passare in Toscana, benche voi, Signori Sanesi, nonne credete nulla ; ma innanzi che sia maggio, lo vedete con tal potentia in Toscana, che vostri padri non le viddero mai tale . . .*

Als in letzter Minute die Diplomatie zu versagen schien, versuchte der tatkräftige Sforza den Lauf der Dinge nochmals selbst zu ändern, indem er persönlich eingriff. Er schätzte die Lage so nüchtern ein, wie sie sich tatsächlich anbot. Dies geht schon aus der Aufnahme der Beziehungen zwischen Mailand und Ulrich von Cilly hervor, die in diese Zeit fällt; denn noch immer blieben die österreichischen Verhältnisse in der Schwebe, und es schien deshalb angebracht, auch mit den Gegnern des Königs für den Fall eines Umsturzes Fühlung zu halten. Offenbar ist diese Verbindung für Mailand nicht zum Tragen gekommen; denn die Akten brechen nach wenigen gegenseitigen Bestätigungen ab. Für die Lage und die Persönlichkeit des Francesco bleibt ein Schriftstück bezeichnender, das, von ihm mit *vicecomes dux Mediolani* unterzeichnet, mehr Denkschrift als Brief, unmittelbar an den König gerichtet ist[123]. Wie viel lieber, schreibt der Condottiere, wäre es ihm und wie viel mehr bliebe es die Sache Italiens, vorab der Lombardei, wenn er das Heer, das ihn stets nur als Kriegstreiber verdächtig mache, Kaiserlicher Majestät gegen die Feinde der Christenheit zuführen könnte. Aber die Drohungen Venedigs gegen Mailand (die im einzelnen dargelegt werden) ließen dies nicht zu. Der König möge aus diesem Beispiel lernen, daß unter Umständen einst auch seine Erblande einmal gefährdet sein könnten. Er solle helfen, das Feuer auszutreten, ehe es zu spät sei: *Excitet igitur se ipsam, excitet gloriosissima Magestas vestra et ad opprimendos Venetos ceterosque omnes sacro imperio rebelles et Italia sue statum componendum Germanie victricis . . . Accipietque et ex Mediolano et ex urbe Roma coronas sibi debitas cum immortali . . . triumpho. Eritque imperatoris Federici celeberrimum nomen . . .* Der Brief hat seinen Empfänger nicht erreicht, weil der Schreiber offenbar

---

[122a] Der Versuch, heimlich abzureisen, entspricht der auch sonst überlieferten frommen Bescheidenheit des Königs, nicht unter dem Baldachin reiten zu wollen, vgl. die Berichte bei X. Haimerl, Prozessionswesen 94 ff. und (für den 2. Aufenthalt in Rom 1468) A. Bachmann, Deutsche Reichsgeschichte im Zeitalter Friedrichs III. und Max I. Bd. 2 (1894) 186. Die *Nota discessus imperatoris* AStSen. Conc. Cop. lett. 1673 fol. 35 f. (1452 II 28); Die Akten der begleitenden Gesandten Conc. 2408 (Leg.) fol. 39 b ff.; Conc. 513 (Del.) fol. 79 ff. Sie waren insgesamt 52 Tage mit 24 Pferden unterwegs (21. 1.—7. 2. und 28. 2.—1. 4.); Conc. 2515 fol. 135 (1452 II 28): *Nota substantiale (Instr.)*. Ihr erster Bericht aus Viterbo: Conc. Lett. 1970 fol. 69 v. 1452 III 5.

[123] AStMil. Pot. est. Germania 569 (*s. d.* wohl 1452 zw. II 26 u. III 9). Noch am 8. März gab Francesco an seinen Gesandten in Rom Anweisungen für den Fall, daß die Krönung mit der Lombardischen Krone nicht würde durchgeführt werden können (AStMil. Reg. duc. XXV fol. 39 b).

die Nutzlosigkeit seines Appells einsah. Er legt nicht nur für den politischen Blick und das diplomatische Einfühlungsvermögen des Francesco eindringlich Zeugnis ab, sondern offenbart zugleich auch die Tragik der italienischen Geschichte in der zweiten Hälfte des 15. Jahrhunderts.

Wie seinem großen Gegner Alfonso schwebte auch Francesco die Vorherrschaft über die Mächte Italiens als Ziel vor, und er hat es mit den sich ihm anbietenden Mitteln zu erreichen versucht. Aber im Gegensatz zu dem König in Neapel fehlte dem mailändischen Condottiere jene „Legalität", ohne welche auch die Macht wertlos blieb. Von dem Versuch einer auf ein Territorium gegründeten echten Herrschaftsbildung bis zu den Erziehungsanweisungen für seinen Sohn, der so gebildet werden sollte, wie sich für einen künftigen Herzog gehöre, hat Francesco sich um diese Legalität bemüht. Als das vornehmste Mittel, sie zu erlangen, erschien ihm aber die Anerkennung durch das Reich. Daß er dabei den Wert der Tradition falsch in seine Rechnung setzte, weil er im Grunde selbst zu traditionslos war, um diesen Wert recht begreifen zu können, und weil neues Recht die Einheit von altem Recht und Tradition nicht zu lösen vermochte, ließ sein Vorhaben schließlich scheitern. Sein großer Plan blieb, durchschaut man die Einzelheiten, gegenüber dem geschichtlich Gewachsenen weithin rational; denn er behandelte die Tradition wie der Spieler seinen Einsatz am Spieltisch: gegen die Lombardische Krone stand der vom Vizevikariat ausgehende Herrschaftsanspruch. Die kirchliche Erhöhung Pavias, die Ernennung eines mailändisch gesinnten, weil dort beheimateten Kardinals im Zuge der Krönungspolitik blieben dabei nur Elemente eines Systems, das den Einfluß auch auf die Kurie sichern sollte; denn ihre zentrale Stellung behielt sie nach wie vor. Wäre dem Sforza alles gelungen, würde Mailand dem Reiche verloren gegangen und Italien wirklich jener Herr erwachsen sein, den seine Mächte fürchteten.

Dagegen stand der Kaiser, der, (es klingt paradox) um sein Recht in einer sich wandelnden Staatenwelt durchzusetzen, die Tradition verlassen durfte, weil gleichsam die Geschichte ihn trug. Er paktierte im Zuge seiner offenbar auf lange Sicht berechneten, Europa in den Blick nehmenden Politik mit den Mächtigen, die neue Wege gingen, mit Aragon und Burgund. Gegen Mailand stand auch das Reich; denn die Lombardei mußte wegen ihres natürlichen Reichtums und ihrer so wichtigen Pässe bei ihm bleiben, wenn es seine Ansprüche gegen Frankreich in Italien gewahrt wissen wollte. Das lehren die Tage von Siena deutlich genug.

Nun nahmen die Dinge ihren unheilvollen Lauf. Die Absichten Friedrichs lagen klar zutage, als er aus der Hand des Papstes die Mailändische Krone empfing[124]. Sein Aufenthalt in Neapel — festliches und politisches Gegenstück zu den Tagen in Siena — festigte das System der Gegner Mailands endgültig. Die Rückreise des Königs glich eher einer Flucht vor drohenden Ereignissen. Als Friedrich die Stadt Siena zum zweiten Male verließ, rückten die berüchtigten Reitergeschwader des Conte di Troia bereits auf die Südgrenze der Toscana vor. In Rom aber schrieb Sceva di Corte seinem Herrn einen nachdenklichen Vers:

Omne nephas victis, victoribus omnia sancta.

---

[124] Gegen den Protest der mailändischen Gesandten (Paris BN. F. it. 1568, 50 ff. 1452 III 16) äußert Niccola della Tuccia (Cronaca ... d'Italia, ed. Orioli [1852] 221), Friedrich habe dem Papst befohlen, ihn mit der Lombardischen Krone zu krönen; denn von Francesco könne er sie nicht annehmen: ... *non era vera duca, ... ma tiranno.* Ähnlich die (vermutlich auf die gleiche Vorlage zurückgehenden) Berichte Venedig, BM. Ital. cl. VII Nr. 470 fol. 469; (anonym) (Druck: J. Janssen, Frankfurts Reichskorrespondenz II (1866) 117 ff. Nr. 186); Goswinus Mandoctes, (Druck: Chmel, Reg. Anh. CXIX Nr. 98) und Paris BN. F. lat. 6029 fol. 1 ff. Die Rechtssauffasung des Königs gibt Thomas Ebendorfer, Chronica regum Romanorum VII (ed. A. F. Přibram, MIÖG, Erg. III (1890/94)), 154 ff.).

KAISER, KURFÜRST UND JURIST

Friedrich III., Erzbischof Jakob von Trier und Dr. Johannes von Lysura im Vorspiel zum Regensburger Reichstag vom April 1454

Von Helmut Weigel

Einhundertfünfundvierzig Jahre, bevor die Historische Kommission bei der Bayerischen Akademie der Wissenschaften zu München die Arbeiten an den „Deutschen Reichstagsakten" Ältere Reihe aufnehmen ließ, hat der sächsische Archivar Johann Joachim Müller zu Weimar eine Sammlung von Reichstags-Dokumenten herausgegeben unter dem Titel: „Des heil. Römischen Reichs Teutscher Nation Reichstags-THEATRUM, wie selbiges unter Keyser Friedrichs V. allerhöchster Regierung von anno 1440 bis 1493 gestanden". Das Gewicht legt er auf die politischen und rechtlichen Staatsaktionen. Noch haben auch wir mit der zeitlich genauen Feststellung der geschichtlich-politisch-diplomatischen Vorgänge und mit der Aufdeckung der Zusammenhänge genug zu tun; die folgenden Blätter liefern dazu manchen Beitrag. Aber doch noch stärker gilt unser Interesse, unsere Teilnahme den Akteuren, den handelnden Personen und den Gedanken, Wünschen und Zielen, die sie bewegten. Von da her der Titel, auch Auswahl und Darbietung politischer Vorgänge der Jahre 1452 und 1453.

I.

Geziert mit dem von altem Glanz umstrahlten Titel eines „Römischen Kaisers", hatte Friedrich III. am 8. Juni 1452[1] des Reiches Boden, sein

---

[1] Unter dem 5. Juni stellte Friedrich zu Portenone die letzten Urkunden auf italienischem, von Venedig beanspruchten, Boden aus (Fr. Chmel, Regesta Friderici

erbliches Herzogtum Kärnten, wieder betreten. Ihm war als erstem Römischen König aus dem Hause Habsburg geglückt, was ein neidisches Geschick einem Rudolf, zwei Albrechten und einem Friedrich versagt hatte: die Kaiserkrone in Rom zu holen. Den Rechtsanspruch habsburgischer Könige hatte er erstmals und in dieser althergebrachten Form auch letztmals zur Wirklichkeit werden lassen.

Wollte Friedrich nun auch Kaiser sein, wenn nicht im Vollsinn dieses Wortes von einst: weltliches Oberhaupt der Christenheit[2], so doch wenigstens in der eingeschränkteren Bedeutung: Oberhaupt des Reiches?

Von des Vaters Wesen, der Rührigkeit des „eisernen" Herzogs Ernst[3], erst recht von dem Großvater, dem ehrgeizigen und tatenlustigen Herzog Leopold III. von der Steiermark[4], war nichts auf Friedrich III. übergegangen. Er war — man möchte sagen: ausschließlich — der Sohn seiner Mutter Cimburg von Masovien. Von deren Ahnen — sie reichten westwärts nicht über Troppau und Ratibor hinaus, während sie sich ostwärts über Litauen nach Halitsch, nach Twer und Rostow in die russische Welt ausweiteten[5] —, von daher war Friedrich ein starker Strom schweren, trägen Blutes zugeflossen. So dürfen wir von dem neuen Kaiser keine aktive Politik im Reich, geschweige denn in Europa erwarten. Wohl aber wirkte sich die Schwere seines Wesens in einer ungeheueren Zähigkeit, ja Starrheit aus, mit der er an den Rechten des Kaisertums festhielt[6].

Zur völligen Herrschaft aber führten diese Veranlagung die äußeren Umstände, die politische Welt, in der Friedrich lebte. Auf den Reichstagen der Jahre 1441 bis 1444[7] war dem jungen König die ganze Trostlosigkeit der Zustände im Reich bewußt geworden: die politische Zerrissenheit; die gegenseitige Zerfleischung in machtpolitischen Kriegen der Fürsten und der Städte, in zahllosen Fehden seiner rauflustigen und raubgierigen „ritterlichen" Herren und Knechte; der alle Stände

---

III. (1859) Nr. 2883—89 [künftig zit.: Reg.]). Am 9. Juni regelte er zu Villach durch Mandate und Vollmachten die Verwesung der Hauptmannschaft in den Fürstentümern Bautzen, Görlitz und Zittau (Dresden LHA Urkk. 7273—76). Zur Bewältigung der etwa 125 km langen Strecke zwischen beiden Orten genügten drei bis dreieinhalb Tage.

[2] K. Sigmunds Einladung an die Reichsstände zum Reichstag nach Basel vom 25. Oktober 1433: „von gottlicher schickung zu einem haubt der Cristenheit gefodert" (Deutsche Reichstagsakten Ältere Reihe 11 S. 200 Nr. 87).

[3] Allgemeine deutsche Biographie 6 S. 294 ff. (zit. ADB).

[4] ADB 18 S. 392 ff.

[5] W. K. Prinz von Isenburg, Die Ahnen der deutschen Kaiser, Könige und ihrer Gemahlinnen (1931) S. 76.

[6] Von einem Schicksalsglauben Friedrichs an Österreichs zukünftige Größe wird man nach den Darlegungen von A. Lhotsky, AEIOV die Devise Kaiser Friedrichs und sein Notizbuch MIÖG 60 (1952) S. 155—193 nur noch mit Vorbehalt als einer bloßen Möglichkeit sprechen dürfen.

[7] RTA Bd. 15—17.

beherrschende und verzehrende „gît", wie die „*Reformatio Sigismundi*"[8]
sagt, die hemmungslose Begierde nach Macht, nach Geld und Geldes-
wert; das dem völligen Schwund nahe Verblassen des Reichsgedankens.
Nicht minder klar war dem Fürsten aber auch die Kleinheit und Armut
der ihm erblich zustehenden Alpenlande Steiermark, Kärnten und Krain
als einzige nutzbare Grundlage seiner Macht. So verwarf Friedrich die
Reichspolitik seines zweiten Vorgängers Sigmund, die mit einem
völligen Mißerfolg geendet hatte[9], als aussichtslos, als Vergeudung der
schwachen Kräfte seiner Erblande.

Sie auf einem anderen Gebiet einzusetzen, erschien ihm zweckmäßiger:
für das Haus Österreich. Die von Friedrich beliebte Selbstbezeichnung
als „der fursten zu Osterreich eltister und vorgeer"[10], dann die Verleihung des aus dem privilegium maius von 1358 abgeleiteten und
nun erneuerten Titels „Erzherzog" an die Glieder der leopoldi-
schen Linie[11], endlich die Zähigkeit in der Behauptung der Vormund-
schaften über seinen Vetter Sigismund von Tirol[12] und seinen Neffen
Ladislaus von (Donau-)Österreich[13]: das waren Punkte einer Linie, die

---

[8] K. Beer, Die Reformation Kaiser Sigmunds. Eine Schrift des 15. Jahrhunderts
zur Kirchen- und Reichsreform. Hrsg. von K. B. Beiheft zu den „Deutschen Reichstagsakten" 1933. — Dazu: Heinrich Koller, Eine neue Fassung der Ref. Sig. MIÖG
59 (1952) S. 143—154. — Manfred Straube, Eine neue Handschrift der sog. Ref. Sig.
Wissenschaftl. Zschr. d. Ernst-Moritz-Arndt-Universität Greifswald 4 (1954/55)
Gesellschafts- und sprachwissenschaftliche Reihe S. 123—138. Hier verzeichnet auch
die Auseinandersetzung zwischen K. Beer, F. M. Bartosch u.a. — Thea Buyken,
Der Verfasser der Ref. Sig. In: Aus Mittelalter und Neuzeit. Festschrift für Gerhard
Kallen (1957) S. 97—116. Man liest diese Ausführungen nicht ohne schwere Bedenken
— Lothar Graf zu Dohna, Reformatio Sigismundi. Beiträge zum Verständnis
einer Reformschrift des 15. Jahrhunderts. Dissertation Göttingen 1957. Künftig
in den „Schriften des Max-Planck-Instituts für Geschichte Göttingen". — Eine
Neu-Ausgabe der R. S. bereitet H. Koller im Auftrag der Mon. Germ. vor.
[9] RTA Bd. 7—12. — Darauf aufgebaut E. Molitor, Die Reichsreformbestrebungen des 15. Jahrhunderts bis zum Tode Kaiser Friedrichs III. 1921 S. 25 ff.
77 ff.
[10] Fr. Chmel, Materialien zur österreichischen Geschichte 1 (1837) S. 60 Nr. 24;
Chmel, Reg. Nr. 2052. — Archiv f. österreichische Geschichte 58 (1879) S. 45:
aeltester und regirer des namens und stammes des fürstenthums und des ganzen
hauses Oesterreich (1440 April 25).
[11] Chmel, Materialien 2 (1840) S. 36 Nr. 34; Chmel, Reg. Nr. 2997. R. v. Zeissberg, Der oesterreichische Erbfolgestreit nach dem Tode des Königs Ladislaus
Postumus (1457—1458) im Lichte der habsburgischen Hausverträge. AOesterG 58
S. 58. — A. Lhotsky, Privilegium maius. Geschichte einer Urkunde (1958) S. 22;
26 ff.
[12] Albert Jäger, Der Streit der Tiroler Landschaft mit Kaiser Friedrich III. (1873).
— Zusammenfassung: V. v. Kraus, Deutsche Geschichte im Ausgang des Mittelalters 1 (1905) S. 203 ff.
[13] M. Vancsa, Geschichte Nieder- und Oberösterreichs 2 (1927) S. 286. 289 f.
293. — v. Kraus 1 S. 205 ff.

nach Auffassung der Zeitgenossen zum Seniorat[14] führte, sicher die Zusammenfassung der habsburgischen Länder in einer Hand anbahnen sollte.

Darüber hinaus betrachtete sich Friedrich als Wahrer einer noch weiter ausgreifenden Staatsidee: der Drei-Staaten-Einheit Österreich — Böhmen — Ungarn unter einem Herrscher habsburgischen Blutes. Bis auf den Vertrag Herzog Rudolfs und Kaiser Karls IV. von 1364 und auf beider ungarische Politik zurückreichend, ist dieser Staatsgedanke von Friedrichs Vorgänger, König Albrecht II., nicht ohne Mühen und nur für zwei Jahre verwirklicht worden. Mochte auch seinem nachgeborenen Sohn Ladislaus das Erbrecht in Ungarn und Böhmen bestritten werden, das Vorbild war gegeben, das auf Friedrich III. und dessen Nachfolger wirken sollte.

Konnte eine solche Großmachtpolitik von den österreichischen Erblanden getragen werden? Hier verbanden sich Friedrichs Hausmachtwünsche und sein persönlicher auf Geld und Gold gerichteter „gît", um nächst dem Glanz der Kaiserkrone die finanziell auswertbaren Rechte des Römischen Kaisers, die Legitimationen, die Wappenverleihungen, die Ernennungen zum Pfalzgrafen und die „Ersten Bitten"[15], die Bestätigung althergebrachter und die Gewährung neuer Privilegien, zu schätzen und zu nützen.

Auf dem Reichsrecht beruhte stärker als auf militärisch-politischer Kraft das Dasein der Reichsstädte. Hatten sie sich auch in den vergangenen Jahren der fürstlichen Angriffe erwehrt[16], der Waffenstillstand, der am 22. Juni 1450 zu Bamberg verabredet worden war, schützte sie nicht vor Schikanen der Fürsten, vor Übergriffen ihrer Helfer, kaum vor dem Wiederaufleben der Feindseligkeiten. Um so notwendiger war es jetzt, 1452, für sie, die Bestätigung ihrer Privilegien und Besitzungen unter dem kaiserlichen Majestätssiegel zu erhalten. Dazu waren Belehnungen mit Reichsbesitz fällig geworden. Endlich erstrebte manche Stadt Entscheidungen ihrer vor dem Hofgericht schwebenden Prozesse[17]. So sammelten sich im Juli und August Ratsfreunde und Rechtsgelehrte von

---

[14] Vgl. Vancsa 2 S. 286f. 318. — In dem gefälschten Testament König Albrechts II. war die Vormundschaft über seinen ungebornen Sohn dem ältesten Fürsten von Österreich, „der ie zu zeiten sein wirdet", übertragen. Dazu Ebendorffer, Chronicon Austriacum in: Pez, SS. rer. Austr. 2 S. 871. — Zeissberg in: AOeG 58 S. 58.

[15] Hanns Bauer, Das Recht der ersten Bitte bei den deutschen Königen bis auf Karl IV. (Kirchenrechtl. Abh. von U. Stutz, Heft 94) 1919.

[16] Zusammenfassende, aber für die Vorgänge in Schwaben und in Neckarfranken allzu knappe Darstellung des sog. 2. Städtekriegs bei v. Kraus 1 S. 217ff. Für diese Gebiete: Chr. Fr. v. Stälin, Wirtemberg. Gesch. 3 (1856) S. 476ff.

[17] z. B. Köln: Mitteilungen a. d. Stadtarchiv von Köln 25. Heft (1894) S. 213ff.

Reichsstädten am kaiserlichen Hof zu Wiener-Neustadt[18], versehen mit
Geld für die Kanzlei und das Gericht, mit Geschenken für den Kaiser,
die ihm mit dem Glückwunsch zur Kaiserkrone überreicht werden
sollten.

Vor allem harrte der Streit zwischen der Reichsstadt Nürnberg und
dem Markgrafen Albrecht von Brandenburg-Ansbach[19], den König
Friedrich noch im August 1450 vor sich gezogen hatte, der Entscheidung.
Nach manchem Hin und Her war ein letzter Termin auf den 13. November 1452 angesetzt, dann nochmals auf den 14. Dezember verschoben
worden. Aber auch der imposante Aufwand eines Fürstengerichtes, zu
dem die fürstlichen Freunde des Markgrafen auf dessen Wunsch in
großer Zahl erschienen waren, erzielte am 18. Dezember 1452 nichts
anderes als einen neuen Aufschub auf 24. Juni 1453. „Und sollen wir
[der Kaiser] dazwischen den partheyen einen tag im reich für uns und
des reichs kurfürsten und fürsten setzen . . .“[20].

Zwar saß in dem Fürstengericht kein Kurfürst. Wohl aber weilte um
diese Zeit ein Gesandter des Erzbischofs von Köln, Dietrichs von Mörs[21],
in Wiener-Neustadt mit dem Auftrag, die Bestätigung der Privilegien
und Besitzungen des Erzbischofs und seiner Kirche zu erwirken. Wie der
Kölner sein Ziel am 22. Dezember erreichte[22], so war bereits am 25. November einer kurmainzischen Gesandtschaft die Bestätigung der Privilegien und Besitzungen des Erzbischofs Dietrich von Erbach[23] und seiner
Kirche ausgehändigt worden[24]. Die Gesandten des Trierer Erzbischofs,
Jakobs von Sierck[25], hatten in den Tagen vom 11. bis 16. November
nicht weniger als drei Privilegien erhalten[26].

---

[18] s. Chmel, Reg. ab Nr. 2903. Ergänzungen und Berichtigungen dazu künftig
RTA 19.
[19] Die Chroniken deutscher Städte 2 (1864) S. 95ff. mit der Darstellung von
Fr. v. Weech S. 355ff. — O. Franklin, Albrecht Achilles und die Nürnberger
1449—1453 (1866). — A. F. Riedel, Der Krieg des Markgrafen Albrecht Achill
mit der Stadt Nürnberg, Zschr. f. Preuß. Gesch. u. Landeskunde 4 (1867) S. 527ff.
682ff. 723ff. — E. Franz, Nürnberg, Kaiser und Reich (1930) S. 33ff.
[20] Aus dem Urteil vom 18. Dezember bei Franklin S. 61ff., hier S. 68.
[21] ADB 5 S. 179ff.
[22] Düsseldorf StA Kur-Köln Cartul. 9 fol. 36a—54b cop. c.
[23] ADB 5 S. 185f.
[24] Würzburg StA Mainz Urkk. Weltlicher Schrank 7/10 or. mb. sig. abscisso. —
Ebd. Mainz-Aschaffenburger Ingrossaturbücher 26 fol. 240a—241b cop. c. — Wien
HHStA Reichsregister P fol. 92 cop. c. Reg.: Chmel Reg. Nr. 2963.
[25] Lager, Jakob von Sirk, Erzbischof u. Kurfürst zu Trier. Trierisches Archiv
2 (1899) S. 1ff.; 3 (1899) S. 1ff.; 5 (1900) S. 1ff.
[26] Chmel, Reg. Nr. 2955. 2956. 2960. Nur Chmel Nr. 2956 (Privilegienbestätigung) im Original feststellbar: Koblenz StA Abt. 1 A Nr. 7806 or. mb. c. sig.
maiest.

Aus ihnen geht hervor, daß es sich noch um andere Dinge handelte als den Kaiser zu beglückwünschen und sich Privilegien bestätigen zu lassen, zum mindesten für Trier, vielleicht auch für die beiden anderen Erzstifte.

Ob auch Pfalzgraf Friedrich bei Rhein Gesandte zum Kaiser abgeordnet hatte, bleibt fraglich. Vielleicht hielt er es für besser, durch Dritte an der Lockerung der seit 1451 zwischen ihnen eingetretenen Spannung arbeiten zu lassen.

II.

Wir schalten also, um Aufträge und Tätigkeit der kurfürstlichen Gesandten in Wiener-Neustadt während des Herbstes 1452 deutlicher und völliger zu erfassen, von den kaiserlichen Erblanden im Raum der Donau auf die kurfürstlichen Territorien und Bistümer in den Rheinlanden um und auf den Sommer 1452 zurück.

Dorthin drang rund vier Wochen nach der Rückkehr des Kaisers eine etwas unklare Kunde von der neuerlichen Forderung eines Zehnten von der Geistlichkeit und von „Ersten Bitten" des Kaisers.

Die Nachricht war nicht unbegründet. In dem Ringen zwischen Papst Eugen IV. und dem Konzil von Basel war seit 1445 die Fortführung der Neutralität der deutschen Kurfürsten unmöglich geworden[27]. Denn das Kurfürstenkolleg war trotz des Kurvereins vom 21. März 1446 zwiespältig: die Erzbischöfe von Köln, Dietrich Graf von Mörs, und von Trier, Jakob von Sirck, sowie Pfalzgraf Ludwig für das Konzil und seinen Papst Felix V., Dietrich von Erbach, Erzbischof von Mainz, und die beiden Friedriche von Sachsen und Brandenburg für den römischen Papst Eugen IV. Dieser setzte die Erzbischöfe von Köln und Trier als Schismatiker ab. Sein Legat, Kardinal Juan Carvajal gewann, unterstützt von dem kaiserlichen Rat Eneas Silvius Piccolomini[28], vollends König Friedrich. Seine Gesandten, die der Kurfürsten von Mainz und Brandenburg und einiger anderer Reichsfürsten leisteten am 7. Februar 1447 dem sterbenden Eugen die Oboedienz. Dem neuen Papst Nikolaus V. schlossen sich im folgenden Sommer die Kurfürsten von Sachsen

---

[27] Zum folgenden W. Pückert, Die kurfürstliche Neutralität während des Basler Konzils (1858) S. 241 ff. — A. Bachmann, Die deutschen Könige und die kurfürstliche Neutralität 1438—1447. AOeG 75 (1889) S. 149 ff.

[28] Der jüngste biographische Versuch von Gioacchino Paparelli, Enea Silvio Piccolomini (Pio II) (1950 Bari) wendet sich gegen die Aufspaltung der Persönlichkeit des E. S. in den weltlichen Literaten „poeta" Eneas Silvius und in den geistlichen Papst Pius durch einen bruchartigen Bekehrungsvorgang, betont statt dessen die Kontinuität der beiden in E. S. lebenden Elemente, eines mittelalterlichen Enthusiasmus geistlicher Färbung und einer modernen, den eigenen Vorteil und die Belange seines Amtes berechnenden Verstandeskühle.

und von der Pfalz an, unterwarfen sich, der Wiedereinsetzung in ihre
Würden und Ämter sicher, auch die Erzbischöfe von Köln und Trier.

Freilich der Papst von Rom mußte sich die Oboedienz erkaufen. Der
König war nicht billig zu haben. Wir sehen hier ab von den Privilegien,
die seine landesherrliche Gewalt gegenüber der Kirche in seinen Erb-
territorien stärkten und festigten[29].

Dem Römischen König aber mußte der Papst die Kaiserkrone und
zur Bestreitung der Romzugskosten einen Zehnten versprechen, der von
dem Klerus des Reiches zu erheben wäre, endlich ihm das einstige
Königsrecht der „Ersten Bitten" durch einen Indult erneut verleihen.

Diese Abmachungen mit Papst Eugen wurden von seinem Nachfolger
anläßlich der Kaiserkrönung bestätigt: die Bulle über die Gewährung der
ersten Bitten ist vom 19. März, dem Tag der Krönung, datiert[30]; diejenige über den Zehnten wurde kurz vor der Abreise des Kaisers am
18. April ausgefertigt[31].

Die erstere stellte eine Beschränkung der Rechte der Collatoren dar;
der Romzugszehnte erschien als ein Glied der nicht abreißenden Kette
kurialer Sondersteuern. Beides erschien den Reformfreunden als eine
Wiederbelebung von Mißständen, gegen die das Baseler Konzil mit
seinen Reformdekreten gekämpft hatte. Aber auch den Domkapiteln
erschien der Zehnte als unangenehme Belastung, den Bischöfen als Besteuerung ihres Diözesanklerus für fremde Zwecke. In den ersten Bitten
des Kaisers aber sahen Bischöfe wie Kapitel einen gefährlichen Eingriff
nicht nur in ihre Rechte, sondern auch in ihre politischen Interessen[32].
Eine Einheitsfront beider unter dem noch nicht vergessenen Ruf „Reform
der Kirche, Reform des Reiches" erschien durchaus möglich.

Die Kunde von einer Zehntforderung und von „Ersten Bitten" fand
denn auch in der zweiten Hälfte des Juli 1452 im rheinischen Teil des
Mainzer Metropolitanbereiches einen kräftigen Widerhall[33].

---

[29] s. A. Huber, Geschichte Österreichs 3 (1888) S. 61. Pückert S. 161f. Dazu
auch Chmel, Reg. Nr. 2805.

[30] Druck: Chmel, Reg. Anhang S. CXVII Nr. 97; Reg. ebd. Nr. 2777.

[31] Druck: Chmel, Materialien II S. 10 Nr. 9; Reg.: Chmel, Reg. Nr. 2829.

[32] Am 7. Juli 1452 stellte der Kaiser einen Erste-Bitte-Brief für Balthasar von
Starhemberg um ein Kanonikat und eine Praebende zu Freising aus (Chmel, Reg.
Nr. 2897). Sicher bezweckte der Kaiser damit auch eine Stärkung seines Einflusses
in dem von den Herzögen Albrecht v. München und Ludwig v. Landshut bestimmten
Hochstift Freising, aus dessen Kapitel am 19. Juli 1451 auf Betreiben der Baiern-
herzöge das Passauer Domkapitel seinen neuen Bischof Ulrich v. Nußdorf gegen den
Kandidaten des Kaisers gewählt hatte.

[33] Unser Quellenmaterial ist bescheiden: 1. die lediglich auf 1452 datierte Aufzeichnung über eine „convencio provincialis Maguntinensis": Koblenz StA Akten 1 C
Nr. 16292 fol. 53a—54a not. ch. c.; 2. die Aufzeichnung über eine undatierte Werbung
an den Erzbischof von Mainz: ebd. fol. 54ab not. ch. c.; 3. ein inhaltlich zugehöriges
Schreiben des Mainzer Domkapitels an das von Trier vom 25. Juli 1452: ebd.

Kurz vor dem 25. Juli verabredeten Vertreter der Domkapitel von Mainz, Worms und Speyer ein gemeinsames Vorgehen gegen eine etwaige in Form eines *„processus"* gekleidete Zehntforderung. Sie sollte von dem Betroffenen innerhalb von zehn Tagen mit einer *„appellation"*, der die *„gravamina"* ausführlich eingefügt sind, beantwortet werden, mit einer gleich begründeten *„supplicatio"*, wenn die Forderung unmittelbar vom Papst ausgehen sollte. Der Appellation bzw. Supplikation sollten innerhalb weiterer zehn Tage alle anderen Kapitel mit samt dem Klerus der Stadt „adherieren". Die Durchführung der Aktion wird in die Hände von Deputierten gelegt, die *„ob vicinitatem"* den Kapiteln von Mainz, Worms und Speyer entnommen werden. Den drei Kapiteln und ihren Dechanten steht Feder- und Siegelführung zu. Diensteide und Rechnungslegung nimmt der Mainzer Dechant ab. Eine (uns unbekannt gebliebene) Einungsformel zwischen Domkapitel und Gesamtklerus der Metropole, dann mit den Suffragankapiteln und dem Klerus der gesamten Provinz wird verabredet.

Darüber hinaus wird das Mainzer Kapitel beauftragt, den Anschluß der Domkapitel von Köln und Trier mitsamt den Domkapiteln ihrer Provinzen zu betreiben. Gesandtschaften sollten die deutschen Erzbischöfe und Bischöfe an ihre moralische Pflicht mahnen, die Domstifter zu schützen und zu verteidigen, die weltlichen Kurfürsten und Fürsten unter Hinweis auf die von ihren Ahnen gemachten Stiftungen um Adhäsion oder wenigstens um wohlwollende Neutralität bitten. Auch an Gesandtschaften zu Kaiser und Papst dachte man.

Vorgesehen wurde weiter, den Erzbischöfen und Bischöfen die Angelegenheit der Ersten Bitten vorzutragen: am liebsten wäre den Kapiteln deren völlige und ausnahmslose Nichtberücksichtigung oder, wenn dies nicht möglich, ihre Nichtberücksichtigung wenigstens, soweit sie Dignitäten, Benefizien und Ämter sowie Zeiten beträfen, die in den Konkordaten ausgenommen seien; ein anderes Verfahren könnte über die Nation Schaden und Schande heraufführen[34].

Die Werbung bei den Fürsten, insbesonders bei dem Erzbischof von Mainz entschuldigt zuerst den eigenmächtigen Konvent der Kapitel; dann bittet sie den Erzbischof, den Kapiteln bei Kaiser und Papst behilflich zu sein, daß sie „der sweren borden ledig gelassen" werden; sie ver-

---

Nr. 16205 fol. 113 or. ch.; 4. die Appellationen und Supplikationen in Concepten der Trierischen Kanzlei: ebd. Nr. 16292 fol. 56a—60b. — Diese Stücke werden in Bd. 19 der RTA abgedruckt.

[34] *Item circa primarias preces, quia ista materia concernit graciosos dominos nostros archiepiscopos et episcopos, sicut nobis visum est: si non* [ergänzt] *acceptentur, placet; si acceptentur* [Vorl. non vor acc.], *quod locum non habeant in exceptis dignitatibus beneficiis et officiis, eciam tempore, in quibus derogaretur concordatis cum sanctissimo domino nostro, ne, si in illis forsan concordata lederentur, via pararetur in aliis contraveniendi, quod dampnabile esset et reprehensibile nacioni.*

weist darauf, daß bei dem Überwiegen der Naturaleinkünfte der Kapitel diese den in Geld zu zahlenden Zehnten nur mit Mühe und Not aufbringen könnten; zuletzt aber solle der Sprecher der Kapitel den Erzbischof daran erinnern, daß diese „in ziit der declaracien vor dem babst" nur auf Zusage und Vertröstung des Erzbischofs, ihnen „behulfig bijstendig und beraden" zu sein, diese „declaracien" getan hätten. Unter dieser „declaracien" kann nur die Obödienzerklärung vor Papst Eugen IV. verstanden werden, die Johannes von Lysura, Generalvikar des Erzbischofs von Mainz, für diesen am 7. Februar 1447 abgegeben hatte.

Deutlich spürt man hier noch die innere, aus der Konzilszeit herrührende Spannung zwischen dem Erzbischof Dietrich und seinem Kapitel. Dietrich Schenk von Erbach führte auch im geistlichen Gewand und als Erzbischof von Mainz das Leben eines Edelmannes, dessen Stammschloß über dem Neckar am Rand des Odenwaldes stand. Die Freuden des Lebens, eine gut besetzte Tafel, eine fröhliche Jagd, Feste und Turniere sagten ihm mehr zu als sein geistliches Amt, Gelehrsamkeit und Politik. An dieser interessierte ihn nur eines: sich in den bewegten Zeiten, in der Auseinandersetzung zwischen Papst und Konzil in seiner Stellung als erster geistlicher Würdenträger und als erster Fürst des Reiches zu sichern. So konnte er die Politik der Neutralität mitmachen bis zu dem Augenblick, da König Friedrichs Anschluß an den Papst erkennbar war. Er trennte sich von seinen rheinischen Mitkurfürsten, ging mit dem König. Seine politische Haltung zu Beginn der fünfziger Jahre ist nicht klar erkennbar. Im Domkapitel lebte hingegen noch immer, obwohl markante Vertreter der Neutralitätspolitik wie Richard von Cleen[35] und Peter von Udenheim[36] gestorben waren und Domdechant Peter Echter[37] 1447 resigniert hatte, etwas von dem Geist der Reform; zum mindesten wollte man im Kapitel von den „Errungenschaften" des Konzils retten, was den Interessen dieser geistlichen Korporation entsprach.

Gemäß der Vereinbarung der drei rheinischen Kapitel wurde am 25. Juli von Mainz aus das Domkapitel von Trier und wohl gleichzeitig auch das von Köln aufgefordert, am 6. August abends Vertreter nach Koblenz zu schicken, um sich über ein gemeinsames Vorgehen gegen Zehnt und Erste Bitten zu verständigen; die Trierer Domherren möchten Abgeordnete der „erbarn pfaffheit" von Trier mitbringen, wie es auch die Mainzer tun würden. Dem Brief nach Trier wurden die Aufzeichnungen über die Drei-Kapitels-Konvention und Entwürfe der Werbung, der Appellationen und Supplikationen, je eine in den Angelegen-

---

[35] W. Kisky, Die Domkapitel der geistlichen Kurfürsten in ihrer persönlichen Zusammensetzung im 14. u. 15. Jahrhundert (1906) S. 123 Nr. 74. — Er nahm wie die folgenden beiden an der Akzeptation der Basler Dekrete zu Mainz 1439 teil.

[36] Kisky S. 150 Nr. 376.   [37] Ebd. S. 126 Nr. 113.

heiten des Zehnten und der Ersten Bitten beigelegt[38]; ebenso wohl auch dem nach Köln.

Daß der Koblenzer Tag stattfand, ist mit höchster Wahrscheinlichkeit dem weiteren Verlauf der Angelegenheit zu entnehmen.

Denn zwei Monate nach der Mainzer Zusammenkunft schlossen unter dem 25. September die drei Metropolitankapitel Trier, Köln und Mainz eine Einung zur Abwehr der Zehntforderung[39]. Im ersten Artikel sehen die Kapitel vor, zu gegebener Zeit und am passenden Ort dem Kaiser, dem Papst, den Erzbischöfen und anderen geistlichen und weltlichen Personen, von denen sie sich Förderung versprechen, ihre bedrängte Lage zu schildern, die Zahlungsverweigerung mit ihrer Zahlungsunfähigkeit zu entschuldigen und zu begründen und die angegangenen Personen zu bitten, die Nichtleistung des Zehnten hinzunehmen[40]. Im zweiten Artikel verpflichten sich die Kapitel zur strikten Einhaltung der Einung, verwerfen den einseitigen Austritt oder die einseitige Zehntzahlung als Vertragsbruch, der den Ausschluß des Zuwiderhandelnden von den Kapitelsberatungen und klerikalen Zusammenkünften nach sich zieht.

Es war wie die vorhergehende Konvention der drei rheinischen Domkapitel auch die Einung der drei Metropolitankapitel nur ein Eventualvertrag. Wirksam sollten diese Abmachungen erst mit der Zehntforderung werden.

Aber auch so sind sie ein schlagender Beweis für die „Nebenregierung" des Mainzer Domkapitels[41]. Die treibende Kraft können wir mit Sicherheit nicht erfassen. War es der Mainzer Domdekan, Heinrich Greiffenklau zu Vollrads[42]? An Personen außerhalb des Kapitels wird man kaum denken dürfen. Oder doch? Dann wohl an Dr. iur. utr. Johannes Lysura, Propst von St. Marien ad gradus in Mainz.

Die Zehntforderung des Kaisers blieb aus. Warum, wird später zu erörtern sein. Der Einung der rheinischen Metropolitankapitel war eine Auswirkung auf die Reform von Kirche und Reich versagt. Hätte sie auch bei ihrer Eigenart als reine Abwehrmaßnahme ohne konstruktive Bestandteile eine Wirkung haben können?

---

[38] Das ist aus der Trierischen Provenienz der in Mainz entstandenen Aktenstücke zu schließen.

[39] Koblenz StA Urkk. 1 D Nr. 1275 or. mb. c. 3 sigg. — Düsseldorf StA Domstift Köln Urk. Nr. 1590 or. mb. c. 3 sigg. — Würzburg StA Mainz Domkapitel Urk. 22a/122 or. mb. 3 sigg. deperd.

[40] *„eandem nostram excusacionem et solucionis immunitatem admittere."*

[41] P. Kirn, Die Nebenregierung des Domkapitels im Kurfürstentum Mainz und ihr Ausdruck im Urkundenwesen des 15. Jahrhunderts. Archiv f. Urk.-Forschung 9 (1925) S. 141ff. — K. Bauermeister, Die korporative Stellung des Domkapitels und der Kollegiatstifter der Erzdiözese Mainz während des späteren Mittelalters. Archiv f. Hessische Gesch. 13 (1920) S. 185ff., bes. S. 188f.

[42] Kisky S. 131 Nr. 159.

Trotzdem darf das Vorgehen der rheinischen Domkapitel im Sommer und Frühherbst 1452 an die Spitze der erneuten „Reichsreformbestrebungen" der fünfziger Jahre gestellt werden. Denn diese Frage sahen nun die rheinischen Kurfürsten aufs neue angerührt, aufgerührt nicht durch ein Ereignis der großen europäischen Politik, die Eroberung Konstantinopels durch die Türken am 29. Mai 1453 und das Problem eines deutschen, ja europäischen Krieges gegen die Türken, sondern nahezu ein Jahr vorher durch Abmachungen zwischen Kaiser und Papst, die, auf Deutschland beschränkt, zwar kirchenrechtlichen Inhalts, doch des politischen Beigeschmacks nicht entbehrten.

Wie würden sich dazu und zu den Wünschen ihrer Domkapitel die geistlichen Kurfürsten am Rhein und ihre Räte verhalten?

III.

Mitten in die Verhandlungen der Domkapitel hatten die vier rheinischen Kurfürsten eine Zusammenkunft ihrer Räte zu Rhense am 24. August 1452 eingeschoben. Das herzlich Wenige, was wir von ihr wissen, läßt zuerst nur eine Routinetagung erkennen: eine Abmachung, die die Verlängerung des 1444 zu Bingen geschlossenen Münzvereins, die Sicherung des Verkehrs auf dem Rhein und seinem Leinpfad, die Regelung der Rheinzölle betraf[43]. Sollten diese wirtschaftspolitischen Dinge das gesamte Programm der Tagung gewesen sein? Oder hat man auch von den Angelegenheiten, die die Domkapitel bewegten, gesprochen? Oder gar von solchen, die der kurfürstlichen Machtpolitik, sei es Territorialpolitik, sei es Reichspolitik, entsprangen?

Von den rheinischen Kurfürsten ist uns Erzbischof Dietrich von Mainz als politisch wenig interessierte Persönlichkeit bekannt, in scharfem Gegensatz zu seinen drei Mitkurfürsten. Ihnen war ein ausgeprägter Sinn für Macht zu eigen. Zwangsläufig äußerte er sich bei den beiden geistlichen Kurfürsten von Köln und Trier in dem Bestreben, politische

---

[43] Diese Räte-Verabredung ist unter der Überschrift: Ein beredung und zedel zuschen den vier kurfursten am Rine antreffend ir gulden und silbern munz und ir zolle am Rine nur in der Ausfertigung für Mainz erhalten in Würzburg StA MainzAschaffenburger Ingrossaturbuch 26 fol. 213b cop. mb. c., leider auch unvollständig, da die folgenden Blätter absichtlich ausgeschnitten sind. Mündliche und schriftliche Mitteilungen über die Erneuerung des Münzvereins an Reichsstädte: Werbung an Frankfurt 24. August bis 7. September Fr. St-A Münze Nr. 510—513. — Schreiben an Eßlingen: E. St-A L. 209 fasz. 300. — An Heilbronn: UB Heilbronn I S. 388 Nr. 729. — Druck bzw. Auszüge künftig in RTA 19. Zu der seit 1356 herkömmlichen Wirtschafts- und Münzpolitik der rheinischen Kurfürsten vgl. E. Ziehen, Kurrheinische Reichsgeschichte 1356—1504, Archiv f. hess. Gesch. NF 21 (1940) S. 145 ff.; bes. 188 f.

und finanzielle Macht in ihren Familien aufzuhäufen, in den freiherrlichen
Häusern derer von Mörs und derer von Sierck. Allein Pfalzgraf Friedrich
trieb Machtpolitik im Interesse seines Landes, für seinen Nachfolger und
Neffen-Adoptivsohn, im tiefsten Grund getragen von der Königs-
tradition des Wittelsbachischen Hauses. Jeder dieser drei Fürsten hatte
seine Machtsphäre, die sich mit denen der beiden andern nicht überschnitt: der Kölner in Nordwestdeutschland, der Trierer an der Mosel,
der Pfälzer beiderseits des nördlichen Oberrheins vom Neckar bis zur
Nahe. Diese Lagerung der Interessengebiete bestimmte das Abseits-
stehen Kurkölns und das Zusammengehen von Kurtrier und Kurpfalz.
Immerhin waren die beiden Erzbischöfe am Niederrhein und an der
Mosel einander verbunden durch die gemeinsame Nachbarschaft des
ehrgeizigen und machtgierigen Burgunderherzog Philipp, während Kur-
köln mit Kurpfalz lediglich durch ihre reichsrechtliche Eigenart verknüpft war. Folgerichtig hatte also Pfalzgraf Friedrich in seinen Verträgen mit den schwäbischen und fränkischen Reichsstädten vom
13. Dezember 1451[44] und vom 5. Januar 1452[45] die Kurfürsten von
Köln und Trier ausgenommen.

Jakob von Trier nun konnte neben der Anlehnung an Dietrich von
Mörs gegen das von Luxemburg her drückende Burgund eine unmittelbare Rückendeckung an dem Pfalzgrafen finden. Das um so mehr, als
dieser nach den Ausnahmen, die er in der Einung mit Herzog Sigismund
von Tirol am 20. Januar 1452[46] festgesetzt hatte, in guten Beziehungen
und wohl auch schon in Einungsverhandlungen zu König Karl VII.
von Frankreich, aber auch zum Dauphin Ludwig, dann zu König René
(Reinhart) von Jerusalem und Sizilien, auch zu dessen Sohn, Herzog
Johann von Calabrien und Lothringen stand, zu Fürsten und Mächten,
die in Herzog Philipp von Burgund einen gefährlichen Nachbarn, wenn
nicht schon einen Gegner sahen.

Andrerseits war die Anlehnung Pfalzgraf Friedrichs an den Trierer
Erzbischof auf das stärkste bestimmt durch seinen Gegensatz zum Erzbischof von Mainz. Er wurzelte in der Territorialpolitik. Denn beider
Gebiete grenzten nicht nur aneinander, sie lagen weithin im Gemenge.
Unzählige Streitfälle, wenige von Bedeutung, viele kleinste und — nach
unseren Auffassungen — kleinlichste häuften sich zu einer hochpolitischen Spannung. Sie vermengte sich mit Differenzen, die die Pfalz mit
andern Nachbarn hatte, mit Markgraf Jakob von Baden, mit der wittelsbachischen Nebenlinie von Zweibrücken-Veldenz, mit den elsässischen
Herren von Lichtenberg und Grafen von Lützelstein, und drohte sich

---

[44] Stuttgart HStA Württemberg. Reg. Nr. 5683 or. mb. c. sig. pend.
[45] Nürnberg StA Rep. 52b Nr. 47 fol. 26a–31a cop. c.
[46] Wien HHStA Allg. Urk.-Reihe or. mb. c. sig. — Chmel, Materialien 1 S. 370ff.
Nr. 185.

in den ersten Monaten des Jahres 1452 zu einem umfassenden Fürstenkrieg im Südwesten des Reiches zu steigern[47]. In dieser Lage war die
Rückendeckung durch Trier eine Lebensfrage für die Kurpfalz.

Und zugleich entscheidend für den Plan des Pfalzgrafen Friedrich, der
in den Jahren 1451 und 1452 den reichspolitischen und reichsrechtlichen
Kern seiner Politik bildete, die Arrogation seines unmündigen Neffen
Philipp.

Für diesen hatte sein Vater, Kurfürst Ludwig IV., 1449 seinen Bruder
Friedrich als „furmünder" bestimmt. Die politisch-militärische Ein-
kreisung der Kurpfalz — die Lützelsteiner und die Lichtenberger im
Elsaß, Baden, Mainz, Veldenz — ließ eine vormundschaftliche Regierung
von überlanger Dauer in zunehmendem Maße als bedenklich, ja als
gefährlich erscheinen. Der Plan Friedrichs, seine vormundschaftliche
Regierung in eine solche eigenen Rechtes umzuwandeln, zu diesem
Zwecke den kurfürstlichen Neffen unter bestimmten, dessen Nachfolge
sichernden Voraussetzungen und Verpflichtungen als Sohn zu adop-
tieren („arrogare" lautet der römisch-rechtliche Terminus), wurde von
den Notabeln der Pfalz im September 1451 gutgeheißen und trotz der
ablehnenden Haltung des Kaisers gegenüber einer pfälzischen Gesandtschaft (Oktober/November 1451) am 13. Januar 1452 endgültig verwirklicht[48].

Vier Monate später, am 7. Mai 1452, wurde zu Kaub, vermutlich doch
bei einer Zusammenkunft Erzbischof Jakobs und Pfalzgraf Friedrichs
die beiderseitige Interessengemeinschaft durch eine Einung auf Lebenszeit unterbaut. Man darf sie als Freundschafts-, Nichtangriffs-, Austrägal-
und Verteidigungsvertrag kennzeichnen[49]. Eine Anerkennung der Arro-

---

[47] Die politischen Verhältnisse am nördlichen Oberrhein müssen einstweilen noch
aus den „Regesten der Markgrafen von Baden und Hachberg" Bd. 3 und 4 (1907ff.)
rekonstruiert werden. Weder die „Regesten der Erzbischöfe von Mainz" (Bd. 1, 1
und 2, 1, 1913ff.), noch die „Regesten der Pfalzgrafen am Rhein" (Bd. 1, 1894)
reichen bis ins 15. Jahrhundert. Ihre Fortsetzung ist Voraussetzung für eine Er-
fassung und Erkenntnis der Reichspolitik, d.h. der Politik im Süden des Reiches in
ihrer Verflechtung und Verästelung. — Dazu: L. Petry, Das politische Kräftespiel
im pfälzischen Raum vom Interregnum bis zur französischen Revolution. Rhein.
Vierteljahrsbl. 20 (1955) S. 80ff.

[48] Die auf die Arrogation bezüglichen Urkunden liegen im Geheimen Haus-
Archiv München unter den Nrr. 2684, 2688—2722. Sie sind zum Teil gedruckt bei
Chr. Kremer, Urkunden zur Geschichte des Kurfürsten Friedrichs des Ersten
von der Pfalz (1766) S. 10 Nr. 4; S. 14 Nr. 6; S. 44ff. Nr. 14—16. Dazu ergänzend
K. Menzel, Regesten zur Geschichte Friedrichs des Siegreichen, Kurfürsten von
der Pfalz. In: Quellen u. Erörterungen z. Bayerischen u. Deutschen Geschichte 2
(1862) S. 218ff. Nr. 8, S. 221 Nr. 9, S. 226 Nr. 17, S. 229 Nr. 18.

[49] Ausfertigung des Erzbischofs: München GStA Kasten rot 41 g/9 or. mb. c. sig.
Druck: Kremer, Urk. S. 65ff. Nr. 21. — Reg.: Menzel in QEBDG 2 S. 234. —
Ausfertigung des Pfalzgrafen: Koblenz StA Abt. 1 A Nr. 7796 or. mb. c. sig. pend.;
Reg.: A. Goerz, Regesten der Erzbischöfe zu Trier 1 (1859) S. 195.

gation war damit nicht verbunden[50]; wahrscheinlich ist ein derartiger Wunsch von seiten des Pfalzgrafen auch gar nicht geäußert worden.

Denn die Rückkehr Friedrichs III. aus Italien — er war seit 26. April auf dem Rückweg[51] — eröffnete die Möglichkeit zu neuen Verhandlungen mit dem Reichsoberhaupt. Diesmal beabsichtigte der Pfalzgraf die Städte des Landes, wenn nicht die Notabeln überhaupt beim Kaiser vorzuschicken: Briefe der Städte Heidelberg und Bretten für die rechtsrheinischen Städte, Alzey und Bacharach für die linksrheinischen vom 21. Juni bitten den Kaiser, dem Pfalzgrafen Friedrich im Interesse des Landes die Kur zu überlassen[52]. Es mutet neuzeitlich an, mit dem Volkswillen das Oberhaupt des heiligen Römischen Reichs beeinflussen zu wollen. Wir wissen nicht, ob und wie dieser Versuch durchgeführt worden ist. Wenn, dann blieb er erfolglos.

Bei dieser Situation dürfen wir annehmen, daß zu Rhense im August wenigstens zwischen den Räten des Trierer Erzbischofs und des Pfalzgrafen die Angelegenheit der Arrogation, dann vielleicht mit den Vertretern der beiden andern Erzbischöfe auch die Punkte Zehntforderung und Erste Bitten besprochen worden sind. Daß darüber das Problem der Reichsreform berührt worden ist, ist nicht nachzuweisen; immerhin sind Unterredungen zwischen Pfalz und Trier zum Thema „Reichsreform" höchst wahrscheinlich im Vorblick auf die sich anschließende diplomatische Aktion beider Fürsten.

IV.

Ich meine die Sendung des Dr. iur. utr. Johannes von Lysura, Propst von St. Marien ad gradus in Mainz, im Auftrag Erzbischof Jakobs von Trier und Pfalzgraf Friedrichs zuerst zu Kaiser Friedrich nach Wiener-Neustadt im Oktober und November 1452, dann anschließend nach Rom zu Papst Nikolaus V. vom Januar bis März 1453.

Wer war Johannes von Lysura?

Nach dem Zeugnis seines Zeitgenossen und vielfachen Gegenspielers Eneas Silvius eine überragende Persönlichkeit. „*In omnibus Theutonie concionibus primi atque aurige rectoresque populi*", so kennzeichnet der Italiener ihn und seinen Landsmann Nikolaus von Cues[53]. Man hat beide Männer mit dem Makel eines an innere Lumperei streifenden Gesinnungswechsels

---

[50] Die Urkunde Jakobs v. Trier betr. Anerkennung der Arrogation ist bisher falsch datiert worden; s. S. 108 Anm. 119.

[51] v. Kraus S. 296 ff. — Chmel, Reg. Nr. 2843 ff.

[52] Chr. Kremer, G. d. Kurfürsten Friedrich I. von der Pfalz (1766) S. 35 Anm. 6 ohne weitere Quellenangabe.

[53] In der „Historia" vom Regensburger Reichstag: R. Wolkan, Der Briefwechsel des Eneas Silvius Piccolomini 3, 1 (1918) Fontes rerum Austriacarum II Bd. 68. S. 548.

behaftet[54]; und doch sind beide ihren Weg geradeaus gegangen, ohne
inneren Bruch. Sie waren keine Doktrinäre, sie kämpften weder für die
Idee des Konzils noch für den Gedanken des Papsttums. Ihre Arbeit galt
der katholischen Kirche in Deutschland, im Reich und innerhalb der
„Deutschen Nation".

Johannes von Lysura, so benannt nach seinem Geburtsort Lieser an
der Mosel, unweit Bernkastel, 1417 in die Heidelberger Matrikel ein-
getragen[55], dann Student der Rechte zu Siena[56], 1434 doctor decretorum,
als er, der Stiftsherr zu Unser lieben Frauen zu den Staffeln in Mainz,
für seinen Erzbischof Dietrich am 5. Dezember 1434 zu Florenz aus den
Händen Papst Eugens das Pallium empfing[57]. Vierzehn Monate später,
am 1. Februar 1436, ernannte der Erzbischof den wohl noch nicht Vierzig-
jährigen zu seinem Generalvikar in geistlichen Dingen[58]. Seit dem Frankfurter Wahltag vom März 1438 ist sein Name mit der Neutralitätspolitik
der deutschen Kurfürsten verbunden[59]. Der äußerliche Höhepunkt
seiner Tätigkeit, die sich quellenmäßig immer nur an einzelnen Punkten
greifen läßt, scheint die Akzeptation der Baseler Reformdekrete auf dem
Mainzer Kongreß am 26. März 1439 gewesen zu sein[60]. Ihm, dem
Generalvikar und Juristen, der in einer politischen Atmosphäre lebte,
war das Entscheidende die „Reform", d.h. die Sicherung der deutschen
Kirche, verkörpert in ihrem Episkopat und in ihren Stiftern (Kapiteln),
vor den personellen und finanziellen Eingriffen des Papstes. Von hier
aus hat er wohl von Anfang an die Neutralität nur als einen vorübergehenden Zustand eingeschätzt, dem zur rechten Zeit die Entscheidung
für Basel oder für Rom folgen mußte. Zur Zeit der Mainzer Akzeptation
mochte er wohl glauben, mit Hilfe des Baseler Konzils oder des erstrebten „Konzils am dritten Ort", an dem auch der Papst teilnehmen würde,
dieses Ziel zu erreichen[61]. Seit der Wahl des Papstes Felix V. aber enthüllte
sich ihm die innere Machtlosigkeit des Konzils. So sieht man mit hohem
Recht in Lysura den Vater der dem Frankfurter Mai—August-Reichstag
1442 vorgelegten Denkschrift, die die Aufgabe der Neutralität zugunsten

[54] Falk, Zur Biographie des Johannes von Lysura. Der Katholik 76, 2 (1896)
S. 437—454.
[55] G. Toepke, Die Matrikel der Universität Heidelberg (1884) S. 135.
[56] Eneas in der Historia vom Regensburger RTA: a.a.O. S. 548: *cum ex Senensi
gymnasio devolasset.*
[57] Gudenus, Cod. dipl. Magunt. 4 (1758) S. 216.
[58] Gudenus, ebd. 2 S. 422. — K. Bauermeister, Studien zur Geschichte der
kirchlichen Verwaltung des Erzbistums Mainz im späteren Mittelalter. Archiv f.
katholisches Kirchenrecht 97 (1917) S. 501 ff., bes. 525 ff. Der erzbischöfliche Generalvikar. — Ders. in: Archiv f. hess. Geschichte 13 (1920) S. 189.
[59] Register der „Deutschen Reichstagsakten" Ältere Reihe Bd. 13—16, bald auch
Bd.17.
[60] RTA 14 S. 98 Z. 22.   [61] RTA 14 S. XV.

des Papstes forderte[62]. Sicherung der Basler Reformen nicht gegen, sondern zusammen mit dem römischen Papst, das war Lysuras Politik wohl schon Sommer 1439. Reformfreund war Lysura, Reformfreund im politischen Interesse seines Herrn von Mainz, aber auch als prominentes Mitglied der „Deutschen Nation"; nicht war er „Konzilsfreund"[63]. Das war schon dem Konzils-Kardinal Johannes von Segovia klar gewesen, wenn er in seinem Bericht vom Mainzer Reichstag Februar 1441 über Lysura sagt: *„Ille revelavit id, quod tempus ad sex annos apertissime demonstravit: studium congregatorum in dietis Germanie potissime fore, ut indempnitatibus nationis Germanie provideretur. prosecucio et finis neutralitatis id ipsum demonstraverunt aperte: demum, quamprimum illis petita concessit, obedientia fuit ipsi olim Eugenio reddita"*[64]. Lysura hatte unstreitig Gegner im Rate seines Kurfürsten, die auf dem Boden des Kurfürstenvereins von 1446 mit den Erzbischöfen Dietrich von Köln und Jakob von Trier zusammengingen, die die reformierte Kirche im Reich mit dem Konzil gegen den Papst sichern wollten. Lysura war konservativer als sie, trog sich freilich in dem Glauben an den ehrlichen Willen des Papsttums zur Reform. Es entsprach seiner politischen Haltung seit 1438, wenn er 1446 als Vertreter von Kurmainz mit der Gesandtschaft König Friedrichs III. nach Rom ging und am 7. Februar 1447 Eugen IV. Obedienz für seinen Erzbischof leistete.

Während der nächsten Jahre entzieht sich Lysura unseren Blicken. Als er im Herbst 1452 wieder auftaucht, erscheint er als Gesandter des Trierer Erzbischofs am Kaiserhof.

Wir kennen die näheren Umstände, die Ursachen dieser Veränderung nicht. Ging sie von Erzbischof Jakob von Trier aus, der den berühmt gewordenen Sohn seiner Diözese für seine Dienste gewinnen wollte? War es der gute Ruf Lysuras bei der Kurie, seine Freundschaft zu Personen in der Umgebung des Kaisers, die die Aufmerksamkeit des Erzbischofs auf seinen Landsmann lenkten? Mußte dem Kurfürsten doch im Hinblick auf seine Konzilsfreundlichkeit viel an einem guten Verhältnis zu beiden Mächten, vor allem zum Papst gelegen sein. Oder zündete in Lysura noch einmal der Ruf „Reform", Reform beider Stände, der Kirche und des Reiches?

Der Sendung Lysuras nach Wiener-Neustadt und nach Rom ging unmittelbar voraus die Aktion der rheinischen Domkapitel, deren Abwehrpläne gegen Zehnten und Erste Bitten. Sollte vielleicht Erzbischof Dietrich von Mainz das Vorgehen seines Domkapitels nur ungern gesehen, ihm seine Unterstützung versagt haben? Hatte Jakob von Trier eine entgegengesetzte, den Plänen der Kapitel zugeneigte Haltung erkennen lassen? Sollte sich deswegen Lysura von dem Mainzer abgewandt und

---

[62] RTA 16 S. 567ff. Nr. 217ᵃ.   [63] Falk a.a.O. S. 446.
[64] RTA 15 S. 853 Z. 42ff.

seine früheren Beziehungen zum Trierer aus der Konzilszeit[65] zu einer
Annäherung benützt haben?

Wir müssen doch eine tiefere Verstimmung zwischen dem Mainzer
Erzbischof und seinem langjährigen Generalvikar annehmen. Wie hätte
dieser sonst Aufträge für den Pfalzgrafen übernehmen können, die doch
der Politik des Erzbischofs von Mainz schnurstracks zuwiderliefen?
Haben etwa auch hier alte persönliche Beziehungen zu dem Dompropst
von Worms, Dr. iur. utr. Ludwig von Ast, einst Kanzler Kurfürst Ludwigs IV.[66], mitgespielt?

Wenn die Idee einer reformierten Kirche im Reich Johannes von
Lysura noch einmal in das Getriebe der Politik hineinzog, dann verstehen wir die tiefe innere Abneigung des Bischofs Eneas von Siena,
der nach dem Reformvorstoß Lysuras auf dem Regensburger Reichstag
mit einem gewissen Behagen Dritten gegenüber die scharfen Urteile über
Lysura neben andern deutschen Reformern zitiert: den umlaufenden
Reim: *„Cusa et Lysura pervertunt omnia iura"*[67] und den Ausspruch des
spanischen Kardinals Carvajal über *Tilmannus* [Johel von Linz], *Lisura*,
Gregorius [Heimburg] und *Ludovicus* [v. Ast]: *„quia datum est eis nocere
terre et arboribus"*[68].

Für die Verhandlungen Lysuras am Kaiserhofe im Oktober und
November 1452 stehen uns zwei Quellengruppen zur Verfügung:
1. kaiserliche Privilegien von 11. bis 25. November 1452, sowie 2. Einzel-
stellen aus Briefen des Eneas Silvius Piccolomini, Bischofs von Siena,
kaiserlichen Rats und päpstlichen Legaten, vom April und Juni 1453,
sowie aus seiner „Historia" vom Regensburger Reichstag, die er
wohl erst im März 1455 in die uns vorliegende Form gebracht hat[69].

---

[65] Die sehr bissige Schilderung des Eneas Silvius in seiner Geschichte des Basler
Konzils: W o l k a n, Briefwechsel 2 (1912) S. 214.

[66] S. Register der RTA Bd. 13 und 15. — W o l k a n, Briefwechsel 2 S. 199 .—
R. L o s s e n, Staat und Kirche in der Pfalz im Ausgang des Mittelalters (1907) S. 24
Anm. 1; 59; 70 A. 1; 112.

[67] W o l k a n, Briefwechsel 3, 1 S. 548.

[68] E. S. an Carvajal: 16. Oktober 1454; Druck: J. C u g n o n i, Aeneae Silvii
Piccolomini Senensis . . . opera inedita descripsit ex codicibus Chisianis . . . (1883)
Rom S. 419 Nr. 41; demnächst zugänglicher und auf Grund breiterer Überlieferung
in RTA Bd. 19. — Zu den genannten Reformfreunden s. die Register und Literatur-
angaben der RTA Bd. 13—16. — Die Bibelstelle ist zusammengezogen aus Apoc. 7,2
und 3.

[69] Druck: R. W o l k a n, Briefwechsel 3, 1 S. 492 ff. Nr. 291. Das hier angegebene Datum „Sommer 1454" kann sich vielleicht auf die erste Niederschrift
beziehen, die uns jedoch nicht erhalten ist. Die Übersendung des uns vorliegenden
Textes fällt erst in den März 1455. So müssen wir jedenfalls nach einem vom 14. März
1455 datierten Begleitschreiben an Bf. Johann von Großwardein annehmen, das
uns in der Handschrift Plut. LIV Nr. 19 der Biblioteca Medicea Laurenziana in
Florenz fol. 37 b als Epistola XLV und in dem Kölner Druck von [1480] mit der
Custode q 6 (u. a. Erlangen UB Inc. 882) überliefert ist. Ich gebe es im Wortlaut:

Das kaiserliche Privileg vom 11. November gewährt dem Grafen Gerhard von Sayn eine Reihe von finanziell einträglichen Reichsrechten zwischen Koblenz, Andernach und Darmstadt[70]. Graf Gerhard, bis vor kurzem Propst von St. Marien zu Aachen, war nunmehr durch Heirat mit Else von Sirck, der Nichte des Erzbischofs, dessen Hause verschwägert[71]. Seine vertraute und einflußreiche Stellung bei dem Erzbischof erhellt am deutlichsten aus seinem Versprechen vom 12. November 1454, unter bestimmten Umständen sich bei diesem für die Wahl Erzherzog Albrechts zum Römischen König verwenden zu wollen[72]. Wenn nun noch Erzbischof Jakob in einem Schreiben an Lysura vom 21. Oktober 1452 den Streit des Aachener Stiftspropstes mit der Stadt Aachen wegen einiger Novalien berührt[73], so ergibt sich aus all dem ein außerordentlich enges Verhältnis zwischen dem Erzbischof und dem Grafen Gerhard von Sayn, so daß das kaiserliche Privileg für diesen unter die für Erzbischof Jakob eingereiht werden darf.

In dem zweiten Privileg vom 13. November 1452 bestätigte der Kaiser die Besitzungen und Rechte des Erzbischofs von Trier[74]. Nach Form und Inhalt hält sich diese Bestätigung durchaus im Rahmen des Reichsrechts; der Römische König wurde nun einmal als die Quelle aller im Reich geltenden Rechte und Vorrechte betrachtet; die formalistische Tendenz deutschen Rechtsdenkens verlangte bei einer Veränderung des obersten Rechtsträgers eine Anerkennung des bisherigen Rechtszustandes durch diesen. Wichtiger für uns wird diese Bestätigung dadurch, daß sie als erzbischöflichen Vertreter ausdrücklich „meister Johanns von Lesura, probst der kirchen u. l. frawen zu Mentz, lerer in bepstlichen und keiserlichen rechten" nennt.

Die zeitlich letzte Beurkundung des Kaisers für Jakob von Trier vom 16. November trägt nur scheinbar kirchenrechtlichen, in Wahrheit ausgesprochen politischen Charakter[75]. Friedrich überläßt dem Erzbischof

---

Eneas episcopus Senensis Johanni Varadiensi episcopo salutem plurimam dicit. rogasti me, pater observantissime, tibi ut aliquid novi operis scriberem. nolui tuo desiderio deesse, quamvis scripta mea neque ipse magnifacerem neque te iudice digna, que in lucem venirent, estimarem. parui iussioni tue, imprudentie potius quam contumacie notam incurrere volens. scripsi pauca de Ratisponensi consilio eaque tuo nomine dicavi, nunc ad te mitto, neque minio rubricata neque pergameno tradita, nihil ornati, nihil habentia cultus. volumen papireum est sine veste nudum, non te, sed sua materia dignum. vale ac boni consule. ex Novacivitate die 14. martii anno 1450 quinto.

[70] Wien HHStA Reichsregister P fol. 85 cop. c. Chmel, Reg. Nr. 2955. Die Suche nach dem Original war bis jetzt vergeblich.

[71] Goerz, Reg. S. 197 unter 1453 Februar 1.

[72] Chmel, Reg. Nr. 3272. — Vollabdruck künftig in RTA 19.

[73] Goerz, Reg. S. 197.

[74] Koblenz StA 1 A 7806 or. mb. c. sig. Druck: Codex dipl. Rheno-Mosellanus 4 S. 491f. — Chmel, Reg. Nr. 2956.

[75] Vgl. S. 86.

im Hinblick auf seine genauere Personal- und Sachkenntnis die Auswahl
der geistlichen Personen, für die er mit kaiserlicher Autorität eine „erste
Bitte" an die Inhaber der Stellenbesetzungsrechte in Stadt und Diözese
Trier richtet[76]. Der sehr gekünstelte Wortlaut der Urkunde erweckt
durchaus den Eindruck, als wenn er das Ergebnis langwieriger Verhandlungen gewesen sei. Für die Überlassung der ersten Bitten wird an zwei
Stellen der Ausdruck *„concedere"* gebraucht, das erstemal räumlich
nächst, jedoch syntaktisch getrennt von einem *„nostra vice"*: *„ea tibi
favorabiliter concedamus, per que vice nostra personis benemeritis ... posses te
reddere generosum"*; das zweitemal in der Disposition: *„motu proprio et ex
certa nostra scientia de imperialis potestatis nostra plenitudine et qua quomodo-
libet fungimur auctoritate ... concedimus"*. Gerade hier wird die Bedeutung
von „concedere" als „aus freiem Willen überlassen, erlauben, gestatten"
klar ersichtlich. Der Kaiser will jeden Anschein ausschließen, als verzichte
er auf das Recht der „Ersten Bitten" und übertrage es dem Erzbischof;
nur die Ausübung dieses Rechtes überlasse er ihm im Bereich seiner
Stadt und seiner Diözese.

Der Kaiser hatte in dieser Frage einen schweren Stand. Denn Lysura
konnte sich auf eine nahezu geschlossene Reihe von Erste-Bitte-Privi-
legien fast aller Kaiser und Könige seit Ludwig dem Bayern berufen,
von diesem sogar zwei Privilegien, darunter eines von 1330 nach der
Kaiserkrönung, vorlegen[77].

Das prinzipielle Festhalten eines Rechtes, auch bei einem tatsächlichen
Verzicht auf seine Ausübung ist eben kennzeichnend für die Mentalität
Friedrichs III.

Wir kennen noch eine Privilegienbestätigung des Kaisers für den Erzbischof Dietrich von Mainz vom 25. November 1452[78]. Ein Privileg,
das die ersten Bitten ähnlich dem für Trier vom 26. November zum Inhalt hat, ist unbekannt; fraglich ist, ob darüber verhandelt worden ist.
Zwar rund ein halbes Jahr später, am 2. Juni 1453, beauftragte der
Kaiser von Graz aus den Erzbischof von Mainz, seinen geistlichen
Generalvikar, die Pröpste Johannes Lesur von der Frauenkirche ad
gradus zu Mainz und Wilhelm von Breda von St. Cunibert in Köln in
seinem kaiserlichen Namen den Peter Ckalde Gulicher, Propst der
Kreuzkirche zu Nordhausen, kaiserlichen Protonotar zum ersten erledigten Benefizium in Kirche, Stadt, Diözese und Provinz Mainz zu prä-

---

[76] Wien HHStA Reichsregister Pf. 86 Chmel, Reg. Nr. 2960 (Teildruck). Vollabdruck in RTA 19. Das Original konnte bis jetzt nicht aufgefunden werden.
[77] Ludwig 1314: MG Const. V S. 59 Nr. 63, 9 u. 10; S. 150 Nr. 157. Ders. 1330:
ebd. VI S. 740 Nr. 893. — Karl IV. 1346: ebd. VIII S. 190 Nr. 112. Ders. 1374:
RTA 1 S. 19 Nr. 3 art. 14. — Ruprecht 1401: RTA 4 S. 259 Nr. 215. — Sigmund
1414: Reg. Imperii XI Nr. 1325.
[78] Würzburg StA Mainz Urk. Weltlicher Schrank 7/10 or. mb. sig. deperd. —
Chmel, Reg. Nr. 2963.

sentieren[79]. Die Frage nach der Rechtsgrundlage des kaiserlichen Schreibens läßt das Regest völlig offen. Der Wortlaut des Eintrags im Reichsregister ergibt hingegen ganz deutlich, daß es sich um ein „Mandat und Kommission" (*mandamus et committimus*) an die bezeichneten geistlichen Würdenträger handelt, den Peter Kalde auf das erste freie oder freiwerdende Benefizium, auch auf ein Kanonikat, eine Kanonikatspräbende, eine kaiserliche oder königliche Präbende oder Vikarie, deren Präsentation, Collation oder Patronatsrecht dem Römischen Kaiser kraft dieser Würde zusteht, zu präsentieren und dessen Einsetzung zu „requirieren"[80].

Erst am 22. Dezember 1452 stellte die kaiserliche Kanzlei eine Privilegienbestätigung für Erzbischof Dietrich von Köln aus[81]. Die 56 Urkunden, die dieser bestätigt zu haben wünschte, ließ der Kaiser in ein Libell „*volumen*" zusammenschreiben, mit der formal und rechtlich notwendigen Rahmenurkunde versehen und besiegeln. Dieses Verfahren hat wohl auch die Ausstellung verzögert. Veranlaßt wurde die Bitte um diese Bestätigung anscheinend durch Differenzen zwischen dem Erzbischof und der Reichsstadt Köln.

Die Gesandtschaften der drei Erzbischöfe können also gleichzeitig im November 1452 in Wiener-Neustadt gewesen sein. Somit mag ihre Absendung im August zu Rhense verabredet worden sein.

Die Überlassung der „Ersten Bitten" hat der Trierer vielleicht routinemäßig vorbringen lassen; ausgeschlossen ist es jedoch nicht, daß die Haltung der Domkapitel ihn dazu bestimmt oder wenigstens darin bestärkt hat.

Die Angelegenheit des Romzugszehnten hat keinen urkundlichen Niederschlag gefunden, weder in kaiserlichen Zehntforderungen, noch in Abmachungen zwischen dem Kaiser einerseits Bischöfen und Kapiteln andrerseits, noch in kaiserlichen Privilegierungen gegen den Zehnten. Freilich ist das Quellenmaterial dünn und wohl nur unvollständig bekannt. So ist die Annahme erlaubt, daß Friedrich III. fürs erste wenigstens auf die Erhebung des Zehnten verzichtet hat. Ein Jahr später wurde dieser Kaiserkrönungszehnt durch den Türkenzehnt von Papst Nikolaus[82] beiseite geschoben.

Bei der notorischen Geldgier des Kaisers ist die Frage nicht zu umgehen, warum er denn wohl auf den Zehnten verzichtet hat. Sollte ihm

[79] Chmel, Reg. Nr. 3059.
[80] Wien HHStA Reichsregister P fol. 148 ab cop. c. — „*ad primum beneficium — spectans ad nostram tamquam Romanorum imperatoris presentacionem collacionem seu iuspatronatus*". — Solch kurz gefaßte Regesten haben lediglich den Wert eines Wegweisers zum Originaltext.
[81] Düsseldorf StA Kur-Köln Cartulare 9 fol. 36a—54b cop. c.
[82] Kreuzzugsbulle vom 30. September 1453. Druck jetzt noch Raynaldus Annales ecclesiastici 19. Bd. ad annum 1453 Nr. 9—11; künftig RTA 19.

7*

Lysura das Schreckgespenst einer neuen konziliaren Bewegung — man erinnere sich an die Hinneigung Erzbischof Jakobs zum Konzilpapst Felix V. — vorgeführt haben? Oder hat er zum Kaiser von der ihm gleichfalls höchst unsympathischen Reichsreform geredet?

In diese Richtung deuten einige Stellen aus späteren Briefen des Eneas Silvius. Von vier Briefen, die er am 17. April 1453 schreiben ließ, enthalten drei eine sinngleiche Mitteilung mit kennzeichnenden Abweichungen. An den Kardinal Nikolaus von Cues lautet sie: *„cesar, si pacem habebimus, estate proxima Sueviam petere avet et reipublice consulere"*[83]. In dem Brief an den Papst wählt Eneas die Fassung: *„mens cesaris est, facta pace hac estate ad imperii partes, ut aiunt, proficisci, quod electores expostulant, ut reipublice labenti consulatur"*[84]. Johannes von Lysura gegenüber, der bereits von einer Romreise wieder an den Hof des Trierer Erzbischofs zurückgekehrt war[85], drückt er sich ähnlich aus: *„Is* [i. e.: cesar] *adhuc est in proposito fixus, si pacem habebimus; nam promissa pax ad festum sancti Georgii* [April 23] *ratificari debet. est animus eius cito ad imperium ascendere ac rei publice consulere. et, si facultas erit, illi rei dabit operam, quam vos hic aperuistis"*[86]. Zusammengefaßt: Mitte April 1453 hält der Kaiser an dem Plan fest, im folgenden Sommer ins Reich zu kommen, wie es die Kurfürsten fordern, „damit man für das verfallende Gemeinwesen sorge", um, in der Ausdrucksweise jener Zeit gesprochen, „den weltlichen Stand zu reformieren", um der Reichsreform willen. Freilich knüpft der Kaiser daran die Bedingung, daß die Abmachungen mit König Ladislaus über die aus der Vormundschaftszeit stammenden Fragen am 23. April ratifiziert werden.

Was nun unter „Reichsreform" zu verstehen ist, kann man aus den Ausführungen ersehen, die Eneas im Rat vor dem Kaiser gemacht hat, um diesen zur Teilnahme an dem Regensburger Reichstag zu bewegen, die also in den März oder Anfang April 1454 zu setzen sind. Zwar sind sie in die Form einer Rede[87] nicht vor dem Sommer dieses Jahres gekleidet worden und könnten somit von den Darlegungen Lysuras auf dem

[83] Wolkan, Briefwechsel 3, 1 S. 141 Nr. 70.

[84] Ebd. S. 139 Nr. 68. Sollte *superiores partes* zu lesen sein?

[85] Gegen die Auffassung Wolkans, daß der Brief an Lysura vom 17. April (ebd. S. 141 Nr. 71) noch nach Rom gesandt wurde, spricht 1. das Präteritum der Anfangssätze *accepi ex Romana curia litteras vestras cognovique, uti de me verba fecisti*; 2. der Schlußsatz: *rogo me domino meo Treverensi reverendissimo commissum faciatis.*

[86] Wolkan, Briefwechsel 3, 1 S. 142 Nr. 71. — Auf die Verhandlungen im Herbst 1452 bezieht sich Eneas kurz noch in zwei Briefen an den Erzbischof v. Trier vom 22. Juni 1453 und an Lysura vom 25. Juni 1453: *„de his rebus, quas Johannes de Lysura ... in Nova civitate attigit"* und *„de re, quam in Novacivitate cepisti"* (Wolkan, Briefwechsel 3, 1 S. 176 u. 178 Nr. 101 u. 102).

[87] Sie ist eingefügt in die „Historia" vom Regensburger Reichstag, Wolkan, Briefwechsel 3, 1 Nr. 291 S. 492ff. Die im folgenden angeführten Textstellen sind dieser Rede entnommen und finden sich im Druck S. 497f.

Reichstag beeinflußt sein[88], aber Eneas beruft sich mit dem Satz: *„idque iam tibi policitus est curaturum se fore Jacobus, Trevirensis ecclesie pontifex, quemadmodum ex Johanne Lysura . . ., annus ab hinc dilapsus est, audisti"*[89], auf Verhandlungen Lysuras mit dem Kaiser im Jahre 1453. Tatsächlich war nun Lysura in diesem Jahre nicht in Wiener-Neustadt anwesend, wohl aber im November und Dezember 1452[90]; wir können ihn dann vom Januar bis März an der römischen Kurie nachweisen[91]; im April war er wieder in der Umgebung des Trierer Erzbischofs[92]. Was nun Lysura im Namen des Erzbischofs zugesagt hat, faßt Eneas in den Satz zusammen: *„quod si pacem et iustitiam inter se iungere Alemani voluerint, tibi [i. e. imperatori] et imperio uti provideant."* Den Inhalt dieser Formel *„imperatori et imperio providere"* hat Eneas vorher enthüllt: Zuerst läßt er nämlich den Kaiser, wenn er nach Regensburg käme, zu den deutschen Fürsten sagen: *„si datis, unde inter vos vivere et ius suum cuique tribuere et, que regis atque imperatoris sunt, agere possim, neque vobis neque reipublice deero"*, worauf diese, gemäß den optimistischen Worten des Senesen, einsehen werden, *„quantum sit dedecus, cum ceterarum nationum reges mirifice abundent, egere suum"* . . . *„quia neque obedientiam habes neque militem, quo illam exigas; militem vero sciunt absque pecunia conduci atque ali non posse"*. Es hat also Lysura dem Kaiser in Aussicht gestellt, daß sein Trierer Herr dafür sorgen werde, daß dem Kaiser für seinen Aufenthalt im Reich, für die Befriedung des Reiches durch eine geordnete Rechtssprechung mittels (eines rasch arbeitenden) kaiserlichen Gerichts im Reich und eine (schlagkräftige) Polizeitruppe zur Durchführung der Urteile dieses Gerichtes die nötigen Geldmittel bereitgestellt werden. Dann würde nach den Worten des Eneas die zweite Aufgabe des Regensburger Reichstages erfüllt werden: *„imperium ad pristinum splendorem redigere."*

Es ist das das gleiche Programm, das Lysura in der Sondersitzung der deutschen Gesandten zu Regensburg etwa am 11. Mai 1454 im Namen der Kurfürsten vorträgt[93]. War die Reichsreform nun auch wirklich deren politisches Hochziel, oder auch nur das des Erzbischofs von Trier? Wir stellen die Antwort darauf, soweit sie uns heute schon oder noch möglich ist, einstweilen zurück. Aber war nicht die Reform der deutschen Kirche die große Idee, die Lysuras politische Tätigkeit als Generalvikar

---

[88] Ebenfalls Bestandteil der Historia Wolkan 3, 1 S. 532—536. — In aktenmäßiger Aufzeichnung sind die Darlegungen Lysuras auf dem RT erhalten in Nürnberg StA Ansbacher Reichstagsakten Bd. 2 fol. 14a—16b cop. ch. c., in München StB cgm 1586 fol. 178—181 und cgm 9503 fol. 354a—355a copp. ch. c. — Druck: K. Höfler, Das kaiserliche Buch des Markgrafen Albrecht. 1850 S. 18—23 nach der Nürnberger Vorlage.

[89] Wolkan 3, 1 S. 498.

[90] S. S. 97. — Ungenauigkeit und Nachlässigkeit in den chronologischen Angaben sind ein Kennzeichen aller Werke des Eneas Silvius.

[91] S. S. 104 ff.   [92] S. S. 109.   [93] S. Anm. 88.

von Mainz in den dreißiger und vierziger Jahren getragen hatte[94]? Sollte
er nicht von ihr aus den Weg zur Reform des Reiches gefunden haben,
weil nur ein geordnetes Reich Garant einer gesunden Kirche sein konnte?
Diese Fragen fordern eingehende und umfassende Forschungen, die
über Lysuras Person hinausgreifend hineinleuchten in die dunkel-
verschwommene Schicht der politischen Ratgeber deutscher Fürsten und
Kurfürsten um die Mitte des 15. Jahrhunderts[95].

Noch einen Brief des Eneas haben wir, um den Kreis der Quellen zu
schließen, heranzuziehen, gerichtet an Johannes Lysura am 15. Februar
1454[96] mit dem Zweck, die Verhandlungen des kaiserlichen Rates Martin
Mair[97] vorzubereiten, die Jakob von Trier zur Teilnahme am Regensburger Reichstage veranlassen sollen. Der Brief beginnt mit dem Hinweis auf die Verhandlungen Lysuras am Kaiserhof und die zeitlich und
sachlich anschließenden Bemühungen des Seneser Bischofs: *„quod apud
cesarem anno decurso negocium inchoastis, neque receptum est neque refutatum;
pendet adhuc sub dubio, quamvis cesari animo gratum sit. sepe post vestrum
recessum verba de illo feci, sed sumus, nescio quo modo, lassi et desides; nihil agimus,
nisi trahimur.“* Dann fährt er fort: *„nunc paulum accensus est ignis. conventus
apud Ratisponam indictus fortasse aliquid boni pariet.“* Daran schließt er die
Mitteilung: *„mittitur . . . ad dominum Treverensem . . . Martinus in decretis
licentiatus, . . . is in genere tanget negocium per vos ceptum rogabitque nomine
cesareo eundem Treverensem, Ratispone ne quo pacto desit.“* Könnten die
Worte *„receptum“* und *„refutatum“* beim ersten Lesen auch auf Verhand-
lungsgegenstände im Sonderinteresse des Trierers, territorialer oder
finanzieller Art, deuten, so weist die Bezugnahme auf den Regensburger
Tag als einer günstigen Gelegenheit doch wahrscheinlicher auf die
Reichsreform. Von ihr wird Martin Mair *„in genere“* sprechen, im besonderen aber von der Teilnahme des Erzbischofs am Reichstag.

Wenn also Lysura im November 1452 so eingehend mit dem Kaiser
und seinem Rat Eneas über die Reichsreform verhandelt hat, so mögen
wohl schon im August dieses Jahres die kurfürstlichen Räte zu Rhense
dieses Thema angeschnitten haben.

Endlich hat man sich dort auch mit dem Ausgleich der Spannung
zwischen Kaiser Friedrich und Pfalzgraf Friedrich bei Rhein befaßt, die

---

[94] S. S. 94.

[95] Bis jetzt haben die Publizisten dieser Zeit stärkeres Interesse erregt als die
Juristen an den Höfen und in den Reichsstädten. Ohne eindringliche und umständliche Nachforschungen in Archiven und Bibliotheken sind freilich brauchbare Ergebnisse nicht zu erwarten. Nützlich wäre für den Anfang schon eine Zusammenstellung des vorhandenen sehr zerstreuten Schrifttums.

[96] Wolkan 3, 1 S. 444ff. Nr. 257.

[97] Wolkan, ebd. S. 444 Anm. c. — ADB 20, 113ff. — G. Schrötter, Martin
Mair. Ein biographischer Beitrag z. G. d. politischen und kirchlichen Reformfrage
d. 15. Jh.s. 1896 (reicht nur bis z. Jahr 1456).

dieser durch die Arrogation seines unmündigen Neffen Philipp und die Übernahme der Herrschaft in den kurpfälzischen Landen hervorgerufen hatte[98]. Denn einige Sätze in dem uns bekannten Brief des Eneas an Lysura vom 17. April 1453: *„In facto palatini nihil est innovatum; res est in primis terminis culpa quorundam, quibus et honesta et inhonesta venalia sunt. vestra tamen prudentia huic vulneri medebitur. imperator cum ascenderit, principum consilio, non privatorum ducitur et illius domini melior erit conditio"*[99], beweisen, daß Lysura im Herbst 1452 zu Wiener-Neustadt auch über die Anerkennung oder Billigung der Arrogation durch den Kaiser verhandelt hat. Wir gehen kaum fehl in der Annahme, daß das Eingreifen Kurtriers in diese heikle Angelegenheit mit den kurpfälzischen Räten schon zu Rhense besprochen worden ist.

Wir mußten, um die Bedeutung der kurfürstlichen Gesandtentagung zu Rhense am 25. August 1452 zu erfassen, Nachrichten der späteren Verhandlungen am Kaiserhof zu Wiener-Neustadt im Oktober und November 1452 heranziehen. Das Aktionsprogramm, das die kurfürstlichen Räte zu Rhense aufstellten oder besprachen, gipfelte in Gesandtschaften zum Kaiser. Deren Auftrag umfaßte die Beglückwünschung des Kaisers zur Krönung als Akt der Höflichkeit und die Privilegienbestätigung als Erfordernis des Reichsrechts. Andere Punkte berührten zwar die Interessen aller rheinischen Kurfürsten, sind aber vielleicht doch nur zwischen den Räten von Trier und der Pfalz besprochen worden: die Abwehr einer kaiserlichen Zehntforderung und die Unschädlichmachung der kaiserlichen „Ersten Bitten", zwei Punkte, in denen sich Kirchenrecht und „Kirchenreform", wirtschaftliche Interessen und politische Belange, der machtpolitische Gegensatz zwischen Territorialherren und Kaiser eng verflochten; weiter die Reform des Reiches und endlich die kurpfälzische Sonderfrage der Arrogation, die jedoch tief in das Reichsrecht hineingriff und auch ihrerseits die Spannung zwischen den Interessen der Territorien und dem Kaiser mit ihren Auswirkungen für das Reich deutlich werden läßt.

Wir stellen denn auch in den Monaten Oktober und November am Kaiserhof Gesandtschaften der Erzbischöfe Jakob von Trier und Dietrich von Mainz fest. Von der ersteren kennen wir namentlich Johannes von Lysura, Dr. iur. utr., Propst von St. Maria ad gradus in Mainz. Ihm hatte auch der Pfalzgraf die Wahrung seiner Interessen übertragen. Die Gesandtschaft Dietrichs von Köln, zwar erst im Dezember erkennbar, mag ebenfalls bis in den November zurückreichen.

Das Ergebnis der Verhandlungen: Privilegienbestätigung für alle drei Erzbischöfe und ihre Kirchen; stillschweigender vorläufiger Verzicht des Kaisers auf den Zehnten; in der Angelegenheit „Erste Bitten"

---

[98] S. S. 92.
[99] Wolkan, Briefwechsel 3, 1 S. 142 Nr. 71.

Kompromiß mit dem Erzbischof von Trier, bei dem der Kaiser sich prinzipiell sein Recht wahrte, die Ausübung in praxi dem Trierer Erzbischof überließ; nur bedingte Zusage des Kaisers zur Reform des Reiches gemeinsam mit den Kurfürsten auf einem Tag im Reich; kein Erfolg in der Arrogation.

Im ganzen hatte also der Kaiser den machtpolitischen und reichsrechtlichen Wünschen der geistlichen Kurfürsten, dem Herkommen sich beugend, nachgegeben, war in der Reichsreform in die Unverbindlichkeit ausgewichen, in der Arrogation jedoch hart geblieben.

Aber konnte die Härte nicht von anderer Seite her aufgeweicht werden?

V.

Lysura ging nach Rom, zusammen mit einem Nürnberger Doktor[100] — wohl Gregor Heimburg, nicht Martin Mair —, beladen mit Aufträgen verschiedener Art, verschiedener Herkunft.

Das Quellenmaterial ist wiederum recht dürftig: ein Brief des Eneas Silvius an Lysura vom 17. April 1453[101], zwei Schreiben eines nicht genannten Absenders, der aber nach Inhalt und Datum der Briefe nur Papst Nikolaus V. gewesen sein kann, vom 20. März 1453 an Ebf. Jakob von Trier und Pfgf. Friedrich[102], ferner ein Schreiben des Erzbischofs und des Pfalzgrafen für Lysura vom 29. Januar 1453[103], endlich eine Kommission des Papstes an den Erzbischof von Trier und den Bischof von Worms in Sachen der Arrogation vom 8. Januar 1453[104].

Eindeutig bezeichnen die Papstbriefe vom 20. März nach ihrem Schlußsatz, daß Johannes Lysura den Empfängern Näheres berichten werde, den Zeitpunkt, an dem Lysura Rom wieder verließ. Dazu stimmt das Datum des Eneas-Briefes vom 17. April, der mit den Worten beginnt: *„accepi ex Romana curia litteras vestras.“* Die päpstliche Kommission in der Arrogation wird dem Anfang der Verhandlungen nahestehen. Denn wenn Lysura nach Ausfertigung des Erste-Bitten-Privilegs vom

---

[100] Eneas Silvius an Kardinal Carvajal 6. April 1453. Wolkan 3, 1 S. 131 Nr. 61. — Dazu Schrötter, Martin Maier S. 32.

[101] Wolkan 3, 1 S. 141 f. Nr. 71.

[102] Rom Bibl. Vatic. cod. Vat. 3993 fol. 7b—8b Nr. 2 (an Ebf. Jakob v. Trier datiert) und 3 (an Pfgf. Friedrich, ohne Datum).

[103] Koblenz StA 1 C Nr. 16205 fol. 126. Erwähnt: W. Roßmann, Betrachtungen über das Zeitalter der Reformation. (1858) S. 398 f. Nr. V, 7. — Goerz, Reg. S. 197.

[104] Rom Archiv. Vatic. Reg. 399 fol. 341b—343a cop. c. — Druck: Kremer Urk. S. 41 ff. Nr. 13. Die Auflösung der Jahresangabe ist unrichtig. Die Jahreszahl *anno incarnacionis dominice millesimo quadringentesimo quinquagesimo secundo*, nach dem Annuntiationsstil berechnet, und die Pontifikatszahl *anno sexto* führen auf den 8. Januar 1453. In den Gang der Arrogationsverhandlungen würde der 8. Januar 1452 nicht passen.

16. November 1452 Wiener-Neustadt verlassen hat, dann wird er zu
Weihnachten bereits in Rom gewesen sein. Allerdings will zu dem Datum
der päpstlichen Kommission vom 8. Januar die Datierung des Schreibens
der beiden Fürsten an Lysura *„Confluentie XXIX januarii quinquagesimo tercio"* nicht recht passen. Eine Lösung dieser Schwierigkeit
ist mir noch nicht gelungen. Doch kann diese Frage auf sich beruhen
bleiben, da wir zuerst die Aufträge Lysuras feststellen müssen.

Aufträge des Kaisers könnte man aus der Stelle des Eneas-Briefes vom
17. April 1453: *„dixi cesari, que iussistis"* erschließen; doch zu Unrecht.
Der Inhalt dieser Mitteilungen ergibt sich aus der Tatsache, daß drei Tage
nach dem Brief an Lysura am 20. und 21. April Eneas Silvius unter dem
Namen des Kaisers vier Schreiben nach Rom abgehen läßt, die das
kaiserliche Recht der Ersten Bitten betreffen. In dem Schreiben an
Papst Nikolaus[105] ersucht er diesen, dafür zu sorgen (*providere*) und entsprechende Regeln und Deklarationen zu erlassen (*ordinare per regulas
et declarationes*), daß nicht *„per quascunque gratias aut indulta quibusvis
personis concessa aut in posterum concedenda"* denen ein Nachteil erwachse,
„qui vigore primariarum precum nobis concessarum beneficia quevis expectent".
Die Fassung dieses Wunsches ist eigenartig: sie betont nicht so sehr die
Wahrung des kaiserlichen Rechtes als die Schädigung derer, zu deren
Gunsten dieses Recht geübt wird. Tatsächlich beruhte ja die Berechtigung des Kaisers auf einem päpstlichen Indult. In drei weiteren
Schreiben bittet der Kaiser den Kardinal Juan Carvajal[106], dann den
päpstlichen Sekretär Petrus de Noxeto[107] und endlich seinen Anwalt an
der Kurie, Heinrich Senfleben[108], beim Papst vorstellig zu werden, daß
solche *„derogationes"* der kaiserlichen Erst-Bitten aufgehoben würden
(*aboleantur* bzw. *annullentur*) *„et, qui sunt vigore precum nostrarum expectantes
beneficia, nullatenus frustrentur"*. Senfleben wird zudem angewiesen, neben
dem Kardinal Carvajal auch noch den von St. Peter in vinculis, Nic. von
Cues, um Unterstützung in dieser Sache zu bitten. Lysura hatte also in
Rom erfahren, daß an der Kurie das dem Kaiser gewährte Recht der
„Ersten Bitten" vom Papst auch an andere, an weltliche und geistliche
Fürsten[109] verliehen und von diesen zum Nachteil kaiserlicher Kandida-
ten ausgeübt werde. Daß Lysura diese Nachricht an Eneas auch im
Interesse seines Herrn von Trier machte, liegt auf der Hand.

Der Eneas-Brief vom 17. April läßt mit den Worten: *„cognovique* [aus
dem Brief Lysuras aus Rom] *uti de me verba fecistis"* auch Aufträge des

---

[105] Wolkan, Briefwechsel 3, 1 S. 572 Nr. II.
[106] Ebd. S. 573f. Nr. III.   [107] Ebd. S. 574f. Nr. IV.
[108] Ebd. S. 575f. Nr. V.
[109] Vgl. Bauer, Recht der ersten Bitte S. 148ff. — Dazu noch äußerst kennzeichnend Wolkan Briefwechsel 3, 1. S. 167 Nr. 94.

Bischofs von Siena erkennen. Deutlicher ist das amtliche Schreiben an Senfleben vom 21. April: dieser soll *„de negocio venerabilis episcopi Senensis, de quo tibi alias sepe scripsimus"* berichten, *„que sit mens pape"*[110]. Wolkan bezieht diese Stelle auf die Bemühungen, Eneas den Kardinalshut zu verschaffen. Man wird zwar dieses Bestreben bei allen hochpolitischen Aktionen des Senesen in den Jahren 1453 bis 1455 als letztes treibendes Moment nicht übersehen dürfen. Aber nach Ausweis zahlreicher Eneas-Briefe vom April 1453 bis zum Februar 1454 erstrebte er damals den Erwerb der salzburgischen Pfarrei Irdning[110a].

Die Hauptsache für Lysura waren jedoch die Aufträge, die ihm der Trierer Erzbischof und der Pfalzgraf mitgegeben hatten, zum Teil auch erst im Januar nachsandten.

Die beiden Schreiben des Papstes an Lysuras Auftraggeber[111] sind gleich gebaut. Zuerst spricht er seine Freude darüber aus, daß der Erzbischof wie der Pfalzgraf nach den Mitteilungen Lysuras dem Römischen Stuhl treu ergeben seien und ermahnt sie, auch fernerhin seine und des Heiligen Stuhls Rechte zu verteidigen. Dann sagt er ihnen zu, daß er sich ihrer beider Stand und Würde (gegenüber Trier) bzw. Stand und Ehre (gegenüber dem Pfalzgrafen) empfohlen sein lasse; er dehnt dabei diese Zusage auf die Brüder der beiden Fürsten, den Dompropst Philipp von Sirck zu Trier und Pfalzgraf Ruprecht, Dompropst zu Würzburg, aus. Näheres, so enden die beiden Briefe, wird Lysura berichten.

Die beiden Redewendungen „Stand und Würde" bzw. „Stand und Ehre" sind nach dem übrigen Quellenmaterial eindeutig zu interpretieren.

Was Jakob von Trier betrifft, so lassen uns kaiserliche Urkunden und Mandate aus dem Sommer 1453 sein Bestreben erkennen, eines seiner Suffraganbistümer, vor allem Metz mit dem Erzbistum zu vereinigen[112]. Daß diese Frage schon in Wiener-Neustadt, dann in Rom von Lysura behandelt worden ist, dürfte aus dem Erlaß des Papstes an das Domkapitel von Metz vom 1. August 1453 hervorgehen, in dem er das mit König Friedrich und deutschen Fürsten abgeschlossene Konkordat [von 1448] auch auf das Bistum Metz erstreckt[113]. Diese Vereinigung von Metz mit Trier wird auch in den bewußt allgemein gehaltenen Ausdrücken des Schreibens beider Kurfürsten an Lysura vom 29. Januar

---

[110] Wolkan, Briefwechsel 3, 1 S. 576 Nr. V.
[110a] Ebd. 3, 1 Register unter Hirnunga, bes. S. 451 u. 452.
[111] S. Anm. 102.
[112] S. S. 112. — Lager, Jakob von Sirk. Trierisches Archiv 5 (1900) S. 12ff.
[113] A. Calmet, Histoire ecclésiastique et civile de Lorraine. Tome 3 (1745) Preuves col. 214f. aus dem Archiv der Abtei St. Vincent de Metz. cop. de 1559. Den Hinweis darauf verdanke ich meiner Kollegin, Fräulein Dr. H. Grüneisen-Marburg.

enthalten sein: „*nonnulla ecclesiasticorum electorum principatus et condependenter similiter seculares et fere Alamaniam concernencia*"[114].

Für des Erzbischofs Bruder, den Dompropst Philipp, hatte Lysura um die Propstei St. Marien in Aachen zu bitten. Sie war durch den Übertritt Gerhards von Sayn in den weltlichen Stand erledigt; doch hatte das Kapitel den noch nicht volljährigen Sohn des Freiherrn Gumpert von Neuenahr ausersehen[115]. Diese Angelegenheit wird in dem obenerwähnten Schreiben an Lysura vom Januar 1453 ausdrücklich erwähnt: „*eciam preposituram Aquensem et natum impuberem nobilis Gumperti de Nuwenare contingencia*"[116].

Des Pfalzgrafen Wünsche für seinen Bruder Ruprecht zielten auf das nächste freiwerdende Bistum von Bedeutung[117].

Pfalzgraf Friedrich endlich erstrebte für sich, nachdem die Verhandlungen mit dem Kaiser über Anerkennung der Arrogation erfolglos geblieben und auch wenig aussichtsreich waren, deren Sanktionierung durch den Papst[118]. Auf diese Weise konnte die ablehnende Haltung des Kaisers überwunden werden. Der Papst hinwiederum wollte einerseits den Kaiser durch eine diesen bloßstellende Billigung der Arrogation nicht verärgern, andrerseits durfte er auch den Trierer Erzbischof und den Pfalzgrafen, unter deren geistlichen Räten und in deren Domkapiteln die reformerischen Strömungen noch nicht verebbt waren, nicht zurückstoßen. So fand er einen Weg, der eine von seiner Person unmittelbar getroffene Entscheidung vermied, tatsächlich aber auf eine mittelbare Anerkennung der Arrogation hinauslief: er übertrug unterm 8. Januar 1453 diese Angelegenheit zur Überprüfung und darauffolgenden in päpstlicher Autorität ausgesprochenen Entscheidung dem Erzbischof Jakob von Trier und dem Bischof Reinhart von Worms, dem Freund des Kurpfälzers und dem ersten Notabeln der Pfalz. Die vom Pfalzgrafen gewünschte Entscheidung im Sinn einer Billigung war damit gesichert.

Im letzten Märzdrittel begab sich Lysura auf die Rückreise. Er hat wohl dann in Heidelberg einen Aufenthalt genommen und dort mit Pfalzgraf Friedrich die Angelegenheit der Arrogation besprochen; er konnte ihn bereits zum ersten Erfolg in dieser Sache beglückwünschen.

[114] S. Anm. 103.
[115] S. die von Roßmann S. 397 und 399 f. veröffentlichten Schriftstücke aus Koblenz StA 1 C. Nr. 16205.
[116] Diese Stelle schließt unmittelbar an die oben gedruckte Stelle an.
[117] Vgl. die Bemühungen des Pfalzgrafen Friedrich nach dem Tode Jakobs von Trier (28. Mai 1456), seinem Bruder Ruprecht dieses Erzbistum zu verschaffen. Verpflichtung Dietrichs von Mainz, ihm dabei behilflich zu sein, vom 13. Juli 1456: München GStA Kasten rot 38/56 or. mb. Druck: Gudenus S. 321 f. Nr. 148.
[118] Dies mag in dem oben angeführten Satzteil: „/ *nonnulla electorum* / ... *et condependenter similiter seculares et fere Alamaniam concernencia*" enthalten sein.

VI.

Denn, wenn das Datum des päpstlichen Auftrags an Jakob von Trier und an Reinhart von Worms, die Arrogation zu prüfen und bei Rechtmäßigkeit zu billigen, 8. Januar 1453 der Wirklichkeit entspricht, dann konnte dieses Schreiben im Lauf des Februar in Trier und Worms bekannt geworden sein, dann hatten beide Kirchenfürsten rasch ihre Kommission erledigt. Dann fand Lysura bei seinem Aufenthalt in Heidelberg bereits die Zustimmung seines Herrn von Trier zu der Arrogation und deren Auswirkungen vor, ja noch mehr.

Am 10. März 1453[119] hatte Jakob von Trier, Erzkanzler durch Gallien und im Arelat, die Arrogation des Pfalzgrafen Philipp durch seinen Vormund Pfalzgraf Friedrich als mit Einwilligung der Kurfürstin-Witwe Margarete und nach Rat der kurpfälzischen Notabeln vorgenommen, ferner als zur Stärkung des Reiches und zum Besten der Pfalz dienend anerkannt und in dieselbe als ein Kurfürst des Reiches eingewilligt; er versprach ferner, Pfalzgraf Friedrich für dessen Lebenszeit als Erztruchseß und Kurfürst des Reiches zu haben und zu halten und ihn zu den Geschäften und Handlungen des Reiches zuzulassen; er erklärte sich bereit, die kaiserliche Bestätigungsurkunde mitzubesiegeln oder dieser seine besondere Zustimmungsurkunde beizugeben.

Zwei Tage später, am 12. März, stellte eine gleichartige Einwilligungsurkunde auch Erzbischof Dietrich von Köln aus[120]. Die Verhandlungen mit diesem müssen also mit denen zwischen Pfalz und Trier gleichzeitig gelaufen sein.

Das politische Einvernehmen zwischen Trier, Pfalz und Köln war Mitte März 1453 somit auch in der Frage der Arrogation und damit der Anerkennung Pfalzgraf Friedrichs als Kurfürst hergestellt. Die reichsrechtliche Form des kurfürstlichen Willebriefs zu einer politischen und rechtlichen Maßnahme eines Mitkurfürsten, noch dazu zu einer, die vom Reichsoberhaupt abgelehnt war, war eine Neuerung. Doch muß der Schritt der beiden rheinischen Erzbischöfe in erster Linie als ein politisches Vorgehen betrachtet werden: die Anerkennung der Arrogation durch die Kurfürsten als vornehmste Träger des Reiches und seiner Politik — zum wenigsten seit der Neutralität von 1438 — sollte den

---

[119] München Geh. Hausarch. Nr. 2724 or. mb. c. sig. Die Urkunde bisher nur aus der kurzen Pro Not. bei Kremer S. 95 Nr. 32 bekannt und darnach auf 18. März 1452 datiert. Die Datierung lautet: geben — in unser stat Covelentz uf samstag vur dem sontage letare in den jaren unsers herren tusent vierhundert zweiundfunfzig nach gewonheit zu schriben in unserm stifte von Trier. Das Stift Trier hat den Annunziatenstil: Jahresanfang am 25. März. Somit ergibt sich die im Text angegebene Auflösung.

[120] München Geh. Hausarch. Nr. 2725 or. mb. c. sig. Druck: Kremer, Urk. S. 77 Nr. 24.

Kaiser zur gleichen Handlung nötigen, oder doch sie ihm erleichtern. Scharf ausgedrückt: der Kaiser sollte von dem Kurfürstenkolleg überspielt werden.

Noch bevor die Einwilligungsurkunden der Erzbischöfe von Trier und Köln in Heidelberg vorlagen, war Pfalzgraf Friedrich entschlossen, auch die Einwilligung der beiden deutschen Elbkurfürsten einzuholen.

So ließ er bereits unter dem 13. März 1453 von Bischof Reinhart von Worms, dem vornehmsten der kurpfälzischen Räte und Notabeln, die wichtigsten Urkunden zur Arrogation vidimieren: 1. die Einwilligung der Kurfürsten-Witwe Margarete vom 9. September 1451, 2. die Befürwortung der Arrogation durch die pfälzischen Notabeln vom 13. Januar 1452, 3. die Arrogationsurkunde Pfalzgraf Friedrichs vom 13. Januar 1452, 4. dessen Erklärung über die Aufhebung der Pfalzgraf Philipp als Kurfürsten geleisteten Eide, ebenfalls vom 13. Januar 1452[121]. Diese Reihe wurde am 4. April 1453 ergänzt durch die Vidimierung des wohl eben eingetroffenen kurkölnischen Willebriefes[122]. Diese beglaubigten Abschriften sollten baldigst den Kurfürsten von Brandenburg und Sachsen vorgelegt werden, dazu ferner zwei Formulare, erstens eines Schreibens an den Kaiser, das die Bitte um Bestätigung der Arrogation enthielt und die Bereitwilligkeit des Kurfürsten erklärte, die kaiserliche Bestätigung mitzubesiegeln oder entsprechenden Beibrief auszustellen[123], und zweitens der Urkunde über die Aufnahme des Pfalzgrafen in den Kurfürstenbund von 1446[124]. Diese Schriftstücke nahm der kurpfälzische Hofmeister und Rat Heinrich von Fleckenstein mit, als er spätestens zwischen dem 13. und 15. April ostwärts abreiste; er präsentierte sie am 23. April 1453 am Hofe Herzog Friedrichs von Sachsen zu Chemnitz[125].

Das war die Lage, die Lysura in Heidelberg vorfand; die Arrogationsangelegenheit war für ihn abgeschlossen[126]. Was er aus Rom dem Pfalzgrafen berichtete, entzieht sich leider unserer Kenntnis.

In Koblenz hat Lysura das Schreiben des Eneas vom 17. April[126a] vorgefunden oder doch bald darauf erhalten. Die Stelle über das „*factum palatini*" mit der Vertröstung, daß der Kaiser, wenn er ins Reich

[121] Diese Vidimierungen liegen in Dresden LHA Sachsen Loc. 7384 Das Römische Reich betreff. fol. 26ab; 34a—36a; 33a—34a; 27a—28a.
[122] Dresden ebd. fol. 28ab cop. ch. — Weimar LHA Thüringen Urk. Nr. 4424 cop. mb.
[123] Dresden ebd. fol. 32ab cop. ch.   [124] Ebd. fol. 31a cop. ch. c.
[125] Ebd. fol. 36b Vermerk: *Presentata Kempnitz feria tercia post jubilate per Heinricum von Fleckenstein anno etc. 53.*
[126] Für den Pfalzgrafen kam die Arrogations-Angelegenheit zum Abschluß mit den Willebriefen der Kurfürsten von Brandenburg und Sachsen, die nach dem Muster von Köln ausgefertigt wurden. Da aber für Brandenburg der Weihnachtsstil gesichert, für Sachsen wahrscheinlich ist, sind die Willebriefe auf 26. Dezember 1453 (Brandenburg) und 29. Dezember 1453 (Sachsen) zu setzen.
[126a] S. Anm. 101.

kommt, sich nach dem Rat der Fürsten und nicht nach dem von „Privat-
leuten", d.h. seiner nichtfürstlichen Räte aus der Steiermark, richten
werde, — diese Stelle wird Lysura nach seinen Beobachtungen am
Kaiserhof im vergangenen Herbst richtig eingeschätzt haben, zumal die
Reise des Kaisers ins Reich zur Vorbedingung den Frieden mit König
Ladislaus hatte.

VII.

Aber diese Bedingung verwirklichte sich nicht. Die Ratifizierung der
Abmachungen zwischen Kaiser und König wurde vom 23. April auf
24. Juni verschoben[127]. Zudem: der Friede zwischen Markgraf Albrecht
von Brandenburg und der Reichsstadt Nürnberg, am 27. April 1453
von Herzog Ludwig von Bayern zu Lauf endgültig vermittelt[128], machte
eine Reise ins Reich, wie Eneas am 12. Mai an Papst Nikolaus schrieb,
nicht mehr nötig[129]. Es erscheint auffällig, daß Eneas zwischen dem
28. April und dem 14. Mai dem Papst sowie anderen Gönnern und
Freunden in Italien die Verschiebung des Ratifikationstermines mitteilte[130], ein in diese Zeit fallender Brief an Lysura aber nicht bekannt
geworden ist; ob überhaupt nicht geschrieben oder von Eneas bei der
Redaktion seiner Briefsammlungen ausgeschieden, bleibt offen. Wie dem
auch sei, um Mitte Mai muß man in Koblenz zu der Überzeugung gekommen sein, daß mit einer Kaiserreise in nächster Zeit nicht zu rechnen
sei. Es blieb dem Erzbischof nichts anderes übrig, als einen neuen Unterhändler nach Wiener-Neustadt zu schicken, sollten die Dinge — Reichsreform und Unierung des Bistums Metz — nicht ins Stocken geraten.

So ging nicht Lysura, sondern der Scholaster von St. Florin in Koblenz zum kaiserlichen Hofe nach Graz ab, wohin sich dieser wegen der
in Wien herrschenden Pest zurückgezogen hatte. Von den Empfehlungs-
briefen an einflußreiche Personen in der Umgebung Friedrichs III. ist
uns keiner erhalten; wir wissen nur von einem solchen an den Bischof
Eneas Silvius: „... *scolasticus Confluentinus* ... *ad cesarem veniens vestras
mihi litteras reddidit, benivolentia et humanitate plenas, quas ingenti cordis letitia
suscepi. est enim mihi singulare gaudium, cum me intelligo in vestra memoria
locum habere*", schreibt er an den Erzbischof. Noch zu Ende Mai wird der
Scholaster mit seinen Begleitern in Graz angekommen sein.

---

[127] Wolkan, Briefwechsel 3, 1 S. 144—150 Nrr. 74—78; S. 152 Nr. 81; S. 155
Nr. 83; S. 159 Nr. 87; S. 163 Nr. 90.
[128] Chroniken Deutscher Städte 2 S. 413 ff.
[129] Wolkan, Briefwechsel 3, 1 S. 163 Nr. 90: *Inter Norimbergenses et Albertum
marchionem Brandenburgensem pax conclusa est; itaque non erit ea de causa necessarium
ascendere ad imperium, nisi alia causa vocet.* — Vgl. Anm. 19.
[130] S. Anm. 127.

Für deren Tätigkeit stehen uns wiederum zwei Quellengruppen zur Verfügung: erstens Briefe des Eneas, und zwar einer vom 3. Juni an Kardinal Carvajal[131], sowie zwei an den Erzbischof und an Lysura vom 22. und 25. Juni[132], und zweitens Urkunden, die der Scholaster einige Tage später, nämlich am 30. Juni und 2. Juli, ausgefertigt erhielt[133]. Die letzten Eneas-Briefe verweisen beide auf mündliche Berichte des Scholasters, der an den Erzbischof: *„quo modo autem res expedite sint, scolasticus idem plene referet"*, während der an Lysura lautet: *„in rebus, quas modo scolasticus Confluentinus apud cesarem prosecutus est, quid egerim, ex ipso intelligetis."*

Wir gewinnen folgendes Bild von der Tätigkeit der Gesandtschaft. Erzbischof Jakob ließ nicht locker mit seinem Verlangen, der Kaiser möge sich ins Reich begeben, mit den Kurfürsten zusammenkommen. *„Treverensis suos hic oratores habet, petens et sollicitans cesaris transitum ad partes Suevie"*[134]. Dabei steht diese scheinbar genauere Raumbezeichnung, wie bereits in den Aprilbriefen für „Oberdeutschland" schlechthin. Nun war der Krieg in Franken im Frühjahr 1453 endgültig beigelegt und nur in Schwaben schwelten noch die Differenzen zwischen Fürsten und Städten, besonders der Streit mit Herzog Albrecht von Österreich um die Herrschaft Hohenberg[134a]. Auch die schwerwiegendere und gefährlichere Spannung zwischen Pfalzgraf Friedrich einerseits, Markgraf Jakob von Baden und Erzbischof Dietrich von Mainz andrerseits war längst auf den umständlichen, den offenen Konflikt verzögernden Weg eines schriftlichen Schlichtungsverfahrens geschoben worden[134b]. Eine unmittelbare Bedrohung des Reichsfriedens größeren Stils konnten die Trierer Abgeordneten nicht zur Begründung ihres Verlangens anführen. So mußten sie sich mit der Vertröstung zufrieden geben, daß der Kaiser einen Unterhändler zum Erzbischof schicken werde, um Lysuras Neustädter Besprechungen von 1452 weiterzuführen. *„Cesar . . . decrevitque mittere unum ad loquendum cum vestra dignatione. de his rebus, quas Johannes de Lysura . . . in Novacivitate attigit, velit dignatio vestra, cum ille venerit, toto pectore rem aggredi"*; so an den Erzbischof; und kürzer an Lysura: *„de re, quam in Novacivitate cepistis, mittetur cito unus, qui cum reverendissimo domino meo Treverensi et vobiscum agat"*[135]. Doch einen bestimmten Termin anzugeben,

[131] Wolkan, Briefwechsel 3, 1 S. 171 Nr. 97.
[132] Ebd. S. 176f. u. 177f. Nr. 101 u. 102.
[133] Chmel, Reg. Nr. 3074, 3075, 3077, 3078.
[134] Wolkan, Briefwechsel 3, 1 S. 171 Nr. 97.
[134a] v. Stälin, Wirtemb. Gesch. 3 S. 489 Anm. 3.
[134b] Zwischen Pfalz und Mainz am 30. September 1451 (München GStA Kasten rot 37k/41 or. mb.) — Zwischen Pfalz und Baden am 7. März 1452 (Ebd. Kasten rot 33a/39 or. mb. Regg.: Menzel (Anm. 48) 2 S. 233; Regg. Markgfn. Baden Nr. 7348.)
[135] Wolkan, Briefwechsel 3, 1 S. 176 u. 178.

hütete sich Eneas, der Eigenart und der innersten Wünsche seines kaiserlichen Herrn wohl bewußt. Die Reichsreform wurde auf der langen Bank weitergeschoben.

Doch mit schönen Worten und bestechenden Aussichten hoffte Eneas den Erzbischof bei guter Stimmung und für sich gnädig zu erhalten, wenn er der unverbindlichen Ankündigung des Gesandten die Sätze anfügt: „*spero multa illinc nasci posse bona et in imperio et in vestra ecclesia. faxit deus, ut cito cesarem ad partes Alamanie superiores conducere valeamus. non dubito, quin vestra dignatio prima sit, que eius consilia dirigat, que res mihi iocundissima scienti vestras suasiones ad commune bonum tendere*“[136].

Freilich, was brachte der Scholaster seinem Herrn in den diesen und seine Kirche besonders berührenden Dingen nach Hause?

Zur Vereinigung des Erzbistums mit seinem Suffraganbistum Metz fertigte die kaiserliche Kanzlei zwei Mandate aus: eines an die Untertanen der drei Suffraganbistümer unterm 30. Juni[137] und eines an die Prälaten und die Kapitel, dann an die Grafen, Herren, Ritter usw., alle Untertanen und Mannen des Stiftes Metz unter dem 2. Juli[138], beide des Inhalts, dem Erzbischof „getreu, gehorsam und gewärtig" zu sein, wenn ihm der Papst eines dieser Bistümer bzw. das Bistum Metz geben würde.

Territorialpolitisch konnte bedeutsam werden das am 2. Juli dem Erzbischof überlassene Recht, das „sloss Hoemburg die oberburg im Westerreich" als ein heimgefallenes Reichslehen seinen jetzigen Besitzern oder, wenn sich diese als unrechtmäßige Eindringlinge erweisen sollten, anderen von Reichs wegen zu leihen[139]. Da nun die Niederburg bereits trierisches Lehen war, konnte so an der Straße von Metz nach den Rheinpunkten Speyer, Worms und Mainz ein von dem Erzbischof abhängiger Stützpunkt entstehen, der die Verbindung mit der befreundeten Kurpfalz sichern konnte[140]. Denn Homburg liegt in der Verlängerung der Wachstumslinie von Trier über Tholey nach St. Wendel[141]. Tatsächlich belehnte nach Rückkehr des Scholasters der Erzbischof am 2. August seinen Schwager den Grafen Hermann zu Leiningen-Rixingen mit Schloß Homburg[141a].

Die Anwartschaft auf den halben (Reichs-)Zoll von St. Goar nach dem erbelosen Tod des jetzigen Inhabers Grafen Philipp von Katzenelnbogen,

[136] Ebd. S. 176f.
[137] Chmel, Reg. Nr. 3074. — Wien HHStA Reichsregister P fol. 149. — Original in Koblenz StA nicht aufzufinden.
[138] Ebd. Nr. 3077. — Koblenz StA 1 A Nr. 7881 or. mb.
[139] Ebd. Nr. 3078. — Koblenz StA 1 A Nr. 8710 or. mb.
[140] Vgl. A. v. Hofmann, Das deutsche Land und die deutsche Geschichte. 2 (1930) S. 34ff.
[141] J. Niessen, Geschichtlicher Handatlas der deutschen Länder am Rhein. Mittel- und Niederrhein (1946) Karte 27.
[141a] Goerz S. 198.

die das Privileg vom 30. Juni dem Erzbischof persönlich verlieh[142], kann kaum als eine finanzielle Unterstützung gewertet werden, da der Erzbischof die Zollerträgnisse des ersten Jahres dem Kaiser überlassen mußte[142a].

Im Grunde genommen enthielten diese vier Privilegien und Mandate nur Aussichten, deren Verwirklichung von verschiedenen Voraussetzungen abhing. Man begreift von da aus die Sätze der beiden Eneasbriefe, die den Erzbischof und seinen Rat vertrösteten: *„laboravi ad ea, que dignatio vestra scripsit, ferventi animo. . . . ego optassem in omnibus ad unguem vestro desiderio satisfactum, sed hac vice non potuit plus obtineri. gaudeo tamen, quia cesarem vestre dignationi affectissimum intelligo, nec dubito, quin in dies maiora ab eius maiestate consequamini"*; so an den Erzbischof[143] und an Lysura: *„in rebus, quas modo scolasticus Confluentinus apud cesarem prosecutus est, quid egerim ex ipso intelligetis. voluntas bona, potestas modica fuit. non tamen omnino res incassum ivit; in tempora meliora sperare licet. non uno die Roma magna fuit; tempus omnia peragit"*[144].

Die Sendung des Koblenzer Scholasticus war also ein Mißerfolg. Mit schönen Worten — *„locutus est ipse cesar plurimumque in vestra* [des Erzbischofs] *virtute et benivolentia confidit"*[145] — und mit der terminlosen Ankündigung eines kaiserlichen Unterhändlers wurde der Trierer Sendbote nach Hause geschickt.

VIII.

Der Unterhändler Kaiser Friedrichs ist im Laufe des Jahres 1453 bei Jakob von Trier nicht mehr erschienen. Die Unruhe in dem Nachbarlande Ungarn: das Auftreten eines böhmischen Söldnerführers Axamit, der seine Scharen mangels eines großen Krieges mit Räubereien in den ungarisch-österreichischen Grenzlanden beschäftigte und ernährte, sowie die machtpolitische Spannung zwischen dem ungarischen Generalkapitän Johann Hunyadi und dem machtgierigen Grafen Ulrich von Cilli[146] — war

---

[142] Chmel, Reg. Nr. 3075. — Original in Koblenz StA nicht aufzufinden.

[142a] Ebd. Reg. Nr. 3106. — Zu der hier verzeichneten Verschreibung des Trierer Domkapitels, einem „willbrief", den Kaiser an seiner Hälfte des Zolles von St. Goar nicht zu hindern, mußte sich Ebf. Jakob wohl unter dem 8. September 1453 in einem „versprech- und verpflichtbrief" verpflichten. Als dann im September 1454 der domkapitelsche Willbrief, datiert vom 23. September 1453, dem Kaiser übergeben wurde und dieser den erzbischöflichen „versprechbrief" nicht „bei unsern handen, sundern in unsern slossen verlegt" hatte, stellte Friedrich III. am 16. September 1454 eine Kraftloserklärung des Verpflichtungsbriefes aus, „wann und von wem er gefunden wurde". (Koblenz StA 1 A Nr. 7848 or. mb. — Reg. Chmel Nr. 3249 ist unscharf.)

[143] Wolkan, Briefwechsel 3, 1 S. 176 Nr. 101.

[144] Ebd. S. 177 Nr. 102.   [145] Ebd. S. 176 Nr. 101.

[146] Ebd. Register unter Axamit und Hunyadi.

für den Kaiser hinreichender Grund, um die Entsendung seines Unterhändlers nach Trier zu unterlassen. Aber auch der Erzbischof und Dr. Lysura hielten es nicht mehr für der Mühe und der Kosten wert, nochmals beim Kaiser vorzusprechen.

Das Vorspiel ist zu Ende.

Unter einem ganz anderen, wenn auch nicht ganz unerwarteten Aspekt hebt des „Reichstags-Theatrum" erster Akt an. Bängliches Ahnen zittert in des Eneas Briefen vom 17. April 1453: *„de Turcho nihil audimus. utinam nunquam aliquid audiremus! neque enim rumor de ipso est, nisi cum nocet"* und *„de Turcho neque audio quicquam neque audire cupio, quando rumor ab eo veniens mala Christianitati portendit"*. So an Carvajal und an Cusa[147]. An Lysura vom gleichen Tag kein Wort von den Türken[148]. Er weiß wohl, daß daran hier kein oder nur geringes Interesse vorhanden ist.

Knapp sechs Wochen später, am 29. Mai, fiel Konstantinopel in die Hände der Türken[149]. Und abermals sechs Wochen später, keine vierzehn Tage nach der Abreise des Koblenzer Scholasters, drangen die ersten Gerüchte dieses weltpolitischen Ereignisses nach Graz[150]. Das neue Thema wurde von Eneas Silvius in Begeisterung für die mittelalterliche Idee eines Kreuzzuges der Christenheit gegen die Türken und aus dem berechnenden Ehrgeiz des modernen, Kardinalswürde und Ruhm erstrebenden Politikers aufgegriffen. Aber das Jahr 1453 ging zu Ende, bis sich Kaiser und Papst zu gemeinsamen Handeln fanden. Der geplante europäische Kongreß zu Regensburg am Georgentag 1454 schrumpfte, wie zu befürchten war, zu einem schlecht besuchten, erfolglosen deutschen Reichstag zusammen. Um beides zu verhindern, hatte der Kaiser auf Betreiben des Eneas Silvius im Februar seinen Rat Martin Mair zu Erzbischof Jakob gesandt mit der Bitte, den Tag zu besuchen[151]. Aber er kam nicht, so wenig wie der Kaiser. Es kam von Wiener-Neustadt Eneas Silvius, von Koblenz Johannes Lysura; jeder mit seinem Programm: der Italiener predigte den Kreuzzug Europas; Reform des Reiches forderte der Deutsche. Diesen sandte ein Kurfürst, jenen der Kaiser. Beide Träger des Reiches, aber auch Fürsten deutscher Territorien, Landesherren und Häupter deutscher Adelsfamilien. Beiden brachte der Kreuzzug Lasten, keinem einen Gewinn. Wem würde die Reform des Reiches Nutzen bringen und die Macht stärken, dem Kaiser oder dem Kurfürsten? So mochten ihre Sendboten, Eneas und Lysura, als Gegenspieler auf dem „Reichstagstheatrum" zu Regensburg glänzende Rollen spielen, es waren doch zugleich tragische Rollen. Ihre Ideale,

---

[147] Ebd. S. 140 u. 141 Nr. 69 u. 70.
[148] Ebd. S. 142 Nr. 71.
[149] Fr. Babinger, Mehmed der Eroberer und seine Zeit (1953) S. 80ff.
[150] Wolkan, Briefwechsel 3, 1, S. 188 Nr. 108.
[151] Ebd. S. 444f. Nr. 257. — Vgl. S. 102.

Christianitas und reformiertes Reich, lösten sich im Verlaufe zweier Jahrhunderte auf, wurden ersetzt durch neue Ideen: Staatsräson und Fürsten-Souveränität. Papst und Kaiser, die Häupter der Christenheit, Kaiser und Kurfürsten, die Repräsentanten des Reichs, gaben ihre Rollen ab an die Könige nationaler Großmächte und die Fürsten deutscher Territorialstaaten. Zu deren willfährigen Beamten, Staatsdienern, sollten sich die ehedem so selbstbewußten, eigenwilligen Juristen wandeln. Je länger, je mehr wurde so das deutsche Reichstagstheater abgedrängt in einen kaum noch beachteten Winkel der sich stetig zur Weltweite ausdehnenden Bühne des europäischen Staatensystems.

SCHIEDSGERICHT, RECHTLICHERES RECHTGEBOT, ORDENTLICHES GERICHT, KAMMERGERICHT

Zur Technik fürstlicher Politik im 15. Jahrhundert

Von Ingeborg Most

Fritz Hartung weist in seinem Aufsatz[1] über die Reichsreform, der aller späteren Forschung den Weg bahnt, mehrfach darauf hin, daß vor dem Auftreten Bertholds von Henneberg Reichsreform niemals als bewußte und grundsätzliche Auseinandersetzung über das Verhältnis von Königtum und Ständen verstanden worden ist; sondern es gaben einzelne Mißstände von Fall zu Fall den Anstoß, diese oder jene Forderung an den Kaiser zu stellen. Ein umfassendes Programm sei seit den Versuchen des Reichstags zu Nürnberg im Jahre 1438 bis zum Jahre 1485, in dem das Ringen um Reform im eigentlichen Sinne erst begonnen habe, überhaupt nicht aufgestellt worden. Was aber das Ergebnis betrifft, gelangt Hartung zu der Feststellung, daß die Gesetze des Wormser Reichstags von 1495[2] für ein ständisches Reichsregiment zu spät kamen. Die Territorialstaaten waren in der Abgeschlossenheit ihres Eigenlebens viel zu weit fortgeschritten und die großen weltlichen Fürsten nicht mehr für eine Reichsverwaltung zu gewinnen, die ihre Selbstherrlichkeit einschränkte und regelmäßige Leistungen von ihnen forderte. Maximilians Zwangslage, die Gesetze annehmen zu müssen, leitete zwar eine erste Verselbständigung und Versachlichung öffentlicher Funktionen im Reich ein. Hartung indessen hat gezeigt, daß die Wormser Gesetze von 1495 die zehn Jahre hindurch entwickelten Ansätze der Reformpartei Bertholds von Henneberg nicht erfüllten, daß sie seine Pläne einer Behördenorganisation für die innere und äußere Reichsregierung, für

[1] F. Hartung, Die Reichsreform von 1485—1495. Ihr Verlauf und ihr Wesen. Hist. Vierteljahrsschr. 16 (1913) S. 1ff. u. S. 181.

[2] K. Zeumer, Quellensammlung z. Gesch. d. dt. Reichsverfassung. 2. Aufl. (1913) Nr. 173—176.

Gerichtsexekutive, Steuer- und Heeresverfassung nur sehr bruchstückhaft zur Geltung brachten; freilich seien sie dennoch, auch noch im Zurückbleiben hinter den gesteckten Zielen als echte Leistungen zu werten.

Die Reichsreform von 1495 hat auch die Wahrung des Landfriedens durch eine Reichexekutionsordnung nicht verwirklicht[3]. Zwar zielte Berthold von Hennebergs Bemühen auf eine von Amts wegen ausgeübte, von politischen Mächten möglichst unabhängige Sicherung des Landfriedens. Es gelang ihm jedoch nicht, das neu zu errichtende Kammergericht für die Reichsfürsten als erste Gerichtsinstanz obligatorisch zu machen. Dieser Versuch ist aber gescheitert, weil die Betroffenen sich der geplanten Neuerung entzogen und zwar in einer, wie mir scheint, höchst charakteristischen Weise: sie haben die Beibehaltung der traditionellen Austräge als erstinstanzliche Sondergerichte durchzusetzen vermocht[4]. Es sind dieselben Fürsten, die in ihren eigenen Territorien für Justiz und Verwaltung ständige Beamtenkollegien schufen, die sich selbst aber nicht einer Gerichtsbehörde unterwerfen wollten. Die Wormser Neuordnung entzog das oberste Reichsgericht dem bisher überwiegenden Einfluß des Kaisers. Der Zug, welcher der Überführung der Territorien zu moderner Staatlichkeit innewohnte, der Zug zur Loslösung vom mittelalterlichen Persönlichkeitsprinzip, zur Neutralisierung und Versachlichung öffentlicher Funktionen, zur Entpolitisierung im Sinne von Technisierung der Verwaltung machte das kaiserliche Kammergericht zu einer vom Reich zu unterhaltenden Behörde. Es stellt sich deshalb die Frage, weshalb sich die Fürsten, wenn es um die Gerichtsinstanz der eigenen Person ging, der Einführung eines Beamtengerichts widersetzten. Waren es politische Gründe, die sie veranlaßten, an den Austrägen festzuhalten? Welche Funktion hatten überhaupt die Austräge im politischen Dasein, bevor sie als Sondergerichte der Fürsten in die neue Reichsverfassung eingingen? Muß man etwa auch daran denken, daß das Standesbewußtsein eine Rolle mitgespielt haben könnte?

Die Aufnahme der Schiedsgerichtsbarkeit[5] in die Gerichtsverfassung des Reichs steht am Ende einer langen Entwicklung. Die Verwahr-

---

[3] S. Hartung a. a. O. S. 191 mit Anm. 1.

[4] Die Ordnung des RKG v. 1495 bestimmte in § 28 (Zeumer a. a. O. Nr. 174) nicht nur, daß die bestehenden Austräge zwischen Kf. F. u. Fmäßigen bestehen bleiben sollten, sondern sie verordnete auch die Bestellung von Austragsrichtern für Fälle, wo keine Austräge vorhanden waren. Der beklagte Fürst hatte auf Erfordern des Klägers diesem vier Kf. F. oder Fmäßige, nicht aus einem Hause, zu nennen, „darauß der Cleger ainen zu Richter kiesen" sollte. Diese Austragsrichter fungierten als kaiserl. Kommissare. Appellation an das RKG wurde neu eröffnet. H. Krause, Die gesch. Entwicklung d. Schiedsgerichtswesens i. Deutschland (1930) S. 11.

[5] Grundlegend über Herkunft u. Gesch. d. Schiedsverträge als Rechtsinstitut K. S. Bader, Das Schiedsverfahren in Schwaben vom 12.—16. Jh. Diss. Freiburg

losung des alten Reichshofgerichts hat die reiche Entfaltung des Schiedswesens veranlaßt und schließlich dazu geführt, daß das oberste Reichsgericht von der freiwilligen Gerichtsbarkeit überwuchert wurde; auch
das kaiserliche Hofgericht zu Rottweil wurde, wenigstens auf dem Gebiet
der streitigen Gerichtsbarkeit, weitgehend lahmgelegt. Die Gewohnheit,
oftmals den König zum Schiedsrichter zu bestellen, hat auf der andern
Seite dazu beigetragen, das Kammergericht zu einem das Reichshofgericht ersetzenden höchsten Gerichtshof zu machen [6].

Die Anziehungskraft der Austräge lag in der zwangloseren Art des
Verfahrens. Gegenüber der formalen Strenge des deutschrechtlichen
ordentlichen Prozesses gaben geringere Umständlichkeit und größere
Schnelligkeit in der Abwicklung den Schiedsgerichten den Vorzug; im
Austragsverfahren, das sich aus der Gütetendenz des kanonischen Rechts
herleitete, war die Gefahr, durch einen Formfehler sein Recht zu ver-
lieren, viel geringer. Das spätere Mittelalter schöpfte aus der im Speculum
Iudiciale des Durantis zusammengefaßten Lehre des Justinian und der
Postglossatoren. Durch Durantis wurde die Unterscheidung geläufig
zwischen dem arbiter, dem ordentlichen Richter, der „*servato iuris ordine*"
richtet, und dem arbitrator, der „*ex aequo et bono*" entscheidet [7]. Als
Schwäche der Institution machte sich die Furcht vor einem parteiischen
Schiedsrichter bemerkbar; besonders wenn der Streitfall von politischen
Interessen durchsetzt und überlagert war, konnte es vor der eigentlichen
Auseinandersetzung zu einem Streit um das zuständige Gericht kommen.
„Nun präjudiziert aber die Wahl des Gerichts bereits die Sache." [8] Es
konnte in der Übergangszeit des 15. Jahrhunderts [9] indessen auch bloße
Unsicherheit sein, daß man einfach nicht wußte, welches Gericht für den
vorliegenden Fall das „dem rechten gemäße" sei. Aus der Vielzahl der
zur Verfügung stehenden Möglichkeiten nenne ich nur: Schiedsgericht
und ordentliches Gericht; unter den ordentlichen Gerichten wiederum
Landgericht, fürstliches Hofgericht, kaiserliches Kammergericht, Ge-

---

i. Br. 1929 und H. K r a u s e, a.a.O. Dazu die Besprechung beider durch W. S i l b e r-
schmidt in ZSRG Germ. Abtlg. 50 (1930) S. 486 ff., wo auch die älteren einschlägigen Arbeiten genannt sind.

[6] B a d e r a.a.O. S. 24 ff.; K r a u s e a.a.O. S. 25 f.

[7] Benutzte Ausg.: Prima pars speculi Guillelmi Duranti cum additionibus Jo[an-
nis] An[dree] et Bal[di] 1521. Lib. I Pars 1 „De arbitro et arbitratore".

[8] So formuliert O. B r u n n e r, Land u. Herrschaft 3. Aufl. (1943) S. 50 anläßlich
der Konkurrenz von Hofgericht u. Landgericht im Falle des Gamaret Fronauer
gegen K. Friedrich III. Im Hofgericht ernannte der Kaiser die Urteiler in freier
Wahl, nach Landrecht bildeten die Standesgenossen die Urteiler.

[9] Über die allg. Rechts- und Verfahrensunsicherheit u. das Fehlen einer einheitlichen Rechtsüberzeugung an der Schwelle der Receptionszeit G. W. W e t z e l l,
System d. ordentl. Zivilprozesses. 3. Aufl. 1878; J. Ch. S c h w a r t z, 400 Jahre dt. Zivil-
prozeßgesetzgebung (1898); G. M a r q u o r d t, 4 rhein. Prozeßordnungen a. d. 16. Jh.
Rhein. Arch. Bd. 33 (1938) S. 1 ff.

richtsstand vor fürstlichen Räten, vor den Kurfürsten, vor dem Kaiser selbst. Es stellt sich auch hier wieder die Frage, ob und in welchem Maße ständische Rücksichten — etwa der Anspruch auf Parität — mitentscheidend waren. In gegenseitigen Erbietungen zu Recht machten die Parteien einander ihre Vorschläge über das anzurufende Gericht. Die Quellen verwenden dafür den technischen Ausdruck Rechtgebot.

Rechtgebot und das ganz entsprechend gebrauchte Rechtbieten[10] ist das Anbieten einer rechtlichen Entscheidung, sehr häufig nach vorausgegangenen fehdemäßigen Handlungen; die reflexive Form sich zu Recht erbieten bedeutet: die Erklärung abgeben, sich einer rechtlichen Entscheidung unterwerfen zu wollen. Annahme eines Rechtgebotes sollte gleichzeitige Einstellung der Fehde nach sich ziehen. Für die daraufhin beginnende rechtliche Auseinandersetzung wurde es von wesentlicher Bedeutung, vor wem man sich zu Recht erbot, oder gleichbedeutend, auf wen man ein Rechtgebot tat. Ein Rechtgebot tun auf jemand wurde synonym gebraucht mit sich zu Recht erbieten vor jemand. Diese Figur des spätmittelalterlichen Rechtslebens gehört nicht speziell und ausschließlich dem Bereich der Schiedsgerichtsbarkeit an, sondern scheint ihre Eigenart erst richtig entwickelt zu haben, als sich im 15. Jahrhundert eine besondere Vielfalt der Gerichtinstanzen und Verfahrensmöglichkeiten anbot.

An einem Schreiben, das verschiedene Rechtgebote in ein und derselben Sache enthält, ist die Handhabung derselben leicht zu verdeutlichen. Die Reichsstadt Augsburg erhob im Jahre 1463 Einspruch dagegen, daß der Burggraf von Maidburg als Kläger seine Streitsachen mit Augsburg, nachdem diese schon mehrere Jahre hindurch vor dem Kaiser als Augsburgs ordentlichem Richter und vor dem kaiserlichen Kammergericht anhängig waren, vor ein fürstliches Schiedsgericht ziehen wollte und sich deshalb auf dreizehn zur Wahl gestellte Fürsten zu Recht erbot. Augsburg lehnte dieses Rechtgebot ab mit dem Hinweis, daß der Kläger dem Antworter vor Gericht zu folgen habe. Augsburg bestritt also 1., daß der Burggraf von Maidburg berechtigt war, ein Rechtgebot

---

[10] Erscheint weder im Registerband der ZSRG (Bd. 51) noch im Register zu Schröder-v. Künßbergs Lehrbuch d. dt. Rechtsgeschichte 7. Aufl. (1932). Es sei angemerkt, daß hier nicht die Rede ist von Rechtgebot im Sinne von Verordnung als Ausdruck und Mittel moderner Staatsgewalt. (Ausführlich behandelt von W. Ebel, Gesch. d. Gesetzgebung in Deutschland [1956] S. 55ff.) — Lexer Bd. 2, 378 u. Grimm, DW Bd. 8, 216 verzeichnen unter rechtbot nur rechtliche, gerichtliche Entscheidung oder Richterspruch; Fischer, Schwäb. Wb. Bd. 5, 216 in der oben angegebenen Bedeutung. — „so erforderten und butten si uns recht uff den röm. kaiser" nur im Schweizer. Idiotikon Bd. 6, 251, jedoch ohne sachliche Erklärung. Auch bei Bader und Krause nicht behandelt. — Wie weit die Beschreitung des Klageweges die Fehde im späteren Mittelalter unterbrach, ist nach O. Brunner, a.a.O. S. 57 schwer zu sagen, war in den hier vorliegenden Quellen aber eindeutig der Fall.

von seinem ordentlichen Richter auf ein Schiedsgericht zu tun und lehnte 2. das Rechtgebot des Burggrafen auf dreizehn Fürsten deshalb ab, weil es keinen derselben als Schiedsrichter annehmen, sondern nur vor dem Kaiser zu Recht stehen wollte[11].

Häufig standen mehrere Rechtgebote in Konkurrenz. Kam es dann zu keiner Einigung, so bedurfte es der Feststellung, welche unter den getanen Erbietungen zu Recht die rechtmäßige sei. In den Quellen wird eine solche Feststellung „Erkenntnis des rechtlicheren Rechtgebots" genannt. Hier ergibt sich als Frage, in welcher Weise das rechtlichere Rechtgebot festgestellt wurde. Die Antwort darauf wird sich im folgenden ergeben.

Die Befugnisse des durch Schiedsvertrag von beiden Parteien beauftragten Schiedsrichters erloschen mit dem Schiedsspruch. Dessen Vollzug oblag, sofern im Schiedsvertrag nichts darüber festgesetzt wurde, den ordentlichen Gerichten. In welcher Weise Schiedssprüche zwischen Fürsten untereinander vor 1495 vollzogen oder garantiert wurden, ist bisher nicht bekannt. Gegenüber dem im ordentlichen Prozeß ergehenden Urteil hatte der Schiedsspruch die stärkere Rechtskraftwirkung: ein Schiedsspruch war nicht anfechtbar, es standen keine Rechtsmittel gegen ihn zur Verfügung. Die Ansicht des Bartolus, der durch Gleichstellung des Schiedsspruchs mit einem Urteil als erster das Rechtsmittel der Appellation auch bei Schiedssprüchen für zulässig erklärte[12], setzte sich zunächst nicht durch. Nur das höchste Gericht des Reichs machte sich die Anschauung zu eigen, daß ein Schiedsspruch der Berufung unterliege und zwar, wenn er eine *„enormissimam laesionem vel manifestam et evidentem iniquitatem"* enthielte[13]. Friedrich III., der bei aller Nachlässigkeit in der Besetzung und Abhaltung des Kammergerichts von seiner Befugnis als Spitze des Reichsrechts persönlich in Rechtsstreitigkeiten einzugreifen, immer wieder Gebrauch gemacht hat, bediente sich im Jahr 1468 dieses Rechtssatzes, um eine langjährige Streitsache Herzog Ludwigs von Landshut mit der Reichsstadt Augsburg, in der jener den Pfalzgrafen Friedrich als Schiedsrichter bestellt hatte, als ordentlicher Richter Augsburgs an sich zu ziehen; er bestritt die Berechtigung zu einem Schiedsspruch überhaupt und erklärte bei Strafe jegliche gütliche oder rechtliche Erkenntnis der Streitsache für kraftlos[14].

---

[11] München Staatsbibl. Cod. germ. 2517 (Formelbuch d. 15. Jh.s) fol. 162ᵛ—164ᵛ; ebd. fol. 168 ff. mehrere vom Kaiser i. ders. Sache ausgehende Mandate.

[12] Krause a.a.O. S. 50.

[13] Die in Anm. 4 erwähnte Appellationsmöglichkeit der Wormser Ordnung stand am Ende der Entwicklung des Gedankens.

[14] Fr. III. an Hzg. Ldg. v. B.-L.: „wann aber dieselb sachen unser u. des reichs oberkait u. kaiserl. gewaltsam on mittel berurt, deshalb niemand gepurdt, außerhalb unser sonder kaiserl. verwilligung weder anlas (Schiedsvertrag) noch abrede ze tun, dorumb wir als Rom. Kaiser u. das hl. reich in der obgenanten herzog Friderich

Es genügt nun aber nicht, mit Stücken, die von den Bedingtheiten ihrer Entstehung losgelöst sind, die Beantwortung der im Vorhergehenden aufgeworfenen Fragen zu bestreiten, sondern es ist erforderlich, das gelebte Leben selbst zu studieren. Der zur Untersuchung herangezogene Vorgang sollte in seinem Verlauf kurz und dadurch überschaubar sein, die Quellen sollten reichlich und von mehreren Seiten her fließen, wodurch die Parteibehauptungen[15] überprüfbar sind. Vor allem aber sollte wenigstens ein Teil der auf beiden Seiten auftretenden Personen in den Maximen ihres politischen Handelns bereits bekannt sein, damit leichter zu beurteilen ist, ob und wann dieser oder jener an dem zu untersuchenden Rechtsstreit Beteiligte den Gang der Auseinandersetzung aus seinen eigensten persönlichen Antrieben zu steuern oder abzulenken beginnt. Neue Akten und Urkunden zur Mainzer Koadjutorfehde der Jahre 1465 bis 1467, die als letzter Ausläufer der Mainzer Stiftsfehde von 1462 in der älteren Literatur kurz geschildert wird[16], bieten die hier erwünschten quellenmäßigen Voraussetzungen.

Nach den militärischen Erfolgen der Wittelsbacher im süddeutschen Reichskrieg, vor allem des Pfalzgrafen Friedrich des Siegreichen in der Schlacht von Seckenheim am 30. Juni 1462, die den gefangenen kaiserlichen Hauptleuten Markgraf Karl von Baden und Graf Ulrich von Württemberg schwere Kerkerhaft im Heidelberger Schloß und Zahlung hoher Lösegelder auferlegte, war dem politischen Geschick desselben Friedrich im Jahre darauf bei der Beilegung der Mainzer Stiftsfehde durch Beeinflussung der Wahl auch noch die Erhebung seines Bruders Ruprecht zum Erzbischof von Köln geglückt. Kaiser Friedrich III., der dem Machtzuwachs der Wittelsbacher ungern zusah, zögerte die Regalienverleihung und Privilegienbestätigung des Elekten mehrfach unter

---

berednus (Schiedsspruch) merklichen in unser oberkait u. kaiserl. gewaltsam ubergriffen sein . . .; wir haben auch dorumb in allen disen vergangen hendeln uns derselben sachen die oberkait berurend angenomen u. darin sacher (Ankläger) sein wellen, deshalb dir als einem fursten des reichs in dein selbs sachen wider uns u. das reich richter zu sein nicht gepurt, auch des obgeschriben herzog Friderichs berednus der einen wilkurenden partei swern u. merklichen ubergriff u. verletzung, die man zu latein enormem lesionem nennet . . ." München HStA Neuburg. Copialb. Bd. 9 fol. 184ff. v. 1468 Nov. 10. Der Pfälzer Spruch [vor 1468 Febr. 15] (nach Weimar StA Ges. A. Reg. C Nr. 507 fol. 1ʳ—8ʳ). — In den bisher gefundenen Akten steht sonst nichts davon, daß Hzg. Ludwig selbst Richter gewesen war.

[15] Über die „Schwierigkeit, bloße einseitige Parteibehauptungen von wirklichen objektiv anerkannten Rechtsgründen zu unterscheiden" bei der Textinterpretation s. H. Mitteis, Die Rechtsidee i. d. Gesch. (1957) S. 153 (Besprechung v. O. Brunner, Land u. Herrschaft).

[16] Kurze Darstellung der Mainzer Koadjutorfehde nach gedr. Quellen bei C. Fr. Stälin, Württ. Gesch. 3. Bd. (1856) S. 552ff.; F. W. Th. Schliephake-K. Menzel, Gesch. v. Nassau. 5. Bd. (1880) S. 353ff.; A. Bachmann, Reichsgeschichte. Bd. 1 (1894) S. 243f.; erwähnt bei F. Ernst, Eberhard im Bart (1932) S. 28.

Erhebung hoher politischer Forderungen[17] hinaus und gewährte die
beiden reichsrechtlich wichtigen kaiserlichen Gnadenbezeugungen erst
acht Jahre nach der Wahl im Jahre 1471[18]. Gegen zwei wittelsbachsche
Kurfürsten am Mittelrhein stand inzwischen in erprobter Treue allein
der mit ihm verschwägerte Erzbischof Johann von Trier aus markgräf-
lich-badischem Hause. Die Mainzer Stiftsfehde von 1461 bis 1463 hatte
zwar nicht den von Pfalz begünstigten Grafen Dieter von Isenburg,
sondern den kaiserlichen Kandidaten Graf Adolf von Nassau auf den
Erzstuhl gebracht; aber in dem schwer überschuldeten Mainz bot die
Person des Erzbischofs allein keine Gewähr für die Einhaltung einer
kaisertreuen Politik; leicht konnte die durch die Finanzlage bestimmte
Mitregierung des Kapitels einen Umschwung herbeiführen. Markgraf
Albrecht Achilles von Brandenburg, der es sich trotz der Kleinheit seiner
territorialen Machtbasis in Franken in immer wacher Initiative zutraute,
den Wittelsbachern, wo er nur konnte, Widerpart zu leisten, versuchte
nun auch hier, der pfälzischen Bedrohung bzw. Anziehungskraft für
Mainz entgegenzuwirken. Er wünschte, Adolf von Mainz auf die Dauer
fest an die von ihm selbst geführten kaisertreuen Fürsten zu binden. Der
Erzbischof verstand sich bei seinen nach der Mainzer Stiftsfehde besonders schweren finanziellen Schwierigkeiten und bei seiner schwäch-
lichen Gesundheit nach Vorverhandlungen mit dem Markgrafen zu Hall
im Mai 1465 leicht dazu, am 10. August 1465 dem noch sehr jungen
Grafen Heinrich von Württemberg, Graf Ulrichs zweitem Sohn, als
Koadjutor die weltliche Regierung des Erzbistums zu übertragen. Als
Gegenleistung für die mit der Koadjutorschaft verbundene Übernahme
aller Mainzer Schulden wurde Heinrich das ius succedendi in Aussicht
gestellt. Das Kapitel bezeugte sein Einverständnis mit den Verträgen in
eigener Urkunde und durch Mitbesiegelung[19]. Das politische Haupt-
geschäft wurde durch eine Einung zwischen Erzbischof Adolf, Markgraf
Albrecht und Graf Ulrich und seine zwei Söhne, Eberhard und Heinrich
von Württemberg, am selben Tage bekräftigt. Die Sukzession des
württembergischen Zweitgeborenen in Mainz wurde, wie wir den Ver-
zichturkunden[20] Heinrichs auf sein Erbe entnehmen können, auch im
Interesse der Aufrechterhaltung des geschlossenen württembergischen

---

[17] Bisher unbekannte Akten des ehemal. Geh. StA Berlin u. des Arch. Départem.
Straßburg zu zwei Reichstagen in den Jahren 1464 und 1467 (Signat.: Merseburg
ZA Rep. 44 Nr. 1 fol. 31; Straßburg A. D. C 1 Nr. 16).
[18] J. Chmel, Reg. Friedrichs III. (1840) Nr. 6372, 6374 v. 1471 Aug. 1; Wahl
Ruprechts v. 1463 März 3.
[19] Stuttgart StA W. R. Nr. 6278ff. u. Würzburg StA Mainz. Urk. Weltl. Schrank
Abtlg. 34. Mitbesiegelung durch Kapitel u. Mkgf. Albrecht als „teidingsmann“.
Päpstliche Genehmigung war unerläßlich. W. M. Plöchel, Gesch. d. Kirchenrechts.
2. Bd. (1955) S. 117ff.
[20] Stuttgart a. a. O. 6290.

Territorialbestandes geplant. Graf Eberhard, der ältere Bruder, wurde daher in die Einung mit hineingenommen und vollzog durch Heirat mit einer Tochter Albrechts von Brandenburg eine noch engere Bindung der Einigungsmitglieder. Alle hier nur angedeuteten Umstände zeigen an, daß diese Einung mehr war als nur ein letzter Ausklang der Mainzer Stiftsfehde, daß die Vertragschließenden hier nicht rückwärts, sondern auf neue Ziele blickten. Mit Mainz sollte nicht nur eine zweite Kurstimme, die des Reichserzkanzlers, für die kaiserliche Partei gewonnen, sondern auch in Verbindung mit Trier ein territorialer Riegel zwischen Pfalz und Kurköln geschoben werden. Der Vertragstext erweist übrigens auch, daß die Einigungspartner entschlossen waren, mit ihrer Person dem in politischen Dingen unerfahrenen jugendlichen Koadjutor gegebenenfalls auch militärisch beizustehen[21].

Im Frühjahr 1466 tat Pfalz den diplomatischen Gegenzug. Am 3. März schlossen Pfalzgraf Friedrich und Erzbischof Adolf für sich und ihre Lande auf Lebenszeit eine sehr sorgfältig durchartikulierte Austrägaleinung, jedoch ohne jegliches Hilfeversprechen. In einer Beiurkunde vom 4. März wurde bei Angriff auch seitens der in der Einung Ausgenommenen auf militärischen Beistand verzichtet. Erst eine weitere Urkunde läßt den Zweck dieser ganzen Abmachungen erkennen: der Pfalzgraf versprach Adolf von Mainz für den Fall, daß der Koadjutor die geschlossenen Verträge überfahren und nicht gutwillig von der Koadjutorschaft zurücktreten würde, diesem bis Michaelis keine Hilfe zu leisten. Nochmals in besonderer Urkunde verabredeten sich Mainz und Pfalz, nachdem sie alle diese „Briefe" bei Bischof Reinhard von Worms hinterlegt hatten, sobald Adolf sich des Koadjutors entledigt habe, spätestens aber bis Michaelis, sich die Briefe von Worms aushändigen zu lassen und das Vertragswerk zu ratifizieren[22]. Diese Verhandlungen wurden geheim und ohne Beteiligung des Kapitels geführt. Gleichwohl nahmen die Domherren auf ein Gerücht hin Stellung zu der Sache in der Befürchtung, daß die mainz-pfälzischen Verträge gegen den Koadjutor gerichtet seien und das Erzstift in neue Kriege und Verluste führen könnten. Sie beschlossen an ihren früheren Abmachungen festzuhalten[23].

---

[21] Militärische Hilfeleistung wird auch für den Fall zugesagt, daß einer seine Forderungen „durch geburliche usrichtunge nach glicher billicher landleuftiger recht und ustrage" nicht regeln kann und „er oder sie ir schulde durch vehde und kriege zu furdern und inzubrengen gedrungen wurden". Bamberg StA A 160 III Lade 581 Nr. 2660. Druck: A. Fr. Riedel, Cop. Dipl. Brand. II. Hauptth. Bd. 5 Nr. 1833 S. 85.

[22] München Geh. StA Kast. rot 38/81 ff. u. Würzburg a. a. O. 17/74. Vorhandene Drucke i. d. zit. Literatur nachgewiesen.

[23] Würzburg StA Mainzer Domkapitelsprotokoll Bd. 1 (im folgenden MDP) fol. 9r.

Erzbischof Adolf hatte sich in eine komplizierte Lage gebracht. Er war den Württembergern und Markgraf Albrecht fest verpflichtet, hatte aber in dem Bedürfnis nach Sicherheit Pfalz gegenüber und in dem Anreiz, an den mächtig dastehenden Nachbarn Anschluß zu finden, Abmachungen geschlossen, welche die Preisgabe der wenig älteren Verträge erforderten. Adolf mußte sich im klaren darüber sein, daß die Württemberger und Markgraf Albrecht jedem Versuch, den Koadjutor aus dem Erzbistum zu drängen, scharf entgegentreten würden.

In dem halben Jahr, das der Einsetzung Graf Heinrichs zum Koadjutor gefolgt war, verband sich Kurfürst Friedrich mit Bischof Ruprecht von Straßburg aus dem mit Kurpfalz rivalisierenden Hause Veldenz, mit Herzog Karl dem Kühnen und mit Herzog Ludwig von Landshut und dem Bischof von Würzburg. Dieser letztgenannte Zusammenschluß war eine ostentative Erneuerung alter Verträge als Antwort auf den Ausschluß der drei Fürsten durch Markgraf Albrecht von den Verhandlungen, welche vom Kaiser zur Aufrichtung eines großen süddeutschen Landfriedens im Jahre 1466 befohlen worden waren.

Sechs Wochen nach den mainz-pfälzischen Abmachungen beschwerte sich Adolf bereits vor seinem Kapitel darüber[24], daß der Koadjutor sich weigere, die Schulden des Stifts zu übernehmen. Von da an steigerte sich das Mißverhältnis zwischen Erzbischof und Koadjutor ständig bis zur Niederlegung der Regierung Graf Heinrichs, woraus endlich die viele Fürsten und Territorien einbeziehende Koadjutorfehde erwuchs. Als die ersten Schwierigkeiten auftraten, bemühte sich Markgraf Albrecht gemeinsam mit mehreren Mitgliedern des Kapitels auf einem Tag zu Rothenburg (angesetzt auf 8. Juni 1466) um Vermittlung zwischen Koadjutor und Erzbischof, der aber den Rothenburger Abschied nicht annehmen wollte. Als das Kapitel deshalb am 14. Juli amtlich mit der Bitte an ihn herantrat, auf bestmögliche Weise mit dem Koadjutor Frieden zu machen, lehnte er die Forderung der Domherren, die auf der Grundlage der Mainzer durch Markgraf Albrecht vermittelten Verträge vom August 1465 weiter zu verhandeln wünschten, ab. Denn eben diese Verträge schließe der Rothenburger Abschied aus; er, der Erzbischof, besitze vom Koadjutor auch noch andere als die von Markgraf Albrecht mitbesiegelten Urkunden[25].

Graf Heinrich von Württemberg gab den Spannungen, denen er als Exponent stärkerer Mächte ausgesetzt war, in Briefen an seinen Vater, den Grafen Ulrich, und an Markgraf Albrecht lebhaften Ausdruck: „nu bin ich in miner jugent durch uch (angeredet ist Graf U.) und meinen herrn von Brandenburg (gemeint ist Markgraf A.) uwer beider rät in des

[24] MDP fol. 11 Sitzg. v. 1466 Apr. 14; das Folgende nach fol. 12v, 16r, 17v, 18r, 19v.
[25] Ebd. fol. 22r Sitzg. v. gen. Tag; Urkunden nicht ermittelt.

zertrennten stifts irrige sach ingefurt und betädingt hart und swer gen
den bischof verschriben und wird geret, wa es sich erfund, das ich die
verschribung nit gehalten, hett uwer liebe und m. h. der marggrave mehr
schuld dann ich, so ich dem alter nach, als ich durch uch in den stift
ingefurt und betädingt worden bin, nit verstanden mag haben, wie hoch
mich die ding berurn oder was unrats darus entsten mög. So haben ir mir
glaublich zugesagt hilf und rat zu bewisen, damit ich bi dem stift beliben
und nit also verlassen oder davon abgetädingt werd." Er bittet im Hinblick auf seinen bereits geleisteten Erbverzicht besonders inständig, ihm
zu helfen [26].

Da Erzbischof Adolf der landsässigen Ritterschaft den Lehnsempfang
vom Koadjutor unter Androhung späteren Lehnsverlustes verbot, die
Ritter aber auf Befragen des Kapitels den Koadjutor keineswegs sogleich
fallen lassen wollten, blieb vorerst alles in der Schwebe. Daran änderte
sich auch nichts, als der Metropolit am 30. September 1466 sein Kapitel
mit der aus anderen Quellen für diesen Zeitpunkt nicht nachweisbaren
Begründung, daß Graf Heinrich Städte und Burgen besetze, zu Hilfe und
Beistand zu veranlassen suchte. Das Kapitel entzog sich der erzbischöflichen Vertrauensfrage, auf wessen Seite es sich stelle, mit der diplomatischen Antwort: „*Sperant quod dom. Maguntinus non velit alia a capitulo
petere quam ea, que capitulum cum honore facere posset. et si domini deberent
consulere dom. M., tunc consulerent eidem, quod ipse dom. M. in causa coadiutorie,
si in amicicia fieri non posset, sequeretur formas et tenores litterarum suarum*" [27].

Ein Vorfall indessen, der völlig außerhalb der Spannungen zwischen
Erzbischof und Koadjutor zu liegen scheint, wurde zum Anlaß neuer
Verwicklungen. Der Deutschordensmeister Ulrich von Leutersheim [28]
wandte sich am 13. September 1466 um Hilfe und Beistand an Markgraf
Albrecht [29] wegen eines Überfalls auf das Ordensstädtchen Prozelten [30]
durch die Herren von Tettenheim auf Gamberg. Diese Werbung hat
grundlegende Bedeutung für die Rechtsgründe und für die Zusammensetzung des Personenkreises in den fehdemäßigen Verwicklungen der
Folgezeit und muß daher genau dargelegt werden.

Der Deutschordensmeister legte, um seine Werbung um Hilfe bei
dem Markgrafen zu begründen, den Hergang des bisher Geschehenen dar.
Zu einem Zeitpunkt, als Erzbischof Adolf anscheinend noch allein im

---

[26] Bamberg StA Fehdeakten Sign. Hofrat Ansbach-Bayreuth ex C 22 I Nr. 1910 C;
342 Blätter, z. gr. T. orig. Stücke; (im folgenden Ba) fol. 45 v. 1466 Jul. 22.

[27] MDP fol. 43.

[28] Zur Stellung des DOM innerhalb der Fürstengesellschaft: U. v. L. vermittelte
1463 Okt. 7 zw. Pfgf. Friedrich u. Mkgf. Albrecht. K. Menzel, Reg. Friedrichs d. S.
(1862) S. 406.

[29] Das Folgende nach Ba fol. 79^v—82^r.

[30] K. H. Lampe, Die Entstehung der DOKommende Prozelten. Werth. Jahrb.
1955 S. 39 ff.

Stift regierte, hatten die Tettenheimer einen Streit mit einem in Prozelten ansässigen Hintersassen des Ordens. Weil die Tettenheimer auf Gamberg, einem mainzischen Pfandbesitz, saßen und weil Prozelten unter Mainzer Schutz stand, erbot sich der Orden vor Erzbischof Adolf zu Recht; außer vor Adolf von Mainz aber auch noch vor Bischof Johann († 1466 April 11), später Bischof Rudolf von Würzburg und vor Pfalzgraf Friedrich. Mit welcher Begründung der Orden sich an die letzteren wandte, kann nicht erklärt werden. Trotz dieser Erbietung zu Recht erfolgte der Überfall auf die Ordenskommende Prozelten. Nach diesem Friedbruch forderte Ulrich von Leutersheim die Tettenheimer „umb den raup und ubeltat" nun vor Erzbischof und Koadjutor von Mainz, vor Würzburg und vor den Markgrafen. Es fehlte in diesem zweiten Rechtgebot also Pfalz, neu genannt wurden der Koadjutor und Markgraf Albrecht. Jener trat als weltlicher Regierer des Stifts [31] hinzu, wie aber ist der Wechsel von Kurpfalz auf Albrecht von Brandenburg zu erklären? Man muß doch wohl annehmen, daß die Ausschaltung von Pfalz auf Wunsch des Koadjutors geschah, der den ihm eng verbundenen Markgrafen lieber in einem Austragskollegium sah als Pfalzgraf Friedrich, von dessen unfreundlicher Gesinnung er Beweise zu haben meinte [32]. Die Tettenheimer hatten auf die beiden Rechtgebote aber nicht einmal geantwortet und brannten weiter. Darum rief Leutersheim jetzt, „weil sie solch rechtgepot verslagen hand", den Markgrafen als Schutzherrn des Ordens um Hilfe an.

Albrecht verhielt sich vorsichtig und antwortete zunächst nur mit einem Bedauern über den Vorfall. Am 31. Oktober wandte sich Ulrich erneut an ihn, jetzt mit der Bitte, auf den 7. November Räte nach Mergentheim zu schicken, wo er auch die pfälzischen, würzburgischen und des Koadjutors Räte erwarte. Der Deutschordensmeister griff also auf die Austragsrichter zurück, schaltete nun aber Erzbischof Adolf aus und nahm Kurpfalz wieder hinzu!

Das Ergebnis der Rätekonferenz liegt vor. Das Aktenstück mit der Quellenbezeichnung „Ratslag zu Mergertheim" [33] legt das militärische Aufgebot für Mainz, Würzburg, Pfalz, Markgraf Albrecht fest mit der Weisung, am 1. Dezember „vor Gamberg im feld zu sein". Koadjutor, Würzburg und Albrecht sollen je 200 zu Pferd, 800 zu Fuß, Steinbüchsen

---

[31] „nachdem sich die ding in demselben m. gn. herrn schirm und versproch begeben hand".

[32] Der Koadjutor hatte gehört: „wie der bischove von Mentz mitsampt dem pfalzgraven und andern fursten und herren an dem Rein beieinander zu Wesel sein und alda gross und merklich sachen uns zu ungut gehandhabt werden". An Mgf. Albrecht: Ba fol. 44 v. 1466 Aug. 14; Reg. Krieger, Reg. d. Markgrafen v. Baden Bd. 4 (1915) Nr. 9429.

[33] Ba fol. 82ᵛ—83ᵛ.

und andere Ausrüstung mit sich führen. Der Pfalzgraf soll nur einen reisigen Zug aufbringen, „nachdem seinen gnaden die püchsen zu weit zu furn sein". Das Fußvolk soll möglichst für drei Wochen Proviant bei sich haben, doch wird dies dem Gutbedünken der einzelnen Fürsten überlassen „anzusehen des ordens unvermugen". Seinen eigenen reisigen Zug soll der Orden selbst aufbringen. Der Deutschordensmeister wünscht, daß jeder Fürst den Hauptmann für sein Kontingent selber bestimmt; diese Hauptleute sollen sich, wenn „man ins felt komme", auf einen Oberhauptmann einigen. Ist das nicht möglich, so soll der Deutschordensmeister den Oberhauptmann ernennen. Es folgen weiter Bestimmungen, was geschehen soll, wenn das Schloß (Gamberg) erobert sein wird: „item ob das slos erobert wurd, dass man das dem orden mit seinem zugehord eingeben solt, auch die herrn, die das hülfen erobern, den orden dobei hanthaben wider die ganerben und andern, die vielleicht dornach sprechen und fordern mochten, und daß der stift zu Meintz gegen den orden die losung und gerechtigkeit doruf behielt und hett inmassen er itzt hat." Der Mergentheimer Abschied legt die Durchführung einer privaten Strafverfolgung nach Landfriedensbruch fest. Eine gerichtliche Verurteilung war dem Abschied nicht vorangegangen. Da sich aber der Deutschordensmeister zweimal zu Recht erboten hatte, lag fortgesetzter Landfriedensbruch offenkundig vor. Der Pfandherr (Koadjutor) der Landfriedensbrecher (die von Tettenheim) sollte gemeinsam mit anderen großen Landesherren, ohne daß für diese ein Rechtsgrund unmittelbar erkennbar ist[34], die Strafgewalt gegen den Friedbrecher ausüben. Gelang die militärische Einbringung des Pfandbesitzes (Gamberg) des Strafverfolgten, so sollte dem Geschädigten (Deutscher Orden) unter Wiedereinsetzung des Pfandherren in seine Gewere der erlittene Schaden (Brand und Plünderung der Kommende Prozelten) mit dem Pfandbesitz des Friedbrechers erstattet werden. Eine spätere gerichtliche Klage des Geschädigten war nicht vorgesehen, sondern es war lediglich davon die Rede, wie etwaige Ansprüche der Erben des Schadenstifters an den Geschädigten behandelt werden sollten. Es handelt sich hier nicht etwa um die *vorläufige* Wiedereinsetzung des Geschädigten in die Gewere unter Beihilfe der nahe Gesessenen, bevor der Fall rechtlich behandelt wird[35], sondern das an den Pfandinhaber Mainz zurückgekehrte Schloß Gamberg soll dem Orden als *dauernde* Entschädigung für seinen Verlust an Prozelten wieder ausgegeben werden.

---

[34] Könnte sich etwa aus dem Hilfsversprechen einer Einung ableiten lassen. Diese Fürsten standen sich aber in einander feindlichen Einungen gegenüber. Vermutlich übten aber alle vier Angerufenen Schutz und Schirm über Ordensbesitz aus. Vgl. Anm. 31.

[35] So ein kurf.-fürstl. Vorschlag a. d. Reichstag zu Nürnberg 1467. S. I. Most, Der Reichslandfriede v. 20. Aug. 1467. Festschr. f. H. Aubin (1955) S. 191 ff.

Was hier praktisch durchgeführt werden sollte, entspricht durchaus der 1438 und später mehrfach angestrebten, aber vor 1512[36] nicht verwirklichten reichsrechtlichen Regelung der Urteilsvollstreckung bei Landfriedensbruch im Sinne der seit 1438 umstrittenen Kreisorganisation der dem Tatort nahe Gesessenen[37]. Natürlich fehlte hier der von Amts wegen beauftragte Kreisrichter jener Entwürfe. Indem aber der Geschädigte, der als Deutschordensmeister Anspruch auf reichsrechtlichen Schutz hatte, keine Selbstpfändung[38] vornahm, sondern sich an den Pfandherrn des Friedbrechers und an andere große Landesherren als Schirmherren des Ordens wandte — zunächst mit der Bitte um schiedsrichterliches Taidigen, danach um Hilfe, weil der Beklagte die Erbietung zu Recht nicht annahm, sondern fortfuhr zu plündern und zu brennen —, und wenn dann die Angerufenen sich in gemeinsamer Beratung das Maß der Strafgewalt selbst beilegten und auch die Kosten auf sich nahmen, so traten diese Fürsten aus eigener Machtvollkommenheit — und obwohl sie sich als Häupter zweier Parteien feindlich gegenüberstanden! — in die Lücke, da das Reich über keine entsprechenden Einrichtungen verfügte, die den Schutz des Ordens hätten übernehmen können.

Aus dem Begleitbrief[39], mit dem der Mergentheimer Ratschlag an Albrecht von Brandenburg übersandt wurde, ergibt sich, daß die pfälzischen und markgräflichen Räte nebenbei mündlich miteinander abgemacht hatten, den Grafen Johann von Wertheim für den Fall, daß er sich in dem Streit der Tettenheimer mit dem Orden parteiisch machen sollte, zunächst ganz aus dem Spiel zu halten und, wenn etwas gegen ihn zu unternehmen sei, dies erst nach Übereinkunft gemeinsam zu tun.

Der Vorfall in Prozelten wirkte sich günstig auf die Stellung des Koadjutors in Mainz aus, denn dieser vermochte, unterstützt durch seinen Vater Graf Ulrich und durch Markgraf Albrecht, zu erreichen, daß Erzbischof Adolf seinem und des Kapitels Wunsch nach gütlicher Schlichtung ihrer Streitigkeiten auf einem nach Frankfurt auf den

---

[36] S. F. Hartung, K. Karl V. u. die dt. Reichsstände von 1546 bis 1555 (1910) S. 34.

[37] Hierher gehört auch Art. 4 des verworfenen fürstl. Entwurfs für den Regensburger Landfrieden v. 1471: „wer es (der Landfriedensbrecher) aber ein geschlosster und beerbter man, so sol der richter in dem kreis ... gebieten, den uberfarer ... mit der daith (Tat) zu bekerung des schadens zu bringen und sal ein ieder churfurste, furste usw. behulfen sein mit anzal der lute und in massen ime ufgesetzt und angeschlagen ist ...; desselbigen verfluchtigen und ungehorsamen slos, stete, lande, lute und guter sollen inbraicht, davon dem clagenden teile sein schade und kosten gekeret und widergegeben und, was daruber ist, uns und dem hl. reich zugestalt werden, es damit nach unserm willen zu halten". Ungedr. Nürnberg StA Ansb. RTA Bd. 8 fol. 73r—82v.

[38] S. J. Gernhuber, Die Landfriedensbewegung in Dtschld. bis z. Mainzer LF v. 1235 (1952) S. 185f.

[39] Ba fol. 82v.

30. November 1466 angesetzten Tage nachzukommen versprach. Adolf gab am 10. November seine Zusage zu persönlichem Erscheinen[40]. Zur selben Zeit begann auch, unabhängig von den geschilderten Bemühungen seiner Freunde, Markgraf Karl von Baden sich um Vermittlung zu bemühen und versuchte, beide Parteien auf den 6. November nach Pforzheim zusammenzubringen. Aber beide Tage kamen nicht zustande wegen einer voreiligen eigenmächtigen Fehdeerklärung des Koadjutors an den Grafen Johann von Wertheim.

Zur Beilegung von Streitigkeiten, bei denen es sich nach einer späteren Darstellung des Wertheimers um die herkömmlichen Kleinigkeiten handelte[41], hatte Markgraf Albrecht zwischen dem Koadjutor und Graf Johann auf einem Tag zu Rotenburg am 8. Oktober vermitteln wollen. Der Wertheimer aber hatte den Tag am 3. Oktober für seine Person abgesagt wegen eines Überfalls von „dienern" des Koadjutors auf das Wertheimsche Kloster „Brumbach"[42].

Als nun am 12. November, fünf Tage nach dem Mergentheimer Ratschlag, der Koadjutor an den Markgrafen schriftlich mit der Bitte herantrat[43], ihm Fehdebriefe (ohne Namensnennung, jedoch gemeint gegen den Wertheimer) zuzuschicken in derselben Weise, wie ihm das zugesagt sei von seinem Vater, dem Grafen Dieter von Isenburg und dem Deutschordensmeister, schrieb Albrecht am 16. November ungehalten zurück, er könne keine Feindbriefe senden, ohne zu wissen, gegen wen sie gerichtet sein sollen: „ginget ir den sachen nach, wie zu Mergetheim beslossen ist, so hett ir den bischove von Wirtzburg und den pfalzgraven zu hilf, sunst mugt ir es handeln, sie fallen wider uch, und euer bischof slah mit zu, und [ir] mochtend sein ganz umb den stift komen ...; solt man nu von 10 tag wegen das furgenomen zu Mergetheim alles verrucken, das mit eren und bracht mit der hilf gots on grossen schaden zugieng, durch solch eil und endrung verhindert werden, were swer, das woll euer lieb bedenken. wir handeln als der getreu Eckart." In dem Augenblick nämlich, wo Graf Heinrich fehdemäßig vorging, machte er selbst sich der Anwendung von Gewalt schuldig und gefährdete damit die Durchführung des Mergentheimer Abschieds, durch die ihm sein Recht auf Restituierung des Mainzer Territorialbestandes gegeben werden sollte. Außerdem leistete er durch solche Handlungsweise der Untergrabung seiner eigenen Position als Koadjutor des Erzstifts Vorschub.

---

[40] Das Kapitel bezeugte am Zustandekommen des Fr. Tags starkes Interesse: „han wir davon mit u. gn. hern v. M. geredt als die jhene, die die ding gern gut sehen wolten u. den die irrung u. unwill ganz wider sein". Ba fol. 16 v. 1466 Okt. 21.

[41] S. Anm. 60.

[42] Gesch. d. Werth. Klosters Bronnbach demn. bei B. Reuter, Mainfränk. Hefte 30.

[43] Das Folgende nach Ba fol. 85ᵛ—86ᵛ.

Die vorsorgliche Warnung Albrechts beantwortete der Koadjutor
zwei Tage später mit der Mitteilung, daß er Graf Johann von Wertheim
feind geworden sei [44] und das „Durn" eingenommen habe. Der von
Isenburg und der Deutschordensmeister hätten Hilfe zugesagt in der Erwartung, daß auch Graf Ulrich und Markgraf Albrecht Helfer werden
sollten. Da Thurn eine Mainzer Pfandschaft war, welche die Wertheimer
zu Recht innehatten, machte Markgraf Albrecht dem alten Württemberger gegenüber keinen Hehl aus seinem Unwillen über die Handlungsweise des Sohnes und verlangte umgehende Entsendung von Räten zu
sich nach Baiersdorf: „doch meinen wir, es wer nit um 8 tag zu tun gewesen, daß man dem anslag zu Mergetheim wer nachgangen, so hett es
keins kriegs bedorft, den man nicht in badhemden hett mogen ausrichten und gemant uns gerad unsers swehers herzog Ludwigs von
Veldenz sach, do er den anfang des kriegs machet" [45]. Albrecht fürchtete
also, jetzt in einen Krieg zu geraten, für den man erst rüsten müsse,
und daß die zu Mergentheim beschlossene Exekution vor Gamberg sich
nun zerschlagen werde. Dieses markgräfliche Schreiben kreuzte sich
aber mit erneuten, zu Fehdeerklärungen drängenden Briefen [46] des jungen
und auch des alten Württembergers, der noch vor dem Zustandekommen der Baiersdorfer Rätekonferenz seine bereits am 26. November
vonstatten gegangene Fehdeansage an Johann von Wertheim [47] dem
Markgrafen mitteilte und nun seinerseits um Übergabe der Feindbriefe
auf Grund der Einung vom 10. August 1465 ersuchte. Albrecht erklärte
sich zwar bereit, der württembergischen Forderung zu entsprechen, enthielt
sich aber auch jetzt nicht hinzuzufügen: „aber uns hett besser bedunkt,
man wer dem abschied zu Mergetheim nachgangen." Für den Markgrafen
kam erschwerend hinzu, daß er sich dem Wertheimer verbunden fühlte [48].

Die Eile, mit der die Württemberger die Fehdeansage Albrechts betrieben, läßt vermuten, daß ihnen an einer Entspannung der Lage, wie
sie der Mergentheimer Abschied herbeigeführt hätte, weniger gelegen
war als daran, den Markgrafen zu einer auch militärischen Stellungnahme
für den Koadjutor zu veranlassen. Da Johann von Wertheim seiner
politischen Vergangenheit nach zu den kaiserlich Gesinnten gehörte [49],

[44] Die Fehdeerklärung des Koadjutors v. 1466 Nov. 17 stützt sich auf Wegnahme
von Stiftsgut. Überliefert auf fol. 18 eines umfänglichen Korrespondenzaktes, den
Gf. Wilhelm v. Henneberg, der dem Wertheimer nahestand, anlegen ließ. Meiningen
LA Hennebergsches A S I Q Nr. 1799 (im folgenden Mei).

[45] Ba fol. 89 v. 1466 Nov. 23. Ähnliche Anspielung schon i. d. Anm. 43 zit.
Schreiben: „wir haben aber sorg, euch werd gescheen als herzog L. v. V., der wolt
der rechten zeit nit harren und flog, ee dann er federn gewan".

[46] Ba fol. 89ᵛ ff.   [47] Ba fol. 90ʳ.

[48] „nachdem uns graf Hans gewandt ist, wollten wir im lieber freuntschaft dann
ungunst beweisen".

[49] Vgl. Krieger a.a.O. Nr. 8843 Verzeichnis der Fürsten usw., die in des Kaisers
Hilfe sind (1462 um Apr. 1).

brauchten sie nicht zu befürchten, daß die Wittelsbacher und ihre Anhänger, vor allem Bischof Rudolf von Würzburg, sich sofort hinter den Wertheimer stellen und die großen Fürsten sogleich mit in die Fehde eintreten würden. Von Rechts wegen hätte nun auch Erzbischof Adolf auf Grund der Einung vom 10. August 1465 dem Koadjutor in der Fehde gegen den Wertheimer beistehen müssen. Dies geschah selbstverständlich nicht, ebensowenig wie der Frankfurter Vermittlungstag zustande kam. Die neue Situation machte es Adolf überhaupt viel schwerer, gegen den Koadjutor auf Absetzung zu arbeiten, da er ja über keine militärischen Mittel verfügte.

Graf Johann von Wertheim, der sich seiner militärischen Schwäche ebenfalls wohl bewußt war, parierte die Fehdeansage des Koadjutors nicht mit einer Widersage, sondern mit einer Erbietung zu Recht. Drei Tage nach Datum des Feindbriefs vom 17. November erfolgte die Wertheimsche Entgegnung. Diese legt dar, der Koadjutor habe Thurn erobert, ohne zuvor mündliche oder schriftliche Forderungen erhoben zu haben. Buchheim und Thurn seien Wertheim von Erzbischof Adolf mit Einverständnis des Kapitels verschrieben worden. Der Koadjutor sei gebunden, diese Verschreibungen zu halten. Graf Hans fordert ihn daher auf, „das unser on entgeltnus" wieder herauszugeben; er müsse sonst verlangen, ihm gerecht zu werden; Wertheim stellt für diesen Fall zur Wahl: Bischof Rudolf von Würzburg, Pfalzgraf Friedrich, Herzog Wilhelm von Sachsen, Pfalzgraf Otto, Graf Wilhelm von Henneberg, Graf Ulrich von Öttingen und Graf Krafft von Hohenlohe. Er bietet wegen älterer Streitpunkte der Gegenseite an, daß sie Widerklage[50] erheben mag, und schlägt für dieses zweite Austragsverfahren als Schiedsrichter vor: Erzbischof Adolf und seine Räte Graf Philipp von Hanau den Älteren und Kune von Solms, sowie Graf Eberhard von Eppstein. Den Austrägen soll „nachgegangen werden . . . on all auszuge, waigerung oder ferner appelliren"[51].

In der nun folgenden zweiten Phase der Auseinandersetzung traten auf beiden Seiten große Fürsten als Helfer hinzu. Am 10. Dezember erklärte sich Markgraf Albrecht als Helfer des Koadjutors *und* des Deutschordensmeisters dem Wertheimer zu Feind. Der Wertheimer habe bei der Eroberung der Kommende Prozelten Zuschub geleistet[52]. Der Mark-

---

[50] Über Widerklage allg. s. Wetzell a.a.O. S. 507 Anm. 68, S. 843 ff. — Über die Zulässigkeit einer Widerklage vor dem Schiedsgericht herrschte Streit. Die deutsche Praxis des Schiedswesens im 15. Jh. ließ die Widerklage zu, vorausgesetzt, daß der Gegenstand der Widerklage durch die vereinbarte Zuständigkeit der Schiedsgerichte gedeckt war. Das kanonische Recht, das ja im Recht der Schiedsgerichte einflußreich war, verneinte dagegen die Zulässigkeit der Widerklage. In der schiedsrichterlichen Praxis in Schwaben war die W. am Ende des MA die Regel. S. Bader a.a.O. S. 49. Für die Schweiz s. E. Usteri, Das öffentl.-rechtl. Schiedsgericht i. d. schweiz. Eidgenossenschaft des 13.—15. Jh.s (1925) S. 86 ff.

[51] Ba fol. 93r—94r.   [52] Ba fol. 97.

graf gab dem Koadjutor eine Stütze durch Verkoppelung seiner noch unentschiedenen Streitsache gegen Wertheim mit der des Deutschordensmeisters, dessen Anrecht auf Sühne durch den Mergentheimer Abschied bereits festgestellt war. Es wird sich im weiteren Verlauf zeigen, daß die Partei des Koadjutors aus der Verbindung mit dem Orden Vorteil zu ziehen wußte.

Am 26. Dezember sagte Graf Wilhelm von Henneberg dem Koadjutor ab[53], entschloß sich jedoch auf Rat Herzog Wilhelms von Sachsen-Thüringen, der seinen Feindbrief am 31. Dezember folgen ließ[54], wegen der schwebenden Verhandlungen zu „einem gutlichen unverbunden tag" noch nicht, Johann von Wertheims Helfer zu werden[55]. Da der Henneberger auch vom Koadjutor umworben worden war[56] und die Grafschaft Henneberg inmitten der an der Wertheimer Fehde beteiligten und interessierten Territorien eine gewisse Schlüsselstellung einnahm, waren beide Absagen erhebliche Erfolge für Johann von Wertheim. Dessen Verhältnis zu Adolf von Mainz wurde am 17. März durch eine fünfjährige Austrägaleinung geregelt, in der die Streitsache mit Graf Heinrich von Württemberg mit allen ihren eventuellen Folgen aber ausdrücklich von beiden Teilen ausgenommen wurde[57]. Der Koadjutor hatte nur Graf Dieter von Isenburg als Helfer neu hinzugewinnen können[58]. Von ausschlaggebender Bedeutung für den Fortgang der Fehde konnten alle diese Abmachungen jedoch nicht sein; die Zurückhaltung des Hennebergers weist schon darauf hin, daß eine entscheidende Figur noch nicht im Spiele war: die Stellungnahme des Bischofs Rudolf von Würzburg, Markgraf Albrechts nahe gesessenem Rivalen um Macht und Einfluß im östlichen Franken, stand noch aus. Graf Johann mußte, im Gegensatz zum Koadjutor, dem der Schutz des Markgrafen im Zuge der Einung gleichsam automatisch zufiel, um die Gewährung der bischöflichen Hilfe erst ersuchen. In dieser Absicht erging am 24. Dezember 1466 eine erste schriftliche Werbung von Wertheim an Würzburg[59]. Graf Johann erzählt den gesamten bisherigen Verlauf in der verfahrensmäßig herkömmlichen Weise[60] und wendet sich dann vor allem dagegen, daß der Koadjutor ihm keinerlei Antwort auf seine Erbietungen zu Recht habe zukommen lassen, sondern seinerseits in einer an Bischof, Kapitel und Ritterschaft von

[53] Mei fol. 49; Ba fol. 289; MDP fol. 65ʳ: Koadjutor teilt dem Kapitel die Hennebergsche Fehdeansage mit.

[54] Weimar StA Ges.-A. Reg. B Nr. 1164 fol. 1.

[55] Mei fol. 67; vgl. Text bei Anm. 81.   [56] Mei fol. 25 v. 1466 Nov. 26.

[57] Würzburg StA Mainz. Urk. a.a.O. 38/16; auch Mainz. Ingrossaturb. Bd. 30 fol. 351 f.

[58] Würzburg a.a.O. 34/9 v. 1466 Nov. 30.   [59] Ba fol. 25ʳ—30ʳ.

[60] Entsprechend dem klagemäßigen Charakter dieser Werbung wird vorgebracht *quis, quid, coram quo, quo iure petatur et a quo.* S. Marquordt a.a.O. S. 35 nach Durantis.

Würzburg gerichteten Schrift[61] als Ankläger gegen ihn, Graf Johann, auftrete. Er wirft den Gegenerbietungen des Koadjutors vor: „er wil also dem rechten, des ich im pflegen sollte und dem widerrechten ein masse setzen nach seinem gefallen, das aber nicht lantformig recht oder billig ist." Er wiederholt deshalb seine früheren Erbietungen zu Recht[62] und erklärt sich überdies bereit, „furzukomen an der obgemelten ende einem und alldo in recht erkennen zu lassen, welche gebote unter den meinen und den seinen die erlichern, rechtlichern, billichern und unverdinglichern geboten weren, und wie dorumb erkant wirdet, dem wil ich stracks ... volge tun". Es soll also in einem dem eigentlichen Austrag der Streitigkeiten vorangehenden Verfahren über die Rechtmäßigkeit der beiderseitigen Rechtgebote entschieden werden. Außerdem sei der Deutschordensmeister in die Fehde nicht als „Sacher" d. i. der an einem Streithandel als Kläger oder Beklagter Beteiligte, sondern allein als Helfer des Koadjutors gekommen, obwohl er kurz zuvor zu Hall unter seinen, Graf Johanns, Rechtgeboten auf den Bischof von Würzburg und auf den Pfalzgrafen dasjenige auf den Pfalzgrafen angenommen hatte. Deshalb sei der Deutschordensmeister „in hangenden rechten" in die Fehde des Koadjutors eingetreten[63]. Graf Johann ersucht den Bischof von Würzburg, „mich bei solchen rechtboten zu handhaben, die für mich zu bieten und mein dorinne mechtig zu sein, und ob mein widertail die alle und igliche verachten und verslahen wurde, so bite ich euer furstl. gnaden, nachdem ich euer gnaden lantsesze, rate und manne[64] bin, gnedige hilf und beistant zu tun und mich zu meiner bedrengten notwere gnediglich zu hanthaben". Der angeführte Passus besagt ein Doppeltes: 1. Graf Johann ruft den Schutz Bischof Rudolfs an und überträgt ihm die Befugnis, an seiner statt die Wertheimschen Erbietungen zu Recht zu vertreten. Die Befugnis schließt die Verpflichtung ein, zuerst für friedlichen Austrag zu wirken. 2. Wenn die Gegenpartei die getanen Rechtgebote ausschlägt, fällt die Bedingtheit von 1. weg; Graf Johann bittet den Bischof als seinen Landesherrn, alsdann seine Machtmittel zur Verteidigung seiner Notwehr für ihn einzusetzen[65].

[61] Nicht ermittelt.   [62] S. S. 131.

[63] Johann bemühte sich auch beim DOM direkt, ihrer beider schon ältere Streitsache von der mit dem Koadjutor zu trennen u. auf dem Rechtswege zu bleiben statt zu fehden: „so laist das fechten fallen u. uns die kriege mit den rechten üben" a. d. DOM v. 1467 Jan. 28 Mei fol. 2—4.

[64] Die Wertheimer, obwohl im Besitz einzelner Regalien, ein Geschlecht ohne echte Grafschaft, erkannten den Bf. v. Würzburg bis ans Ende d. 15. Jh.s als ihren Landesfürsten an. S. G. Schmidt, Das W. Herzogtum u. d. Grafen u. Herren v. Ostfranken v. 11.—17. Jh. Zeumers Qu. u. St. Bd. 5 Heft 2 (1913) S. 77 ff., 109 ff.

[65] Im Schiedsverfahren wurde zuerst nach Minne und dann nach Rechte vorgegangen. S. Bader a.a.O. S. 40 ff.; Krause a.a.O. S. 14; viel Material bei Homeyer, Über die Formel „Der Minne u. des Rechts eines Andern mächtig sein" Abh. d. Akad. d. Wiss. Berlin Phil.-Hist. Kl. (1866) bes. S. 29 u. 37 ff.

Am 30. Januar 1467 wiederholte Johann von Wertheim seine Werbung[66] an den Bischof, jedoch ohne Verschärfung der rechtlichen Forderungen. Lediglich die Plastik der Sprache in der Darlegung derselben Sachverhalte wie in seinen früheren Schriften macht diese Werbung noch dringlicher. Johann erbietet sich von neuem vor den bereits genannten Fürsten zu Recht oder zur Erkenntnis des rechtlichern Rechtgebots unter seinen Geboten, fügt aber neu hinzu — und kommt dem Koadjutor dadurch entgegen —, daß er sich bereit erklärt, auch Rechtgebote, die der Koadjutor bisher noch nicht einmal ausgesprochen habe, in die schiedsrichterliche Beurteilung einbeziehen zu lassen: „und wie ich vormals recht zu nemen und zu geben . . . als uf obleute . . . geboten han . . . erbiet ich mich dem also nochmals stracks und ungeweigert folg zu tun oder allda erkennen zu lassen, weliche gebot die erlichern . . . sind. wa des aber der coadiutor ie in weigerung stee, sein gepot, die er getan hette oder deshalben noch getun mochte oder tete, billicher und vollkomener dann die meinen zu sein schetzen wolt, so wil ich mit ime komen fur der . . . fursten einen und sein rete, wie sich mein gebot davon heldet oder uf der obman einen, die ich ime zu obman benannt und furgeschlagen han, und will allda mein gebot furlegen, desgleiche tun er auch mit seinen geboten und wil an derselben ende einem erkennen lassen, welich die rechtlichern gebot sein. ob ime das auch nicht ebent und dass er das wort rechtlich ie nicht erleiden mocht, wil ich erkennen lassen, welich gepot, handelung und herkomen der sachen die glichern billichern gebot und dem rechten ebenmessiger und glicher sint, und wie darumb erkant wirdet, dem wil ich stracks volg tun." Der Satz besagt, daß Wertheim in der Erkenntnis über die Rechtgebote nicht auf einem Verfahren nach Recht besteht, sondern einen die Umstände berücksichtigenden Ausgleich zu beiderseitiger Befriedigung erstrebt und daher auch zu gütlicher Verhandlung bereit ist[67].

Als Johann von Wertheim am 5. Februar endlich doch wegen der Wegnahme von Thurn die allein schon vom Standpunkt der fürstlichen Ehre her unerläßliche Fehdeansage an den Koadjutor tat[68], kam dies nicht nur Würzburg, sondern auch Pfalz unerwünscht. Wenige Tage später nämlich erschienen würzburgische und pfälzische Räte bei Wertheim und ersuchten, bis Georgi (24. April) Frieden zu machen[69]. Man wird aus dieser erstaunlichen Reaktion auf den Wertheimer Feindbrief wohl schließen dürfen, daß Pfalz es viel lieber gesehen hätte, wenn Wertheim sich wie bisher zurückgehalten hätte, damit der Koadjutor durch Besetzung von Pfandgut und ähnliche Übergriffe weiterhin sich ungestört ins Unrecht setzen sollte. Um so schneller würde Adolf von

[66] Ba fol. 158—163.					[67] Vgl. Homeyer a.a.O. S. 31ff.
[68] Ba fol. 196.
[69] Darüber macht Gf. Johann an Wilhelm von Henneberg am 20. Febr. Mitteilung.

Mainz sich seiner entledigen können. Ließ man es aber erst durch Beantwortung seiner Übergriffe mit einem wertheimischen Feindbrief zur Entstehung eines richtigen zweiseitigen Fehde kommen, so war der Einmischung Markgraf Albrechts und des alten Grafen Ulrich als Bündnern
des Koadjutors Tür und Tor geöffnet.

Die Quellen lassen nun keinen Zweifel, daß Bischof Rudolf von
Scherenberg nach Annahme der Wertheimschen Gesuche festen Willens
war, der Fehde zu friedlichem Austrag zu verhelfen und eine militärische
Auseinandersetzung zu vermeiden. Er ging taktisch so vor, daß er in der
Fehdesache Wertheim-Koadjutor zunächst nichts weiter unternahm, als
daß er die fränkische Ritterschaft auf den 6. März 1467 auf die bischöfliche Burg entbot. In der Zwischenzeit veranlaßte er Wertheim zur
Annahme der vom Ordensmeister getanen Rechtgebote und verlangte
daher am 27. Februar von Wertheim und dem Orden die Einstellung
gegenseitiger Fehdehandlungen[70].

Auf[71] das Angebot des Bischofs hin versammelten sich (anstatt am
6. am 9. März) gegen vierhundert Menschen auf der Marienfeste. Graf
Johann erhob vor dieser Versammlung gegen den Deutschordensmeister
den Vorwurf, er habe den vereinbarten Rechtgeboten nicht Folge getan;
er, Johann, ersuche daher Bischof und Ritterschaft, ihn „zu recht nicht
nachzulassen". Die Anwesenden stellten sich danach hinter den Wertheimer durch Abschluß einer dreijährigen gegenseitigen Schutz- und
Schirmeinung[72] zwischen Bischof Rudolf „als landsfürste", dem Kapitel
und einer beträchtlichen Anzahl von Grafen[73], Herren, Rittern und
Knechten. In diese noch tagende Versammlung wurden daraufhin
fünfzig markgräfliche Feindbriefe[74] „auf die meinunge, ob man davor

---

[70] Ba fol. 120ff. und Text von Anm. 69. S. auch oben S. 169.

[71] Das Folgende nach der für Wilhelm v. Henneberg niedergelegten, höchst anschaulichen Schilderung in Mei fol. 69f. u. nach der Aufforderung Bf. Rudolfs an
den DOM, die Rechtgebote anzunehmen. Ba fol. 120ʳ—121ʳ v. 1467 März 16.

[72] Würzburg StA Würzb. Libell Nr. 181 u. in Wien HHSTA Reichskanzlei Kl.
Reichsstände fasc. 541 fol. 18—20. G. Schmidt a.a.O. verbucht diesen Schutz-
bündnisvertrag, ohne die Umstände seines Zustandekommens zu berühren, als besonderen Erfolg Bf. Rudolfs in seiner Auseinandersetzung m. d. fränk. Grafen u.
Herren um Land- u. Reichsstandschaft. — Als Gerichtsinstanz für die Austräge
wurde das bischöfliche Hofgericht festgesetzt, also das adelig-ritterliche Standes-
gericht im Unterschied zum echten ordentlichen Landgericht des Hzgtums. Franken.
S. F. Merzbacher, Iudicium Provinciale Ducatus Franconiae (1956) bes. S. 128.

[73] Daß die Grafen Wilhelm u. Friedrich von Henneberg-Schleusingen als ein
echtes, nicht landsässiges Grafengeschlecht mit eigener Landeshoheit an erster Stelle
stehen, erweist den politischen, das innerterritorialstaatliche Interesse überschreiten-
den Charakter dieser Einung. Der Berichterstatter bemerkt übrigens dazu: „nu hetten
wir mit diesem vertrag gern verzogen, so wolz graven Hansen handel nit leiden."

[74] Hzg. Wilhelm von Sachsen erkundigte sich am 19. März bei Henneberg, ob
Mkgf. Albrecht durch die auf den Frauenberg gesandten Feindbriefe nun des Bischofs
oder der Ritterschaft Feind geworden sei. Mei fol. 48.

erschrecken sol und die ding zustossen lassen" hineingeworfen, dann
traten der Landkomthur von Mergentheim und mit ihm die markgräflichen Räte Ludwig von Eyb, Hans von Apsberg, Heinz von Seckendorf,
Hans Meyental und Heinz Seybot vor und protestierten dagegen, daß
Graf Hans seine Sache vor die Ritterschaft bringe, „sundern were grave
Hansen ichts not, so mocht er das den deutschen hern schriftlichen zuschicken. das was der griff, daß sie meinten, graven Hansen gelimpf nit
fur die ritterschaft und leut komen sol si." Die Antwort übernahm der
würzburgische Kanzler selbst und trug die Wertheimschen Rechtgebote
nochmals vor, woraufhin der Landkomthur den Saal verließ und die
markgräflichen Räte sich anschickten, ihm zu folgen. Die Versammlung
endete mit einem Wortgeplänkel zwischen dem würzburgischen Kanzler
und den markgräflichen Gesandten.

Der geschilderte Vorgang, insbesondere die Anwesenheit von Räten
Markgraf Albrechts, deckt auf, in welchem Maße sich in der eben erst
beginnenden rechtlichen Auseinandersetzung hochpolitische Interessen
in den Vordergrund drängten. Von jetzt an traten die großen Fürsten
als Hauptakteure selbst in die Szene.

Aus dem Würzburger Ritterschaftstag zogen beide Parteien ihre
Konsequenzen: der Markgraf ließ über den Landkomthur zu Mergentheim Koadjutor und Deutschordensmeister den Rat zukommen, sich
gegenüber Graf Johann zu Recht zu erbieten, aber nur vor Kaiser und
Papst; dadurch sei zu hoffen, daß der Bischof und die Ritterschaft zu
Franken Graf Johann keine Hilfe leisten würden. Dieser Vorschlag erregte aber beim Orden die Besorgnis, den Pfalzgrafen, vor dem er sich
die ganze Zeit vorher zu Recht erboten hatte, zu verstimmen, und den
Verdacht zu erregen, „wir flohen das recht"[75]. Graf Johann indessen hob
am 24. März dem Deutschordensmeister gegenüber alle seine Rechtgebote auf und erklärte, nicht länger verpflichtet zu sein, die Rechtgebote
des Ordens aufzunehmen, „sunder will mich gewaltiger taite und unrechts ferner beclagen, solange bis mir karunge, wandel und fuge von
uch geschicht"[76]. Diesen Schritt konnte der Wertheimer kaum wagen,
ohne verläßlicher militärischer Unterstützung sicher zu sein. Auch hierüber unterrichten die Quellen bestens. Bischof Rudolf von Würzburg
erkundete durch Gesandtschaften, wie sich die beiden mächtigsten
Fürsten des Hauses Wittelsbach, Pfalzgraf Friedrich und Herzog Ludwig
von Landshut, stellen würden.

Die Werbung[77] an den Pfälzer war auf drei Stücke abgestellt: 1. ob
Pfalz dem Bischof Hilfe tun würde, wenn Graf Hans mit Heereskraft

---

[75] Ulrich von Leutersheim a. d. Landkomthur zu Mergentheim. Ba fol. 124ʳ—125ʳ
von 1467 März 24.

[76] Ba fol. 126ʳ.

[77] Henneberg erhielt genauen Bericht über die Würzburger Gesandtschaft an

überzogen würde. 2. Ob derselbe auch Hilfe leisten würde, wenn Graf Hans „mit gereisigem zuege so vast und swerlich belegt wurd, daß gleich nahet ein herzuge were". 3. Die Sachen seien doch anfänglich aus den Markgräflichen entzündet und nicht allein Graf Hans und seinem Anhang sondern dem Stift angetan; der Pfalzgraf möchte sich gemeinsam mit Herzog Ludwig einschalten, damit Würzburg ohne Schaden davonkomme. Der Pfälzer gab zu 1. die erwünschte Hilfezusage und hinterließ entsprechende Weisung beim Abritt nach Köln, betonte aber, dieses nur „umb freuntschaft und lieb willen des bischofs" zu tun, da er auf Graf Hans wegen dessen früherer Haltung ihm gegenüber wenig gut zu sprechen sei[78]. 2. wurde abgelehnt. 3. erfuhr eine im ganzen positive Beantwortung: der Deutschordensmeister solle dadurch, daß seine Sache gerichtet werde, ausgeschaltet werden, so daß Graf Hans dann nur noch des Markgrafen Feind wäre. (Hier wird der Koadjutor als nomineller Feind des Wertheimers schon gar nicht mehr erwähnt!) Als die Würzburger Räte dem Pfalzgrafen bedeuteten, daß sein Vorschlag zu 3. kaum im Sinne des Wertheimers liegen könne, der durch Ausschalten des Deutschordensmeisters viel Hilfe verlieren würde, die ihm jetzt zur Verfügung stehe, empfahl Friedrich der Siegreiche Anbringen der Wertheimer Rechtgebote an Herzog Ludwig von Landshut. Daraufhin begab sich Jörg von Gich, der Würzburger Rat, sogleich nach Bayern. Auch Herzog Ludwig wies auf frühere Zeiten hin, wo Graf Johann „sich mit dinsten wider dem stift auch dem pfalzgraven und herzog Ludwig geubt". Der Koadjutor andrerseits sei sein Neffe und habe ihn um Hilfe angegangen. Er rate, diesem die Rechtgebote auf Bischof Rudolf von Würzburg mitzuteilen und ihn aufzufordern, die Fehde einzustellen. Folge er dem nicht und wolle der Bischof ihm deswegen feind werden, so sei Ludwig bereit, gegen den Koadjutor und gegen den Markgrafen zu helfen[79].

Jetzt bemühte Markgraf Albrecht sich einzulenken. Er übersandte am 17. März an Würzburg einige Schriftstücke als Unterlagen zur Koadjutorfehde mit einem Begleitschreiben, das dem Bischof die Verantwortung für Frieden oder Feindschaft zuschieben sollte[80]. Kurz darauf fand eine Gesandtschaft würzburgischer Räte an den Markgrafen statt,

---

Pfalz. Meiningen LA S I R 344; nach einer Bemerkung, daß der Kaiser zu Linz sei, zu datieren auf 1467 Febr./März.

[78] Doch nahm Pfgf. Friedrich Gf. Johann am 17. April 1467 auf zehn Jahre zu Rat und Diener auf: Hilfeleistung gg. jedermann ausgenommen Mkgf. Albrecht, vgl. K. Menzel a.a.O. Nr. 245. — Ba fol. 159 bezeichnet Johann sich selbst als ehem. „rat, diener u. hofgesind" Mkgf. Albrechts.

[79] Nach dem in Anm. 77 angeführten Bericht.

[80] „ir habt es billich in eurer macht nach allem herkomen der sachen alsfern ir wolt fride und unfride zu machen", am 21. Juni v. Würzburg an Henneberg weitergegeben. Mei fol. 82ff.

nach deren Rückkehr der Würzburger Kanzler Friedrich Schultheis Graf Wilhelm von Henneberg schrieb: Die Gegenpartei versuche Graf Johann „die hulf (d. i. den Zuzug der Helfer) mit rechtboten abzusneiden"[81]. Dieser Satz bedarf einer Erklärung: Graf Johann war jetzt befugt, sein Recht auf dem Fehdewege zu suchen und seine Helfer fehdemäßig einzusetzen, weil der Koadjutur und der Deutschordensmeister auf seine Erbietungen zu Recht nicht eingegangen waren; dieses Verhalten hatte die förmliche Aufhebung der Wertheimer Rechtgebote nach sich gezogen. Wenn nun der Markgraf neue Erbietungen zu Recht vor Kaiser und Papst anbot, so wollte er damit den Wertheimer daran hindern, von seinem Anrecht auf Fehde Gebrauch zu machen. Deshalb schlugen die Würzburger nun eine geheime Richtung durch Bischof Rudolf und Markgraf Albrecht vor, für die sie der Gegenpartei das erste Wort überlassen wollten. Ein Memorandum aus der markgräflichen Kanzlei[82] faßt den Inhalt der Rätegespräche darüber folgendermaßen zusammen: 1. Ziel der Beratungen war gewesen: unverbindliches Gespräch, damit die „weitleuftigen rechtgebot" und „die kriege" aufhören. 2. Es soll alles „hindan" gesetzt werden, was sich *seit* Überantwortung des Feindbriefes des Koadjutors an Graf Johann begeben hat. 3. Was beide aber *vor* Übersendung des Feindbriefes gegeneinander zu klagen hatten, das soll vor dem Pfalzgrafen oder vor Herzog Ludwig „mit recht" ausgetragen werden; zuvor soll der betreffende Fürst aber versuchen, beide gütlich zu richten[83]. Der Würzburger Vorschlag auf interne geheime Richtung war also nicht akzeptiert worden.

Etwa gleichzeitig mit den würzburgisch-ansbachischen Räteberatungen bemühte Markgraf Karl von Baden sich erneut darum, wegen der Differenzen zwischen Erzbischof und Koadjutor in einem reinen Güteverfahren einen Vergleich zwischen Graf Ulrich, Koadjutor, Erzbischof und Kapitel von Mainz und Markgraf Albrecht, also allen Vertragspartnern vom 10. August 1465, zu erzielen. Ein Güteverfahren konnte — im Gegensatz zur Zweiseitigkeit des Schiedsgerichts — einseitig in Gang gebracht werden; die Annahme des Ergebnisses hing selbstverständlich vom Einverständnis beider Parteien ab[84]. Am 16. März ersuchte der badische Rat Johannes Knottel die Domherren[85] um Zustimmung für die Abhaltung eines Vermittlungstages durch Markgraf Karl zu Ettlingen am 9. April 1467. Das Kapitel, das die Meinung des Erzbischofs sofort einholen ließ, erhielt einen Tag später den Bescheid, daß Adolf den Tag zwar annehme und persönlich besuchen werde, jedoch unter der Bedingung, daß Karl nicht auf Bleiben und Nachfolge des Württembergers im Erzbistum kompromittieren wolle. Solches

---

[81] Mei fol. 102 v. 1467 März 22.
[82] Ba fol. 321.
[83] Vgl. Anm. 65.
[84] Krause a.a.O. S. 46 Anm. 235.
[85] MDP 30 fol. 77v.

komme als Verhandlungsgegenstand überhaupt nicht in Betracht, weil
der Papst nicht die Absicht habe, den Koadjutor zu bestätigen. Auch
könne er nur dann nach Ettlingen kommen, wenn der Pfalzgraf ihm
militärischen Schutz zur Verfügung stelle und ihn nach Ettlingen
geleiten lasse[86]. Das Kapitel beschloß in einer weiteren Sitzung[87], dem
Markgrafen Karl zwei Domherren als Vermittler zur Verfügung zu
stellen, mit dem strikten Befehl, Neutralität zu wahren. Auf der andern
Seite gab Markgraf Albrecht am 26. März Graf Ulrich seine Absicht
kund[88], den Tag zu besuchen, erschien dann aber doch nicht, sondern
sandte nur Räte, vermutlich um durch sein Fernbleiben eine endgültige
Abrede zu verhindern. Im Domkapitelsprotokoll vom 18. April wenigstens heißt es, Albrechts Fernbleiben sei der Grund für den beschluß-
losen Ausgang des Tages gewesen. Markgraf Karl aber werde sich
weiterhin darum bemühen, daß „*pax et compositio*" herbeigeführt werde[89].
  Woran der Ettlinger Tag gescheitert war, erfährt man genauer aus dem
Bericht der markgräflichen Räte Jörg von Absperg und Endres von
Seckendorf, die am 9. April von Ettlingen aus die Lage folgendermaßen
darstellten[90]: Sie selbst hätten wenig Neigung zu einer Richtung in der
Befürchtung, Adolf von Mainz werde sich, sobald er die vom Koadjutor
besetzten Schlösser zurückerhalten habe, „pfalzgräfisch erzeigen". Die
Rheingauer Ritterschaft habe das erzbischöfliche Ersuchen, gegen den
Koadjutor Hilfe zu leisten, abgeschlagen, weshalb Adolf darauf verzichten mußte, Graf Johanns Helfer zu werden. Die Hauptverhandlung
erwarte man erst für den folgenden Tag. Das eigentliche Hindernis, zu
einer Einigung zu kommen, sahen die Räte in der Forderung des Koadjutors, sein „verzeichnus" (= Verzichturkunde?) wieder zu erhalten,
wozu sich Graf Eberhard, der Bruder des Koadjutors und Schwiegersohn Markgraf Albrechts, auf keinen Fall verstehen wollte, da er nicht
daran dächte, sein Erbe mit Graf Heinrich zu teilen. Hier wäre Markgraf
Albrechts Anwesenheit sehr wichtig gewesen. Es folgt ein Hinweis auf
ein Ereignis von hoch politischer Bedeutung. Der junge Pfalzgraf
Philipp habe Friedrich den Siegreichen von neuem die Regierung des
Kurfürstentums übergeben, und dieser habe den jungen Neffen adop-
tiert. (Soll heißen, Philipp habe, großjährig geworden, die Adoption
von 1452, sog. „Arrogation", anerkannt[91].)

---

[86] „*eciam dixit dom. Maguntinum addidisse quod non possit venire in Ettlingem, nisi
palatinus conprestaret sibi aliquos satellites, qui dom. Magunt. illic conducant.* Ebda. fol. 78ᵛ.
  [87] Ebda. fol. 79ᵛ.   [88] Reg. Krieger a.a.O. 9483.
  [89] MDP 30 fol. 80ʳ; die Terminologie für das Güteverfahren war nicht fest;
geläufiger „*amicabilis compositio*" (Bader a.a.O. S. 41).
  [90] Ba fol. 223; Reg. Krieger a.a.O. 9485.
  [91] Reg. Menzel a.a.O. S. 433 v. 1467 Jan. 8. Über die reichsrechtlich ungesetz-
liche Aneignung der pfälz. Kurwürde durch Arrogation des minderj. Hzg.s Philipp
s. Most a.a.O. S. 231.

Aus diesem Bericht muß man schließen, daß Markgraf Karl von Baden
in Ettlingen auf den Rücktritt des Koadjutors hinarbeitete, bei den
Württembergern aber auf Widerstand stieß, weil dann die Notwendigkeit drohte, Heinrichs Erbverzicht rückgängig zu machen. Auffällig ist
die Erwähnung der drei Monate zurückliegenden Anerkennung der
pfälzischen Arrogation in diesem Bericht. Daß der in aller Feierlichkeit
längst vollzogene Akt den markgräflichen Räten erst so viel später
bekannt geworden sein sollte, kann man kaum annehmen. Vielleicht aber
war ihnen die Bedeutung dieses Ereignisses für das Verhältnis der Kräfte
in wichtigen politischen Entscheidungen bei den Ettlinger Verhandlungen besonders klar geworden. Neue Akten[92] erweisen, daß Kaiser
Friedrich III. gehofft hatte, Philipp von der Pfalz werde im Augenblick
der Volljährigkeit die Vormundschaftsregierung seines Onkels Friedrich
des Siegreichen abschütteln. Als diese Erwartung sich nicht erfüllte und
Friedrich der Siegreiche am 8. Januar 1467 von seinem Neffen in der
Regierung des Kurfürstentums bestätigt wurde, erwachte beim Kaiser
der Verdacht, Philipp habe unter Druck auf den eigenen Regierungs-
antritt verzichtet. Die Kontinuität der pfälzischen Herrschaft in der Person des vom Kaiser unbelehnt bleibenden Friedrich bedeutete für die
Stellung des Habsburgers als Reichsoberhaupt eine starke Beeinträchtigung und wurde zur Quelle unausgesetzter parteipolitischer Reibereien
nicht nur zwischen dem Kaiser und dem in der Regierung verbleibenden
Fürsten selbst, sondern für die Gesamtheit der obersten Reichsstände.
Die von den markgräflichen Räten richtig erkannte neue Festigung der
pfälzischen Machtstellung wirkte sich im Fortgang der Koadjutorfehde
unmittelbar aus: auf dem Rückritt vom Ettlinger Tage vollzogen Erzbischof Adolf und Kurfürst Friedrich zu Heidelberg am 16. April 1467
das mainz-pfälzische Bündnis vom 3. März 1466[93]. Erzbischof Adolf gab
jetzt zusätzlich das Versprechen ab, daß er sich, wenn Graf Heinrich die
Verhandlungen, in denen er zur Zeit mit ihm wegen Niederlegung der
Koadjutorschaft stehe, nicht annehmen werde, ohne Wissen des Pfalzgrafen in keinerlei Abmachungen einlassen wolle, durch welche Heinrich
Regierung und Gewalt vom Erzstift erlangen könnte[94].

Obwohl sich die Aussichten für den Fortbestand der württembergischen Koadjutorschaft durch den Zusammenschluß Mainz-Pfalz sehr

---

[92] Zu edieren in Deutsche RTA Bd. 21. Vgl. zum folgenden auch Fr. Ernst, Eberhard im Bart (1933) S. 131.

[93] Siehe S. 123.

[94] München Geh. StA Kast. rot 38/85 v. 1467 April 16; Druck: Kremer a.a.O. Nr. 132; Gudenus, Cod. Dipl. ... res Mogunt. ill. Bd. 4 (1758) Nr. 186. — Ebda. 38/86; Druck: Gudenus a.a.O. Nr. 186 mit falschem Datum: Ebf. Adolf läßt Pfgf. Friedrich für den Fall, daß der Papst Gf. Heinrich als Koadjutor u. künftigen Erz-bischof bestätigen werde, freie Hand, alsdann das Bündnis v. 1466 März 3 zu halten oder sogleich aufzukündigen.

verschlechterten, stand einstweilen doch keine Handhabe zur Verfügung, um den Koadjutor ohne Anwendung von Gewalt zur Niederlegung zu zwingen. Überdies machte sich die markgräfliche Politik die Zurückziehung der Rechtgebote, die Graf Johann dem Orden gegenüber am 24. März ausgesprochen hatte, in geschicktester Weise zunutze. Jetzt zeigte sich, wie vorteilhaft es gewesen war, die Sache des Koadjutors mit der des Deutschen Ordens gegen Wertheim zu verbinden.

Am 4. April lieferten Koadjutor und Deutschordensmeister eine gemeinsame Entgegnung[95] an Wertheim, in welcher der erste Bezug nahm auf die Wertheimer Erbietungen zu Recht vom 30. Januar, der zweite auf die Zurücknahme der Rechtgebote vom 24. März[96]. Den Wertheimer Erbietungen zu Recht wurde entgegengehalten, „dass niemants pflichtig ist von rechts wegen in ein wilkur zu geen sundern vor ordenlichem gericht an billichen steten recht zu nemen und zu geben wie recht ist". Und zwar erklärten sich beide Herren bereit, von Graf Hans vor dem Bischof von Würzburg als *seinem ordentlichen* Richter Recht zu nehmen und ihm wiederum gerecht zu werden vor dem Kaiser als *ihrem obersten ordentlichen* Richter[97]. Denn da Graf Hans dem Deutschordensmeister neuerdings verweigere, vor dem Pfalzgrafen Recht zu pflegen, soll Recht und Widerrecht vor dem Kaiser „als unser aller von allen teilen gnedigen obersten rechten werntlichen herrn und ordenlichen unparteiischen richter" ausgefochten werden. Ihre eigenen Räte als ihre *nächsten ordentlichen* Richter werden wegen des möglichen Vorwurfs, parteiisch zu sein, ausdrücklich ausgenommen[98]. Sollte Graf Hans aber auf seinen früheren Geboten bestehen, ergeht der Vorschlag, den Pfalzgrafen „rechtlich erkennen zu lassen, welches das rechtlicher gebot sei und welches aus unsern und seinen rechtgeboten von uns beden geschehen fur das rechtlichst erkant wurdet". Sollte Graf Hans den Pfalzgrafen „aber verachten", so soll Herzog Ludwig von Landshut an seine Stelle treten. Koadjutor und Deutschordensmeister wollen dagegen den *Bischof von Würzburg als Richter über das Rechtgebot* nicht annehmen, da er sich durch Zusage an Graf Hans *parteiisch* gemacht habe; sie betonen aber nochmals, daß sie ihn als *ordentlichen Richter des Grafen* nicht abschlagen.

---

[95] Ba fol. 64—77; Bf. Rudolf übersandt mit der Bitte, den Brief Gf. Hans zuzuschicken „sein als des euren darzu mechtig zu sein".

[96] Siehe S. 134 u. 136.

[97] Es wird also für Klage u. Widerklage vor dem ordentlichen Richter — im Gegensatz zur freien Vereinbarung im Schiedsverfahren — der Grundsatz angewandt, daß der Kläger dem Beklagten vor das für diesen zuständige Gericht zu folgen habe. Eine Untersuchung, die sich mit den Unterschieden der Widerklage im ordentlichen Verfahren u. im Schiedsverfahren beschäftigt, gibt es nicht.

[98] Vgl. das bei Krause a.a.O. S. 13 angezogene herzoglich Bayer. Schreiben v. 1488: „gepurlichs Ausztrags vor der kais. may. alsz unserm ordentlichen richter oder vor unsern räten in krafft unserer fürstl. freiheit."

Graf Johann gab auf dieses Schreiben am 10. April folgende Antwort[99]: Er habe auf seine Rechtgebote sechs Wochen lang keine Antwort erhalten, sondern sei während dieser Zeit mit Nahme, Brand und Totschlag weiter beschädigt worden. Er habe daher aus Notdurft schreiben müssen, daß er nicht länger in seinen Rechtgeboten stehen wolle. Erst nach diesem Brief hätten Koadjutor und Deutschordensmeister seine Rechtgebote angefochten mit den Worten: niemand sei verpflichtet in eine Willkür zu gehen statt an ordentliche Gerichte. Alle ihre Einwände liefen darauf hinaus, daß sie einem „sleunigen rechtlichen und landleuftigen usztrag" ausweichen. Austrag auf „landleufige recht" sei aber in der königlichen Reformation von 1442 vorgesehen[100]. Er erbietet sich nun, und zwar unter Gebrauch ihrer eigenen Worte, vor Würzburg als seinem ordentlichen Richter zu Recht.

Bischof Rudolf stützte den Wertheimer durch ein Schreiben vom selben Tage[101]: Graf Johann sei bereit, seiner Gegenpartei gerecht zu werden; überdies verzichte er auf seinen, Bischof Rudolfs ausdrücklichen Wunsch auf Widerklage[102]. Er, der Bischof, erbietet sich daher, als Wertheims ordentlicher Richter, „euch also rechts von ime zu helfen", fordert Einstellung der Fehde und Antwort innerhalb gesetzter Frist; falls die Gegenpartei diesen Forderungen nicht nachkomme, müsse er Wertheim Hilfe leisten. Am selben Tage, wie dieser Brief ausging, erließ Rudolf das allgemeine Aufgebot im Lande, zu rüsten und „in gereitschaft zu sitzen". Markgraf Albrecht jedoch sah in dem freiwilligen Verzicht auf Widerklage einen Kunstgriff[103] und parierte umgehend: „zu tailen,

---

[99] Ba fol. 157, 164[r]—165[v].

[100] S. Art. 1 der Reformation v. 1442 Aug. 14 bei Zeumer a.a.O. Nr. 166 S. 260 ff. — Vgl. auch folgende Äußerung des würzburger Kanzlers Schultheis an Henneberg: „wart mir unter anderm sovil zu versteen geben, daß sie (Koadjutor u. DOM) von iren lantleuftigen geboten fallen und auf ordentliche recht geen wollten." Mei fol. 5 v. 1467 April 29.

[101] Ba fol. 324, auch in Mei fol. 11[v]—12[r], jedoch auf 11. April datiert.

[102] Aus Schreiben an Henneberg v. 1467 Apr. 11: „nun wir die sachen nicht gerne zustossen gesehen, haben wir graven Joh. oberret, wiewol es sein grosser verlicher schade sein mage, dass er uns zu willen, in wil gerecht werden und sein vorderung gein in uf ir selbs diesmals besteen lassen und wie sie das gesetzt haben, recht von im zu nemen ganz unverendert, hat er sich erboten, dem ungeweigert nachzukomen." Mei fol. 47.

[103] Nach Ansicht des Kanzlers Schultheis waren nämlich Koadjutor u. DOM, nachdem Gf. Hans das Rechtgebot auf Würzburg als seinen ordentlichen Richter angenommen hatte, verpflichtet, *auch der Widerklage vor Würzburg statt zu geben*. S. das in Anm. 97 bereits herangezogene Schreiben an Henneberg: „satzten sie (Koadjutor und DOM) ein solh gebote, daß sie von m. h. graven Johansen recht wolten nemen vor m. gn. h. von Wirzburg als seinem ordenlichen richter . . oder aber vor u. agn. h. dem Rom. keiser irem ordentlichen richter . .; also name grave Johanns das erste teil ires gebotes, daß er ine wolt gerecht werden, auf. *do schmacken sie das widerrecht, dass sie dodurch verpflicht wern*, wue sie dem volge liessen gescheen, *im widerumb vor m.*

ains aufzunemen und das ander fallen zu lassen, ist ir gebot nicht. Dorumb haben wir sorg, ir geet zu weit"[104]. Für ihn kam es jetzt nach dem Scheitern des Ettlinger Tages und nach dem Vollzug des mainz-pfälzischen Bündnisses auf nichts so sehr an wie darauf, den Würzburger und den Pfalzgrafen als Gerichtsinstanzen möglichst ganz auszuschließen, Zeit zu gewinnen und die Sache vor den Kaiser zu ziehen. Darum war er auch auf Würzburgs Drängen auf eine geheime Bereinigung der Fehde nicht eingegangen, und deshalb versuchte er jetzt, Herzog Ludwig von Landshut für die Erkenntnis des rechtlichere Rechtgebots zu gewinnen[105]. Aber Graf Johann lehnte diesen Weg zum Ärger Albrechts ab.

In ihrem Antwortschreiben[106] an Würzburg brachten Koadjutor und Deutschordensmeister wieder eine Auswahl von Vorschlägen: „sind das unsere gebot: 1. vor euer lieb und gnaden (Würzburg) recht zu nemen und vor unseren reten[107] rechts zu pflegen, oder 2. vor euch (Würzburg) recht zu nemen und vor unserm agn. h. dem kaiser rechtes zu pflegen oder 3. vor unserm agn. h. dem kaiser . . recht zu nemen und geben, geben und nemen wie recht ist." Mit dem ersten Vorschlag fallen sie hinter die Erbietungen vom 4. April wieder zurück, die zweite Pro-position entspricht dem damaligen Vorschlag, und an dritter Stelle wird nunmehr der Kaiser für Klage und Widerklage als Gerichtsinstanz herausgestellt. Wenn aber Graf Hans das alles verachte, wollen sie vom Pfalzgrafen oder von Herzog Ludwig das rechtlichere Rechtgebot er-kennen lassen.

Bischof Rudolf nahm nun auch mit Erzbischof Adolf von Mainz Ver-bindung auf und übersandte ihm die Wertheimer Rechtgebote mit der Bitte, sich bei Koadjutor und Deutschordensmeister für die Annahme derselben zu verwenden. Mit der daraufhin von Mainz erbetenen Räte-gesandtschaft wurde wiederum Jörg von Gich betraut[108].

Als Graf Johann sich am 29. April für die Erkenntnis der Rechtgebote durch den Pfalzgrafen erklärt hatte[109], blieb Koadjutor und Deutsch-ordensmeister nichts anderes mehr übrig, als diese Entscheidung anzu-nehmen, sie versuchten nun aber in einem Schreiben an Würzburg vom

---

gn. h. von Wirzburg gerecht zu werden." Ein Vergleich dieser Aussage mit dem oben auf S. 141 (Widerrecht vor dem Kaiser) vom Koadjutor und DOM zur Anwendung ge-brachten Grundsatz läßt erkennen, was für Unterschiede in der Auffassung über die gerichtlichen Zuständigkeiten bei Widerklagen vor dem ordentlichen Richter damals bestanden.

[104] „gehaim und in warnungsweis" geschriebener Brief an Würzburg. Ba fol. 131 v. 1467 Apr. 13.

[105] Ohne vorherige Verständigung von Koadj. u. DOM. Das Folgende nach Ba fol. 142^v, 155^r, 152f.

[106] Ba fol. 166^r—168^v v. 1467 Apr. 20.   [107] S. Anm. 98.

[108] Ba fol. 5 Schultheis an Henneberg v. 1467 Apr. 29.

[109] Ba fol. 141^r—142^r.

8. Mai[110], den Kaiser als die ihnen allein zustehende Gerichtsinstanz auch rechtlich zu begründen: „nachdem dann ir (Würzburg) und eur gericht unsere ordenliche richter nicht seit, so verwilligen wir in euch als sein (Wertheims) richter umb unsere und der unseren spruch, doch nit weiter" . . . [wir sind dagegen gewillt], „nachdem unser gegenwere im rechten gegrundet sind auf regalia und sachen, die ohn mittel von uns agn. h. dem Rom. kaiser herruren . . . und nachdem ir und euer gericht uns parteiisch seit, uns vor unserm *ordenlichen nechsten auch obersten* richter . . . rechtfertigen [zu] lassen". — Jetzt wurden also auch noch die vorher als „nächste" Richter angezogenen eigenen Räte ausgeschaltet! Zu diesen Ausführungen liefert ein Rechtsgutachten der markgräflichen Kanzlei[111], dessen ursprünglich beabsichtigte Übersendung an Bischof Rudolf dann doch unterblieb, beachtenswerte Kommentare. In Abschnitt 2 heißt es dort: Ein ordentliches Gericht muß entsprechend besetzt sein. Weil aber am Würzburger Hofgericht nicht Fürsten (*Illustres*) sitzen außer Graf Wilhelm von Henneberg[112], ist es für den Koadjutor kein ordentliches Gericht. Der Henneberger ist noch dazu des Koadjutors Feind, und die andern sind zum größern Teil parteiisch und Ihr selbst, Herr Bischof, Ihr seid auch parteiisch durch Eure Hilfezusage an Graf Johann. Vor Euch „als einem ordentlichen richter, wie recht ist" zu Recht stehen, würde für den Koadjutor daher bedeuten „sein haupt legen, seine ere, leib und gut in seins veinds schoss"[113]. Im letzten Abschnitt wird die Frage aufgeworfen, ob der Koadjutor bereits den Gerichtsstand des Kurfürsten fordern kann als Vertreter des Erzbischofs. Beansprucht wird das fürstengleiche Gericht vor dem Kaiser[114]. Es bleibt aber offen, 1. ob dem Koadjutor der volle Stand des Kurfürsten zugemessen wird, und 2. ob der Kaiser der ordentliche Richter auf Grund der Regalien von Mainz oder auf Grund der Parität ist. Keinesfalls aber zieme es sich auf Grund der geleisteten Eide für den Koadjutor, einen Schiedsspruch anzuerkennen, der ihn vor den Bischof von Würzburg als ordentlichen Richter und vor

---

[110] Ba fol. 143—147.   [111] Ba fol. 285.

[112] Die Fürstenqualität von Henneberg-Schleusingen war zu diesem Zeitpunkt unbezweifelt. Schmidt a.a.O. S. 65.

[113] Der ganze Passus hat folgenden Wortlaut in Ba fol. 285: „item es ist kein ordentlicher richter, er mus ein ordenlich gericht haben mit allem dem das darzu gehort, und nachdem an euerm (Würzburgs) ordentlichen gericht nicht Illustres sitzen dann grave Wilhelm von Henneberg, der ist des Coadjutors entsagter feind, und alle die, die am rechten sitzen euers hofgerichts, sind des merernteils grob parteiisch, als ir (Würzburg) hirnach vermerken werdend, so seit ir selber als ir wißt, mit zusagen und anderm (im Text folgt hier noch ein „wie") grave Hannsen gewant. Item solt der coadjutor zu recht steen vor uch als einem ordentlichen richter wie recht ist . . . und solt sein haupt legen, seine ere, leib und gut setzen in seins veinds schoss."

[114] Vgl. Anm. 98.

sein mit Edelleuten besetztes Gericht (hier wird der Paritätsgedanke wieder angeschlagen!) bringen wolle[115].

Man beachte in den angeführten Texten das Hin und Her der Gedankenführung und die Unsicherheit der Entscheidungen. Die Ausführungen tragen den Stempel einer verworrenen Zeit, in der Unklarheit herrscht über die Ordnung gerichtlicher Kompetenzen. Man kann sich aber auch nicht dem Eindruck entziehen, daß es dem Referenten mit den gemachten Einwänden juristisch gar nicht so ernst war, sondern daß diese vor allem vorgebracht wurden, um vom Bischof von Würzburg auf den Kaiser als ordentlichen Richter zu gelangen.

Pfalz nahm das nun an ihn gestellte Ersuchen auch des Koadjutors und des Deutschordensmeisters[116] um Erkenntnis der rechtlicheren Rechtsgebote an, entbot auf den 7. Juni nach Heidelberg einen „gutlichen" Tag und verlangte von allen Beteiligten Einstellung der Fehdehandlungen[117].

Leider sind nun die Nachrichten über Verlauf und Ergebnis der pfälzischen Tagsatzung sehr kärglich. Das ist um so bedauerlicher, als sich die Bedeutung des Heidelberger Spruchs noch um ein beträchtliches dadurch erhöhte, daß unmittelbar vorher Markgraf Karl von Baden in Pforzheim erneut versuchte, eine compositio zwischen Erzbischof und Koadjutor zustande zu bringen. Seine Bemühungen scheiterten aber an dem Widerstand von Adolf von Mainz gegen die finanziellen und politischen Bedingungen, die der Koadjutor stellen ließ. Für das Verständnis des weiteren Fortgangs der Sache noch wichtiger als der Pforzheimer Tag selbst aber sind die kurz zuvor zu Nördlingen zwischen Markgraf Albrecht und Graf Johann von Nassau, dem Bruder Erzbischof Adolfs, geheim und völlig unverbindlich gepflogenen Vorverhandlungen. Albrecht war nämlich eigenmächtig und auf seine eigenste Verantwortung so weit gegangen, einen ehrenvollen persönlichen Rücktritt des Koadjutors von der Regierung im Erzbistum vorzuschlagen, indessen nur auf Lebenszeit Adolfs von Mainz und unter Garantierung der unmittelbaren Nachfolge Graf Heinrichs als Erzbischof. Auch alle sonstigen Bedingungen hatte er so formuliert, daß weder die politische noch die finanzielle Stellung des Hauses Württemberg und der

---

[115] „item was er hat getan, das hat er getan under dem fanen als des stifts von Mentz von seins herren und des stifts wegen als eines kurfursten und kurfurstentumbs, darumb er vermaint, was er under dem fanen also getan, recht getan zu haben nach laut seiner auch des stifts regalia, und nimands on keiserl. bevelh die freiheit zu ercleren hat auch anders nimants, ob es schon der keiser aus ordentlichem gewalt befulhe, dann pares curie daruber zu sprechen haben. wie sich wolt zimmen (d. i. wie wolle es sich ziemen) umb solch ding in euch als einen ordentlichen richter und euer gericht, des mererteils edelleut sind, zu compromittieren, ob ers ioch gern tet, wie er das eid und glubd halben erleiden mocht."

[116] Ba fol. 149ʳ.   [117] Ebda. fol. 172, 174.

kaiserlichen Partei durch eine Niederlegung der Regierung des Grafen Heinrich entkräftet worden wäre. Nicht nur, daß ihm der Titel Koadjutor lebenslänglich hatte verbleiben sollen, auch alle seine Schulden sollten niedergeschlagen, dem Grafen Ulrich 15000 Gulden vorgestrecktes Darlehen erstattet und die Einung zwischen Mainz, Württemberg und Markgraf Albrecht vom 10. August 1465 aufrecht erhalten und für alles die Garantierung durch Adolf und das Kapitel gegeben werden. Die Abfindung für die persönliche Versorgung des jungen Württembergers mit Stadt und Amt Bischofsheim und mit einer jährlichen Gült von 2000 Gulden war allerdings bescheiden angesetzt. An der Unannehmbarkeit dieser Vorschläge für Mainz scheiterten die Nördlinger Gespräche aber so völlig, daß Markgraf Albrecht das ganze Rücktrittsprojekt den Württembergern gegenüber verschwieg. Den Markgrafen Karl von Baden jedoch informierte er über die zu Nördlingen stattgehabte Unterredung durch einen Zettel, den er seinen Räten nach Pforzheim mitgab. Karl verhandelte dann dort laut Bericht des Erzbischofs vom 1. Juli vor den Domkapitularen nur auf finanzielle Forderungen, auf Herausgabe der vom Koadjutor besetzten Burgen sowie auf Adolfs und des Kaisers Bestätigung über die Nachfolge. Von Rücktritt von der Regierung und von Pensionierung auf Bischofsheim fiel indessen in Pforzheim kein Wort[118].

Es war das Bestreben beider Parteien, in Heidelberg in möglichst großer Zahl vertreten zu sein. Würzburg entsandte zur Unterstützung des Wertheimers eine große Zahl ausgesuchter Räte; Ulrich von Leutersheim hielt sich schon Ende Mai am Hof des Pfalzgrafen auf und bat von dort aus Graf Ulrich von Württemberg und Markgraf Albrecht von Brandenburg, zu dem Tag am 7. Juni gerüstet zu sein[119].

Aus der einzigen kurzen Nachricht über den Verlauf des Heidelberger Tags ist nicht zu entnehmen, *was* für ein Verfahren dort angewandt wurde. Graf Johann schrieb nämlich am 11. Juni an Henneberg nur: „habe mine sachen der rechtbot halber rede und widerrede zu erkenntenisse bracht, das mir uf samstag nach Viti (Juni 20) in schriften übersendet werden sol." Der Ausgang sei für ihn noch ungewiß[120].

---

[118] Nach MPD fol. 84 Sitzung v. l. Juni und Ba fol. 306ʳ—307ᵛ Instruktion f. d. mkgf. Räte u. Zettel (unvollständiges u. den Inhalt des Stückes nur halb wiedergebendes Regest bei Krieger a.a.O. Nr. 9531, chronologisch an falscher Stelle eingereiht). — Ba fol. 246 Brief Mkgf. Albrechts an Ungen. v. 1467 Juli 2. — Bischofsheim betr.: [Adolf] *„dixit se audivisse quod ipse coadiutor vellet oppida Aschaffenburg et Bischofsheim ponere ad manius unius alterius qui patrem coadiutoris de debitis, que ecclesia Maguntin. sibi tenetur, exsolvet . . ."* (MDP fol. 84ᵛ).

[119] Mei fol. 52; Ba fol. 176ᵛ.

[120] Ba. fol. 49; auf d. rückw. äußeren Blatt von Ba fol. 177ᵛ gleichzeitige Kanzleibemerkg.: „Gedenken der urteil zwischen . . . uf samstag n. Viti schierst i. d. canzlei zu H. zu warten."

Es erging kein *mündlicher Spruch*, sondern ein *schriftliches Urteil*[121], das zehn Tage nach der Verhandlung in der Heidelberger Kanzlei zur Abholung bzw. Übersendung bereitliegen sollte. Dieses iudicium fori konnte nicht ermittelt werden. Es kann aber kein Zweifel bestehen, daß der Pfalzgraf als rechtlicheres Rechtgebot das des Deutschordensmeisters und das des Koadjutors anerkannt hat, daß vor dem Kaiser Recht zu geben und zu nehmen sei. Der Bischof von Würzburg kam gar nicht mehr ins Spiel. Durch die Heidelberger Erkenntnis des rechtlicheren Rechtgebots stand den Parteien frei, an den Kaiser zu gehen. Friedrich III. zitierte nun die Parteien an den kaiserlichen Hof. Aber noch keine seiner Ladungen konnte bisher festgestellt werden. Wir erfahren dazu nur, daß man auch in der Kanzlei Markgraf Albrechts diese Ladungen nicht zu Gesicht bekam und daher Erkundungen über Personenkreis, Termin und Charakter derselben anstellen wollte[122]. Offen bleibt aber auch völlig, ob der Kaiser „uf das gebillicht rechtgebot durch die urteil zu Heidelberg"[123] die Parteien als ordentlicher Richter vor das kaiserliche Kammergericht oder als Schiedsrichter vor sich geladen hat.

Indessen kamen die Initiative des Pfalzgrafen und die Entschlossenheit des Markgrafen Karl von Baden allen weiteren gerichtlichen und militärischen Entscheidungen in der Koadjutorsache zuvor. Unter Mithilfe seiner drei Brüder Georgs Bischofs von Metz, Markgraf Marx', vor allem aber wohl Johanns, des Kurfürsten von Trier, erfolgte am 11. Juni in Heidelberg die feierliche Aussöhnung Karls mit Friedrich dem Siegreichen, die nach dem großen Kriege vom Anfang der sechziger Jahre immer noch ausstand. Darüber hinaus wurde eine Einung auf Austrag und Zuzug zwischen Baden und Pfalz beschlossen und von allen fünf Fürsten besiegelt[124]. Unmittelbar anschließend an diese Heidelberger Verhandlungen schickte Karl von Baden seinen Kanzler zu Erzbischof

---

[121] Nach Text von Anm. 115 erwarteten die mkgfl. Räte eher ein Schieds- oder Güteverfahren. Dasselbe tat auch Gf. Joh. v. Wertheim, s. S. 146.

[122] Undat. Aufzeichnungen a. d. mkgfl. Kanzlei in Ba fol. 339 f.: „Nachdem uf das gebillicht rechtgebot durch die urteil zu Haidelberg ladung ausgangen sein von der kaiserl. maj. die parteien wider grave Joh. semptlich und sunderlich berurende, ist vor allen dingen zu erfarn, welche ladung grave Joh. verkundiget sei und wo im die ladung verkundiget ist worden, dorin m. h. der coadiutor und der deutschmeister sembtlich begriffen sein. so ist notturft, daß man sehe uf die verkundigung, wem sie gescheen sein, daß man den terminum dornach wisse zu halten in dem kaiserl. hove." Weiter über „die ladung, die uf baid parteien stet", diejenige, „die uf in, (DOM) stet" und „die ladung, die uf m. h. den coadiutor stet". Hierher gehört auch, daß Mkgf. Alb. am 2. Juli an Ungen. schrieb: „gedenk, daß der urteilsbrief zu H. geloset (Kanzleigebühren) wird und nit zu schand in der cantzlei liege. das ist des coadiutors ere und nutz und hab nit sorg, wie er bezalt wurde." Dem Koadjutor war also das Geld ausgegangen!

[123] Ebda.

[124] München Geh. StA Kast. rot 33a/58, 59; Reg. Krieger a.a.O. Nr. 9506f.

Adolf von Mainz und ließ einen neuen, sicherlich zuvor mit Pfalz besprochenen Vorschlag betreffs des Koadjutors überbringen: Graf Heinrich solle die Koadjutorschaft ganz niederlegen und nichts als nur das
Städtchen Bischofsheim aus dem Mainzer Territorialbestand erhalten[125].
Am 19. Juni eröffnete Adolf seinem Kapitel, daß Markgraf Karl die
Rückgabe aller mit dem Grafen Heinrich gewechselten Briefe als neuen
modum compositionis[126] anstrebe, und am 20. Juni teilte der Würzburger
Kanzler auch Johann von Wertheim die Neuigkeit mit[127]. Nur Markgraf
Albrecht erfuhr von alledem nichts und war am 2. Juli noch der Meinung,
die Sache befinde sich noch auf dem Stand der Pforzheimer Verhandlungen[128]. Markgraf Karl, der das ungestüme Temperament von Albrecht
Achilles kennen mußte, wird wohl gewußt haben, weshalb er den
Hohenzollern trotz aller Nähe der gemeinsamen Verbundenheit und
Treue zum Kaiser nicht unterrichtete. Schon Adolf Bachmann hat richtig
gesehen, daß Karl erst in dem Augenblick, wo er Bündner *beider* Parteien
war, eine Stellung innehatte, in der er ausschlaggebende Verhandlungen
führen könnte[129]. Nur so, als ein nachdrücklicher Hinweis an die
eigenen alten Freunde, Ulrich und Albrecht Achilles, den Frieden im
Reich wegen des Koadjutors nicht aufs Spiel zu setzen, ist der badische
Schritt zu Pfalz hin zu verstehen, abgesehen von allen anderen Motiven
und Rücksichten, die mitgespielt haben mögen.

Wie nahe jetzt aber doch die Ausweitung der Fehde zu einem
Krieg im Reich bevorstand, erweisen die letzten noch zu besprechenden Akten. Die Lage im Erzbistum Mainz veränderte
sich Ende Juni derart, daß etwa gleichzeitig mit der Vermehrung
der vom Koadjutor besetzten Plätze auch der Abfall von ihm
begann. Als Erzbischof Adolf am 1. Juli gedrängt wurde (es
wird nicht gesagt, von wem!), sich persönlich nach Aschaffenburg
zu begeben, wo der Koadjutor das Schloß besetzt hielt, waren Adolf und
das Kapitel ratlos und unentschlossen[130]: *„Adolf perplexus, nesciret,
qualiter bene se huiusmodi negocio gereret"*, ginge er nach Aschaffenburg, werde man ihm nachsagen, er vertreibe den Koadjutor *„pendente*

---

[125] Mei fol. 8.   [126] MDP fol. 89[v] f.

[127] Der Würzburger Gesandte an Mainz, Jörg v. Gich, hatte die Neuigkeit aus
Mainz mitgebracht. Mei fol. 8.

[128] Nach dem schon in Anm. 118 zitierten Brief.

[129] A. Bachmann, Deutsche Reichsgeschichte im Zeitalter Friedrichs III. und
Max I. 2. Bd. (1894) S. 243. B.s Ansicht, der Kaiser habe im Frühjahr 1467 eine
Schwankung zu den Wittelsbachern gemacht und Karl habe einfach dieser Politik
folgend das Bündnis v. 11. Juni geschlossen, kann ich mich nicht anschließen auf
Grund der in Bd. 21 u. 22 der Deutschen RTA zu edierenden Akten.

[130] Nach späterer Auffassung (s. S. 151 bei Anm. 147) fürchteten sie damals, das
Oberstift an den Koadjutor zu verlieren, obwohl der Abfall von ihm im Lande bereits
im Gange war.

tractatu"; ginge er aber nicht, bestehe die Gefahr, daß der Koadjutor sich stärker mache (*se fortificaret*, vermutlich durch Zuzug seiner Einungsgenossen)[131]. Adolf bekam nun aber auf seine Werbungen von der Ritterschaft wenig Zuzug, weil diese sich ihm vor Aufhebung ihrer dem Koadjutor geleisteten Eide nicht wieder verpflichten wollte. Nachdem er dann aber doch mit 230 Pferden „gen Aschaffenburg hineinkomen" war[132], wurde Markgraf Albrecht von den militärischen Hauptleuten des Koadjutors, die andere Plätze innehielten, gewarnt, „daß er die tauben nit lass verbraten, dann es keine lange weil in dem slos bestant gehaben mag"[133]. In seiner Antwort vom 9. Juli[134] verwies der Markgraf auf die württembergischen Räte, die er zu allererst sprechen müsse, was in Nürnberg, wohin er morgen kommen werde, ja geschehen könne. Der erwähnte Ritt war nichts anderes als der am 10. Juli erfolgende Einzug des Markgrafen mit 700 Pferden zu dem in Nürnberg beginnenden großen Reichstag des Jahres 1467, wo auch Herzog Ludwig in Begleitung der fast ebenso erstaunlichen Anzahl von 500 Rittern erschien[135].

Es ist nun höchst bezeichnend, daß die an dem Reichstag Beteiligten sehr wohl darum wußten, daß in denselben Tagen in Mainz eine Entscheidung fällig war, daß aber die kritische Lage im Territorium des ersten geistlichen Kurfürsten des Reichs nicht in die Verhandlungen des Reichstags aufgenommen wurde. Man kümmerte sich offiziell nicht darum. Nur aus den Berichten der bayerisch-münchener Gesandten erfährt man, daß die Aschaffenburger Situation auf dem Reichstag *bekannt* war: „es sind auch ret von Maincz hie und ist die sag hie, der jung von Wirttenberg, der pischolf sein solt, sei zu Aschaffenburg in dem geschloss verlegt von dem von Nassaw und Eyssenburg (!), und vermainen in mit gewalt herauszenemen. also hat der marggraf Albrecht im ze rettumb geschickt pei vierhundert pferden als man sagt"[136].

Die tatsächlichen Rüstungen des Markgrafen übertrafen aber die 400 Pferde des bayerischen Berichts bei weitem. Rund 40 Blätter des Bamberger Fehdeakts[137] bezeugen, in welch großem Umfang Markgraf Albrecht gemeinsam mit Graf Ulrich zum Entsatz des Koadjutors rüstete. Der Aufgebotsbrief, der in mehreren, auf die verschiedenen Empfänger sehr sorgfältig abgestimmten Fassungen vorliegt, ist vom 13. Juli und aus Nürnberg, also dem Tagungsort der Reichsversammlung, datiert[138]. Immer wieder heißt es, der Markgraf werde in eigener

---

[131] MDP fol. 91r.

[132] Gemeint ist die Stadt, nicht die Burg. Von der Stadt aus wurde die Burg eingeschlossen.

[133] Ba fol. 282.   [134] Ba fol. 251.

[135] München Geh. StA Kasten schwarz 156/12 Bd. 1 fol. 90 Bayer. Gesandtenbericht; Auszug gedruckt bei A. Kluckhohn, Ludwig der Reiche (1865) S. 377.

[136] Ebda., bei Kluckhohn a.a.O. nicht mitgedruckt.

[137] Ba fol. 263, 265, 268ff.   [138] Ba fol. 263ff.

Person ins Feld ziehen[139]. So sollte z. B. nur den Rittern und Knechten mitgeteilt werden, daß sie aus Anlaß der Einschließung des Mainzer Koadjutors in Aschaffenburg am 29. Juli zu Nacht bei Creglingen im Feld sein sollen, während „die landschaft" nur auf ihre Eidesleistung hin den Zuzug zu leisten hatte. Rüstung und Kost wurden in einer Spanne von acht bis zehn Tagen bis zu vier Wochen angefordert. Die sächsischen Herzöge in Dresden und Meißen sollten um je 100 Pferde, die Bischöfe von Bamberg und Eichstädt und Pfalzgraf Otto von Mosbach (Hauptsitz Amberg) dagegen nur um 50 Pferde gebeten werden. Nördlingen und Rothenburg sollten Zuzug leisten und Büchsenmeister stellen. An die markgräflichen Beamten erging die Weisung, die Geistlichkeit in allen Registern nachzusuchen, „wo sie auf das höchst angeslagen sind". 20 000 Pfeile, 20 Zentner Pulver sind bereitzuhalten, die Zelte und Streitwagen zu inspizieren. Ludwig von Eyb soll die Verproviantierung vorbereiten und sein letzter Anschlag soll herangezogen werden.

Auf das Schreiben an Herzog Wilhelm von Sachsen[140] vom 13. Juli erfolgte bereits am 16. Juli eine positive Antwort[141]. Am 23. Juli teilte Graf Ulrich Markgraf Albrecht mit[142], an welcher Stelle sich die markgräflichen Truppen mit den von Württemberg hinunterziehenden bei Miltenberg vereinigen sollten. Wohl auf diesen Brief hin gab der Markgraf noch am selben Tag dem Koadjutor die in ihrer Anschaulichkeit einzigartige Anweisung, wie er sich bei der auf den 29. Juli verabredeten Entsetzung des Schlosses Aschaffenburg zu verhalten habe. Er, Albrecht, werde mit Heinrichs Vater Graf Ulrich 16 000 (ohne Truppenbezeichnung) gen Aschaffenburg führen[143].

Da geschieht es, daß an demselben Tage nun, von dem diese entscheidungsschweren Schreiben datiert sind, Albrecht bei Herzog Wilhelm von Sachsen[144] die von diesem ja schon zugesagte Entsendung von 100 Pferden widerbietet, weil die Koadjutorsache gerichtet sei. Er entschuldigt sich, daß er seine erst am 13. Juli ausgesprochene Bitte so rasch wieder zurückzieht, aber er habe erst heute von der Richtung erfahren. An Herzog Ludwig gab er diese Nachricht auf dem Reichstag persönlich weiter. Die Gegenseite rüstete gewiß nicht minder; da wir es vom Aufgebot Herzog Ludwigs[145] wissen, werden die an dem Streit stärker Beteiligten gewiß noch mehr getan haben.

---

[139] So auch im Begleitschreiben an die mkgfl. Beamten zum Formular des Aufgebotsbriefes Ba fol. 263.

[140] Daß auch Hzg. Wilhelm v. Sachsen von Albrecht mit Schreiben v. 13. Juli um Zuzug gebeten worden war, ist nicht recht verständlich, da Wilhelm dem Koadjutor doch abgesagt hatte. S. Text bei Anm. 54. Begründung bleibt offen.

[141] Ba fol. 270, 274. [142] Ba fol. 183.

[143] Ba fol. 300. [144] Ba fol. 182.

[145] Ba fol. 32; Krieger a. a. O. Nr. 9515.

Markgraf Karl war es also gelungen, ein Ergebnis zustandezubringen, auf Grund dessen Graf Heinrich der Koadjutorschaft entsagte gegen Überlassung von Stadt und Landamt Bischofsheim mit einer sehr bescheidenen jährlichen Gült von 2000 fl. auf Lebenszeit oder bis zur Erlangung eines Bistums. Die Verzichturkunde[146] enthielt nicht die Berechtigung, den Titel des Koadjutors beizubehalten und spiegelt damit den vollen pfalzgräflichen Endsieg im Streit der Ambitionen.

Am 11. August erstattete Adolf seinem Kapitel Bericht[147], daß er sich persönlich von Mainz nach Aschaffenburg und in das Mainzer Oberstift habe begeben müssen, um die Entfremdung dieser Teile an den Württemberger zu verhindern. Bei dieser Gelegenheit sei der Frieden geschlossen worden. *„Deinde idem dom. Magunt. adiecit, quod ipse dom. coadiutor ad dictam pacem ingrediendam coactus vel compulsus non fuerit, sed ultro sponte et libere ipsam pacem et concordiam complexus sit et acceptavit.*" Nach dem Friedensschluß seien beglaubigte Gesandte Herzog Ludwigs und Kurfürst Friedrichs von Brandenburg gekommen, um ihn, Adolf, zu bitten, die Streitsache mit dem Koadjutor doch bis nach dem Nürnberger Tag ruhen zu lassen. Darauf habe er zur Antwort gegeben, daß der Friede bereits geschlossen sei, doch sei er bereit, denjenigen Beteiligten, die mit dem Friedensschluß etwa nicht zufrieden seien, vor dem Legaten oder den päpstlichen und kaiserlichen Gesandten in Nürnberg zu Recht zu stehen. Anschließend an diesen Bericht wurde das Kapitel aufgefordert, dem Vertrag zuzustimmen.

Im Anschlag der 20000 Mann für den Türkenkrieg vom 10. August des Nürnberger Reichstags, der in letzter Sitzung am 11. August tagte, ist Graf Heinrich von Württemberg nicht mehr zu finden, während er im Jahre 1466 sowohl in der Liste der zum kaiserlichen Tag nach Ulm Geladenen wie auch im Teilnehmerverzeichnis des Nürnberger Reichstags von November 1466 als Koadjutor erscheint[148].

Für die Struktur des Reiches ist der Charakter des Kammergerichts von höchster Bedeutung. Es ist auffallend, daß wohl der Kaiser, aber nie

---

[146] Or. Urk. v. 1467 Aug. 17 in Stuttgart StA WR Nr. 6296 u. in Würzburg StA Weltl. Schrank 34/3; Druck: C. F. Sattler, Gesch. des Hzgtums Wirtenberg 3. Th. 2. Aufl. (1777) Beil. Nr. 39 S. 50 ff.; Reg. Krieger a. a. O. Nr. 9532. Daß die Beurkundung erst 3 Wochen nach dem Abschluß der Richtung und zwar am Tagungsort des Reichstags erfolgte, erklärt sich aus der Mitbesiegelung Mkgf. Albrechts, die zur Garantierung des Akbommens höchst erwünscht war, aber erst nach Verhandlungen und nach Zurückziehen aller Aufgebote auch der Gegenseite erreicht werden konnte. S. Krieger a. a. O. Nr. 9515. — Päpstl. Verweis an Gf. Ulrich wegen eigenmächtiger Koadjutorschaft seines Sohnes v. 1467 Aug. 25 in Würzburg a. a. O. 34/12¹/₂; Druck: Gudenus a. a. O. S. 403.

[147] MDP fol. 94.

[148] J. J. Müller, Reichstagstheatrum (1713) Tom. I Teil 2 S. 283 ff., 198, 216.

das Kammergericht in diesem ganzen Fehdeverlauf in Frage tritt. In den
Vorschlägen zur Erneuerung der Goldenen Bulle von 1442[149] hatten die
Fürsten für bestimmte Fälle den Wunsch geäußert, vor den König zu
gehen, falls sie mit ihren Austrägen vor Fürsten und Fürstenräten eine
Streitsache nicht zum Abschluß bringen könnten. Friedrich III. hat aber
dem Anliegen, eine wie auch immer beschaffene königliche Gerichtsinstanz über den Fürsten zu errichten, nicht entsprochen. Er hat das
Kammergericht nicht nur nicht so zu gestalten vermocht, daß er das ihm
angetragene Bedürfnis befriedigte, er hat es vielmehr in gröbster Weise
vernachlässigt. Die letzten Wochen der Auseinandersetzung um das
rechtlichere Rechtgebot und der Heidelberger Spruch vom 7. Juni 1467
fallen schon in jene Periode völligen Stilliegens des Kammergerichts, in
der keine einzige Sitzung im Urteilsbuch verzeichnet ist[150]. Was dagegen
in Erscheinung tritt, ist die oberstrichterliche Stellung des Kaisers, das
Richten ist ganz an seine Person gebunden[151]. Selbst der Pfalzgraf, der
in Zwist mit dem Habsburger lebte, fällte — wenn wir seine Überlegungen
im einzelnen auch nicht kennen — sein Urteil auf den Kaiser. In der aus-
schließlichen Berufung auf den Kaiser wäre man versucht, die Lebendig-
keit der alten Rechtsvorstellung von der strengen Bindung des Rechts
an die Person des obersten Richters zu suchen, wenn nicht gerade auf
demselben Reichstag von 1467 ein kurfürstlich-fürstliches Gutachten
ein den Reichsunmittelbaren vorbehaltenes Landfriedensgericht mit
ausgesprochenem Behördencharakter postuliert hätte, das den Kaiser bei
der Richtung der für die Geschicke des Reichs erheblichsten Fälle von
Landfriedensbruch persönlich ausschalten sollte[152].

Welche Motive wird man sonst dafür suchen müssen, daß einzelne
Fürsten doch dem Kaiser die Entscheidung über ihren Rechtsfall an-
trugen? In erster Linie kommt hier wohl das politische Interesse in
Betracht. Der als unparteiischer oberster ordentlicher Richter angerufene
Kaiser war in Wirklichkeit ja selbst Partei! In dem Streit des Koadjutors
mit Wertheim war von niemand anders eher eine günstige Entscheidung
zu erwarten als von Friedrich III. Auch der Gedanke, durch Ver-
schleppung, wie sie eine Ladung vor das Reichsoberhaupt immer nach
sich zog, außerhalb des Prozesses liegende Vorteile gewinnen zu wollen,
liegt nahe. Ob auch schon in den sechziger Jahren die Anwendung des
römischen Rechts für die materielle Entscheidung eines Rechtsstreits
vor dem Kaiser eine solche Rolle spielte, daß in bestimmten Fällen etwa
darin der Grund lag, sein Recht vor dem Kaiser zu suchen, läßt sich

---

[149] Deutsche RTA Bd. 16 Nr. 207 Art. 3 b.
[150] Von 1467 Mai 16 bis 1468 Dez. 23; vgl. J. Lechner, Reichshofgericht u. kgl.
Kammergericht im 15. Jh. MIÖG Erg.-Bd. 7 (1904) S. 109 ff.
[151] Vgl. auch den Fall Augsburg auf S. 120.
[152] Vgl. Most a. a. O. S. 213 ff.

schwer sagen[153]. Offensichtlich aber geschah die Berufung auf den Kaiser mit Rücksicht auf die Parität.

Die im 15. Jahrhundert bestehende Unsicherheit im Verfahrensrecht machte es häufig erforderlich, daß über die zur Verfügung stehenden Gerichte erst eine Entscheidung gefällt werden mußte durch die Feststellung des rechtlicheren Rechtgebots. Das Fehlen fest verbindlicher Normen, vor allem für die bei Widerklage[154] zuständige Instanz, wurde benutzt, um in raffinierter Weise mit den Erbietungen zu Recht ein spitzfindiges, hinhaltendes Spiel zu treiben, das dem Eindringen der Politik ins Recht Tür und Tor öffnete.

---

[153] Vor 1495 wurde teils nach älteren, schriftlich nicht niedergelegten Gewohnheiten des Hofs, teils nach Vorschriften des kanonischen Rechts, die ja aber dem Schiedsverfahren ebenfalls zugrunde lagen, gerichtet. Durch Beiziehung gelehrter Räte drang das römische Recht aber allmählich immer mehr ein.

[154] Vgl. S. 141f. mit Anm. 97, 102, 103.

HERZOG SIGMUND VON TIROL, DER KAISER UND DIE ÄCHTUNG DER EIDGENOSSEN 1469

Kanzlei und Räte Herzog Sigmunds, insbesondere nach London, Britisches Museum Add. Ms. 25437 *

Von HENNY GRÜNEISEN

1. Im Haus-, Hof- und Staatsarchiv in Wien liegt die deutsche und die lateinische Ausfertigung des Urteilsbriefes, mit dem Kaiser Friedrich III. die Eidgenossen am 31. August 1469 in die Reichsacht erklärte[1]. Diese hat auf die äußere Entwicklung der habsburgisch-eidgenössischen Beziehungen nur geringen Einfluß gehabt. Sie ist deshalb in der Literatur wenig beachtet worden als eine Maßnahme des Kaisers, die bald von den politischen Folgen des Vertrags von St. Omer überschattet wurde. Herzog Sigmund hatte nämlich mit diesem im Mai 1469 abgeschlossenen Vertrag, durch den er sich mit der Verpfändung eines Teils der Oberrheinlande an Burgund die Hilfe Karls des Kühnen gegen die Eidgenossen sichern wollte, unbeabsichtigt die Voraussetzungen geschaffen, unter denen seine Einung mit den Eidgenossen mit Hilfe

* Der Beitrag ist im wesentlichen aus Quellenmaterial erarbeitet, das im 23. Band der Deutschen Reichstagsakten unter Kaiser Friedrich III. veröffentlicht wird. Im folgenden können nur an den wichtigsten Stellen Textbelege gegeben werden. Ein Teil der Ergebnisse beruht auf gemeinsamer Quellenarbeit mit I. Most, der Bearbeiterin des 21. und 22. Bandes, deren Material sich mit dem des 23. Bandes in der hier dargelegten Frage sachlich und zeitlich überschneidet. Für methodische Anregungen und sachliche Hinweise ist namentlich H. Heimpel und K. Bittmann zu danken. Schließlich sei das fördernde Entgegenkommen der Archive in Österreich und in der Schweiz sowie des Britischen Museums in London bei der Bereitstellung ihrer Bestände und der Herstellung von Filmen dankend erwähnt.
[1] Wien HHStsA (zit. HHStsA) Allgemeine Urkundenreihe, 2 or. mb. c. sig. pend. Druck: J. Chmel, Fontes rerum Austriacarum (zit. FRA) II 2 (1850) S. 361—364; J. Chmel, Regesten des Römischen Kaisers Friedrich III. 1452 —1493 (1840) (zit. Chmel, Reg.) Nr. 5679.

Ludwigs XI. von Frankreich in der sogenannten „Ewigen Richtung" von 1474 zustande kommen sollte[2].

Schon Heinrich Witte hat auf den inneren Zusammenhang der Reichsacht mit dem burgundischen Hilfeversprechen des Vertrags von St. Omer hingewiesen und dabei die Vermutung geäußert, daß die unmittelbar nach Abschluß des Vertrages ausgefertigten kaiserlichen Mandate vom 25. und 26. Mai 1469, die mit der Ungültigkeitserklärung des Waldshuter Friedens Prozeß und Acht gegen die Eidgenossen auslösen sollten, auf die Veranlassung Herzog Sigmunds zurückzuführen seien[3].

Doch konnte Witte nach der damaligen Quellenlage nicht erkennen, daß die Ächtung — über diesen Zusammenhang mit dem Vertrag von St. Omer hinaus — bezeichnendes Ereignis für die Zeit von 1464 bis etwa 1472 ist, in der Sigmund sich nach dem Tode Herzog Albrechts mit dem Kaiser verband und seine eidgenössische Politik nicht wie vorher und hinterher mit Hilfe der regionalen Schiedsgerichte unter der Protektion von Frankreich, sondern gestützt auf den Kaiser und das kaiserliche Recht zu führen suchte[4]. In einem rückblickenden Bericht

---

[2] Aus der umfangreichen Literatur: K. Dändliker, Ursachen und Vorspiel der Burgunderkriege (1876) und I. K. Zellweger, Versuch, die wahren Gründe des burgundischen Krieges aus den Quellen darzustellen, Arch. f. Schweiz. Gesch. 5 (1847) gingen von der gerade für die Schweiz wesentlichen Fragestellung nach der Ursache der Burgunderkriege aus. Ähnlich H. Witte, Zur Geschichte der Entstehung der Burgunderkriege (Hagenau 1885) und in seinen Arbeiten zur Geschichte der burgundischen Herrschaft am Oberrhein, ZGO NF Bd. 1, 2 u. 8 (1886, 1887 u. 1893). Er betont in stärkerem Maße die Beziehungen Herzog Sigmunds von Tirol zu den Eidgenossen und hat so die Arbeiten angeregt, die sich in jüngerer Zeit mit der Entstehung der Ewigen Richtung befassen, so zuletzt R. Janeschitz-Kriegl, Geschichte der ewigen Richtung von 1474, ZGO NF 66 (1957). — Zu den allgemeinen Verhältnissen E. Dürr, Schweizer Kriegsgeschichte Heft 4 (1933) und H. Heimpel, Karl der Kühne und Deutschland, Elsaß-Lothringisches Jahrbuch Bd. 21 (1943) S. 1—54. Speziell für die vorderösterreichischen Verhältnisse: Heimpels Studien über Peter von Hagenbach, Jahrbuch der Stadt Freiburg 5 (1942) S. 139—154 u. ZGO NF 55 (1942) S. 321—357, und H. Brauer-Gramm, Der Landvogt Peter von Hagenbach. Die burgundische Herrschaft am Oberrhein 1469—1474 (1957).

[3] H. Witte, Entstehung S. 12. Überlieferung und Druck der Mandate s. Anm. 198.

[4] Chmel hat lediglich Wiener Archivalien veröffentlicht. Anordnung und Editionsweise verbergen bei ihm zudem die Überlieferungszusammenhänge. Auf Chmel's Editionen waren aber H. Witte, Der Mülhauser Krieg 1467 bis 1468, Jb. f. Schweiz. Gesch. 11 (1886) und M. Krebs, Die Politik von Bern, Solothurn und Basel in den Jahren 1466—1468 (Diss. 1902) für die Darstellung der österreichischen Politik dieses Zeitabschnitts noch angewiesen. Erst R. Thommen, Urkunden zur Schweizer Geschichte aus Österreichischen Archiven Bd. IV (zit. Thommen IV) 1440—1479 (1932) bringt eine Auswahl aus den Innsbrucker Beständen, die diese Periodisierung schon etwas erkennen läßt. So kommt M. Meier, Der Waldshuterkrieg von 1468 (Diss. Basel 1937) und ders., Der Friede von Waldshut und die Politik am Oberrhein bis zum Vertrag von Saint-Omer, ZGO NF 51 (1938) S. 321—384, auch durch Benutzung unbekannter Schweizer Quellen, zu einer stärkeren Be-

an den Kaiser ordnet Sigmund diese Phase seiner Politik selbst dem langjährigen, nun gescheiterten Versuch zu, die eidgenössische Frage auf dem Wege des Rechts zu lösen[5]. Dabei interessiert weniger das politische Ergebnis als das rechtlich-politische Verfahren.

2. Bisher nicht benutzte Akten ermöglichen es, diesen Weg zur Acht aus der Tätigkeit der Räte und der Kanzlei Herzog Sigmunds zu erkennen. Der politische Vorgang wird damit zugleich ein Beispiel für deren Denk- und Arbeitsweise[6].

Wichtigste Quelle hierzu ist eine bisher kaum bekannte Handschrift des Britischen Museums[7]. In ihrem jetzigen Zustand ist sie eine modern gebundene Sammelhandschrift von Akten Innsbrucker und vorderösterreichischer Provenienz aus den Jahren 1364—1481 mit 208 Blättern. Fol. 1 und 208 sind Vorder- und Deckblatt eines alten Pergamenteinbandes, dessen Aufschrift lautet: „Der von Friburg in Öchtland sach und glich new håndel durch Herzog Sigmunden wider die Aidgnossen, die zu behalten sind." Darunter ist eine Burg gezeichnet. Fol. 208[v] trägt den Rückvermerk „Freiburg". Mit diesem Einband und Kennzeichnung eines wesentlichen Teils ihrer heutigen Akten ist die Handschrift bis Mitte des 18. Jahrhunderts in den Repertorien des Innsbrucker Landesregierungsarchivs nachweisbar[8].

Die unchronologisch an modernen Falzen eingebundenen Aktengruppen und Einzelschriftstücke betreffen: Habsburgisch-eidgenössische Verhandlungsakten der Jahre 1445/46 — dabei das Protokoll zu einem Tage von Genf 1446 wegen Freiburg i. Ü. mit Abschriften früherer Bündnisverträge Freiburgs, die der Handschrift ihren Namen gaben —,

---

rücksichtigung der Wirkungen von Kaiser und Reich. Doch bleiben alle diese Darstellungen noch von dem Schema: Schaffhausen und Mülhausen, Waldshut, St. Omer bestimmt.

[5] Innsbruck LRA (zit. ILRA) Sigmundiana IVb, 55/3 fol. 611—617, Konzept mit der Überschrift: Memorial an unsern hern kaiser [Anfang 1472]; Druck: Chmel, FRA II 2 S. 395—406 nach einer Abschrift in HHStsA Hs. weiß 212 fol. 159—165[r]. Vgl. hierfür besonders ebd. S. 401 f.

[6] Methodisch beispielhaft für eine aus den Quellen entwickelte Systematik der diplomatischen Verhandlungsweise: B. Seuffert, Drei Register aus den Jahren 1478—1519 (1934).

[7] London, Brit. Museum Add. Ms. 25437. Hinweise und kurze Beschreibungen: Catalogue of Additions to the Manuscripts in the British Museum in the years 1854—1875 Vol. II (1877) S. 188; G. Waitz, NA 4 (1879) S. 372 und R. Priebsch, Deutsche Handschriften in England Bd. II (1901) S. 229. H. Herre erkannte bei seiner Londoner Reise 1894 (s. RTA Bd. 15 S. XIVf.) die Bedeutung der Handschrift für die eidgenössisch-habsburgischen Beziehungen 1467—1469 (RTA-Tabular).

[8] ILRA Rep. 373 Bd. V S. 77 mit der nachgemalten Burg zur Kennzeichnung der Handschrift (Repertorium des oberösterreichischen Schatzarchivs von W. Putsch, um 1520); Rep. 229 S. 45 (1747/48).

Akten und Urkunden der Jahre 1457—1460, Aktenmaterial der vorderösterreichischen Registratur von 1463—1466 und in der Hauptsache Akten Tiroler und vorderösterreichischer Provenienz vom Sommer 1467 bis Herbst 1469 über die letzten Verhandlungen mit den Eidgenossen vor dem Waldshuter Krieg und das Zustandekommen der Ächtung[9].

Das Überlieferungsbild, von dem hier auszugehen ist, entsteht jedoch erst zusammen mit den Akten des Bestandes Sigmundiana im Landesregierungsarchiv in Innsbruck[10] und den Tiroler Kanzleibüchern in Innsbruck und Wien[11].

Hofordnungen und Sitzungsprotokolle nennen Namen der Männer, die Herzog Sigmund in diesen Jahren in Rat und Kanzlei umgaben[12]. Die großen Humanisten wie Gregor von Heimburg und Dr. Lorenz

---

[9] Von einem genauen Verzeichnis muß hier abgesehen werden. Soweit ungedruckt, werden die Akten der Jahre 1445/46 in RTA Bd. 17/3 und 18, ab 1457 in Bd. 23 veröffentlicht.

[10] Zit.: ILRA Sigm.; darin: IVb 55/3 Nichteingereihte Stücke = IVb 55/3 N. St. — Zur Geschichte und Charakteristik des Bestandes O. Stolz, Geschichte und Bestände des Staatlichen Archivs zu Innsbruck (1938), Inventare österr. staatl. Archive Bd. VI, S. 90f.

[11] Zusammenstellung der Tiroler Kanzleibücher in der Zeit Hzg. Sigmunds bei Stolz a.a.O. S. 110. Bei ihnen ist zwischen den Kanzleiregistern, die den täglichen Geschäftsgang enthalten, und den meist nur wenige Jahrzehnte später gebundenen Händelakten zu scheiden, die aus der Ablage zu einem bestimmten Sachbetreff erwachsen sind. Von letzteren ist HHStsA Hs. weiß 212 (Böhm 412) für die Eidgenossenfrage seit 1468 und Hs. weiß 558 (Böhm Suppl. 21) für die Beziehungen zu Burgund 1446—1448 und 1469—1476 wichtig. Eine besondere Stellung hat Hs. weiß 600 (Böhm Suppl. 80): die modern gebundene Handschrift enthält neben Reichstagsakten, deren Provenienz nicht immer feststellbar ist, Tiroler Akten vornehmlich über Verhandlungen des Herzogs mit dem Kaiser in der 2. Hälfte des 15. Jh.s.

[12] ILRA Cod. 208a: fol. 5 (1466): „Item zum mynnisten siben råte, die tåglich bey m. gn. h. sullen sein mit pherden 24. Item von der canzley wegen sol lauter und genügsamlich mit m. gn. h. geredt werden, nachdem s. gn. vil daran gelegen ist." fol. 17v—18r (o. D.): Verzeichnis der täglichen Räte [gekürzt auf Namen und Anzahl der Pferde]: „der landkomendur, (3), Caspar von Lawbenberg (3), Hilbrant Rasp (2), Vintler (2), Ludwig von Masmunster (2), Mertein Neidegker (2), Doctor Lorentz (3). — „Canzley: item Sernteiner mit ainem knecht und pherden 2, item her Ludwig Rad mit ainem knecht und pherden 2; canzlschreiber: item Wilhalm Costentzer, item Wolfgang Sumer, item Hanns Wiser, yeder mit pherd 1 und die sullen haben ainen gemainen knecht." Cod. 208 fol. 26 (1470): „Canzley: item der canzler 3 pherd, item Sernteiner 2 pherd, item drey secretari und der Oswald, yeder 1 pherd …". Rheinfelden StA Ratsprotokoll fol. 49v: Schilderung einer Sitzung des herzoglichen Rates in Innsbruck, 1467 Dez. 27 und 1468 Jan. 5: Für den anwesenden Herzog spricht der Hofmeister Jakob Trapp. Der Kanzler Meister Ludwig Rad erhält den Auftrag, das Ergebnis in der Sitzung zu notieren. — Grundsätzliches zur Entstehung und Bedeutung des ständigen Rates in den 60er Jahren: Th. Mayer, Die Verwaltungsorganisationen Maximilians I. Ihr Ursprung und ihre Bedeutung, Forsch. z. inneren Gesch. Österreichs, Heft 14 (1920) S. 16f. mit Angabe der älteren Literatur.

von Blumenau treten vor einer jüngeren Generation zurück[13]. Als in Verwaltung und Politik führender Beamter erscheint der Hofmeister Jakob Trapp. Schon 1449 stand er in Sigmunds Diensten, wurde in den ersten Jahren besonders für Verhandlungen mit dem französischen König verwandt und erhielt 1460 die Vogtei von Bregenz[14]. Unter den sechs bis sieben ständigen Räten des Herzogs wird Ludwig von Masmünster genannt, der gleichzeitig auch kaiserlicher Rat und Angehöriger der vorderösterreichischen Stände war und gerade in Verhandlungen wegen der Eidgenossen häufig begegnet[15].

Besonderen Wert legte der Herzog auf seine Kanzlei. Zu den etwa fünf einfachen Kanzleischreibern treten in diesen Jahren Hans Sernteiner und Meister Ludwig Rad als leitende Beamte. Dr. Achaz Mornauer, Domherr zu Brixen[16], und Dr. Benedikt Fueger, Kanzler der siebziger Jahre[17], werden nur gelegentlich mit aufgeführt.

Hans von Northeim, genannt Sernteiner, ist nun höchstwahrscheinlich mit der Hand zu identifizieren, die während dieser Jahre die führende Sekretärstätigkeit in der Nähe des Herzogs und des Hofmeisters Jakob Trapp ausübte[18]. Er konzipierte Briefe und wichtige herzogliche Instruk-

---

[13] Zum Einfluß des Humanismus an Sigmunds Hof: K. Moeser-F. Dworschak, Die große Münzreform unter Erzherzog Sigmund von Tirol, Österreichisches Münz- u. Geldwesen im Mittelalter 7 (1936) S. 16 u. H. Kramer, Das Zeitalter des Humanismus in Tirol, Ewiger Humanismus, Schriften der österr. humanistischen Gesellschaft in Innsbruck Heft 13 (1947).

[14] Kurze Lebensbeschreibung Trapps bei P. J. Ladurner, Zeitschr. d. Ferdinandeums III. Folge, 18. Heft (1874) S. 233 Anm. — Zu den Gesandtschaften nach Frankreich: J. Chmel, Materialien z. österr. Gesch. I (1837) S. 311 f.

[15] Als kais. Rat erwähnt ihn Seuffert a.a.O. S. 93; Zugehörigkeit zu den vorderösterr. Landständen nach der Liste von 1468 bei H. J. Schwarzweber, Die Landstände Vorderösterreichs im 15. Jahrhundert, Forsch. u. Mitt. z. Gesch. Tirols u. Vorarlbergs 5 (1908) S. 232.

[16] Biogr. Artikel bei L. Santifaller, Das Brixener Domkapitel in seiner persönlichen Zusammensetzung im Mittelalter, Schlern-Schriften 7 (1924) S. 388 f. Nr. 197; über M's Stellung zum Humanismus: Kramer a.a.O. S. 18.

[17] Dechant zu Brixen, s. Santifaller a.a.O. S. 314 ff. Nr. 79 u. Seuffert a.a.O. S. 49 Anm. 18.

[18] a) Die volle Namensbezeichnung (ILRA Cod. 123 fol. 181: Brief Hzg. Sigmunds an s. Sekretär H. v. N. gen. S., 1473 Juni 6) läßt annehmen, daß er ein Vorfahr von Ziprian von Nordheim zu Sarnthein, dem Kanzler Maximilians war. Über letzteren s. Stolz, Archiv u. Registratur d. oberösterr. Regierung, Arch. Zeitschr. 42 (1934) S. 86 u. H. Ulmann, Kaiser Maximilian I., Bd. 1 u. 2 (1891).

b) Zur Schriftidentität: In den Akten zu den Verhandlungen zwischen Hzg. Sigmund und Johann von Hinderbach, Bf. v. Trient, über die Bestätigung des 1464 mit Bf. Georg abgeschlossenen Schirmvertrages (HHStsA Österr. Akten Tirol 16a) werden als am 20. Mai 1468 in Bozen anwesende Angehörige der Kanzlei genannt: „Doctor Achatz kanzler, Doctor Benedict Fuger, Hans Sernteiner, Martinus Marquardi". (ebd. fol. 22). Die Schriften von Achaz Mornauer (eigh. Unterfertigung in Innsbruck LRA Autographensammlung) und Benedikt Fueger (eigh. Schreiben in HHStsA Allgem. Urk.-Reihe 1473 Aug. 18) sind in den Akten wenn auch nicht

tionen, protokollierte in Verhandlungen, gab den einfachen Kanzleischreibern Anweisungen und korrigierte sie zugleich. Daneben ordnete
er Registratur und Archiv. Von seiner Hand stammen die Rückvermerke
zahlreicher Eingänge, ferner Überschriften, Übersetzungen und schließlich Quellen sammelnde Aufzeichnungen historischer Art.

Fraglicher ist die Identifizierung einer anderen Hand mit Meister
Ludwig Rad von Feldkirch[19]. Er hatte sich als Schreiber in den Kanzleien

---

von Mornauer so doch von Fueger erkennbar (Korrekturen fol. 52—55). Neben
ihnen finden sich vor allem zwei weitere Hände, von denen die eine mit der Haupt-
hand der Add. Ms. 25437 identisch ist. Sie entwirft Konzepte (fol. 42—47) oder
korrigiert Reinschriften der anderen Hand (fol. 60—63), der sie demnach überge-
ordnet war. So dürfte sie Hans Sernteiner zugehören. — Einen weiteren Hinweis
gibt der Auftrag Trapps an Sernteiner zur Abfassung einer Denkschrift, die dann
von ders. Hand geschrieben ist (s. unten S. 181 u. 199) — Schriftprobe s. Tafel 2 u. 3.

c) Vorläufige Zusammenstellung seines Vorkommens und seiner Tätigkeit:

[1464] Bei Verhandlungen wegen Jörg von Stein (ADB 35 S. 609) mit Jakob
Trapp und Lienhart Wienecker in Wiener-Nenstadt, lt. Bericht der Hzgin. Eleonore
vom Juni 1467, in dem Sernteiner als Rat und Kanzler bezeichnet wird: HHStsA
Österr. Akten, Tirol 16a fol. 64—65; durch eigh. Akten Sernteiners bisher nicht
belegt.

1467 Sept.: Sekretär Hzg. Sigmunds bei seinen Verhandlungen mit den Waldstädten in St. Blasien; im Anschluß daran beim Tage von Basel, 1467 Okt.; eigh.
Akten s. Anm. 72 u. 74.

1468 März—April: Add. Ms. 25437 fol. 144^v (Rückvermerk), fol. 168^v: Nachträge
zum Empfängerverzeichnis der kais. Mandate, fol. 187: Sammlung historischen
Materials.

1468 Mai: s. oben unter b).

1468 Juni: Konzepte der herzogl. Briefe zur Vorbereitung des Waldshuter Krieges:
ILRA Kanzleikopialbuch I (1446—1477) fol. 6^r, 10^r, 14, 28^r, 139^r.

1468 Sept.—Okt.: Leitende Tätigkeit in der Kanzlei Hzg. Sigmunds nach dem
Waldshuter Frieden: Add. Ms. 25437 fol. 51, 54^r, 57^r, 151—153^v (Korrekturen),
169—170^v, 186^v, 188—189^v, s. S. 194ff. u. Tafel 2 u. 3.

1469 Mai ff.: von St. Omer bis zur Ächtung: HHStsA Hs. weiß 600 fol. 80—84^v,
85—86^v, s. S. 203f. Anm. 200 u. 202; Hs. weiß 558 fol. 1—40: Überschriften u.
Übersetzungen im Registerheft der Urkunden des Vertrags von St. Omer; Add. Ms.
25437 fol. 171^r: Kanzleiverzeichnis über aufzubewahrende Schriftstücke.

Spätere Vorkommen: 1474 (Rückvermerk): ILRA Sigm. IVb 55/3 N. St.; [1478]:
Aufzeichnung über Verhandlungen mit den Eidgenossen: Sigm. IVb 55/3 fol. 692
or. not. ch.

[19] a) Vorläufige Zusammenstellung des Vorkommens der Hand von Ludwig
Rad (?); Schriftprobe Tafel 4 (Text).:

1466 Juli 10: Konzept des Berichts der Räte vom Konstanzer Tag, s. Anm. 49.

1467 Mai 29: Konzept einer Erklärung der Sendboten d. Bf's v. Chur betr. den
Ausgleich Hzg. Sigmunds mit den Gemeinden im Engadin: HHStsA Allgem. Urk.-
Reihe, Umschlag 1455—1494 Chur u. Engadin fol. 6.

[1468 nach Febr.]: Gutachten „Von wesen und der macht der aydgnossen":
Add. Ms. 25437 fol. 142^{rv}.

[1468 nach Mai 26]: Briefkonzept an den Landvogt Thüring v. Hallwil über den
Tag v. Basel im Mai 1468, bei dem Rad anwesend war: Add. Ms. 25437 fol. 150,

des Bischofs von Augsburg, des Kaisers und des Erzbischofs von Trier emporgedient. Um 1460 zog er sich auf seine Chorherrenpfründe in Zürich zurück — besonders aus dieser Zeit stammen Briefe, die seine Beziehungen zum schweizerischen und schwäbischen Frühhumanismus zeigen —, trat dann aber in den Dienst Herzog Sigmunds, als dessen Sekretär, Rat und Kanzler er seit 1466 genannt wird. Seit 1468 war er Propst von Rheinfelden. So kannte er den kaiserlichen Hof und war doch zugleich mit den eidgenössischen wie auch den vorländischen Verhältnissen vertraut.

Schließlich ist die Gruppe der vorderösterreichischen Räte zu nennen, die Sigmund von Herzog Albrecht übernommen hatte[20]. Es ist dies namentlich Thüring von Hallwil, der seit Ende der vierziger Jahre seinem Vater als Marschall Herzog Albrechts gefolgt war und zu dessen nächsten Ratgebern gehörte[21]. Ihm nahe stand Dr. Matheus Humel aus Villingen, der nach theologischen und juristischen Studien in Heidelberg und Pavia im Auftrag Herzog Albrechts mit der Einrichtung der Universität in Freiburg i. Brsg. begann. Er war wiederholt ihr Rektor. Gleichzeitig begegnet er auch als Rat Herzog Albrechts und Sigmunds[22].

---

und Korrekturen an dem Bericht für die Tiroler Landschaft zur gleichen Sache: ebd. fol. 190ʳ; s. Anm. 115.

1468 Juni 20: Konzept zum Aufschub des Urteilsspruches gegen Georg von Stein: HHStsA Österr. Akten, Tirol 16a fol. 80.

1468 Aug. 5: Nachtrag zum Abschied des Tiroler Landtags: ILRA Landtagsakten vor 1525, fasz. 1 fol. 6ʳ. In dem Verzeichnis der anwesenden Räte steht nachgetragen „et Ludwig".

[1468 Nov.]: Konzepte kaiserlicher Mandate s. unten S. 199f. (Tafel 4).

Weder in Innsbruck und Wien noch in Zürich und Rheinfelden (Mitteilung von W. Schnyder und K. Schib) ließ sich ein die Identität mit Sicherheit beweisendes Autograph feststellen. Auch innerhalb der Schrift gibt es starke Differenzen.

b) Zum Lebenslauf von L. R. (dem Älteren): Hist.-Biogr. Lexikon d. Schweiz 5 (1929) S. 512; P. Joachimsohn, Frühhumanismus in Schwaben, Württ. Vjh. f. Landesgesch. NF Bd. 5 (1896) S. 64—72 u. 261ff.; O. V. Vasella, Untersuchungen über die Bildungsverhältnisse im Bistum Chur vom Ausgang d. 13. Jh.s bis um 1530, Jahresber. d. Hist.-Antiquar. Gesellschaft von Graubünden Bd. 62 (1932) S. 142; P. Bänziger, Beiträge zur Geschichte der Spätscholastik und des Frühhumanismus in der Schweiz, Schweizer Studien z. Geschichtswissenschaft NF 4 (1945) S. 81—84.

[20] Der Begriff „Vorderösterreich" oder „Vorlande" wird im folgenden in der Regel im engeren Sinne benutzt als Bezeichnung für die österreichischen Herrschaftsrechte in der Landgrafschaft Elsaß, im Sundgau und Breisgau, auf dem Schwarzwald und in den Waldstädten; s. O. Stolz, Geschichtl. Beschreibung der ober- und vorderösterreichischen Lande, Quellen u. Forsch. z. Siedlungs- und Volkstumsgeschichte d. Oberrheinlande 4 (1943) S. 39ff.

[21] Hist.-Biogr. Lexikon d. Schweiz IV (1927) S. 63; Thommen IV u. A. Bachmann, Deutsche Reichsgeschichte im Zeitalter Friedrich III. und Max I., Bd. I (1884) S. 70 u. 447f.

[22] G. Toepke, Die Matrikel d. Universität Heidelberg von 1386 bis 1662, Bd. I (1884) S. 231 u. II 388 u. 393; H. Mayer, Die Matrikel der Universität Freiburg i. Br.

Wohl infolge des Wegfalls des Marschallamtes nach Albrechts Tod hatte Thüring im Laufe des Sommers 1464 die Landvogtei im Elsaß, Sundgau, Breisgau und in denWaldstädten von Peter von Mörsberg übernommen[23]. Doch blieb letzterer ebenso wie Marquard von Baldeck im engsten Rätekreis um den Landvogt.

Gerade diese Räte haben einen maßgebenden Einfluß auf die Politik Sigmunds seit 1464 geübt, weil der Herzog auf sie als die besten Kenner der vorderösterreichischen Verhältnisse angewiesen war. So gingen durch sie die Erfahrungen der Politik Herzog Albrechts in die eidgenössische Politik Sigmunds ein.

3. Auf der politischen Konzeption Albrechts, der Verbindung mit den Wittelsbachern gegen den Kaiser, beruhte noch der fünfzehnjährige Frieden von 1461, der den 1462 ablaufenden fünfzigjährigen Frieden bis zu einer endgültigen Befriedung beider Parteien ersetzen sollte[24].

Albrecht hatte Sigmund zwar schon 1458 die Regierung der Vorlande allein überlassen; dennoch mußte ihn Sigmund bald wieder zur Hilfe rufen. Sein Streit mit Nikolaus von Cues um die Stellung des Bistums Brixen zu Tirol hatte ihm den Bann des Papstes zugezogen, in dessen Auftrag die Eidgenossen im Herbst 1460 das Thurgau eroberten. Nur mit Mühe konnten die Bischöfe von Basel und Konstanz im Dezember einen kurz befristeten Waffenstillstand erreichen. Erst Albrecht gelang es, durch die Vermittlung Herzog Ludwigs von Bayern für sich und Herzog Sigmund den fünfzehnjährigen Frieden abzuschließen. Bis zu einer endgültigen Beilegung der habsburgisch-eidgenössischen Streitigkeiten durch die Wittelsbacher sollten alle aus dem letzten Krieg erwachsenen Ansprüche ruhen oder nach den Bestimmungen des fünfzigjährigen Friedens, d.h. durch ein von beiden Parteien besetztes Schiedsgericht, verfolgt werden. Für neue Streitfälle war ein Austragsverfahren in Konstanz oder Basel vorgesehen.

Die besondere Bedeutung dieses Friedensschlusses liegt in der reichspolitischen Situation. Durch die Friedensvermittlung in Konstanz wollten sich die bayerischen Fürsten Herzog Sigmund verpflichten und

von 1460—1656 (1907) S. 2, 23, 39, 53; H. Schreiber, Geschichte der Albert-Ludwigs-Universität zu Freiburg i. Br. I (1857) S. 13 ff.
[23] Erste Nennung Hallwils als Landvogt am 19. Sept. 1464 (Thommen IV Nr. 324). Über Peter von Mörsberg s. E. Stricker, Peter v. Mörsberg, Jahrb. d. Sundgauvereins 6 (1938) S. 62 ff. u. Brauer-Gramm a.a.O. S. 29 f.
[24] Druck: A. Ph. Segesser, Amtliche Sammlung der älteren Eidgenössischen Abschiede Bd. II (1863) (zit. EA II) S. 886—890 Beil. Nr. 38; Druck des 50 jähr. Friedens ebd. I S. 342—346 Beil. Nr. 46. — Zum Folgenden außer Bachmann a.a.O. I S. 34 f., J. Dierauer, Geschichte der Schweizerischen Eidgenossenschaft II (1920—1921) S. 167 ff. u. H. R. v. Zeissberg, Der österreichische Erbfolgestreit nach dem Tod des Königs Ladislaus Postumus 1457—1458, Arch. f. österr. Gesch. 58 (1879); künftig auch RTA Bd. 20 (H. Weigel).

dem Kaiser bei der Anwerbung der Eidgenossen für den süddeutschen
Fürstenkrieg den Rang ablaufen. Sie erreichten aber nur, daß die Eidgenossen neutral blieben. Eine dauernde Befriedung der beiden habsburgischen Fürsten mit den Eidgenossen gelang den Wittelsbachern
trotz lange sich hinschleppender Verhandlungen nicht; sie verloren mit
dem Ende des Fürstenkrieges auch das Interesse daran[25].

Der beginnende Ausgleich der Wittelsbacher mit dem Kaiser und der
Tod seines Vetters Albrecht im Dezember 1463 nötigten Herzog Sigmund, der nun erst in den Vorlanden den Eidgenossen allein gegenüberstand, schließlich, seine Stellung zum Kaiser neu zu bestimmen, zumal
sein Verhältnis zum Papst in der Brixener Sache neue Konflikte mit den
Eidgenossen heraufzubeschwören schien[26]. In den Verträgen seit Mai
1464 verzichtete Herzog Sigmund auf seinen Anteil an den innerösterreichischen Landen. Dafür versprach ihm der Kaiser seine Hilfe bei der
Aussöhnung mit Rom und bei der Wiederherstellung der Ordnung in
Vorderösterreich[27]. Nicht ausdrücklich genannt, aber sachlich mit eingeschlossen war das Verhältnis zu den Eidgenossen; denn vom gleichen
Tage wie der Vertrag zwischen Herzog Sigmund und dem Kaiser
stammt das kaiserliche Mandat an die Eidgenossen, in dem ihnen
Friedrich als Römischer Kaiser mit Berufung auf den fünfzehnjährigen
Frieden jegliche Gewaltanwendung gegen Sigmund verbot und sie für
ihre Ansprüche an den Herzog auf seinen Schiedsspruch verwies[28]. Mit
dieser Maßnahme beginnt die gemeinsame Politik des Kaisers und
Herzog Sigmunds in der eidgenössischen Frage, in der sie sich aber
— wie das Mandat zeigt — zunächst noch ganz an die Rechtsgrundlage
des fünfzehnjährigen Friedens, d.h. die Schiedsgerichtsbarkeit, halten
mußten[29].

Von Anfang an haben die vorderösterreichischen Räte dabei einen
entscheidenden Einfluß genommen, um dieser Politik eine für die Eid-

[25] S. EA II Nr. 503, 510 u. 514 und vor allem A. Krieger, Regesten der Markgrafen von Baden und Hachberg 1050—1515 Bd. IV (1915) Nr. 8609, 8638, 8806,
8818 u. 8912.

[26] Siehe Bachmann a.a.O. I S. 508ff.

[27] Chmel, Reg. Nr. 4072 druckt die „Vereinigung unsers herrn kaisers und herzog
Sigmunds von Österreich" vom 3. Mai 1464. Weitere Verträge in HHStsA Hs. blau
7 fol. 96v—102v.

[28] HHStsA Allgem. Urkundenreihe (1464 Mai 14) or. ch. lit. pat.; Druck: Chmel,
Reg. Nr. 4071.

[29] Zur Bedeutung der Schiedsgerichtsbarkeit besonders in der Schweiz: E. Usteri,
Das öffentlich-rechtliche Schiedsgericht in der Schweizerischen Eidgenossenschaft
des 13.—15. Jh.s (Diss. 1925) u. K. S. Bader, Entwicklung und Verbreitung der
mittelalterlichen Schiedsidee, Zeitschr. f. schweiz. Recht NF 54 (1935) S. 122f. —
Über die dadurch entstandenen Schwierigkeiten mit den Gerichtsinstanzen des
Reiches s. H. Rennefahrt, König Wenzel und die Befreiung Berns von der Königs-
gerichtsbarkeit, Schweizer Beitr. z. Allgem. Geschichte 2 (1944) S. 66ff.

genossen ungünstige Richtung zu geben. Das Protokoll einer Unterredung zwischen tirolischen und vorderösterreichischen Räten über die Art und Weise, wie der Kaiser über die Schwierigkeiten mit den Eidgenossen zu unterrichten sei, ist dafür bezeichnend. Es wurde darin empfohlen, dem Kaiser unter Vorlage schriftlicher Unterlagen zu beweisen, daß die Eidgenossen nichts anderes bezweckten, als Herzog Sigmund weiterhin aus Rechten und Besitzungen zu verdrängen. Jedes Entgegenkommen von österreichischer Seite werde die Eidgenossen nur zu neuen Ansprüchen und Forderungen veranlassen[30].

Manche von den Streitfällen, mit denen man sich 1464 an den Kaiser wandte, hatten ihren Höhepunkt bereits hinter sich und konnten in den nächsten Jahren beigelegt werden[31]. Hingegen wurde der Rechtsstreit zwischen Schaffhausen und dem Hegauer Ritter Bilgeri von Heudorf[32] für die ganze folgende Entwicklung entscheidend, weil sich an ihm die Rechtsauffassung beider Parteien prinzipiell schied. Er bildete so — mehr noch als das Eintreten der Eidgenossen für Mülhausen — den Anlaß zu dem Waldshuter Krieg und damit zu der gegen die Eidgenossen ausgesprochenen Reichsacht[33].

Schaffhausen gehörte mit Rheinfelden zu den Städten, denen König Sigismund anläßlich der Ächtung Herzog Friedrichs von Österreich ihre Reichsunabhängigkeit zurückgab. Im Unterschied zu Rheinfelden hat Schaffhausen aber die wiederholten Versuche Österreichs, die Stadt erneut unter seine Herrschaft zu bringen, abgewehrt, ist im Zürichkrieg neutral geblieben und hat sich 1444 dem schwäbischen Städtebund angeschlossen. Auf diese Weise wurde es mit in den fränkisch-schwäbischen Städtekrieg einbezogen. Dies bildete den willkommenen Anlaß für den benachbarten, insbesondere auch den österreichischen Adel, sich der Besitzungen der Stadt zu bemächtigen. Nachdem Schaffhausen das Sulzsche Schloß Balm eingenommen und auf Rat Ulms zerstört hatte, eroberte Bilgeri von Heudorf im November 1448 die Burg Laufen, die Conrad und Hans von Fulach, Bürgern von Schaffhausen, gehörte, und

---

[30] ILRA Sigm. IVb 55/3 fol. 581ʳᵛ or. not. ch.

[31] So z. B. der Streit mit den Brüdern Gradner, s. A. Jäger, Die Fehde der Brüder Vigilius und Bernhard Gradner gegen den Herzog Sigmund von Tirol, Denkschriften d. kais. Akad. d. Wiss. z. Wien, Phil.-Hist. Klasse IX, S. 270 ff.

[32] ADB XIII S. 502 ff. (G. v. Wyß) u. Hist.-Biogr. Lexikon d. Schweiz IV (1927) S. 212.

[33] Die Bedeutung dieses Rechtsstreites, insbesondere auch für den Waldshuter Krieg, hat K. Bächtold, Schaffhausen als zugewandter Ort, Vom Bundesabschluß 1454 bis zur Bundeserneuerung 1479, Schaffh. Beitr. z. vaterländ. Gesch. 31. (1954) S. 71 ff., deutlich gemacht. — Für die Verwicklungen um Mülhausen und ihren Anteil an der Entstehung des Waldshuter Krieges ist die Anm. 4 gen. Literatur heranzuziehen; dazu L. Sittler, La Décapole Alsacienne des Origines à la Fin du Moyen-Age, Publ. de l'Institut des Hautes Études Alsaciennes XII (1955).

auf die Bilgeri Erbansprüche zu haben glaubte. Nur wenige Monate später nahmen die Brüder Fulach mit Hilfe von Hans Heggenzi, einem Ratsmitglied der Stadt, eines Nachts die Burg Laufen wieder ein. Wegen der Eroberung von Balm und Laufen erklärte dann Herzog Albrecht von Österreich der Stadt am 24. April 1450 die Fehde [34].

Da die schwäbischen Städte in dem nun folgenden Kleinkrieg ihre Hilfe versagten, entschloß sich Schaffhausen 1454 zum Anschluß an die Eidgenossenschaft [35]. Auch die Brüder Fulach hatten sich mit ihrem Schloß Laufen zunächst für zehn Jahre zu Bürgern von Zürich annehmen lassen [36]. So waren die Eidgenossen in doppelter Weise in die Schaffhausener Sache verwickelt, als Bilgeri von Heudorf um 1456 einen Prozeß gegen die Stadt Schaffhausen und die Brüder Fulach am kaiserlichen Kammergericht begann [37].

Heudorf hatte die Stadt wegen Landfriedensbruch verklagt, da die Einnahme der Burg Laufen aus der Stadt heraus geschehen sei. In der ersten Sitzung entschied sich das Kammergericht zu dem Rechtsspruch: wenn der damals amtierende Bürgermeister mit großem und kleinem Rat einen Eid leisten könne, daß die Sache ohne ihren Rat und ihr Zutun geschehen sei, werde man weiteres beschließen. Dieser Eid wurde von Hans von Klingenberg als kaiserlichem Kommissar in Schaffhausen entgegengenommen. Heudorf erkannte die Eidesleistung aber nicht an, da sie ohne Hans Heggenzi erfolgt sei, und wiederholte seine Klage. Die Gegenargumente der Stadt, daß Hans Heggenzi zur Zeit ihrer Vorladung vor das Kammergericht nicht mehr ihr Bürger gewesen sei [38], und daß sie daher keine Gewalt über ihn hätten, wurde nicht anerkannt. Vielmehr erklärte das Gericht die Stadt in die Strafe der Goldenen Bulle und der königlichen Reformation und verurteilte sie dazu, Bilgeri von Heudorf binnen sechs Wochen und drei Tagen wieder in den Besitz des Schlosses Laufen zu setzen. Ihm selbst wurden die dazu notwendigen „gerichtsgebott und prozeß" gegen Schaffhausen zuerkannt.

---

[34] Beste Zusammenfassung dieses den Rechtsstreit verursachenden Sachverhalts bei J. J. Rüeger, Chronik der Stadt und Landschaft Schaffhausen II (1892) S. 724 Anm. 6, 8 u. 9, S. 761 Anm. 2, S. 781—784, auf Grund der gerade für diese Jahre sehr umfangreichen Urkunden- und Aktenbestände des Staatsarchivs Schaffhausen; s. auch G. v. Wyß, ADB XIII S. 502 f.

[35] Darüber zuletzt: K. Schib, Zur Geschichte der schweizerischen Nordgrenze, Zeitschr. f. schweiz. Gesch. 27 (1947) bes. S. 7 ff.; Ders., Der erste Bund der Stadt Schaffhausen mit den Eidgenossen, Schaffh. Beitr. a.a.O. 31. Heft S. 56 ff. u. P. Kläui, Der Schaffhauser Bundesbrief von 1454, ebd. S. 65 ff.

[36] Zürich StsA Urk. C I Stadt u. Land Nr. 266 or. mb. c. 2 sigg. pend. (1455 März 10).

[37] Der Verlauf des Prozesses wird berichtet in dem kais. Urteilsbrief vom 26. Febr. 1457: Schaffhausen StsA Urk. Nr. 2386 or. mb. c. sig. mai. pend.

[38] Siehe Rüeger a.a.O. II S. 724 Anm. 8.

Die Stadt hat sofort gegen dieses Urteil appelliert und den Beistand der Eidgenossen angerufen, die den Kaiser baten, den Spruch aufzuhalten und neue Rechtstage anzusetzen[39]; denn von Anfang an war es klar, daß die Acht nur ein Vorwand war, um eine bessere Handhabe zum Vorgehen gegen Schaffhausen und die ihm verbündeten Eidgenossen zu haben[40]. So hat Bilgeri auch nicht geruht, bis er Ende 1463 die Bestätigung des Achturteils durchsetzte. Nun erst erhielten die Eidgenossen und die Schaffhausen benachbarten Reichsstände die entsprechenden kaiserlichen Mandate, so daß Konstanz Schaffhausen warnte, es könne für die Sicherheit seiner Bürger nicht mehr einstehen[41]. Die Eidgenossen hingegen wandten sich an den Kaiser und an Herzog Sigmund und erhoben Einspruch auf Grund des fünfzehnjährigen Friedens.

Dessen Bestimmungen hatten nämlich nach Ansicht der Eidgenossen inzwischen eine neue Rechtslage geschaffen, da sie den augenblicklichen Besitzstand, also auch den der Burg Laufen, für die Dauer des Friedens legalisierten, und für Streitigkeiten zwischen österreichischen Landsassen und Gliedern der Eidgenossenschaft die Regelung nach dem Austragsrecht des fünfzig- und fünfzehnjährigen Friedens festlegten[42]. Da Bilgeri von Heudorf zur Zeit des Friedensschlusses Vogt von Laufenburg, Rat und Diener Herzog Sigmunds war, galten diese Bestimmungen auch für ihn. Die Eidgenossen verlangten daher vom Kaiser die Aufhebung der Acht; Bilgeri sollte er anweisen, wenn er Forderungen an Schaffhausen habe, „sich alsdann rechts nach inhalt des 50 und 15jarigen fridens benügen zu lassen, umb deswillen, das nit ergers von diesen dingen ufferstand, denn wir uns ye nit mainen von dem friden dringen zu lassen"[43]. Herzog Sigmund machten sie aber als

---

[39] Schaffhausen StsA Korr. I fol. 64 cop. ch. c.; Bächtold a.a.O. S. 78.

[40] So schrieb Schaffhausen am 16. Juli 1457 an Luzern: „Und mit sunderhait so haut derselb her Bilgeri vor im und gesprochen, er welle durch soliche sine erlangete rechten dem huß von Osterrich ain weg gen úch und uns geben und machen, durch den si all ir sachen desterbas erobern und zu ustrag bringen mogen. war die sachen langen, verstant úwer wishait baß dann wir úch geschriben können": Luzern StsA Urk. 1346/76 or. ch. lit. cl.

[41] Das kais. Mandat vom 26. Febr. 1457, mit dem K. Friedrich den Eidgenossen von der über Schaffhausen ausgesprochenen Acht Mitteilung machte, gelangte erst am 2. Dez. 1463 in die Hände Zürichs: Zürich StsA A 176/1 Deutscher Kaiser Nr. 39 or. ch. lit. pat. mit gleichz. Empfangsvermerk: „uff frytag nach sant Andrestag a. d. 63mo ist diser brief von dem vogt zu Baden minen herren von Zurich geantwurt worden"; Reg: W. Schnyder, s. Anm. 48. — Zur Wirkung der Acht: Konstanz StA Miss. 1464/65 fol. 46 u. 72—73; dazu ebd. Ausgebbuch 1464 unter der Rubrik „Rittend botten". — Auch Straßburg machte Schaffhausen am 17. Mai 1464 davon Mitteilung: Schaffhausen StsA Korr. I 76 or. mb. lit. cl.

[42] EA II S. 888f.

[43] Schaffhausen StsA Streit des Bilgeri von Heudorf mit Schaffhausen fol. 1—2 cop. ch. c. [1464].

Landesherrn dafür verantwortlich, daß sich Bilgeri unverzüglich an diese Weisungen hielte[44]. Sie weiteten damit den Streit zwischen Schaffhausen und Heudorf zu einem eidgenössisch-habsburgischen Konflikt aus, bei dem es darum ging, die schiedsgerichtliche Rechtsgrundlage des regionalen Friedens gegen das kaiserliche Urteil durchzusetzen. Sie mußten den fehdelosen Rechtsaustrag vor befreundeten, benachbarten Mächten der Gefährdung durch die Acht mit ihrem ständigen Unfrieden vorziehen.

Dagegen vertrat Bilgeri — und mit ihm Herzog Sigmund — die Meinung, „sin sache sye ain alte sach und in dem 15jarigen friden ußgesetzt", da Schaffhausen damals noch gar nicht zur Eidgenossenschaft gehörte[45]. Für sie war das Verfahren vor dem Kammergericht vorteilhafter. Vielleicht um diese Rechtslage zu erhärten, hatte Heudorf nach dem fünfzehnjährigen Frieden seine Dienste bei Herzog Sigmund aufgegeben und war außer Landes gegangen[46]. So konnte er als Reichsunmittelbarer ungestört seine Interessen beim Kammergericht vertreten, während Sigmund alle Verantwortung für Bilgeris Handlungen von sich wies. Erst als die Eidgenossen hartnäckig auf ihren Forderungen bestanden, versprach er, sich bei dem Kaiser für Schaffhausen zu verwenden und erbot sich nach dem fünfzehnjährigen Frieden zu Recht[47].

Auf die Bitte der Eidgenossen und die Fürsprache des Papstes hin hat der Kaiser den Prozeß gegen Schaffhausen dann wirklich bis zum 24. Juni 1465 angestellt. Zu diesem Zeitpunkt wollte er einen Tag ansetzen, um den Streit zwischen beiden Parteien gütlich zu regeln. Doch Schaffhausen sagte diesen Tag ebenso wie andere Schiedsversuche ab. Daraufhin machte Bilgeri von Heudorf sein Recht beim Kaiser wieder geltend, der erst Basel und dann Markgraf Albrecht von Brandenburg als kaiserlichen Kommissar beauftragte, nicht nur diese, sondern alle Streitfragen auf einem Tage zu Konstanz zu regeln, der nach mehrfachen Aufschüben infolge der gleichzeitigen Landfriedensverhandlungen in Nördlingen und Ulm schließlich im Juli 1466 zustande kam[48].

Bei diesem Tage, dem einzigen in diesen Jahren, auf dem sich Vertreter des Kaisers im Interesse Herzog Sigmunds für eine umfassende Regelung

---

[44] Auszüge der Korrespondenz der Eidgenossen mit Hzg. Sigmund, 1464 Juli 28—Nov. 26: Thommen IV Nr. 321 I—V.

[45] Schaffhausen StsA a.a.O. fol. 1—2; Thommen IV Nr. 321 I.

[46] Diesen Verdacht äußerten die Eidgenossen: ebd. 321 II.

[47] Ebd. 321 III u. V.

[48] Der Kaiser referiert diesen Sachverhalt bis zu dem Auftrag an Basel in einem Brief an die Eidgenossen vom 27. Okt. 1465: Zürich StsA A 176/1 Deutscher Kaiser Nr. 46 or. ch. lit. cl.; Reg.: W. Schnyder, Ms. der Ergänzungen zu den Eidgenössischen Abschieden, Zürich StsA. — Der Auftrag an Mkgf. Albrecht v. Brandenburg: Bamberg StsA Märcker 1910[d] Nr. 4 or. ch. lit. cl. — Zur Verschiebung des Tages: Nördlingen StA Missivenbuch 1466 fol. 35, Missiven 83 fol. 136—138.

der die Vorlande beunruhigenden Streitigkeiten mit den Eidgenossen
einsetzten, wurde von den Parteien wiederum die Gültigkeit des fünfzehnjährigen Friedens anerkannt. Manche Fragen konnten auch beigelegt
werden, doch die Hauptsachen, die Schwierigkeiten mit Schaffhausen
und Mülhausen, schob man wieder nur heraus. Bezüglich Schaffhausens
gab es keine andere Möglichkeit, weil die kaiserlichen Kommissare die
Bestimmungen des fünfzehnjährigen Friedens anerkennen mußten, um
Gewalttätigkeiten der Eidgenossen zu vermeiden, andererseits aber die
Autorität des kaiserlichen Kammergerichts wahren wollten. So versprach Markgraf Albrecht nur, den Kaiser zu veranlassen, die Rechte
Heudorfs gegen Schaffhausen für die Dauer des Friedens anstehen
zu lassen[49].

4. Erst die mit dem Nürnberger Landfrieden im August 1467 zum
Abschluß gelangende kaiserliche Landfriedensgesetzgebung hat mit dem
absoluten Fehdeverbot und der Androhung der Strafe des Majestäts-
verbrechens für Friedensbrecher die rechtlichen Voraussetzungen geschaffen, um in der eidgenössischen Frage von der aller Unentschieden-
heit Raum gebenden regionalen Schiedsgerichtsbarkeit zu einer endgültigen Befriedung durch kaiserliche Entscheidung zu kommen[50].
Die Aussicht auf diese Möglichkeit bestimmte die Haltung Herzog
Sigmunds seit dem Nürnberger Tag, an dem er mit Thüring von Hallwil
und Ludwig Rad persönlich teilgenommen hatte[51]. Hingegen beharrten
die Eidgenossen, trotz eines gewissen Unbehagens angesichts des neuen
Landfriedens, ihrer inneren Einstellung nach doch auf dem alten Rechtsstandpunkt[52]. Die Auseinandersetzung des alten durch die jeweiligen
Einungen und Verträge gegebenen Gewohnheitsrechtes mit dem neuen
von Kaiser und Reich gesetzten Recht und der Versuch, dieses politisch
umzusetzen, bestimmten so den inneren Gang der neuen Verhandlungs-
phase, die mit dem Sommer 1467 begann[53].
Sie wurde im Mai 1467 durch die von Bilgeri von Heudorf veranlaßte
Gefangennahme des Schaffhauser Bürgermeisters Hans am Stad aus-

---

[49] Über den Verlauf des Tages berichten die österreichischen Räte am 10. Juli
1466 an Hzg. Sigmund: ILRA Urk. 7800 conc.; Auszug Thommen IV Nr. 350.
Zu den Ergebnissen der Verhandlungen s. Basel StsA Offnungsbuch IV fol. 65ᵛ—66ʳ;
Teildruck: EA II Nr. 561.

[50] Die Äußerungen zum Nürnberger Landfrieden beruhen auf den Ergebnissen
von I. Most, Der Reichslandfriede vom 20. August 1467, Zur Geschichte des
Crimen laesae maiestatis und der Reichsreform unter Kaiser Friedrich III. Syntagma
Friburgense (1956) S. 191—233.

[51] Vgl. J. J. Müller, Reichstags-Theatrum 1440—1493 (1713) I 2 S. 262. Zur Anwesenheit Rads s. Anm. 68.

[52] S. unten S. 171 Anm. 71.

[53] Für den Gang der Ereignisse vom Sommer 1467 bis zum Waldshuter Frieden,
insbesondere bei den Eidgenossen, vgl. die Anm. 33 genannte Literatur.

gelöst. Bilgeri wollte damit trotz des Konstanzer Abschieds seinen Rechtsansprüchen auf Schloß Laufen neuerdings Geltung verschaffen[54]. Da Hans am Stad noch dazu in das österreichische Villingen in Gewahrsam gebracht wurde, war es berechtigt, wenn sich die Eidgenossen sofort an den Herzog als Schuldigen und Verantwortlichen wandten[55].

Sie drohten mit Krieg, wenn Hans am Stad nicht unverzüglich aus der Gefangenschaft befreit werde[56]; und Sigmund konnte vor seinem Aufbruch nach Nürnberg nur noch Gebotsbriefe des Kaisers und des päpstlichen Legaten erbitten, die den Eidgenossen mit Rücksicht auf den bevorstehenden Reichstag den Aufschub ihrer Klage empfahlen[57]. Die Eidgenossen bestanden jedoch darauf, daß unverzüglich ein Rechtstag wegen des an ihnen begangenen Friedensbruches geleistet werde.

In dieser Lage hat die Herzogin Eleonore, die in Abwesenheit ihres Gemahls und des Landvogts in Thann residierte[58], einen Teil der Landstände zur Hilfe gegen einen bevorstehenden Angriff der Eidgenossen aufgerufen und Peter von Mörsberg und Marquard von Baldeck als Vertreter der österreichischen Sache zu dem Tage von Konstanz gesandt, den der Bischof von Konstanz zur ersten Begütigung der Eidgenossen für den 8. Juli einberufen hatte[59].

---

[54] Im März 1465 hatte Conrad von Fulach Schloß Laufen an Hans am Stad verpfändet (Schaffhausen StsA Urk. Nr. 2610 or. mb.). Dies dürfte die Ursache dafür sein, daß Heudorf gerade ihn gefangen nahm. Bächtold a.a.O. S. 103 nimmt an, daß er das besonders hohe Lösegeld von 1807 gld. als Entschädigung für den Verlust der Burg Laufen betrachtete.

[55] Das Gewahrsam in Villingen bestätigt Bächtold a.a.O. S. 102 nach Schaffhauser Quellen gegen M. Meier, Der Waldshuterkrieg S. 16 Anm. 1. Der Sache nach beweisend erscheint, daß sich die eidgenössische Anklage gegen den Herzog nach österr. Darstellung gerade auf diese Tatsache stützte und die Räte sie in ihrer Antwort einfach übergingen (Thommen IV Nr. 376).

[56] So berichtet Zürich, das sich um den Frieden bemühte, an Straßburg, 1467 Juni 23: Zürich StsA B IV 1 conc. ch.; Reg: Schnyder, Ms. der Abschiede.

[57] Die Bitte Sigmunds ergibt sich aus dem kais. Mandat vom 3. Juli 1467: HHStsA Österr. Akten, Tirol 16a, Prozeß gegen Jörg von Stein fol. 66 or. ch.; Druck: Chmel, FRA II S. 207f. Die Mandate des Kaisers und des päpstlichen Legaten an die Eidgenossen sind nicht bekannt, werden aber von den österreichischen Gesandten beim Tage von Konstanz im Juli in ihrer Beweisführung erwähnt (s. Thommen IV Nr. 376).

[58] Zur Bedeutung Eleonores von Schottland, die nicht nur gelegentlich die Regierung in Vertretung ihres Gemahls führte, sondern vor allem bestimmenden Einfluß auf das geistige Leben des Hofes hatte und selbst literarisch tätig war, s. W. Stammler, Die Deutsche Literatur des Mittelalters, Verfasserlexikon I (1933) Sp. 543—547 (Mackensen).

[59] Darüber berichtet die Herzogin an die Räte beim Herzog: ILRA Sigm. IVb 55/3 fol. 540—541 or. not. ch. mit der Aufschrift: „Vermerckh den abschaid des tags zu Kostentz ytzo mittwoch nach Udalrici bescheen und darauf unser rett rat" (soweit gedr. Thommen IV Nr. 376); erst fol. 552—553ʳ folgt von anderer Hand die Aufzeichnung des Referats der Herzogin über den Ratschlag der Räte (ungedruckt).

Mit dem Bericht der Herzogin über den Konstanzer Tag an den in Nürnberg befindlichen Herzog beginnt ein intensiver Austausch von Briefen, Instruktionen, Berichten, Protokollen und Rätegutachten, mit denen sich die jetzt mit der Herzogin und später unter dem Landvogt in den Vorlanden arbeitenden Räte mit dem Herzog und den ihn umgebenden Räten über die zu unternehmenden diplomatischen Schritte verständigten. Dabei handelten die vorderösterreichischen Räte in wachsendem Maße im Einvernehmen mit den Landständen, denen sie zumeist angehörten[60].

Grund für dieses Einvernehmen war die politische Erregung, in der sich die Landschaft damals befand, und zwar nicht nur wegen der Vorfälle in Schaffhausen und Mülhausen. Auf dem Landtag zu Thann, den die Herzogin auf Empfehlung ihrer Räte zur Beratung der Abwehr der Eidgenossen Ende Juli einberief[61], hatte sich die Herrschaft Rheinfelden mit Unterstützung der vier Waldstädte geweigert, die Verpfändung an Basel anzuerkennen. Gab man dem nach, konnte sich die Stadt Basel in einem künftigen Kriege gegen den Herzog stellen; zwang man die Waldstädte zum Gehorsam, lief man Gefahr, sie an die Eidgenossen zu verlieren[62]. Ebenso beunruhigend war aber auch der Druck, den Bern und Solothurn auf den Bischof von Basel ausübten, mit ihnen ein Burgrecht abzuschließen[63]. Man muß um diese vielfältigen Gefahren eines

[60] Zum Verhältnis von Räten und Ständen in Vorderösterreich s. Schwarzweber a.a.O. S. 203 ff. Das im folg. gegebene Material ergänzt die Angaben Schwarzwebers für die Zeit vor dem Waldshuter Krieg.

[61] S. deren Anm. 59 zit. Bericht fol. 552; zum Verlauf des Tages: Maternus Berler, Code historique et diplomatique de Strasbourg I 2 (1843) S. 77 u. nach ihm Witte, Mülhauser Krieg S. 279. Schwarzweber a.a.O. nennt diesen Tag nicht.

[62] Der schon aus der Zeit K. Sigismunds stammende Gedanke einer Verpfändung Rheinfeldens an Basel wurde von Hzg. Albrecht und Hzg. Sigmund nach der Breisacher Richtung wieder aufgegriffen, um damit ihre Schuld an Basel abzutragen. Doch stand diesem Projekt von Anfang an der Widerstand der Waldstädte entgegen. Hzg. Sigmund hat es dann am 13. Febr. 1467 mit der Verpfändung lediglich der „herschaft des Steyns und burgstal Rinfelden mit der herschaft darzu gehorende" versucht (R. Thommen, Urkdb. d. Stadt Basel VIII [1901] Nr. 295).
Für die von den 4 Waldstädten unterstützte Weigerung der Herrschaft Rheinfelden, die Verpfändung an Basel anzuerkennen und die sich daraus entwickelnden politischen Spannungen seit Frühjahr 67 sind neben den Berichten des Rheinfelder Ratsprotokolls und der Basler Offnungsbücher IV u. V besonders 3 bisher nicht bekannte Aufzeichnungen aus Sigmunds Kanzlei vom 5. Aug. 1467 (Add. Ms. 25437 fol. 93rv or. not. ch.), [Sept. 67] (ILRA Sigm. IVb 55/3 fol. 529—530) und [Anfg. Okt. 67] (ebd. fol. 546—549v) von Interesse. Ihnen sind die oben gegebenen Erwägungen entnommen.
Zum Ganzen vorläufig noch S. Burkart, Geschichte der Stadt Rheinfelden (1909) S. 144—156 u. R. Wackernagel, Geschichte der Stadt Basel II 1 (1911) S. 20—22.

[63] Dazu berichtet die Herzogin a.a.O. (Anm. 59) fol. 552: Der Bischof v. Basel habe jetzt kürzlich in Solothurn entfremdete Güter zurückgefordert. Darauf haben

weiteren Einbruches der Eidgenossen in die Vorlande wissen, um die Spannung zu ermessen, von der die kommenden Verhandlungen getragen waren.

Gleich bei dem ersten Tage in Konstanz am 8. Juli zeichneten sich die gegensätzlichen Positionen, um die in den folgenden Monaten gerungen wurde, klar ab[64]. Die österreichischen Räte hielten schon ihr Erscheinen für ein Entgegenkommen; denn eigentlich hätten die Eidgenossen ja auf die kaiserlichen und päpstlichen Gebote hin ihre Rechtsforderung anstehen lassen müssen. Sie hatten infolgedessen auch keinerlei Vollmachten und fühlten sich durch das gedeckt, was in Nürnberg geschah. Wenn sie über den Ausgang der dortigen Verhandlungen auch noch nicht unterrichtet sein konnten, so zeigt ihr Verhalten doch, daß sie die Absichten kannten, die der Herzog in Nürnberg verfolgte.

Die Eidgenossen hingegen kamen im Bewußtsein des ihnen geschehenen Unrechts, forderten in aller Schärfe das Eingeständnis des Friedensbruches durch den Herzog und verlangten demzufolge die Rückerstattung des Lösegeldes für Hans am Stad und die Aufhebung der Acht gegen Schaffhausen. Ging die österreichische Seite nicht auf diese Forderungen ein, wollten sie mit dem Krieg beginnen. Wie stets lehnten die Räte die Verantwortung des Herzogs für die Handlungen Heudorfs ab und beriefen sich gegen die Kriegsdrohung auf die Austragsbestimmungen des fünfzehnjährigen Friedens.

Nur mit Mühe gelang es den Vermittlern, die beiden Parteien auf diesen Vorschlag zu einigen, denn angesichts der offenen Verletzung des Friedens durch die österreichische Partei hatten die Eidgenossen vielmehr daran gedacht, die Sache vor einem von ihnen bestimmten Schiedsgericht rechtlich entscheiden zu lassen[65]. Dann wurden die Verhandlungen auf den 10. August vertagt, um die Stellungnahme des Herzogs zu dem vorgeschlagenen Rechtserbieten abzuwarten, das, auch im Interesse Sigmunds, alle Möglichkeiten vom Kaiser über die Fürsten bis zu den Städten Basel und Konstanz umfaßte, falls sich die Eid-

---

die Eidgenossen „ein kurz antwort gegeben sollichs soll zu seinen handen nit mer komen, er werd dann ir burger. und ob er dorzu ja oder nayn sprechen welle, daz sull er tun auf Bartolomey negst, der deshalben ser bekumert ist. besorgent, sprech er nayn, er verlies anders des seinen, darzu daz er nach inen hab. spricht er aber ja, so mög sein lieb aber merken, was unrats darnach dem haus Österich entsteen mag, daz auch mit seiner zukunft und schickung zum krieg gewendet werden mocht". Am 24. August erhielten die Eidgenossen negativen Bescheid. Vgl. dazu ferner Berler a.a.O. S. 77f.; Witte, Mühlhauser Krieg a.a.O. S. 279f. u. Krebs a.a.O. S. 38.

[64] Das Folgende nach Thommen IV Nr. 367; s. Anm. 59.

[65] Ebd. S. 346: „An solhen austrag des rechtens im frid begriffen die aydgnossen sich nit haben benügen lassen wellen, sunder sy habent gemaynt vor in und ettlichen lenderen zu recht zu sten, und sey das in gehaym durch ettlich an die rätt gelangt."

genossen nicht mit den im fünfzehnjährigen Frieden vorgesehenen Austragsbestimmungen zufrieden gäben.

Die Auseinandersetzung um die Form des Austragsverfahrens, vor welchem Gremium und ob gütlich oder rechtlich, zog sich als Leitmotiv auch durch die offiziellen Verhandlungen der folgenden Tage. Abschiede und Protokolle geben darüber Auskunft. Von dem, was dahinter stand, was man politisch eigentlich bezweckte, wie diplomatisch gearbeitet wurde, erfährt man durch die nicht für die Öffentlichkeit bestimmten Akten: die Rätegutachten, Memoriale und Instruktionen.

Gleich nach dem Konstanzer Tage im Juli hatte die Herzogin ihre Räte um ihre Meinung zur Fortführung der Politik befragt und deren Gutachten dem Bericht an den Herzog und seine Räte angefügt[66]. Hier wurden zum erstenmal die Grundgedanken ausgesprochen, die in abgewandelter Form in allen vorderösterreichischen Ratschlägen des kommenden Jahres wiederkehren sollten. Da die Kriegsabsichten der Eidgenossen so offensichtlich waren, glaubten die Räte nicht an die Möglichkeit einer gütlichen Regelung. Wenn man auch die Verhandlungen weiterführen mußte — sie hielten die Anwesenheit des Herzogs beim neuen Tage in Konstanz für zweckmäßig — rieten sie ihm doch zur Vorbereitung des Krieges, um durch Macht zu einem ewigen Frieden mit den Eidgenossen zu gelangen. Dazu sollte er jetzt in Nürnberg die Hilfe der Fürsten erbitten. Außerdem empfahlen sie ihm aber, den Weg der Gewalt durch das Recht zu stützen, d.h. auf irgendeine Weise Acht und Bann gegen die Eidgenossen zu bewirken, weil man nur dann das Volk auf Sigmunds Seite ziehen könne. Sie hielten es jedoch für die Sache Sigmunds und seiner Räte, diese rechtlichen Möglichkeiten im einzelnen zu überlegen[67].

Zunächst hat der Herzog nur das Rechtserbieten aufgegriffen, für das er durch Ludwig Rad zu dem neuen Konstanzer Tag einen Entwurf

---

[66] ILRA Sigm. IVb 55/3 fol. 552—553ʳ, s. Anm. 59.

[67] Ebd. fol. 552ᵛ—553ʳ: „Und nachdem gewiß und war sey, daz ye die aydgnossen kriegen und daz in kainem weg underwegen lassen wellen, darum so sey ir getreuer rat, daz sich unser lieber herr und gemahel mit aller macht zum krieg schick und ordne und weg gedenk, im ewig frid zu machen; darzu werden dann nach söllicher ordnung ettwievil leut, die yetz der maynung nicht sein, als inen nichtz zweyfel, auch hilf und bystand tun und seiner lieb volk, als ir vermögen, darzu wenden. . . .

Es ist auch durch unser ret furgenomen, daz unser lieber herr und gemahel die aydgnossen von vil sachen wegen mit recht in dem bäbstlichen und in dem kaiserlichen hof fúrnemen solt, wider sy mit allem fleis procediern und weg gedenken, damit sy fellig werden, sy nach sollichem fal alsdann in des babsts pan und in des kaisers acht zu tun. da wer alsdann, soferr unser herr und gemahel den ernst brauchen wolt, daz recht bey der getat und macht einen großen ruof gescheen und gäb dem gemainen manne ainen grossen trost und macht die leut keck, als daz sein lieb und seiner lieb ret mer notturftiglich dann wir ader unser ret daz getun, überwegen können."

überbringen ließ[68]. Im übrigen bedauerte er, wegen des Nürnberger
Tages nicht anwesend sein zu können, obwohl er nichts sehnlicher gewünscht habe, als zu einer Einigung mit den Eidgenossen zu kommen.
Für jegliche Antwort auf die Forderungen der Eidgenossen, selbst die
ihnen inzwischen schon versprochene Rückerstattung des Lösegeldes,
erbat er Aufschub bis zu einem Tage zu Michaelis, also nach Abschluß
des Nürnberger Tages. In aller Offenheit ließen die Eidgenossen daraufhin
durch die Vermittler erklären, daß der Herzog die Zahlung bei einiger
Verständigungsbereitschaft wohl durch seine Räte hätte leisten können,
aber er rüste eben auf den Krieg. So verließen sie den Tag, da sie ohne dem
nicht zur Entgegennahme des Rechtserbietens bevollmächtigt waren.

Denkt man daran, daß der fünfjährige Landfriede am 20. August verkündet wurde[69], und daß Herzog Sigmund den Nürnberger Reichstag
mit dem Versprechen der Fürsten verließ, ihm zu helfen, falls er von den
Eidgenossen angegriffen würde[70], besteht wohl kein Zweifel, daß das
Rechtserbieten Herzog Sigmunds zu diesem Zeitpunkt wirklich nur den
Zweck hatte, Zeit zu gewinnen, bis die neuen Gesetze in Kraft traten,
und doch gleichzeitig Form und Recht des fünfzehnjährigen Friedens
durch das Rechtserbieten zu wahren. Gingen die Eidgenossen nämlich
nicht darauf ein, setzten s i e sich ins Unrecht.

Wirklich nahmen die Ende August zum Krieg entschlossenen Eidgenossen unter dem Eindruck der im September bekannt werdenden
Nürnberger Mandate den für Michaelis angesetzten Tag in Basel an[71].

---

[68] Das Memorial, mit dem der Herzog zu dem Bericht Eleonores Stellung nahm
und Anweisungen für den Laurentiustag in Konstanz gab, ist nur aus dem österreichischen Handlungsprotokoll zu diesem Tage bekannt (Add. Ms. 25437 fol. 77r—81r,
von anderer Hand korr. Konzept), dem diese und die folg. Mitteilungen entnommen
sind. Zum Rechtserbieten ebd. fol. 80v „Doruf die rete haben sich rechts erboten in
gegenwirtikait ains offen notari noch inhalt des memorials, so von minem gn. h.
usgangen und durch maister Ludwigen Rad secretari den reten ubergeantwurt ist
und sind zu zugen beruft alle die, so gegenwurtig waren." Druck des Rechtserbietens:
Thommen IV Nr. 378.
[69] Druck: u. a. J. J. Müller, Reichstags-Theatrum 1440—1493 (1713) I 2 S. 291 ff.
Vollständige Angaben bei Most a.a.O. Anm. 1. Mitteilung des Landfriedens an
Bern gedr. bei Aeg. Tschudi, Chronicon Helveticum II (1736) S. 671 ff.; Reg.:
Lichnowsky VII Nr. 1191.
[70] Am 11. August 1467 ermahnten die in Nürnberg versammelten Reichsfürsten
die Eidgenossen, auf Grund des 5 jährigen Landfriedens alle Gewalttat gegen Hzg.
Sigmund zu unterlassen und Austrag nach dem 15 jährigen Frieden oder Recht vor
den ordentlichen Gerichten zu suchen, damit sie den Fürsten nicht Anlaß geben
„zu hanthabung des obgemelten gemein friden wider úch zu handeln." Stuttgart
StsA WR 14900 cop. ch. c.; Druck: C. F. Sattler, Gesch. des Herzogthums Württemberg unter der Regierung der Graven, Bd. IV (1768) Beil. Nr. 40; Reg.: Lichnowsky VII 1186; erw.: Reg. d. Mkgf. v. Baden a.a.O. IV Nr. 9530.
[71] S. dazu besonders die Äußerungen Berns: EA II zu Nr. 584 (1467 Sept. 10);
u. Bern StsA Dtsch. Miss. B S. 228 (Sept. 3) u. 238 f. (Sept. 14).

Auch dazu war Herzog Sigmund aber nicht persönlich erschienen, sondern hatte Dr. Achaz Mornauer und Sernteiner mit einer ganz allgemein gehaltenen Weisung geschickt[72]. Diese gab Thüring von Hallwil und den anderen vorderösterreichischen Räten auf der Grundlage des Rechtserbietens volle Freiheit für die Verhandlungsweise. Bedingung war nur, daß der Schutz des kaiserlichen und päpstlichen Friedens für den Herzog unbedingt gewahrt blieb[73]. Keinesfalls durfte also der Verdacht des Kriegswillens auf ihm haften bleiben.

So verhandelten die Räte nach außen hin einlenkend[74]. Beide Parteien stimmten der Abhaltung eines freundlichen Tages durch die Vermittler zu, bei dem man die meisten Fragen gütlich regeln und womöglich zu einer dauernden Richtung kommen wollte. Erst danach sollte die nur rechtlich zu entscheidende Frage Schaffhausen — Bilgeri von Heudorf zum Austrag kommen. Man einigte sich nach langem Hin und Her auf die beiden Bischöfe von Basel und Konstanz und die Stadt Basel oder die beiden Bischöfe allein. Hier hatten die österreichischen Räte zugunsten der Eidgenossen nachgegeben und alle anderen Rechtserbieten Sigmunds, insbesondere auf den Kaiser, zurückgezogen. Die Verwirklichung dieser Beschlüsse hing nun noch von der Annahme des Abschiedszettels durch beide Parteien ab[75]. Wieder empfahlen die Räte dem Herzog in einem besonderen Gutachten mit Rücksicht auf die öffentliche Meinung die Annahme sowohl des gütlichen Tages als auch des recht-

---

[72] Der Herzog hatte kurz vorher in St. Blasien mit den 4 Waldstädten verhandelt. Von dort schickte er die beiden Räte vermutlich nach Basel (von S-s. Hand stammen die Aufzeichnungen über die Verhandlungen in St. Blasien, die in Basel verwandt wurden, s. Anm. 18; Dr. Achaz wurde von Basel aus nochmals zu den Waldstädten gesandt, s. Thommen IV Nr. 383). Wahrscheinlich ist Dr. Achaz auch derjenige, der dem Herzog später über den Verlauf des Tages berichten mußte; s. Anm. 74, den Rückvermerk des Abschieds und eine Bemerkung des dort zit. Gutachtens: Die Räte hätten beschlossen, „das not sein werde, ymant zu senden, sein gnad der ding noch gruntlicher zu underrichten, das sich auch sein gnad finden lasse und ettlich seiner gnaden rete bei im hab".

[73] ILRA Sigm. IVb 55/3 fol. 531v cop. ch. c. mit der Überschrift: „Die bevelh den råten zu Basel." Darin lautet der letzte Abschnitt: „Item sie sollen auch daby sust das pest fürnemen, so sie verstand, doch also, das min gn. h. aus dem kayserlich und båbstlichen friden damit nit gefürt, sunder das wol verhüt werde".

[74] Von den Akten des Tages ist der Abschied mehrfach überliefert, u. a. ILRA Sigm. IVb 55/3 fol. 536—537r mit gleichz. Rückvermerk: „Dieta Basiliensis M. Ahatzen werbung", Druck: Chmel, FRA II 44 Nr. 527 S. 644; das Handlungsprotokoll 1467 Okt. 1—6, ebd. fol. 542—545v (Konzept Sernteiners), Druck: Thommen IV Nr. 381; das Gutachten der Räte 1467 Okt. 6, ebd. fol. 538—539v (Konzept Sernteiners), ungedruckt.

[75] Soweit vor allem das Protokoll. Die Räte hatten in Basel erneut das Rechtserbieten des Konstanzer Tages vom 12. August vorgelegt (Bern StsA Bischöfl.-basl. Archiv B 181/1 fol. 26 cop. ch. c.).

lichen Austrags; aber sie hielten das alles nach wie vor nur für ein zeit-
liches Herausschieben des nicht vermeidbaren Krieges[76].

Die Tatsachen schienen den Räten recht zu geben. Der Herzog nahm
den Basler Abschied an[77], aber bei den Eidgenossen setzten sich Zürich
und Bern vergebens dafür ein[78]. Der Versuch Luzerns und der ihm verbundenen Orte, die Waldstädte im Oktober durch List an sich zu ziehen,
zerstörte dann vollends alles Vertrauen[79]. Infolgedessen hörten auch die
österreichischen Übergriffe nicht auf. Nicht nur Mülhausen kam mit
Klagen[80], sondern vor allem auch Schaffhausen mahnte die Eidgenossen
im Dezember neuerdings zur Hilfe, weil ihm wieder Knechte gefangen
genommen worden waren. Wohl erreichten Basel, Bern und Zürich,
daß Schaffhausen von der Mahnung Abstand nahm; trotzdem wurde
am 31. Dezember von der Tagsatzung in Zürich endgültig beschlossen,
dem Basler Abschied nicht nachzukommen, und Schaffhausen einen
Zusatz zu schicken[81].

In dieser Situation griff die vorderösterreichische Landschaft zur
Selbsthilfe. Gedenkzettel, Briefe und Memoriale von „Räten, Ritterschaft
und Landschaft" der Vorderen Lande an Herzog Sigmund, die alle in
die Zeit von Anfang Januar bis Anfang März fallen, lassen die Notlage
erkennen, aus der heraus die vorderösterreichischen Stände jetzt zum
Kriege drängten[82]. Vor dem 8. Januar hatten sich Ritterschaft und Land-

---

[76] ILRA a.a.O. fol. 538—539[v], s. Anm. 74.

[77] BernStsA Bischöfl.-basl. Archiv B 181/1 Nr. 25 or. ch. lit. cl. (1467 Nov. 2).

[78] EA II Nr. 588.

[79] Der Brief Heinrich Hasfurters von Luzern an Rheinfelden, in dem er vorschlug,
die Stadt solle sich dem Schirm der Eidgenossen unterwerfen, und dies solle unter
dem Schein einer Eroberung geschehen, um die Stadt nicht zu verunglimpfen, wurde
auf österreichischer Seite schnellstens mit dem zugehörigen Briefwechsel in Abschriften verbreitet (Add. Ms. 25437 fol. 192[rv] mit gleichz. Rückvermerk: „Die be-
swerden der aydgnossen"; ILRA Sigm. IVb 55/3 fol. 550—551 u. Stuttgart StsA
WR 14903) und in das Beweismaterial für die Friedensbrüche der Eidgenossen übernommen (HHStsA Hs. weiß 212 fol. 111—112[r], s. S. 181f.; danach Druck: Sitz.-Ber.
d. kais. Akad. d. Wissenschaften, Phil.-hist. Kl. II (Wien 1849) S. 481—482).

[80] Witte, Mülhauser Krieg a.a.O. S. 288ff.

[81] EA II Nr. 591; vorhergehende Korrespondenzen betr. Schaffhausen in Basel
StsA Miss. XI 200 u. 201[v] u. Bern StsA Dtsch. Miss. B 279 conc.

[82] a) Besiegelter Gedenkzettel von Räten, Ritterschaft und Landschaft an Hzg.
Sigmund, mit Begleitbrief Thüring von Hallwils, 1468 Jan. 8: ILRA Sigm. IVb 55/3
N. St. cop. ch. c.

b) Antwort der Landschaft auf eine (nicht vorgefundene) Erwiderung des Herzogs durch Ludwig von Masmünster und Hans von Crütznach [1468 Febr.]: ebd.
Sigm. IVb 55/3 fol. 554—557[r] or. not. ch. mit einem Randvermerk von der Hand
Ludwig Rads (?), der als Propst von Rheinfelden auch zu den Landständen gehörte
(s. Schwarzweber a.a.O. S. 247): „Nota an m. gn. h. ze bringen, was die bevelh
sein".

c) Aufzeichnung [Dr. Matheus Humels oder eines ihm nahestehenden Schreibers]
über das Ergebnis seiner Beratungen mit dem vorderösterreichischen Landvogt und

schaft unter Führung des österreichischen Landvogts bei einem Tage zu
Neuenburg dahin vereinigt, jedem künftigen Aufstand („aufrur") der
Eidgenossen mit Gewalt entgegenzutreten. Ludwig von Masmünster
überbrachte Herzog Sigmund diesen besiegelten Beschluß, der mit be-
weglichen Worten darlegte, wie die Vorlande infolge des Verhaltens der
Eidgenossen, die keine Abrede hielten und Fehden anfingen, wann es
ihnen passe, verarmt und verödet seien; denn nicht nur die armen
Leute zögen hinweg, sondern auch die Ritter suchten Plätze, an denen
sie sicherer seien. So ist die Landschaft nicht mehr in der Lage, dem
Herzog Hilfe und Steuern zu geben, sondern befindet sich ständig in
Gefahr, das Schicksal des Aargau und Thurgau zu erleiden. Der Herzog
wurde um seinen Beistand gebeten. Sei er dazu nicht in der Lage,
müßten sie sich an andere Fürsten und Städte um Hilfe wenden[83].

Die Nachricht wirkte erregend, denn hier zeichnete sich zum erstenmal die Gefahr ab, daß die Landschaft sich von Sigmund lösen, sich
anderen Fürsten verbinden und selbständig einen Krieg gegen die Eidgenossen beginnen könnte. Der Herzog hatte nach zwei Seiten hin zu
handeln: Ludwig von Masmünster schickte er mit Kredenzen für die
Botschaften an die Fürsten, die um Hilfe gebeten werden sollten, zurück[84]
— damit verhinderte der Herzog ein selbständiges Handeln der Vor-
lande—; und gleichzeitig sandte er Jakob Trapp mit einer Abschrift des Gedenkzettels der Landschaft und seiner Antwort an den kaiserlichen Hof[85].

Neue Ereignisse, wie die Einnahme der Burgen Landskron und
Münchenstein durch Solothurn am 21. Januar[86], veranlaßten die Landschaft nach der Rückkehr Masmünsters zu einem neuen Anbringen an
den Herzog[87]. Sie hatten für die kommende Woche die militärische
Sammlung beschlossen. Herzog Sigmund wurde gebeten, sich entweder

---

den Räten bezüglich der Klage vor dem Kardinal von Augsburg [1468 vor Febr. 26]:
ebd. fol. 577—578[v] or. not. ch. mit späteren Nachträgen gleicher und anderer Hand
und dem gleichz. Rückvermerk: „Das sol in der canzley bleiben".

d) Abschrift eines von den vorderösterreichischen Räten an Hzg. Sigmund gesandten Memorials mit Nachsatz des abschreibenden [Rates] aus Sigmunds Umgebung (vielleicht als Instruktion für eine Gesandtschaft zum Kaiser verwandt),
1468 März 17: ebd. fol. 637—638[r].

Die Begründung der chronologischen Folge dieser Stücke kann erst mit der
Edition in RTA Bd. 23 erfolgen. Witte, Krebs und Schwarzweber haben sie nicht
berücksichtigt. Witte a.a.O. S. 92 bringt lediglich einzelne diesbezügliche Nachrichten nach Berler a.a.O. S. 80.

[83] Gedenkzettel, s. Anm. 82, a).

[84] Das ergibt sich aus der Antwort der Landschaft, s. Anm. 82, b).

[85] In seinem Mandat an gemeine Ritterschaft und Landschaft im Elsaß, Thurgau
und Breisgau vom 18. Febr. nimmt der Kaiser darauf Bezug: ILRA Sigm. IVb
55/3 N.St. cop. ch. c.

[86] Vgl. dazu Krebs a.a.O. S. 99ff. u. Wackernagel a.a.O. S. 37f.

[87] s. Anm. 82, b).

persönlich einzufinden, oder doch jedenfalls Bewaffnete mit Hauptleuten
und Geschütze zu schicken. Man erinnerte ihn dringend daran, die
Fürsten zur Hilfe aufzufordern, „denn wir tunt uwer gnaden in rechter
worheit zu wissen, daz" die Eidgenossen „ir suchung und gewerb vast wit
haben und reden unverholen, es müssen gar in kurzer zit grosse sachen
beschehen, der man vor nie gedacht hab. daz mögen wir anders nit
verston, denn das es sie uber uwer gnad, ander unser gnedigen fürsten
und herren und allen adel und erberkeit".

Wichtiger als diese dem Gedenkzettel gegenüber nur präzisierteren
Gedanken war der Vorschlag im zweiten Teil des Anbringens, der den
Ratschlag der vorderösterreichischen Räte nach dem Konstanzer Tage,
die Eidgenossen in Acht und Bann zu bringen, wieder aufnahm[88], nun
aber von der Tatsache des Nürnberger Landfriedens ausgehen konnte.
Herzog Sigmund sollte den Kardinal von Augsburg auffordern, auf
Grund der ihm von Kaiser und Papst verliehenen Vollmacht[89] gegen
die Eidgenossen zu prozessieren, da diese den fünfjährigen Landfrieden
und den fünfzehnjährigen Frieden verletzt hätten. Einzelne Beispiele
dafür werden angeführt. Wenn der Prozeß, wie es als sicher vermutet
wurde, zugunsten der österreichischen Partei ausginge und die Eidgenossen in Acht und Bann kämen, wäre die Folge, daß den Eidgenossen
viel Hilfe entzogen und Herzog Sigmund zugeführt würde.

Es ist möglich, daß Ludwig von Masmünster die Anregung zu einem
Rechtsverfahren unter der Hand von Sigmunds Hof mitgebracht hatte,
um dadurch die Kriegspläne zu verzögern. In dieser Form der Prozeß-
führung vor dem Kardinal von Augsburg ging der Vorschlag höchstwahrscheinlich von Thüring von Hallwil und seinen Ratgebern aus;
denn sie bot gegenüber dem Rechtsweg vor Kaiser und Papst den Vorteil des schnelleren Verfahrens vor dem Sigmund nahe gesessen, wohl
gewogenen und seinen Räten vertrauten Kirchenfürsten und dessen
Koadjutor Graf Johann von Werdenberg[90]; und darauf kam im Interesse
des geplanten Angriffs auf die Eidgenossen alles an.

Zu Thürings Ratgebern gehörten in diesem Fall vermutlich Dr.
Humel und Ludwig Rad[91]. Wahrscheinlich hatte der rechtskundige Dr.

---

[88] s. oben S. 171.   [89] Chmel, Reg. Nr. 5144 (1467 Aug. 20).

[90] Petrus von Schaumberg, der damals schon hochbetagte Kardinal, eröffnete den
Nürnberger Reichstag 1467. Er hatte sich im Brixener Bistumsstreit hinter Hzg.
Sigmund gestellt und gehörte der Landfriedenseinung an, die Hzg. Ludwig v.
Bayern 1465 mit Hzg. Sigmund und anderen Fürsten abschloß. Seit 1463 stand ihm
Gf. Johann v. Werdenberg als Koadjutor zur Seite, s. F. Zoepfl, Das Bistum Augs-
burg und seine Bischöfe im Mittelalter (1955) S. 400 ff. — Ludwig Rad hatte seine
Laufbahn als Sekretär des Kardinals begonnen, s. Regesta Episcoporum Constan-
tiensium IV (1941) Nr. 11 501.

[91] s. Anm. 82, b): Randvermerk Ludwig Rads (?). — Auf die Beteiligung Humels
ist aus dem Brief Hallwils an ihn zu schließen, s. den folg. Text u. Anm. 93.

Humel im Auftrag des Landvogts die Verhandlungen darüber mit dem Herzog zu führen, der nur bedingt auf den Vorschlag einging, da er sich bereits an den Kaiser gewandt hatte. So einigte man sich auf den Kompromiß, daß vor dem Kardinal nicht in der „hauptsache", sondern nur gegen die einzelnen Orte und Lande geklagt werden solle, während das Verhältnis zu den Eidgenossen im allgemeinen der Entscheidung des Kaisers vorbehalten blieb[92]. Anfang März befand sich Humel mit der Zustimmung der vorderösterreichischen Räte zu diesem Kompromiß wieder beim Herzog. Dorthin berichtete ihm Hallwil über das Ergebnis gleichzeitiger Vorbesprechungen für den beim Basler Tag im Oktober 1467 vorgesehenen gütlichen Tag. Thüring war darauf eingegangen, weil er wußte, daß Österreich für den Krieg noch nicht genügend gerüstet sei. Dr. Humel sollte dem Herzog den mitgeschickten Abschied dieser Besprechungen geben und dafür sorgen, „das min gn. h. sinen sachen vor dem cardinal und bischof zu Augspurg, daruf ir vor gefertiget sind, desterbaß nachkomen mög und sich mit luten, zug und cost in der zit auch zuricht, damit die land sehen, daz er sy nit verlassen well, denn on zwifel, nach dem tag uf mitvasten kein lenger ufhalten nit ist, denn uf die zite wirt der krieg angon. es gerät joch, wie gott well"[93].

Der allgemeinen psychologischen Vorbereitung auf den Krieg diente wohl auch das — vielleicht in Thürings Auftrag — von Ludwig Rad (?) als Kenner der eidgenössischen Verhältnisse verfaßte Gutachten „Von wesen und der macht der Aydgnossen", das in dieser Zeit entstanden sein muß und die Aufgabe hatte, den Beteiligten die Sorge vor den Schwierigkeiten eines Krieges mit den Eidgenossen zu nehmen[94].

Nicht der Prozeß vor dem Kardinal von Augsburg hat seinen Fortgang genommen — er wurde durch die kaiserlichen Maßnahmen überholt[95] —, sondern Vorbereitung und Beginn von Krieg und Fehde in den Vorlanden, noch während man im April und Mai in Basel verhandelte[96]. Die stereotype Beweisführung in den Akten der vorderösterreichischen Räte

---

[92] S. Anm. 82, c): fol. 578ʳ: „Item si furzenemen in der hauptsach vor unserm herrn dem keyser zu erlangen und daruf vor unserm heiligen vater dem bapst etc., daruf och vor ettwedick geratschlagt ist, ettlich ze verschaffen, daruber vorzesitzen mit mussen und handel der sach begriffen etc."

[93] Add. Ms. 25437 fol. 206ʳ conc. ch. mit gleichz. Rückvermerk „meister Matheus".

[94] Add. Ms. 25437 fol. 142ʳᵛ, Aufzeichnung von der Hand Ludwig Rads (?); s. Anm. 18. Für die Verfasserschaft Rads spricht außerdem die auffallende Vertrautheit mit internen eidgenössischen Verhältnissen, auch in der Zeit vor dem 15jährigen Frieden, als Rad in Zürich lebte.

[95] S. Anm. 82, d) Nachtrag: „Item unser gn. h. ist in willen gewesen die obgeschriben parteyen sunderlich, so dann solchen untat in dem kais. und babstlichen funfjarigen frid begangen haben, mit rechten vor dem cardinal als babstlich und kais. commissari furzenemen, das aber sein gnad auf solch sein kais. brief yetz ausgangen, hat ruen lassen..."

[96] Dazu genauer M. Meier, Der Waldshuter Krieg a.a.O. S. 26 f.

zeigt also, daß die Schweizer Chronisten Thüring von Hallwil und die ihn umgebenden Räte mit Recht als die Kriegstreiber bezeichneten[97]. Sie erweisen aber auch, daß diese Einstellung auf einer wirklich politischen Einsicht beruhte. Wenn Thüring am Ende des großen Anbringens Herzog Sigmund in Erinnerung an frühere Gespräche beschwor daran zu denken, daß die Dinge durch einen Krieg „zu einem guten end bracht wurdent, dadurch uwer land und lut hinfur in ruw und gemach bliben möchten, das denn nit mit bösen richtungen oder friden die ding aber angehenkt und nit vollendt wurde, als vor zum dickern mal bescheen ist", und dem Haus Österreich neuer Verlust entstehe[98], so drückte sich darin die durch Erfahrungen geprägte und im Wissen um die Vergangenheit gefestigte Auffassung aus, daß — selbstverständlich ausgehend vom Rechtsstandpunkt des Hauses Österreich — mit den Eidgenossen nicht zu verhandeln sei und man daher nur durch die Herrschaft der Macht zur Ruhe mit ihnen zu kommen vermöge.

Tatsächlich hat Thüring von Hallwil in seinen ständigen Auseinandersetzungen und Verhandlungen mit den Eidgenossen ein kleines Archiv mit sich geführt, das nicht nur die laufende Registratur, sondern auch die wichtigeren rechtsbegründenden Akten zu den Verträgen der vorhergehenden Zeit enthielt[99]. Der vorderösterreichische Rat und besonders der Landvogt war in der eidgenössischen Frage eben Gedächtnis und Gewissen der Tiroler Regierung.

---

[97] So Diebold Schilling, Berner Chronik 1468—1484, hrsg. v. G. Tobler, I (1897) S. 89f. und später Tschudi a.a.O. II S. 708.

[98] s. Anm. 82, b).

[99] Add. Ms. 25437 fol. 172—173, Verzeichnis in Schmalfolio mit der Überschrift: „Vermerkt, was myn herr der landvogt der eydgenossen sachen mit im füret in abgeschriften und verzeychnung". Das Verzeichnis gehört nach den aufgeführten Stücken etwa ins Jahr 1466; von dem Aktenmaterial der Jahre 1467/69 wird nichts mehr genannt. Es führt auf: den 20- und den 50jährigen Frieden, dann in der Hauptsache Akten der Verhandlungen von 1444—1450 sowie 1457—1461, und schließlich eine Korrespondenz zwischen Thüring v. Hallwil und Solothurn wegen der Fehdeansage des Solothurner Bürgers Peter Ömler an Christoph von Rechberg, seinen früheren Dienstherrn, 1463—1465 (Teile dieser Korrespondenz nach dem Innsbrucker Überlieferung bei Thommen IV Nr. 333). Bruchstücke dieser Handregistratur Hallwils sind der Londoner Handschrift eingebunden, so z.B. mit Sicherheit der Ömlerhandel fol. 105—119.
Es ist möglich, daß Thüring schon durch seine politische Tätigkeit unter Albrecht in den Besitz dieser Akten gelangte, die ja größtenteils aus dessen Zeit stammen, sicherlich aber als Amtsnachfolger des Landvogts Peter von Mörsberg, zumal sich nach der Auflösung der Kanzlei Albrechts alle Schreib- und Registraturarbeit für die Vorlande wieder beim Landvogt sammelte. Es kam nämlich häufiger vor, daß sich der Schriftwechsel von Landvogt zu Landvogt vererbte, sofern er nicht vom Herzog eingezogen wurde. Die Registratur Peters von Hagenbach liegt in Innsbruck; hingegen sind die Akten des Neuenburger Landtags vom März 1469, den Mkgf. Karl von Baden als Landvogt leitete, von ihm auf seinen Nachfolger Mkgf. Rudolf von Hachberg übergegangen und so in die Hachberger Registratur geraten, wie aus den

Was läßt sich nun für diese Zeit für die Politik an Sigmunds Hof erkennen? Die Aufträge, mit denen Trapp Ende Januar zum Kaiser ging, betrafen neben allgemeinen österreichischen und Tiroler Landesangelegenheiten vor allem die eidgenössische Sache: die sich aus dem von Masmünster überbrachten Gedenkzettel der vorderösterreichischen Landstände ergebenden Fragen, die Beschwerden Heudorfs, das Verhältnis Basels zu Rheinfelden. Sigmund ließ dem Kaiser vorschlagen, den Eidgenossen die ehemaligen Reichsstädte St. Gallen, Rottweil und Schaffhausen wieder abzufordern; und er ließ ihn bitten, entweder eine Botschaft nach Tirol und Vorderösterreich zu schicken oder sonst einen Kommissar zu ernennen, der sich der Dinge annähme[100].

Soweit berichtet das offizielle Memorial, das Trapp mitgegeben wurde. Daß für die Verhandlungen mit dem Kaiser noch weitere Richtlinien besprochen wurden, zeigt Trapps Bericht vom kaiserlichen Hof: Erst nach längeren Verhandlungen erreichten Trapp und Johann Hinderbach, Erwählter von Trient, der ihn an den kaiserlichen Hof begleitet hatte, daß der Kaiser und seine Räte darauf eingingen, für den 24. Juni einen Schiedstag anzusetzen, auf dem er persönlich den Streit Herzog Sigmunds mit den Eidgenossen verhören wollte. Bis dahin — darauf legten die kaiserlichen Räte Wert — mußte sich der Kaiser aus aller Parteinahme heraushalten. Wurde durch einen solchen Tag, zu dem alle Fürsten geladen werden sollten, das Recht Sigmunds und das Unrecht der Eidgenossen in aller Öffentlichkeit bekannt, konnte Sigmund künftig um so leichter die Hilfe der Fürsten erlangen und auch der Kaiser offen gegen die Eidgenossen Partei ergreifen[101].

Vermerken des heutigen Bestandes Karlsruhe GLA 46/789 ersichtlich ist. Die noch auf Schloß Landser befindlichen Teile des Archivs von Hallwil forderte Hzg. Sigmund 1474 von Hagenbach an (Chmel, Monumenta Habsburgica I 1 [1854] S. 87).

Zu untersuchen bleibt die Frage, wie weit die Kanzlei Hzg. Albrechts in der Schreibstube des Landvogts weiterlebte (Zur Kanzlei Albrechts allgemein: E. M. Auer, Studien zur Geschichte der Kanzlei Albrechts VI. von Österreich, Arbeit d. Inst. f. österr. Gesch. Msschr. 1947, der aber diese Frage nicht berührt), und wie sich beide zu der Registratur in Ensisheim verhielten (über diese im 15. Jh. zuletzt: Stolz, Geschichtl. Beschreibung a. a. O. S. 66 u. 177 ff. in Auseinandersetzung mit der älteren Literatur).

[100] „Memoriale an unsern agn. herrn den Rom. kaiser ze bringen" aus HHStsA Hs. weiß 600 fol. 73—74ᵛ or. not. ch.; Druck: Chmel FRA II 2 S. 148—151.

[101] ILRA Sigm. IV b 55/3 fol. 561ʳᵛ conc. ch.: „. . . und haben baid (Trapp und Hinderbach) nachmaln mit ettlichen räten sein kais. gn. von den sachen der aidgenossen geredt, und hat entlichen sein kais. gn. und den räten gefallen, die sachen fürzenemen, damit ain tag gehalten wurde und euer gn. gelimpf darauf also in beywesen der fürsten oder irer botschaften fürbracht wurde, damit man sy dester fueglicher in hilf zu chünftigen zeiten bringen müg und der aidgenossen muetwilligs fürnemen also erschein. (Hier folgt gestr.: so hat auch gut bedunkt die rät, das unser her der Ro. k. im anfang als unparteyisch darin gehalten wurd). Werden sy aber nit gehorsam sein der widerumb oder das redleich weg an in erwinden, haben wir guete

Sigmund und seine Räte wollten also den Streit mit den Eidgenossen auf höchster Ebene entscheiden lassen, nicht um den Krieg zu vermeiden, daher nicht im Interesse des Landfriedens, sondern um den Eidgenossen, gestützt durch das Urteil des Kaisers und die damit zur Hilfe genötigten Fürsten, mit um so größerer Macht entgegentreten und den Krieg wirklich zu einem guten Ende führen zu können. So blieb der Grundgedanke ähnlich wie bei Hallwil, nur weitgespannter, größer. Gerade darum mußte jetzt den eigenmächtigen Verteidigungsabsichten der Vorlande entgegengetreten werden; denn die österreichische Seite machte sich des Friedensbruches schuldig, wenn sie — sei es auch nur aus Notwehr — die Fehde begann. Der Ruf Herzog Sigmunds wurde gefährdet, die große Wirkung des kaiserlichen Schiedstages war in Gefahr.

Diesem Ziel galten in den nächsten Monaten alle Maßnahmen an Sigmunds Hof, und zwar in engstem Einvernehmen mit der kaiserlichen Kanzlei. In der ersten Hälfte März kehrte ein Teil der Gesandten Sigmunds nach Innsbruck zurück. In ihrer Begleitung befanden sich zwei kaiserliche Boten mit den zum 18. Februar ausgestellten Mandaten an die oberdeutschen und elsässischen Reichsstände. Die Mandate an die Parteien enthielten das strikte Gebot, jede Gewalthandlung dem fünfjährigen Landfrieden gemäß zu unterlassen und die Entscheidung des kaiserlichen Schiedstages abzuwarten; die übrigen Reichsstände wurden aufgefordert, zu diesem Tage zu erscheinen[102].

Gleichzeitig begann die sachliche Vorbereitung des Tages. Von derselben Hand, die das Konzept des Trappschen Berichtes schrieb, liegt ein undatiertes Memorial vor, das seinem Gedankengang nach in die Nähe dieses Berichtes zu setzen ist und die grundsätzlichen Anweisungen für die Vorbereitung des Tages enthält. Höchstwahrscheinlich sind es Anweisungen Trapps, der noch am kaiserlichen Hofe blieb, an Räte und Kanzlei Sigmunds in Innsbruck: „Vor allen dingen zu betrachten, das grosser fleis beschech, damit all fridprüch der aidgenossen und übermuet beschriben und betracht werde, damit auf dem tag erschein gar ordenlich

---

zueversicht, sein k. gnad werde eurn gnaden erschiesleich darin zustaten chomen, so nun durch die fürsten oder ir botschaft mitsambt sein k. gn. wirdet betracht werden, was daran gelegen ist. (Folgt gestr.: und verstan guete naygung seiner k. gn., des wir dann erfreut haben.)“

[102] Am 6. März schrieb Hzg. Sigmund den vorderösterreichischen Räten, daß er in den nächsten Tagen eine kais. Botschaft und seine zurückkehrenden Räte erwarte (ILRA Kanzleikopialbuch I [1446—1477] fol. 124ʳ conc. ch.). Schon am 17. März meldeten Landvogt und Räte, sie hätten die kais. Mandate alle weggeschickt (s. Anm. 82, d). Eine Liste der Empfänger aus der Innsbrucker Kanzlei hatte sie bereits auf die beiden kaiserlichen Boten Bartholomeus Springer und [Martin] Hayder verteilt (Add. Ms. 25437 fol. 168ʳᵛ). Von den Mandaten an die Parteien ist nur das an die vorländische Ritterschaft und Landschaft bekannt (ILRA Sigm. IVb 55/3 N. St. cop. ch. c.). Von den Mandaten an die übrigen Reichsstände ist das Exemplar an Mülhausen gedruckt bei Moßmann, Cartulaire de Mulhouse III (1885) Nr. 1132.

ir muetwilligs fürnemen wider frid, ainichait und ir brief und sigel. und das sölchs werd vermerkt mit bedeytumb der jarzal und namen der, so darinn gehandelt haben, damit die ding mügen einfelliclich eingepildt werden den, so in der verhorumb sein werden, und was darzu dient, brieff und chundschaft, das sölchs überliegen werde, damit das lauter fürkome und chain schimpf erwaxe." Und weiter: „Item der Sernteiner sol wol wissen, wie der 5järig frid auch der frid durch herzog Ludwigen gemacht sind versprochen. das sol gar aygenlich werden aufgemerkt, damit das gar trefflich der herschaft zu gelimpfe und den aidgnossen zu ungelimpfen laute, und die muetwillichait mit zimlichen wegen hinfür fürchömen werde. Item das chayn tag verschein, darinn man nit fleis zu den sachen chere, sunder täglich vermerke und fürnem, wes man sich geprauchen welle. wan sol die sach nit werden ernstlich und trefflich yetz für-genomen, so wurden all anstösser der land ganz verzweifeln und möcht daraus grösser unradt erwaxen. Item hern Düringen in sunderhait zu verpotschaften, das er den fleis nemen und tuen welle, damit er auf-zaichen und für sich neme, wie die sach fürzebringen, ze grünten und ze stellen sey, wan er der mer ist unterricht denn yemant ander. so mag man geschrift und zeugnus darzu dienend suechen und formleich darauf fürbringen mit pesserm fueg denn so die sach nicht wär also betracht und vor dem tag angesechen warden"[103].

Als Endergebnis dieser angeforderten Materialsammlung, die als Vor-bereitung zum Schiedstag vom 24. Juni 1468 begann und nach dessen Scheitern bis zum endgültigen Prozeß gegen die Eidgenossen im Sommer 1469 fortgeführt wurde, ist die große Denkschrift anzusehen, die Chmel bereits 1849 veröffentlichte[104]. Sie enthält eine mit Urkunden und Akten belegte Darstellung der habsburgisch-eidgenössischen Beziehungen bis zum Jahre 1469. In einem Teil der Materialien der Londoner Handschrift lassen sich nun Vorstufen zu dieser Denkschrift feststellen, die ihr Ent-stehen aus der Tätigkeit der Kanzlei in diesem politisch bedeutungs-vollen Jahr 1468/69 erweisen[105].

---

[103] ILRA Sigm. IVb 55/3 N. St. or. not. ch. (s. Tafel 1). Trapp bemühte sich zu dieser Zeit auch um die Rückgabe der während Sigmunds Mündelzeit von Friedrich entzogenen Tiroler und vorderösterreichischen Archivalien, da man sie als Unter-lagen für verschiedene Verhandlungen brauchte (Chmel, FRA II 2 S. 149); s. A. Lhotsky, Zur Geschichte der Sammlungen, Festschr. d. Kunsthistor. Museums in Wien 1891—1941 II 1 (1941—1945) S. 66.

[104] HHStsA Hs. weiß 212 fol. 53—130 (mod. Zählung), Reinschrift auf drei Papierlagen mit Randvermerken anderer Hand. Druck: Chmel, Sitz.-Ber. Kais. Ak. Wien, phil.-hist. Kl. II (1849) S. 457—491. Die Rückseite der letzten Lage trägt den gleichz. Vermerk: „Hat mein herr von Sant Jörgenperg wider in die kanzley ge-antwurt an suntag sant Margaretentag anno 72 o".

[105] Im folgenden soll nur die Entstehung der Denkschrift aus der politischen Tätigkeit der Kanzlei gezeigt werden.

Dies gilt zunächst für die Sammlung des historischen Materials. Sernteiner stellte stichwortartig die historischen Fakten der eidgenössisch-habsburgischen Beziehungen bis zum Zürichkrieg in habsburgischer Polemik zusammen. Dazu notierte er, wo die noch fehlenden Belegstücke im Archiv zu finden seien. Diese Aufzeichnung, die vermutlich auf älteren Traditionen beruht, ist wörtlich — nur in ausgearbeiteter Form — als erster Teil der Denkschrift übernommen worden[106].

Für die Zeit vom Zürcher bis zum Thurgauer Krieg bedurfte es dieser Materialsammlung nicht. Man bediente sich einer deutschen Übersetzung der Werbung der österreichischen Räte an die Gesandten des Papstes und des französischen Königs beim Tage von Konstanz im Juni 1459[107]. Für die danach folgenden Zwischenfälle während des fünfzehnjährigen Friedens bis zum gegenwärtigen Zeitpunkt hat sich die Kanzlei wahrscheinlich auf Materialien gestützt, die ihr von Thüring von Hallwil geliefert wurden. Man ist zu dieser Annahme berechtigt, weil die Kanzlei wirklich der Weisung Trapps gemäß Thüring von Hallwil aufgefordert hatte, überall in den Vorlanden Beweismaterial für die Friedensbrüche der Eidgenossen zu sammeln[108], und weil die Nachrichten der Denkschrift zum Teil tatsächlich auf den Akten vorderösterreichischer Provenienz aus der Londoner Handschrift beruhen[109].

Schwierigkeiten in der Beweisführung scheint man nur den Mülhäusern gegenüber empfunden zu haben, „nachdem sy sich nicht an ursach zu den aitgnossen geslagen haben", so daß sich hier die Unschuld der österreichischen Seite nicht so leicht aufzeigen ließ[110]. Sehr selten

---

[106] Add. Ms. 25437 fol. 187rv; s. Sitz.-Ber. a.a.O. S. 457—470.

[107] Add. Ms. 25437 fol. 134—139r cop. ch. c.; s. Sitz.-Ber. a.a.O. S. 470—475. Die lat. Fassung in HHStsA Allgem. Urk.-Reihe Acta 1474 fol. 55r—56v. Danach Druck bei Chmel, Mon. Habsb. I/1 S. 194—199 zu 1474. Schon Witte, Entstehung S. 42 Anm. 2, Segesser, EA II Nr. 493 und Jäger a.a.O. S. 289 Anm. 1 haben dieses Anbringen in den Zusammenhang des Konstanzer Tages von 1461 Juni gebracht. Dem gegebenen Sachverhalt nach muß es aber zu Juni 1459 gehören.

[108] ILRA Sigm. IVb 55/3 N. St. or. not. ch. mit der Überschrift: „Memoriale an meinen gn. h. herzog Sigmund.: Item her During ze schreiben, allenthalben im Elsas, Sunkgaw, Brisgaw, Swarczwald und anderthalben zu bestellen, was fridbruch und beswerung vom anefang der Sweiczer untat uncz auf heut oder auf den benanten sand Johanntag geschehen sein oder beschehen werden, die in gehaim gar aigentlich zu erfaren und beschreiben, damit die auf den benanten tag den Sweiczern furgehalten und aus den benanten landen albeg zwen aus ainem derselben lande glaubhaftig herab gesendet werden".

[109] So z.B. die Bezugnahme auf den Briefwechsel wegen der Gradner: Sitz.-Ber. a.a.O. S. 476 zu Add. Ms. 25437 fol. 90r; der Anschlag Berns auf Rheinfelden 1464: ebd. zu Add. Ms. 25437 fol. 97rv und der Ömlerhandel: ebd. S. 476f. zu Add. Ms. 25437 fol. 105r—119v (s. auch Anm. 99). Zudem entsprechen häufig die als vorhanden angeführten Beweisurkunden den im Registraturverzeichnis Hallwils verzeichneten Schriftstücken.

[110] In dem Anm. 108 zit. Memorial.

wird aber zugegeben, daß die Ursache des Konfliktes nicht beim Gegner zu suchen sei. Im ganzen ging man an Sigmunds Hof siegesgewiß auf den 24. Juni zu.

Wenn es den Vermittlern trotz des Drängens Herzog Sigmunds zum kaiserlichen Tag und trotz der wachsenden Spannung zwischen den eigentlich Streitenden, den vorderösterreichischen Ständen mit Thüring von Hallwil und den Eidgenossen, doch noch gelang, die vorgesehenen Tage in Basel im April und Mai 1468 abzuhalten, so waren auf österreichischer Seite zwei Gründe dafür maßgebend, die Verzögerung des Krieges, bis man genügend gerüstet war, und die Wahrung der Form, keine Möglichkeit des Rechtserbietens zu versäumen. Die Eidgenossen besuchten diese Tage lediglich, um ihre Rechtsforderungen durchzusetzen[111].

Der Versuch der Bischöfe von Basel und Konstanz, auf dem Tag im April den Entwurf einer Einung für 50 Jahre durchzubringen, konnte unter diesen Umständen kaum verwirklicht werden. Die Entscheidung darüber wurde noch auf den Tag im Mai verschoben[112]. Thüring von Hallwil und seine Räte hatten dem Herzog nach dem ersten Tage empfohlen, einen Beschluß über diesen Entwurf nur nach Beratung mit den Ständen der vorderösterreichischen Landschaft zu fällen. Wollte er dazu nicht persönlich kommen, sollte er wenigstens eine Gruppe von Räten aus Tirol schicken. Außerdem rieten sie ihm, die Schlösser in den Vorlanden mit Vorrat versorgen zu lassen und die benachbarten Fürsten aufzufordern, sich gerüstet zu halten. Erreichte man dann unter dem Eindruck der Macht bei dem Tage im Mai bessere Einungsbedingungen, war es gut. Gelang es nicht, konnte der Krieg gleich beginnen[113].

Ob Sigmund diesen Ratschlägen folgte, weiß man nicht. Jedenfalls kam er nicht persönlich, sondern schickte nur eine Gruppe von Räten, darunter Ludwig Rad[114]. Ihm ist vermutlich die einzige Darstellung des dramatischen Verlaufs dieses Tages zu verdanken, zu dem von eidgenössischer Seite nur noch die Vertreter von Bern, Zürich, Schaffhausen und Mülhausen erschienen[115]. Diese waren gar nicht mehr auf

---

[111] Zu den Verhandlungen der Tage im einzelnen ist zu vgl. M. Meier, Der Waldshuterkrieg von 1468 S. 26f. u. Witte, Mülhauser Krieg a.a.O. S. 295ff.

[112] Druck des 50jährigen Einungsentwurfes zwischen Hzg. Sigmund, den Bfen von Basel und Konstanz, der Stadt Basel und den Eidgenossen: Thommen, Urkdb. d. Stadt Basel VIII S. 251—259.

[113] Ratschlag der beim Tage im April in Basel anwesenden Räte: Add. Ms. 25437 fol. 59ʳᵛ cop. ch. c.

[114] Hzg. Sigmund beglaubigt Propst Johann v. Grieß, Cristoff Botschen, Ludwig Rad, Jakob von Emps u. Hiltprand Rasp bei Bf. Johann v. Basel, 1468 Mai 14, Bozen: Bern StsA Bischöfl.-basl. Archiv B 181/1 fol. 62 or. ch. lit. cl.

[115] Diese Darstellung ist enthalten in dem Briefkonzept eines nichtgenannten Absenders an den Landvogt von der Hand Ludwig Rads (?) in Add. Ms. 25437 fol. 150ʳᵛ. Der folgende Briefanfang ist wieder gestrichen: „Lieber herr der landvogt. uns

den Abschied des letzten Tages eingegangen, hatten jedes Rechtserbieten Herzog Sigmunds abgelehnt und nur die Abstellung der Rechte Heudorfs an Schaffhausen, Rückgabe des Lösegeldes an Hans am Stad und Ersatz der Schäden für Mülhausen verlangt. Daraufhin berief sich Herzog Sigmund durch seine Räte auf den fünfjährigen Landfrieden. An den wolle er sich halten und den vom Kaiser gesetzten Tag besuchen. Die Eidgenossen aber, so berichtet der Schreiber, „redten wie vor und sovil mer, sy wisten kainen tag vor dem kayser zu suchen. het der kayser mit ine zu reden, so mocht er zu in komen gen Pockenried etc. mit vil unzymlichen worten"[116].

In der Ablehnung ihrer immer wieder erhobenen berechtigten Forderungen wegen Mülhausen und Schaffhausen sahen die eidgenössischen Orte in Verkennung der neuen durch den Nürnberger Landfrieden geschaffenen Situation einen hinreichenden Grund, um Herzog Sigmund im Juni 1468 die Fehde zu erklären und die Ladung zum kaiserlichen Schiedstag nicht zu beachten[117].

5. Mit dieser Entwicklung hatte Herzog Sigmund seit dem negativen Ausgang des Basler Tages gerechnet[118]. So sandte er einen Teil der für den kaiserlichen Tag bestimmten Räte, nämlich Jakob Trapp, Ulrich von Frundsberg und Graf Haug von Montfort in die Vorlande, um gemeinsam mit Bischof Ruprecht von Straßburg die Verteidigung des Landes zu übernehmen. Auffallend ist bei diesen Maßnahmen eine gewisse Zurücksetzung Thürings von Hallwil[119]. Dies wird darauf zurückzuführen sein, daß, ähnlich wie zu Anfang des Jahres, Hallwil und andere Vertreter der vorderösterreichischen Landschaft auch im Juni, als die Eidgenossen im Sundgau eindrangen, versucht hatten, sich von Sigmund

---

bedunkt geraten und gut sein, nachdem sich doctor Humel ilent hinab mitsampt andern schriften gen Österreich uff den tag fúgen sol, das im dann auch ain abschid diß tags zu Basel gegeben werde. und dieweil ew der ding halb mer wissend ist dann uns, pitten wir üch, im den verzaichnet ze geben. und ist unser rat auf euer verbessrung". Dann folgt der Bericht, der tatsächlich in erweiterter Form nochmals wiederkehrt in einer Werbung der österreichischen Räte an die Tiroler Landschaft um Hilfe gegen die Eidgenossen, ebd. fol. 190—191v cop. ch. c. mit Nachträgen anderer Hand.

[116] Ebd. fol. 191v.

[117] Einzelne Drucke und zusammenstellende Beschreibung der Fehdebriefe bei Thommen IV Nr. 388.

[118] Das Folgende nach den meist von Sernteiner geschriebenen Briefkonzepten Hzg. Sigmunds an seine Räte vom 17., 20., 21., 27. und 28. Juni in ILRA Kanzleikopialbuch I (1444—1477) fol. 158r, 63r, 64, 10r, 6r, 13v—14v.

[119] Trapp wurde bevollmächtigt, die Lande im Elsaß, Sundgau, Breisgau und auf dem Schwarzwald „mit ainem landvogt, hauptleuten und anderer ordnung furzesehen und zu bestellen" (ebd. fol. 158r). Doch wurde Th. v. Hallwil vom Herzog weiter als Landvogt angeschrieben (ebd. fol. 6r).

unabhängig zu machen und sich dem Pfalzgrafen anzuschließen. Doch dieser Versuch war ebenso wie ein Bündnisangebot an den Markgrafen von Baden an der Loyalität dieser beiden Fürsten gegenüber Herzog Sigmund gescheitert[120].

Die Namen der zum Kaiser abgeordneten Räte sind nicht bekannt. Über ihre Mission und den Verlauf des für den 24. Juni vorgesehenen kaiserlichen Tages berichtet die herzogliche Instruktion, die den bereits auf dem Wege befindlichen Räten mit der Abschrift der eidgenössischen Fehdebriefe nachgesandt wurde[121], und das Memorial für die Gesandten, die auf dem Tiroler Landtag Anfang August die Hilfe der Stände gegen die Eidgenossen erbitten sollten[122]. Von dem Zustandekommen eines kaiserlichen Schiedstages, so wie ihn sich Sigmund und seine Räte vorgestellt hatten, auf dem im großen Kreis der Fürsten und Städte das Recht Sigmunds und das Unrecht der Eidgenossen offenbar werden sollte, konnte unter den gegebenen Umständen keine Rede mehr sein. Zwar hatte Sigmund Räte geschickt, doch die Eidgenossen blieben völlig aus. Auch das Interesse zumindest der Städte, diesem Tag beizuwohnen, war nicht allzu groß[123]. Dafür war durch das Vorhandensein der Fehdebriefe der Landfriedensbruch der Eidgenossen offenbar. Auf Grund dessen wurde der Kaiser nun selbst um Geld und Leute gebeten. Vor allem sollte der Kaiser aber die für den Schiedstag um ihn versammelten Fürsten und Fürstenräte zur Hilfe mahnen und einen Reichshauptmann ernennen, der die Leitung des Feldzuges in die Hand nehmen könnte[124].

Aus dem Bericht an die Tiroler Landschaft erfährt man nun: Bezüglich der Bitte um Geld und Leute habe der Kaiser zwar gnädig, aber angesichts der täglich drohenden Gefahr von seiten der Türken, Böhmen und Venediger ablehnend geantwortet. Doch hatte er sich bereit erklärt, Mandate ausgehen zu lassen: an die Eidgenossen, die Fehde abzustellen, und an die übrigen Reichsstände, Herzog Sigmund im Falle des Un-

---

[120] Am 30. Juli berichtete der Pfalzgraf an Trapp: Wilhelm v. Rappoltstein und Thüring v. Hallwil hätten ihn Ende Juni durch seinen Amtmann in Heiligenkreuz um Hilfe gegen die Eidgenossen bitten lassen, „so wollent sie uns sloß und stett in dem Sondgouw ingeben und huldung tun lassen etc" (ILRA Sigm. I 74 or.). — Zu dem Bündnis von Adel und Städten mit Mkgf. Karl: H. Schreiber, Urkdb. d. Stadt Freiburg i.Brsg. II (1829) S. 500f.; Reg. d. Mkgfen. v. Baden IV Nr. 9609.

[121] ILRA Kanzleikopialbuch I (1444—1477) fol. 10^r.

[122] Add. Ms. 25437 fol. 190—191^v, s. Anm. 115.

[123] Basel sagte am 7. Juni den Besuch des Tages ab, da es sich nach vielen vergeblichen Friedensbemühungen in dieser Sache nun selbst schützen müsse (Basel StsA Miss. A 11 S. 250—251) — an eine günstige Wirkung des kaiserlichen Tages glaubte die Stadt also offensichtlich nicht —; und Ulm hielt sich dem Tage fern, „nachdem die sach so lang unzher angehangen ist" (Nördlingen StA Miss. 1468 fol. 156 or. ch. lit. cl.).

[124] So nach den Anm. 121 u. 122 gen. Quellen.

gehorsams der Eidgenossen Beistand zu leisten[125]. Es sind die Mandate vom 18. und 20. Juli 1468[126]. Eine Hilfe in der akuten Not war von dem Kaiser also nicht zu erwarten. Die Enttäuschung klingt durch, wenn es in den Nachträgen für die Berichterstattung an die Tiroler Landschaft heißt, es solle ihr gesagt werden, „wie m. gn. h. von unserm herrn dem Romischen kaiser und meniglich verlassen sey"[127].

Auch die Ausfertigung der kaiserlichen Mandate wurde nämlich im wesentlichen von den Innsbrucker Gesandten betrieben. Darüber berichtet ein Brief Jörg Schätzers an Herzog Sigmund[128]. Am 23. Juli schickte er ihm die kaiserlichen Ladungsbriefe an die Eidgenossen und Abschriften der kaiserlichen Mandate an Reichsfürsten und Städte und bemerkte dazu, diese seien durch Sigmunds Räte „in der Romischen canzley zu volfertigen verlassen" und er habe sie „mit allem fleiß gesollicitiert", damit sie möglichst schnell ausgehen könnten. Herzog Sigmund blieb es überlassen, ob er die Ladungsbriefe an die Eidgenossen durch den kaiserlichen Boten direkt oder durch Graf Johann von Werdenberg, für den ein Brief beigelegt war[129], übermitteln lassen wollte. Wie Hans Wurm aus Nördlingen von Graz nach Hause berichtete, brachen in den letzten Julitagen wirklich zwei kaiserliche Boten auf, um die etwa 200 Mandate an ihre Bestimmungsorte zu bringen[130].

Der Sache nach ging das Mandat an die Eidgenossen von dem kaiserlichen Befehl vom 18. Februar aus, der den Eidgenossen — wie auch Herzog Sigmund — auf Grund des Fehdeverbots des Landfriedens jede Gewaltanwendung gegenüber Herzog Sigmund verbot und sie zum Austrag ihres Streites mit Sigmund als Fürst von Österreich vor das kaiserliche Schiedsgericht lud. Da sie dieses Gebot mißachtet, den kaiserlichen Tag nicht besucht und dem Herzog mutwillig die Fehde

---

[125] Add. Ms. 25437 fol. 191ʳ.

[126] Das Mandat an die Reichsstände vom 18. Juli in Straßburg StA AA 210 Nr. 25 und Basel StsA Politisches F 16 (ungedruckt); das Mandat an gemeine Eidgenossen vom 20. Juli ist in Abschrift als Beilage zu den Mandaten vom 18. Juli überliefert; desgl. als Insert der Denkschrift in Wien HHStsA Hs. weiß 212 fol. 112ᵛ—114ʳ (danach Druck: Sitz.-Ber. Kais. Ak. Wien, phil.-hist Kl. II (1849) S. 484 ff.); das entsprechende Mandat an Zürich: in Zürich StsA A 176/1 Deutscher Kaiser Nr. 48 or. ch. lit. pat. u. HHStsA Hs. weiß 212 fol. 114—115ᵛ mit Vermerk von Sernteiners Hand: „*In eadem forma litere emanarunt ad civitates Bern, Solotorn et Friburg in Ochtland*"; erw. Sitz.-Ber. a. a. O. S. 487.

[127] Add. Ms. 25437 fol. 191ᵛ.

[128] ILRA Sigm. IVb 55/3 N. St. or. ch. — Jörg Schätzer, der 1467 und dann wieder 1472, 1473 u. 1480 als Gesandter Hzg. Sigmunds verwandt wurde (ILRA Raitbuch 1466/67: fol. 109ᵛ, 111ʳ, 1472: fol. 120, 122 u. 1473: fol. 138ʳ u. 139ᵛ, HHStsA Frid. 5 Pack 1480 fol. 8), war als Sollicitator, besonders Hzg. Sigmunds, am kaiserlichen Hofe tätig; dazu G. Seeliger, MIÖG Ergbd. 8 S. 18 Anm. 3.

[129] Der Brief liegt in ILRA Sigm. IVb 55/3 N. St. or. ch. lit. cl.

[130] Nördlingen StA Missiven 1468 fol. 161—164 or. ch. lit. cl.

erklärt hätten, obwohl er sich mehrfach zu Recht erboten habe, seien sie
dem Gesetz nach der Strafe des fünfjährigen Landfriedens, der Goldenen
Bulle und der königlichen Reformation verfallen. Der kaiserliche
Kammerprokuratorfiskal habe daher Klage gegen sie erhoben. Der
Kaiser stellte sie nun vor die Entscheidung, entweder ihre Fehde innerhalb von 15 Tagen wieder abzustellen und durch Rückgabe der Eroberungen wieder gutzumachen, oder aber sich dem Kammergericht
zu stellen, um ihr Recht zu verantworten oder ihr Urteil zu hören.

Das Mandat an die Reichsstände wiederholte den Tatbestand der recht-
losen Fehde der Eidgenossen gegen Herzog Sigmund während des
fünfjährigen Landfriedens, verwies auf das einliegende Mandat an die
Eidgenossen und schloß mit dem Gebot, Herzog Sigmund, wenn er
darum bäte, Hilfe zu leisten, falls die Eidgenossen auch nach Empfang
des Mandats die Fehde nicht einstellten.

Man sieht an der Abfassung der Mandate, daß der neue Landfrieden
den Räten der römischen Kanzlei und denen Sigmunds juristisch noch
fremd war. Nur das vollständige Fehdeverbot wurde verstanden, nicht
aber die neue Verfahrensmöglichkeit, die bei offenem Tatbestand den
Strafvollzug ohne Prozeß ermöglichte[131]. Denn mit der Anwendung des
alten Kammergerichtsverfahrens der wiederholten Vorladung[132] zogen
die Mandate die Sache wieder nur in die Länge, gaben den Eidgenossen
nochmals die Möglichkeit, sich zu rechtfertigen und schoben die Verpflichtung der Fürsten zur Hilfeleistung bis zu dem Zeitpunkt heraus,
an dem es offenkundig war, daß die Eidgenossen trotz des kaiserlichen
Mandats im Landfriedensbruch verharrten.

An Sigmunds Hof hat man diese Verzögerungen nach Möglichkeit
einzuschränken versucht. Die Ladungsbriefe an die Eidgenossen
wurden Johann von Werdenberg zur Überantwortung zugesandt[133].
Kaum konnte man annehmen, daß die Eidgenossen sie erhalten hätten
und trotzdem in der Belagerung von Waldshut fortfuhren, forderte
Herzog Sigmund die Reichsstände wegen der andauernden Fehde der
Eidgenossen zur Hilfe auf[134]. Wenige Tage später — am 9. August —

---

[131] Jeder Landfriedensbruch galt jetzt als Majestätsverbrechen, für das es keines
Verfahrens bedurfte; s. Most a.a.O. S. 193f. Das fürstliche Gutachten beim Nürnberger RT. 1467 (Müller a.a.O. Rt. Th. II S. 275) rät, daß dem Klagenden bei offenem
Tatbestand zuerst Hilfe gewährt wird, und das Verfahren hinterher kommt.
[132] S. als Beispiel den Prozeß gegen Schaffhausen oben S. 164ff. — Zur Frage des
Verfahrens beim Kammergericht: O. Franklin, Das königliche Kammergericht
vor dem Jahre 1495 (1871) S. 8ff. und J. Lechner, Reichshofgericht und könig-
liches Kammergericht im 15. Jh., MIÖG Erg.-Bd. 7 (1907) S. 103.
[133] Lt. Rücksendung am 6. August, s. unten S. 188 Anm. 136.
[134] Hzg. Sigmund an [deutsche Reichsstände], 1468 Aug. 5; belegt sind Mkgf.
Albrecht v. Brandenburg und Basel: Bamberg StsA Märker 1910[d] Nr. 2 or. ch. lit. cl.
und Basel StsA. Politisches F 16 or. ch. lit. cl.

unterstützte der Kaiser dies durch ein entsprechendes Mandat an die in Frankfurt versammelten Reichsstände. Überliefert ist dieses Mandat nur in einem auf Veranlassung der Herzogin Eleonore ausgestellten Vidimus des Abtes von Wilten vom 17. August, das eine möglichst schnelle Verbreitung des neuen kaiserlichen Mandats gewährleisten sollte[135]. Sigmund befand sich damals bereits in den Vorlanden. Wahrscheinlich geht also auch dieses Mandat auf seine Veranlassung zurück.

Tatsächlich hatten die Eidgenossen die Ladungsbriefe damals aber noch gar nicht erhalten. Denn am 6. August schickte sie Werdenberg auf Rat Dr. Martin Mairs an Herzog Sigmund zurück, weil er sie in der vorliegenden Form nicht geeignet fand[136]. Erst am 16. August erhielten die Eidgenossen die kaiserliche Ladung vom 20. Juli im Lager vor Waldshut und leiteten sie zur Beantwortung an den Rat von Zürich weiter[137].

Es ist nicht unmöglich, daß das Mandat so noch Einfluß auf den Gang der Friedensverhandlungen vor Waldshut gehabt hat, die seit Mitte August durch die Vermittlung von Bischof und Stadt Basel und die Räte Ludwigs von Bayern liefen[138]. Trotz der militärischen Notlage Sigmunds hat Bern nämlich schließlich doch auf den anfangs geforderten Besitz von Waldshut verzichtet und ist mit den anderen Eidgenossen darauf eingegangen, die Stadt lediglich zum Pfand für den Vollzug einer Schadenersatzzahlung von 10 000 gld. zu setzen, die bis zum 23. Juni 1469 erfolgt sein sollte.

Vor allem aber bestimmte ein Artikel des am 27. August von Jakob Trapp für Herzog Sigmund angenommenen Friedens[139], Sigmund solle sich gemeinsam mit Herzog Ludwig von Bayern dafür einsetzen, daß die Eidgenossen trotz ihres Krieges nicht der Acht verfielen. Sie ließen mit dieser Forderung erkennen, daß sie ihre Rechtslage vor Kaiser und Papst doch beunruhigte.

Alle anderen Bestimmungen erfüllten die seit Jahren von den Eidgenossen immer wieder erhobenen Forderungen, die auch Zürich in seiner Antwort auf das kaiserliche Mandat vom 20. Juli nochmals als

---

[135] HHStsA Allgem. Urk.-Reihe or. mb. des Vidimus (Siegel abgefallen); Druck: Chmel, FRA II 2 S. 334—337; Reg.: Chmel 5447, Lichnowsky VII 1293.

[136] HHStsA Allgem. Urk-Reihe or. ch. lit. cl.; Druck: Lichnowsky VII Beil. C Nr. 2; näheres zu diesem Brief und der Persönlichkeit Martin Mairs s. unten S. 190 ff.

[137] EA II Nr. 614 (2); zum ganzen Sachverhalt: W. Oechsli, Die Beziehungen der schweizerischen Eidgenossenschaft zum Reich bis zum Schwabenkrieg, Hilty's Politisches Jahrbuch der Schweiz. Eidgenossenschaft V (1890) S. 452 u. Meier in: ZGO NF Bd. 51 S. 327 Anm. 3.

[138] H. Hansjakob, Der Waldshuter Krieg vom Jahre 1468 (1868), jetzt überholt durch die eingehende Darlegung der Friedensverhandlungen bei M. Meier, ZGO NF Bd. 51 S. 329 ff.

[139] Druck der zum Friedensvertrag gehörigen Urkunden: EA II S. 900—903, Beil. Nr. 43 u. 44; Thommen IV Nr. 389 u. 393.

berechtigten Grund zur Fehde angeführt hatte[140]: Sigmund erkannte an, daß die Klage Bilgeris von Heudorf gegen Schaffhausen nicht berechtigt sei und verpflichtete sich, dafür zu sorgen, daß die Stadt aus der Acht gelöst werde. Hans am Stad wollte er die 1800 gld. Lösegeld zurückzahlen. Mülhausen wurden die alten Privilegien bestätigt. Herzog Ludwig von Bayern erbot sich, beide Parteien vor dem 2. Februar 1469 zu einem gütlichen Tag einzuladen, bei dem alle noch bestehenden Klagen einzelner Städte und Personen geregelt werden sollten.

Mit dem Waldshuter Frieden kehrte man also auf die Ebene der Schiedsverträge zurück. Sigmund hatte sich, so schien es, vergebens bemüht, durch die Berufung auf den Kaiser und sein Recht eine für Österreich günstigere Lösung mit den Eidgenossen zu erzielen. Die tatsächlichen Machtverhältnisse besiegten Theorie und langsames Funktionieren der Gesetze und bestätigten das Rechtsgefühl der Eidgenossen. Daran war das rechtlich unklare Verhalten Herzog Sigmunds mit schuld. Er hatte zunächst alles auf die kaiserliche Entscheidung abgestellt; dann nahm er aber die Fehdeansage der Eidgenossen doch als eine Sache des Hauses Österreich an und traf die entsprechenden Maßnahmen, anstatt sie einfach als Landfriedensbruch zu behandeln, gegen den von Reichs wegen vorgegangen werden mußte[141]. Damit bestand die Waldshuter Richtung als die schiedliche Beilegung dieser Fehde zu Recht. Die Eidgenossen wollten sie darüber hinaus als endgültigen Frieden angesehen haben[142].

Anders war die Lage dem Kaiser gegenüber. Zürich, das die Eidgenossen in dieser Sache vertrat, stritt nicht ab, daß die Fehde als ein Vergehen gegen den Nürnberger Landfrieden anzusehen sei. Es konnte jedoch darauf hinweisen, daß die Fehdeansage nur eine Notmaßnahme war gegen die ständigen Verletzungen des Landfriedens durch den österreichischen Adel an Schaffhausen[143]. Ebenso wie die Eidgenossen hatten also auch die Österreicher den Landfrieden verletzt.

Diese Tatsache konnte Sigmund ebensowenig leugnen wie Waldshuter Fehde und Frieden, zu denen ihn die politische Lage genötigt hatte. Gerade darum betrachtete er diesen Frieden aber nur als diplomatische und nicht als endgültige Lösung. Für ihn war der Rechtsweg vor dem

---

[140] Zürich StsA Miss. B IV 1a Nr. 126 cop. ch. c. (o. D.).

[141] Für diese Haltung bezeichnend ist die Gleichzeitigkeit der Besendung des Schiedstages und der Maßnahmen zur Verteidigung der Vorlande gegen die Eidgenossen. Die Räte beim Kaiser erhielten z. B. den Auftrag, die Abwesenheit des Bischofs von Straßburg beim Schiedstag zu entschuldigen, weil er „von unser und des hauses Osterreich notturft wegen" bei ihm geblieben sei und „getreu hilf und beistand zugesagt habe" (ILRA Kanzleikopialbuch I [1444—77] fol. 10ʳ conc.).

[142] EA II S. 389f. Nr. 614 (9). Zur Bedeutung des Friedens nach der Fehde: O. Brunner, Land und Herrschaft (1943) S. 118f.

[143] In dem Anm. 140 zit. Brief.

Kaiser lediglich unterbrochen. Es kam nur darauf an, in welcher Weise
man ihn wieder aufnehmen konnte trotz des Unrechts auch auf österreichischer Seite und des zu Recht bestehenden Waldshuter Friedens.

6. In dieser schwierigen Lage hat man sich an Herzog Sigmunds Hof
der juristischen Beratung Dr. Martin Mairs anvertraut, der schon zu
Beginn der Waldshuter Fehde Sigmund seine Hilfe hatte anbieten
lassen[144].

Wie es dazu kam, läßt sich einstweilen noch nicht genau nachweisen[145].
Es ist jedoch zu bedenken, daß Martin Mair nicht nur an den Verhandlungen beteiligt war, die zur Abfassung des Nürnberger Landfriedens
von 1467 geführt hatten[146], sondern daß er auch bei den vorhergehenden
Reformplänen der wittelsbachischen Gruppe mitgearbeitet hatte[147]. Als
vertrauter Ratgeber Ludwigs von Bayern, des an der eidgenössischen
Frage seit Jahren beteiligten Verbündeten Herzog Sigmunds, wird er
dessen zeitweilige Verdrängung durch die kaiserliche Gruppe, insbesondere durch Markgraf Albrecht von Brandenburg[148], ebenso verfolgt
haben wie die Mängel der kaiserlich-österreichischen Politik vor und
während der Waldshuter Fehde. Das Versagen des Reiches hatte Ludwig
von Bayern im Waldshuter Frieden dann wieder zum Vermittler gemacht,
ohne daß sich sagen läßt, ob Martin Mair auch dabei im Hintergrund
stand.

Mairs Bestreben, auf die Politik Sigmunds Einfluß zu nehmen, läßt sich
so vielleicht erklären als ein Versuch, in der Eidgenossensache die
juristischen Möglichkeiten des neuen Landfriedens anzuwenden und
zugleich die darin fehlenden Bestimmungen über die Exekutions-
weise durch eine Landfriedenshauptmannschaft im wittelsbachischen
Interesse zu ersetzen[149]. Zugleich wollte er damit wohl versuchen, den
Kaiser und die Wittelsbacher weiter einander zu nähern.

Anlaß zum Eingreifen gaben ihm Nachrichten über die Abneigung des
Pfalzgrafen und des Grafen von Württemberg, Herzog Sigmund gegen

[144] Zur Persönlichkeit Martin Mairs: ADB 20 S. 113ff. (Riezler); Toepke, Die
Matrikel d. Univ. Heidelberg a.a.O. I S. 221 u. II 513 u. 530; für die politische
Tätigkeit bis 1457: G. Schrötter, Dr. Martin Mair (Diss. 1896), und als Rat Hzg.
Ludwigs von Bayern: A. Kluckhohn, Ludwig der Reiche (1865) u. S. Riezler,
Geschichte Baierns III (1889) bes. S. 424ff.
[145] Eine nähere Untersuchung der folgenden Zusammenhänge ist in RTA Bd. 21
(I. Most) zu erwarten; einstweilen Most a.a.O. S. 200f.
[146] Er war auf beiden Reichstagen anwesend; s. ferner Anm. 190.
[147] Kluckhohn a.a.O. S. 238—256; Riezler a.a.O. III S. 427ff.; E. Molitor,
Die Reichsreformbestrebungen des 15. Jahrhunderts bis zum Tode K. Friedrichs III.
(1921) S. 132ff.
[148] S. dazu den Konstanzer Tag vom Juli 1466, oben S. 166f.
[149] Damit wirkte er den entgegengesetzten Versuchen der markgräflich-kaiser-
lichen Partei bei den Landfriedensverhandlungen 1466 entgegen; s. Most a.a.O.
S. 201ff. u. Molitor a.a.O. S. 147ff.

die Eidgenossen zu helfen. Nach den bestehenden Einungsverhältnissen konnte sich eine solche Abneigung leicht auf alle benachbarten Fürsten ausdehnen, so daß Sigmund ohne Hilfe dastand. Mair schrieb deshalb am 18. Juli an Mathias Turndlein, den Kammermeister Herzog Sigmunds, und bat ihn, Sigmund seinen Vorschlag zu unterbreiten, wie dem Widerstand der Fürsten mit Erfolg entgegenzutreten sei: nach den Bestimmungen des Nürnberger Landfriedens waren die Eidgenossen auf Grund ihrer Fehde gegen Herzog Sigmund, mit der sie den Frieden des Reiches verletzt hatten, der „*pena criminis laesae maiestatis*" verfallen. Der Kaiser konnte sie daher ohne weiteren Rechtsbeweis in die Acht erklären. Zur Exekution der Acht mußte ein Reichshauptmann ernannt werden, der die anderen Fürsten zur Kriegshilfe verpflichtete und ebenso die benachbarten Ritter und Städte zur Hilfe nötigte. Martin Mair schlug dafür den Pfalzgrafen vor, weil er als Reichsvikar und Mächtigster unter den Sigmund benachbarten Fürsten dafür am geeignetsten war.

Einer dem Briefe beigelegten Ordnung, wie am zweckmäßigsten vorzugehen sei, fügte Mair die Entwürfe für die Achturkunde, die Ernennung des Pfalzgrafen zum Reichshauptmann und ein Mandat an die Reichsstände, dem Pfalzgrafen als Reichshauptmann gehorsam zu sein, an[150].

Bei dieser Einstellung war es selbstverständlich, daß Mair die Fassung der kaiserlichen Mandate vom 18. und 20. Juli nicht anerkennen konnte.

---

[150] Die behändigte Ausfertigung des Briefes von Martin Mair an Mathias Turndlein mit der beigelegten Ordnung und den Urkundenentwürfen befinden sich in HHStsA Allgem. Urk.-Reihe (1468 Juli 18). Brief und Ordnung stammen von einer, die Urkundenentwürfe von anderer Schreiberhand aus der Landshuter Kanzlei; eine gleichz. Abschrift aller Stücke in ILRA Sigm. IV b 55/3 fol. 567ʳ—574ᵛ mit dem Vermerk: „Alt, prior"; Druck lediglich des Briefes: Lichnowsky VII Beil. C Nr. 1. In der Achturkunde heißt es nach Wiedergabe der Bestimmungen des Nürnberger Landfriedens: „Also haben wir in unserm keis. gemüet betracht den swern unrechtlichen handel und frevel, den gemeine eidgenozzen an unser k. m. und dem heil. Röm. reich grobleich und gedürstiklich begangen in dem, das si mit herescraft heraus in ettlicher unser und des reichs fürsten und undertanen lande, herrschaft und gepiet gezogen ... und tun das noch taglich alles uber und wider die obgemelten reformacion und funfjerigen friden, zu verachtung der babstlichen und unser gepot und peen und darzu unerklagt, unerlangt und unervolgt aller gericht und recht." Da nun der Eidgenossen „aufrur, krieg und ubltat so offenwar und kuntlich sind, das si ganz kain widerred noch behelf in recht erleiden mogen", hat er mit Rat seiner Räte und „aus rechtem wissen und volkomenhait unsers kais. gewalts diselben aidgnossen" und alle, die ihnen Hilfe und Beistand tun „in die obgenanten peen der verletzung unser maiestat auch in unser und des reichs acht und aberacht erclert und gesprochen ... nemen si auch aus unserm und des heiligen reichs fride, setzen si in den unfride, erlauben ir leib und gut allermeniglichen." Sämtliche den Eidgenossen verliehenen Rechte und Privilegien gelten als aufgehoben (Innsbruck Sigm. IV b 55/3 fol. 570ʳ—571ᵛ). — M. Meier, ZGO NF 51 S. 326 f. hat die Briefe Mairs vom 18. Juli und 6. August berücksichtigt. Jedoch der Ratschlag wie auch die folgenden Ratschläge sind bisher nicht benutzt worden.

Wollte man die Mandate auf den fünfjährigen Landfrieden gründen, der auf dem strikten Fehdeverbot beruhte, konnte man nicht zugleich die Goldene Bulle und die königliche Reformation anführen, die die Fehde im beschränkten Sinne als Rechtsmittel zuließen. Nicht der Tatbestand der eidgenössischen Fehde gegen das Haus Österreich, sondern die Verletzung des Reichsrechts durch den Landfriedensbruch überhaupt war im Sinne des Gesetzes dabei entscheidend; denn während im ersteren Fall nur die mit Sigmund in Einung stehenden Fürsten zur Hilfe verpflichtet waren, wären es im letzteren Falle alle Fürsten, sofern sie nicht gleicher Strafe verfallen wollten. Schließlich kritisierte er die Anwendung des alten verzögernden Kammergerichtsverfahrens. Die dem Nürnberger Landfrieden entsprechende Möglichkeit der direkten Exekution hatte er ja bereits in seinem Ratschlag entwickelt[151].

Die Vorgänge in der Kanzlei Herzog Sigmunds zeigten, daß die Kritik Martin Mairs für die Zeit vor dem Waldshuter Frieden nicht mehr wirksam werden konnte. Doch gleich danach wandte sich Mair wiederum mit einem Ratschlag an Sigmund, der nun die neue, durch den Waldshuter Frieden geschaffene Situation berücksichtigte[152]. Selbstverständlich waren die im Friedensvertrag durch Sigmund angenommenen Verpflichtungen nach altem Gewohnheitsrecht für ihn verbindlich, so auch das Versprechen, sich bei Kaiser und Papst dafür zu verwenden, daß Schaffhausen aus der Acht gelöst und der Prozeß gegen die Eidgenossen aufgehoben werde. Andererseits war aber der Abschluß des Vertrages infolge der kaiserlichen Mandate vom 18. und 20. Juli rechtswidrig, und damit gleichfalls die in ihm enthaltenen Bestimmungen.

Von der Schwierigkeit, daß sich auch Sigmund selbst mit dem Abschluß des Friedens gegen die kaiserlichen Gebote vergangen hatte, ausgehend, riet Mair, der Herzog möge seine Botschaft zu dem Kaiser schicken, die — nach geheimer Vorbesprechung mit einem kaiserlichen Rat, der Sigmund gewogen sei — in Anwesenheit des Fiskals und einer möglichst großen Anzahl von Zuhörern den Abschluß des Vertrages aus der Notlage Sigmunds rechtfertigen und offiziell die Bitte vorbringen solle, daß der Kaiser den Eidgenossen ihr rechtswidriges Verhalten nicht nachtragen und den Prozeß fallen lassen möchte. Über ihr Anbringen und die Antwort des Kaisers solle ein Notariatsinstrument aufgenommen werden, das Sigmund später als Beweis für die Erfüllung seiner Verpflichtungen dienen könne. Der Fiskal müsse darauf in einer im Ratschlag wörtlich ausgeführten Rede den Kaiser auffordern, die Walds-

---

[151] Zu dem Brief auch I. Most a.a.O. S. 229 mit Anm. 110.
[152] ILRA Sigm. IVb. 55/3 fol. 596—605ᵛ. Aufzeichnung einer Hand, deren Zugehörigkeit zur Innsbrucker Kanzlei noch nicht gesichert ist. Der Entwurf zur Einsetzung Pfgf. Friedrichs als Kommissar (Commissio) steht im Anschluß an den Ratschlag und ist von Mairs Hand korrigiert. Zur Identifizierung seiner Hand s. Anm.190.

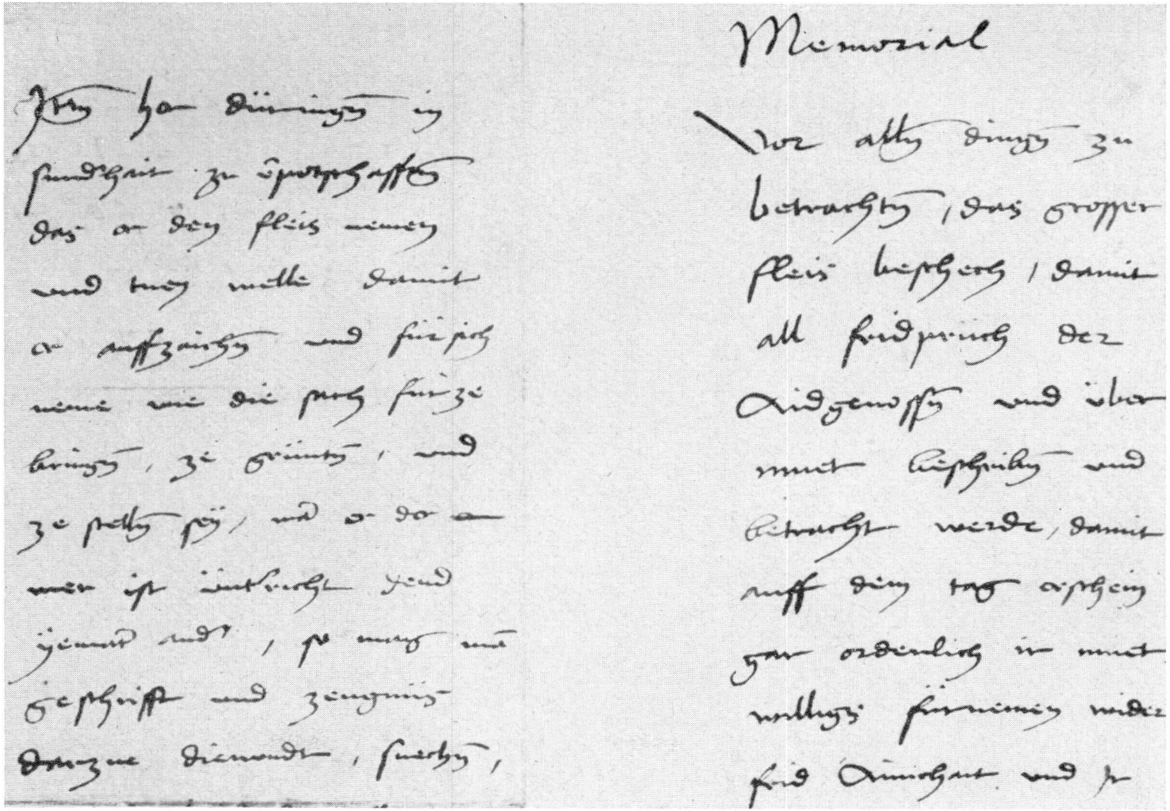

Tafel 1: Memorial von Jakob Trapp (?) [1468 Febr.]

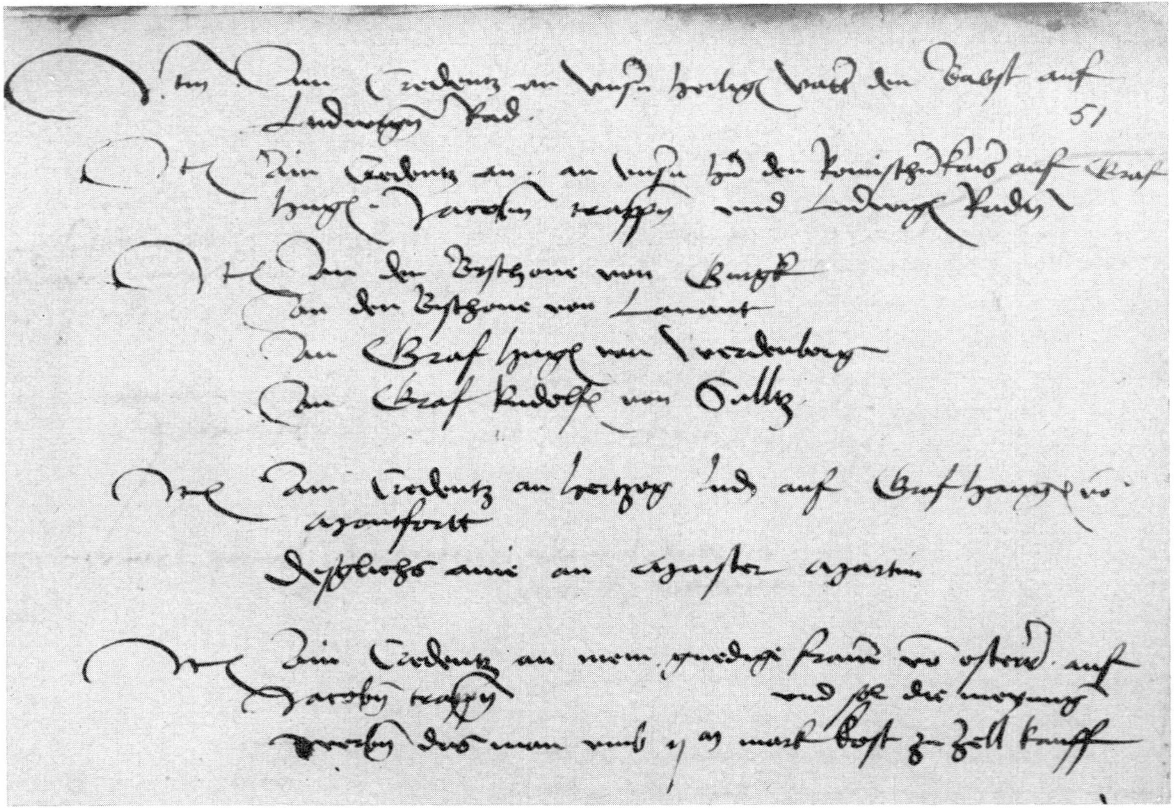

Tafel 2: Kanzleianweisungen von Sernteiner [1468 Sept.]

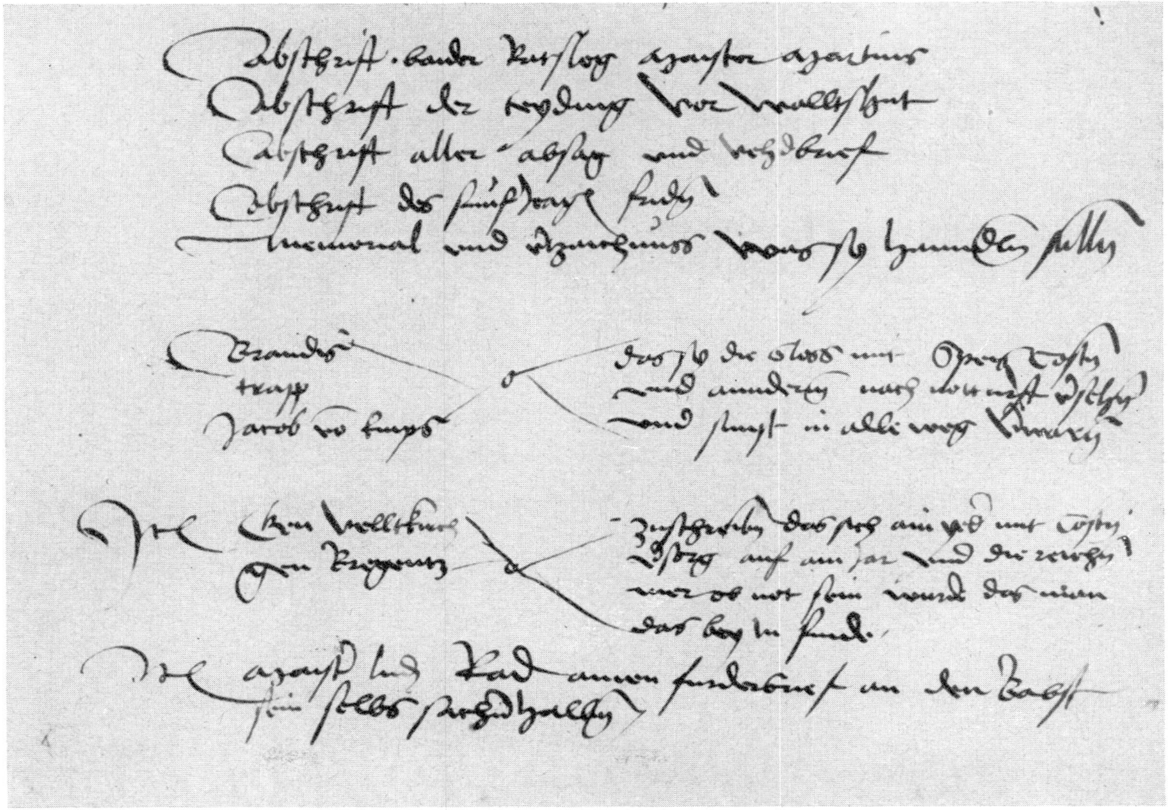

Tafel 3: Kanzleianweisungen von Sernteiner [1468 Sept.]

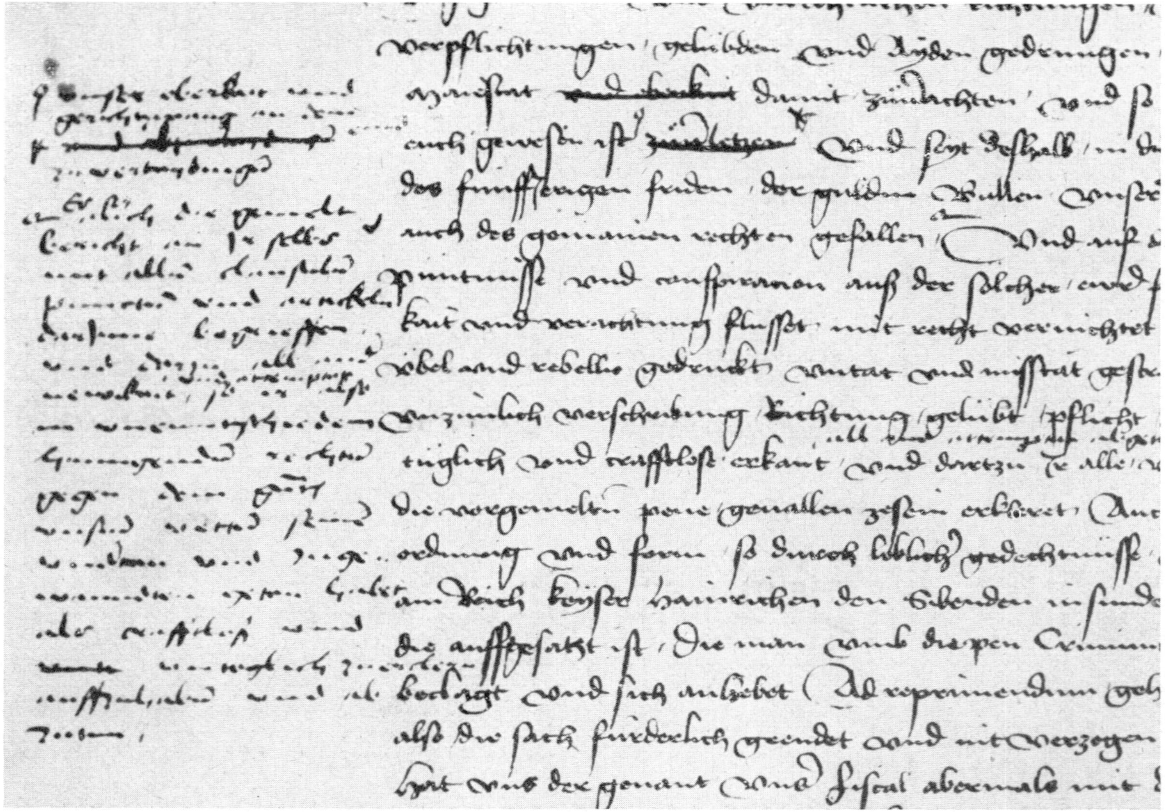

Tafel 4: Kaiserliche Ladung vom 25. Mai 1469. Text: Ludwig Rad (?), Korrektur: Martin Mair.

huter Richtung nicht anzuerkennen, die Bitte der Räte Herzog Sigmunds nicht zu erfüllen und gegen die Eidgenossen weiter zu prozessieren.

Die Ungültigkeit der Waldshuter Richtung kann nach Mair folgendermaßen begründet werden: 1. Die Eidgenossen können keine Vertragspartner sein, da sie nach Nichtachtung der kaiserlichen Gebote und Beginn der Fehde als Ächter anzusehen sind. Entsprechendes gilt für den päpstlichen Bann. 2. Die Richtung ist unter dem Zwange der Not zustande gekommen, und solche Richtungen sind mit dem Gedanken des Landfriedens nicht vereinbar. 3. Die einzelnen Artikel der Richtung lassen sich rechtlich nicht halten, da sie mit der Anerkennung der kaiserlichen Obrigkeit unvereinbar sind. Dies wird im einzelnen ausgeführt.

Eigentümlich berührt dann die Entscheidung des Kaisers, wie Mair sie sich denkt: Obwohl der Kaiser der Erfüllung des Rechts verpflichtet sei, wünsche er in Anbetracht der gespannten politischen Situation gegen die Ungläubigen eine Befriedung der Reichsstände untereinander. Er beauftrage daher Pfalzgraf Friedrich, als Herzog Sigmund und den Eidgenossen nahe gesessenen Reichsstand, den Parteien nochmals einen Tag zu setzen, auf dem er versuchen solle, sie gütlich zu richten. Nur wenn dies nicht gelänge, sei er bevollmächtigt, mit Rat der Fürsten im Namen des Kaisers einen Rechtsspruch zu fällen, zu dessen Durchführung dann wieder die Einsetzung Pfalzgraf Friedrichs als Reichshauptmann vorgesehen wird.

Diesem Ratschlag folgt dann nur der Entwurf des Mandats über die Einsetzung des Pfalzgrafen zum kaiserlichen Kommissar. Falls notwendig, sollte die Ernennung zum Reichshauptmann nach dem Entwurf des ersten Ratschlages entsprechend abgeändert werden.

Mair wollte also die rechtliche und die politische Lage getrennt behandelt wissen. Letztere nötigte auch im Interesse der böhmischen Sache[153] zum Einlenken und zur Vermeidung des Krieges, nachdem die Fehde nun einmal beendet war. Der Ächtung stand der Waldshuter Frieden im Wege. Dieses Hindernis zu beseitigen und Sigmunds rechtliche Lage zu klären, war Zweck der juristischen Bemühungen Mairs, als deren Organ er sich den Fiskalprokurator dachte.

Es ist zu fragen, wie weit diese Ratschläge nun tatsächlich auf die Vorgänge eingewirkt haben, die zum Abschluß des Vertrages von St. Omer am 9. Mai und zur Ausfertigung der Ungültigkeitserklärung der Waldshuter Richtung und der kaiserlichen Ladungsschreiben vom 25. und 26. Mai 1469 führten[154].

---

[153] s. Bachmann, Deutsche Reichsgeschichte II S. 174ff.; Hinweise bei Meier, ZGO NF 51 S. 324f.

[154] Nur die Frage nach dem Zustandekommen des Vertrags von St. Omer ist in der Literatur immer wieder behandelt worden (s. Anm. 171); Bachmann a.a.O. II S. 171ff. geht auf die allgem. Reichsgeschichte für den Winter 1468/69 ein, deutet die

Ein um den 11./12. September in Villingen von Sernteiner notierter Kanzleianweisungszettel entwickelt das Programm und deutet die Grundgedanken an, nach denen sich in schneller Folge die Maßnahmen des Herzogs vollzogen[155]. Konzepte vom gleichen Tage, Ratschläge und Instruktionen geben nähere Auskunft darüber[156].

Geplant war eine Gesandtschaft zum Papst, zum Kaiser, zu Herzog Ludwig von Landshut und zu Martin Mair. Für die Gesandtschaft zu Papst und Kaiser sollten ein „Memorial und verzaichnus, was sy handeln sullen" vorbereitet und Abschriften der beiden Ratschläge Mairs, der Richtung vor Waldshut, der eidgenössischen Fehdebriefe und des Nürnberger Landfriedens angefertigt werden[157].

Noch dringender erschienen aber im Augenblick Vorsorgemaßnahmen, um das Land vor neuen Einfällen der Eidgenossen zu schützen. Zu diesem Zweck berief der Herzog die vorderösterreichische Landschaft Mitte September zu einem Tage nach Neuenburg[158]. Bei dieser ersten persönlichen Begegnung mit den Ständen nach dem spannungsreichen Jahr seit Herbst 1467 sollte sich der Herzog auf Wunsch der Räte gewissermaßen entschuldigen, daß er durch Anwendung der Gebote des Landfriedens ein rechtzeitiges bewaffnetes Eingreifen gegen die Eidgenossen gehindert hatte[159]. Er persönlich beabsichtigte darauf-

---

Verhandlungen wegen der Eidgenossen aber nur kurz an; Meier, ZGO NF 51 S. 352ff. stellt die Verhältnisse am Oberrhein dar.

[155] Add. Ms. 25437 fol. 51rv (s. Tafel Nr. 2 u. 3).

[156] Ebd. fol. 49r—57v.

[157] Dieser Zusammenhang läßt sich nach der Anordnung des Kanzleizettels fol. 51r (s. Tafel 2 u. 3) vermuten. Für die Zuweisung von Memorial und Verzeichnis zu dieser Gesandtschaft s. unten S. 198f.

[158] So nach M. Berler a.a.O. S. 89. Nur auf seiner Nachricht und einem Brief der Städte Freiburg, Breisach, Neuenburg und Endingen an Hzg. Sigmund (H. Schreiber, Urkdb. d. Stadt Freiburg i. Brsg. II [1829] S. 517f.) beruhen die Mitteilungen von Witte, Mühlhauser Krieg S. 327f. u. Meier, ZGO NF 51 S. 355f. über diesen Tag.

[159] Add. Ms. 25437 fol. 151-152v cop. ch. c. einer Hand der Innsbrucker Kanzlei mit Korrekturen Sernteiners und der Überschrift: „Vermerkt, was man auf dem landtag furnemen und handeln sol." Dann beginnt der Text: „Zuerst sol mein gn. h. gar mit lieblichen und senften auch gnedigen worten der landschaft sagen lassen, daz der unrecht muetwill und frevel, so in von den eytgenossen zugezogen, und der schad, so inen gescheen, gar layd und in treuen wider sey. und nicht allain das, sonder was in auch in andern sachen unbillichs zugezogen werden solt, daz das seinen gnaden ain ganz missvallen were, angesehen, das sy sich am haus von Osterreich seiner gnaden vordern, auch im albeg erberlich, redlich und frumbklich gehalten und beweist haben, des in sein gnaden gnedigen und hohen dank sag und das in gnaden gen in erkennen und zu gut nicht vergessen welle.

Wiewol nu sein gnad in dhainen weg gemeint hette, daz sein frumme und getreue landschaft so hertiklich beschediget solt worden sein", angesichts der vielen Frieden zwischen dem Haus Österreich und den Eidgenossen sowie des 5-jährigen Landfriedens zu Nürnberg, auf den hin der Kaiser „m. gn. h. und den eytgenossen

hin, das belagerte Waldshut zu befreien, doch seine Räte rieten ihm davon ab, da ein Mißlingen des Vorhabens besser vermieden werde. Der Richtung, die daraufhin mit Wissen und Willen einiger Mitglieder der Landschaft abgeschlossen wurde, traut der Herzog aber ebensowenig wie den früheren Verträgen mit den Eidgenossen. Darum will er jetzt bessere Vorsorge treffen, um den Frieden des Landes zu schützen. Er hat Markgraf Karl von Baden zum Landvogt ernannt, die Versorgung der Schlösser in die Wege geleitet und vor allem die Fürsten zu einem Tage nach Speyer eingeladen, um ihren Rat und ihre Hilfe zu erbitten[160]. Dazu muß er aber wissen, was die Landschaft selbst in diesen Dingen zu leisten gewillt ist.

Der Neuenburger Tag diente also der Vorbereitung des Speyerer Tages am 29. September, der nach den Erfahrungen des Waldshuter Krieges nun vorher die Hilfe der Fürsten für den Fall eines Angriffs der Eidgenossen sichern sollte[161]. Um dies in die Wege leiten zu können, ohne den gerade abgeschlossenen Vertrag zu verletzen, ging die herzogliche Proposition von dem darin vorgeschlagenen gütlichen Tag Ludwigs von Bayern aus[162]. Ähnlich wie für den Basler Tag im Mai 1468[163] wurde auch jetzt angeregt, vor diesem Tage zum Kriege zu rüsten, um entsprechend der Reaktion der Eidgenossen auf die Bekundung der Macht einen annehmbaren beständigen Frieden zu schließen oder mit dem Krieg zu beginnen. Nach kurzer Beratung sagten die rheinischen Fürsten den dafür vorgelegten Anschlag zu, während die Räte der bayerischen Fürsten, des Markgrafen von Brandenburg und der Grafen von Württemberg noch Einschränkungen machten.

Erst nach dieser Zusage wurden die Einzelheiten zur Durchführung eines solchen Anschlages und möglichen Feldzuges, wie auch die dafür

---

geboten hab, sich des zu halten und dawider nicht zu tun, ... des sich mein gn. h. gehalten, dawider nicht getan nach solher friden sag, sonder den geboten babst und kaysers gehorig und gefallig gewesen und kainen friden verbrochen hab. u n d h i e t g e m a i n t, d a z i r g e t u r s t i k a i t s o g r o s s n i c h t g e w e s e n w e r e, d a z s y d a - w i d e r g e t a n h i e t t e n", usw.

[160] Ebd. fol. 152[v]: „Damit man aber des wie vorsteet entladen und der ding vertragen bleibe und der furan mussig und los werde, so hat m. gn. h. deshalben ainen tag furgenomen gen Speyr, daselbs mit den fursten von den dingen zu reden."

[161] Zum Speyerer Tage bisher nur Bachmann a.a.O. S. 198 u. 258 auf Grund des Berichtes Sigmunds an den Kaiser im Juni 1469 (Chmel, Mon. Habsb. II 1 S. 132). Nach der Anm. 160 gegebenen Stelle war Sigmund der Initiator und die Eidgenossensache das eigentliche Thema dieses Tages; die Böhmenfrage hingegen nur sekundär.

[162] Über das herzogliche Anbringen und die Antwort der Fürsten und Stände berichtet eine protokollarische Aufzeichnung, die gleichlautend von den bayerischen und württembergischen Gesandten mit nach Hause gebracht wurde: München Geh. StsA Reichstagsverhandlungen de anno 1442—1498 tom. I 156/12 fol. 114—117 cop. ch. c. und Stuttgart StsA WR 14931 cop. ch. c.

[163] S. oben S. 183.

ratsamen politischen Maßnahmen verhandelt[164]. Dabei empfahl man an erster Stelle die Gesandtschaft Herzog Sigmunds an Kaiser und Papst, die Acht und Bann gegen die Eidgenossen bewirken sollte, um sie sowohl von den ihnen verbündeten Reichsstädten als auch von Burgund, Mailand und Savoyen zu isolieren. An den Kaiser wollte man appellieren, daß er sich als Herr von Österreich nun endlich auch persönlich der Dinge annähme[165]. Zur Unterstützung von Sigmunds Botschaft waren Botschaften der Fürsten an Kaiser und Papst vorgesehen, für die Sigmund in seiner Kanzlei Kredenzen entwerfen lassen sollte[166].

Diese Gedankengänge haben nichts mit der juristischen Begründung der Gesandtschaft an Kaiser und Papst in den Ratschlägen Mairs zu tun, sie führen vielmehr wie die Verhandlungen des Speyerer Tages die politischen Pläne der vorderösterreichischen Rätegruppe fort, nun aber in richtiger Einschätzung der eidgenössischen Macht.

Bei dem Tage in Landshut Ende November, wo die nicht nach Speyer gekommenen Fürsten zur Hilfe gegen die Eidgenossen geworben werden sollten[167], hat Thüring von Hallwil im Namen des anwesenden Herzogs die der Speyerer entsprechende Proposition vorgetragen[168].

---

[164] Quelle hierzu ist ein „Vermerk" der Räte Sigmunds, dessen Abschrift die anderen Gesandten als Abschied mitnahmen: ILRA Sigm. IVb 55/3 fol. 558—559 or. not. ch. mit der Überschrift: „Vermerkt die verzaichnus, wie auf das zusagen der kurfursten und fursten herzog Sigmunden beschehen furer gehandelt werden sol"; in München a.a.O. fol. 113 u. 120 als Abschied zu der Anm. 162 genannten Handlung bezeichnet, „als das Hainrich von Rechperg wider gebracht hat von demselben tag"; in Stuttgart StsA WR 14932 cop. ch. c. mit gleichz. Rückvermerk: „Abschaid zu Spyre der Switzer halb."
[165] Innsbruck a.a.O. fol. 559r: „Item daz unser herr der kayser schüfe mit den steten oder andern, so mit in verpunden wern oder nicht, ire bund hinzetun und abzestellen bey verliesung irer freihait, gnaden und begabungen und zu bestellen, der eitgenossen in allen dingen müssig ze geen. item daz auch der babst und kayser daran sein, damit der herzog von Burgundi, der von Maylan und der von Sophoy sich ir auch nit annemen. item daz auch der kayser als ain herr von Österreich in sunders zu diesen dingen tu und darynn ansehe, daz die land auch sein und seiner kynd erb sein."
[166] Den Plan mit den Fürstenbotschaften änderte der Herzog im Oktober dahin ab, daß er die Fürsten bat, die eingelegten Entwürfe zu Empfehlungsschreiben an Kaiser und Papst ausgefertigt an ihn zurückzuschicken, damit sie seiner Botschaft zur Unterstützung mitgegeben werden könnten. Dies Verfahren hielt er für schneller und darum zweckmäßiger. Belegt sind die diesbezüglichen Korrespondenzen mit Hzg. Albrecht von Bayern (München Geh. StsA Reichstagsverhandlungen 1442—1498 Bd. I 156/12 fol. 121—123) und Gf. Ulrich von Württemberg (Stuttgart StsA WR 14934; Sattler, Gesch. v. Württ. IV Beil. Nr. 45; Reg.: Lichnowsky VII Nr. 1316).
[167] Zum Tag von Landshut: Bachmann a.a.O. II S. 198f.; H. Ermisch, Studien zur Geschichte der sächsisch-böhmischen Beziehungen 1468—1471, Neues Archiv f. sächs. Gesch. II (1881) S. 20f.
[168] Lt. Bericht der württembergischen Räte: Stuttgart StsA WR 14937 or. not. ch.

Wahrscheinlich verhielt es sich in Speyer ähnlich. Thüring erscheint somit weiter als der Initiator der Politik Sigmunds, soweit diese die praktische Vorbereitung eines Krieges gegen die Eidgenossen betraf. So mag eine Absetzung als Landvogt bei dem Tage von Neuenburg, abgesehen von der politischen Zweckmäßigkeit für die Vorlande[169], den Sinn gehabt haben, ihn als persönlichen Berater in die Nähe des Herzogs zu ziehen.

Da Herzog Sigmund auch in Landshut nur bedingte Zusagen erhielt, und dazu den Rat, sich zur Abwehr der Eidgenossen noch nach anderer Hilfe umzusehen[170], wandte er sich, nachdem ihm auch der Kaiser dazu geraten hatte, an Frankreich und Burgund[171]. Auch bei dieser Reise, die zum Abschluß des Vertrags von St. Omer führte, begleiteten ihn wieder Thüring von Hallwil und andere vorderösterreichische Räte[172]. —

Gleichzeitig und im inneren Zusammenhang mit der Werbung um Hilfe war auch die Gesandtschaft zu Kaiser und Papst weiter gefördert worden, und zwar in der Weise, wie Mair sie vorgeschlagen hatte.

Wahrscheinlich gingen noch im September — unabhängig von den Beschlüssen des Speyerer Tages — Jakob Trapp und Haug von Montfort wie vorgesehen an den kaiserlichen Hof nach Graz. Anfang Oktober waren sie jedenfalls unterwegs. Die Gesandtschaft nach Rom, wo Kaiser und Papst demnächst zusammentreffen wollten, sollte erst nach ihrer Rückkehr abgefertigt werden[173].

Eine Instruktion für diese erste Gesandtschaft ist nicht bekannt. Nur spätere Hinweise ermöglichen den Rückschluß auf den Inhalt der Verhandlungen in Graz. Die Gesandten brachten die offizielle Bitte vor,

---

[169] Siehe Witte, Mülhauser Krieg S. 327f. u. Meier, ZGO NF 51 S. 355f.

[170] Chmel, Mon. Habsb. II 1 S. 132; dort auch der Rat des Kaisers erwähnt.

[171] Die Politik Hzg. Sigmunds mit Frankreich und Burgund muß hier unberücksichtigt bleiben, sofern sie nicht unmittelbar das Thema berührt (künftig RTA Bd. 23). Zur speziellen Frage: Heimpel, Karl d. Kühne und Deutschland S. 4 Anm. 5 (Zusammenfassung d. Ergebnisse der älteren Literatur), M. Matzenauer, Studien zur Politik Karls des Kühnen bis 1474, Schweizer Studien z. Gesch. Wiss. NF 11 (1946) S. 102ff. u. Brauer-Gramm a.a.O. S. 51ff.

[172] Als in St. Omer anwesende Räte werden genannt: Mkgf. Rudolf v. Hochberg, Peter v. Mörsberg, Thüring v. Hallwil, Ludwig v. Masmünster und Marc v. Stein (lt. einer der Vertragsurkunden: Dijon, Arch. Dép. de la Côte d'Or B 1049 or. mb.; HHStsA Hs. weiß 558 fol. 6ʳ—11ᵛ cop. ch. c.; Druck: I. C. Zellweger, Schweizerisches Museum II (1838) S. 116—119 u. L. Stouff, Les origines de l'annexion de la Haute-Alsace à la Bourgogne en 1469, Revue Bourguignonne X (1900) S. 104—107); s. auch Witte, Entstehung S. 6 Anm. 1.

[173] Die Gesandten werden in dem Anweisungszettel vom 11. Sept. genannt (Add. Ms. 25437 fol. 51ʳ, s. Tafel 2); ebd. fol. 49ʳᵛ die Kredenzen. In einem um den 12. Okt. anzusetzenden Ratschlag, „was furgenomen werden sol", wird bemerkt: „Item der botschaft halben zum babst ist geraten, der underrichtung von graf Hugen und dem hofmaister zu warten" (ebd. fol. 57ʳ). — Zur Romreise des Kaisers, für die die Vorbereitungen Anfg. Nov. beendet waren: Bachmann a.a.O. S. 177ff.

die Eidgenossen wegen der Richtung von Waldshut nicht rechtlich zu belangen. Der Kaiser schob die Entscheidung dieser Frage nach Kenntnisnahme des Textes der Waldshuter Richtung heraus bis zu seiner Begegnung mit dem Papst, den diese Sache ebenso wie ihn berühre[174]. Weiter wurde die Möglichkeit einer gütlich-rechtlichen Regelung der Eidgenossenfrage im Sinne einer Verbindung der beiden Mairschen Ratschläge besprochen. Dazu baten die Gesandten den Kaiser, entweder persönlich ins Reich zu kommen oder einen Kommissar zu bestimmen. Der Kaiser hat sich anscheinend nicht bindend geäußert[175]. Schließlich müssen die Gesandten noch die Frage nach einer persönlichen Hilfeleistung des Kaisers angeschnitten haben. Hier lenkte der Kaiser ab und verwies auf den König von Frankreich[176].

Die Gesandtschaft nach Rom wird dann kurz vor dem Tage von Landshut aufgebrochen sein[177]. Jakob Trapp war erneut beteiligt. Erst auf diese Gesandtschaft kann sich der Entwurf der großen Instruktion beziehen, „wie unser herzog Sigmunds sach zwischen unser und der aidgnossen bey unserm heiligen vater dem babst und unserm gnedigen lieben herrn und vettern dem Romischen kaiser furzunemen sein", weil sie ein Einverständnis mit dem Kaiser bereits voraussetzt[178]. In ihr wird in der Art der Beweisführung Mairs die Frage erörtert, auf welche Art und Weise man den Papst zur Aberkennung der Waldshuter Richtung bewegen könne, ohne daß die Gesandtschaft darum bittet und sich damit dem Waldshuter Frieden gegenüber ins Unrecht setzt[179]. Dafür werden drei Vorschläge gemacht: Vor der Audienz beim Papst bitten die Räte den Kaiser, beim Papst dahin zu wirken, daß er Herzog Sigmund gebiete, „den dingen, dorinne ir heiligkait und maiestat verachtet werden, nicht nachzukommen bey gehorsame etc."; oder aber der Kaiser

---

[174] Lt. Einleitung der Ungültigkeitserklärung der Waldshuter Richtung vom 25. Mai 1469: HHStsA Allgem. Urk.-Reihe or. mb. c. sig. pend. Druck: Chmel, FRA II 2 S. 236 ff., hier S. 237.

[175] S. den letzten Absatz der Instruktion für die Gesandtschaft nach Rom (Anm. 178): Es solle mit dem Kaiser „auf die zwo meynungen gerett werden, nemlich, das er sich selbs personlich ins reich fuege und die sach furneme, wie dann mit im durch unser rete gerett worden ist zu Gretz, oder aber ainen commissari setze und dem bevelh, die ding furzunemen, aber auf meynung, wie vor mit s. mai. davon gerett worden ist".

[176] S. oben Anm. 170.

[177] Am 24. Okt. sandte Hzg. Albrecht v. München die Empfehlungsschreiben für Kaiser und Papst an Hzg. Sigmund zurück (München Geh. StsA a.a.O. fol. 121). Am 16. Nov. brach der Kaiser nach Rom auf (Bachmann a.a.O. II S. 178).

[178] Add. Ms. 25437 fol. 188—189ᵛ, stark korrigierter Entwurf Sernteiners.

[179] Daß Mair für diese Instruktion befragt wurde, ist nicht nachweisbar, aber durchaus denkbar. Die Kredenz für Gf. Haug v. Montfort zu Hzg. Ludwig v. Bayern und Martin Mair Mitte Sept. 1468 (Add. Ms. 25437 fol. 49ᵛ) zeigt, daß man laufend mit ihm in Kontakt blieb.

soll die Räte in Gegenwart des Papstes auffordern, den Handel
wegen der Richtung von Waldshut zu erzählen; „so werden wir
auf solich schaffen und haissen des Ro. k. aber nicht gemerkt wider
die bericht gehandelt haben"[180]. Ist der Kaiser auch dazu nicht bereit,
sollen die Räte die Sache in der Weise vorbringen, daß sie sich von
sich aus gegen die Vorwürfe der Eidgenossen rechtfertigen und dabei
alles Geschehene aufzählen, doch nur für die Zeit bis zum Waldshuter Frieden. Für alles, was seitdem geschehen ist, können die Räte
die Eidgenossen anklagen. Für alle Fälle, ob nun der Kaiser oder die
Räte selbst in dieser oder jener Weise vortragen, ist eine „Verzeichnus"
beigelegt, „was wider die funfzig, funfzehen und funfjerig frid gehandelt und von den aidgnossen furgenomen ist", die als Material-
unterlage für den Vortrag dienen kann.

Diese Aufzeichnung ist nun zwar an anderer Stelle überliefert; doch
ist an ihrer Zugehörigkeit zur Instruktion kaum zu zweifeln. Sernteiner
hat beide Stücke als zusammengehörig in der Kanzleianweisung genannt,
sie beide selbst konzipiert und sie sachlich aufeinander abgestimmt[181].
Zudem reicht die Beweisführung dieser Aufzeichnung auch gerade bis
zum Waldshuter Frieden, so wie man es für die Instruktion brauchte.

Auf den Verlauf der Verhandlungen in Rom bezieht sich nun wieder
eine Bemerkung in der Einleitung der Urkunde vom 25. Mai: Als der
Kaiser in Rom den Räten Sigmunds antworten wollte, trat der Fiskalprokurator auf und erhob Klage, daß die Richtung nicht gültig sei, da
sie im hangenden Recht abgeschlossen wäre[182]. Eine Ungültigkeitserklärung ist aber sicher nicht mehr in Rom erfolgt, sondern liegt erst
in der Urkunde vom 25. Mai vor.

Nun liegen in den Sigmundiana bei der Abschrift des Vertrags von
Waldshut, die den Gesandten vermutlich mit anderen sie als Beweismaterial stützenden Akten mitgegeben wurde[183], von Händen der Innsbrucker Kanzlei geschriebene Konzepte kaiserlicher und päpstlicher
Mandate an und in bezug auf die Eidgenossen[184]. Die Konzepte der
kaiserlichen Mandate betreffen die Ernennung eines Reichshauptmannes
und eines Gerichtskommissars. In der Dispositio übernehmen sie den
Text der dem 2. Ratschlag von Mair beigegebenen bzw. vorgeschlagenen
Urkunden, in der Einleitung den Text der Ladung vom 20. Juli, jedoch
in den neuen Teilen durch die Berufung auf die Rechtsordnung Heinrichs
VII. und die Strafe des crimen laesae maiestatis verschärft. Nicht mehr

---

[180] „So — haben" in der Vorl. gestrichen.
[181] HHStsA Hs. weiß 212 fol. 54—55v conc. ch. Sie ist in die große Denkschrift
lose hereingelegt; Druck: Chmel, Mon. Habs. I 1 S. 245—248; erw. und in ihrer
Bedeutung gut eingeordnet bei H. Brauer-Gramm S. 54 Anm. 221.
[182] Chmel, FRA II 2 S. 237f.
[183] S. S. 194. Anm. 157.   [184] ILRA Sigm. IVb 55/3 N. St.

dabeiliegend, aber der Diktion und Schrift nach ursprünglich zugehörig, sind ein kaiserliches Ladungsschreiben an die Eidgenossen[185] und der Anfang eines Briefes Kaiser Friedrichs an Herzog Sigmund, in dem er dessen Bitte, den Verpflichtungen der Waldshuter Richtung nachzukommen, ablehnt[186]. Alle Briefe mit Ausnahme des letzten enden mit der Formel „ut in forma cancellarie". Schreiber dieser Entwürfe ist vermutlich Ludwig Rad[187].

Die Konzepte der päpstlichen Briefe richten sich an den Legaten, an die Eidgenossen, Herzog Sigmund und König Ludwig von Frankreich. Alle haben sie etwa den Sinn: der Papst könne das Verhalten der Eidgenossen nicht verzeihen; daher solle der Legat mit den kirchlichen Strafen gegen sie vorgehen, wenn sie den Landfrieden brechen. Von einigen der päpstlichen Konzepte liegen besiegelte Reinschriften in Innsbruck und Wien[188], in der Regel also nicht im Empfängerarchiv.

Die Lücke zwischen diesem Befund und den Ausfertigungen der kaiserlichen Mandate vom 25. und 26. Mai schließt nun ein dritter Ratschlag Mairs[189]. Er ist nicht, wie die früheren, von ihm selbst verfaßt, sondern auf Grund einer mündlichen Unterrichtung von einem österreichischen Rat, der sowohl Herzog Sigmund wie dem Kaiser nahe stand und sich mit dem juristischen Denken vertraut erweist, aufgezeichnet worden. Dieser Ratschlag empfiehlt nun ohne weitere Vorladung oder Befragung der Eidgenossen und allein auf das Begehren des Fiskals hin die Ausfertigung der Ungültigkeitserklärung des Waldshuter Friedens (Declaracio), eines zugehörigen Gebotsbriefes (Inhibicio) und der Bestätigung der Ungültigkeitserklärung durch den päpstlichen Legaten (Confirmacio). Für diese drei Urkunden übergab Mair dem Rat eigene Entwürfe. Es folgt dann eine ausführliche juristische Begründung, weshalb dies ohne weitere Vorladung und Befragung der Eidgenossen möglich sei.

Des weiteren wird gesagt, Declaracio und Inhibicio müßten so ausgehen, daß die Eidgenossen sie noch vor dem 23. Juni, dem Zahlungstermin für die 10000 gld., in der Hand hätten. Seien sie gehorsam, verzichteten sie auf das Geld; andernfalls könne man der Inhibicio gemäß gegen sie prozessieren.

---

[185] Ebd., aber an anderer Stelle, durch Korrekturen und Datierung ergänzt zu der Ladung vom 25. Mai, s. Anm. 197 u. Tafel 4

[186] HHStsA Hs. weiß 600 fol. 75ʳᵛ conc. ch.

[187] Zur Identifizierung mit Ludwig Rad s. Anm. 19, a).

[188] ILRA Urk. I 9152; HHStsA Allgem. Urk.-Reihe (1469 März 13), Druck: Thommen IV Nr. 399.

[189] ILRA Sigm. IVb 55/3 N. St. not. ch. mit der gleichz. Überschrift: „Vermerkt ein ratschlag durch doctor Martin Mair begriffen, wie man sich in den sachen gegen gemainen aidgenossen halten solle." 6 folii nach Heftart zusammengelegt, jedoch ohne Heftung. Dabei liegen Declaracio, Inhibicio und die Ladung (vgl. den folg. Text).

Mair war sich der Härte dieses Verfahrens ohne nochmalige Ladung im Gedanken an die öffentliche Meinung bewußt; aber er meinte, man solle es um der Kürze der Zeit willen bis zum 23. Juni wagen. Nur wenn der Kaiser und der Legat Declaracio, Inhibico und Confirmacio nicht ausgehen lassen wollten, riet er zu erneuter Ladung und Inhibicio. Auf diesen Vorschlag hin gab ihm der österreichische Rat den Entwurf einer Ladung, die er bei sich hatte, und die Mair lediglich etwas verbesserte, „als die abschrift hiebei ausweiset", so berichtet der Rat. Mair habe ihm außerdem Anweisung gegeben, wie in diesem Falle die Inhibicio auf die Ladung hin umkorrigiert werden müsse. — Bei dem Ratschlag liegt in der Tat die von Mair korrigierte Ladung[190] — es ist der Innsbrucker Entwurf „ut in forma" — und die umkorrigierte Inhibicio und auch Declaracio[191]. Alle drei sind die unmittelbaren Vorlagen der kaiserlichen Mandate vom 25. und 26. Mai[192].

Der Rat berichtet dann weiter, Mair habe jedoch abgeraten, die päpstlichen Briefe jetzt ausgehen zu lassen. Abgesehen von Verfahrensgründen war ihm dies vor allem im Interesse Herzog Sigmunds wichtig, der, wenn er jetzt in Frankreich oder Burgund Hilfe erhielte, durch eine päpstliche Inhibicio in eine unangenehme Lage geraten könnte. Er hielt die Bestätigung des Legaten nur dann für notwendig, wenn der Fiskal auf Grund der Ladung das Urteil von dem Kammergericht erlangt habe.

Zum Schluß hat Mair dem Rat die geistlichen und kaiserlichen Rechte schriftlich übergeben, um dem Kaiser und seinen gelehrten Räten daran zu zeigen, worauf sich diese Dinge gründeten[193].

---

[190] Diese der Sache nach Martin Mair zuzuweisenden Korrekturen (s. Tafel 4) sind wohl sicher eigenhändig. Dieselbe Hand findet sich nicht nur in den Korrekturen zur Commissio des 2. Ratschlages (s. Anm. 152), sondern auch als korrigierende Hand in einem Gutachten Mairs für die Stadt Nürnberg in ihren Auseinandersetzungen mit Mkgf. Albrecht v. Brandenburg von 1450 (Nürnberg StsA S I L 26 Nr. 2a fol. 33v u. 34r; erw. bei P. Joachimsohn, Gregor Heimburg (1891) S. 129 Anm. 6 mit veralteter Sign. Cod. 267, und G. Schrötter, Dr. Martin Mair a.a.O. S. 33 Anm. 84. — Die Ermittlungen im StsA Nürnberg erfolgten durch G. Hirschmann). Auch die Mitarbeit Mairs bei dem den Landfrieden von 1467 vorbereitenden Martini-Reichstag 1466 ist durch diese Feststellung gesichert, denn ein zu diesem Tage gehöriger Abänderungsentwurf für den Abschied (HHStsA Mainzer Erzkanzlerarchiv RTA Bd. I a fol. 114rv) stammt von seiner Hand. Methodisch ist es von Interesse, daß mehrere namentlich unterschriebene Briefe Mairs (z.B. München HStsA Fürstensachen 188 1/2 fol. 3, 6 u. 7 und die oben Anm. 136 u. 150 erwähnten Briefe) von verschiedenen Schreibern stammen und nicht eigenhändig sind. Nur bei politisch diffizilsten Angelegenheiten hat Mair selbst zur Feder gegriffen.

[191] Leider gelang es bisher nicht, an den wenigen Korrekturen festzustellen, wem sie zuzuschreiben sind.

[192] S. unten Anm. 198.

[193] Mairs Ratschlag (s. Anm. 189), letzter Abschnitt: „Item doctor Martin hat mir auch zu latein die geistlichen und kaiserlichen geschriben recht in schrift ubergeben, daraus den kaiser und sein gelerten ... zu berichten, daß die sach der ob-

Der Unterschied zwischen dem zweiten und dem dritten Ratschlage ist auffallend: damals der Versuch, ein Kompromiß zwischen der politischen Lage und den noch gegebenen rechtlichen Möglichkeiten in der für Sigmund nach dem Waldshuter Frieden so schwierigen Situation zu finden, jetzt der Vorschlag, den Rechtsweg so rücksichtslos wie möglich zu beschreiten.

In Verbindung mit der Abänderung der Urkundenentwürfe scheint sich folgende Erklärungsmöglichkeit anzubieten, die auch über das, was in Rom geschah, Aufschluß gibt. Schon nach der ersten Gesandtschaft an den Kaiser war es klar, daß Friedrich der formellen Bitte Sigmunds, wegen des Waldshuter Krieges nicht gegen die Eidgenossen zu prozessieren, nicht nachkommen würde. Es fehlte nur die Bestätigung des Papstes. Über die Frage der Regelung im einzelnen, Gerichtskommissar und Reichshauptmann, war noch nichts beschlossen. So blieben die Entwürfe der Urkunden zum zweiten Ratschlag Mairs der Sache nach in Geltung, nur die Einleitungen waren überholt. Man ersetzte sie durch die Einleitung der Ladung vom 20. Juli und verschärfte sie entsprechend der Mairschen Kritik an dieser Urkunde durch den Hinweis auf das Gesetz Heinrichs VII. und das crimen laesae maiestatis[194]. Mit den so veränderten Urkundentexten und neuen Entwürfen für eine Ladung und die gewünschte Erklärung des Kaisers, daß er Sigmunds Bitte nicht erfüllen könne, dazu Konzepten der päpstlichen Bestätigungen, begaben sich die Räte nach Rom. Hier erübrigte sich durch die Klage des Fiskals der vermittelnde Vorschlag mit dem Gerichtskommissar und der Ernennung eines Reichshauptmannes, so daß die Urkundenentwürfe dafür unausgefertigt liegen blieben. Auch die Ausstellung der kaiserlichen Mandate erfolgte noch nicht, sondern nur die der päpstlichen Briefe.

Nach deren Ausstellung am 13. März[195] muß einer der an der Gesandtschaft beteiligten Räte — vielleicht Ludwig Rad selbst[196] — Martin Mair berichtet haben. Dabei hatte er alle diese Briefe bei sich. Sie wurden in der geschilderten Form verändert.

---

gemelten . . . grunt sei." Es kann sich dabei wohl nur um eine Auswahl gehandelt haben; darunter aber sicherlich die von Bartolus dem Corpus iuris Justiniani als Collatio 11 angehängten Konstitutionen Heinrichs VII. (MGh. Constitut. IV 2 Nr. 929 u. 931), auf denen Mairs Erörterungen beruhten (s. Fr. C. v. Savigny, Gesch. d. römischen Rechts im Mittelalter III [1834] S. 526 f.), evtl. in der bei Most a.a.O. Anm. 50 zit. Form des Traktats.

[194] S oben S. 186 f. u. 191 f.   [195] S. Anm. 188.

[196] Nach einer Nachricht von Bf. Georg von Brixen waren Jakob Trapp, Balthasar Liechtensteiner, Doktor Lorenz [v. Blumenau], Benedikt Fueger und Ludwig Rad u. a. in Rom anwesend (s. Fr. A. Sinnacher, Beyträge zur Geschichte der bischöflichen Kirche Säben und Brixen in Tirol Bd. VI [1828] S. 558). Für die Sendung zu Martin Mair kommen am ehesten die beiden Letztgenannten in Betracht, Ludwig Rad als Schreiber der Urkundenentwürfe, Benedikt Fueger als juristisch gebildeter Rat.

Jetzt fehlte nur noch die Ausfertigung der durch Mair entworfenen bzw. begutachteten Entwürfe. Sie erfolgte in der kaiserlichen Kanzlei unter Vorlage dieser Konzepte zum 25. und 26. Mai, einem Ausstellungsdatum, das die Überreichung an die Eidgenossen vor dem 23. Juni noch möglich machte[197]. Angenommen wurde nicht die radikale Lösung: Declaracio und Inhibicio ohne Ladung, sondern ein Kompromiß: Declaracio und Inhibicio, aber gleichzeitig auch die Ladung[198].

Die Frage, ob der Abschluß des Vertrags von St. Omer unmittelbar die Ausfertigung der Mandate auslöste[199], wird bei diesem Sachverhalt weniger entscheidend. Die ursächliche Verbindung beider Fakten liegt tiefer und zeitlich früher. Es ist daher gut möglich, daß einerseits die Durchführung der Gesandtschaft an Kaiser und Papst, deren Ergebnis die Mandate vom 25. und 26. Mai waren, und andererseits Sigmunds Bemühungen um Hilfe, die durch die Acht gestützt werden sollten, ohne ständige Fühlungnahme nebeneinander herlaufen und zum Ergebnis kommen konnten.

Wie sehr beides aufeinander abgestimmt war, zeigen die folgenden Ereignisse. Nach seiner Rückkehr aus St. Omer hat Herzog Sigmund den Vollzug der Zahlung am 23. Juni abgewartet und dann Ludwig von Masmünster und Ulrich von Frundsberg nach Graz geschickt[200]. Sie sollten den Abschluß des Pfandvertrages mit dem Herzog von Burgund rechtfertigen und erklären und den Kaiser bitten, schriftlich in ihn einzuwilligen. Der zweite Teil der viel diskutierten Instruktion enthält dann

---

[197] Nachweisbar ist die Vorlage des Konzeptes nur für die Ladung, deren von Mair korr. Entwurf vermutlich von Peter Gamp, damals Notar am kais. Kammergericht, datiert wurde. Die Schriftidentität ergibt sich nach dem Urteilsbuch des KG.s in diesen Jahren: ILRA Cod. 117 fol. 16ʳ u. 36ʳ.

[198] Die Ausfertigungen der Urkunden sind in HHStsA Allgem. Urk.-Reihe (1469 Mai 25 u. 26); gleichz. Abschr. ebd. Hs. weiß 212 fol. 120—124ᵛ; eine Abschrift der Declaracio außerdem in Zürich StsA A 184/1 Akten Österreich u. London Brit. Mus. Add. Ms. 25437 fol. 194ʳ—197ʳ. — Drucke: Chmel, FRA II 2 S. 236—243, 342—355; Regesten: Chmel Nr. 5567—5568, 5570—5574 u. Lichnowsky VII Nr. 1358—1364.

[199] So nahm Bachmann a.a.O. II S. 268 Anm. 3 an. Janeschitz-Kriegl a.a.O. S. 153 weist darauf hin, daß L. v. Masmünster, der mit in St. Omer war, sich bereits am 26. Mai in Graz befand. Doch ist sein Beleg (Chmel, FRA II 2 S. 354) nicht zwingend, da M's Name nur im Coll.-Vermerk zum Mandat an Schaffhausen vom 26. Mai genannt wird. Hzg. Sigmund hatte Declaracio und Inhibicio jedenfalls in der Hand, als er seine Gesandten nach Abschluß der burgundischen Reise zum Kaiser schickte. S. unten S. 204.

[200] Die Instruktion zu der Gesandtschaft in HHStsA Hs. weiß 600 fol. 80—84ᵛ conc. ch. mit gleichz. Rückvermerk: „Fertigung zum kaiser her Ulrichs von Fruntsperg und her Ludwigs von Masmunster." Druck: Chmel, Mon. Habsb. I 2 S. 131—135 ohne Angabe des Fundortes, zu 1470. Die Datierung zu Juni 1469 gibt auch Janeschitz-Kriegl a.a.O. S. 152 Anm. 4 mit Hinweis auf die beiden Verleihungen für Ulrich von Frundsberg am 11. Juli in Graz (Chmel, Reg. Nr. 5620 u. 5621).

die bekannte Befürwortung einer Ehe zwischen Maria von Burgund und Maximilian, anstelle der bisherigen Heiratspläne mit Frankreich[201].

Im Anschluß an diese Instruktion steht in der Handschrift ein weiteres Schriftstück, ebenso wie die Instruktion von Sernteiner konzipiert, das bisher nicht bekannt war[202]. Es ist als zusätzliche Unterrichtung für die Gesandtschaft anzusehen und gibt spezielle Anweisungen für die Behandlung der Eidgenossenfrage. Dabei geht der Herzog nun von der Declaracio und Inhibicio aus, deren Abschrift er den Gesandten mitgibt. Von der Ladung ist nicht die Rede, da sie für die folgenden Beweisführungen, die ganz den Gedankengängen Mairs folgten, störend gewesen wäre: dem Vertrag von St. Omer gemäß hat der Herzog von Burgund den Eidgenossen am 23. Juni die im Waldshuter Frieden festgesetzten 10000 gld. bezahlt, und die Eidgenossen haben sie angenommen[203]. Sie haben daher nicht nur die früheren kaiserlichen Gebote, sondern auch die Ungültigkeitserklärung des Waldshuter Friedens und das daraus folgende Verbot, sich die 10000 gld. zahlen zu lassen, mißachtet. Daher sind sie allein auf Grund ihrer Handlungen, also ohne jeden weiteren Prozeß, in die Strafe des fünfjährigen Landfriedens gefallen. Herzog Sigmund ließ nun den Kaiser bitten, allen Kurfürsten die Ächtung der Eidgenossen zu verkünden und ihnen die entsprechenden Maßnahmen zu gebieten. Er wünschte ein solches Mandat insbesondere für den Herzog von Burgund[204].

---

[201] Siehe Heimpel, Karl der Kühne und Deutschland a.a.O. S. 5f. und die andere Anm. 2 gen. Literatur.

[202] HHStsA Hs. weiß 600 fol. 85—86ᵛ conc. Der Rückvermerk fol. 84ᵛ gehört vermutlich zu den beiden, auch dem Papier nach zusammengehörigen Stücken, die nur bei der Bindung falsch gelegt wurden.

[203] Das Datum für die Zahlung ist in der Instruktion offen gelassen (s. folg. Anm.); man hat also deren Vollzug nicht erst abgewartet, bevor man die Gesandtschaft vorbereitete.

[204] Hs. weiß 600 fol. 85—86ᵛ: „... Dieweil nu der kais. fiscal sein mai. angeruft und zuwegen bracht hat, damit die kais. mai. dieselb declaracion getan und die aidgnossen uber die inhibicion die 10000 gld. an dem tag (Lücke) genomen und empfangen, die bericht vor Waltshut nicht abgetan noch heraus gegeben, uns und den unsern die scheden nicht abgelegt haben, noch kainem gebot von der kais. mai. bescheen durch sy nachgegangen ist, so sind sy mit der getat in die peen des funfjerigen friden gefallen auf die inhibicion in acht und aberacht und in die peen der geschribnen recht, das alles kuntpar und meniglichen wissend ist."
Der Kaiser soll allen Reichsständen verkünden, daß die Eidgenossen deshalb in Acht und Aberacht sind, „das auch meniglich daran und beholfen sey, damit wir zu unserm endlichen und våterlichen erb komen mógen, das sy úber alle recht und billichait uns vorhalten und dorumb weder tag noch recht vor der kais. mai. suchen haben wellen, sunder uber gutlich und rechtlich ervordrung contumaces worden sind.
Item das dergleichen brief nach aller notturft auf unsern hern und oheim den herzogen von Burgundi gesetzt werden.

Sigmund selbst war es nämlich in St. Omer nicht gelungen, von dem Burgunder eine schriftliche Zusicherung zu erlangen, daß er im Falle der Reichsacht gegen die Eidgenossen vorgehen werde[205]. So hoffte er wohl, durch ein kaiserliches Mandat, das den Burgunder als Reichsfürsten zur Hilfe bei der Durchführung der Acht verpflichtete, doch noch einen Druck in dieser Richtung auf Herzog Karl ausüben zu können[206].

Der Schluß der Instruktion beschäftigt sich mit der peinlichen Tatsache, daß sich auch Sigmund gegen Declaracio und Inhibicio vergangen hatte, weil er durch den Abschluß des Vertrags von St. Omer die Zahlung der 10000 gld. veranlaßte. Für ihn sollten die Gesandten unter Darlegung der politischen Motive die Absolution wegen Erfüllung der Waldshuter Richtung erbitten[207].

Wahrscheinlich kam im Zusammenhang mit dieser Gesandtschaft und der Absicht, nun die Ächtung durchzusetzen, auch die Arbeit an der großen Denkschrift zum Ende[208]. Einzelheiten aus der nach Rom mitgenommenen Aufzeichnung über die Vergehen der Eidgenossen während des 15jährigen Friedens wurden noch eingearbeitet[209] und die Abschriften der kaiserlichen Mandate vom 18. und 20. Juli 1468 sowie

---

Item das auch nach der inhibicion copi uns noch ain versigelter brief werde, ob uns des not tun wurde, den den fursten und hern furzuhalten, nachdem die inhibicion in auch ubergeantwurt worden ist.

Item ir sullet auch dem fiscal die declaracion zu handen geben, damit er darauf gehandeln móg und derselben declaracion noch ainen solhen versigelten brief von unserm hern dem kaiser oder aber von ymant anderm ain gleublich vidimus nemen, damit wir der auch etwas, darauf wir gehandeln mógen, haben ...".

[205] Für das Hilfeversprechen Karls des Kühnen in St. Omer enthält das Registerheft der Vertragsurkunden (HHStsA Hs. weiß 558 fol. 1—40) nämlich 2 Fassungen: Nach einem ersten von dem Burgunder nicht angenommenen Entwurf Sigmunds sollte Karl zunächst versuchen, Sigmund und die Eidgenossen gütlich zu einigen, und wenn dies nicht gelang, zur Durchführung der dann fälligen kais. Urteils behilflich sein. (Ebd. fol. 20—22ᵛ, ohne Datum mit dem Vermerk: *„Ista litera non est recepta a domino duce Burgundie propter certas causas".*) Diese Fassung war bisher nur nach der dtsch. Inhaltsangabe bei Chmel, Mon. Habsb. I 1 S. 6f. bekannt.

Gültig wurde die zweite unverbindliche Fassung: Karl versprach Hilfe, falls die Eidgenossen nach einem vorausgegangenen kais. oder burgundischen Schiedsversuch Sigmund angriffen, jedoch nur „ *quantum cum honore poterimus*". (Ebd. fol. 18ʳ—19ᵛ cop. ch. c.) Auch diese Urkunde ist nicht in Dijon überliefert.

Damit erklärt sich nach den Quellen die schon von O. Cartellieri, Zum Vertrage von St. Omer, ZGO NF 42 (1929) S. 629—636, negativ beantwortete Frage nach „geheimen Abmachungen" zwischen Hzg. Karl und Sigmund, die Witte, Entstehung S. 8 u. 46 zuerst stellte; s. auch Heimpel a.a.O. S. 5 Anm. 7 u. Brauer-Gramm S. 62.

[206] Das kais. Mandat spricht den Hzg. v. Burgund als Reichsfürsten an (Add. Ms. 25437 fol. 197ᵛ—198ʳ cop. ch. c., sonst nicht überliefert).

[207] Die kais. Absolution vom 27. Sept. 1469 in HHStsA Allgem. Urk.-Reihe or. mb.; Reg.: Chmel Nr. 5728, Lichnowsky VII Nr. 1398.

[208] Zum Beginn ihres Entstehens s. oben S. 181f.

[209] S. oben S. 199 Anm. 181, bes. Sitz. Ber. a.a.O. II S. 476, 478f., 481.

des Waldshuter Vertrags mit verbindenden Zwischenbemerkungen Sernteiners eingefügt[210]. Nach den Mandaten vom 25. und 26. Mai 1469 bricht sie dann mit dem Brief der Eidgenossen an Herzog Sigmund vom 12. Juli 1469, in dem diese nach der Zahlung der 10000 gld. nun die vollständige Erfüllung der Waldshuter Richtung forderten, ab[211].

Es ist ungewiß, ob diese oder eine spätere Gesandtschaft die Denkschrift mit sich führte[212] und ebenso unklar bleibt, ob sie dem Kaiser vorgelegen hat[213]. Doch ist sie wichtig, weil sie die österreichische Beweisführung gegen die Eidgenossen, wie sie sich im Laufe der Zeit herausgebildet hatte, zu einer Art Weißbuch zusammenfaßt, das jedenfalls im Laufe der nächsten Jahre bei der Wiederaufnahme der alten Richtungsverhandlungen als Verhandlungsgrundlage benutzt wurde[214] und die Kontinuität der österreichischen Politik gegenüber den Eidgenossen beweist[215].

Einzige offizielle Quelle zur Durchführung der Acht bildet der Urteilsbrief selbst[216]. Ihm zufolge hatte der Fiskal in der Kammergerichtssitzung am 22. August das Urteil gegen die Eidgenossen beantragt, da sie nach erfolgter Ladung zum kaiserlichen Schiedstag die Waldshuter Fehde begonnen hätten, „des zu recht genug" sei. Doch legte er auch noch die Ladung vom 25. Mai vor, um zu beweisen, daß man die Eidgenossen trotzdem ordnungsgemäß zum Gerichtstag vorgeladen hatte. Da nun niemand von ihrer Seite erschienen war, vertagte man die Sitzung der Ordnung folgend nochmals um drei Gerichtstage

---

[210] Wien Hs. weiß 212 fol. 112ᵛ—119ᵛ (Sitz.-Ber. a.a.O. S. 484—487) beruht auf der Vorlage von Add. Ms. 25437 fol. 180—186ᵛ.

[211] Brief der Eidgenossen vom 12. Juli 1469 in HHStsA Hs. weiß 212 fol. 125 cop. ch. c., ILRA Sigm. IVb 55/3 N. St. cop. ch. c.; Druck: Sitz.-Ber. a.a.O. S. 489f.

[212] Trifft die Anm. 200 gegebene Datierung der Gesandtschaft von Frundsberg und Masmünster zu, ist es wegen des Briefes vom 12. Juli nicht möglich, daß sie die Denkschrift bei sich hatten. Es wäre denkbar, daß nach Eintreffen des Briefes, der ein neuer Beweis für den Ungehorsam der Eidgenossen gegen die Declaracio war, ein Bote hinterher geschickt wurde.

[213] Die Randvermerke der Denkschrift, die Chmel für eigenhändige Marginalien K. Friedrichs hielt (Sitz.-Ber. a.a.O. S. 458ff. Anmerkungen) stammen wahrscheinlich von einem Innsbrucker Kanzleibeamten (vermutlich Hand der Nachträge der Aufzeichnung Anm. 82, c).

[214] S. Anm. 104 (Rückvermerk).

[215] Damit ist die Denkschrift ein Gegenstück zu den gleichzeitigen eidgenössischen Arbeiten dieser Art wie den Stadt- und Landschreiberchroniken, die K. Mommsen, in seiner Diss. „Eidgenossen, Kaiser und Reich, Studien zur Stellung der Eidgenossenschaft innerhalb des heiligen röm. Reiches", Msschr. Basel 1957, behandelt. Doch müßte dieser Vergleich Gegenstand einer besonderen Untersuchung sein.

[216] S. Anm. 1. Das sekretierte Majestätssiegel beweist die Gültigkeit (vgl. Seeliger a.a.O. S. 15). Akten, Protokoll und Urteilsbuch des RKG.s (HHStsA Reichshofrat, Judicialia antiquiss. u. ILRA Cod. 117) enthalten den Prozeß nicht.

und verkündete dann am 31. August unter dem Vorsitz von Bischof Ulrich von Passau das Achturteil.

Über den Anteil der Innsbrucker Kanzlei am Zustandekommen und der Durchführung der Ächtung gibt dann noch ein dünner Faszikel der Londoner Handschrift Auskunft[217]. Er enthält der Reihenfolge nach Abschriften der Declaracio, einer Achtverkündigung an König Ludwig von Frankreich und an Herzog Karl von Burgund — dabei wird vermerkt, daß ein derartiger Brief auch an die Herzöge von Savoyen und Lothringen ausgefertigt wurde —, den Urteilsbrief und die Inhibicio. Nach Aussage der Kanzleiüberschrift für diesen Faszikel handelt es sich um Abschriften der Briefe, die Ludwig von Masmünster vom Kaiser mitgebracht hatte. Masmünster war also anscheinend nach seiner Fertigung Ende Juni am kaiserlichen Hof geblieben, bis die Ächtung vollzogen war.

Unter diesen Briefen notiert der Abschreiber: „Item her Ludwig von Masmunster hat mir gesagt, daz die nachgeschriben brief sollen an den Maroltinger und den Schäczer ervordert werden: item den gewaltsbrief von des fiscals wegen. item die versigelt ladung und verkündung und darauf geschriben, welcher bot und auf welchen tag die den aitgnossen in das veld gen Waltshut geantwurt sind. item die absolucion der fryden der 10000 gld. halben. item daz unser herr der Romisch kayser die aitgnossen auch mündlich in die acht und aberacht getan habe, als sein k. gn. das zugesagt"[218].

Diese Aufzählung bekommt ihren Sinn im Zusammenhang mit einem wenige Blätter später eingefügten Notizzettel, auf dem ein höherer Innsbrucker Kanzleibeamter alle Briefe verzeichnet hatte, die Masmünster und Frundsberg von der kaiserlichen Kanzlei erbitten sollten[219]. In der ersten Hälfte des Zettels nennt er die Briefe, die nach Angabe des Ab-

---

[217] Add. Ms. 25437 fol. 194ʳ—202ᵛ mit der Überschrift: „Abschriften der kays. brief, so herr Ludwig von Masmunster bracht hat contra confederatos".

[218] Ebd. fol. 202ᵛ. Wilhelm Maroltinger, Kanoniker der Kirchen von Regensburg und Passau, stammte aus Südwestdeutschland, hatte in Wien studiert (Die Matrikel der Universität Wien I 1377—1450 (1956), Publ. d. IÖG R. 6, 1 S. 263), war jedenfalls 1467—1469 Beisitzer des RKG.s (ILRA Cod. 117; s. Lechner, MIÖG Ergbd. 7 S. 157ff.) und gleichzeitig auch „diener" Hzg. Sigmunds, der ihn mit Aufgaben am kais. Hof betraute (HHStsA Österr. Akten, Tirol 16a fol. 56f.).

[219] Ebd. fol. 196: „Item zvo declaracion mit der maiestat versigelt. item zvo inhibicion. item zwen urteilbrieff. item zwen gemein verkündbrieff. item vier verkündbrieff an küng von Frankrich, herzogen von Burgundi, herzogen von Lutringen und herzogen von Saffoy.
Item ain brief vom kaiser an pabst, im hilflich ze sein mit dem geistlichen swert etc. item ain brief an pabst der decanei halben zu Trient. itemᵃ) ain gewaltsam vom fiscal an unsern heiligen vater den pabstᵃ). item ain credentz an pabst." (a-a) ist gestr. und von anderer Hand angefügt: „die sol man an Maroltinger oder Schatzer ervordern, sagt herr Ludwig von Masmunster").

schriftenbündels wirklich mitgebracht wurden, im Anschluß daran
mehrere Briefe an den Papst, die man zur Erlangung der Bestätigung
des Achturteils durch den Papst brauchte. Außer der Vollmacht des
Fiskals sind auch diese Briefe in Abschrift vorhanden, und zwar im Anschluß an die eben zitierte Notiz²²⁰. Wahrscheinlich hatte sie Masmünster
also auch schon mitgebracht, allerdings ohne Datum, vielleicht, weil der
Zeitpunkt der Gesandtschaft an den Papst noch nicht feststand. Denn als
Unterlagen für diese Gesandtschaft — so ist wohl die Zusammenstellung
zu verstehen — benötigte man nun noch die in der Abschreibernotiz
genannten Stücke, die beim Papst allen Zweifel darüber beseitigen
sollten, daß das Kammergerichtsurteil gegen die Eidgenossen etwa nicht
berechtigt sein könnte. Besonders wichtig dafür war die kaiserliche Absolution für Herzog Sigmund wegen Erfüllung der Waldshuter Richtung
und eine Bestätigung darüber, daß der Kaiser selbst die Acht und Aberacht mündlich verkündet habe²²¹. Beides war anscheinend noch nicht
geschehen.

Mit diesen Vorbereitungen für die Gesandtschaft zum Papst, für die
Wilhelm Maroltinger, Dr. Matheus Humel und Benedikt Fueger vorgesehen waren²²², bricht die Überlieferung zur Ächtung der Eidgenossen ab. Man weiß nicht, ob die Gesandtschaft tatsächlich erfolgte,
man kennt keine päpstliche Bestätigung. Weder in den eidgenössischen
noch in den anderen reichsständischen Archiven fanden sich Belege
dafür, daß die kaiserlichen Mandate vom 31. August tatsächlich ausgegangen und empfangen worden sind²²³. So bleibt nur die Frage an die
politischen Ereignisse der folgenden Jahre, ob sich der Urteilsspruch
des Kammergerichts, der ja als solcher, unabhängig von der Bekanntgabe an den Bestraften, rechtswirksam war²²⁴, auch politisch auswirkte.

Bekannt ist lediglich Sigmunds Versuch, den Herzog von Burgund
im Frühjahr 1470 auf Grund der Acht zur Hilfe gegen die Eidgenossen

²²⁰ Ebd. fol. 203—204ᵛ cop. ch. c.; ebd. fol. 140—141ʳ Konzepte dieser Briefe
(Bitte um Anwendung d. kirchlichen Strafen gegen die Eidgenossen; Kredenz.).
²²¹ Der im Urteilsbrief schriftlich fixierte Urteilsspruch des Gerichts wurde demnach in seiner Bedeutung noch gesteigert, wenn ihn der Kaiser — wahrscheinlich
nur in besonderen Fällen — persönlich verkündete. Einen derartigen Unterschied
erwähnt Franklin, Kammergericht a.a.O. Kap. II u. III nicht; s. jedoch für das 13.
u. 14. Jh. häufige Privilegien, daß für den Betreffenden nur die vom König ausgesprochene Acht gelten sollte (E. Eichmann, Acht und Bann im Reichsrecht des
Mittelalters 1909 S. 145).
²²² Die Kredenz (Add. Ms. 25437 fol. 141ʳ conc.) war ursprünglich nur auf Wilhelm Maroltinger ausgestellt. Die Namen von Benedikt Fueger und Matheus Humel,
„decretorum doctores", sind erst nachträglich eingefügt.
²²³ Für Burgund s. Anm. 226.
²²⁴ Die Boten hatten bei der Zustellung der Mandate oft die größten Schwierigkeiten oder wurden abgewiesen; s. R. Smend, Das Reichskammergericht I (1911)
S. 368f.

zu bewegen[225]. Die österreichischen Gesandten, die mit dieser Mission an den burgundischen Hof kamen, legten dabei wahrscheinlich die Achtbriefe vor[226]. Doch konnte der Herzog ein solches Ansinnen mit guten Gründen ablehnen, da er ja den Hilfsvertrag von St. Omer gerade in der Weise abgeändert hatte, daß er zur Hilfe bei der Ausführung der Acht nicht verpflichtet war.

Nach diesem vergeblichen Versuch mit dem Burgunder hat Sigmund dann den Gedanken, sich mit Hilfe der Acht gegen die Eidgenossen durchsetzen zu können, fallen lassen und hat auf das politische Mittel des gütlichen Vergleichs zurückgegriffen, wenn er auch daneben die Möglichkeit einer Wiederherstellung seiner Rechte durch Gewalt immer im Auge behielt[227]. Damit kehrte er zur Rechtsgrundlage des Waldshuter Friedens zurück. In diesem Zusammenhang ist wohl auch das kaiserliche Mandat an die Eidgenossen vom 2. August 1471 zu verstehen, das bestätigt, daß Sigmund und Herzog Ludwig von Bayern den Kaiser in Regensburg neuerdings um die Aufhebung der Acht gegen Schaffhausen und des Verfahrens gegen die Eidgenossen gebeten hatten[228]. Wenn auch der Kaiser darin die Entscheidung der Bitte wieder hinausschob, hatte Sigmund damit doch für die seit dem Frühjahr 1471 von neuem aufgenommenen Richtungsverhandlungen mit den Eidgenossen einen Beleg in der Hand, daß er sich um die Erfüllung der Waldshuter Richtung bemühte[229].

Von dem Achturteil gegen die Eidgenossen ist weder hier noch sonst die Rede. Der Kaiser berief sich vielmehr als letztes auf die Unterredung in Rom Anfang 1468, bei der nicht er, sondern der Papst die Aufhebung des Verfahrens abgelehnt hätte[230]. Auch dem Kaiser schien

---

[225] Quelle dazu ist die Instruktion Hzg. Karls von Burgund für seine Gegengesandtschaft an Hzg. Sigmund (1470 April 19—Mai 1): Lille, Arch. Dép. du Nord B 338 Nr. 16240, stark korr. Konzept; daraus unter Weglassung der gestr. Teile (nach Angabe von H. Heimpel) Druck: Ph. de Commynes, Mémoires, éd. Lenglet-du Fresnoy III (1747), Preuves Nr. 199.

[226] S. ebd. im Referat der österr. Werbung: Die Eidgenossen haben auf den Forderungen des Waldshuter Friedens bestanden *„non obstant ledit édit imperial et la deffense faite par nostredit saint père en encourant lesdites paines, lesquelles ont esté declarées par l'empereur à l'encontre d'eulx et lettres exécutoires baillées à l'encontre d'eulx adressées à mondit s. le duc et aux autres princes de l'empire"*. Auf diese kais. Mandate nimmt dann auch der Herzog in seiner Antwort Bezug: *„Item remonstreront aussi, que pour ceste année il n'est aucun besoing de exécuter lesdites lettres impériales"*, denn Folge würde nur der Krieg sein usw. Eine Ausfertigung des Mandats an den Hzg. v. Burgund wurde nicht aufgefunden, vgl. Anm. 206.

[227] Vgl. dazu die Anm. 2 gen. Lit.

[228] Thommen IV Nr. 424.

[229] Das Mandat ist nur als ein im Interesse Sigmunds hergestelltes Vidimus des Abtes von Wilten vom 1. Sept. überliefert (HHStsA Allgem. Ark.-Reihe or. ch. lit. pat.).

[230] Siehe Thommen IV Nr. 424 S. 394 u. oben S. 199.

also an einer Entspannung seines Verhältnisses zu den Eidgenossen zu liegen, wie immer, wenn er ihre Unterstützung brauchte. Er war zum Entgegenkommen erst bereit, wenn ihm die Eidgenossen die gewünschte politische Gegenleistung zusicherten[231].

Erst im Anschluß an den Augsburger Reichstag 1473 hat Friedrich auf die erneute Bitte Sigmunds hin Schaffhausen aus der Acht gelöst[232]. Der Versuch Bilgeris von Heudorf, seine vermeintlichen Rechtsansprüche gegen Schaffhausen durch die Gefangennahme eidgenössischer Kaufleute auf dem Rhein durchzusetzen, hatte nämlich im Frühjahr 1473 wieder fast den Kriegsausbruch herbeigeführt, weil die Eidgenossen, die in der Nichtbeachtung des die Aufhebung der Acht betreffenden Artikels des Waldshuter Friedens den Grund dieses neuen Friedensbruches sahen, jeden Vergleich ablehnten, bevor dieser nicht erfüllt sei[233].

Diesmal setzten sie sich durch, denn sowohl dem Kaiser als auch Herzog Sigmund lag in diesem Augenblick alles daran, einen kriegerischen Konflikt mit den von allen Seiten umworbenen Eidgenossen zu vermeiden. Für diesen gemeinsamen Wunsch standen sie allerdings unter entgegengesetztem Einfluß. Während der Kaiser auf das Treffen mit dem Herzog von Burgund rüstete, der sich durch die Verbindung mit Habsburg auf den neuen Krieg mit Ludwig XI. vorbereitete, hatte Herzog Sigmund — enttäuscht durch die Haltung Burgunds seit dem Vertrag von St. Omer — sich soeben an Ludwig XI. gewandt und ihm gegen Hilfe bei der Rücklösung der Pfandlande seine Dienste angeboten. Sowohl Karl der Kühne wie Ludwig XI. wünschten aber eine Aussöhnung der Habsburger mit den Eidgenossen, um diese nicht auf der Gegenseite zu haben[234]. So hat sich letzten Endes nicht der habsburgische Rechtsstandpunkt durchgesetzt, sondern das von den politischen Umständen begünstigte Rechts- und Machtbewußtsein der Eidgenossen, dem der im Laufe der Jahre immer stärker gewordene Einigungswille beider Seiten entgegenkam. —

Die politischen Tatsachen bestätigen demnach für die Frage der Acht das aus der Überlieferung gewonnene Ergebnis. Wenn die in der

---

[231] Hierfür bezeichnend sind die ganzen Verhandlungen zwischen dem Kaiser und den Eidgenossen vor, während und nach dem Regensburger Reichstag 1471. Siehe Janeschitz-Kriegl a.a.O. S. 174ff.; Akten künftig in RTA Bd. 22 u. 23.

[232] Schaffhausen StsA Urk. 1473 Juni 21 (Ulm) or. mb. c. sig. pend.; Reg.: Urkundenregister von Schaffhausen II Nr. 2856; Mitteilung der Lösung Schaffhausens aus der Acht an die Eidgenossen, 1473 Juni 18: Luzern StsA Urk. 1352/76 cop. ch. c.

[233] EA II Nr. 708—710; s. dazu jetzt Witte, Entstehung S. 33, Brauer-Gramm S. 233 u. Janeschitz-Kriegl a.a.O. S. 204ff.

[234] Zu diesen ganzen hier nur angedeuteten Zusammenhängen künftig RTA Bd. 23 und — aus der Sicht Ludwigs XI. und Karls des Kühnen — künftig die Studien K. Bittmanns zu den Mémoiren des Philippe de Commynes.

Londoner Handschrift gesammelten Akten mit der Ächtung aufhören, ist das sicherlich kein Zufall. Für den Vorgang der Ächtung und die damit zusammenhängenden Verhandlungen gab es keine Fortführung und infolgedessen kein Anwachsen der dieser Sache gewidmeten Registratur. Die beweiskräftigen Akten dieser Zeit gingen in die Form der Denkschrift umgearbeitet in die späteren Verhandlungen mit den Eidgenossen über.

Verständlich wird dies alles nur, wenn man die Durchführung der Ächtung als ein auf der Grundlage des Nürnberger Landfriedens durchgeführtes juristisches Experiment Martin Mairs ansieht, das der Kaiser nicht hinderte, auf dessen Vollzug er aber auch keinen Wert legte, weil er von Reichs wegen politisch mit den Eidgenossen rechnete, und diese auf ihn angewiesen waren[235]. Die eigentlichen Triebkräfte, die den Prozeß in Gang brachten, saßen in Innsbruck und vor allem in Vorderösterreich. Von ihnen ließ sich Herzog Sigmund, der ganz im österreichischen Hausinteresse dachte, bestimmen, solange er glaubte, mit Hilfe der Acht die verlorenen Lande zurückgewinnen zu können.

Für den kanzleimäßigen Vorgang der Ächtung ist die Zusammenarbeit der Räte, auch über die Grenzen der einzelnen Kanzleien hinaus, entscheidend. Man muß damit rechnen, daß sich gerade die studierten Räte wie Martin Mair, Matheus Humel, Benedikt Fueger, Ludwig Rad und Wilhelm Maroltinger kannten, sei es von den Universitäten, sei es von ihrem Wanderleben von Hof zu Hof und Kanzlei zu Kanzlei, und daß sie diese Beziehungen auch ausnutzten. Zudem dienten ja manche von ihnen an mehreren Stellen. Ludwig von Masmünster, Wilhelm Maroltinger und vielleicht Jörg Schätzer, die an dem Vollzug der Ächtung beteiligt sind, waren Räte und Diener des Kaisers und Herzog Sigmunds. Ohne Schwierigkeiten konnten so die Entwürfe der Innsbrucker Kanzlei in der kaiserlichen Kanzlei zur Ausfertigung gelangen und dann zur Benutzung nach Innsbruck zurückgehen.

Jedoch wichtiger noch als dieser mehr äußere Vorgang ist die Auseinandersetzung der so verschiedenartigen Einstellungen der Räte, die alle in ihrer Weise auf die Acht hin arbeiteten. Da ist einerseits Martin Mair, der Typus des am kanonischen und römischen Recht geschulten Juristen, der den meisten so unterschiedlich vorgebildeten Räten an Wissen überlegen war, und andererseits Thüring von Hallwil, der Typus

---

[235] S. Anm. 231. Darüber hinaus ist das aber auch prinzipiell begründet, weil die Rechtsstellung der eidgenössischen Orte von Anfang an auf ihren kaiserlichen Privilegien beruhte. Deren Bestätigung bildete immer vornehmstes Anliegen der Eidgenossen bei den Reichstagen. Erst danach kam das landschaftlich in den Einungen geschaffene Recht. Dazu H. Heimpel, Mittelalter und Nürnberger Prozeß, Festschrift Edmund E. Stengel z. 70. Geburtstag (1952) S. 447ff. und die Anm. 215 gen. Arbeit von K. Mommsen.

des unstudierten adligen Rates, wie es ihn schon immer gab, der von den alten Rechten ausgeht und eine Politik der Erfahrung betreibt. Zwischen beiden steht Herzog Sigmund, der inneren Einstellung nach Thüring nahe, doch aus Klugheit und Berechnung sich an die kaiserlichen Gesetze haltend und darum auf Mair hörend. Sein Organ ist Jakob Trapp, ihrer beider Handlanger Hans Sernteiner.

Alte und neue Zeit treffen also auch in dieser Auseinandersetzung um die Eidgenossen aufeinander. Erzeugnis der einen ist die Denkschrift, die in alter Art Beweise anhäuft, um die Verletzung des bestehenden Rechts zu erhärten, Erzeugnis der anderen sind die Rechtsgutachten Martin Mairs, die mit der Theorie des Rechts die Politik zu lenken versuchen.

Verzeichnis der Abbildungen

Tafel 1: Memorial von Jakob Trapp (?), [1468 Febr.]: Innsbruck LRA Sigm. IVb 55/3 N. St.

Tafel 2: Kanzleianweisungen von Sernteiner, [1468 Sept]: London, Brit. Mus. Add. Ms. 25437 fol 51ʳ (obere Hälfte).

Tafel 3: London, Brit. Mus. Add. Ms. 25437 fol 51ʳ (untere Hälfte).

Tafel 4: Kaiserliche Ladung vom 25. Mai 1469: Innsbruck LRA Sigm. IVb 55/3 N. St. Text: Ludwig Rad (?), Korrektur: Martin Mair.

DIE REICHSTAGE KAISER MAXIMILIANS I.
IM URTEIL DES 17. JAHRHUNDERTS

Von Friedrich Hermann Schubert

Wie in allen Wissenschaften gibt es in der Geschichte Forschungsanliegen, die sich im wesentlichen von einer oder von wenigen Generationen erschöpfen lassen. Und es gibt andere, die von so zentraler Bedeutung oder so schwierig sind, daß sie viele Generationen beschäftigen. Von der letzteren Art ist die Institution der deutschen Reichstage. Es kennzeichnet beides, die hohe Bedeutung dieser Erscheinung und die besondere Schwierigkeit, sie voll zu erfassen, daß die deutschen Reichstage zu den Stoffen gehören, die sogar schon seit besonders langer Zeit, seit vier Jahrhunderten, die Aufmerksamkeit der Wissenschaft beanspruchen. Seitdem sich die neuere, noch heute maßgebliche Form der Historie in der ersten Hälfte des 19. Jahrhunderts ausgebildet hat, gilt den Reichsversammlungen ständiges, stärkstes Interesse. Beginnend mit Leopold Rankes Deutscher Geschichte im Zeitalter der Reformation haben immer wieder entscheidende Werke der Historiographie auf den Reichstagsverhandlungen gefußt und sich mit ihnen beschäftigt. Die Verhandlungen selbst aber erschließt uns in ihrer ganzen Reichhaltigkeit und Bedeutung das große Editionsunternehmen der Deutschen Reichstagsakten, dem seit hundert Jahren das ständige Bemühen der Geschichtswissenschaft gilt. Reiche Ergebnisse und Anregungen sind durch die Edition bereits erzielt worden. Nicht weniger ist von ihrem Fortgang zu erwarten.

Doch nicht erst seit der ersten Hälfte des 19. Jahrhunderts sind die Reichstage als wichtige Erscheinungen erkannt und herausgestellt worden. Nicht erst seit anderthalb Jahrhunderten beschäftigt man sich mit diesem Gegenstand. Vielmehr macht es einen seiner besonderen Reize aus, daß sich ihm auch schon frühere Jahrhunderte widmeten und zwar in einer Weise, die nicht weniger intensiv war als das Interesse, das die neuere Geschichtsforschung den Reichstagen zollt. Das 18. und 17. Jahrhundert beschäftigten sich eingehend mit ihnen. Und auch die Wissenschaft und schöne Literatur des 16. Jahrhunderts brachte ihnen bereits ein mannigfaches Interesse entgegen. Solche historischen Objekte aber, die schon seit so langer Zeit die Forschung fesseln, sind nicht zahlreich.

Allerdings war die Beachtung, welche die früheren Jahrhunderte den Reichstagen schenkten, in vielem ganz anders geartet. Die Staats- und Rechtspraxis stand im Mittelpunkt. Noch stellten die Versammlungen ja die aktive, oberste Instanz des Reiches dar. Der Reichstagsgeschichte widmete man sich in der Hauptsache nur insoweit, als man daraus für die praktischen Tageserfordernisse Gewinn ziehen konnte. Das gilt in erster Linie vom 17. und 16. Jahrhundert. — Auch die schöne Literatur, soweit sie sich im 16. Jahrhundert in Gestalt humanistischer Reden und anderweitiger Poeme den Reichstagen zuwandte, wollte ja dabei einen unmittelbaren Einfluß auf das politische Geschehen üben. — Erst im Verlauf des 18. Jahrhunderts bereitete sich allmählich die bis heute herrschende eigentlich historische Betrachtungsweise vor. In der Hauptsache aber dominierte auch hier noch jene praktisch-pragmatische Denkart.

Die seltene Stetigkeit, mit der sich Wissenschaft und Literatur in den letzten vierhundert Jahren mit den Reichsversammlungen beschäftigt haben, findet eine gewisse Parallele in dem Umstand, daß die Reichstage selbst zu jenen Erscheinungen der deutschen Geschichte gehören, die durch mehrere Epochen hindurch Bestand hatten, bei denen die Kontinuität in vieler Hinsicht besonders groß war. Wie Säulen ragen sie durch die Stockwerke der Jahrhunderte hindurch. Über zweihundert Jahre, vom Anfang des 15. bis weit ins 17. Jahrhundert hinein, stellten sie die entscheidende Regierungsinstanz des Reiches dar. Der ganze öffentliche Zustand Deutschlands beruhte auf ihnen, wie Ranke es formuliert hat[1]. Weitere zweihundert Jahre hindurch besaßen sie zwar nicht mehr ganz diese Bedeutung, waren aber noch immer eine überaus gewichtige Institution, die wir auch in ihrer Spätform heute wieder höher einschätzen und positiver beurteilen, als man das zeitweise getan hat. Und ebenso spielten die Reichsversammlungen bereits vor dem Jahr 1400 eine wesentliche Rolle. Sie besaßen also selten lange eine selten hohe Bedeutung.

Da dieser Umstand sich mit dem anderen verbindet, daß die Wissenschaft den Reichstagen in einer Stetigkeit und Intensität wie nicht vielen

---

[1] L. Ranke, Deutsche Geschichte im Zeitalter der Reformation, Vorrede, S. 1.

anderen historischen Objekten seit vierhundert Jahren ihre Aufmerksamkeit gewidmet hat, eröffnet sich eine neuartige Aufgabe. Es erscheint reizvoll, einmal zu untersuchen, was das Urteil einzelner Epochen über verschiedene Phasen der Reichstagsgeschichte charakterisiert, was es voneinander unterscheidet und miteinander verbindet. Sich an ein solches bisher noch nie unternommenes Beginnen zu wagen, liegt gegenwärtig näher und ist dringender als in früheren Zeiten. Fesselt uns doch heute neben der Klärung des eigentlichen Geschehens, neben dem Ablauf der äußeren Fakten mehr und mehr die Frage, wie die einzelnen Epochen gedacht und geurteilt haben. Gesellt sich dazu doch ein gesteigertes Interesse für die Unterschiede, die zwischen den verschiedenen Zeitabschnitten bestehen und für die Merkmale, welche die einzelnen Entwicklungsphasen charakterisieren und voneinander abheben. Wenn man diesen Problemen in bezug auf die Reichstage nachgeht, wird man in vielem noch genauer, als es bisher möglich war, die Rolle zu erkennen vermögen, welche die Versammlungen in den verschiedenen Jahrhunderten spielten. Wir werden Neues über die unterschiedliche Funktion der Reichstage in den einzelnen Zeiten sagen können. Und es wird sich insbesondere der offensichtlich große Einfluß klären und darstellen lassen, den die Versammlungen auch auf die Entwicklung der politischen Ideen und auf die Geistesgeschichte überhaupt ausübten.

Dieses Ziel kann ein knapper Aufsatz wie der vorliegende freilich noch nicht erreichen. Eine gesonderte Schrift soll ihm vielmehr nachtrachten. Hier gilt es als Vorstudie nur einige Beobachtungen vorzutragen, die bei der Arbeit an der Edition der Deutschen Reichstagsakten Kaiser Maximilians I. gemacht wurden. Immer wieder sind bei der Edition ja Recherchen in der reichsrechtlichen Literatur des 16., 17. und 18. Jahrhunderts nötig, und hierbei fielen dem Verfasser die folgenden Momente als charakteristisch für das Bild auf, das sich das 17. Jahrhundert von den maximilianeischen Reichstagen formte. Wir nehmen dabei das 17. Jahrhundert zunächst als Einheit, obwohl wir uns bewußt sind, daß es sich bei weiterem Forschen wahrscheinlich auch hinsichtlich des Urteils über die Reichstage, die unter Maximilian I. abgehalten wurden, in verschiedene Entwicklungsetappen auflösen ließe. Ebenso ist die zeitliche Begrenzung nur approximativ. Vieles von dem hier Gesagten trifft auch schon auf das spätere 16. beziehungsweise noch auf das frühere 18. Jahrhundert zu. Genauere Abgrenzungen vorzunehmen, muß gleichfalls einer späteren Arbeit überlassen bleiben, ebenso wie zu einer vollständigen Charakterisierung noch manches andere als das hier Vorgebrachte zu sagen sein wird.

Die moderne Forschung ist sich darüber einig, daß die Zeit Kaiser Maximilians I. von größter Bedeutung für die Institution der deutschen Reichstage war. Sie zweifelt nicht, daß die Tagungsformen, die sich im

Lauf des Mittelalters entwickelt hatten, erst hier endgültig geregelt und festgelegt wurden. Auch steht es fest, daß während der Regierungszeit Maximilians der Reichstag aus verschiedenen Gründen wesentlich an Gewicht gewann. Und schließlich ist unbestritten, daß die in jenen Jahrzehnte getroffenen Maßnahmen entscheidend für die Rolle wurden, welche die Versammlungen durch drei Jahrhunderte, bis zum Ende des Heiligen Römischen Reiches, spielten, daß dieselben auf die Fortentwicklung der Reichstage einen ausschlaggebenden Einfluß ausübten.

Mustert man die Darlegungen des 17. Jahrhunderts, so bemerkt man, daß damals den Reichstagen Maximilians keine geringere Beachtung gezollt wurde als heute. Vielmehr standen sie in vieler Hinsicht sogar noch merklich mehr im Vordergrund. Sie nahmen in noch stärkerem Maß eine Schlüsselposition ein. Die Gründe aber, die das 17. Jahrhundert veranlaßten, die maximilianeischen Reichstage so hoch zu stellen, waren in vielem andere als diejenigen, welche die gegenwärtige hohe Meinung von den Versammlungen bestimmen. Und andersartig war insbesondere in wesentlichen Momenten auch das übrige Bild, das man sich damals von ihnen machte. Zahlreiche Akzente waren anders gesetzt. Die Unterschiede werden im einzelnen sogleich hervortreten, wenn wir den Blick auf einige besonders beispielhafte Werke richten. Zugleich aber wird sich zeigen, wie in anderer Hinsicht das 17. Jahrhundert zu einer zwar vergröberten, aber der unseren doch ähnlichen Auffassung gelangte, wie es dabei jedoch oft von ganz anderen Ausgangspunkten herkam.

Das Bild, das man sich im 17. Jahrhundert von den Reichstagen zurückliegender Zeiten machte, wurde durch kaum eine andere Quelle in solchem Maß bestimmt wir durch die gedruckten Sammlungen von Reichstagsaktenstücken, die sich auf die endgültigen Beschlüsse der Tagungen konzentrierten und deshalb als Sammlungen der Reichstagsabschiede in die Literatur eingegangen sind. Nachdem noch das 15. Jahrhundert einige Ansätze hervorgebracht hatte, fiel ins Jahr 1501 die erste eigentliche Kollektion, und von diesem Datum an zieht sich eine lange Reihe von 39 Sammlungen bis ins Jahr 1747[2]. Alle diese Publikationen, die im wesentlichen jeweils erweiterte und verbesserte Neuauflagen der vorangehenden darstellen, befriedigen uns heute nur noch wenig. Die Art der Edition entspricht modernen Anforderungen nicht. Und noch weniger sagt die Betrachtungsweise unseren Wünschen zu. Denn nur die definitiven Beschlüsse sind in Gestalt der Reichstagsabschiede und anderer reichsgesetzlicher Bestimmungen festgehalten. Über den Gang der Verhandlungen läßt sich dagegen kein Aufschluß gewinnen. Die

[2] Ein kritisches Verzeichnis der Auflagen hat J. Weizsäcker geliefert im Vorwort zum ersten Band der Deutschen Reichstagsakten, herausgegeben durch die Historische Kommission bei der Bayerischen Akademie der Wissenschaften, 2. Aufl. 1956 S. IIff.

eigentliche Buntheit und Vielfalt der historischen Entwicklung bleibt damit unberührt. Sie wird erst durch die seit nunmehr hundert Jahren in Gang befindliche Herausgabe der Deutschen Reichstagsakten erfaßt, die im Gegensatz zu den eben geschilderten Sammlungen das Hauptgewicht nicht auf die Abschiede, sondern auf die Verhandlungsakten legen.

Wenn also die bis 1747 erschienenen Kollektionen unseren Wünschen nicht mehr entsprechen, stellten sie für ihre Zeit doch bedeutende Leistungen dar. Das Material, das sie vorlegten, war für damalige Verhältnisse reichhaltig. Kein anderes Werk brachte eine solche Fülle von quellenmäßigen Aufschlüssen über die deutschen Reichstage. Auch waren die Stücke relativ übersichtlich geordnet und dabei vergleichsweise zuverlässig. Ferner fanden die Abschiedskollektionen weite Verbreitung. Sich auf sie zu beziehen, war deshalb leicht und praktisch. Alles dies waren Momente, die neben anderen, weiter unten noch zu erörternden Gründen den Anlaß gaben, daß sich die gesamte darstellende Reichstagsliteratur des 17. Jahrhunderts in einem Maße auf die Recessus Imperii stützte wie auf keine andere gedruckte Quelle. Sieht man die großen reichsrechtlichen Werke durch, die in der umschriebenen Epoche entstanden und sich den Reichstagen widmeten, so wird dies ganz offensichtlich. Bei Theodor Reinkingk zum Beispiel, bei Dominicus Arumaeus und Johannes Limnaeus werden die Recessus Imperii, wenn es sich um die Reichsversammlungen handelt, bedeutend öfter zitiert als irgendeine andere Quelle[3].

Diese Abschiedskollektionen nun beginnen mit Ausnahme der letzten, 1747 erschienenen Auflage erst mit den Reichstagen Kaiser Maximilians I., und zwar mit dem großen Reformreichstag von 1495. Voran steht lediglich die Goldene Bulle von 1356 sowie die sogenannte Reformatio Kaiser Friedrichs III., das heißt die Landfriedensordnung von 1442. Sonst findet sich in allen Abschiedssammlungen bis hinauf zum Jahre 1720 kein Aktenstück abgedruckt, das von einem früheren Reichstag als dem von 1495 stammte. Von diesem Zeitpunkt an aber werden die

---

[3] S. Tractatus | De | Regimine Secu|lari Et Eccle|siastico; | Exhibens Brevem Et Metho|dicam Juris Publici Delineationem, Ac Prae|cipuarum controversiarum, circa hodiernum S. Impe|rii Romani Statum ac Gubernationem, tam secula|rem, quam in genere Ecclesiasticam, ver|tentium resolutionem: | . . . Auctore Theodoro Reinkingk . . . Giessae . . . | Typis Nicolai Hampelii . . . | MDCXIX.

Dominici Arumaei Icti. | Haereditarij in Lobedau et Jeswitz etc. | Commentarius. | Juridico-Historico-Politicus | De | Comitiis Romano-Germanici | Imperij. | Accessit memorabilium Index. | Cum gratia et privileg. Sae. Caesar. Maj. | Jenae | Sumptibus Blasii Lobensteins | M. DC. X X X., 2. Aufl. 1660. — Im folgenden ist nach der 2. Aufl. zitiert.

Tomus Primus (Secundus etc.) | Juris Publici | Imperii Romano-|Germanici; | Quo Tractatur | De | Principiis Juris Publici, | . . . Authore | Johanne Limnaeo | Jenensi. | Argentorati | Sumptibus Pauli Ledertz . . . | M. DC. X XIX. (—1634).

Kollektionen plötzlich sehr reichhaltig. Sie bringen aus der Zeit Maximilians außer dem von 1495 die Abschiede der Reichstage von 1497, 1498, 1500, 1501, 1505, 1507, 1508, 1510 und 1512 sowie die Wormser Kammergerichtsbeschlüsse vom Januar 1517.

Wer immer also sich im 17. Jahrhundert an Hand der Recessus Imperii über die Reichstagsgeschichte informierte, fand genaue Angaben erst über die Zeit Maximilians I. und konnte demgemäß auch seinerseits erst hier festere Aussagen über die Geschichte der Versammlungen machen. Über alles Frühere hingegen, selbst bereits über die Zeit Kaiser Friedrichs III., lieferten die Abschiedssammlungen außer der Reformatio dieses Kaisers und — für die Entwicklung vor Friedrich III. — außer der Goldenen Bulle keinen quellenmäßigen Anhalt. Das ganze Mittelalter versank also für den Benützer hinter den Reichstagen Maximilians. Sie stellten den Beginn dar beziehungsweise den Ersatz für alles Frühere[4].

Die Gründe dafür, daß die Kollektionen nicht über die Reichstage Kaiser Maximilians zurückgingen, sind mannigfacher Art. Zunächst begegnen wir bereits hier dem Faktor, den man wohl als die wichtigste Ursache dafür bezeichnen kann, daß im 17. Jahrhundert die maximilianeischen Reichstage so außerordentlich viel galten. Dieser Faktor ist eng verbunden mit der von der unseren unterschiedlichen Betrachtungsweise, mit der man der Reichsgeschichte überhaupt bis ins 18. Jahrhundert gegenübertrat. Denn wie die Fragestellung ganz generell eine sehr viel praktisch-pragmatischere war, so interessierte bei den Reichstagen ebenfalls in erster Linie das, was davon für die Gegenwart praktische Gültigkeit besaß. Man fragte nicht so sehr nach dem Entwicklungsgang als vielmehr nach den definitiven Beschlüssen, welche die vorgängige Entwicklung zusammenfaßten und gleichsam in die Gegenwart hinübertrugen. Nicht mit den Augen des Geschichtsforschers betrachtete man die Reichstage in erster Linie, sondern mit denen des Staatsrechtlers, Verwaltungsjuristen und Diplomaten.

Hieraus erklärt sich, daß man bereit war, die Abschiede als Ersatz für die Verhandlungen der Reichstage zu nehmen. Ja, man neigte sogar dazu, jene höher einzuschätzen als diese[5]. Der Brauch, die Reichstage

---

[4] Einleitungen weisen die Kollektionen mit Ausnahme der letzten von 1747 nicht auf, so daß auch hier keine Möglichkeit zu einer Information über frühere Versammlungen bestand.

[5] Wie sehr man auch hinsichtlich des Werdens der Versammlungen die Abschiede mit den eigentlichen Verhandlungen gleichsetzte und wie folgenreich es auch in dieser Hinsicht wurde, daß die Abschiedssammlungen erst mit dem Jahre 1495 begannen, kann illustrieren der Vitriarius | Illustratus, | seu | Institutiones | Juris Publici | Romano-Germanici, | Antiquum modernumque Imperii Romano-Ger|manici Statum, vera ejus principia, controversias Illustres et earum rationes | affirmantes, negantes, et decidentes, methodo Institutionum Justi|nianearum ex ipsis fontibus exhibentes: | Antehac a | Philippo Reinhardo | Vitriario, | ... editae: Postea vero | a | Johanne

durch einen Abschied abzuschließen, entwickelte sich aber erst relativ spät, erst um die Mitte des 15. Jahrhunderts. Es gibt Reichsabschiede also zwar seit längerer Zeit als dem Jahre 1495. Immerhin aber entstanden sie sehr viel später als die übrige Reichstagsinstitution. Dieser Umstand dürfte den Entschluß erleichtert haben, die Abschiedssammlungen erst mit dem Wormser Reichstag von 1495 beginnen zu lassen.

Sehr viel wichtiger hierfür aber wurden zwei andere Tatsachen: Die praktische Betrachtungsweise führte dahin, daß diejenigen Reichstage am meisten interessierten, auf denen ihre Organisation, wie sie für das 17. Jahrhundert ja maßgeblich war, endgültig festgelegt wurde. Hierbei nun aber gebührte den Reichstagen der Regierungszeit Kaiser Maximilians mit Recht besondere Aufmerksamkeit. Hinzu kam noch, daß nicht bloß die Reichstage in jener Periode ihre endgültige Organisation gefunden hatten. Auch zwei andere Institutionen, die nächst den Reichstagen zu den wichtigsten in Deutschland zählten und die öffentlichen

Friderico Pfeffingero . . . Editio Secunda Auctior et Emendatior, | Gothae, Sumptibus Augusti Boetii Haeredum | et Jacobi Mevii. | . . . MDCXCVIII. Hier wird im ersten Titel des vierten Buches, der lediglich den Reichstagen gewidmet ist, über deren Entstehung im § 6 nur dies gesagt: *Originem horum Comitiorum videre licet ex iis, quae supra de Recessibus Imperii diximus.* Auch in dieser Frage also fand eine weitgehende Identifikation der Verhandlungen mit den Abschieden statt. — Dem Leser aber mochte, noch bevor er sich die nicht geringe Mühe machte, fast tausend Seiten zurückzublättern und hier die betreffende Stelle aufzusuchen, zunächst vor Augen treten, daß die Wiedergabe der Reichstagsabschiede erst mit dem Jahre 1495 begann. Das durch die Kollektionen vermittelte Bild war dann auch beim Lesen der betreffenden Stelle des Vitriarius anfangs maßgebend. — Unterzog sich der Benützer des Vitriarius aber der Sucharbeit, so fand er in Buch I Titel II § 10 einen längeren Exkurs des Inhalts, daß es zur Völkerwanderungszeit sicher noch keine Reichsabschiede gegeben habe, und daß man auch sehr zweifeln müsse, ob sich bereits zu Karls des Großen Zeit davon reden lasse. Sicherere Anfänge könnten erst von Otto dem Großen an datiert werden. Die Abschiede und damit die Reichstage überhaupt seien dann fortentwickelt worden unter Heinrich IV., Friedrich II. und Karl IV. *Perfectionem* aber, so heißt es weiter, *acceperunt tempore Capitulationum et Instrum. Pac.*, also erst zu einem späten Zeitpunkt. — Auch Vitriarius hielt also zwar prinzipiell an der These fest, die, wie sich noch zeigen wird, im 17. Jahrhundert vorherrschte, daß die Reichsabschiede und damit die Reichstage auch schon in weiter zurückliegenden Abschnitten des Mittelalters bestanden hätten. Doch seine Angaben zeigen hierbei nicht nur die Unsicherheit, die uns auch sonst begegnet. Darüber hinaus veranlaßten ihn der sehr kritische Sinn, der sein ganzes Werk auszeichnete, und der Umstand, daß er auch in der Entstehungsfrage die Abschiede obenan stellte, im Gegensatz zu anderen Autoren die Vermutung anklingen zu lassen, daß die eigentliche Organisation wohl erst im Spätmittelalter erfolgte. Auch der Leser, der sich wirklich die Mühe machte, die Darlegungen über die Entstehung der Reichsabschiede nachzuschlagen, um sich über das Werden der Reichstage selbst zu informieren, mußte also zu der Vermutung gelangen, daß die Versammlung in der Gestalt, die sie im 17. Jahrhundert inne hatten, nicht allzu weit ins Mittelalter zurückreichen konnten, da man über die Reichsabschiede erst aus so später Zeit näheren Bescheid wußte und da insbesondere die Abschiedskollektionen erst mit 1495 begannen.

Verhältnisse im 17. Jahrhundert in hohem Maß bestimmten, Kammergericht und Reichskreise nämlich, waren unter Maximilian I., und zwar durch Reichstagsbeschlüsse, ins Leben gerufen worden. Auch deshalb wurde den unter Maximilian abgehaltenen Reichstagen eine besondere Aufmerksamkeit gewidmet[6].

Ferner machte sich geltend, daß man effektiv über das Mittelalter nur vergleichsweise wenig wußte. Trotz allen humanistischen Interesses war man hier noch weit zurück. Dies galt insbesondere von den schwierigen Fragen der Reichstagsentwicklung. Doch auch für andere Probleme traf es in starkem Maße zu. Das zeigen diejenigen Quellenwerke des 17. Jahrhunderts deutlich, die sich nicht speziell mit der Reichstagsgeschichte befassen. Hier ist auch dort, wo nicht über die Reichstage gehandelt wird, das aus dem Mittelalter vorgelegte Material sehr oft bei weitem schwächer als das aus der Zeit Maximilians, so daß diese auch hier die vorangegangenen Epochen oftmals überlagert. Und was die Reichstage selbst betrifft, so liefern die Werke zwar im Gegensatz zu den Abschiedskollektionen auch einiges über die Versammlungen Friedrichs III. Doch diese Aufschlüsse blieben an Ausdehnung und Genauigkeit weit zurück hinter dem, was dem 17. Jahrhundert über die Reichstage seit Maximilian vorlag. Das Gefühl, daß die Versammlungen der Zeit Maximilians besonders entscheidend für die Institution der Reichstage waren, verband sich also im 17. Jahrhundert mit dem Mangel an Kenntnissen zur mittelalterlichen Geschichte, um die Reichstage Maximilians in solchem Maß herauszuheben.

Als ein Beispiel für die Quellensammlungen, die sich nicht speziell der Reichstagsgeschichte widmeten, seien genannt des Johann Philipp Datt 1698 erschienene „De Pace Imperii Publica Libri V"[7]. Als sein Ziel gab Datt in der Praefatio seines Werkes an: *Ego in opere hoc, a Seculo XII. ad initia Seculi XVI. sive ad constitutam in Comitiis Wormatianis aeterna lege pacem perducto, praeter rariores illas antiquitatum Germanicarum observationes, toto Volumine sparsas, non solum publicae pacis, sed, quae huic indivulso nexu*

---

[6] Darüber, daß man beide Institutionen in einen näheren Konnex zu den Reichstagen brachte, s. weiter unten.

[7] Volumen | Rerum Germani | carum Novum, | Sive | De | Pace Imperii | Publica | Libri V | Ad illustrandam publicae Pacis, Regimenti, Came|rae Imperialis, Vemicorum Westphaliae Judiciorum, Foede|rum Imperij ejusque Statuum, Suevicae praesertim Confoederationis, Collectarum | et Contributionum, Comitiorum Wormatiensium anni 1495. | Statusque Seculi XII. XIII. XIV. et XV. | publici Historiam | Ex | Antiquis Legibus, Rescriptis Caesarum, Actis et Recessibus Comi|tiorum Veterum, Tabulis Ligae Triumviralis Suevicae et Pacis Publicae Foederum Ori|ginalibus, selectisque aliis Rerum Imperialium Documentis, vel ex Archivo et MSS. | nunc primum integra serie et fide collectis, Indicibus etiam | nominum et Rerum adjectis | editi | Authore | Johanne Philippo Datt, | MDCXCVIII. | Ulmae, | Sumptibus Georgii Guilielmi Kühnen |.

cohaerent, foederum Germanicorum, Rei judiciariae, Regimenti Imperialis et Comitiorum Historiam complexus sum ... Nicht nur die Landfriedensbewegung also, sondern die Geschichte des Einungswesens, der Rechtspflege und der Reichstage überhaupt wünschte Datt zu behandeln, und zwar, wie er nicht nur an der zitierten Stelle, sondern auch bereits im Untertitel hervorhob, vom 12. Jahrhundert an bis zum Beginn des 16. Es war also ein weit gespannter Rahmen von vierhundert Jahren, in dem Maximilian kaum ein Achtel der Zeit zufiel. Trotzdem widmet sich den Ereignissen vor der Regierung dieses Herrschers nur ein einziges der fünf Bücher, in die sich Datts Werk teilt. Die vier übrigen Libri hingegen gehen ausschließlich auf Vorkommnisse ein, die in die maximilianeische Zeit fallen, und auch im ersten Buche betrifft bereits vieles diese Periode. Nun müßte zwar auch, wenn wir uns heute die gleiche Aufgabe wie Datt stellten, die Zeit Maximilians einen größeren Raum als nur ein Achtel des ganzen Werkes einnehmen. In solchem Maß wie bei Datt aber hätte sie nach dem modernen Forschungsstand bei weitem nicht zu überwiegen. Es ist vielmehr klar, daß den früheren Zeiten ein unvergleichlich größerer Raum gebührte.

Was die Reichstage im Speziellen betrifft, so geht Datt zwar im ersten Buche im Gegensatz zu den Recessus Imperii nicht nur auf eine Friedensordnung Friedrichs III., sondern auf die diesbezüglichen Beschlüsse mehrerer Reichstage dieses Kaisers kurz ein[8]. Trotzdem überwiegen auch bei ihm die Reichstage, die unter den Auspizien Maximilians standen, die vorgängigen Versammlungen weit.

Gleichzeitig zeigen uns Datts Libri de Pace Publica, wie die maximilianeischen Reichstage nicht nur hinsichtlich der Häufigkeit ihrer Erwähnung allen früheren weit voranstanden, wie man sie nicht nur in Ermangelung der nötigen Kenntnisse über frühere Versammlungen so häufig zitierte, sondern wie man sie darüber hinaus wirklich als Angelpunkt der Reichstagsgeschichte und außerdem der Reichsverfassung überhaupt empfand. Es offenbart sich hier wieder der für die Zeit so charakteristische Umstand, daß im 17. Jahrhundert die beiden Momente der geringen Kenntnis früherer Epochen und der Überzeugung, daß die Bestimmungen der maximilianeischen Reichstage besonders wichtig seien, eng zusammenwirkten, um den letzteren ihre hohe Geltung zu verschaffen: Schon in der Einleitung schildert Datt, wie er eigentlich bloß einen Kommentar über den Wormser Reichstag von 1495 habe schreiben wollen und dann erst auf den Rat gelehrter Kollegen es unternommen habe, die Reichsfriedensbewegung gleich von ihren Anfängen an darzustellen[9]. Und daß die Wormser Beschlüsse die Krönung des Ganzen bildeten und ihnen nicht nur mangels früherer Quellen, sondern ebenso

[8] S. lib. I, cap. XXVIII.
[9] Praefatio, S. 1.

aus sachlichen Gesichtspunkten erhöhte Aufmerksamkeit zu widmen war, daran läßt sein ganzes Werk nicht den geringsten Zweifel.

War also auch aus Quellenwerken von der Art der Libri des Datt, die nicht speziell den Reichstagen gewidmet waren, nicht viel über die mittelalterlichen Verhältnisse zu gewinnen, so gab es doch hierbei Ausnahmen. Besonders weist das 17. Jahrhundert einen Gelehrten auf, der in der überwiegenden Mehrheit nur Material aus dem Mittelalter vorlegt. Sein Werk wurde deshalb auch in den den Reichstagen gewidmeten Schriften immer wieder herangezogen, wenn vom Mittelalter die Rede war. Es ist Melchior Haiminsfeld Goldast, von dessen Büchern besonderen Einfluß übte die 1607 erschienene Quellensammlung „Imperatorum Caesarum Augustorum, Regum, et Principum Electorum, S. Rom. Imperii, Statuta et Rescripta Imperialia...."[10]. Hier werden Originale bereits aus der Zeit Karls des Großen beigebracht, und Urkunden und Briefe aus den folgenden Jahrhunderten gliedern sich in reicher Anzahl an. Ziemlich gleichmäßig ist das Gewicht auf die Epochen vom 9. bis zum Ende des 15. Jahrhunderts verteilt, und man kann bei Goldasts Werk deshalb wirklich sagen, daß eine Auswahl aus der ganzen mittelalterlichen Reichsgeschichte gegeben wird.

Auch mittelalterlicher Tagungen der Reichsfürsten sucht Goldast bei seiner Auswahl zu gedenken. Die Beratungen, die in Worms 1077 abgehalten wurden, werden zum Beispiel durch einige Briefe illustriert, ebenso einige Versammlungen der hohenstaufischen Zeit[11]. Trotzdem ist es auch hier äußerst wenig, was über die Art gesagt wird, in der die großen Reichsvasallen im frühen und hohen Mittelalter zusammenkamen. Und von Reichstagen des Spätmittelalters finden sich nur die von 1431, 1442, 1466 und 1471 durch eine teilweise Wiedergabe ihrer Beschlüsse erwähnt. Dieselben entnahm Goldast zum guten Teil einem anderen Werk, das ebenfalls hinsichtlich der Reichstage ein Stück weiter zurück-

---

[10] DD. NN. | Imperatorum | Caesarum Augu|storum, Regum, Et | Principum Electorum | S. Rom. Imperii | Statuta Et Rescripta | Imperialia, | A Carolo Magno Primo e Germanis Imperatore usque ad Caro|lum V. et Reformationem Religionis. | Nunc primum maximam partem ex Mss. et vetustis monumentis | eruta, composita, bonoque publico producta, studio | atque industria | Melchioris Haiminsfeldii Goldasti, etc. | ... Francofurdiae ad Moenum. | Impensis Ioannis Iacobi Porssii et Ioan. Theobald. Schönvvetteri, | ... M. DC. VII. Ein gleiches Bild wie das hier wiedergegebene liefert auch die erweiterte Auflage vom Jahre 1673. — In ähnlicher Weise wie Goldast legte Justus Reuber den Akzent auf das Mittelalter. Doch lieferte er keine Primär-, sondern nur Sekundärquellen, nämlich mittelalterliche Geschichtswerke und Dichtungen, in denen sich über Reichstage vollends nichts findet. S. Veterum | Scriptorum, Qui | Caesarum Et Imperato|rum Germanicorum Res Per Ali|quot Secula Gestas, Lite|ris Mandarunt, | Tomus unus. | Ex bibliotheca Justi Reuberi Iureconsulti, Pa|latinatus consiliarij. | ... Francofurti | Apud haeredes Andreae Wecheli, | Anno MDLXXXIIII. |

[11] S. die Nummern XXI, XLI, L, LIV, LV der Statuta et Rescripta.

führte als die im 17. Jahrhundert erschienenen Kollektionen der Reichsabschiede[12]. Es sind die im gleichen Jahr 1607 anonym herausgebrachten
„Alte Reichs Abschied und Handlungen . . .", die, bevor sie sich auf
107 Seiten mit den Zeiten Maximilians I. und Karls V. beschäftigen, auf
vorgängigen 32 Seiten Beschlüsse und Abschiede der Reichstage von
1431, 1466, 1467, 1474 und 1489 wiedergeben, allerdings nur in einer
höchst unvollständigen Form[13].

Immerhin waren hier Möglichkeiten vorhanden, sich wenigstens ein
wenig auch über die Reichstage zu informieren, die vor der Zeit Maximilians lagen. Doch diese Möglichkeiten blieben gering gegenüber der
Materialfülle, die sich über die Versammlungen Maximilians und die der
folgenden Kaiser bot. Und was die nicht auf die Reichstage bezüglichen,
vergleichsweise zahlreicheren Stücke aus der übrigen mittelalterlichen
Geschichte betrifft, die durch Werke wie insbesondere die von Goldast
vorgelegt wurden, so zeigt nicht nur die darstellende Reichstagsliteratur,
sondern auch das übrige reichsrechtliche Schrifttum des 17. Jahrhunderts,
wie sie für die fehlenden Informationen über die Reichstage des späteren
Mittelalters und das, was ihnen in früherer Zeit voranging, keinen Ersatz
zu bieten vermochten. Zwar diente auch das, was Goldast etwa über die
Auseinandersetzung zwischen Kaisern und Päpsten im Mittelalter mitteilte, durchaus praktischen Zwecken — und auf diese kam es ja, wie
schon gesagt, dem 17. Jahrhundert bei seiner Betrachtung der deutschen
Geschichte vor allem an. Goldast, der der pfälzischen Partei nahe stand,
wollte zeigen, wie entschieden sich die Kaiser des Mittelalters zeitweise
gegen das Papsttum wandten und damit die pfälzisch-calvinistischen
Unternehmungen unterstützen[14].

Allein, so große Bedeutung man weithin solchen Hinweisen beimaß,
blieb — wie gesagt — das spezielle, von Goldast im Hinblick auf das
Mittelalter nicht befriedigte Interesse für die Reichsverfassung überaus
stark. Als vornehmste Verfassungsinstitution aber erschienen dem

---

[12] S. den zweiten Teil der Statuta et Rescripta mit der Überschrift Rationale Con-
stitutionum Imperialium, S. 106, 119.

[13] Alte | Reichs Abschied | und Handlungen | So dem gemeinen nutzen zu gutem |
theils auß Chur-Fürsten und Stätten Archivis, theils auß | hievor getruckten alten
Exemplarien, zusammen ge|tragen worden. | . . . 1607. | Gedruckt in der Churfürst-
lichen Stadt Amberg, | durch Michael Forstern. | — Das auf dem Nürnberger
Reichstag von 1431 von König Sigmund erlassene Gesetz über Pfahlbürger- und
Bürgeraufnahme (s. Deutsche Reichstagsakten Bd. 9 nr. 429) wird dabei bezeichnen-
derweise als „Der Nürenbergisch Reichs Abschid vom Jahr 1431" deklariert.

[14] Goldast stellte dem ersten Teil der genannten Statuta et Rescripta einen
Widmungsbrief an Kurfürst Friedrich IV. von der Pfalz voran. Den zweiten Teil
widmete er den kurpfälzischen Räten Vollrath von Plessen, Hippolyt von Colli und
Georg Michael Lingelsheim und den dritten dem damaligen Kurprinzen und
späteren Kurfürsten Friedrich V.

17. Jahrhundert die Reichstage. Wie in anderem Zusammenhang zu zeigen sein wird, stellte dieses Jahrhundert dieselben besonders hoch und maß ihnen eine besondere Bedeutung bei. Das Interesse an vergangenen Reichstagen etwa abzulenken durch Ausführungen über andere Einrichtungen der Reichsverfassung, war deshalb nur in begrenztem Maße möglich. Dieser für das 17. Jahrhundert charakteristische Umstand kam wiederum dem Ansehen der maximilianeischen Reichstage in hohem Maß zugute. Er wurde nächst der Tatsache, daß man gemäß der praktischen Zielsetzung die definitiven Beschlüsse höher bewertete als den allmählichen Entwicklungsgang, für ihre Geltung sogar besonders wichtig. Denn da man einen besonderen Akzent auf die Reichstage legen mußte, andererseits aber nur wenig über die Versammlungen vor der Zeit Maximilians wußte, kam es auch aus diesem Grund dahin, daß man immer wieder auf die Reichstage der Wende vom 15. zum 16. Jahrhundert zurückgriff.

Aus mannigfachen Ursachen also nahmen in den Quellensammlungen des 17. Jahrhunderts die Reichstage der Zeit Maximilians eine sehr beherrschende Stellung ein. Daß diese zu jener hohen Geltung gelangen würden, die sie im 17. Jahrhundert dann tatsächlich besaßen, war damit aber noch nicht entschieden. Den Ausschlag gab erst, daß ihnen auch die darstellende staatsrechtliche Literatur eine nicht weniger wichtige Position einräumte. Den grundsätzlichen Anlaß stellten dabei die gleichen Momente dar, die bereits für die Quellenwerke bestimmend waren: der praktisch-pragmatische Sinn, die besonders hohe Bedeutung, die das 17. Jahrhundert ganz generell der Institution der Reichstage beilegte, die geringen Kenntnisse, die man über die Versammlungen der Zeit vor Maximilian besaß.

Trotzdem waren bei den Schriften, die in Form der Darstellung die Reichstage behandelten, an sich die Schwierigkeiten größer, die Reichstage Maximilians in solchem Maße herauszustreichen. Mußten sie doch, wenn sie auf vergangene Jahrhunderte zurückgriffen und sich damit auf die Geschichte der Versammlungen einließen, präzisere Auskunft zu geben suchen, als die Quellensammlungen. Das aber legte zwei Lösungen nahe, die beide, hätten sie sich auf die Dauer behauptet, der hohen Bewertung der maximilianeischen Reichstage Abbruch getan hätten: Einmal schien es möglich, daß man zur näheren Aufhellung der Geschehnisse sich doch noch weiter ins Mittelalter hineinarbeitete und damit den Versammlungen Maximilians wenigstens zum Teil ihre stellvertretende Funktion nahm. Allerdings wären hierzu mühsame und für die Zeit sehr schwierige Forschungen nötig gewesen. Wenn diese bereits die Editoren nicht vorgenommen hatten, war es nicht allzu wahrscheinlich, daß sich ihnen die übrigen Autoren unterziehen würden. Immerhin brachten zwar nicht die Sammlungen der Reichsabschiede, aber einige der anderen

Quellenwerke auch etwas Material über die Reichstage Friedrichs III. Zwar trat es weit zurück hinter der Fülle der Angaben, die über Maximilian existierten. Gleichwohl konnte es an sich denkbar scheinen, von hier aus weiter zu bauen oder auf andere Weise ins Mittelalter einzudringen. Als zweite Lösung aber bot sich an, auf jede Erörterung tunlichst zu verzichten, seit wann die Reichstage Bestand hatten und zu welcher Zeit sich ihre jetzige Form entwickelte. Denn das Ziel der den Reichstagen gewidmeten darstellenden Schriften war ja ebenfalls ein ganz praktisches. Von diesem Gesichtspunkt aus konnte ein möglichst geringes Eingehen auf die Versammlungen der weiteren Vergangenheit durchaus gerechtfertigt scheinen. Es ist das historisch Interessante, daß die beiden hier skizzierten Wege — und zwar noch im 16. Jahrhundert — tatsächlich beschritten wurden, daß sie auf die Dauer aber nicht befriedigten. Vielmehr gelangten im 17. Jahrhundert die Verfasser der darstellenden Werke auf verschiedenen Wegen jeweils mit einer gewissen historischen Zwangsläufigkeit dazu, den Reichstagen Maximilians eine Bedeutung einzuräumen, die nicht geringer, sondern eher noch größer war als die ihnen durch die Quellenwerke beigemessene.

Interessanterweise unternahm es bereits die erste Schrift, die eine zusammenfassende Darstellung der Einrichtung und des Funktionierens der Reichstage gab, die zurückliegenden Tagungen so sehr wie möglich außer acht zu lassen. Es ist der „Ausführliche Bericht, wie es uff Reichstägen pflegt gehalten zu werden", der 1577 entstand[15]. In ihm beschränkte sich der anonyme, wahrscheinlich der Kanzlei des Kurfürsten von Mainz angehörende Verfasser darauf, einfach einen Aufriß des augenblicklichen modus procedendi zu liefern. Um die Frage, wann die Reichstage überhaupt und wann im besonderen ihre einzelnen Verfahrensweisen entstanden seien, bekümmerte er sich durchaus nicht. Vielmehr stellte er lediglich dar, wie man momentan bei den Reichsversammlungen vorging, wie die ganze Apparatur gegenwärtig funktionierte. An belegenden Beispielen wählte er Reichstage, die erst möglichst kurz zurücklagen. Er ging dabei kaum über die Zeit Karls V. zurück und führte außerdem nur relativ sehr wenig Reichsversammlungen überhaupt an. Wie nützlich der durch den „Bericht" gelieferte Aufriß war und welche Beachtung er fand, zeigt sich bereits daran, daß allein aus dem 17. Jahrhundert nicht weniger als fünf Drucke der Schrift existieren[16]. Ohne Zweifel war dieses erste Reichstagssystem eine große und wichtige Leistung.

---

[15] S. Traktat über den Reichstag im 16. Jahrhundert. Eine offiziöse Darstellung aus der Kurmainzischen Kanzlei. Herausgegeben und erläutert v. Karl Rauch, = Quellen u. Studien zur Verfassungsgesch. d. Deutschen Reiches in Mittelalter u. Neuzeit, herausgegeben v. Karl Zeumer, Bd. I, H. 1, 1905.

[16] S. Rauch S. 3ff.

Und doch vermochte die von ihm befolgte Methode, auf Angaben über die Genesis der einzelnen Bestimmungen in überwiegendem Maß zu verzichten, auf die Länge nicht zu befriedigen. Das aber war entscheidend für die hohe Würdigung, die den Reichstagen der maximilianeischen Zeit im 17. Jahrhundert zuteil wurde. Der Anlaß, daß man den Blick doch darauf zurücklenkte, wann die Reichstagsordnung entstanden und festgelegt worden war und sich auf die Dauer nicht mit der von dem „Ausführlichen Bericht" praktizierten Methode zufrieden gab, war ein doppelter:

Zum einen wurden auf weitere Sicht auch bei der praktisch-pragmatischen Betrachtungsweise, die das 17. Jahrhundert auszeichnete, Belege dafür als erforderlich empfunden, wo sich die einzelnen für den momentanen modus procedendi maßgebenden Bestimmungen befanden, beziehungsweise, wann sie getroffen worden waren. Eine gesetzmäßige Generalordnung für das Abhalten der Reichstage aber existierte bekanntlich nicht. Vielmehr mußte man statt dessen beständig auf die verschiedenen Reichstagsabschiede zurückgreifen, in denen erstmals die einzelnen Verfahrensweisen erschienen und festgelegt waren. Hierbei nun spielten, wie bereits weiter oben gesagt wurde, an sich schon die Reichstage Kaiser Maximilians I. eine große Rolle. Denn ein wichtiger und großer Teil des Verhandlungsverfahrens war ja, wie heute ebenso unbezweifelt ist wie früher, gerade auf ihnen festgelegt worden. Und da man, wie sich ebenfalls bereits zeigte, im 17. Jahrhundert ohnehin mehr Gewicht auf die definitive Ordnung als auf die allmähliche Entstehung legte, war es selbstverständlich, daß die maximilianeischen Versammlungen schon aus diesem Grund auch in der darstellenden Literatur noch weiter in den Vordergrund traten, als es heute der Fall ist.

Dieser Umstand wurde noch dadurch mächtig verstärkt, daß auch die Verfasser der darstellenden Werke im 17. Jahrhundert über die Reichstage vor Maximilian nur wenig wußten. Denn in der Hauptsache fußten sie auf den gedruckten Quellenwerken. Eigene archivalische Forschungen waren bei ihnen nur sehr selten und führten zudem im allgemeinen über das bereits in den Kollektionen Beigebrachte nicht wesentlich hinaus. Viele Belege für Reichstagsbeschlüsse aus früherer Zeit ließen sich also auch in den Darstellungen nicht erbringen. Auch wurde von allen Quellenwerken den erst mit 1495 beginnenden Sammlungen der Reichsabschiede weitaus der Vorzug gegeben. Die anderen Werke, die gelegentlich auch schon einiges Wenige über die Versammlungen Friedrichs III. beibrachten, rangierten bei der Benützung erst sehr in zweiter Linie. Die Folge von dem allen war, daß in den Abhandlungen über die Reichstage die maximilianeischen Versammlungen außer der Bedeutung, die sie bereits von sich aus besaßen, auch stellvertretend für die weiter zurückliegenden Zeiten figurierten.

Die gleiche Aufgabe fiel ihnen noch in einem Zweiten zu. Nicht bloß das Streben nämlich, für die einzelnen Verfahrensweisen Belege zu finden, für die ersatzweise ihr erstes Erscheinen in den Reichstagsabschieden stehen mußte, führte das 17. Jahrhundert dahin, sich auf die Versammlungen der zurückliegenden Zeit zu besinnen. Außerdem veranlaßte es dazu der Wunsch, die starke Kontinuität aller Verfassungsverhältnisse darzutun. War der Sinn für die eigentliche historische Entwicklung im 17. Jahrhundert nur gering, so wurde er bis zu einem gewissen Grad ersetzt durch dieses ausgeprägte Streben nach Kontinuität. Je älter eine Einrichtung war, als um so fester begründet konnten ihre Ansprüche gelten.

Nach dem Gefühl der Mehrzahl aller Persönlichkeiten, die sich im 17. Jahrhundert mit den Reichstagen befaßten, traf dieser Satz auch für diese Institution zu. Deshalb begegnet man in den diesbezüglichen darstellenden Werken immer wieder der These, die Reichstage gingen auf Karl den Großen zurück und hätten von diesem Zeitpunkt an das ganze Mittelalter über Bestand gehabt. Ob sie damals schon ganz die Bedeutung besaßen, die sie im 17. Jahrhundert inne hatten, darauf wurde zwar meist nicht ausdrücklich eingegangen. Es mußte jedoch nach der ganzen Art der Darstellung beim Leser immerhin der Eindruck erweckt werden, daß die Ähnlichkeit zwischen den Versammlungen des frühen und hohen Mittelalters und denen des 17. Jahrhunderts sehr groß war. Im Grunde nahm man also nicht bloß die ersten Ansätze der Institution für das frühere Mittelalter an, sondern auch bereits eine weitgehende Entfaltung. Zwar wurden hiergegen gelegentlich Stimmen laut. Eine gewisse Skepsis begegnete uns zum Beispiel bereits bei Philipp Reinhard Vitriarius. Wieviel deutlicher die Zweifel werden konnten, wird das Werk des Bogislaw Philipp Chemnitz zeigen. An ihm wird deutlich werden, wie es im 17. Jahrhundert eine Richtung gab, die sich bewußt gegen die Ansicht wandte, schon im frühen und hohen Mittelalter hätten die Versammlungen ähnlich wichtige Funktionen ausgeübt wie im 17. Jahrhundert. Die Mehrheit aber gab sich der nach damaligem Empfinden höchst günstigen Meinung hin, dies wäre schon seit der Zeit Karls des Großen der Fall gewesen.

Von diesem Postulat nun könnte man denken, daß es dem Ansehen der maximilianeischen Reichstage eher abträglich als fördernd war. Denn wenn die Reichstage schon das ganze Mittelalter über geglänzt hatten, konnte an sich notwendigerweise die Bedeutung der Zeit Maximilians nur relativ begrenzt sein. In Wahrheit aber gestalteten sich die Dinge anders. Auch die These, daß die Reichstage bereits seit dem früheren Mittelalter Bestand hätten, verstärkte noch das Gewicht der maximilianeischen Versammlungen. Denn neben dem Postulat stand eben die Tatsache, daß man nur wenig von den Reichstagen wußte, die

vor diese Zeit fielen. So blieb auch dann, wenn auf die Provenienz der
Versammlungen von Karl dem Großen gepocht wurde, zumeist nichts
anderes übrig, als sich anschließend sehr rasch den Versammlungen des
endenden 15. und beginnenden 16. Jahrhunderts zuzuwenden und den
Hauptteil konkreterer Beweise für die frühere Reichstagsorganisation
dieser Zeit zu entnehmen. Die archivalischen Schätze, die uns heute ein
Bild von den Reichstagen des Spätmittelalters vermitteln, blieben un-
gehoben. Im übrigen hätten natürlich auch die eindringendsten historischen Studien die vom 17. Jahrhundert entworfenen Perspektiven von
der übergroßen Altertümlichkeit der Reichsversammlungen nicht
stützen, sondern vielmehr nur auf ihr historisch gerechtfertigtes, das
heißt äußerst vermindertes Maß zurückführen können. Andererseits
hätten sie immerhin reiche Belege aus dem Spätmittelalter zu erbringen
vermocht. So aber gelangte die Zeit Maximilians in vielem zu einer
Stellvertreterrolle für das ganze Mittelalter.

Zwar wurde — bereits im 16. Jahrhundert — ein Versuch unternommen, sich in der Hauptsache, ja ausschließlich auf mittelalterliche
Beweise zu stützen. Es ist des Onuphrius Panvinius „De Comitiis
Imperatoriis Liber", der bereits 1558 in Basel erschien und dann 1613
durch Friedrich Hortleder, den bekannten Historiographen des Schmalkaldischen Krieges, eine Neuauflage erlebte[17]. Die lediglich aus mittelalterlichen Quellen schöpfende Beweisführung aber wurde Onuphrius
Panvinius nur dadurch möglich, daß er in Widerspruch zu dem Obertitel
seines Werkes nicht von den Reichstagen im allgemeinen handelte,
sondern von der Entstehung des Kurkollegs[18]. Ein weites Material mittelalterlicher Zeugnisse, meist übrigens aus Sekundärquellen, vermochte er
hierbei vor dem Leser auszubreiten. Die eigentliche Reichstagsorganisation und Entwicklung jedoch umging er. Auch er scheint hierfür in
seinen Quellen nur wenig gefunden zu haben. So konnte sein Werk vom
17. Jahrhundert als ein Beweis dafür genommen werden, daß eine allgemeine Darlegung über die Entstehung der Reichstage sich nicht in
der Weise auf mittelalterlichen Quellen aufbauen ließ, wie Onuphrius

---

[17] Onuphrii | Panvinii, Veronen | sis, Fratris Eremitae, | Augustiniani, | De Comitiis
Imperatoriis Liber. | In Quo Praeter Caetera, Sep|tem virorum origo accurate demon-
strata, atque | communis quae adhuc obtinuit fama, confuta|ta est, adjecta insuper
Caroli IV. Rom. | Imper. aurea bulla. | Olim Basileae, anno LVIII. editus. Nunc
recu|sus cura et annotamentis. | Friderici Hortlederi. Ducum Saxoniae, etc. | in
Salana, informatoris. | Argentorati. | Sumptibus Lazari Zetzneri Bibliop. | Anno
M. DC. XIII.
[18] Onuphrius gelangt dabei zu dem Hauptergebnis, daß sich erst nach Kaiser
Friedrich II., erst seit dem Interregnum, das eigentliche Kurkolleg herausgebildet
habe. Trotz vielem, was uns an seinem Werk naiv anmutet, dringt der Autor hiermit
also zu einem im Grunde richtigen Resultat vor, was für die Zeit, in der er schrieb,
eine immerhin beachtenswerte Leistung darstellt.

dies im Hinblick auf die Institution der Kurfürsten durchzuführen vermochte, deren Entwicklung ja bereits mit der Goldenen Bulle einen wesentlichen Abschluß fand[19]. Jedenfalls beschritt das 17. Jahrhundert bei seinen den Reichstagen gewidmeten Ausführungen den von Onuphrius eingeschlagenen Weg nicht. Es tat dies ebensowenig, wie es die in dem „Ausführlichen Bericht" von 1577 angewandte Methode akzeptierte, die Entstehung der Reichstage und die Begründung ihrer Organisation ganz beiseite zu lassen.

Vielmehr setzte sich bei der Mehrzahl der Autoren, die sich im 17. Jahrhundert über die Reichstage äußerten, eine andere Lösung durch. Man sagte, die Versammlungen seien uralt. Sie bestünden seit der Zeit Karls des Großen, wenn nicht seit noch früher und hätten sich dann durch das ganze Mittelalter fortgesetzt. Was man hingegen an mittelalterlichen Reichstagen zu nennen wußte und was man dafür an Belegen anführte, war äußerst dürftig. Nachdem man wenige mittelalterliche Hinweise erbracht hatte, gelangte man jedes Mal sehr schnell zu den Reichstagen der maximilianeischen Zeit. Diesen fiel damit, ohne daß dies freilich die bewußte Absicht der Verfasser war, die Aufgabe zu, als Kronzeugen für die ganze mittelalterliche Entwicklung zu stehen. Da sich das Postulat der Kontinuität verband mit dem Wunsch nach relativ genauen Nachweisen, da gleichzeitig die Erforschung des frühen, hohen und späten Mittelalters noch weit zurück war und da schließlich die Ansicht, die Reichstage hätten in ähnlicher Weise bereits im Früh- und Hochmittelalter existiert, den historischen Tatsachen zuwiderlief, ergab sich mit einer gewissen Zwangsläufigkeit ein neuerlicher Anlaß, daß den Reichstagen Maximilians stärkste Beachtung geschenkt wurde.

Das hier skizzierte Bild tritt uns, wie gesagt, entgegen in der Mehrzahl der Werke, die im 17. Jahrhundert den deutschen Reichstagen gewidmet waren. Als Beispiel sei des Dominicus Arumaeus großer „Commentarius Juridico-Historico-Politicus de Comitiis Romano-Germanici Imperii" herangezogen, der 1630 in Jena erschien[20]; denn das Buch des bedeutenden Jenaer Universitätsprofessors, den man mit Recht den Vater des modernen deutschen Staatsrechts genannt hat, fand weiteste Verbreitung und kann in mannigfacher Hinsicht als besonders beispielhaft für die Haltung des 17. Jahrhunderts gelten.

Über den Ort, an dem die Versammlungen stattzufinden hätten, führt Arumaeus zum Beispiel bereits in dem „Discursus de Comitiis Imperii Romano-Germanici. Ex Jure publico", der dem eigentlichen „Commen-

---

[19] Dieser Beobachtung entsprechend schrieb Arumaeus in cap. II nr. 13 seines oben bereits zitierten (s. Anm. 3) Commentarius im Hinblick auf die Wahltage: *... de quibus Onuphrius Panvinius in peculiari libro de Comitiis Imperatoriis latius agit, quem tamen rectius de Comitiis Electoralibus inscripsisset.*

[20] S. Anm. 3.

tarius" als Einleitung und Zusammenfassung vorangestellt ist, im Membrum II. das Folgende aus: Bei den Römern — der Beginn des Ganzen wird also in diesem Fall weit über Karls des Großen Zeit hinaus so früh wie möglich gesetzt — sei das Marsfeld als Versammlungsort für die Comitia Centuriata bestimmt gewesen[21]. Ebenso seien die Böhmen außerhalb der Stadt nach Zeugnis der böhmischen Geschichte von Dubravius zusammengekommen, und ein Gleiches hätten die Polen getan nach dem Bericht von Salomon Neugebauer[22]. Auch die Deutschen hätten früher einen festen Versammlungsort besessen, der allerdings nicht *campestris* gewesen sei, sondern an einem bebauten Ort gelegen habe. *Cum enim Constantinus III. Comitia annua urbe Arelatensi perpetuo habenda constituisset, Goldast. tom. 3. Const. Imp. pag. 1. ad formam illius pragmaticae sanctionis conventus iste a Carolo M. Moguntiam : Moguntia deinde a Friderico II. Francofurtum translatus est, satis id innuente Qu. Aemiliano, qui de Comitiis Anno 1486. Francofurti habitis sic canit :*

> *Maximus hic Cesar Solito De More* (Sperrung bei Arumaeus) *vocavit*
> *Concilium, magnis quoties, de rebus habetur,*
> *Qua gens turritam Francfordia possidet urbem.*

In diesem allerdings besonders komplizierten Fall weiß Arumaeus sich also auch für das Spätmittelalter interessanterweise nicht anders zu helfen, als daß er einen humanistischen Dichter zum Kronzeugen nimmt. Das Vage und Unbestimmte seiner vorgängigen Ausführungen über die mittelalterlichen und noch früheren Verhältnisse wird hiermit vollends deutlich gemacht. Auch wird sein Unwissen noch dadurch unterstrichen, daß Arumaeus unmittelbar im Anschluß an die eben wiedergegebenen Ausführungen zum Reichstag von 1512 übergeht und hier nun plötzlich festeren Boden unter den Füßen hat[23]. Der Bestimmungen der Goldenen Bulle, daß jeder Kaiser seinen ersten Reichstag in Nürnberg abhalten sollte, gedenkt er hingegen erst im Anschluß an seine Ausführungen über die Bestimmungen von 1512 und nur viel kursorischer.

Sed id — nämlich die Verhältnisse des Mittelalters, nimmt Arumaeus den Übergang vor — *quondam obtinuit. Nam temporis successu postea*

---

[21] Daran anschließend die Bemerkung: *Intra poemarium autem comitia illa haberi non poterant, quia ad id opus erat exercitu, veluti praesidio, quem extra urbem imperari oporteat, intra urbem imperari jus non sit* a. a. O.

[22] Außer Goldast ist es vor 1512 nur Sekundärliteratur, die Arumaeus anzuführen vermag. S. Janus Dubravius, Historiae Regni Boiemiae ... ab initio Boiemorum ... libri XXXII ... Preßburg 1552, von Arumaeus wohl benutzt in der Ausgabe Marquard Frehers vom Jahre 1602; Salomon Neugebauer, Historiae Rerum Polonicarum libri quinque ..., Frankfurt 1611. —

[23] Vorher führt er im Hinblick auf die Frankfurter Reichstage noch aus: *Qua comitiorum occasione nundinas illas solemnes coepisse conjicit ... Goldastus ...*

Caesaris arbitrio relinqui coepit, quo loco comitia celebrare vellet. Et eo modo ac jure adhuc utimur. Equidem Maximilianus I. in conventu Coloniensi An. 1512 deliberationem de loco necessariam judicans eam ad Comitia Wormatiensia rejecit... Und nun folgt im Wortlaut der Passus des Kölner Reichsabschiedes, daß man auf dem nächsten Reichstag weitere Beschlüsse über den Ort der künftigen Versammlungen fassen wollte [24]. In den folgenden Reichsabschieden aber fänden sich keine diesbezüglichen Bemerkungen mehr, fährt Arumaeus fort und gelangt dadurch zu dem von ihm vorangestellten Schluß, daß es im Belieben des Kaisers lag, wo die Reichstage stattfinden sollten. Der ganze Absatz zeigt, wie Arumaeus erst von der Zeit Maximilians an festen Grund unter den Füßen hatte und erst von diesem Termin ab dank der gedruckten Reichsabschiede sich ein genaueres Bild von den Versammlungen machen konnte, was allerdings hier zu dem Ergebnis führte, daß seinem richtigen Dafürhalten nach definitive Bestimmungen nicht bestanden.

Gleich im Anschluß an die hier wiedergegebenen Ausführungen ergibt sich, ebenfalls im zweiten Membrum des „Discursus de Comitiis", aufs neue, wie Arumaeus trotz aller Forderung mittelalterlicher Kontinuität erst über die Reichstage Maximilians genauen Bescheid wußte. Im 16. Jahrhundert seien die Reichstage in der Regel in Reichsstädten abgehalten worden, führt er aus, und belegt seine Beobachtung mit einer Fülle von Beispielen, die beweisen, daß er die Reichstage Maximilians genau aufzählen konnte, daß er hingegen hierbei nicht übers Jahr 1495 mit auch nur annähernd gleicher Genauigkeit zurückzugehen vermochte [25]. So blieb ihm nichts anderes übrig, als seine Beobachtung auf das 15. Jahrhundert zu beschränken. Dieselbe Unkenntnis legt er auch gleich in den folgenden Passagen an den Tag: Es scheine, daß früher auch in nicht reichsunmittelbaren Städten Versammlungen stattgefunden hätten, wird hier gesagt. Mehr als fünf Beispiele vermag Arumaeus jedoch nicht zu erbringen, und darüber, welche Reichstage vor 1495 in Reichsstädten abgehalten wurden, weiß er offenbar vollends nichts Genaues. Lediglich den in der Goldenen Bulle erwähnten Reichstag von Nürnberg aus dem Jahre 1356 führt er an.

In gleicher Weise zeigen, um noch ein drittes Beispiel zu nennen, des Arumaeus Darlegungen über die Dauer der Versammlungen, wie er zwar großes Gewicht darauf legte, daß die Reichstage seit ältesten Zeiten

---

[24] Daß gleichzeitig festgesetzt wurde, die Reichstage sollten zunächst in Worms und Frankfurt stattfinden, übergeht Arumaeus hier, offenbar um zunächst eine einigermaßen klare Beweislinie zu erreichen, daß es im Belieben des Kaisers läge, wo die Versammlungen abgehalten werden sollten. Am Ende von membrum II aber kommt er noch darauf zu sprechen (s. S. 231).

[25] S. Discursus, membrum II nr. 22

Bestand hätten, wie er mangels früherer Belege aber immer wieder sehr rasch zur Zeit Maximilians gelangte und damit — wenn auch unbewußt — erreichte, daß die Reichstage dieser Zeit stellvertretend für das Mittelalter figurierten. . . . *annua fuisse Comitia,* heißt es, *Constitutio Constantini III. et Caroli Magni observantia, qua de Goldast. add. const. tom. 3. rescript. Imper. pag. 3 fidem nobis faciunt. Sic et per Recess. Colon. ann. 1512. inter Caesarem et status convenit, ut durante illa ordinatione . . . singulis annis Francofurti vel Wormatiae comitia haberentur*[26].

Wie gesagt, die Mehrzahl der Autoren verhielt sich im 17. Jahrhundert wie Arumaeus. Sie datierte zwar die Reichstage bis ins frühe Mittelalter zurück, wobei die Annahme allerdings nicht unbedingt ausgesprochen, wohl aber nahegelegt wurde, daß ihre Bedeutung damals bereits der im 17. Jahrhundert erreichten ähnlich gewesen sei. Handfestere Belege aber wußte sie erst aus der maximilianeischen Zeit zu erbringen, so daß diese gleichsam stellvertretend für das ganze Mittelalter stand, jedenfalls aber ein besonders großes Gewicht erhielt. Neben dieser Hauptrichtung nun machte sich noch eine zweite Auffassung geltend, die zwar nur eine sehr viel geringere Verbreitung erfuhr, mit der Zeit aber doch immerhin kräftig hervortrat. Ihren stärksten Ausdruck fand sie in der berühmten, 1640 erschienenen „Dissertatio de Ratione Status in Imperio nostro Romano-Germanico" des Bogislaw Philipp Chemnitz, der unter dem Pseudonym Hippolithus a Lapide schrieb und in mannigfacher Hinsicht für die Entwicklung der politischen Ideen von höchster Bedeutung geworden ist[27]. Mit einer Skepsis, wie sie so deutlich bisher noch nie gewagt worden war, ging er die Frage an und legte dar, daß erst ganz zu Ende des Mittelalters die Reichstage ihre hohe Bedeutung erlangt hätten und daß man die Versammlungen früherer Zeiten keineswegs mit ihnen vergleichen könne. *Originem ergo . . . horum annuorum Comitiorum, ad Caroli Magni tempora referre quidem licet . . . Processu vero temporis, Procerum potestas, in Comitijs, sensim magis magisque aucta, adeo in immensum excrevit; ut, qui antiquos istos Conventus, qui ab arbitrio ac nutu Imperatorum toti dependebant, hodiernis nostris Comitijs aequiparare velit, is muscam comparet elephanto*[28].

Es waren Sätze, die um so bedeutungsvoller wurden, als des Chemnitz „Dissertatio" Epoche machte wie wenig andere Werke über die Reichsverfassung. Auch die Ansicht, daß die Reichstage in ihrer jetzigen Be-

---

[26] Ebd. nr. 25

[27] Dissertatio | De | Ratione | Status | In | Imperio nostro | Romano-Germanico. | In qua | Tum, qualisnam revera in eo Status sit; | tum, quae Ratio Status observanda quidem, sed magno | cum Patriae Libertatis detrimento, neglecta hucusque fuerit; | tum denique, quibusnam medijs antiquus Status | restaurari ac firmari possit, dilucide | explicatur: | Autore | Hippolitho a Lapide. | Anno MDCXL.

[28] Pars II cap. III sect. I.

deutung doch erst etwas relativ Neues seien, fand demgemäß weite
Verbreitung. Das für unsere Fragestellung Entscheidende nun aber ist,
daß die Geltung der Versammlungen Maximilians auch in dieser zweiten
im 17. Jahrhundert herrschenden Version naturgemäß eine ganz außerordentliche war. Ja, sie erscheint sogar als noch größer als in der ersten.

In unmittelbarem Anschluß an seinen Ausfall gegen das Postulat,
daß im Grunde die momentane Stellung der Reichstage schon im frühen
Mittelalter geschaffen worden sei, schilderte Chemnitz nämlich im
dritten und vierten Kapitel des zweiten Teiles seiner „Dissertatio" den
Normalzustand der Reichstage und die für ihr Verfahren gültigen Bestimmungen. Hierbei aber schöpfte er ausschließlich aus der Regierungszeit Maximilians I. Indem Chemnitz gegen die Annahme Front machte,
die Reichstage hätten ihre Macht bereits im Hoch- und Frühmittelalter
besessen, und indem er sich in den unmittelbar anschließenden Darlegungen über die Geschichte und Funktion der Reichsversammlungen
bei der Wahl des Beweismaterials ganz auf die Zeit Kaiser Maximilians I.
konzentrierte, verbreitete er sogar in noch stärkerem Maß, als es bisher
schon geschehen war, die Vorstellung von der Bedeutung der maximilianeischen Reichstage. Er steigerte sie bis zu dem Eindruck, daß die
Reichstagsordnung ausschließlich unter Maximilian fixiert worden sei.
Ja, noch darüber hinaus legte Chemnitz durch seine Beweisführung den
Schluß nahe, daß nicht bloß eine schon früher entwickelte Verfahrensweise erst unter Maximilian fixiert wurde, sondern daß hier überhaupt
erst die entscheidenden Beschlüsse zustande kamen.

Die maximilianeischen Reichstage gewannen bei Chemnitz noch durch
ein zweites ein des weiteren erhöhtes Gewicht. Bereits das Verhalten
Karls V. gegenüber den Versammlungen stellte er als ein Abgehen von
den eigentlich einzig zu Recht bestehenden Verhältnissen, ja als eine
Perversion derselben, dar. Schon hier sei der Vorgang aufs höchste
fühlbar geworden, daß die Habsburger Schritt für Schritt die Reichsverfassung zugunsten der von ihnen erstrebten absoluten Monarchie
eingeschränkt hätten[29]. Die auf Karl V. folgenden Kaiser aber, insbesondere Ferdinand II., hätten die Reichsversammlungen vollends
ruiniert. Als „Normalzeit" erscheint dagegen lediglich die Regierung
Maximilians. Zwar hatte, wie weiter unten darzustellen sein wird,

---

[29] S. vor allem pars II cap. V: *De modo, quo, post primum Regimentum sublatum,
Imperium ad nostra usque tempora, administratum fuit; et qua via Austriaci omnem potestatem
sensim ad se traxerint.* — Das Ansehen der maximilianeischen Zeit wurde bei Chemnitz
schließlich indirekt noch dadurch des weiteren gefördert, daß der Autor besonderes
Gewicht auf das erste Reichsregiment legte. Zwar verband er mit dessen Entstehen,
wie weiter unten darzulegen sein wird, eine Kritik der Persönlichkeit Kaiser Maximilians. Die maximilianeische Zeit aber und indirekt auch die Reichstage dieser
Epoche fanden durch Chemnitz' Interesse für das Reichsregiment noch eine besondere Akzentuierung.

Chemnitz auch gegen diesen Kaiser Bedenken vorzubringen. Doch sie waren geringer als die gegen die nachfolgenden Herrscher. So gewannen die von Maximilian abgehaltenen Reichstage auch durch die Vorwürfe, die Chemnitz gegen seine Nachfolger richtete, noch mächtig an Ansehen.

Die schlechte Meinung von dem Einfluß, den die nächsten Nachfolger Maximilians auf die Reichstage ausgeübt hätten, war der Mehrzahl der Schriftsteller, die sich im 17. Jahrhundert über die Reichstage verbreiteten, ebenfalls nicht geläufig. Daß zwar unter Ferdinand II. den Versammlungen so schwerer Abbruch geschehen war, daß sie jahrzehntelang völlig zum Erliegen kamen, und zwar teils durch kaiserliche Schuld, teils durch Schuld der calvinistischen Gegenpartei, war im 17. Jahrhundert allbekannt. Die vorherigen Kaiser, und besonders bereits Karl V., aber wurden von der Majorität der Autoren noch nicht so abgelehnt wie von Chemnitz. Wenn man auch hier und da einzelnes auszusetzen hatte, neigte man doch dazu, die Reichstagsgeschichte von den Bestimmungen, die unter Maximilian I. getroffen wurden, bis wenigstens zum Beginn des 17. Jahrhunderts als eine natürliche Einheit und eine organische Weiterentwicklung aufzufassen. Demgemäß wurden neben der Zeit Maximilians auch die späteren Reichstage ständig als Belege herangezogen.

Eine gewisse Einschränkung war allerdings auch hier bereits zu beobachten. Sie erklärt sich aus dem Umstand, daß unmittelbar nach Maximilians Tod die Glaubensspaltung ihren Anfang nahm. Mit der konfessionellen Entzweiung aber entstand auch für die Institution der Reichstage eine Menge neuer strittiger und ungeklärter Fragen. In vielen Fällen empfahl es sich deshalb, nach Belegen lieber in der Zeit vor 1519 zu suchen. Denn solche Präzedenzien hatten bessere Aussicht, auch von den Anhängern der anderen Bekenntnisse als verbindlich anerkannt zu werden. Von Reichstagen, die vor 1519 lagen, wußte man aber nur Genaues über diejenigen der Regierungszeit Maximilians. So wirkte auch die Glaubensspaltung dahin, daß den maximilianeischen Versammlungen eine besondere Aufmerksamkeit gewidmet wurde.

Die uns somit gelegentlich schon immer begegnende Tendenz, lieber die von konfessionellen Schwierigkeiten noch nicht belastete Zeit Maximilians als spätere Abschnitte heranzuziehen, verband sich nun mit der von Chemnitz so prononciert vorgetragenen Ansicht, daß schon Karl V. mit dem Ruin der Reichsverfassung begonnen habe. Und wenn man auch nach Chemnitz hierin vielleicht nicht mehr so radikal dachte, wurde doch die Neigung verstärkt, auch im Hinblick auf das weitere 16. Jahrhundert den Reichstagen Maximilians ein besonderes Gewicht beizulegen.

Noch mehr freilich wirkte die von Chemnitz aufs radikalste vertretene Meinung, daß die Reichstage erst ganz am Ende des Mittelalters, ja im

Grunde erst unter Maximilian selbst, ihre eigentliche Bedeutung erlangt hätten. An wie ausschlaggebenden Stellen diese Vorstellung sich geltend machte und wie entscheidend des Chemnitz „Dissertatio" dafür war, zeigt uns in interessanter Weise Johann Jacob Mosers Werk „Von denen Teutschen Reichs-Tags-Geschäfften", das 1768 erschien[30]. Hier findet sich gleich zu Beginn, im § 3 des ersten Buches, folgender Absatz: „Was in Ansehung derer auf Reichs-Tägen abzuhandlen gewohnlichen Staats-Angelegenheiten zwischen denen ältesten, mittleren und neueren Zeiten für eine Gleichheit oder Unterschid seye? überlasse ich denen Forschern und Lehrern unserer Reichs- und Staat-Historie; da ich genug mit denen neueren Zeiten zu thun habe. Nur will ich . . . anführen, was Hippolith a Lapide meldet." Und nun folgt wörtlich die oben wiedergegebene Stelle, die Reichstage des Mittelalters mit den gegenwärtigen zu vergleichen, heiße eine Maus mit einem Elephanten gleichzusetzen. In ausgedehntestem Maß wurden die Moserschen Schriften in den letzten Jahrzehnten des Heiligen Römischen Reiches als Nachschlagewerke von den mit Reichsgeschäften befaßten Diplomaten und Juristen verwandt, und auch für gelehrte Forschungen hatten sie die größte Bedeutung. Die von Chemnitz vertretene Ansicht über das Werden der Reichstage und damit auch die Meinung, die er von den maximilianeischen Versammlungen hatte, genoß also auch in der zweiten Hälfte des 18. Jahrhunderts noch hohes Ansehen.

Freilich traf dies nur auf jene Richtung zu, welche die Reichstage noch im alten ausschließlich praktisch-pragmatischen Sinn betrachtete und nicht willens war, weitere Forschungen anzustellen, als sie schon die verflossenen Zeiten unternommen hatten. Daneben jedoch regte sich im 18. Jahrhundert ein größerer archivalischer Forscherfleiß, der zunächst ebenfalls noch durchaus den alten praktischen Zielen folgte, gleichzeitig aber mehr und mehr zu einer historischen Betrachtungsweise im modernen Sinn überging. Diese Richtung nun konnte zwar nur bejahen, daß Chemnitz sich gegen die Kontinuität der Reichstagsmacht durch das ganze Mittelalter durch gewandt hatte. Im übrigen aber erarbeitete sie dem 18. Jahrhundert ein bereits sehr viel klareres Bild von den vor der Zeit Maximilians gelegenen Reichstagen, als es im 17. bestanden hatte.

Vielleicht der wirkungsvollste Schrittmacher war hierbei Johann Joachim Müller. Wenn wir uns heute auch über die Mängel seiner Werke im klaren sind, ist doch zu sagen, daß er für seine Zeit die große Leistung vollbrachte, die Kenntnis der Reichstage Kaiser Friedrichs III. mächtig zu fördern. Wie er in der Vorrede zu seinem „Reichs-Tags-Staat von

---

[30] Johann Jacob Moser, . . . Von denen | Teutschen | Reichs-Tags- | Geschäfften, | Nach denen Reichs-Gesezen und dem Reichs- | Herkommen, wie auch aus denen Teutschen | Staats-Rechts-Lehrern, und eigener | Erfahrung; | . . . Franckfurt am Mayn, | 1768.

Anno MD. biß MDIIX." sagt, setzte er sich zum Ziel, die Reichstage von der Zeit Kaiser Friedrichs III. bis zu der Rudolfs II. darzustellen[31]. Diese Absicht nun vermochte Müller zwar nur zum Teil auszuführen. Nur die Reichstage Maximilians I. und Friedrichs III. fanden eine Beschreibung aus seiner Feder. Eben hiermit aber wurde bereits die entscheidende Leistung vollbracht. Das allgemeine Wissen um die Reichstage wurde auf die Versammlungen Friedrichs III. ausgedehnt. Damit aber wurde ein wichtiger Schritt getan, den Tagungen Maximilians einiges von dem besonderen Gewicht zu nehmen, das sie im 17. Jahrhundert besessen hatten. Freilich blieb andererseits auch bei Müller und seinen unmittelbaren Nachfolgern noch viel von der speziellen Betrachtungsweise erhalten, die das 17. Jahrhundert den maximilianeischen Reichstagen hatte zuteil werden lassen: Wieder wurde ja außer auf diejenigen Friedrichs III. alle Aufmerksamkeit auf die Reichstage Maximilians gelenkt. Ferner hob Müller ausdrücklich hervor, daß mit Friedrich III. und Maximilian eine neue Phase der Reichstagsgeschichte beginne[32]. Die Versammlungen Maximilians fanden also nach wie vor stärkste Beachtung. Der wesentliche Unterschied zum 17. Jahrhundert aber war, daß nun eine gleiche oder doch ähnliche Materialfülle wie über die Versammlungen Maximilians auch über diejenigen Friedrichs III. vor dem Leser ausgebreitet wurde[33]. So öffnete sich jetzt der Blick auf weitere vierzig Jahre Reichstagsgeschichte, und ein erster Schritt war damit getan, die allmähliche Entwicklung der Versammlungen im Spätmittelalter quellenmäßig verfolgen zu können.

Wie rasch die Reichstagsliteratur auf dem von Müller eingeschlagenen Wege weiterschritt, das zeigt in sehr aufschlußreicher Weise die letzte

---

[31] Des Heil. Römischen Reichs Teutscher Nation, | Reichs-Tags-|Staat | von Anno MD. biß MDIIX. | . . . von | Johann Joachim Müllern . . . | Jena | bey Johann Felix Bielcken | 1709. — Das der Zeit Friedrichs III. gewidmete Theatrum trägt den Titel: Des | Heil. Römischen Reichs, | Teutscher Nation, | Reichs Tags | Theatrum, | wie selbiges, unter | Keyser Friederichs V. | allerhöchster Regierung, | von | Anno MCCCCXL. bis MCCCCXCIII. | gestanden, | und was auf selbigen, in | Geist- und Weltlichen Reichs-Händeln, | berahtschlaget, tractiret und geschlossen worden, | . . . von | Johann Joachim Müllern, | Jena | Bey Johann Felix Bielcken | . . . MDCCXIII. (in zwei Bänden).

[32] S. Reichs-Tags-Staat von Anno MD. biß MDIIX, Vorbericht: „Anreichend die Ursache, warum eben von den Zeiten Keysers Friderici IV. der Anfang, und mit Keyser Rudolpho II. der Schluß gemachet werden soll, so wird selbige darinnen zufinden seyn, daß die Regierung nur höchstgedachten Keyser Friedrichs einen neuen Periodum der Reichs-Tags-Form constituiret . . ."

[33] Als ein weiteres Beispiel sei in diesem Zusammenhang noch verwiesen auf Jacob Fels . . ., Erster (und) Zweyter Beytrag zu der deutschen Reichstags-Geschichte . . ., Lindau 1767/69. Auch Fels tut Wesentliches, um das Wissen über die Reichstage auf das gesamte 15. Jahrhundert auszudehnen. Andererseits hebt er immer wieder die besondere Bedeutung Maximilians hervor und geht von den Reichstagen dieses Kaisers aus.

Auflage der Reichsabschiede, die, von Henrich Christian von Senckenberg und anderen besorgt, bei Ernst August Koch 1747 in Frankfurt am Main erschien. Während in allen vorgängigen Auflagen vor dem Wormser Reichstag von 1495 nur die Goldene Bulle und die Reformation Kaiser Friedrichs von 1442 quellenmäßig erfaßt sind, finden sich nun plötzlich auch zahlreiche Reichsabschiede aus der Zeit Friedrichs III. wiedergegeben. Ja, darüber hinaus ist Material aus dem beginnenden 15., dem 14. und sogar aus dem 13. Jahrhundert abgedruckt. Und ebenso sucht die Einleitung sehr viel ausführlicher und eindringlicher als bisher dem Problem der mittelalterlichen Reichstage gerecht zu werden. So nahmen durch die genannten ebenso wie durch andere Werke die Kenntnisse, die man über die mittelalterlichen Reichstage wie über die mittelalterliche Reichsgeschichte überhaupt besaß, allmählich bedeutend zu. Der zeitliche Horizont schob sich mehr und mehr hinaus. Die Betrachtungsweise wurde immer „historischer". Man gab sich nicht mehr mit dem Endpunkt einer Entwicklung zufrieden, sondern suchte den Vorgang in seiner Ganzheit zu betrachten. Das führte dahin, daß man über die Zeit Maximilians hinaus ins 15. und 14. Jahrhundert zurückging. Gleichzeitig ließ auch das Interesse, das der Institution der Reichstage an sich gezollt wurde, nach. Alle diese Momente bauten allmählich die Besonderheiten ab, welche die Würdigung der Reichstage Maximilians durch das 17. Jahrhundert charakterisieren. Statt dessen bereiteten sie das Bild vor, das wir uns heute von diesen Versammlungen machen.

Aus mannigfachen Gründen also spielten die Reichstage Kaiser Maximilians im Bewußtsein des 17. Jahrhunderts eine besonders große Rolle. Gleichzeitig ergab sich auch bereits, wie man sich nicht nur häufiger als in anderen Perioden auf die Versammlungen der maximilianeischen Zeit bezog, sondern wie auch in anderem das Bild, das man sich von ihnen machte, viele Besonderheiten aufwies. Denselben gilt es im folgenden des weiteren nachzugehen.

Schon für das bisher Dargelegte war es bedeutsam, daß man die Reichstage vornehmlich unter praktischen Gesichtspunkten betrachtete. Man interessierte sich demgemäß mehr für die definitiven Beschlüsse und zwar vor allem für diejenigen, die noch für das 17. Jahrhundert Geltung besaßen. Hierin hatte einer der Gründe dafür gelegen, daß die Reichstage Maximilians im 17. Jahrhundert in so starkem Maß die vorangegangenen Versammlungen verdeckten. Eine weitere Folge gilt es nun zu beachten: Man würdigte die Reichstage der Wende vom 15. zum 16. Jahrhundert viel ausschließlicher, als es heute der Fall ist und ebenso als es zur Zeit Kaiser Maximilians selbst üblich war, wegen der innenpolitischen und rechtlichen Ordnung, die durch sie geschaffen worden war. Anderes, dem wir heute ebenfalls große Wichtigkeit beimessen, trat dahinter ganz zurück. Zum Beispiel wird in den den Reichstagen gewidmeten Werken des 17. Jahrhunderts nirgends eingegangen auf die teilweise ja sehr engen Beziehungen, die zwischen der habsburgischen Außen- und Familienpolitik und den Versammlungen bestanden. Der erbitterte Kampf etwa, der 1518 auf dem Reichstag von Augsburg zwischen den Häusern Habsburg und Valois um die Nachfolge im Kaisertum ausgetragen wurde, ließ sich an keiner einzigen Stelle erwähnt finden, obwohl er ja auf das 17. Jahrhundert noch unmittelbaren Einfluß ausübte, insofern, als sich hier entschied, daß die Kaiserwürde beim Hause Habsburg blieb und damit die große habsburgische Ära begann, in deren Zeichen das Jahrhundert stand. Selbst Bogislaw Chemnitz, der im übrigen ja für die Ursachen der habsburgischen Macht und „Tyrannis" einen sehr aufmerksamen Sinn zeigt, geht darauf mit keinem Wort ein. Ebenso bleiben die Beziehungen zu den italienischen und schweizerischen Unternehmen des Kaisers und zu dem Türkenkriegsprojekt ziemlich unbeachtet. Ja selbst das Vorgehen gegen Ulrich von Württemberg und Franz von Sickingen wird kaum berücksichtigt, obwohl es doch in einer besonders engen Verbindung zu den Reichstagsverhandlungen von 1517 stand und unmittelbar zu den Bemühungen um eine gefestigte Rechtsordnung gehörte[34].

Die reine Betonung der organisatorisch-innenpolitischen Leistung der Reichstage Maximilians differiert nicht nur von der gegenwärtigen Ansicht. Sie unterscheidet sich ebenfalls, und zwar in vielleicht noch wesentlicherer Weise von der Meinung, die Kaiser Maximilian und der ihn umgebende Kreis von Staatsmännern, Gelehrten und Literaten von den Versammlungen hegten. Ihre Haltung will der Verfasser an anderer Stelle, in einem Buch über die deutschen Reichstage in der frühen Neuzeit, ausführlich untersuchen. Hier mögen deshalb einige ganz kurze Hinweise genügen. Mustert man die Äußerungen über die Reichstage, die wir von Kaiser Maximilian selbst ebenso wie von Persönlichkeiten besitzen, die in seinem Sinn wirkten, so dominiert in ihnen nicht wie im 17. Jahrhundert allein der Umstand, daß hier die oberste ständische Vertretung im Reich und dessen erste Regierungs-, Verwaltungs- und Rechtsinstitutionen eine entscheidende Festigung und Fixierung erfuhren. Ebenso großes Gewicht legte man vielmehr auf zwei andere Momente. Sie stellten sich gleichberechtigt neben das vom 17. Jahrhundert ausschließlich hervorgehobene Anliegen, das im übrigen selbstverständlich auch von Maximilian und seinem Anhang stark betont wurde.

Einmal sah man im Reichstag daneben das Forum, durch das Deutschland zu einer tatkräftigen Außenpolitik gelangen sollte. Erinnert sei hier

---

[34] Analog dazu fehlt interessanterweise der Reichstag von 1517 in den Sammlungen der Reichsabschiede, die dem 17. Jahrhundert vorlagen, und findet auch sonst in der Literatur nur geringe Beachtung.

an die Bemühungen der im wesentlichen ja für das kaiserliche Interesse sich einsetzenden Humanisten, die Reichstage zu einem großen Türkenkrieg aufzurufen, und gelegentlich sie auch gegen die Franzosen mobil zu machen. In der gleichen Richtung wie diese Literaten wirkten der Kaiser und seine Ratgeber. Auch sie betonten immer wieder, daß die Reichstage eine Emanation der Reichsmacht nach außen sein sollten, daß sie der außenpolitischen Stärkung Deutschlands und insbesondere des Kaisers dienen müßten.

Dieser seinerseits eng mit der Außenpolitik verknüpfte Machtgedanke griff wieder unmittelbar hinüber zu dem zweiten Moment, auf das Kaiser Maximilian und sein Kreis gleich großes Gewicht legten wie auf das Anliegen der Rechts- und Verfassungsordnung. Es war das Streben, den Glanz des Reiches darzutun und zu diesem Zweck die repräsentativen Momente der Versammlungen so sehr wie möglich zu verstärken. Diese Tendenz, die, wie in dem genannten anderen Zusammenhang nachzuweisen sein wird, für die Entwicklung der Reichstage allergrößte Bedeutung gewann, tritt uns zu Ende des 15. und besonders zu Anfang des 16. Jahrhunderts in mannigfacher Weise entgegen. In der Literatur dieser Zeit machte sie sich darin geltend, daß man ausführlich schildert, wie prächtig die Versammlungen Maximilians verlaufen seien. Einzelne seiner Reichstage werden in ihrem Ablauf beschrieben und dabei besonders glanzvolle Episoden herausgehoben.

Dem 17. Jahrhundert fiel es dagegen nicht ein, sich in solcher Weise über die maximilianeischen Reichstage zu verbreiten. Zwar lag auch ihm sicher an einer gewissen Repräsentation der Tagungen. Doch schon im Hinblick auf die eigene Zeit, also auf die Zusammenkünfte des 17. Jahrhunderts, gedachte man des repräsentativen Momentes in der Hauptsache nur insofern, als man bei Wiedergabe der Verfahrensordnung sich bemühte, auch das Zeremoniell festzuhalten. Man schilderte die glanzvollen Ereignisse, die Einzüge, Eröffnungen, Gottesdienste und so weiter, nicht mehr als Einzelheiten in aller Breite, wie es das beginnende 16. Jahrhundert getan hatte. Vielmehr suchte man nur noch festzuhalten, was sich davon als generelle Regel für das Zeremoniell ableiten ließ. Das Repräsentative interessierte also vornehmlich nur noch indirekt und insofern, als es zur Verfahrensordnung der Reichstage gehörte. Und nur insoweit, also in einer stark abgeschwächten Weise, wirkte im 17. Jahrhundert noch der Glanz der maximilianeischen Tagungen. Ja, noch darüber hinaus ist zu sagen, daß man sich in reinen Zeremonialfragen weniger oft auf die Reichstage Maximilians bezog als in anderem. Lediglich die Förderung, die Maximilian den Männern der Feder wie überall so insbesondere auch auf den Reichstagen hatte angedeihen lassen, wurde von vielen Schreibern des 17. Jahrhunderts noch ganz im

Sinne der Humanisten des 16. beachtet[35a]. Hierin zeigte sich, wie stark die humanistischen Ideale auch bei den Gelehrten des 17. Jahrhunderts wirkten.

Im übrigen aber wurde das Bild, das sich das 17. Jahrhundert von den Reichstagen Maximilians machte, sehr viel farbloser, abstrakter und starrer als dasjenige, das die Zeitgenossen, soweit sie Maximilian nahestanden, davon entwarfen. Außer dem vorwaltenden Interesse des 17. Jahrhunderts für die Rechts- und Verfahrensordnung machte sich dabei der Umstand geltend, daß diese Zeit lediglich auf den Reichstagsabschieden aufbaute. Die Buntheit des Verhandlungsganges ging dadurch verloren[35b]. Darin unterschied sich das 17. Jahrhundert auch von dem 18., das seinerseits zwar keineswegs wieder zu der humanistischen Farbenpracht zurückkehrte, aber die Methode allmählich aufgab, sich nur auf die Recessus Imperii zu beziehen. Vielmehr ging das 18. Jahrhundert daran, allmählich den gesamten Verhandlungsgang wieder zu rekonstruieren.

Anders als bei Kaiser Maximilian und dem ihn umgebenden Kreis lagen hinsichtlich der Wertung der Reichstage die Dinge bei der Reformpartei Bertholds von Henneberg. Ging doch dem Mainzer Erzbischof und seinen Anhängern die innere Organisation und Ordnung des Reiches allem anderen voran. Diese auszubilden und zu festigen, erschien ihnen deswegen auch für die Reichstage als das Hauptziel. Insofern standen sie dem Denken des 17. Jahrhunderts und insbesondere dem Urteil, das dieses über die maximilianeischen Reichstage fällte, näher als die kaiserliche Partei. In einem Zweiten aber unterschieden sie sich wie jene fundamental von der Auffassung des 17. Jahrhunderts: Wie ebenfalls an anderem Ort nachzuweisen sein wird, erschienen dem beginnenden 16. Jahrhundert insgesamt die Reichstage noch nicht in dem Maß als die endgültige und oberste Reichsbehörde wie dem 17. Außerdem wurden vom beginnenden 16. Jahrhundert die anderen Anliegen und Resultate der Reichsreform in größerer Selbständigkeit von der Reichstagsorganisation betrachtet und oft höher bewertet als diese.

Dem Kammergericht, der Kreiseinteilung und anderem maß zwar auch das 17. Jahrhundert große Bedeutung bei. Doch es ordnete diese Institutionen in starkem Maß den Reichstagen unter. Auch bestand für das 17. Jahrhundert kein Zweifel, daß diese nicht nur ein Interim, sondern die ständige und oberste Behörde des Reiches seien. Vom 17.

[35a] S. hierüber u. a. auch Arumaeus a.a.O. (Anm. 3) cap. VI nr. 64—77.
[35b] Besonders instruktiv ist hier ein Vergleich der Werke des 17. Jahrhunderts mit Schriften wie der von Riccardo Bartolini, De conuentu Augustensi concinna descriptio ... MDXVIII, s. F. H. Schubert, Riccardo Bartolini, Eine Untersuchung zu seinen Werken über den Landshuter Erbfolgekrieg und den Augsburger Reichstag von 1518, in: Zeitschr. f. bayer. Landesgesch. Bd. 19 H. 1 (1956) S. 95-127.

Jahrhundert wurde deshalb die Ordnung des Reichstagswesens durch die maximilianeische Zeit sehr viel höher angeschlagen als von dieser selbst. Und die übrigen zu Ende des 15. und Anfang des 16. Jahrhunderts getroffenen Einrichtungen wurden in ein näheres Verhältnis zu den Reichstagen und in eine selbstverständlichere Abhängigkeit von ihnen gebracht, als es in der Zeit ihres Entstehens geschehen war. Der Unterschied wird bereits deutlich, wenn man bedenkt, wie in den eigentlichen Reformprogrammen des 14. und 15. Jahrhunderts die Reichstage immer nur eine sehr untergeordnete Rolle spielten, wie sie hingegen im 17. Jahrhundert in allen generellen Werken über das Reichsrecht und die Reichsverfassung den ersten Platz unter den Reichsinstitutionen einnehmen. So geht zum Beispiel Philipp Reinhard Vitriarius in seinen „Institutiones Juris Publici" vom Jahre 1698 so vor, daß er zunächst die verschiedenen Reichsstände und ihre einzelnen Rechte behandelt[36]. Sobald er sich aber im vierten Buch seines Werkes den großen Reichsinstitutionen zuwendet, verbreitet er sich als erstes ausführlich über die Reichstage. Erst dahinter rangieren die übrigen Institutionen, das Kammergericht, das Gericht zu Rottweil und anderes. Die gleiche Reihenfolge findet sich, um noch ein zweites Beispiel zu nennen, in des Johannes Limnaeus „Jus Publicum" vom Jahre 1629[37].

Indem aber in allen diesen Werken die Reichstage den Vorrang vor den anderen Reichsinstitutionen erhielten, fand notwendigerweise von allen Maßnahmen Maximilians das, was auf die Versammlungen Bezug hatte, am ersten Erwähnung und am stärksten Beachtung. Die gleiche Wirkung wurde noch durch ein Zweites erzielt: Auch die Art des 17. Jahrhunderts, sich stets an die definitiven Beschlüsse und Festsetzungen zu halten, brachte es mit sich, daß der Reichstage auch dann, wenn von Reichsregiment und Reichskreisen die Rede war, viel öfter und in viel beherrschenderer Weise als zum Beispiel heutzutage gedacht wurde, weil auf ihnen die betreffenden Beschlüsse zustande gekommen und in den Reichstagsabschieden niedergelegt worden waren.

Von allen Anliegen der Reichsreform aber interessierten das 17. Jahrhundert vollends nur diejenigen, die Bestand hatten. Die nicht ausgeführten oder mißlungenen Pläne und Bestrebungen der Reform hingegen gingen überhaupt unter. — Eine Ausnahme machte lediglich das Reichsregiment. — Auch hierdurch traten die maximilianeischen Reichstage noch weiter in den Vordergrund

Das 17. Jahrhundert — noch einmal muß hier auf diesen Umstand zurückgelenkt werden — neigte dazu, bei allen historischen Geschehnissen und insbesondere bei solchen, die noch praktische Bedeutung besaßen, die endgültige Entscheidung für den ganzen Entwicklungs-

---

[36] Den genauen Titel des Werkes s. Anm. 5.   [37] S. Anm. 3.

vorgang zu nehmen. Dieser Einstellung hatte es entsprochen, daß die Reichstagsabschiede fast immer unangefochten die Reichstagsakten vertreten konnten. Mit beiden Momenten hing eine weitere Erscheinung zusammen. Die zu Ende des 15. und Anfang des 16. Jahrhunderts getroffenen Einrichtungen gingen eine merklich nähere und uneingeschränktere Verbindung mit der Persönlichkeit Maximilians ein, als es uns heute noch berechtigt scheint. Die Beschlüsse figurieren in engem Zusammenhang mit der Gestalt des Kaisers. Denn sehr häufig wird gesagt, daß sie unter der Herrschaft Maximilians zustande gekommen seien, ebenso wie bei späteren Reichstagen gleichfalls oft die Kaiser genannt werden, unter denen sie abgehalten wurden. Und auch in anderem Zusammenhang wird immer wieder darauf hingewiesen, daß es sich um die Regierungszeit Maximilians handelte.

Niemals gedacht wird dagegen des großen Gegenspielers von Maximilian, des Erzbischofs Berthold von Mainz, obwohl dieser an vielem von dem, was erreicht wurde, bedeutend größeren Anteil hatte als der Kaiser selbst und diesem die Konzessionen erst in erbittertem Kampf abringen mußte. Nirgends fanden wir Berthold von Henneberg in der Literatur des 17. Jahrhunderts erwähnt. Wie bekannt, ist es ja auch heute noch bis zu einem gewissen Grade das Schicksal des großen Mainzer Kurfürsten, daß sich seine Persönlichkeit nur schwer und unvollkommen erfassen läßt, so deutlich uns auch sein Werk vor Augen steht. Dieses Schicksal ist im 17. Jahrhundert noch viel ausgeprägter. Völlig bleibt Berthold hier in Anonymität versunken. Statt dessen triumphiert hinsichtlich der Erwähnung und damit der Popularität sein Gegner Maximilian.

Zwar ließen auch im 17. Jahrhundert einige hellsichtige Beobachter mehr oder weniger deutlich anklingen, daß Maximilian die Reformen zum Teil nur abgenötigt wurden. Doch diese Beobachter standen nur vereinzelt da. Außerdem trugen sie ihre Bedenken nur sehr dezent vor. Auch gingen sie keineswegs so weit, statt auf Maximilian auf Berthold von Henneberg zu verweisen, oder Maximilian auch nur weniger häufig zu nennen.

Am deutlichsten in seiner Kritik an Maximilian wurde interessanterweise Bogislaw Chemnitz, obwohl andererseits gerade er, wie bereits dargelegt wurde, besonderes Gewicht auf die Bedeutung der maximilaneischen Zeit für die Entwicklung der Versammlungen legte. In bemerkenswerter Klarheit, wenn auch nur relativ kurz, weist Chemnitz auf die Auseinandersetzung zwischen dem Kaiser und der ständischen Partei hin. Dort, wo er die Entstehung des Reichsregiments und der folgenden Reichstagsbestimmungen schildert, sagt er, die Reichstage seien, wie die Regimentsordnung von 1500 ausführe, oft nicht schnell genug zur Hand gewesen, um die nötigen Entschlüsse zu fassen. Dies habe Kaiser Maximilian zu benützen gesucht, um seine eigene Macht in unrechtmäßiger Weise zu erweitern, und dies wiederum habe das Reichsregiment nötig gemacht[38].

Das Reichsregiment aber, so fährt Chemnitz fort, habe auf die Dauer nicht Bestand gehabt. An seine Stelle sei daher laut des Reichstags-abschiedes von 1512 ein halb aus Kurfürsten, halb aus den übrigen Ständen gebildetes Consilium getreten. Dieses sei zwar noch längst nicht in dem Maße wie der spätere Reichshofrat ein kaiserliches Organ gewesen, sondern habe durchaus als ständische Repräsentation gelten können. Im Vergleich mit dem Reichsregiment aber habe es eine deut-liche Verringerung der ständischen Macht dargestellt. So sei denn mit dem Aufhören des maximilaneischen Reichsregiments ein *primus Austria-cae potentiae gradus* zu setzen. Er sei zwar nur gering und falle gegenüber dem Späteren kaum in die Augen. Einen allerersten Schritt zum späteren Zusammenbruch der Reichsverfassung stellten nach Chemnitz' Ansicht das Ende des ersten Reichsregiments und die damit verbundenen Vor-gänge aber doch dar. Diese aber fielen insgesamt in die Regierungszeit Maximilians I., und es war damit deutlich gesagt, daß unter Maximilian zwar das ständische Regime noch blühte, daß aber gleichwohl auch dieser Kaiser bereits gewisse Tendenzen zur Selbstherrschaft hin zeigte.

Auch im dritten Teil der Dissertatio des Chemnitz wird hierauf noch einmal, und zwar sogar in noch größerer Deutlichkeit, eingegangen[39]. Hier heißt es nämlich, die Wurzel der für das Reich so verderblichen habsburgischen Familienmacht sei das Herzogtum Österreich gewesen, das die Habsburger wie alle ihre übrigen Gewinne nur dem Reich ver-dankten. Große Wichtigkeit habe es für ihre Machtausdehnung des weiteren besessen, daß sie sich für dieses Herzogtum den Titel von Erzherzögen verschafft hätten. Dies aber sei, nach des Chemnitz irrtüm-licher Auffassung, erfolgt durch keinen anderen als Maximilian I., der über seine Vorfahren habe hinausgelangen wollen und *ob meram arro-gantiam* sich den Titel beigelegt hätte[40]. — Auch hier figuriert die Zeit Maximilians also stellvertretend für einen bereits früher stattgehabten Vorgang. — Außerdem habe Maximilian ja auch damit begonnen,

---

[38] *Cum enim, praetextu hujusmodi negotiorum, subitum aliquod remedium exigentium, Maximilianus, jam tum, plus potestatis, quam per Leges licebat, ibi forsan usurparet; jam enim, Anno 1495, insimulatus est, quod nihil cum consilio ageret Principum: Ordines Imperii hunc ejus licentiae velut obicem posuerunt,* Dissertatio, pars II cap. IV sect. I.

[39] Cap. II sect. I.

[40] *Fuere tamen Ducis adhuc titulo, cum alijs Familijs communi, contenti, donec Maxi-milianus I. Majoribus suis altiora jam spirans, et pro fortuna animos gerens, ArchiDucis titulum sibi primus, ut opinor, adscivit ... Hunc vero ArchiDucis titulum ob meram arrogan-tiam Austriaci adsciverunt, ut alias Principum Familias, longe antiquiores et eminentiores, aliqua praecellerent,* pars III cap. II sect. I.

unter Zuhilfenahme des kaiserlichen Ansehens seiner Familie in der ganzen Welt eine Unzahl von Gebieten zu verschaffen[41]. Es waren alles Bemerkungen, die immerhin deutlich machen konnten, daß Maximilian kein uneingeschränkter Förderer der Reichstags- und übrigen Verfassungsordnung war, die unter seiner Regierung fixiert wurde.

Trotz dieser Kritik aber wurde eine spätere Erkenntnis des Widerstandes, den Maximilian gegen manche in seiner Regierungszeit durchgeführte Einrichtungen leistete, zwar vorbereitet. Zunächst aber wurde das Bild, das man sich von seiner Bedeutung für die Reichstage und für die Reichsreform machen mußte, auch durch Chemnitz nicht wesentlich verrückt. Denn Chemnitz' kritische Bemerkungen waren ja im Vergleich mit der Entschiedenheit seiner übrigen Ausführungen relativ zurückhaltend und an Zahl gering. Sie gingen unter in der Fülle seiner übrigen Darstellung, in der einzig auf den Reichstags- und Verfassungsverhältnissen, wie sie unter Maximilian bestanden, aufgebaut wurde. Wie schon ausgeführt, wurde hierdurch mächtig das Ansehen der maximilianeischen Zeit gehoben und — trotz der gelegentlichen Kritik — indirekt auch die Achtung, die das 17. Jahrhundert Kaiser Maximilian persönlich zollte. Erschien er doch bei Chemnitz im Gegensatz zur Darstellungsweise fast aller anderen Autoren des 17. Jahrhunderts als der im Grunde einzige Herrscher, unter dem sich die Reichsverfassung überhaupt und insbesondere die Reichstage in dem nach Chemnitz allein wünschenswerten und rechtlich normalen Zustand befanden. Wird doch des weiteren kein Zweifel daran gelassen, daß Maximilian den Reichstagen größere Geltung einräumte als alle späteren Kaiser. Machte Chemnitz es doch zudem wahrscheinlich — wiederum im Gegensatz zur Mehrzahl der anderen Schreiber —, daß erst unter Maximilian die eigentliche Fixierung der Reichstagsordnung erfolgte.

Von dem Bild aber, das sich die reichsrechtliche Literatur des 17. Jahrhunderts von Kaiser Maximilian machte, läßt sich sagen, daß es für das Denken der Zeit überhaupt maßgeblich wurde. Denn bei der Beschäftigung mit der deutschen Vergangenheit lag im 17. Jahrhundert ja der Akzent in starkem Maß auf der Entwicklung der Reichsverfassung. Die diesbezügliche Literatur übte demgemäß entscheidenden Einfluß auf das allgemeine Geschichtsbild aus. Andererseits war dasjenige historische Schrifttum, das im Stile der großen humanistischen Werke des 16. Jahrhunderts das Hauptgewicht auf die ritterlichen Taten, die Kriege und die dynastische Politik des Kaisers legte, im 17. Jahrhundert relativ un-

---

[41] *Porro, quod hic Maximilianus, ejusque liberi, tot, tantisque Provincijs ac Regnis, sub utroque sole, potiti sunt, id certe Imperio et Imperatorio nomini potissimum acceptum ferre debent: Absque cujus fulgore, ad sublimes ac opimas ejusmodi nuptias, quas consecuti sunt, haudquaquam felici exitu aspirare potuissent*, pars III cap. II sect. I.

bedeutend und gering an Zahl[42]. Somit sah dieses Saeculum ausschließlicher und in stärkerem Maß, als wir es heute tun und auch als es die Zeitgenossen des Kaisers unternommen hatten, die Leistung Maximilians darin, daß er die Reichstagsordnung und hierdurch sowie durch Kammergericht und Reichskreise ganz generell die noch im 17. Jahrhundert maßgebliche Ordnung im Reich hergestellt habe. Als sein weitaus wichtigstes Werk erschienen die Verfassungsregelungen. Maximilians Bedeutung für das Entstehen der habsburgischen Weltmacht und seine kulturellen Bemühungen wurden daneben zwar nicht gerade vergessen, ebensowenig wie der dynastische und ritterlich-höfische Geist, den er pflegte. Alle diese Momente traten in der wissenschaftlichen Literatur des 17. Jahrhunderts aber deutlich zurück. Dies ist um so bemerkenswerter, als an sich ja im 17. Jahrhundert der Sinn für diese genannten Faktoren gerade besonders stark war. Zumindest von den außenpolitischen Fragen, dem dynastischen Anliegen und dem ritterlichen Lebensstil läßt sich das sagen. Diese Momente interessierten in anderen Fällen das 17. Jahrhundert aufs höchste. Denn eine Machtzusammenballung, wie sie durch die habsburgische Politik zur Zeit Maximilians zustande gekommen war, hatte ja für die werdenden modernen Großmächte und absoluten Monarchien hohe Bedeutung. Ferner wirkte im 17. Jahrhundert überaus mächtig die dynastische Idee. Und schließlich ist zu sagen, daß jene Spätblüte des Rittertums, wie sie sich in Maximilian ebenso wie in anderen Gestalten seiner Zeit ausgeprägt findet, ohne Zweifel die Brücke darstellt, über die das Mittelalter Einfluß nahm auf das neuerliche Hervortreten des Adels und auf die Ausbildung des höfisch-französischen Lebensstiles, zwei Vorgänge, die im 17. Jahrhundert stattfanden und hohe Wichtigkeit für diese Zeit besaßen.

So sehr deshalb die genannten, uns auf der Wende vom 15. zum 16. Jahrhundert entgegentretenden historischen Phänomene in anderen Fällen das 17. Jahrhundert interessierten, bei der Figur Maximilians traten sie zurück hinter der Bewertung des innenpolitischen Momentes. Man sieht daran in sehr aufschlußreicher Weise, wie mächtig im 17. Jahrhundert das Interesse für die Verfassungsordnung des Reiches entwickelt war. Daß dieses Interesse im Falle Maximilians so vorherrschte, wurde zwar erleichtert dadurch, daß die höfische Historiographie weitgehend versagte. Doch dieses Versagen war keineswegs der einzige und wohl auch nicht der hauptsächliche Grund für das Überwiegen des reichsrechtlichen Interesses. Regte dasselbe sich doch auch in anderem gleich

---

[42] Obwohl bezeichnenderweise beide Bücher bereits Ende des 16. Jahrhunderts erschienen, sind hier im Hinblick auf Maximilian für das 17. Jahrhundert vielleicht am wichtigsten des Gerard de Roo Annales Rerum Belli Domique ab Austriacis Habspurgica Gentis ... gestarum, Innsbruck 1592, und des Heinrich Pantaleon Teutscher Nation Heldenbuch Teil III, Basel 1578.

intensiv, ein beachtenswertes Zeichen dafür, wieviel trotz aller so bedrohlich zentrifugalen Kräfte das Reich nach wie vor galt.

Der Unterschied zu anderen Epochen ist auch bei der Bewertung Maximilians offensichtlich. So kann zum Beispiel kein Zweifel bestehen — auch hier muß im einzelnen wieder auf jene spätere Darstellung verwiesen werden —, daß die Zeitgenossen Maximilians in seinem Bild die Akzente in der Hauptsache anders setzten. In erster Linie wurde er von ihnen nicht als Begründer einer neuen Reichs- und Reichstagsordnung gewürdigt. Andere Momente interessierten mehr. Die dynastische Politik und die Kriege des Kaisers fanden sehr viel längere Erwähnung und ebenso der Glanz und das repräsentative Ansehen, das Maximilian dem Reich verlieh. Ebenfalls ausführlicher wurden ferner des Kaisers damit eng verbundener Sinn für Turniere und ritterlich-höfisches Wesen besprochen sowie die Förderung, die er Wissenschaft und Künsten angedeihen ließ. Was durch und unter Maximilian für die Weiterentwicklung der Reichsverfassung und insbesondere der Reichstage geschehen war, blieb freilich auch im beginnenden 16. Jahrhundert nicht unbeachtet. Doch es trat in ähnlicher Weise hinter den anderen Momenten zurück, wie diese im 17. Jahrhundert hinter der inneren Ordnung.

Die Würdigung, die Maximilian durch seine Zeitgenossen erfuhr, steht also in starker Analogie zu der Betrachtungsweise, die diese den Reichstagen widmeten. Was des Kaisers persönlichen Anteil an den Versammlungen betraf, so ergibt sich dabei außer den schon genannten Charakteristika noch ein weiterer Faktor. Die große Popularität, die Maximilian auf den Versammlungen wie auch sonst stets zu gewinnen vermochte, wurde auf der Wende vom 15. zum 16. Jahrhundert stärkstens beachtet. Wenn er hier mit den Bürgertöchtern tanzte, das Leben und die Freuden der Reichstags-Städte genoß und zu vielen von ihnen, besonders zu Augsburg, ein ganz persönliches Verhältnis gewann, wenn er die oft so spröden Versammlungen in jeder Hinsicht mit dem Feuer und dem Leben seiner Persönlichkeit erfüllte, so übte das alles auf die Zeitgenossen eine mächtige Wirkung aus.

Im 17. Jahrhundert dagegen trat auch dieser Faktor zurück. Viel abstrakter und unpersönlicher erschien statt dessen nunmehr die Gestalt des Kaisers, wenn er in erster Linie betrachtet wurde als Gesetzgeber und Begründer einer neuen Ordnung.

Es eröffnet sich uns hier ein Ausblick darauf, wie unterschiedlich intensiv die verschiedenen Züge des Wesens und Wirkens von Maximilian im Lauf der Jahrhunderte bewertet wurden. Das Vielfältige seiner Gestalt spiegelt sich hierin wider. Alle Momente seines Schaffens und seiner Begabung in einem einheitlichen, geschlossenen Bild zu vereinigen, blieb der Moderne vorbehalten und auch hier staunen wir ja immer wieder, wie schwer es ist, das Ganze zu wirklich klarer Sicht zusammenzufassen. Die Aufgabe ist daher auch jetzt noch keineswegs hinlänglich gelöst. Doch besitzen wir heute wenigstens einen vollständigen Überblick über die Gesamtheit seines Strebens. In früheren Zeiten dagegen ergaben sich folgenreiche Einseitigkeiten. Am bekanntesten davon ist die Auffassung geworden, die in Maximilian das höfischritterliche Moment in den Vordergrund stellte. Sie hat die längste Dauer besessen und im Lauf der Jahrhunderte manche Wandlungen erfahren. Der Beiname „der letzte Ritter" ist eines ihrer Produkte.

Unsere Beschäftigung mit dem Urteil, das sich das 17. Jahrhundert über die Reichstage auf der Wende vom 15. zum 16. Jahrhundert bildete, läßt uns eine andere Bewertung des Kaisers erkennen, die Neigung nämlich, ihn in erster Linie als Fundator Comitiorum et Imperii herauszustellen. Noch einseitiger und damit historisch bedenklicher als die erstgenannte Auffassung war diese Tendenz. Auch dauerte sie nur kürzer an. Auf ihrem Höhepunkt, im 17. Jahrhundert, aber war ihre Wirkung nicht weniger wichtig. Denn das Bild, das man sich von dem Kaiser machte, verband sich mit dem Urteil, das sich das 17. Jahrhundert über die Reichstage seiner Regierung formte. In beidem stand das staatsrechtlich-innenpolitische Interesse obenan sowie die Vorstellung, daß diese Fragen in der maximilianeischen Zeit eine hervorragende Befriedigung erfuhren. Damit schaffte sich die Wissenschaft des 17. Jahrhunderts eine der Grundlagen, auf denen sie ihre eigenen reichsrechtlichen Systeme errichten konnte. Die intensive Beschäftigung des 17. Jahrhunderts mit dem Reichsrecht aber sollte vielleicht in stärkerem Maß, als es bisher oft geschehen ist, als eines der Momente gewürdigt werden, die es Deutschland ermöglichten, die Zerreißprobe der Glaubensspaltung zu überstehen[43]. Somit tat hierfür auch das Ihre die besondere Bewertung, welche die Reichstage Maximilians I. und der Kaiser selbst im 17. Jahrhundert erfuhren.

Der Kreis gelehrter Reichspublizisten war freilich notwendigerweise begrenzt. Doch was sie schufen, wirkte weit in die Breite und beeinflußte in einem Maß das praktische Leben, wie das heute bei so gelehrter Literatur nur noch selten ist. Wie stark dieser Einfluß war, das zeigt sich unter anderem daran, daß die Auffassung dieser Männer von den Reichstagen Maximilians und weitgehend auch von der Person des Kaisers für das 17. Jahrhundert insgesamt bestimmend wurde.

---

[43] Selbst ein so extremes Werk wie des Bogislaw Chemnitz Dissertatio de Ratione Status wirkte, wie an anderer Stelle gezeigt werden soll, in vielem in dieser Richtung.

CAPITANEUS IMPERATORIO NOMINE

Reichshauptleute in Städten und reichsstädtische Schicksale im Zeitalter Maximilians I.

Von Heinz Gollwitzer

Verfassungsgeschichtliche Einleitung S. 248. — Einsetzung von Reichshauptleuten zum Schutz der Reichsstadt Weißenburg i. E. S. 252. — Die Bopparder Fehde und Heinrich von Hungerstein als Reichshauptmann S. 260. — Die Reichshauptmannschaft in Regensburg S. 265. — Zur reichspolitischen Lage der Städte um 1500 S. 273.

Die Reichsverfassungsgeschichte auf der Wende vom Mittelalter zur Neuzeit wird weithin bestimmt durch den Rhythmus der Reichsreformbewegung. Deren Anläufe und Vollbringungen, ihre ausgereiften und ihre fragmentarischen Leistungen haben in einigen bleibenden und vielen vorübergehenden Einrichtungen ihren Niederschlag gefunden. Es ist keine verlorene Mühe, seine Aufmerksamkeit unter einer Fülle von Institutionen, Ämtern, Würden, Titulaturen, auch den kurzlebigen Erscheinungen zuzuwenden, den Versuchen, die man auf sich beruhen ließ, und den Ansätzen, die nicht weiter entwickelt wurden. Gerade in den steckengebliebenen Experimenten und in den Lösungen, die wieder fielen, spiegelt sich die damalige Reichspolitik mitunter charakteristisch. Dem forschenden Betrachter eröffnet sich ein reichhaltiges Repertoire von Aushilfen über kürzere oder längere Wegstrecken, und er erkennt, welche zahlreichen Möglichkeiten sich die Zeitgenossen ausgerechnet haben, um innen- und außenpolitische Fragen ihrer Epoche zu bewältigen. Wenn wir klären können, welche Situation zu der Neuschaffung bestimmter Ämter, Einrichtungen und Befugnisse geführt hat, bringt uns dies in der Analyse der Zeitlage insgesamt weiter. In diesem Sinne möge im folgenden die verfassungsgeschichtliche Begriffsbestimmung einer „Spielart" von Reichshauptleuten dazu dienen, zunächst drei stadtgeschichtliche Einzelfälle genauer zu erfassen. Von den Geschicken der drei Kommunen mag dann einiges Licht auf das allgemeine reichsstädtische Wesen im Zeitalter Maximilians I. fallen.

Von Hauptleuten, capitanei, ist in den Zeugnissen des Mittelalters und der frühen Neuzeit häufig die Rede. Die Bedeutung des Titels erweist sich bei näherem Zusehen als sehr differenziert. Als Begriff der Rechts- und Sozialgeschichte begegnet uns „capitaneus" im lombardischen Liber Feudorum, im Schwabenspiegel und anderen Rechtsquellen. Jahrhundertelang behauptete sich der capitaneus in den deutschen und italienischen Heerschildordnungen, wenn auch je nach Ort und Zeit unterschiedlich eingestuft[1]. In dem Kapitel „De septem nobilitatis gradibus, quibus terrena regitur monarchia" seines „Libellus de cesarea monarchia" reiht Petrus von Andlaw die capitanei nach den comites ein[2]. Capitaneus als adeliger Rang scheidet aus unserer Betrachtung ebenso aus wie eine Fülle von Bedeutungen, die dem Begriff in der italienischen Verfassungsgeschichte außerhalb der lehnsrechtlichen Sphäre noch zukommt. U. a. verstehen die italienischen Quellen unter capitanei Burgkommandanten, Vorsteher einer Behörde, Befehlshaber städtischer Einheiten, (ursprünglich landadelige) Mitglieder einer städtischen Oberschicht, regierende Konsuln (z. B. in Reggio) wie heute noch die capitani reggenti in San Marino[3]. Dazu kommt die besonders häufige Bedeutung von Kriegshauptmann. Im normannischen Königreich und noch häufiger in der Epoche des ihm folgenden Königtums der Staufer, Anjou und Aragonesen sind die magistri capitanei und später capitanei generales oder vicarii generales hohe Befehlshaber und Chefs der Militärverwaltung mit richterlicher Gewalt an der Spitze großer Amtssprengel[4]. Ihnen waren Provinzialkapitäne unterstellt. Näher kommt dem im folgenden zu behandelnde Typ des Reichshauptmanns in Städten der Stadtkapitän, der unter Karl I. von Anjou und seinem Nachfolger Peter von Aragon des öfteren in Sizilien eingesetzt wird (capitaneus et rector). Während des sizilianischen Aufstandes wurden Volkskapitäne gewählt[5]. Im Deutschen war am verbreitetsten die Bedeutung „Feldhauptmann" als Anführer größerer oder kleinerer militärischer Einheiten, sei es in Diensten des Reichs und des Reichsoberhaupts, von Fürsten oder Städten. Große militärische Machtfülle konnte der vom Kaiser oder König oder im Zusammenwirken des Reichsoberhaupts mit den Reichsständen ernannte Reichshauptmann in seiner Hand vereinen[6]. Der Reichshauptmann war Führer sämtlicher Reichstruppen im Kriegsfall, also Reichsfeldherr. In der letzten Phase

---

[1] Vgl. Cl. Freiherr von Schwerin, Germanische Rechtsgeschichte[2] (1943) S. 113, und M. L. Bulst-Thiele, Das Reich vor dem Investiturstreit (= Gebhard, Handbuch der Deutschen Geschichte[8], hrsg. von H. Grundmann, I, 1954) S. 228.

[2] Petrus von Andlau, Libellus de Cesarea monarchia, hrsg. von G. Hürbin (= ZSRG. GA. 13, 1892) S. 196.

[3] Vgl. E. Mayer, Italienische Verfassungsgeschichte I (1909) passim und II S. 541, ferner W. Heywood, A History of Pisa (1921) S. 246 und 258.

[4] Vgl. J. Ficker, Forschungen zur Reichs- und Rechtsgeschichte Italiens I (1868) passim, und Riccardo Filangieri, I registri della cancelleria Angioina (1950ff.) passim.

[5] Vgl. O. Cartellieri, Peter von Aragon und die Sizilianische Vesper (1904) S. 145.

[6] Eine Monographie über dieses Amt fehlt bisher wie über manche anderen Einrichtungen unserer Verfassungsgeschichte.

der Reichsverfassungsgeschichte, die dem Zeitgeist entsprechend, aber
oft im Mißverhältnis zu den politischen Realitäten zu pompöseren Titeln
überging, genügte die einfache Benennung „Reichshauptmann" nicht
mehr; es wurde daraus der Reichsgeneralfeldmarschall. Zum Erz- oder
Erbamt ist die Reichshauptmannschaft nie geworden. Der Hauptmann
an der Spitze einer Rittereinung hatte zwar in Krieg und Frieden militärische Funktionen, primär aber amtete er als Vorstand seiner Organisation, und seine politischen, speziell seine exekutiven Aufgaben über-
wogen wohl in der Regel. Einungshauptleute mit vielfältigen Befugnissen sind auch die Hauptleute des Schwäbischen Bundes gewesen, über
deren Stellung wir gut unterrichtet sind[7]. Beim reichsstädtischen Hauptmann, der im Sold und Dienst einer reichsunmittelbaren Stadt steht, kann
es sich ebenfalls um ein Amt handeln, dessen Aufgaben über die Führung
städtischer Kontingente im Feld hinausgingen und sich auch auf die Erhaltung der städtischen Wehrhaftigkeit und Verteidigungsbereitschaft
und manchmal noch weiter erstreckten[8]. Häufig haben sich Reichsstädte als Anführer ihres Kriegsvolks oder als bestallten städtischen
Hauptmann einen militärisch erfahrenen Ritter gedungen. Was das
Verhältnis von Reichsstädten und Rittern betraf, gab es in dieser und
anderer Hinsicht auch positive Gegenbilder zu dem zerstörerischen
Fehdewesen der Zeit. In landsässigen Städten trat der Bürgerschaft im
Stadthauptmann mitunter der erste Repräsentant des Landesherren gegenüber, z.B. in Breslau[9]. Wie sich beim Burghauptmann den militärischen
Obliegenheiten administrative Befugnisse zugesellen, so kann der Haupt-
mannstitel soviel wie synonym werden mit dem Amt eines Pflegers oder
Vogtes. Die schwäbische Herrschaft Hohenberg z.B. unterstand einem
Hauptmann. Zur Zeit Kaiser Maximilians hatte Graf Eitelfritz von Hohen-
zollern dieses Amt inne. Seine Stellung in der Herrschaft näherte sich der
eines Landeshauptmanns, des capitaneus generalis[10], der uns, wie bereits
erwähnt, namentlich aus der süditalienischen Verfassungsgeschichte
bekannt ist. 1505/06 hatte Maximilian I. dem Landgrafen Wilhelm von
Hessen, allerdings ohne Gegenliebe zu finden, die Hauptmannschaft in
Hochburgund zugedacht[11].

Die Hauptleute, die uns im folgenden begegnen — der Bedeutungs-
bereich von „Hauptleuten", „capitanei", ist auch mit ihnen noch keines-

---

[7] Vgl. E. Bock, Der Schwäbische Bund und seine Verfassungen (1927).
[8] Vgl. L. H. Euler, Verzeichnis der Frankfurter Hauptleute etc. (= Archiv für
Frankfurts Geschichte und Kunst NF IV, 1869, S. 218ff.).
[9] Vgl. C. Grünhagen, Geschichte Schlesiens I (1884) S. 355.
[10] Zum Landeshauptmann vgl. K. Zeumer, Quellensammlung zur Geschichte
der Deutschen Reichsverfassung in Mittelalter und Neuzeit (1913) nr. 67.
[11] Landgraf Wilhelm von Hessen an König Maximilian, Marburg, 10. I. 1506
(Or., Wien HHStA, Maximiliana).

wegs ausgeschritten —, wurden in von außen oder innen durch Unruhestifter bedrohte Reichsstädte entsandt, um die Ordnung wiederherzustellen, die Verteidigung zu leiten, durch Geltendmachung des kaiserlichen oder königlichen Ansehens einen militärischen Zusammenstoß zu verhindern und die friedliche Lösung von Krisen anzubahnen. Bemerkenswert ist, daß in keinem Fall die militärische Behauptung einer Reichsstadt die Verantwortung des betreffenden Reichshauptmanns schon ausfüllte. Als defensor der ihm anvertrauten Stadt hatte er innerhalb und außerhalb der Kommune vor allem das Reich und sein abwesendes Oberhaupt zu repräsentieren und zu symbolisieren. Nicht selten verbanden sich mit seinen militärischen und exekutiven auch diplomatische Aufträge.

Worauf läßt sich verfassungsgeschichtlich die Institution des Reichshauptmanns in Städten zurückführen? Am ehesten handelt es sich wohl um eine Ableitung von dem Amt des Landfriedenshauptmanns, das frühzeitig im Zusammenhang der Landfriedenseinungen und der Landfriedensgesetzgebung auftritt und das häufig, wenn auch nicht notwendig mit dem des Landvogtes verbunden war[12]. Wirkungsweise und Tätigkeitsbereich des advocatus principalis, advocatus provincialis, rector et judex generalis[13], wie der Landfriedenshauptmann wechselweise und manchmal auch in Zusammenfassung mehrerer dieser Titel genannt wurde, gingen freilich erheblich weiter als die eines kaiserlichen Stadthauptmanns. Wollte man nur die örtliche Begrenzung ihres Auftrags berücksichtigen, könnte man die Reichshauptleute in Städten mit den im Hochmittelalter in Erscheinung tretenden Burggrafen (praefecti, castellani) vergleichen, die als Stadtkommandanten und Richter in den wenigen mit Mauern befestigten Städten des 10./11. Jahrhunderts und gleichzeitig als Verwalter eines der Burg zugeteilten Landbezirks eingesetzt waren[14]. Aber eine „genealogische" Kombination zwischen beiden Institutionen verbietet sich nicht nur wegen des bestehenden großen Zeitabstandes. Die Situation, in der die Bestellung des kaiserlichen Hauptmanns in einer Reichsstadt erfolgte, und die ihm zugewiesenen Funktionen weisen in der Mehrzahl auf das Amt des Landfriedenshauptmanns hin, dessen Befugnisse die Hauptleute in Reichsstädten allerdings nur mehr eingeengt und in Restbeständen wahrnahmen.

Zu beachten ist, daß sich jede Einsetzung eines Reichshauptmanns von der andern in nicht geringen Einzelheiten unterscheidet. Der Kampf gegen äußere Reichsfeinde charakterisiert die Situation, als Maximilian I.

---

[12] Vgl. Schroeder-Künßberg, Deutsche Rechtsgeschichte⁶ (1922) S. 551.

[13] Zum Landfriedenshauptmann vgl. Zeumer a.a.O. nr. 116 u. 169 sowie RTA XIII, 2 nr. 223 u. 224, ferner Schroeder-Künßberg a.a.O. S. 604.

[14] Schroeder-Künßberg a.a.O. S. 551.

während seines italienischen Feldzuges von 1496 einen Reichshauptmann, den Spanier Alvarada, an der Spitze einiger hundert Reiter nach Pisa abordnete[15], der ihn zu vertreten, durch Aufpflanzung des Reichsspaniers die Reichszugehörigkeit der Stadt zu betonen und die militärische Kommandogewalt auszuüben hatte. Landfriedensbrecher innerhalb des Reiches sollten gehindert werden, Reichsstädten zu schaden und sie zu vergewaltigen, als Reichshauptleute in Weißenburg i. E. und Boppard eingesetzt wurden. Eine völlig andere Lage, vor allem die innere Schwäche und Zerfahrenheit des städtischen Gemeinwesens konnte dazu führen, daß in Regensburg gegen den Willen der Einwohner eine Reichshauptmannschaft eingerichtet wurde, die den Charakter eines königlichen Stadtgouvernements annahm. Kennzeichnende Merkmale früherer Verfassungsgeschichte wie mangelnde Rechtspräzision, Unklarheiten in der Gewaltenverteilung und Aufgabenstellung, fehlende unbedingte Verbindlichkeit legislativer und exekutiver Akte traten auch im Zusammenhang mit der Reichshauptmannschaft in Städten deutlich hervor. Dazu kommt, daß im Zeitalter der Reichsreformbewegung in Reichsstädten eingesetzte Hauptleute leicht durch den Dualismus der Reichsgewalten, durch die nie genau abgegrenzten, dem Anschein nach kooperativ, insgeheim aber nicht selten widersprüchlich wirkenden Zuständigkeiten des Reichsoberhauptes hier, des Reichs oder der Reichsstände (etwa in der Verbindung von Reichserzkanzler und Reichstag) dort, in Mitleidenschaft gezogen wurden. — Es wird im folgenden das Augenmerk auf reichsstädtische Schicksale im Zeitalter Maximilians I. gelenkt, und an der Berufung oder Wirksamkeit des Reichshauptmanns mag in jedem einzelnen Falle die Unsicherheit städtischer Existenz wie die allgemeine konflikterfüllte Situation der inneren Reichsgeschichte auf der Wende vom 15. zum 16. Jahrhundert verdeutlicht und erläutert werden.

Einsetzung von Reichshauptleuten zum Schutz der Stadt Weißenburg im Elsaß

Die Kurfürsten Friedrich der Siegreiche (1449—1476) und Philipp der Großmütige von der Pfalz (1476—1508) betrachteten den seit 1408 in ihrem Hause erblichen Besitz der Reichslandvogtei im Elsaß und damit über die elsässische Dekapolis, wie in der dynastischen Denkweise der Zeit kaum verwunderlich, nicht als einen Auftrag zur Verteidigung der Gerechtsame des Reiches, sondern als willkommenen Ausgangspunkt

---

[15] Archivio Storico Italiano, VII (Florenz 1843) S. 828. 862f. 908; vgl. H. Ulmann, Kaiser Maximilian I. (1894) S. 463f.

für die Erweiterung ihrer landesherrlichen Macht[16]. Die territorialpolitischen Bestrebungen der Pfälzer richteten sich nicht zuletzt auf
Abtei und Reichsstadt Weißenburg, die beide, in ihren Besitzungen und
wirtschaftlichen Interessen eng verflochten, unter dem Druck von außen
zwar nicht durchweg, aber immerhin in den schwersten Krisen zusammen-
standen und es vermochten, sich die für ihre Unabhängigkeit höchst
bedrohliche pfälzische Gefahr vom Leibe zu halten. Das Kloster Weißenburg ist in diesen Auseinandersetzungen allerdings wirtschaftlich in seiner
Substanz getroffen worden und hat sich von den Schlägen, die ihm die
Pfälzer und ihre Anhänger zufügten, nie mehr erholen können. Was
ein Landesherr jener Zeit nur ersinnen konnte, um durch Druck oder
Lockung reichsunmittelbare Städte und Klöster unter seine Botmäßigkeit zu bringen — die Pfalzgrafen Friedrich und Philipp brachten
alle nur erdenklichen Mittel in Anwendung. Ihre Unternehmungen
erstreckten sich von dem Bemühen, das Kloster auf dem Umweg
über eine Reformation im Sinne der Bursfelder Kongregation für
die Pfalz zu gewinnen, bis zu dem weitgediehenen und in Rom unter
gewissen Voraussetzungen bereits gebilligten Versuch, das Gotteshaus
Weißenburg in ein Chorherrenstift oder weltliches Kollegiatstift umzuwandeln, von Mißhandlungen städtischer und klösterlicher Untertanen
bis zu einem Verleumdungsfeldzug gegen den aus Merseburg stammenden Abt Heinrich, von schweren wirtschaftlichen Schädigungen bis zur
gewaltsamen Aneignung Weißenburger Besitzungen, von der Belagerung der Stadt bis zu vorteilhaften Anerbietungen, falls Weißenburg
sich dem Pfalzgrafen unterwerfen wollte. 1498 haben der pfälzische
Kanzler Dr. Kuhorn und andere Räte des Pfalzgrafen mit Abgeordneten
der Stadt Weißenburg verhandelt, um mit deren Einwilligung Herzog
Georg, den Sohn Philipps, als Propst des Weißenburger Stiftes durchzusetzen. Auf die hinhaltende Stellungnahme der Weißenburger erwiderten die pfalzgräflichen Räte, *„sie mochten domit vieleicht wider zur
Pfaltz gnaden komen, das inen nutzer und besser were dann kgl. Mt., das reich
und alle welt"*[17]. Das war deutlich genug.

Stift und Stadt haben gegen solche Zumutungen ihrerseits jahrzehntelang nichts unversucht gelassen, um ihre Freiheit zu bewahren. Im sogenannten Weißenburger Krieg (1469/71), der um die von Kurfürst Friedrich
bereits durchgeführte Reformation des Stifts entbrannt war, wandten sich
die Bürger an das Reichsoberhaupt Friedrich III. und baten um Schutz
gegen den Pfalzgrafen. Trithemius berichtet darüber: *„Missis enim ad*

---

[16] Zu den Auseinandersetzungen um Weißenburg i. E. vgl. C. J. Kremer,
Geschichte des Kurfürsten Friedrich des Siegreichen (1766); L. Häusser, Geschichte
der Rheinischen Pfalz I (1924) (unveränderter Neudruck der Ausg. von 1845)
S. 384—394; E. Krause, Der Weißenburger Handel, Greifswalder Diss. 1889.

[17] Reichstagsprotokoll (=PRT), Merseburg DZA, Rep. 10 nr. ♃ ♅ Fasc. 2 G fol. 29 a f.

imperatorem legatis Palatinum imperialium persequutorem accusabant postulantes sibi contra impetum eius ducem Ludovicum cognomento nigrum Comitem Veldentiae in Capitaneum imperatorio nomine constitui. Fecit imperator, quod rogatus fuerat, animum contra Palatinum alioquin habens offensum constituitque praefatum Ludovicum Capitaneum per literas imperiales patentes nomine sui et totius imperii Romani, quam constitutionem dux Ludovicus acceptans iuramento Palatino obnoxius contra eum agere coepit"[18]. Der neu ernannte Reichshauptmann, selbst ein regierender Fürst und ein Verwandter des Pfalzgrafen Friedrich, war von einer Reichsstadt erbeten und ihr zugeordnet worden. Seiner ganzen Stellung nach mußte er jedoch seinen Wirkungskreis weit über die bedrohte Stadt hinaus erstrecken. Hätte Ludwig von Veldenz über genügend Macht und entsprechende Fähigkeiten verfügt, er hätte wohl die Position eines Landfriedenshauptmanns im Elsaß und der Pfalz ausüben können. Tatsächlich ist sein Eingreifen nur als abenteuerliches Vorgehen eines kleinen Dynasten gegen einen großen zu charakterisieren. Die kaiserliche Legitimation konnte dem Veldenzer die fehlenden Hilfsmittel nicht ersetzen. Binnen kurzer Zeit unterlag er seinem mächtigen Vetter völlig. Andererseits gelang es auch dem Kurfürsten nicht, Weißenburg zu bezwingen.

Unter Kurfürst Philipp blieben die alten pfälzischen Eroberungs- und Unterwerfungstendenzen bestehen, doch wandelte sich die politische Szenerie in manchem. Der Pfalzgraf hielt sich mehr als sein Vorgänger im Hintergrund und ließ den Hauptteil der unaufhörlichen Plackereien und Übergriffe durch vorgeschobene Figuren besorgen, an der Spitze sein Marschall Hans von Dratt, dem Kurfürst Philipp 1485 alle zwischen ihm und Kloster Weißenburg strittigen Güter und Rechte verkauft und ihn damit belehnt hatte. Aber auch dem Pfalzgrafen blieb die Erfahrung „... am Ende hängen wir doch ab von Kreaturen, die wir machten ..." nicht erspart. Dratt spielte zwar das Spiel seines Herren, aber dem Wittelsbacher an Zielsicherheit und Willenskraft weit überlegen, verstrickte er diesen mehr als notwendig in seine (Dratts) persönlichen Interessen, und der rücksichtslose Kriegsmann und Günstling scheint die Heidelberger Politik auch in anderer Richtung unheilvoll beeinflußt zu haben. Die Reichsstadt Weißenburg, verstärkt durch ein Bündnis mit dem mächtigen, der Pfalz widerstrebenden Straßburg, und das Stift, durch seine Äbte Heinrich und (seit 1496) Wilhelm energisch vertreten, versäumten ihrerseits nichts, um sich zur Wehr zu setzen. Das Stift erreichte in Rom, daß der Bann über den Pfalzgrafen und Dratt verhängt wurde, am Kammergericht wurde gegen Dratt und seine zahlreichen

[18] J. Trithemius, Opera historica, ed. Freher (1611) S. 385f. Or. der Ernennungsurkunde für Pfalzgraf Ludwig München, GStA, Kasten rot, 74/7. Gedruckt bei Kremer a.a.O. nr. 148. Frau Dr. Most, Freiburg i. Br., bin ich für entsprechende Hinweise zu Dank verbunden.

Helfer die Reichsacht ausgesprochen[19]. Wenn die Weißenburger Angelegenheit weiterhin die obersten Reichsinstanzen beschäftigte, so bedeutete dies in der Zeit der Reformen von 1495 etwas anderes als vorher.
Denn hinter dem neuen Kammergericht und dem Ewigen Landfrieden
stand nunmehr die Persönlichkeit des Reichserzkanzlers Berthold von
Mainz, der sich die Begründung von Friede und Recht im Reich zur Lebensaufgabe gemacht hatte und darauf hinarbeitete, einmal den Reichstag, der
sich auf Grund der Wormser Beschlüsse von 1495 jährlich zu versammeln
hatte, zu einem wirksamen Organ der Reichsreform zu erziehen, zum andern ein Reichsregiment zu errichten, das als handlungsfähige Regierung
die Errungenschaften von 1495 festigen und ausbauen sollte. Von dem damaligen Reichsoberhaupt befürchtete man von vornherein, daß es politische Gesichtspunkte den rechtlichen überordnen würde. Es wird sich indessen erweisen, ob es der Reformpartei gelungen ist, das Reichsrecht gegenüber den
vorwaltenden politischen Machtfaktoren der Zeit auch nur zu bewahren.

1496 begannen im Zusammenhang mit einem Prozeß vor dem Kammergericht die Reichskanzlei und der Lindauer Reichstag sich mit dem Fall
Weißenburg zu befassen. Besondere Aktivität entfaltete der Reichsfiskal. Am 26. 8. 1496 rief er den Monarchen aus Lindau an, doch unter
keinen Umständen die Bestrebungen des Pfalzgrafen, Kloster Weißenburg in eine weltliche Propstei umzuwandeln, beim Papst zu unterstützen [20]. Die Reichsstadt Weißenburg sei eine „ortstatt dreier land anstoßig“ (d. h. an einer Stelle gelegen, wo pfälzisches, elsässisches und
lothringisches Gebiet aneinander stoßen). Eine Säkularisation des Stifts
würde auch die Stadt so schwer schädigen, daß sie dem Reich nicht mehr
dienen könnte, „dan das closter und sy sitzen in gemeinschaft und ist nit von
einander zu teilen“. Auch möge der König, nachdem der Fiskal endlich
Urteil und Acht gegen Dratt erlangt habe, diese nicht mehr abstellen,
„dan mercklich erschrecken und nachgeschrey bringen wurd, solich hoch erlangen
und geweltig handlung so leichtlich abzustellen und ledig zu laßen“. Reichskanzlei und Reichstag schlossen sich mit Vorstellungen am königlichen
Hof, beim Papste und beim Kardinalskollegium an. Wenn in dem
Schreiben des Reichstags an den Hl. Stuhl vermerkt wird, Weißenburg
sei eines der vier Klöster des Reichs [21], so können wir dies als Beleg für

---

[19] Mandat gegen Dratt, Frankfurt, 27. IV. 1496 (Or. Frankfurt/M., Stadtarchiv
[SA], Kaiserschreiben VII nr. 105). — Ächtung Hans von Obersteins und seiner
Helfer wegen ihrer Fehde gegen die Reichsstadt Weißenburg, Lindau, 9. IX. 1496
(Cop. Merseburg, DZA, Rep. 10 nr. 2| 8, Fasc. I F).
[20] Or. Wien, HHStA, Maximiliana 3 c fol. 66; auch für das Folgende. Gedruckt
bei J. Chmel, Urkunden zur Geschichte Maximilians I. (= Bibliothek des Lit.
Vereins Stuttgart X) S. 118 f.
[21] Reichsversammlung an Papst Alexander, Lindau, 22. IX. 1496 (Or. Innsbruck,
LRA, Maximiliana XIV): „. . . cum vero idem monasterium de quatuor principalibus
sacri imperii existat.“

einen der Fälle nehmen, in denen die Behauptungen der Quaternionen-theorie nahe daran oder gar imstande waren, die Grundlage für staatsrecht-liche Qualifikationen abzugeben [21a]. Dratt fuhr allerdings unbekümmert um Acht und Bann in seinen Unternehmungen fort, verteidigte sich pub-lizistisch und vermochte, gestützt auf den Pfalzgrafen, auch den Rechts-weg am Reichstag weiterzuverfolgen, obwohl dies eigentlich nicht mehr hätte möglich sein sollen. Der Reichsfiskal drängte nun am 15. 11. 1496, daß der Reichsstadt eine spürbare Hilfe zuteil werde und *„das solh hilf anders dan mit briefen beschehe, damit sie nit durch unrechten gewalt vom hl. reich gedrungen wurden"* [22]. Bei den Reichstagsberatungen am 16. 11. be-kundeten die Vertreter Maximilians I., die kgl. Räte Graf Adolf von Nassau und Hans Jacob von Bodman, ihre Empörung über den Weißen-burger Handel, *„wenn es sey der kgl. Mt. Meynung nicht, damit der gemacht landfrit zue Worms aufgericht solle also gebrochen werden und sunderlich den stetten, die der kgl. Mt. on mittel und dem hl. reich zugehoren"* [23]. Nach längeren Beratungen schlugen die kgl. Räte vor, die Versammlung möge den König bitten, in dergleichen Händeln einen Hauptmann zu setzen und einen Beauftragten nach Weißenburg zu entsenden *„mit des reichs fahne und inhalt der handhabung, furder, ob es not tun wirdt, die umbsessen aufzu-bieten, damit den ein anheben gegeben werd, dann wo das nicht geschieht, wird das meher und meher geuebt"*. Auch die Reichsstände forderten, *„das man sich bedencke auf ainen, den die kgl. Mt. hinschicke, alda zu ligen und von wegen der kgl. Mt. zu schutz, so lang die kgl. Mt. ymant anders das und in den gleichen handeln ordent, den man umb die execucion zu tun anrufen mog"*.

König Maximilians Anwälte schlugen für diese Sendung den Inhaber eines Reichserbamtes vor, Wilhelm Marschall zu Pappenheim [24], den in politischen und militärischen Reichsangelegenheiten vielgebrauchten Reichserbmarschall. Zunächst war man mit dieser Lösung wohl ein-verstanden. Pappenheim als Reichshauptmann nach Weißenburg abzu-ordnen, *„das brecht ain gerucht, das des reichs marschalk da wär"*, und es

---

[21a] Zur Quaternionentheorie vgl. neuerdings H. Foerster, Zum Quaternionensy-stem der Reichsverfassung. Ein Rettungsversuch (= Hist. Jb. 62.—69. Jahrg. 1949, S. 663—670) und H. Gerber, über die Quellen und verfassungsgeschichtl. Deutung der mittelalterlichen Quatuorvirate und den geschichtl. Wert der „Vier-Grafen-Würde" (= Stengelfestschrift, 1952, S. 453—470)

[22] PRT Merseburg, DAZ, Rep. 10 nr. 248 Fasc. 1 E.

[23] PRT Merseburg, DZA, Rep. 10 nr. 248 Fasc. 1 E; auch für das Folgende. Gedruckt: G. Fels, Erster Beytrag zur Reichstagsgeschichte (1767) S. 86f.

[24] Wilhelm von Pappenheim, ein jüngerer Sohn Heinrichs IX., des Stifters der Stülinger oder Allgäuischen Linie, war ein berühmter Kriegsmann und lange am Hof der Markgrafen von Brandenburg tätig, 1458 Stadthauptmann zu Augsburg, 1490 Rat des Kurfürsten Friedrich von Sachsen, 1499 im Schwabenkrieg verwendet und im gleichen Jahr königlicher Rat und Obrister. Pappenheim, der häufig mit höfi-schen Aufgaben betraut wurde, starb 1508 auf dem Zug König Maximilians I. nach Trient. Vgl. J. A. Döderlein, Mathäus à Bappenheim enucleatus etc. (1739) S. 225ff.

„schicke sich wol, das auf die declaracion kome der kgl. Mt. bevelh ymants dahin zu ordnen und alßdann mit der tat die execucion zu becreftigen, wenn one das, so man allain brive außgeen lasse und mit der tat nicht folget, wer allenthalb schimpflich und verechtlich". Sein Marschallamt machte Pappenheim abgesehen von anderen Aufgaben auch zum leitenden Reichstagsbeamten, und es ist daher verständlich, daß nach weiteren Überlegungen der Reichstagsausschuß den kgl. Räten doch entgegenhielt, *„das man sein in reichstegen und alhie nicht entperen kann".* Das Protokoll gibt allerdings noch einen anderen Grund an, der die Ausschußmitglieder davon absehen ließ, der Ernennung Pappenheims zuzustimmen: *„Item h. Wilhelms von Bappenhaim halben hat man bewogen, was im daran gelegen ist, so er den Paiern gesessen ist, und was im daraus entsteen mocht."* Dieser Hinweis ist in mehrfacher Hinsicht bemerkenswert. Einmal bezeugt er, wie gefürchtet die Wittelsbachische Familienallianz zwischen Kurfürst Philipp und Herzog Georg von Bayern war. Wenn sich Pappenheim als präsumptiver Reichshauptmann in Weißenburg mit dem Pfälzer anlegen mußte, so drohte ihm alsbald ein Konflikt mit Herzog Georg von Niederbayern, richtiger gesagt, die Verschärfung eines schon seit langem zwischen dem Hause Pappenheim und der niederbayerischen Linie der Wittelsbacher wegen der vom Hause der Erbmarschälle beanspruchten Exemtion vom Landgericht Graisbach und anderer Fragen bestehenden Streites[25]. Wohl noch wichtiger als der Schluß auf die Zusammenarbeit der zwei Wittelsbacher ist das in der Meinung des Ausschusses enthaltene Eingeständnis, daß die Ausführung eines Reichsauftrages einen Edelmann in derartige Verwicklungen mit Territorialgewalten bringen konnte, daß man lieber davon absah, ihn mit der vorgesehenen Aufgabe zu betrauen. Der Sieg des Territorialprinzips über Reich und Reichsreform kommt in solchen Vorgängen deutlich zum Ausdruck.

Man mußte sich nun nach einer anderen Persönlichkeit für die Reichshauptmannschaft in Weißenburg umsehen und fand sie in dem Ritter Walther von Andlaw, der es offenbar auf sich nehmen wollte, den Haß des Pfälzers auf sich zu ziehen. Für die verfassungsrechtliche Prozedur ist es von Belang, daß der Reichstagsausschuß die kgl. Räte bat, geeignete Persönlichkeiten anzugeben und sie dem König zur Ernennung vorzuschlagen[26]. Die kgl. Räte nannten drei Ritter, darunter Andlaw. In einem Schreiben aus Albiagrossa vom 11. 12. 1496 ernannte König Maximilian Walther von Andlaw zum Reichshauptmann in der Reichsstadt Weißenburg und forderte Kurfürst Berthold auf, Andlaw über seine Pflichten zu unterrichten. Andlaw wurde befohlen, daß er *„burgermeister und rät, auch gemain daselbs in irn hendeln und beswärungen von unser und des hl. richs wegen hilflich, rätlich und bystendig sein, auch irn offenbaren feinden*

---

[25] Döderlein a.a.O. S. 227.
[26] PRT 18. XI. 1496 (Merseburg, DZA, Rep. 10 nr. 2\ 8 Fasc. 1 e).

und beschädigern fleißlich nachstell". Auch sollte der Kurfürst dem Reichshauptmann im Namen des Königs *„ernstlich mandat und gebotsbrief an alle unser und des richs stend geben, das si im zuziehen, hilf und bystand tun"* [27]. Die Andlaws galten als die vornehmste Familie der Reichsritterschaft im Unterelsaß; zuzeiten besaßen sie dort ein Gebiet von über 30 qkm [28]. Was Andlaw abgesehen von seiner Ortskenntnis und Vertrautheit mit der territorialpolitischen Lage besonders zum Amt eines Reichshauptmanns geeignet erscheinen ließ, war wohl der Umstand, daß er als vielbewährter Rat in königlichen Diensten sich einen Namen gemacht hatte. Auf Reichstagen, bei Verhandlungen mit den Eidgenossen und anderen Gelegenheiten wird er wiederholt genannt. Ohne daß Quellenbelege dafür vorhanden wären und nur in Form einer Frage sei in diesem Zusammenhang auf einen weiteren Sachverhalt hingewiesen. Nach den phantasievollen Aufstellungen der Quaternionentheorie gehörten die Andlaws zu den vier Rittergeschlechtern des Reichs [29]. Als titelgeschichtliche Tatsache läßt sich in Verbindung damit immerhin anführen, daß die Mitglieder der Familie sich Erbritter des Hl. Reiches nannten [30]. Wenn es auch unwahrscheinlich ist, daß man bewußt einem der angeblichen vier Klöster und der mit ihm verbundenen Reichsstadt einen der vier Ritter als defensor zuordnen wollte, so ist doch zuzugeben, daß der Sprung von heraldischer Spielerei zu staatsrechtlichen Prätentionen durchaus im Geist der Zeit lag und eine entsprechende Kombination hätte erwogen werden können.

Bevor Maximilian Andlaw sein neues Amt antreten ließ, hat er ihn wohl noch mehrfach zu anderen Geschäften verwendet. Am 22. 1. 1497 sandten Kurfürst Berthold und die kgl. Räte am Reichstag einen neuen Hilferuf an Maximilian I. Der König wurde gebeten, Andlaw, den er doch schon dazu bestimmt habe, oder, falls er ihn in anderen Geschäften benötige, einen neuen Reichshauptmann zu entsenden, damit König und Reich aus dieser Sache kein Schade erwachse [31]. Der Reichstagsabschied vom 9. 2. 1497 ist noch von Andlaw mit unterschrieben. Überaus häufig lesen wir in den Akten zum Wormser (1497) und zum Freiburger Reichstag (1497/98) von dem Fortgang des Weißenburger Handels. Königliche Befehle führten neuerdings zu gütlichen Verhandlungen zwischen den Parteien auf beiden Reichsversammlungen. In einem Bericht an seinen bischöflichen Herrn schreibt der Würzburger Gesandte, Domherr

---

[27] Cop., Frankfurt/M., SA, RTA, Bd. 16. Gedruckt: Fels a.a.O. I S. 121 f. Regestiert: Württembergische Regesten nr. 6303.

[28] Vgl. A. Overmann, Die Reichsritterschaft im Unterelsaß (ZGO NF. 11, 1896) S. 586.

[29] So zählen in Hartmann Schedels Weltchronik von 1493, die nach der Quaternionentheorie einteilt, die Andlaws zu den vier milites des Reiches.

[30] Vgl. Zedler, Universallexikon VIII (1734) Sp. 1500.

[31] Or. Innsbruck, LRA, Maximiliana XIV.

Haug von Lichtenstein, die Streitigkeiten in Worms und Weißenburg liefen nach Meinung vieler wohl darauf hinaus, *„der Pfgf. werd durch disen unwillen beide stet Wurms und Weyssenburg an sich bringen"* [32]. Königliche Gebote, Dratt von seinem Vorgehen zurückzuhalten, gingen nicht etwa an den Reichshauptmann, sondern an den Lehnsherren des rabiaten Sachsen Dratt, den Pfalzgrafen Philipp, der im Weißenburger Handel so sehr kompromittiert war. Der Erfolg war, wie zu erwarten, unbedeutend. Anfang 1498 klagte die Reichsstadt Weißenburg in höchster Not, wenn man ihr nicht helfe, müsse sie sich einen anderen Herrn suchen [33]. Möglicherweise dachten der Pfalzgraf und Dratt zu dieser Zeit an einen Gewaltstreich gegen Weißenburg. Es gibt Anzeichen dafür, daß eine getrennte Intervention der Herzöge Georg und Albrecht von Bayern den Pfälzer von einem solchen Schritt zurückgehalten hat. Der Lizentiat Georg Eysenreich, der im Auftrag Herzog Albrechts von Oberbayern sich an den Heidelberger Hof begab, deutet in seiner Relation überdies an, welche Macht Dratt und der Kanzler Dr. Kuhorn über den Pfalzgrafen erlangt hatten [34].

Von der Tätigkeit eines Reichshauptmanns in Weißenburg ist kaum irgendwo die Rede. Nach der Quellenlage zu schließen, muß sein Wirken keine nennenswerten Ergebnisse gezeitigt haben, ja, wenn wir auf das offizielle Reichstagsprotokoll, auf die Aktenstücke in den Archiven in Wien, München, Karlsruhe allein angewiesen wären, müßte sich uns die Vermutung aufdrängen, es sei zur Einsetzung des Reichshauptmanns in Weißenburg überhaupt nicht gekommen. Das ausführliche Spezialprotokoll, das auf dem Freiburger Reichstag von dem kurfürstlich brandenburgischen Gesandten angefertigt wurde, berichtet indessen, daß im Juni 1498 bei neuen Verhandlungen vor dem Reichstag als erster Anwalt der Reichsstadt der kgl. Hauptmann in Weißenburg, Walther von Andlaw, aufgetreten sei, und die in dem Protokoll enthaltenen Niederschriften über gütliche Handlungen fördern noch mehr zutage [35]. Die pfalzgräflichen Vertreter sprachen in ihrer Klage gegen die Reichsstadt von deren *„heubtman, den von Andelo, den sie an Kg. Mt. auch sein furstl. gnade zu abruch und smehe ane not erlangt hetten"*, und kritisierten auf das schärfste einzelne seiner Maßnahmen [36]. Die Anwälte Weißenburgs erwiderten darauf: *„so hab die kgl. Mt. und die versamlung zu Lindo ihnen uß gnediger trostlicher meynung ein heubtman ern*

---

[32] Haug von Lichtenstein an Bischof Lorenz von Würzburg, Worms, 10. VIII. 1497 (Cop., Würzburg StA, Würzburger RTA 2a—2e).

[33] Ders. an dens., Freiburg i. Br., 11. I. 1498 (ebenda).

[34] Lic. Georg Eysenreich an Herzog Albrecht IV. von Bayern, Heidelberg, 17. I. 1498 (Or. München GStA, Kasten schwarz 156/3).

[35] PRT Merseburg, DAZ, Rep. 10 nr. 2| 8 Fasc. 2 G fol. 16—30a).

[36] Ebd. fol. 16 u. 29.

waltern von Andelo ritter zugegeben, der da itzt hie zur stet sey, der auch vil,
wie sie geschirmt worden sein, die zeit gesehen und befunden hab, an dem man sich
des eigentlich und grundlich wohl zu erfragen und zu erkunden hab" [37]. Wenn der
Kurfürst ihnen die Bestellung eines Reichshauptmanns grundsätzlich
vorwerfe, sei zu entgegnen, *„der sey ihnen von kgl. Mt. und der loblichen*
versamlung zu Lindo gegeben, auch ihnen wohl not gwesen" [38]. Es geht somit
aus dem brandenburgischen Protokoll hervor, daß der elsässische Ritter
als Reichshauptmann zu Weißenburg tatsächlich eine gewisse beobach-
tende, beaufsichtigende und bewahrende Tätigkeit in der Reichsstadt
ausgeübt und sie schließlich als ihr vornehmster Anwalt auf dem Reichstag zu Freiburg vertreten hat. Über Andlaws spätere Wirksamkeit
schweigen sich die Quellen aus. Wahrscheinlich ist es nicht, daß man
noch weiter auf seine Dienste zurückgegriffen hat. Der Streit um Weißenburg zog sich noch jahrelang hin. Erst der Zusammenbruch der pfälzischen Macht im bayerischen Erbfolgekrieg (1504/05) ermöglichte für
Stift und Reichsstadt den Anbruch eines friedlicheren Abschnitts ihrer
Geschichte. Die Proportion, die im Weißenburger Handel zwischen dem
Einflußbereich des Reichshauptmanns und der Macht der Territorialgewalten bestand, läßt sich ohne weiteres auf das Verhältnis zwischen
der Reichsreformbewegung und dem deutschen Territorialfürstentum
übertragen.

Die Bopparder Fehde
und Heinrich von Hungerstein als Reichshauptmann

Das Bestreben deutscher Landesherren, sich reichsunmittelbare Städte
zu unterwerfen, ist vom Hochmittelalter bis in das 19. Jahrhundert als
gleichbleibende politische Tendenz zu verfolgen. Was sich änderte,
waren die Methoden der Fürsten, die jeweilige politische Situation und
die Rechtslage, die gelegentlich auch zu Ungunsten einer Stadt sprechen
konnte. So stand es im Gegensatz zu Weißenburg um die reichsrechtliche Position der Stadt Boppard nicht zum besten [39]. Boppard zählte
hinsichtlich seiner Verfassung und seiner sozialen Zusammensetzung
zu jenen Städten des Reichs, in denen es zu einer adelig-bürgerlichen
Symbiose gekommen war. Wenn in Urkunden und Akten Schultheiß,
Schöffen, Rat, Ritter, Dienstleute, Rat und Bürger zu Boppard unter-
zeichnen — es ist einmal der Ritterrat, das andere Mal der Bürgerrat
gemeint —, so zeigt dies, daß in der rheinischen Stadt die Ritterschaft
eine korporative Stellung einnahm. Das Bürgerrecht Adliger in den

---

[37] Ebd. fol. 27 a.   [38] Ebd. fol. 29.
[39] Zum Bopparder Handel vgl. M. Holtz, Der Konflikt zwischen dem Erzstift
Trier und der Reichsstadt Boppard, insbesondere im Jahre 1497, Greifswalder Diss.
1883.

Städten des Reiches war eine verbreitete Erscheinung, ebenso adelige Teilhabe am städtischen Patriziat und Regiment[40]. Ritter als Bürgermeister sind gerade in den wichtigeren Städten häufig. In Boppard hatte eine starke Ministerialengruppe in geschlossener städtischer Siedlung zusammengefunden und sich mit der Bürgerschaft in Rechtsprechung und Verwaltung geteilt. Diese Ritterkorporation, geführt von Johann ältestem Sohne zu Eltz, war es, die in der Stadt beherrschenden Einfluß errungen hatte und den Widerstand gegen den Pfandherren Boppards, den Erzbischof von Trier, trug und nicht zur Ruhe kommen ließ, während der gemeine Mann mehr zum Erzbischof neigte. Auch in anderen Reichsstädten scheint die Masse der Bevölkerung nicht immer die Unabhängigkeitspolitik der Stadtobrigkeit unbedingt unterstützt zu haben.

1312 war die Reichsstadt durch Kaiser Heinrich VII. an den Erzbischof von Trier verpfändet worden. Unter den folgenden Kaisern und Königen erfolgten Pfandschaftsbestätigungen und Erweiterungen der Rechte des Trierer Erzbischofs in und auf Boppard. König Ruprecht hat allerdings das von König Wenzel an Trier verliehene Nichteinlösungsprivileg nicht anerkannt, ebensowenig seine sämtlichen Nachfolger. Formell konnte Boppard weiterhin als Reichsstadt bezeichnet werden, obschon tatsächlich eine Oberherrschaft des Erzbischofs bestand. Mit der für frühere Epochen so bezeichnenden Zähigkeit in Rechtshändeln, in der Verfechtung oder dem Vorschützen von Rechtsansprüchen hat nun Boppard jahrhundertelang keine Gelegenheit versäumt, auf seine faktisch nicht mehr bestehende Selbständigkeit zu pochen. Mit allen erdenklichen Mitteln versuchte die Stadt, ihre volle Freiheit und Reichsunmittelbarkeit zurückzugewinnen. Das recht zweideutige Verhalten mancher Reichsoberhäupter, die der Unterstützung Triers bedürftig doch den Gedanken an eine Wiederauslösung der Reichsstadt und ihrer reichen Einnahmen nicht gänzlich aufgeben wollten, mußte Boppard in seiner Haltung ermutigen. Ende des 15. Jahrhunderts erreichten die Spannungen zwischen Erzbischof und Stadt einen Höhepunkt. Widerstand gegen die erzbischöfliche Gerichtsbarkeit und Verweigerung des Rheinzolls veranlaßten den geistlichen Kurfürsten gegen die Stadt vorzugehen. Auf dem Wormser Reichstag von 1495 gelang es Boppard unter Ausnutzung bisher ungeklärter Umstände von Maximilian I. eine Reihe von Privilegien zu erlangen, die, einmal verwirklicht und eingebürgert, Boppard als Reichsstadt voll und ganz wiederhergestellt hätten. Aller Wahrscheinlichkeit nach hat Boppard diese Gnadenerweise unter den auf Reichstagen bei der Anwesenheit des Herrschers üblichen tumultuarischen Verhältnisse erreicht, unter Ausnutzung der Unkenntnis des Monarchen,

---

[40] Über österreichisches Ritterbürgertum vgl. O. Brunner, Neue Wege der Sozialgeschichte (1956) S. 122.

oft auch der Reichsbehörden, über die Rechtslage, durch Vorspiegelung falscher Tatsachen und finanzielle Zuwendungen an Maximilian oder einflußreiche Männer in seiner Umgebung.

Maximilian I. mußte sich freilich schon zwei Monate nach Erteilung der Privilegien, noch auf dem gleichen Wormser Reichstag, dazu verstehen, seine Versprechungen rückgängig zu machen. Der in Worms anwesende Kurfürst von Trier hatte seinen Standpunkt durchgesetzt. Gleich manchem seiner Vorgänger wollte Maximilian I. indessen Boppard nicht ungetröstet lassen; am 29. 9. nahm er die Stadt in seinen und des Reichs besonderen Schutz, ein Grund mehr für die in Boppard führende Ritterschicht, in ihrem Widerstand zu verharren. Gütliche Verhandlungen, die auf dem Lindauer Reichstag 1496/97 geführt wurden, erbrachten keine Ergebnisse. Der Erzbischof konnte an dem gleichzeitigen Rechtsstreit zwischen Bischof und Geistlichkeit zu Worms einerseits, Reichsstadt Worms andererseits ermessen, wie lange es dauern konnte, bis er zu seinem Ziel gelangte. Im Frühjahr 1497 ging er daher zu einer gewaltsamen Lösung über. Wer immer von benachbarten und ferneren Reichsständen ihm durch Einung verbunden war, wurde vom Erzbischof zur Waffenhilfe aufgefordert. Mit einem für damalige Verhältnisse ungewöhnlich starken Belagerungsheer zog der Kurfürst im Juni 1497 vor die Mauern der Stadt.

Von einem gemeinsamen Widerstand der Reichsstädte gegen die Bedrohung einer Genossin war unter den damaligen reichs- und insbesondere stadtpolitischen Verhältnissen keine Rede. Verpflichtet zu ernsten und nachhaltigen Bemühungen wäre indessen die Reichsgewalt gewesen. Da Kaiser und Reich den reichsstädtischen Charakter Boppards durchaus nicht in Zweifel ziehen ließen, war das Vorgehen des Trierers nur als Bruch des Landfriedens von 1495 zu kennzeichnen. In diesem Zusammenhang kommt dem Bopparder Streit eine erhebliche reichsgeschichtliche Bedeutung zu. War doch, abgesehen von kleineren Verstößen und Zuwiderhandlungen mächtiger Herren, die Fehde des Erzbischofs nicht mehr ein verdecktes Spiel mit scheinbarer Beobachtung des Reichsrechts wie das Vorgehen des Pfälzers gegen Weißenburg, sondern der offene Ungehorsam und Rechtsbruch eines Kurfürsten, der den Pfalzgrafen und zahlreiche andere Reichsstände auf seine Seite zu bringen gewußt hatte.

Wie würde es in diesem Falle mit der „Handhabung" des Landfriedens stehen? Wenn die Wormser Reformen sich zu bewähren hatten, wenn die Probe aufs Exempel zu machen war, dann bei Gelegenheit der Bopparder Fehde. Es zeigte sich freilich wiederum sogleich, daß die Territorialmacht schwerer wog als Reichsgewalt und Reichsreformbestrebungen. Schon die Tatsache, daß bis zur Lösung des Konflikts unaufhörlich von seiten des Reichstags verhandelt wurde, ist Beweis genug, daß man gegen den kurfürstlichen Friedensbrecher nicht nach dem klaren Wortlaut des Gesetzes vorging. Denn Landfriedensordnung und Handhabung sahen in solchen Fällen nur mehr Ahndung und nicht mehr den Weg gütlicher Verhandlung vor. Tatsächlich hat man aber auch später in den meisten Fällen, namentlich wenn es sich um angesehene reichsständische Kontrahenten handelte, zunächst den Verhandlungsweg eingeschlagen.

Es wird im April oder Mai 1497 gewesen sein, daß die Stadt Boppard an König Maximilian die Bitte richtete, ihr einen Reichshauptmann zu senden[41]. Die Verhandlungsführung der erzbischöflichen Vertreter auf dem Reichstag war zur Farce geworden; königliche Mandate an den Erzbischof, seine geistlichen Jurisdiktionsmaßnahmen wie seine militärischen Rüstungen gegen Boppard einzustellen, zahlreiche Abmahnungsschreiben des Reichsoberhaupts an Reichsstände, die dem Trierer Beistand leisten wollten, waren wirkungslos geblieben. Ein publizistischer Krieg beider Parteien begleitete ihre kriegerischen Vorbereitungen. Boppard besaß im Gegensatz zu seinem Pfandherrn keine Verbündeten und sah sich allein auf den fragwürdigen Schutz des Reichs angewiesen. Am 16. 5. 1497 teilte König Maximilian dem Reichserzkanzler mit, er habe dem Erzbischof von Trier neuerdings befohlen, sich den vorgegangenen königlichen Mandaten zu fügen. Falls die angeordneten Teidingsversuche scheiterten, möge Kurfürst Berthold die Sache an das Kammergericht verweisen. Würden Trier und Boppard dort nicht erscheinen und gegeneinander Krieg führen, so möge Berthold gemäß einem auf dem Lindauer Reichstag beschlossenen Zusatzartikel zur Handhabung des Landfriedens vorgehen. Es schien Maximilian I. noch nicht nötig zu sein, Boppard seiner Bitte entsprechend einen Hauptmann zuzuordnen. Er gab jedoch dem Reichserzkanzler freie Hand, den Erfordernissen der Lage entsprechend zu verfahren[42]. Schon am 1. 6. sah sich indessen Erzbischof Berthold genötigt, Heinrich von Hungerstein zum Reichshauptmann in Boppard zu ernennen[43]. Hungerstein wurde aufgefordert, sich sofort in die bedrohte Stadt zu begeben und einen kriegerischen Zusammenstoß der Parteien zu vereiteln. Wer war der neue Reichshauptmann?

Heinrich von Hungerstein war kein beliebiger Ritter. Er gehörte zum Stabe des Reichserbmarschalls und bekleidete das Amt eines Untermarschalls, der später auch Reichsquartiermeister genannt wurde[44]. Gesandtschaftsberichte von den Reichstagen erwähnen gelegentlich, daß Hungerstein mit den Fragen der Beherbergung und Unterbringung der

---

[41] Daß die Bitte von seiten Boppards gestellt wurde, ist aus dem Text des in Anm. 42 zitierten Schreibens zu erschließen.

[42] Or., Innsbruck, LRA, Pestarchiv, II/34.

[43] Conc., Innsbruck, ebenda.

[44] Vgl. Zedler, Universallexikon XIX (1739) Sp. 1726.

Reichsstände und ihres Gefolges befaßt war[45]. Es handelte sich also um
einen Reichsbeamten, den der Reichserzkanzler nach Boppard entsandte.
Am 4. 6. 1497 berichtete Hungerstein aus Boppard an Kurfürst Berthold,
er habe in Koblenz von den Räten des Trierer Erzbischofs eine hinhaltende Antwort bekommen. In Boppard sei er gutwillig aufgenommen
worden. Deutlich wies er auf die Gefährlichkeit der Lage hin[46]. Hungerstein nahm in Boppard eine umsichtige Tätigkeit als Anwalt der gefähr-
deten Stadt auf. Er wandte sich schriftlich an diejenigen Reichsstände,
die sich dem Trierer angeschlossen und Boppard Feindbriefe zugesandt
hatten. So teilte er beispielsweise Kurfürst Philipp von der Pfalz und
Markgraf Christoph von Baden mit, er sei nach Boppard abgeordnet,
um Gewalt zu verhüten und müsse darauf aufmerksam machen, daß sich
die Stadt vor dem König, der Reichsversammlung oder dem Kammergericht zu Recht erboten habe oder vor beliebigen anderen Stellen, dahin
sie die Reichsversammlung zum Zweck eines Austrags weisen würde.
Er forderte die „Kriegsfürsten" dringend auf, nicht mit Gewalt gegen
Boppard vorzugehen[47]. Alle Bemühungen Hungersteins blieben ergebnis-
los. Die Quellen geben keine Auskunft, was er bis zu jenem 2. 7. 1497
weiter unternommen hat, an dem zwischen der Stadt und dem Erzbischof eine „Teidigung" erfolgte, die einer Übergabe und Unterwerfung
Boppards gleichkam. Ein angekündigter[48] Bericht Hungersteins war
nicht auffindbar. Es ist durchaus möglich, daß der Untermarschall bis
zum 2. 7. in Boppard ausgeharrt hat und die Belagerer es darauf ankommen ließen — Kampfhandlungen hatten bereits eingesetzt —, den
Repräsentanten des Reichs und seines Oberhaupts an Leib und Leben zu
gefährden. Es wäre nicht die einzige Mißachtung gewesen, die die verbündeten Fürsten dem Reich antaten. Der Reichserzkanzler war selbst
auf den Schauplatz des großen Landfriedensbruchs geeilt, und zweimal
suchte eine Reichstagsgesandtschaft, bestehend aus dem königlichen Anwalt bei der Reichsversammlung Graf Adolf von Nassau und Botschaften aller Stände, einen gütlichen Austrag herbeizuführen[49]. Die Art
und Weise, wie beide Gesandtschaften hingehalten und in ihrer Tätigkeit
beeinträchtigt wurden, ist ein aufschlußreiches Zeugnis für die Einschätzung der Reichsorgane durch die Fürsten. Daß man innerhalb der
Reichstagsgesandtschaft die Demütigung empfand, die in dem Ver-

[45] Lichtenstein an Bischof Lorenz, Freiburg i. Br., 25. X. 1497 (Cop., Würzburg,
StA, Würzburger RTA, 2a—2e).
[46] Or. Innsbruck, LRA, Maximiliana XIV.
[47] Heinrich von Hungerstein an Kurfürst Philipp und Markgraf Christoph,
Boppard, 20. VI. 1497 (Cop., Innsbruck, LRA, Pestarchiv II/34).
[48] Reichsversammlung an König Maximilian, Worms, 6. VII. 1497 (Conc., Innsbruck, LRA, Pestarchiv II/34).
[49] Lichtenstein an Bischof Lorenz, Worms, 29. VI. 1497 (Cop., Würzburg, StA,
Würzburger RTA 2a—2e).

halten der Belagerer ihr gegenüber zum Ausdruck kam, geht aus den Worten hervor, die Graf Adolf an fürstliche Räte richtete, die nach vollzogener Teidigung das Vorgehen der „Kriegsfürsten" zu entschuldigen suchten: *„Er sei nicht da gewesen, dem von Trier zu schaden und der stat zu guten, auch nicht der stat zu schaden und dem Bischof zu guten, sunder als mitler aus bevel der iener, so sie dar gesandt. Het man sy nicht wollen ins heer lassen und hett den handel vor in verborgen, das . . . sy nicht in, sunder den, so sy uß-geschickt, zu smahe und verachtung gescheen und wolten es an die ent dermas bringen"* [50].

Die Benachteiligung einer Reichsstadt in politischen und rechtlichen Streitfällen wurde fortan bei bürgerlichen Klagen gegen Fürsten gern am Beispiel Boppards exemplifiziert. Als der Wormser Stadtschreiber Reinhard Noltz am 4. 6. 1498 in Rottenburg am Neckar vor den König trat und ihm eine Supplikation überreichte, sprach er von einem *„verstant"* aller Bischöfe und Pfaffheit am Rheinstrom, ja in ganz Deutschland wider Worms. Wenn der Herrscher die Stadt nicht beschütze, erginge es ihr wie Boppard [51]. Und als auf der Jahreswende 1497/98 Kurfürst Philipp versuchte, die Reichsstadt Weißenburg auf seine Seite zu ziehen, ließ er sie hinweisen *„auf das exempel derer von Popart; was denen auch zugesagt und nicht gehalten und dorüber gewonnen, das sie auch Pfaltz in eym tag und nacht zu grund verderben kont etc."* [52]. Ein Frankfurter Zeitgenosse der Vergewaltigung Boppards schließlich schrieb folgendes nieder: *„Unde warde vil rede und verwundernus by dem gemeinen man, das solch grosze uffregung und uffrur by den Ff. des rychs wolt sin wider ein statt des rychs, den uffgerichten lantfridden und ander ordenung unangesehen, auch kgl. mandate und anders. Dann vor der zyt hette die kgl. Mt. die statt Bopart in schirm, gleit und friden seyner kgl. Mt. und des rychs uffgenommen und usz geschriben"* [53].

Die Reichshauptmannschaft in Regensburg

Erwies sich die Einsetzung von Reichshauptleuten in Weißenburg und Boppard aufs Ganze als ein Fehlschlag, so hatte sie in Regensburg über Jahrzehnte hin Bestand. Es gilt aber auch in diesem Fall mit seinen gänzlich anderen Voraussetzungen neben der faktischen die symptomatische Bedeutung der Maßnahme zu beleuchten [54]. Regensburg befand sich am Ende des 15. Jahrhunderts in einer eigen-

---

[50] PRT, 5. VII. 1497 (Merseburg, DAZ, Rep. 10 nr. 2| ४ Fasc. 2 D).

[51] Boos, Quellen z. Gesch. d. Stadt Worms III (1896) S. 416.

[52] PRT, Merseburg, DZA, Rep. 10 nr. 2| ४ Fasc. 2—6.

[53] E. Ziehen, Mittelrhein und Reich im Zeitalter der Reichsreform II (1937) S. 57.

[54] Die folgende Darstellung stützt sich hauptsächlich auf die Akten im Nachlaß C. Th. Gemeiners im HStA München. Vgl. zur Reichshauptmannschaft in Regensburg C. Th. Gemeiner, Regensburgische Chronik III (1821) und IV (1824).

artigen Lage. Die Stadt, die den ersten Platz auf der schwäbischen
Städtebank einnahm und unbestritten zu den vornehmen Freistädten des
Reiches gehörte, hatte sich — ein einzig dastehendes Vorkommnis unter
Kommunen solchen Ranges — darauf eingelassen, sich Herzog Albrecht
IV. von Bayern zu unterwerfen. Kaiser Friedrich III., der Römische König
Maximilian und eine übermächtige Fürstenkoalition hatten 1492 den
Herzog gezwungen, Regensburg dem Reich zurückzuerstatten und damit
auf eines seiner wichtigsten territorialpolitischen Ziele zu verzichten.
War die Unterwerfung unter Bayern die Folge wirtschaftlichen Nieder-
gangs, gestörter innerer Ordnung und verlorengegangenen politischen
Selbstbewußtseins gewesen, so bedeutete die Rückgängigmachung
dieses Vorgangs an sich zunächst noch keine Gesundung des Gemeinwesens. Im Gegenteil! Man suchte nach den Schuldigen am Fiasko der
städtischen Politik; Parteiungen, Verfolgungen sowie ungeklärte rechtliche Verhältnisse führten einen bedenklichen Zustand herbei, der
schlechterdings nicht mehr innere Angelegenheit Regensburgs bleiben
konnte, sondern zwangsläufig seine Stellung im Reich in Mitleidenschaft
zog. Damit war wieder einmal dem Reich und seinem Oberhaupt eine
Aufgabe der Befriedung und Herstellung der Ordnung übertragen. Das
Reich (wenn man darunter die Reichsversammlung und ihren Leiter,
Erzbischof Berthold, versteht) und der Römische König beschäftigten
sich allerdings unter charakteristisch verschiedenen Gesichtspunkten mit
dem „Fall" Regensburg.

Der Reichstag von 1495 sah die Stadt in der Verbundenheit und
Zuständigkeit des reichsstädtischen Kollegiums. Er beauftragte Nürnberg, Ulm und Augsburg, sich Regensburgs anzunehmen und im
Verein mit kgl. Kommissaren insbesondere dessen Rechnungslegung
zu überprüfen[55]. Die drei Städte kamen der Kommission nach, wenn
auch nur zögernd, mit betonter Zurückhaltung und ohne eine über das
Notwendigste hinausgehende Initiative zu entfalten. Regensburg war
mit dieser Maßnahme zwar beinahe unter Kuratel gestellt, hatte aber
von seinen Treuhändern in diesem Zusammenhang nichts zu befürchten. Die Betreuung durch andere Reichsstädte war tatsächlich nur als
Hilfe gedacht und änderte nichts an der Verfassung der Stadt, deren
Aufrechterhaltung im Interesse des Reiches lag. Auf einem anderen
Blatt stand, daß Nürnberg als Gegenleistung für ein Darlehen militärische Rechte in Regensburg und einen Ratssitz in der Stadt verlangte.

Maximilian I. gedachte zwar auch, einen nochmaligen Abfall der Stadt
vom Reich unter allen Umständen zu verhindern, aber gleichzeitig versuchte er, den verworrenen Zustand Regensburgs zu benutzen, um seine
Oberbotmäßigkeit dort kräftiger als irgendwo anders zur Geltung zu

---

[55] Vgl. Anhang.

bringen und die Donaustadt zu einem Zentrum seiner Reichspolitik zu machen. 1505 kündigte Maximilian I. an: „*Dazu sein wir geneigt, unser und des reichs regiment und kamergericht gen Regenspurg zu bringen aus den ursachen, das großlich zu besorgen ist, das noch mehr in kurzer zeit die selb stat ein schild der deutschen nacion gegen den ungelaubigen sein wird. Dann so der Turgk sein fürnehmen gegen dem* (sic!) *konigreichen Hungern und Polen üben, als gewißlichen beschehen, wo er nun den sig erlangen, als derselben zweyer kunigreich unschicklichkeit halben zu besorgen ist, wirdet er die ungelaubigen in Beheim, das merer teil in derselben cron ist, an sich ziehen und also die ungelaubigen bis gen Regenspurch grenitzen*"[56]. Tatsächlich hat der Herrscher in den Jahren 1505/07 das Kammergericht nach Regensburg verlegt, eine Maßnahme, die einesteils wohl dazu dienen sollte, der Stadt wirtschaftlich aufzuhelfen, andererseits im Zusammenhang mit den nicht wenigen Schritten Maximilians I. gesehen werden muß, seine Position in Regensburg auszubauen. Einem Reichsvogt, dem Rechtsgelehrten Hüttenbach, oblag die Amtsführung des Propsteigerichts in der Stadt, das damals allerdings nur mehr einen bescheidenen Wirkungskreis hatte. In Regensburg war es auch, wo Maximilian die Söhne des in französische Gefangenschaft geratenen Herzogs von Mailand Lodovico Sforza Aufenthalt nehmen und bewahren hieß[57]. Die Errichtung einer Veste in Regensburg hat den Herrscher längere Zeit beschäftigt[58].

Den kräftigsten Anlauf, um eine königliche Stadtherrschaft in Regensburg de facto einzurichten, nahm der König indessen mit der Einsetzung eines Reichshauptmanns. Maximilian handelte dabei nicht nur aus eigener Machtvollkommenheit, sondern er behielt auch während der Aktion der Einsetzung und später Initiative und Zuständigkeit. Am königlichen Hofe, nicht in der Reichsversammlung oder in der Reichskanzlei fielen die Entscheidungen über Regensburg. In der Umgebung des Königs befand sich auch der Mann, dem man nachsagte, er sei der Vater des Gedankens, in Regensburg eine Reichshauptmannschaft zu errichten, und habe sich selbst für die Stelle in Vorschlag gebracht, Sigmund von Rorbach, kein Reichsstand wie Ludwig von Veldenz, kein Reichsbeamter wie Wilhelm Marschall von Pappenheim oder Heinrich von Hungerstein, kein Reichsritter wie Walther von Andlaw, sondern ein bayerischer landsässiger Ritter, der in königlichen Dienst getreten war, in jeder Hinsicht ein homo regius. Wir besitzen zahlreiche Zeugnisse über seine Teilnahme an im königlichen Auftrag erfolgten Sendungen

---

[56] Or., Wien, HHStA, Maximiliana 6b; vgl. H. Gollwitzer, Unbekannte Versuche einer Erneuerung des kgl. Kammergerichts in den Jahren 1505—1506 (= HZ 179, 1955, S. 256).

[57] Sigmund von Rorbach an König Maximilian, Regensburg, 1. I. 1502 (Or. Wien HHStA, Maximiliana).

[58] Gemeiners Nachlaß, nr. 26.

und Beratungen. So findet man ihn als Mitglied einer Botschaft, die 1490 zur Regelung der dortigen Thronfolge nach Ungarn entsandt wurde[59], oder als königlichen Gesandten in Köln 1505, um die Stadt zu überreden, das für Kreuzzugszwecke eingesammelte Jubelgeld dem König auszuhändigen[60]. Die wichtigste Aufgabe, die Rorbach zu erfüllen hatte, war die eines Mittels- und Verbindungsmannes zwischen dem König und seinem Schwager Herzog Albrecht IV. von Bayern. Rorbach besaß beider volles Vertrauen und suchte loyal von Zeit zu Zeit auftauchende Verstimmungen und Meinungsverschiedenheiten zu beseitigen. Es hing mit dieser seiner speziellen Mission zusammen, daß er zweimal auf königlichen Befehl versuchte, seine bayerischen Mitlandstände in Landshut zu überreden, den Gemeinen Pfennig zu erlegen. Nicht nur die mangelhafte Finanzorganisation, das Verhalten der Wittelsbachischen Fürsten und der Reichsritterschaft, sondern auch die robuste Renitenz der bayerischen Landstände zählen zu den Hauptursachen für das Scheitern des Gemeinen Pfennigs. Rorbach stand in diesem Falle auf verlorenem Posten, und es scheint, daß ihm im Zorn über den unabwendbaren Fehlschlag seiner Sendung sein Temperament durchgegangen ist. Jedenfalls wurde Herzog Albrecht von Landshut berichtet, Rorbach sei *„abermalen vast hizig gewesen und sich seiner vernunft auch nicht wol gehalten"*[61]. Für Rorbach, der in Bayern ansässig war und den politische Geschäfte regelmäßig nach Bayern führten, mag die Reichshauptmannschaft zu Regensburg eine verlockende Stärkung seiner Stellung und seines Einflusses und selbstverständlich nicht zuletzt finanzieller Gewinnchancen bedeutet haben[62]. Es fehlen zwar die unumstößlichen Beweise, aber es hat viel für sich, wenn die Quellen wiederholt berichten, der König sei an Rorbach schwer verschuldet gewesen und habe ihm die Regensburger Reichshauptmannschaft als eine Art von Abschlagszahlung zugewendet; auch habe sich Rorbach gegen eine Abstandssumme von seiten Regensburgs bereitgefunden, auf die Übernahme seines Amtes zu verzichten. Die Möglichkeiten finanzieller Ausbeutung und das Motiv der Abwälzung lastender pekuniärer Verpflichtungen müssen bei der Schaffung und Besetzung von Stellen wie einer Reichshauptmannschaft stets als besonders wichtig beachtet, zuweilen als ausschlaggebend angenommen werden. Es besagt dies jedoch noch

---

[59] F. Firnhaber, Beiträge zur Geschichte Ungarns unter der Regierung der Könige Wladislaw II. und Ludwig II. 1490—1526 (= Archiv für Kunde österreichischer Geschichtsquellen III, 1849) S. 401.

[60] Or., Köln, Historisches Archiv, Köln und das Reich 32, Briefe Köln und das Reich XII, Fasc. 1505.

[61] Wolfgang von Ahaim an Herzog Albrecht IV. von Bayern, Landshut, 24. XI. 1496, Or., München, GStA, Kasten schwarz 156/3.

[62] Gemeiners Nachlaß, nr. 26.

nichts gegen die verfassungsrechtliche und politische Bedeutung, die gleichzeitig solchen Ämtern zugedacht war und die sie unter Umständen tatsächlich erlangen konnten.

Die Einsetzung des Reichshauptmanns in Regensburg vollzog sich mit der für die damalige Zeit charakteristischen Umständlichkeit. Um die Bedeutung des Vorgehens zu unterstreichen, wurde die Gesandtschaft, die in Regensburg die Ordnung wiederherstellen und schließlich den Reichshauptmann einführen sollte, in Form einer königlichen Kommission zwei fürstlichen Nachbarständen, dem Bischof von Eichstätt, Wilhelm von Eyb, und dem Pfalzgrafen Otto von Neumarkt übertragen. Sigmund von Rorbachs Bruder versah in Ottos Residenz Neumarkt das Schultheißenamt. Von 1497 an wurde Regensburg wiederholt ermahnt, sich dem Willen des Königs zu beugen. Die beiden Fürsten erschienen zwar persönlich, verhandelten aber nicht selbst, sondern durch ihre Hofmeister mit Kammerer und Rat der Stadt. Für den Fall der Weigerung Regensburgs verwiesen sie auf ausgedehnte Vollmachten, die sie berechtigten, den Reichserbmarschall Wilhelm von Pappenheim und das Mitglied des Kammergerichts, Dr. Heiden, zu Vollstreckungsmaßnahmen gegen Regensburg anzuhalten. 1498 befand sich in Begleitung der Fürsten auch der Anwärter auf die Reichshauptmannschaft, Rorbach, der Kammerer und Rat in seinem Sinne zu überreden versuchte. Er verhehlte nicht, wieviel ihm daran lag, sein neues Amt tatsächlich zu erhalten. Den Regensburgern bedeutete er, die Einrichtung der Reichshauptmannschaft sei beschlossene Sache; bekomme er sie nicht, dann ein anderer, während die Stadt doch keinen aufrichtigeren Freund als ihn finden könne.

Auf dreierlei Wegen suchte sich Regensburg gegen die Einsetzung des Reichshauptmanns zu wehren: einmal durch eine gewagte Obstruktion gegenüber den kgl. Kommissionen, denen man zunächst unter Berufung auf die Stadtordnung den Zusammentritt der Gesamtgemeinde abschlug und auch später solange als möglich den Gehorsam versagte. Der Rat, der sich aus der Zeit der vorübergehenden Zugehörigkeit der Stadt zu Bayern mit Unbehagen der Tätigkeit des früheren Regensburger Stadthauptmanns und späteren Schultheißen Fuchssteiner, der rechten Hand Herzog Albrechts IV. von Bayern, erinnerte, riskierte mit solchem Verhalten Anklageerhebung durch den Reichsfiskal und schließlich die Reichsacht. Opfer der städtischen Widersetzlichkeit wäre beinahe der Regensburger Stadtschreiber Schönstetter geworden, der im Auftrag des Rates dessen Willensmeinung der Kommission und Rorbach bekanntgeben mußte. Dabei kam es zwischen ihm und dem cholerischen Rorbach zu heftigen Szenen, die uns überliefert sind, und schließlich hatte sich Schönstetter, dem man Schmähungen gegen den König vorwarf, vor einer eigens nach Regensburg abgeordneten Untersuchungskommission, bestehend aus dem Reichserbmarschall, dem Reichsfiskal und einem

Beisitzer des Kammergerichts, zu verantworten[63]. Es berührt eigentümlich, wenn man in den amtlichen Quellen, die in der Regel den Tonfall
konventioneller Unterwürfigkeit bewahren, ab und zu das Lautwerden
des Hasses, der Verzweiflung, der Resignation, des blutigen Hohns,
wenn man von kräftigen Majestätsbeleidigungen hört. Zur gleichen Zeit,
da Schönstetter angeblich oder tatsächlich sich respektlos über den
König äußerte, saß der Ritter Antoni Gaisberger, ein französischer
Agent, zu Konstanz wegen Schmähungen des Reichsoberhauptes in Haft[64],
und 1496 hatte sich König Maximilian aus Italien beim Reichserzkanzler
beklagt, daß man ihn in allen Winkeln und Weinhäusern verspotte[65].
   Der andere Weg, den die Stadt einschlug, um die Reichshauptmannschaft abzuwenden, war die Schickung von Unterhändlern an den
königlichen Hof. Aber Regensburg war zu arm, um solchen Gesandtschaften ausreichend mitzugeben, was allein in der Umgebung Maximilians und bei ihm selbst Erfolg versprach. Blieb als dritter Weg der
Anruf der städtischen Solidarität übrig, die auf dem Reichstag zugunsten
Regensburgs wirksam werden sollte. Die Donaustadt hat auch in dieser
Hinsicht nichts unversucht gelassen, und ihren Mitreichsstädten vorzustellen gestrebt, daß, was heute ihr widerfahre, morgen andere treffen
könne. Zwei so mächtige Kommunen wie Nürnberg und Augsburg
scheinen sich der Regensburger Sache angenommen zu haben. Unterm
19. 3. 1498 schrieb Nürnberg an seinen Reichstagsgesandten Antoni
Tetzel nach Freiburg: „*Nachdem sich aber der gemelten unser freunde von
Regenspurg begern durch ir botschaft desselben mals weiter und dahin hat erstreckt, ob in durch die Kgl. Mt. eins hauptmanshalben, den man inen zesetzen
vermeint, davon du auch wissen haben magst, und sie sich des etwas haben widersetzt etc. furbeschied oder tag ernant und gesetzt würde, inen alßdann unser
botschaft zu beystand zeliehen, sind wir derselben zeit zetun und zelassen unentschlossen gewest … Nun haben sich die bede botschaft, Augspurg und die
unser, underredt, wir auch mittler zeit disen fal des hauptmanshalben swer und
sorgfältig bewegen, also das der nit allein Regenspurg, sunder kunftiklich ander
mer betreffen möcht und so in dann uf letare schiristkunftig deßhalben ein tag
für die versamlung des hl. reichs gein Freiburg ist ernant, dahin sie dann ir
botschaft schicken werden, so ist unser begern an dich bevelende, du wöllest inen zu
widertreibung solhs furnemens nach notturftiger unterrede dein und ander reichsstette botschaft, der sie ettwovil, als sie unser botschaft bericht, geworben haben,
neben denselben zimlichen und gepurlichen beystand und furdrung thun*[66].*"*

---

   [63] Darüber mehrere Aktenstücke (Conc. u. Or.) vom November 1498 — Januar
1499 in Wien, HHStA, Maximiliana. Über den Konflikt Schönstetters mit Rorbach
vgl. Gemeiner, Chronik IV S. 29.
   [64] PRT, Nürnberg, StA, RTA, Ansbacher Serie, Rep. 63b Bd. 12.
   [65] APRT, 24. XI. 1496, Merseburg, DZA, Rep. X nr. 248 Fasc. 1e.
   [66] Cop., Nürnberg, StA, Nürnberger Briefbücher, nr. 44.

Regensburg, das nach längerer Zeit erstmalig wieder auf einem Reichstag vertreten war, befürchtete, wegen seines vorhergegangenen Abfalls vom Reich üble Folgen. Man war stolz und erleichtert zugleich, als die Gesandten nach Hause meldeten, sie hätten anstandslos den ersten Platz auf der schwäbischen Städtebank wieder einnehmen können. Größere Erfolge waren allerdings nicht zu verzeichnen. Regensburgs Sache wurde zwar, wie vorgesehen, erörtert[66a], aber die Anwesenheit des Königs machte die Hoffnungen der Donaustadt zunichte. Der Herrscher war zu sehr von Rorbach beeinflußt, und die Reichsstände, auch sonst entgegenkommend, zeigten sich nicht gesonnen, es wegen einer solchen Frage auf einen Konflikt mit Maximilian I. ankommen zu lassen. So war denn auf dem Freiburger Reichstag keine Hoffnung mehr vorhanden, Rorbachs Ernennung abzuwenden. Im gleichen Jahr ritt der Mann in Regensburg ein, von dem noch Anfang 1498 der Rat in einer Bekanntmachung an die Bevölkerung gesagt hatte, daß er sich *„mit ainer haubtmanschaft alhie einzudringen understehe"* [67].

Damit begann für Regensburg eine jahrzehntelange Periode unter wechselnden Reichshauptleuten. Vielleicht sollte man das Wirken dieser Reichsbeamten nicht ganz so negativ einschätzen, wie es in den zahlreichen Bitt- und Denkschriften der Stadt Regensburg dargestellt wird. Ob sich die Reichshauptleute für die Gesundung und den Wiederaufstieg Regensburgs verantwortlich fühlten, steht zwar dahin. Daß aber eine günstige finanzielle und wirtschaftliche Entwicklung in ihrem Interesse liegen mußte, soweit sie daraus ihrerseits Profit ziehen konnten, ist nicht zu bezweifeln. Gelegentlich haben die Reichshauptleute für die Stadt diplomatische Sendungen, auch Fürsprachen und Verhandlungen verschiedener Art auf sich genommen. Der Regensburger Chronist Leonhart Widmann bemerkt sogar zum Tod des späteren Reichshauptmanns Christoph Blarer 1532: *„Man verlur in nit gern und was zu hoffen, er het dy stat hinfür bracht"* [68].

Im ganzen überwog jedoch auf seiten der Stadt stets die Tendenz, sich des Reichshauptmanns wieder zu entledigen. Regensburg sah in ihm — mit Recht — eine schwerwiegende Beeinträchtigung seiner Selbständigkeit, es fürchtete um sein reichsstädtisches Prestige und auch um seine materielle Wohlfahrt. In den Vorstellungen, die die Stadt insbesondere an den Hof des Reichsoberhauptes richtete, kehren drei Gesichtspunkte als ausschlaggebend für den städtischen Wunsch nach Beseitigung der Reichshauptmannschaft regelmäßig wieder. Erstens ist es der Ehrenstandpunkt, den Regensburg geltend machte. Man kam sich

---

[66a] Or. der Antwort der kgl. Räte auf die Beschwerde Regensburgs, 1. VIII. 1498 München, HStA, Reichsstadt Regensburg nr. 7.

[67] 17. 1. 1498 (Conc., Gemeiners Nachlaß, nr. 24).

[68] Deutsche Städtechroniken XV S. 125.

gewissermaßen entmündigt vor. Eine Stadt, die das Reich durch einen
Hauptmann zu kontrollieren für notwendig erachtete, machte den Eindruck unsolider und unsicherer Verhältnisse. Und hier ging nach
Meinung Regensburgs die ideelle in materielle Schädigung über. Denn
Kaufleute und Handwerker, die aus verschiedenen Gründen Lust haben
mochten, sich in Regensburg niederzulassen, wurden durch die Meinung,
dort sei ein unzulängliches, der Beaufsichtigung bedürftiges Stadtregiment am Ruder, an ihrem Vorhaben irre gemacht. Als dritter Einwand
wurde die finanzielle Belastung durch das neue Amt ins Feld geführt.
Rorbach forderte und erhielt im Laufe der Jahre eine stattliche Summe
und nicht nur das; er erwarb unentgeltlich ein Haus in Regensburg, und
nach seinem Tode stellte seine Witwe hohe Ansprüche an die Stadt. Um
den Sold für den folgenden Reichshauptmann Thomas Fuchs aufzubringen, hat eine kaiserliche Kommission im Jahre 1514 *„den zoll auff
der brucken, das maßgelt von getraid getoplet und ander mer neu auffschlag
gemacht, damit gemaine stat der jerlichen 400 gulden, so man dem haubtman geb,
mecht wider einchomen"* [69].

Die Befugnisse des Reichshauptmanns in Regensburg waren weit-
reichend. Er nahm an den Ratssitzungen teil und kontrollierte das
gesamte städtische Regiment. Mit gutem Grund berichtet der Stadt-
chronist, Rorbach habe Regensburg mehrere Jahre *„regirt"* [70]. Nach dem
Tod Rorbachs 1511 bestimmte Kaiser Maximilian den Ritter Thomas
Fuchs zum Schneeberg zum Reichshauptmann in Regensburg. Es
dauerte bis 1514, ehe Fuchs am 7. Juni als Hofmeister von Maximilians
Enkelin Königin Maria von Ungarn in Regensburg einreiten und tags
darauf durch eine kaiserliche Kommission in sein Amt eingesetzt werden
konnte. In der Zwischenzeit hatte Regensburg neuerdings schwere
Krisen durchzustehen gehabt. Nicht zuletzt die der Stadt aufgedrungene
und offenbar so rasch nicht wieder abwendbare Reichshauptmannschaft
hatte zur maßlosen Erbitterung weiter städtischer Bevölkerungskreise
beigetragen. Aufruhr durchtoste wiederum die Stadt, und nur mit
schärfsten Mitteln, auch Anwendung der Todesstrafe, gelang es, die
Ordnung wiederherzustellen. 1526 starb Fuchs; sein Sohn Hans trat unmittelbar darauf die vom Vater vorbereitete Nachfolge an. 1530 kaufte
der Reichspfennigmeister Dr. Christoph Blarer, Bruder des Abtes Gerwig
Blarer von Weingarten, dem Hans Fuchs die Reichshauptmannschaft ab.
Leonhart Widmann berichtet über Blarer: *„Es was in dem vergangnem
türcknzug eins pürgers son von Costniz, Christoff Plärer, ein doctor, des reichs
pfenningmaister, der het im zug vill, vill erüberigt, lag hie, het wol 8 trabanten,
füret ein grossen pracht, im gefiel das wesen hie, het ein groß herz, stellet nach der
haubtmanschafft, überredet Hansen Fugssen, ritter, das er im dy haubtmanschafft umb 5000 fl. paar bezalet, brachz bei kayserlicher majestät auß"* [71].

---

[69] Ebd. S. 21 f.   [70] Ebd. S. 15.   [71] Ebd. S. 98.

Blarer kaufte weiterhin das Portnersche Haus am Domplatz, baute es aus und lebte in geradezu fürstlicher Pracht. Allerdings war, wie der Chronist vermerkt, bei seinem Tode nicht der zwanzigste Teil des Aufwands bezahlt.

Drei Jahre lang hat Regensburg nach Blarers 1532 erfolgtem Tod „*durch alle renck versucht, ein jerlichs ewigs gelt zu geben, ein anzall pferd an ir ainß hoff, des kaisers oder künigs, zu halten, und vill weg gesucht, das man eins haubtmans ab weer, und het dy jar heer vill drob verzert, verschenckt*"[72]. Vergeblich! Am 25. 5. 1535 ritt als neuer Reichshauptmann Hans Herr von Damis mit 24 Pferden ein, nachdem drei Monate vorher eine kaiserliche Botschaft seine Einsetzung angekündigt und gefordert hatte. Es ließ sich an Hand der Quellen noch nicht feststellen, wann die Reichshauptmannschaft in Regensburg erloschen ist. Allem Anschein nach war jedoch Damis der letzte Inhaber dieses Amtes. Seit dem Reichstag von 1532 war es mit Regensburg wirtschaftlich wieder aufwärts gegangen — die Vorbedingung für eine Abschaffung des der Stadt so lästigen Amtes, die nur mit Geld zuwegezubringen war. Daß Regensburg 1543 einen Blasy von Wien zu seinem Fußknechthauptmann machte, könnte ein Hinweis sein, daß man sich nunmehr unabhängig genug fühlte, einen unter dem Rate stehenden städtischen Hauptmann anzustellen. Wenn auch die Aufgaben des Reichshauptmanns und die des Hauptmanns der Fußknechte ganz verschieden waren, so wäre doch während der Amtsführung des Reichshauptmanns auch eine bloße Titelkollision zweier Hauptleute kaum gewagt worden. Man wird also annehmen dürfen, daß die Reichshauptmannschaft zwischen 1535 und 1543 eingegangen ist; dafür spricht auch das argumentum ex silentio, da nach 1535 von einem Reichshauptmann in den Quellen nicht mehr die Rede ist.

Zur reichspolitischen Lage der deutschen Städte um 1500

Zur Zeit, da Erzbischof Berthold von Mainz mit zäher Geduld die in Worms 1495 errungenen Ergebnisse der Reichsreformbestrebungen zu wahren und zu vervollkommnen trachtete, konnte es den Anschein haben, als ob die Berufung der Reichsstädte zum Reichstag und ihre Beteiligung an dessen Verhandlungen einer festen Ordnung und Regelung zugeführt würde. Tatsächlich war dies nicht der Fall[73]. Bis 1648 fand man keine Entscheidung über Sitz und Stimme der unmittelbaren Städte auf dem Reichstag. Die Sitzordnung, die sich die Kommunen auf den Städtetagen und innerhalb des städtischen Kollegiums am

---

[72] Ebd. S. 139. — Herrn Stadtarchivar Dr. J. Sydow, Regensburg, bin ich für Auskünfte zur Regensburger Reichshauptmannschaft zu Dank verbunden.

[73] Vgl. u. a. R. Bemmann, Zur Geschichte des Deutschen Reichstags im XV. Jahrhundert (1907) S. 59f.

Reichstag gegeben hatten[74], war weit davon entfernt, die Rangfolge
von Macht und Einfluß zu spiegeln oder gar eine gestufte und aus-
gewogene Geschlossenheit des reichsstädtischen corpus zu versinnbild-
lichen. So wichtig Sessionsfragen von den Zeitgenossen genommen
wurden und so ernst sie vom historischen Betrachter zu nehmen sind,
hinsichtlich der Reichsstädte trug um 1500 ihre einmal eingeführte und
beibehaltene Sitzfolge nur mehr ein zeremoniell-dekoratives, in sich recht
antiquiertes Gepräge, gleich dem nach wie vor aufrechterhaltenen
Unterschied zwischen Frei- und Reichsstädten[75]. Die politischen Positionen der Städte waren anders verteilt als es in solchen Traditionen zum
Ausdruck kommen konnte. Im Sinne einer „realpolitischen" An-
schauungsweise wird man zunächst unterscheiden eine Gruppe von
einflußreichen „Großstädten" wie Köln, Augsburg, Nürnberg, Ulm,
Straßburg, Lübeck, Frankfurt, die als militärische oder subsidienzahlende
Bundesgenossen auch bei den Fürsten begehrt waren und insbesondere
vom Reichsoberhaupt ihrer Finanzkraft wegen geschätzt und unaufhörlich in Anspruch genommen wurden. Ihre relative Unabhängigkeit,
noch mehr ihre Unentbehrlichkeit ermöglichte es solchen Städten, sich
Wünschen des Kaisers gelegentlich zu versagen. In Fragen der allgemeinen Reichspolitik hielten sie sich meist sehr vorsichtig zurück,
wenn sie aber hervortraten und Ansprüche stellten oder Mittlerdienste
anboten, konnten sie gewiß sein, ernst genommen zu werden. Einige
dieser Städte geboten über ein Territorium von erheblichem Umfang,
und meist war ihnen eine Gruppe kleinerer Klientelstädte zugewandt, so
Windsheim, Weißenburg am Nordgau, Schweinfurt, Dinkelsbühl der
Stadt Nürnberg, oder Donauwörth, Kaufbeuren, Schwäbisch-Hall, Heilbronn, Wimpfen der Stadt Augsburg. Dieses reichsrechtlich oder vertraglich nie festgelegte Klientelverhältnis der „Kleinen" verursachte
ihrer jeweiligen Metropole manche Mühe, vor allem häufig die Vertretung
ihrer Anliegen auf dem Reichstag, wurde aber zumindest aus Prestige-
gründen von den „Großen" gern aufrecht erhalten. In der Organisation
der gegenseitigen Benachrichtigung spielten die genannten großen
Kommunen die Rolle einer „ausschreibenden Stadt"[76]. Als typisch für

[74] Die Sitzordnung findet sich häufig unter den Aktenstücken ehemals reichs-
städtischer Archive, z.B. Sitz- und Frageordnung auf dem Speyrer Städtetag vom
26. VII. 1496 im StA Basel, Deutschland, B 2 VI nr. 8. — Vgl. ferner K. Rauch
(Herausgeber), Traktat über den Reichstag im XVI. Jahrhundert (= Quellen und
Studien zur Verfassungsgeschichte des Deutschen Reiches in Mittelalter und Neuzeit,
hrsg. von K. Zeumer, 1905) S. 67f. Zur Kritik Rauchs vgl. F. Hartung in MIÖG
XXIX (1908) S. 326ff.
[75] Vgl. A. M. Ehrentraut, Untersuchung über die Frage der Frei- und Reichsstädte (1902).
[76] Die Bezeichnung „Ausschreibende Stadt" hat sich wohl schon im weiteren
Verlauf des 16. Jahrhunderts offiziell innerhalb des reichsstädtischen Kollegiums

mittlere reichsstädtische Größenordnung (nicht hinsichtlich der räum-
lichen Ausdehnung und der Einwohnerzahl, sondern der wirtschaftlich-
politischen Stärke) seien Nördlingen und Worms genannt, die immerhin
über eine gewisse politische Bewegungsfreiheit verfügten, es auch
wagten, sich mächtigen Herren zu widersetzen, selbst wenn sie kein
Schutz- und Schirmverhältnis zu anderen Mächtigen gefunden hatten,
aber reichspolitisch für sich genommen kaum zählten. Immerhin konnten
ihre und selbst der kleinsten Kommunen Konflikte vor das Reich gebracht werden und zu reichspolitischen Weiterungen führen. Die dritte
kleinste und zahlreichste Gruppe bestand aus Städten von der Größe
Schwäbisch-Wörths (Donauwörth), Wetzlars, Lindaus, Bopfingens,
Gemeinwesen ohne jede politische Bedeutung, ganz und gar auf Schirm-
verhältnisse oder auf die Eingliederung in große bündische Zusammen-
schlüsse angewiesen.

Einungen und Bünde haben um 1500 weithin das politische Leben des
Reiches bestimmt, aber abgesehen von der deutschen Hanse fand sich
unter ihnen kein ausgeprägter Städtebund mehr, und die Hansestädte
besaßen vielfach keinen reichsstädtischen Charakter. Zahlreiche der
Kommunen auf der schwäbischen und rheinischen Bank des reichsstädtischen Kollegiums lagen auf Grund der damaligen Verkehrsmöglich-
keiten soweit von der Masse der Hansestädte entfernt, daß schon deswegen ein politisches Zusammenwirken schwerlich zu bewerkstelligen
gewesen wäre. Bezeichnend ist, daß man um 1500 im Süden und Westen
Deutschlands das Wort Hansestädte offenbar nicht mehr verstand und
häufig statt dessen „An-Seestädte" schrieb. Im Süden bildete die Eidgenossenschaft eine Vereinigung von Städten und Landschaften, ein in
sich vielfach gespaltenes und doch außergewöhnlich mächtiges und um-
worbenes Gemeinwesen, die einzelnen Orte wie die eidgenössische Gesamtheit durchaus selbständig in ihren politischen Entschlüssen, auch da,
wo ein Ort reichs- und kaiserfreundliche Politik trieb, faktisch unabhängig neben dem Reich stehend und von großer Anziehungskraft auf
die nähere und weitere Nachbarschaft. Dies beweisen der Übertritt von
Basel und Schaffhausen 1501 zur Eidgenossenschaft nach dem Schwabenkrieg von 1499 und die jahrelangen gleichläufigen Bestrebungen
einer Partei unter der Konstanzer Bürgerschaft, die aber bekanntlich
nicht zum Ziele führten. Und dies waren nicht die einzigen Reichsstädte,
die endgültig oder vorübergehend in den Bannkreis der Eidgenossenschaft gerieten. Unmittelbar vor der Wahl Karls V. tauchte sogar der
Plan eines allgemeinen Bündnisses der Reichsstädte mit den Eidgenossen
auf, da man nach der Einsetzung eines von Deutschland meist abwesenden

---

eingebürgert. Vgl. J. F. Feller, Monumentorum ineditorum fasciculi XII (1718)
S. 242: „Ulma una est quatuor illarum urbium, quae die ausschreibenden Städte
dicuntur."

18*

französischen oder spanischen Reichsoberhaupts das Ärgste für die
Selbständigkeit der Städte befürchtete[77]. Im Elsaß umfaßte die damals
bestehende zweite Niedere Vereinigung geistliche und weltliche Fürsten,
Prälaten, Grafen, Ritter und Städte[78]. Unter den Städten der Niederen
Vereinigung bestand allerdings ein engeres Einvernehmen, z.B. zwischen
Straßburg, Schlettstadt, Kolmar und Oberehenheim. Ein Rheinischer
Städtebund existierte nicht mehr, doch war eine engere Fühlungnahme
zwischen den rheinischen Reichsstädten üblich. In dem Fürsten und
Adel mit einschließenden Schwäbischen Bund existierte ein eigen-
ständiger städtischer Zusammenschluß, vergleichsweise trefflich und
wirksam organisiert, aber innerhalb des Gesamtverbandes keineswegs
maßgebend oder auch nur unangefochten. — Neben den bündischen
wurde noch von anderen Formen der Anlehnung oder der gegenseitigen
Versicherung Gebrauch gemacht. Sie reichten von einer losen, fallweisen
Fühlungnahme bis zu stärkeren Bindungen, z.B. den Zusammenschlüssen
der Seestädte um den Bodensee oder der stets gemeinsam handelnden Vier-
städtegruppe Wimpfen, Rothenburg ob der Tauber, Hall und Heilbronn.
Einzelne Städte verließen sich im wesentlichen auf ihr Schutz- und Schirmverhältnis zu einem mächtigen Territorialherren. Derlei Bindungen bestanden z.B. zwischen dem Haus Österreich und Lindau, zwischen der
Pfalz und den Städten Speyer, Worms und Wimpfen. Wenn sich Rottweil als zugewandter Ort der Eidgenossenschaft verband, bedeutete dies
eine starke Fürsprache und Sicherung, setzte aber die Stadt Konflikten
mit der Reichsgewalt aus. Gewissermaßen als selbständig gewordene
Erscheinungsform des reichsstädtischen Kollegiums und unabhängig von
den Reichstagszusammenkünften stellte sich der Städtetag seit dem 15.
Jahrhundert dar, der aber keine feste Periodizität erlangte. Brachte er
es in einem Jahr zuweilen auf mehrere Tagungen, so fielen die Zu-
sammentritte andererseits jahrelang überhaupt aus.

Die Verhandlungen auf solchen Städtetagen zeigen, was hauptsächlich
eine nachhaltige Interessengemeinschaft der Reichsstädte begründen
konnte. Generalthema der Beratungen waren in der Regel die zu er-
wartenden oder bereits beschlossenen Anschläge und Reichssteuern; die
Bewilligung oder Ablehnung solcher Steuern war Sache der Reichsstädte insgesamt als einer staatsrechtlichen Körperschaft. Das Bestreben,
den Anschlägen auszuweichen oder sie zumindest in ihrer Höhe herab-
zusetzen oder auch nach bereits erteilter Zusage durch mehr oder minder
fragwürdige Manipulationen die Zahlung hinauszuzögern oder zu
kürzen, bildete das häufigste und stärkste Anliegen städtischer Politik

[77] Fragment der Denkschrift eines unbekannten Verfassers, Basel, StA, Deutschland B 2 I nr. 23.
[78] Vgl. A. W. Matzinger, Zur Geschichte der Niederen Vereinigung
(= Schweizer Studien zur Geschichtswissenschft II, 1910) passim.

und veranlaßte die Reichsstädte zu Versammlungen innerhalb und
außerhalb des Reichstags. Sieht man von diesem allerdings wichtigen
und schwerwiegenden Gegenstand ab, so bedeutete, was die Städte sonst
noch aus politischen Motiven zusammenführen und einen konnte, nicht
viel. Politischer und juristischer Beistand für bedrohte Kommunen wie
Regensburg oder Worms durch ihre Mitreichsstädte kam auf Reichstagen
wohl vor, war aber in seiner Wirkung keineswegs überzeugend[79]. In
wirtschaftlicher Beziehung herrschten zwischen den großen auch politisch
ansehnlichen Städten, deren Regiment sich mit dem Interesse der
Monopolgesellschaften identifizierte, und der Masse der kleinen und
kleinsten Kommunen sogar ausgesprochene Gegensätze. Jede Stadt hatte
ihre besonderen sozialen Spannungen, ihr von den anderen oft recht
unterschiedliches Verhältnis zu Bischöfen, die noch Restbestände ihrer
Stadtherrschaft in Händen hielten, zu Reichspflegern, Reichsschultheißen,
Reichsvögten, zu freundlichen und feindlichen Nachbarn geistlichen und
weltlichen, fürstlichen und ritterlichen Standes. Je weiter die Entfernung
von Stadt zu Stadt, um so geringer das Wissen voneinander und die
Möglichkeit gemeinsamer Aktion. Was bedeutete, abgesehen von seiner
Heiltumsfahrt, Aachen den Überlingern, Nordhausen den Regensburgern? Wirksam war nur der überschaubare, in kürzerer Zeit durch-
meßbare regionale Zusammenschluß. Manche der großen Städte hätten
im Grunde genommen eine splendid isolation vorgezogen und nur von
Fall zu Fall mit anderen wichtigen Reichsstädten oder auch benachbarten
Fürsten Fühlung aufgenommen und Bündnisse geschlossen. So sind
wenig Beispiele kraftvollen und gemeinsamen städtischen Handelns oder
auch nur eines gegenseitigen städtischen Beistands aufzuzählen.

Daß die Reichsunmittelbarkeit den ihrer teilhaftigen Städten stets ein
hohes Gut bedeutete, ihren Stolz und ihr Selbstbewußtsein stärkte,
braucht nicht erörtert zu werden. Die Bürger wußten insbesondere wohl
zu schätzen, wie nützlich ihnen die eigene Rechtsprechung und Verwaltung, die wirtschaftliche Selbstbestimmung und vor allem die
finanzielle Selbständigkeit war. Allerdings profitierten von solchen
Freiheitsgütern unmittelbar in der Regel nur diejenigen Führungskreise,
die die städtischen Ämter besetzten und das Stadtregiment ausübten.
Der gemeine Mann hat hie und da gezweifelt, ob er mit seiner städtischen
Obrigkeit tatsächlich besser fuhr als mit einer fürstlichen.

Das Reich schätzte die Städte hauptsächlich als vergleichsweise zu-
verlässige Steuerzahler. Erzbischof Berthold, obwohl er von den Ressenti-

---

[79] Am 28. V. 1498 baten Statthalter des Bürgermeistertums und Rat der Stadt
Basel ihren Bürgermeister Ritter Hartung vom Andlo, „sover ander unser guten
frunt von richstetten botten zu denselben von Wurms treten und inen bystendig
sind, das ir dann glicherwise wie sy uch auch bewisen" etc. (Or., Basel, StA, Deutschland B 2 III).

ments gerade der geistlichen Reichsfürsten gegen die Bürgerschaften nicht frei war, hatte den Städten einen ihnen angemessenen bescheidenen Anteil an seinem Reichsreformwerk vorbehalten. Angemessen in Anbetracht ihrer politischen Bedeutung, denn ausschlaggebend waren die Territorialmächte, und, wenn überhaupt, konnte eine Reichsreform nur im Bunde mit ihnen durchgeführt werden.

Maximilian I. war so wenig wie der Reichserzkanzler ein Freund und Förderer politischen Städtewesens als solchem. Die Gesichtspunkte seiner reichsstädtischen Politik waren vorwiegend fiskalischer Natur und ergaben sich fast ausschließlich aus seinen finanziellen Bedürfnissen. Von ihm aus gesehen mußten die Reichsstädte erhalten bleiben, weil sie ihm die Stadtsteuer entrichteten, die weithin die Grundlage für die Besoldung seiner hauptberuflichen Räte und Sekretäre bildete, und weil man von ihnen am ehesten auch außer der Reihe reichsgesetzlich beschlossener Anschläge und Hilfen Darlehen und Verehrungen erwarten durfte. Aus prinzipiell städtefreundlicher Gesinnung hat Maximilian wohl nie ein Privilegium an Reichsstädte erteilt oder konfirmiert; das alles mußte von städtischer Seite teuer bezahlt werden. Wenn es ihm aus finanziellen oder allgemein politischen Erwägungen ratsam erschien, trug er keine Bedenken, Reichsstädte zu verpfänden. 1498 hatte er die Verpfändung Donauwörths an Herzog Georg von Niederbayern ins Auge gefaßt und schon urkundlich vorbereiten lassen. 1506 erfolgte die Verpfändung Nordhausens und Mühlhausens an Kurfürst Friedrich von Sachsen, die aber schließlich auch nicht zur Durchführung gelangte. Von einer vorbedachten, programmatischen, vorausschauenden und positiven Städtepolitik des Reiches oder seines Oberhaupts ist im Zeitalter Maximilians I. längst nicht mehr die Rede.

ANHANG

Erklärung des Inneren und Äußeren Rates der Stadt Regensburg an die Gesamtgemeinde über ihre Ansicht und Haltung betr. die vorgesehene Einsetzung eines Reichshauptmanns

(Auszug)

Als ... die kgl. Mt. den Rorbegken heubtman der stat fürnemen und bevelen, den in allen und yedlichen hendeln und sachen gemainer stat, irer burger und inwoner betreffend zu halten und zuzelassen, im gehorsam und gewertig zu sein, sagt ein rat, wiewol die stat Regenspurg der kgl. Mt. und dem hl. reich zugehöre, sy auch dieselben kgl. Mt. für iren rechten ainigen naturlichen heren erkenen, bei s. G. und dem hl. reich zu ewigen zeiten sich halten und davon in kain wege weichen wollen, yedoch nachdem s. kgl. Mt. und s. G. vorfaren am reich in aigner person die stat nit haben mogen regiren, ist den burgern diser und ander stete des reichs von den ksl. rechten zugeben und erlaubt, das sy aus in selbs camerer und rat als magistraten und defensores erwelen, dieselben alsdan aus solher wale empfahen das regiment der stat. Solhe ordnung ist aber über menschen gedechtnus in der stat Regenspurg in gewondlichen prauch gehalten und kain ander auswendiger hoher gewalt zu taglicher handelung und regirung der stat nye gewest, sonder ander gerichtszwang, gewalt und ambt dem camerambt underworfen sein, dergleichen nit allain in des reichs, sonder auch der Ff. und hh. stetten und merckten gehalten würt, da die burger ainen burgermaister und rat welen, demselben und kainem andern ambtman sy gehorsam beweisen. Ks. Fridrich hat auch durch sein freihait gemainer stat geben ainen rat, das regiment gemainer stat bevolen. Unser allergst. h., der Ro. Kg. hat auch bestymbt recht, freihait, gewonhait und alt herkomen der stat und iren burgern gnediklich confirmirt und bestett, inhalt s. kgl. Mt. brief und urkunt darüber erlanget, verhoffen s. Mt. werde als ein pact halten. Wo die kgl. Mt. solher unser gerechtigkait, freihait und gewonhait und alt herkomen gedechtig gewest, were s. G. so leicht nit bewegt worden, ainen haubtman here zu schiken, ze voran so in s. Mt. credenz und werbung uns furhaltung von demselben unsern gerechtigkaiten, freihaiten, gewonhaiten und altem herkomen kain meldung beschicht noch demselben dorinen derogirt würt und ist nit zu vermuten, das s. Mt. wil oder maynung sey, der stat, iren magistraten an iren bestäten und confirmirten freihaiten, rechten, altem herkomen und geprauchen smelerung und abpruch zu tun, so doch ander stett des reichs mit haubtleuten dermassen nit beswärt werden.

So aber rat und gemain den hern Sigmunden Rorbegken als haubtman in handelungen und sachen gemaine stat und ir burger gehorsam und gewertig laut vorberurts beveles sein solten, wurden dardurch bestymbt confürmirt und bestät freihait, rechte, alt herkomen, geprauch, gewalt, herlihkeit und zirligkait gemainer stat, iren burgern und iren nachkomen in ewig zeit benumen oder zum minsten mochten camerer, rat und ander ambtleut der stat zugut nit frey handeln.

Es wäre unmüglich, das kamerer und rat zu allen zeiten und in allen sachen möchten handeln mit ainem haubtman und wurd dardurch grosse verhinderung und irrung erwachsen denen, die vor ainem rat zu schaffen gewunnen, darzu wurd merckliche widerwärtigkeit under den leuten ersten, wan ye ainer vom kamerer zum haubtman, vom haubtman zum kamerer wurd laufen.

Swär und verderblich wurd es werden, solt ein haubtman, der dem reich on mittel nit underworfen ist, bei einnemen und ausgeben der stat sein, mit der stat gut handeln und gefaren nach seinem willen, der stat heimligkeiten empfahen, mit iren privilegien, briefen und insigeln umbgeen nach seinem gefallen, so doch ein gemain noch in frischer gedechtnuß hat, was unrats, schadens und zuruckung aus etlichen frömden personen, der stat sachen und handelung erlernt haben, erstanden ist.

Ain yeder burger diser stat mag bei im selbs wol ermessen, das im vil leichter und geringer ist, mit ainem camerer zu reden und ze handeln, dan mit ainem haubtman und ob ein camerer oder ander person des rats ainen yeden mitburger nit angenehm sein solten, dieselben pillic ain geduld haben, so doch alle jar neue wal beschicht. Aber ein haubtman gefall den burgern oder nit, dannoch pleibt er über iren willen.

Nachdem zu vermuten ist, das ein haubtman nit aus sein selbs, sondern aus gemainer stat peutl hie zeren, wil in der stat vermögen nit sein, wan wo man im vil geben, musten die geleubiger irer gult geraten, dardurch krieg und ungemach auf die stat erwachsen und gemainer stat an iren gepeuen, meuern, gräben und ander notturft mangl wurden leiden. Zu besorgen ist, was kamerer und rat furnemen und beschließen, ain haubtman wurd das nach seinem gefallen widertreiben oder verändern, kain vermugender oder stathafter man wurd gern im rat sein, ambt annemen und in der stat sachen ze voran mit und neben ainem haubtman handeln, dardurch regiment der stat allain zum haubtman komen, der sich auch villeicht allain understen wurd, rat und ambtleut zu setzen nach seinem willen.

Wan die burger diser stat sich in die swär dinstparkeit begeben, das sy ainen haubtman in allen sachen wolten gehorsam und gebirtig sein, wurd sich myemant zu der stat tun noch herein ziehen. Es mochten auch etlich die ytzund hie sein, sich hindern und an ander ende ziehen, daby freyer sässen dan bei diser stat.

Wan auch solhe haubtmanschaft und dinstparkeit auferstund, wurd Regenspurg kain freystat mer sein, wan alsdan den burgern freyer wal aines kamerers und rats, auch demselben freye regirung wurd benumen.

Nemen wir ainen haubtman an, so bekennen wir und geben uns schuldig, das die stat in abnemen, schaden und verderben wachse. Wir und unser kaufleut verluren dardurch den glauben, wan die auslander gedencken, im sey also und werden mit uns und gemainer stat nit gern handeln, damit wir vom gewerb mochten komen.

Wir wurden dadurch im reich allenthalben dest smächlicher und unwirdiklicher gehalten und muesten groß und swär nachrede, smähe und lesterung leiden, als wir vormals wol befunden haben.

Vil mer und ander beswärung, gevärlikeit und unrat mocht ein rat erzelen, die gemainer stat und den burgern in annemen eins haubtmans zusten wurden, die von kurz wegen underlassen sein, wan ein yeder vernunftig die bei im selbs wol mag bedencken.

So aber die kgl. Mt. zu ursach seins furnemen ains haubtmans halb setzet und erzelet, s. G. sey gleublich bericht, das die stat in größter abnemen, schaden und verderben wachse, dan vor und ee bestymbt ordnung und regiment durch s. G. anwelde und den von stetten gemacht ist worden und doch, als oben angezaigt ist, sich in warhait sol erfinden, das seither die stat nit in abfall, sonder in gutem wesen stet, das auch bemelte ordnung und regiment unzher mit vleis gehalten ist worden. So dan bestymbt ursach nit vor augen, sol gemaine stat pillich eins haubtmans von bestymbter ursach wegen hergeschickt entladen sein, camerer, rat und gemain bei iren bestäten regiment, freyhaiten, rechten und altem herkomen peleiben.

Und wo die kgl. Mt. solichs aufnemens und rechten wesens der stat bericht empfangen, hette s. G. nit furgenomen, ainen haubtman herzuschiken, die stat und ir burger damit zu beschwären. Ain rat tregt auch kain zweifel, wan s. Mt. solichs aufnemens und wesens der stat gruntlich und warlich bericht, werde rat und gemain mit kainem haubtman belestigen, sonder inen gnediklichen vergonnen, die stat selbs inhalt irer freihaiten und altem herkomen zu regirn. Wo rat und gemain über ains wurden, die kgl. Mt. des aufnemens und guten wesens der stat zu berichten, bedurften sy nit sorg haben auf die gedroten penen. Wan solich pen nur allain stat haben, so frävenlich und mutwilliklich wider s. Mt. gebot gehandelt wurd und doch rat und gemain nit willen noch fürsatz haben, der kgl. Mt. gebot zu verachten, sonder allain s. G. ware underricht zu geben, damit sy bei iren rechten, freihaiten, gewonhaiten, herlikaiten und altem herkomen beleiben, sich selbs und gemainer stat vor schaden und verderben verhüten und ains haubtmans vertragen sein möchten.

Darauf inner und eußer rat ain erbere gemain treulich tut warnen und ermanen, zu bedencken und zu herzen nemen, das dise stat ain alte frey stat des hl. reichs in allen landen hoch geacht und berümbt ist, auch in versamlung der stänt des reichs die ersten sitzstat gehabt und noch hat und das ye und ye über menschen gedechtnuß die stat durch ir burger und kainen fremden regirt ist worden, als dan die geschriben recht, Ks. Fridrichs freihait, der kgl. Mt. confirmacion zugeben und bei andern steten im reich allenthalben gehalten wirt, das auch durch der kgl. Mt. fürnemen ains haubtmans halben rat, gemain und all ir nachkomen zu ewigen zeiten an bemelten iren rechten, freihaiten und altem herkomen verletzt und sunst mangerlei unrat daraus möcht erwachsen, namlich so sy ainem haubtman gehorsam und gewertig sein, im regiment und gehayme der stat vergönnen solten, das auch die stat nit in abfal, sonder aufnemen und gutem wesen ist. Und solichs angesehen versicht sich ein rat ein erbere gemain sich selbs, ir nachkomen und gemaine stat bei bestymbten iren rechten, freihaiten, gerechtigkaiten, herlikaiten und

altem herkomen wolle hanthaben und behalten, darzu inner und eußer
rat treulich und mit allem vleis sich erbeut, zu helfen und zu raten. Ain
rat ist auch erbüttig, mit der gemain fruntlich zu ratschlagen und über
ains werden, die kgl. Mt. aufnemens und guten wesens, auch ander
notturft der stat zu berichten, zu erbitten, das s. G. rat und gemain bei
iren rechten, freihaiten, altem herkomen und regiment peleiben, und sy
mit ainem haubtman unbeswärt lasse. So wollen sy mit der hilf gottes
und s. kgl. G. in der ordnung, so in vormals durch s. G. anwelde und
verordenten der stete geben ist, der stat dermassen vor sein, das sy in
kurzen jaren in gut vermogen komen, s. kgl. Mt. und dem hl. reich
nutzpar sol werden und sich bei s. Mt. und dem hl. reich als die fromen
getreulich enthalten und in kain wege oder not davon setzen, des dorfte
s. Mt. kainen zweifel tragen, sonder sich zu inen verlassen, was herinen
aber gemain gefallig sein will, mogen sy ainem rat zu versten geben.

(Cop., München, HStA, Gemeiners Nachl., nr. 23.)

DIE DOPPELREGIERUNG KAISER FRIEDRICHS III. UND KÖNIG MAXIMILIANS IN DEN JAHREN 1486—1493

Ein politisch-historisches Generationsproblem[1]

Von Ernst Bock

Am 16. II. 1486 wählten die sechs zum Frankfurter Reichstag geladenen Kurfürsten[2] den noch nicht ganz siebenundzwanzigjährigen Erzherzog

---

[1] Die nachfolgenden Ausführungen beruhen auf der Materialsammlung der Deutschen Reichstagsakten unter Maximilian I., die ich für die Jahre 1486—95 incl. bearbeite. Auf sie sei für alles Nähere verwiesen, weshalb hier auch auf alle Quellennachweise verzichtet werden kann.

[2] Der siebente, König Wladislaw von Böhmen, war nicht geladen worden und beantwortete diese absichtliche Übergehung seiner Person bzw. Schmälerung seines Kurrechts mit einem geharnischten Wahlprotest. Die Verhandlungen darüber, die bezeichnenderweise nicht der Kaiser, sondern die Kurfürsten mit ihm führten,

Maximilian von Österreich-Burgund zum Römischen König und damit
zum Nachfolger seines Vaters, des greisen Kaisers Friedrich III. Die Vorverhandlungen, die sich mindestens bis in den Herbst des Jahres 1484
zurückverfolgen lassen und bis wenige Stunden vor dem offiziellen
Wahlakt hinzogen, wurden so streng geheim gehalten, daß man sich
lange Zeit über die politischen Hintergründe und die treibenden Kräfte
dieser Wahl im Unklaren war. Gestützt auf die Autorität Rankes haben
die meisten Historiker in der bereits zu Lebzeiten seines Vaters erfolgten Kür Maximilians einen Triumph der dynastischen Staatskunst
Friedrichs III. sehen wollen, der den Verbleib der Kaiserkrone beim
Haus Habsburg auf absehbare Zeit sichergestellt habe. Eine solche Auffassung schien um so glaubhafter und wohlbegründet, als der ausgeprägte
Familiensinn dieses Herrschers, wie er sich etwa in seiner allbekannten,
wenn auch mehrdeutigen Devise AEIOU offenbart, zu seinen hervor-
stechendsten Charakterzügen gehörte. Trotzdem steht sie, wie schon
Ulmann dargelegt hat[3], in unleugbarem Widerspruch zu den geschichtlichen Tatsachen.

Wenn Friedrich III. von seinem so völlig anders gearteten Sohn die
denkbar schlechteste Meinung hegte und ihn geradezu für unfähig erklärte, nach ihm die Reichsregierung zu übernehmen, so ist das an sich
freilich noch kein schlüssiger Gegenbeweis. Allein das uns heute zur
Verfügung stehende Material läßt keinen Zweifel mehr darüber, daß
eben der hartnäckige Widerstand des alten Kaisers die Hauptschwierig-
keit bei den Verhandlungen der Kurfürsten mit ihm bildete. Ja, an ihm
drohte bis zum letzten Augenblick die Wahl Maximilians zum Römischen
König zu scheitern.

Zweierlei ist in diesem Zusammenhang von entscheidender Bedeutung.
Einmal der Umstand, daß Maximilian ungeachtet der beredten Fürsprache
Erzherzog Sigmunds von Tirol und des sonst bei seinem Vater so viel-
vermögenden Rats und Hofmarschalls, Sigmund Prüschenks Freiherrn
zu Stettenberg, die Abneigung Friedrichs gegen eine Teilung seiner
Herrschaftsbefugnisse nicht zu überwinden vermochte. Erst als er sich
ausdrücklich verpflichtete, ihm zeitlebens an der Regierung des Reichs
und der österreichischen Erblande sowie der Ausübung aller ihm sonst
noch zustehenden Hoheitsrechte „khainerley irrung (zu) tun noch sich
deshalben etwas wider" ihn anzunehmen, willigte der Kaiser in seine
Wahl zum Römischen König.

---

zogen sich bis in den April 1489 hin. Die persönliche Verstimmung König Wladislaws
sollte sich auch außenpolitisch auswirken, wovon noch die Rede sein wird.

[3] Vor allem in seinem Aufsatz „Die Wahl Maximilians I." in den FDG XXII
(1882) S. 131—158. Seine Ausführungen sind zwar heute in vielen Einzelheiten
nicht mehr haltbar, doch ist hier nicht der geeignete Platz, sich näher mit ihnen auseinanderzusetzen.

Hieran schließt sich als weiteres Glied der Beweiskette, daß Friedrich kaum einen Finger rührte, um die Kurfürsten seinem Sohn günstig zu stimmen, obwohl dieser zunächst nur auf zwei, Johann von Trier und Ernst von Sachsen, auf Grund ihrer nahen Verwandtschaft mit dem Erzhause bestimmt rechnen konnte. Um so mehr ließ Maximilian es sich angelegen sein, die übrigen vier Kurfürsten für sich zu gewinnen. Bei dreien von ihnen wurde der Preis ihrer Stimme urkundlich festgehalten und so der Nachwelt überliefert.

Erzbischof Hermann von Köln erhielt zum Dank für seine „sunderlich hohe fruntschaft und nutzlich dinst" nicht allein die Erbvogtei seines Stifts zurück, die unter seinem Vorgänger Pfalzgraf Ruprecht an Karl den Kühnen von Burgund gekommen war, sondern Maximilian verzichtete auch für sich und den kleinen Erzherzog Philipp formell auf alle daraus ableitbaren Ansprüche. Ferner sicherte er dem Kurfürsten für den Fall kriegerischer Konflikte mit seinen Nachbarn volle Unterstützung auf eigene Kosten und Schaden zu. Auch verpflichtete er sich, ohne die Einwilligung des Kurfürsten keine neuen Zölle „oder ander beswerung" in dessen Landen errichten oder dulden zu wollen. Endlich sagte er ihm nach glücklich erfolgter Wahl die Bestätigung aller überkommenen Rechte und Freiheiten sowie die uneingeschränkte Ausübung seines Erzkanzleramtes zu.

Eine ähnliche Vereinbarung wurde noch am gleichen Tag, dem 9. I. 1486, auch mit Erzbischof Berthold von Mainz getroffen. Dieser ließ sich seine Kurstimme außerdem noch mit dem endgültigen Verzicht Maximilians auf die 1462 ihrer Reichsstandschaft verlustig gegangenen Stadt Mainz und der Übernahme einer alten Stiftsschuld von 25 000 fl. an die Grafen von Nassau bezahlen.

Schon einige Monate zuvor, am 6. VI. 1485, waren die entsprechenden Verhandlungen mit Philipp von der Pfalz zum Abschluß gelangt. Ihm wurde die erbliche Überlassung der seit 1408 in pfälzischem Pfandbesitz befindlichen Reichslandvogtei im Elsaß und einiger weiterer Pfandschaften sowie die Verleihung der ihm vom Kaiser bereits volle neun Jahre vorenthaltenen Regalien zugestanden.

Über Art und Umfang der Forderungen des letzten an diesem Wahlgeschäft Beteiligten, Albrechts von Brandenburg, sind wir leider nicht genau unterrichtet, da der schon beim Wahlakt Schwerkranke noch während des Frankfurter Reichstags starb, bevor seine darüber mit dem neuen König geführten Besprechungen greifbare Ergebnisse gezeitigt hatten. Daß der Kurfürst jedoch seine Verdienste um das Zustandekommen und den Ausgang der Wahl gebührend belohnt sehen wollte — daß er maßgeblich dazu beigetragen hatte, wissen die bayerischen Gesandten zu berichten —, erhellt aus einem Notariatsinstrument vom 12. I.; darin ließ er sich von seiner Tochter Dorothea zu Heiratsverhandlungen mit dem präsumptiven König, der ja bekanntlich seit 1482 Witwer war, ermächtigen. Nimmt man vollends hinzu, daß der hessische Hofmeister Hans von Dörnberg schwerlich der einzige war, der um seiner „sunderlicher, merglicher, grosser, nutzer dinst willen" eine stattliche Geldzuwendung erhielt[4], so kann man wohl sagen, daß Maximilian sich seine Thronkandidatur allerhand kosten ließ.

Der alte Kaiser mag von alledem vielleicht etwas geahnt haben, aber Bestimmtes über die Machenschaften seines geschäftstüchtigen Sprößlings hat er schwerlich gewußt; denn sonst hätte er sicherlich beizeiten Einspruch gegen eine derartige Verschleuderung von Reichsrechten zwecks Erlangung der Königswürde erhoben, zumal er sich bekanntlich nicht einmal mit seinem leiblichen Sohne so ohne weiteres in die Reichsgewalt teilen wollte. Es muß darum höchst fraglich erscheinen, ob Maximilian seinen Vater, dessen Eigenheiten er ja hinlänglich kannte, überhaupt jemals von allen Einzelheiten und der vollen Tragweite seiner Zugeständnisse an die Mitglieder des Kurkollegs unterrichtet hat.

Leider kennen wir die Reaktion Friedrichs III. nur in einem einzigen Fall, aber sie besagt genug. Zwar verstand er sich dazu, dem Pfälzer gleichzeitig mit dem Mainzer am 15. II. 1486 die Regalien zu verleihen und ihm seine Besitzungen, Rechte und Freiheiten in dem Umfang, wie sie sein bereits 1449 verstorbener Vater, Kurfürst Ludwig IV., innegehabt hatte, zu bestätigen. Allein er überging dabei geflissentlich die in territorialer Beziehung so überaus erfolgreiche „Arrogation" seines Oheims und früheren Vormunds, Friedrichs des Siegreichen. Nicht minder bezeichnend ist in diesem Zusammenhang der Zeitpunkt der Belehnung: neun Jahre lang hatte der Kaiser sich geweigert, die Regierungstätigkeit Kurfürst Philipps zu legalisieren. Wenn er sich jetzt, am Vortag der Königswahl, endlich dazu verstand, so doch zweifelsohne nur deshalb, um ihm und dem Mainzer die Teilnahme an dieser zu ermöglichen; denn andernfalls wäre es ein Leichtes gewesen, dieselbe mit zwingenden juristischen Gründen anzufechten[5], was man wegen des Böhmen unbedingt vermeiden mußte.

Lagen hier also immerhin besondere, um nicht zu sagen: mildernde Umstände vor, die es Friedrich III. ratsam erscheinen ließen, hinterher

---

[4] Er bekam 3333⅓ fl. zugesichert, deren erste Rate bereits acht Wochen nach erfolgter Wahl fällig werden sollte. Der merkwürdig gedrittelte Betrag läßt auf eine Teilung mit zwei andern, um jene ebenso verdienten Persönlichkeiten schließen, die man wohl am ehesten in der näheren Umgebung Kurfürst Hermanns von Köln als eines Angehörigen des landgräflichen Hauses zu suchen hat.
[5] Daß das ganze bei der Wahl Maximilians angewandte Verfahren in mehr als einer Beziehung in Widerspruch zu den einschlägigen Bestimmungen der Goldenen Bulle und somit staatsrechtlich auf ziemlich schwachen Füßen stand, hat bereits Ulmann in seinem S. 284 Anm. 3 erwähnten Aufsatz S. 149ff. betont und des Näheren dargelegt.

gute Miene zum bösen Spiel zu machen, so redet seine offenkundige Distanzierung, wenn nicht gar bewußte Desavouierung Maximilians in der Frage der elsässischen Landvogtei eine um so deutlichere und unmißverständliche Sprache. Nicht genug, daß der Kaiser nach wie vor die alljährlichen Reichssteuern der zu jener gehörigen Städte für sich selbst beanspruchte, lehnte er es auch auf das Entschiedenste ab, dieselbe Kurfürst Philipp als unwiderruflichen Erbbesitz zu überlassen. Wohl gelang es dem Römischen König, den ersteren Streitpunkt durch einen Kompromiß aus der Welt zu schaffen, aber hinsichtlich des zweiten und weitaus wichtigeren blieb ihm infolge der Hartnäckigkeit seines Vaters schließlich nichts anderes übrig, als am 28. IV. offen zuzugeben, daß er seine dem Pfälzer gemachten Zusagen bei Lebzeiten des Kaisers nicht einhalten könne, jener sich darum bis nach dessen Tod gedulden müsse.

Hier öffnet sich eine tiefe Kluft zwischen Vater und Sohn, die keineswegs bloß auf persönlichen oder vorübergehenden Meinungsverschiedenheiten beruhte. Sie sollte sich nur allzu rasch verbreitern. Kaum zwei Jahre später traten die Gegensätze in einer andern Frage, und diesmal in voller prinzipieller Schärfe zutage.

Maximilian war nach seiner Krönung in Aachen am 9. IV. 1486 in die Niederlande zurückgekehrt, wo die schon lange schwelende Unzufriedenheit breiter Kreise mit dem strengen Regiment der burgundischen Zentralverwaltung dank der Unterstützung der französischen Krone inzwischen zu offenem Aufruhr geführt hatte. Den Mittelpunkt dieser Bewegung bildeten die selbsbewußten flämischen Stände, voran die drei Städte Gent, Brügge und Ypern. Als Maximilian sich Ende Januar 1488 in kaum verständlicher Verkennung des Ernstes der ganzen Situation mit nur geringem Gefolge nach Brügge begab, um (wie er glaubte) gewisse Mißverständnisse persönlich zu klären, wurde er von der aufgebrachten Bürgerschaft kurzerhand gefangen und in entwürdigende Einzelhaft genommen. Ja zeitweise fehlte nicht viel, so wäre er seinem Todfeind, König Karl VIII. von Frankreich, ausgeliefert worden.

Im Reich löste diese politische Sensation eine Welle nationaler Empörung aus, die höchstens noch mit der des Jahres 1474 verglichen werden kann, als Karl der Kühne sich in die Kölner Wirren einmischte und zur Belagerung von Neuß schritt[6]. So hoch schlugen hier auf das Bekanntwerden der Gefangennahme des künftigen Reichsoberhauptes durch seine eigenen Untertanen die Wogen der Erregung, und so allgemein war die Hilfsbereitschaft der Reichsstände, daß nicht einmal die

---

[6] Nur nebenbei sei hier vermerkt, daß der Stiftsverweser und künftige Erzbischof, Landgraf Hermann von Hessen, die Verteidigung der Stadt leitete und sich als die eigentliche Seele des Widerstandes gegen die Einmischung des Burgunders in eine interne Reichsangelegenheit erwies. Dieser Umstand sollte für seine gesamte politische Haltung und Anhänglichkeit an das Haus Habsburg bestimmend werden.

wittelsbachische Fürstenopposition es wagen konnte, sich davon auszuschließen. Im Mai des Jahres sammelte sich unter persönlicher Leitung
Friedrichs III. im Raume Köln—Aachen eine stattliche Truppenmacht,
um den so rasch populär gewordenen jungen König aus seiner peinlichen Lage zu befreien. Allein schon in Maastricht erhielt der Kaiser
eine höchst überraschende Nachricht.

Die bloße Kunde vom Herannahen eines Reichsheeres hatte genügt,
um die flämischen Rebellen verhandlungsbereit zu stimmen. Unter Vermittlung der andern niederländischen Provinzen, die die augenblickliche
politische Ohnmacht ihres Oberhauptes weidlich für ihre eigenen Zwecke
auszunutzen verstanden, war es am 16. V. in Brügge zu überaus merkwürdigen Abmachungen gekommen. Danach verzichtete Maximilian
gegen seine sofortige Freilassung und eine erhebliche Barabfindung auf
die Vormundschaft über den kleinen Erzherzog Philipp; zugleich erkannte er das französische Protektorat über die auf föderativer Grundlage neu organisierten burgundischen Niederlande und das alleinige
Steuerbewilligungsrecht der Stände an; ferner verpflichtete er sich,
binnen kürzester Frist seine gesamten Truppen zurückzuziehen und
Friedensverhandlungen mit Karl VIII. aufzunehmen; schließlich versprach er, nicht nur für seine Person keinerlei Einspruch gegen diese
kaum verhüllte Absetzung zu erheben, sondern auch noch den Papst,
den Kaiser und die Kurfürsten um eine schriftliche Bestätigung des
Brügger Vertrags anzugehen.

Bezeichnend genug nahmen die Reichsstände an diesem demütigenden
Abkommen nicht den geringsten Anstoß; ja offenbar fanden sie alles in
bester Ordnung und zur allgemeinen Zufriedenheit geregelt. Ausschlaggebend für ihr sonderbares Verhalten war wohl der Gesichtspunkt, dergestalt der leidigen Notwendigkeit enthoben zu sein, sich weiterhin für
ihren König in Unkosten zu stürzen[7].

Grundverschieden hiervon war die Reaktion des alten Kaisers. Wenn
er sich in höchsteigener Person an die Spitze des Reichsheeres stellte, so
freilich nicht als besorgter Vater, um dem in Not und Bedrängnis geratenen Sohn zu Hilfe zu eilen. Er kam vielmehr in Ausübung seines
ihm von Gott verliehenen Amtes, als verantwortungsbewußter Wahrer
einer freventlich verletzten Welt- und Rechtsordnung. In seinen zahlreichen Mandaten an die Reichsstände steht immer wieder der gleiche

---

[7] Geradezu als symptomatisch hierfür kann es gelten, daß ausgerechnet das Kur-
mainzer Hilfskontingent es war, das durch seinen vorzeitigen Aufbruch das Reichsheer „so gantz zertrennt und emplößt" hatte, daß der Kaiser „on sweren nachteil
daselbst auch nit beleiben" konnte und deshalb ebenfalls „aufbrechen und wegk-
ziehen" mußte. Die Klage, die er daraufhin durch den Fiskal beim Kammergericht
gegen die Hauptverantwortlichen anstrengen ließ, verlief zwar letztlich im Sande,
doch gewähren die uns großenteils erhaltenen Prozeßakten einen tiefen Einblick in
die Psyche Friedrichs III.

Gesichtspunkt im Vordergrund: die eid- und treubrüchigen Rebellen nach Gebühr zu bestrafen. Mit unerbittlicher Strenge und ohne jede Rücksicht auf das politisch Zweckmäßige oder Erreichbare, geschweige denn auf Rang und Person der Übeltäter drang er darauf, die Schuldigen der verdienten Strafe zuzuführen. Daran änderte weder die Freilassung Maximilians noch die offenkundige Tatsache, daß dieser kaiserliche Gerechtigkeitsfanatismus nach Lage der Dinge vorerst ein frommer Wunsch blieb, auch nur das Allergeringste. Im Gegenteil! Die schmählichen Bedingungen des Brügger Vertrags hatten lediglich zur Folge, daß Friedrich hartnäckiger denn je darauf beharrte, solch „groß unmenschlich übel und lesterlich geschicht" müsse nach Verschulden geahndet werden, koste es was es wolle. Noch die kaiserlichen Ladungsschreiben zum Speyerer Reichstag vom 24. X. 1488 lassen keinen Zweifel aufkommen, daß der für das kommende Jahr geplante Feldzug in die Niederlande nichts anderes bezweckte als den Vollzug der Reichsacht, die zusammen mit dem päpstlichen Bann über die flämischen Städte und ihre „zustender" verhängt worden war. Den Kaiser dabei nach besten Kräften zu unterstützen, war Pflicht und Schuldigkeit aller Reichsstände.

Es kennzeichnet die leidenschaftslose Sachlichkeit Friedrichs III., daß Maximilian sich in seinen Augen durch die Annahme der „unpillichen und unredlichen verpflichtungen" des Brügger Vertrags kaum minder schuldig gemacht hatte als seine unbotmäßigen Untertanen. Er ließ ihn das denn auch bei ihrem ersten Wiedersehen in Löwen nur allzu deutlich spüren. Während die meisten Anwesenden einem Augenzeugenbericht zufolge zu Tränen gerührt waren, zeigte der ganz in Majestät erstarrte Vater keinerlei menschliche Regung. Wie dann gar die anschließende Aussprache unter vier Augen verlaufen sein mag, kann man sich unschwer ausmalen. Bereits am nächsten Tag verfügte Friedrich nach kurzer Beratung mit einigen Fürsten seiner Umgebung, daß das Brügger Abkommen den Reichsinteressen stracks zuwiderlaufe und daher „on ewige schande" nicht annehmbar sei. Der den flämischen Städten geleistete Eid sei vom Römischen König durch Drohungen erpreßt worden und somit ungültig; ja zwei vorsorglich eingeholte juristische Gutachten wiesen schlüssig nach, daß es bei derartigen Verbrechern und Majestätsbeleidigern überhaupt keine rechtsverbindlichen Zusagen gebe. Zudem rangierten die Verpflichtungen, die Maximilian gegenüber Kaiser und Reich eingegangen sei, vor allen andern, weshalb er sich auch keinesfalls von der bevorstehenden Strafexpedition gegen die Rebellen ausschließen dürfe.

Man hat in der Tatsache, daß Maximilian daran nur unter höherem Zwang und lediglich als Reichsfürst, nicht aber als Römischer König teilnehmen sollte, durchweg einen rabulistischen Versuch erblicken wollen, seinen nicht wegzuleugnenden Eidbruch zu beschönigen und umzudeuten. Zugegeben, daß derartige machiavellistische Gedankengänge ihm keineswegs fremd waren, und er deshalb möglicherweise den ihm von den Brüggern abverlangten Eid von vornherein mit dem inneren Vorbehalt leistete, ihn nach Wiedererlangung seiner Freiheit ebenso leichten Herzens zu brechen. Wahrscheinlicher ist jedoch etwas anderes, was bisher kaum beachtet wurde. Oberste und letzte Instanz in allen Rechtsfragen war seit jeher der Kaiser; da im vorliegenden Fall Eid gegen Eid stand, entschied er nach eigenem Ermessen. Wer wollte es ihm unter solchen Umständen verargen, daß sein Spruch so ausfiel, wie es seine und des Reiches Interessen erforderten? Hinzu kommt ein zweites Moment: Friedrich III. besaß, wie schon angedeutet, ein ausgeprägtes Gerechtigkeitsgefühl. Wie er bei der Zumessung der Schuld am Abschluß des Brügger Vertrags keinen wesentlichen Unterschied zwischen den beiden Partnern machte, so geringfügig erschien ihm der zwischen einem eidbrüchigen König und dessen treulosen Untertanen. Um die an sich schon reichlich strapazierte Fürstenehre seines Sohnes nicht noch weiteren Belastungen auszusetzen, billigte er diesem also eine gewisse Karenzzeit oder Bewährungsfrist zu, bis etwas Gras über diese leidige Angelegenheit gewachsen war.

Umgekehrt mochte ein Opportunist vom Schlage Maximilians in seinem unverwüstlichen Optimismus denken: Zeit gewonnen, alles gewonnen! Gab die politische Entwicklung ihm in der Tat nicht recht, als er unbedenklich sein Wort verpfändete und sogar Geiseln für dessen Einhaltung stellte, nur um zunächst einmal seine persönliche Freiheit wiederzuerlangen? Zudem kannte er seinen Vater und dessen Empfindlichkeit in Fragen seiner kaiserlichen Autorität zur Genüge, um zu wissen, daß jeder Widerspruch ihn womöglich noch mehr in Harnisch gebracht, seine eigene Lage aber um keinen Deut gebessert hätte. Folglich war es das Beste, sich vorerst schweigend seinem Spruch zu beugen; wagte doch auch keiner der anwesenden Fürsten etwas dagegen einzuwenden, so seltsam uns das heute erscheinen mag.

All das kann freilich nicht darüber hinwegtäuschen, daß hier nicht nur zwei verschiedene Generationen, sondern zwei völlig heterogene Welten aufeinander prallten, tragischerweise noch durch Vater und Sohn verkörpert. Es ist hier nicht der rechte Platz, ein genaues Charakterbild ihrer beiden so grundverschiedenen Persönlichkeiten zu entwerfen; die Feststellung mag daher genügen, daß die sie trennende Kluft tatsächlich unüberbrückbar war, weil die Gegensätze weltanschaulicher und somit prinzipieller Art waren. Es wäre jedoch eine kaum zu rechtfertigende und höchst anfechtbare Vereinfachung der historischen Gegebenheiten, wollte man sich mit der beliebten, aber primitiven Erklärung zufrieden geben, hier seien Mittelalter und Neuzeit miteinander in Konflikt geraten. Gewiß gehört Friedrich III. noch mit allen Fasern seines Wesens jenem an, während Maximilian bereits zahlreiche Züge aufweist, die uns durchaus modern anmuten: Sein rosiger Optimismus und Utilitarismus, seine völlig naive Amoral in politischen Dingen, deren Skrupellosigkeit nachgerade an Machiavelli gemahnt; sein sinnenfrohes und lebensprühendes Naturell, seine ungewöhnliche Aufgeschlossenheit für alles Schöne, zumal in der Kunst, aber auch für die verschiedenen Strömungen seiner Zeit, seien es nun die nationalen auf politischem Gebiet, die humanistischen auf geistig-literarischem oder die kapitalistischen auf wirtschaftlichem; ferner seine merkwürdige Ruhmsucht und das damit zusammenhängende Haschen nach Volkstümlichkeit, vor allem aber das klare Bewußtsein einer ausgeprägten Individualität: Lauter Eigenschaften, die hierher gehören, und von denen z. T. andeutungsweise schon die Rede war. Gleichwohl braucht man nur an seinen Beinamen „der letzte Ritter" oder sein eigentümliches Haftenbleiben in den alten staatlichen und kulturellen Traditionen zu denken, um sofort inne zu werden, daß eine solche Rechnung keineswegs glatt aufgeht.

Um die geschichtliche Problematik der Persönlichkeit Maximilians und deren diametralen Gegensatz zu der seines Vaters voll zu erfassen, muß man vielmehr versuchen, Klarheit über den eigentlichen Wesenskern beider sowie ihre geistigen und seelischen Hintergründe zu gewinnen. Allerdings hält es meist außerordentlich schwer, nähere Aufschlüsse über die tiefsten und geheimsten Bezirke eines Menschen zu erhalten, besonders wenn er uns zeitlich schon etwas ferner gerückt ist. Lassen sich jene gar nur indirekt und auf Umwegen erschließen, so hat man höchstens dann einige Aussicht auf Erfolg, wenn sein Weltbild einen festen Mittelpunkt besitzt oder dessen Ausstrahlungen und Auswirkungen auf die übrigen Lebensbereiche im großen und ganzen noch ungebrochen sind.

Beides trifft bei Friedrich III. glücklicherweise zu. Die treibende Urkraft seines Wesens ist freilich nicht persönlicher Art, sondern beruht ausschließlich auf seinem ihm durch Gottes Gnade verliehenen Amt: dem Kaisertum. Durch die Wahl der Kurfürsten als der Repräsentanten des heiligen Römischen Reichs zur höchsten Würde berufen und durch die vom Papste vollzogene Krönung darin bestätigt, hat der Kaiser nach Friedrichs Auffassung die ebenso erhabene wie verantwortungsvolle Aufgabe, in dem ihm anvertrauten weltlichen Bereich die abendländische Christenheit schon auf Erden ihrer Heilsbestimmung entgegenzuführen, ähnlich wie der Papst als Oberhaupt der Kirche innerhalb der geistlichen Sphäre. Auf diesem metaphysischen Auftrag und Endzweck ihrer Herrschaft sowie dem universal-hierarchischen Charakter beider Gewalten gründet sich ihre enge Interessengemeinschaft, wie sie zumal seit dem

Wiener Konkordat von 1448 in dem Bund von Thron und Altar als zwei gleichberechtigten Partnern sinnfällig in Erscheinung tritt. Hieraus folgt weiter, daß das Kaisertum unveräußerlich und unverlierbar ist, sofern nur die damit verbundenen Pflichten getreulich erfüllt werden. Die kaiserliche Majestät ist darum auch über alle persönlichen Schicksale des jeweiligen Inhabers und Wechselfälle des Lebens erhaben; selbst wenn es ihr zeitweise an äußerem Glanz und politischer Macht gebrechen sollte, — und das war unter Friedrich III. bedauerlich oft der Fall! —, so fühlte dieser sich doch stets als das weltliche Oberhaupt der res publica christiana. Es gibt hierfür kaum etwas Bezeichnenderes als die berühmten Wortspiele um seine mysteriöse Devise AEIOU. Allein ebendiese tröstliche und erhebende Gewißheit hat diesen Habsburger die härtesten Schicksalsschläge mit stoischem Gleichmut ertragen lassen; denn als Vollstrecker des göttlichen Willens hatte er Zeit genug, und die Geschichte hat ihm darin letzten Endes rechtgegeben. Er konnte es sich daher auch leisten, die mannigfachen Probleme, die während seiner langen Regierung auftauchten, auf sich zukommen und in Ruhe reifen zu lassen, bevor er selbst, dann allerdings oft mit verblüffender Energie und Zielsicherheit, handelte. Gewiß entsprachen solche Anschauungen weitgehend der schwerfälligen und allzu bedächtigen Natur Friedrichs, aber gerade diese innere Ausgeglichenheit bildete zugleich seine eigentümliche Stärke. Sie hat ihn vor allem befähigt, den Grundstock für den kometenhaften Aufstieg des habsburgischen Kaiserhauses zu legen, der es aus der provinziellen Enge des damaligen Österreich zur ersten Großmacht Europas, ja zur Weltgeltung emporführte.

Unter Maximilian wird die Erreichung dieses Zieles dann zum eigentlichen Leitstern seiner gesamten Politik; er hat es mit einer Beharrlichkeit verfolgt, die sonst seinem sprunghaften Wesen fremd war — freilich mit ganz andern Mitteln und zumal aus einer völlig andern geistigen Grundhaltung heraus als sein Vater. Dessen Tun und Denken hatte, wie wir sahen, ausschließlich um das Kaisertum gekreist; sicherte doch dessen Besitz nicht nur dem Erzhause seine universale Machtstellung, sondern auch dem jeweiligen Träger der Krone ständige und unmittelbare Beziehungen zum göttlichen Weltenlenker. Für Maximilian hingegen bildete die Erlangung der kaiserlichen Würde keineswegs die einzige, ja nicht einmal die wichtigste Triebfeder seiner Politik. Diese wird vielmehr in zunehmendem Maße von einem höchst realen Gesichtspunkt bestimmt, der Stärkung seiner Hausmacht. Je mehr sich das Schwergewicht seiner machtpolitischen Stellung auf letztere verlagerte und von den bisherigen ideellen oder reichsrechtlichen Grundlagen entfernte, desto fragwürdiger mußte zugleich der ursprüngliche Sinn des Kaisertums und dessen faktische Bedeutung für die weitere Entwicklung des Abendlandes werden. War jenes schon unter Friedrich III. kaum mehr als ein schemenhafter Begriff, so drohte es unter seinem Sohne vollends zu einem bloßen Schau- und Prunkstück herabzusinken, dessen praktischer Wert allein noch in seiner Brauchbarkeit als ideologische Verbrämung habsburgischer Machtansprüche lag.

In der Tat hat man Maximilian wegen seiner imperialistischen Hausmachtpolitik oft und hart getadelt, dabei jedoch zweierlei übersehen: Einmal, daß diese für ihn lediglich Mittel zu einem höheren Zweck war, worüber noch zu reden sein wird, und sodann, daß ihm nach Lage der Dinge kaum etwas anderes übrig blieb, wollte er nicht sich selbst und das Reich aus der großen Politik ausschalten. Seitdem es den Ständen unter Führung Bertholds von Mainz 1495 geglückt war, die „Wahrung von Frieden und Recht, das eigentliche Attribut des alten deutschen Königtums", in ihre Hand zu bekommen, beruhte dessen reichsrechtliche Stellung letzten Endes nurmehr auf der obersten Lehnsherrlichkeit und der Leitung der auswärtigen Angelegenheiten. So verständlich, ja berechtigt das Programm der Reichsreformer innenpolitisch gesehen auch war — zumal unter einem Kaiser wie Friedrich III., dessen geheiligte Majestät schon fast allem irdischen Geschehen entrückt schien, und der von seiner einsamen Höhe aus kaum noch irgendwelches Interesse für die täglichen Nöte und Sorgen seiner Untertanen aufbrachte —, so ist doch andererseits nicht zu leugnen, daß eben die ständischen Reformbestrebungen wesentlich dazu beigetragen haben, Maximilian auf jene „schiefe Bahn" zu drängen.

Allerdings ließ gerade er, der mit beiden Füßen im politischen Leben stand und dem nichts Menschliches fremd war, sich nicht so ohne weiteres aus dem Reiche hinausmanövrieren, wie seine Nachfahren im 19. Jahrhundert. Ebensowenig lag es in seiner Natur, dem Reichsregiment widerstandslos den verlangten Anteil an der Regierung zu überlassen, was, wie schon die staatsklugen Venetianer mit Recht bemerkten, einer Abdankung gleichgekommen wäre. Und schon gar nicht war er der Mann, der ähnlich seinem Enkel Karl V. vor den überhandnehmenden Schwierigkeiten kapituliert und müde resigniert hätte. Statt dessen ging er unverzagt daran, einen Um- und Neubau des gesamten Staatswesens in Angriff zu nehmen, der den veränderten Verhältnissen Rechnung trug.

Da das Fundament der Befugnisse, die Maximilian im Reiche verblieben waren, hierfür zu schwach war, und er realistisch genug dachte, um sich keinerlei Täuschungen darüber hinzugeben, schuf er sich zunächst aus dem Konglomerat der habsburgischen Erblande eine gesicherte und tragfähige Machtgrundlage. Das ist ihm, abgesehen von dem Fehlschlagen seiner Bemühungen, auch die burgundischen Niederlande fester in diesen dynastischen Staatenkomplex einzugliedern, in erstaunlichem Ausmaße gelungen. Diesen Erfolg verdankte er in erster Linie einer vorbildlichen Verwaltungsorganisation in zeitgemäßzentralistischem Sinne sowie seiner engen Verbindung mit der bedeutendsten Kapital- und Finanzmacht Europas, den Fuggern. Bereitwillig, wenn auch keineswegs uneigennützig, stellten diese ihm und seinen Erben immer wieder die erforderlichen Geldmittel zur Verfügung. Hierher gehören ferner Maximilians militärische Reformen, die ihm neben einer technisch hochwertigen Artillerie vor allem in den Landsknechten eine jederzeit schlagfertige Fußtruppe sicherten. Damit wurde er zugleich unabhängig von den Schweizer Eidgenossen, die bisher eine gewisse Monopolstellung auf diesem Gebiet besessen hatten. Schließlich seien die außerordentlichen diplomatischen Fähigkeiten Maximilians hervorgehoben, die wohl gelegentlich etwas allzu phantasievoll, aber niemals um einen Ausweg verlegen waren. Sie haben ihm, unterstützt von einem hochmodernen Nachrichtendienst und einer ebenso geschickten wie wirksamen Propaganda, selbst in den verfahrensten Situationen häufig noch im letzten Augenblick zu überraschenden Erfolgen verholfen. Was diese, nur scheinbar zusammenhanglosen Maßnahmen miteinander verknüpft, war Maximilians zielbewußtes Streben, das Haus Habsburg mit allen erdenklichen Mitteln zur Vormacht Europas zu erheben.

Eben deshalb konnte und wollte er auch nicht auf die Kaiserwürde verzichten, wenn auch ihr herkömmlicher Sinn und Gehalt entsprechend den veränderten Zielen seiner Politik eine tiefgreifende Wandlung erfahren sollte. Zwar hütete er sich wohlweislich, den göttlichen Ursprung und Auftrag des Kaisertums anzutasten; im übrigen aber hat er es im Einklang mit den Tendenzen seiner Zeit weitgehend säkularisiert, rationalisiert und nationalisiert. War er doch bekanntlich der erste Kaiser, der auf die herkömmliche Krönung durch den Papst verzichtete und sich mit dem bloßen Titel begnügte. Allein was er dem Kaisertum dergestalt nahm, hat er in anderer Hinsicht mehr als wettgemacht. Bereits bei der Wahl von 1519 zeigte es sich, daß kein deutscher Fürst mehr imstande war, sich auf die Dauer im Besitz des Reiches gegen die Habsburger zu behaupten; allzu mächtig waren diese inzwischen geworden.

Fast noch wichtiger sollte ein zweites Moment werden: Maximilian glückte nämlich das Unwahrscheinliche, das Kaisertum, das unter seinem Vater nach einem berühmten Wort Rankes nurmehr „eine von ferneher wirkende, hauptsächlich in der Idee beruhende Macht" war, wiederum mit neuem Blut und Leben zu erfüllen. Das war nur möglich, weil er es meisterhaft verstand, sich von den Wogen einer nationalen Romantik emportragen zu lassen, wie sie gerade um diese Zeit die deutschen Humanisten um Konrad Celtis und Ulrich von Hutten erstmals zur vollen Entfaltung und geschichtlichen Wirkung gebracht hatten. Indem Maximilian alle ihre Ideale in seiner Person zu vereinigen und zu verkörpern wußte, hat er wie kein anderer deutscher Herrscher die öffentliche Meinung für sich gewonnen. So konnte er mit deren uneinge-

schränkten Zustimmung rechnen, als er die Ausübung der kaiserlichen
Gewalt, statt wie bisher aus der Übertragung durch den Papst, nunmehr
aus dem historischen Erbanspruch des deutschen Volkes auf das Imperium ableitete. Dieser Anspruch gründete sich nach der ziemlich
krausen, seiner eigenen Denkweise aber merkwürdig adäquaten Beweisführung einiger gelehrter Humanisten auf die Tatsache, daß die germa-
nischen Vorfahren der Deutschen einstmals das römische Universalreich
zerstört und somit das Kaisertum ein für allemal in ihren Besitz gebracht
hatten.

Nichts ist bezeichnender für Maximilian, als daß er intuitiv die außerordentliche Tragweite dieser engen Verbindung und Übereinstimmung
mit den einmal geweckten Kräften des deutschen Volkstums erfaßte.
In der Tat ließen sie sich vortrefflich für die Zwecke seiner dynastischen
Staatskunst verwerten. Er hat die alte Italienpolitik der von ihm persönlich hochverehrten Staufenkaiser wiederaufgenommen; er hat mit der
burgundischen Erbschaft auch den traditionellen Gegensatz der burgundischen Herzöge zum Hause Valois übernommen, der durch die Ehe
seines Sohnes Philipp mit der spanischen Erbtochter Juana vollends
weltpolitische Ausmaße annahm; er hat schließlich durch die Doppel-
heirat von 1515 seinen Nachkommen den bereits von Friedrich III. ge-
bahnten Weg nach Böhmen und Ungarn erschlossen — aber hier wie
dort um den Preis jahrhundertelanger Kriege, sei es mit den Päpsten
und den übrigen italienischen Mächten, den französischen Königen
oder den Türken. Andererseits bildeten die Habsburger aber überall, wo
die Reichsgrenzen feindlichen Angriffen ausgesetzt waren, zugleich ihre
Hauptschutzwehr. Was Wunder, daß sich unter solchen Umständen
gerade die besten Kräfte der Nation in ihrem Lager einfanden? Wo immer
die habsburgischen Kaiser ihre europäische Vormachtstellung gegen „die
schlauen Welschen" verteidigten, durchweg verfochten sie zugleich
Reichsinteressen, handelten sie gewissermaßen als die berufenen Repräsentanten und Vollstrecker des politischen Volkswillens. All das geht
letztlich auf Maximilian zurück; denn sein Verdienst bleibt es, das
Kaisertum wiederum in den Mittelpunkt nationalen Lebens gestellt und
diesem selbst nach allen Richtungen hin neue, nachhaltige Antriebe
gegeben zu haben.

Allein nicht nur außen-, sondern auch innenpolitisch hat sich das
(modern gesprochen) mit einem Tropfen demokratischen Öles gesalbte
Kaisertum Maximilians bewährt. Zwar hat er in seinem Bestreben, alle
Kräfte des Reiches an sich zu fesseln, den alten Dualismus der deutschen
Verfassungsentwicklung erst recht heraus- und auf die Spitze getrieben;
fortan bildeten Kaiser und Reich tatsächlich zwei verschiedene Faktoren,
deren staatsrechtliche Einheit nurmehr durch die ganze und seitdem allgemein gebräuchliche Formel ausgedrückt wird. Meist viel zu wenig

wird jedoch in diesem Zusammenhang beachtet, daß um dieselbe Zeit aus dem „Heiligen Römischen Reich" ein solches „deutscher Nation" wurde. Dieser einschränkende Zusatz will doch offenbar besagen, daß auch der neugeschaffene Reichsbegriff analog dem reformierten Kaisertum Maximilians die theokratische Verbrämung des mittelalterlichen Universalstaats, der noch für Friedrich III. und dessen politische Gedankenwelt so charakteristisch war, abzustreifen begann und sich den nationalen Strömungen einer neuen Zeit anzupassen suchte.

Dieser doppelte Bund von Kaiser und Reich mit den urwüchsigen Kräften des deutschen Volkstums, wie es die Humanisten wiederentdeckt und neubelebt hatten, sollte weittragende Folgen haben. Zunächst einmal begünstigte er das Aufkommen patriotischer Tendenzen, die den weltpolitischen aber landfremden Rivalen der Habsburger das Eindringen in den Reichskörper erschwerten und diesen so eine gewisse Ausnahmestellung innerhalb desselben sicherten[8]. Ferner gewährleistete er einigermaßen die neue Staatsform und das Funktionieren seiner Organe. Keineswegs zufällig wurden gerade unter Maximilian die Reichstage für geraume Zeit zu einer wirklichen Repräsentation des Reiches; sie waren der Schauplatz, auf dem jetzt die politischen Gegensätze ausgetragen und über alle wichtigeren Fragen des nationalen Lebens entschieden wurde. Das war nur möglich, weil der Reichsverband sich trotz seines lockeren Gefüges soweit gefestigt hatte, daß sein Fortbestand durch die bereits bedenklich weit gediehene Territorialisierung nicht mehr unmittelbar bedroht war. Ja fast hatte es den Anschein, als sollte deren Stoßkraft zeitweilig erlahmen; konnten die Reichsstädte und -ritter, von Maximilian bewußt und tatkräftig gefördert, doch wieder Hoffnung schöpfen, sich im Rahmen des neuerstarkten Reiches als selbständige und eigenartige Gebilde neben den Landesfürsten zu behaupten. Für Maximilian ergab sich daraus ein sehr handgreiflicher und oft ausgenutzter Vorteil: Dank einer geschickten Schaukel- und Gleichgewichtspolitik fiel ihm beinahe von selbst die Rolle eines überparteilichen Schiedsrichters zu. Indem er es vor allem verstand, die Territorialgewalten gegen die Reichsreformer und deren zentralistische Tendenzen auszuspielen, vermochte er sich ihrer Angriffe auf seine königliche Prärogative zu erwehren. Mochten jene sich immerhin als das Reich schlechthin dünken — die Gefahr, daß ihre Opposition sich zu einer allgemeinen ständischen Bewegung gegen die vom Vertrauen der Nation getragene Krone auswachsen würde, war einstweilen gebannt.

[8] Ähnliches läßt sich übrigens schon etwas früher auf kirchenpolitischem Gebiet beobachten, am sinnfälligsten vielleicht in dem Wandel, der die „Gravamina der deutschen Nation" aus einem Produkt der egoistischen Standesinteressen des hohen Klerus zu einer Zusammenfassung der nationalen Beschwerden über das Unwesen der römischen Kurie werden läßt. Vgl. auch weiter unten!

Erst die grundsätzliche Abkehr Karls V. von der klugen Politik seines Großvaters und sein unzeitgemäßes Unterfangen, wiederum in die Bahnen des mittelalterlichen Universalstaats einzulenken, haben das habsburgische Kaisertum endgültig breiten Kreisen des deutschen Volkes entfremdet und dieses in die Reihen seiner Gegner getrieben. Nichts kennzeichnet gleichwohl besser die staatsmännische Leistung Maximilians und den historischen Weitblick seiner Gesamtkonzeption als die Tatsache, daß sein Lebenswerk nicht nur diese politische Belastung, sondern auch die Stürme der Reformationszeit ohne größere Schäden und Einbußen überstanden hat. Ja es vermochte sogar den gänzlichen Zerfall des Reiches, der unter Friedrich III. bereits in greifbare Nähe gerückt war und im Laufe des Dreißigjährigen Kriegs in entsprechend abgewandelter Form erneut in den Bereich des Möglichen rücken sollte, noch volle drei Jahrhunderte aufzuhalten.

Nun muß man sich freilich hüten, all das, was soeben in knappster Zusammenfassung als das Ergebnis einer dreiunddreißigjährigen Regierungszeit geschildert wurde, bereits in die Anfänge Maximilians vorzuverlegen. Erst recht darf man von ihm kein festumrissenes Programm erwarten, auf Grund dessen er zielbewußt an die Verwirklichung seiner politischen Ideen und Ideale gegangen wäre. Diese reiften vielmehr nur ganz allmählich in ihm, bildeten also gewissermaßen den geistigen Niederschlag bzw. eine höchst persönliche Reaktion auf die mannigfachen und verschiedenartigen Probleme, vor die er sich durch seine Wahl zum Römischen König gestellt sah. Immerhin ist nicht zu verkennen, daß er um diese Zeit bereits einen ganz bestimmten und realen Standpunkt vertrat, der etwa dadurch gekennzeichnet wird, was man sein burgundisches Erlebnis nennen kann. Dieses zu umreißen oder gar näher zu analysieren, ist hier nicht der Platz, aber soviel ist sicher, daß der kaum Siebenundzwanzigjährige zunächst und vor allem Herzog von Burgund war. Daraus ergaben sich beinahe zwangsläufig alsbald nicht nur gewisse persönliche Meinungsverschiedenheiten mit dem alten Kaiser, sondern auch und immer häufiger tiefgreifende sachliche, ja prinzipielle Gegensätze. Da letzterer, starrköpfig und eifersüchtig auf die uneingeschränkte Geltung seiner Autorität bedacht, keinerlei und sei es auch noch so berechtigten Widerspruch vertrug, zudem den weit über sein Alter gereiften Thronerben nicht selten wie einen Schuljungen abkanzelte, so wurde das beiderseitige Verhältnis zeitweilig ein derart gespanntes, daß das Staatsinteresse darunter leiden mußte. Ja die Zwiespältigkeit und Divergenz der Reichspolitik gibt der Doppelherrschaft Friedrichs III. und Maximilians während der Jahre 1486—1493 geradezu ihr besonderes und eigentümliches Gepräge. Ein summarischer Überblick über die allgemeine Lage des Reiches sowie die grundverschiedene Art und Weise, wie Vater und Sohn sie beurteilten und die jeweils sich daraus ergebenden Probleme zu bewältigen suchten, mag das veranschaulichen.

Beginnen wir mit der flandrischen Frage, zumal sie für Maximilian während seiner ersten Regierungsjahre begreiflicherweise im Mittelpunkt seiner politischen Interessen stand. Für Friedrich III., der sich im Bewußtsein seines theokratischen Kaisertums unter Gottes besonderer Obhut geborgen fühlte, lagen die Dinge eigentlich recht einfach; betrachtete er sie doch überhaupt kaum vom Standpunkt des Politikers aus, sondern von dem althergebrachten und für ihn allein maßgebenden, von Amts wegen Wahrer eines souveränen und darum zeitlosen Rechts zu sein[9]. Demgemäß war der Aufstand der flämischen Städte für ihn lediglich eine reichsrechtliche Disziplinarfrage, die durch kaiserliches Urteil und entsprechenden Strafvollzug zu lösen war. Ganz anders Maximilian, der in jenem ein hochpolitisches und äußerst verwickeltes Problem sah; denn er war sich darüber durchaus im klaren, daß hinter den nicht abreißenden niederländischen Wirren der Erbfeind Burgunds, der französische König, stand, und daß darum jeder seiner Widersacher mit dessen großzügigster Unterstützung rechnen konnte. Vordringlichste und unerläßliche Voraussetzung für die Wiederherstellung von Ruhe und Ordnung war infolgedessen, den fatalen Bund seiner rebellischen Untertanen mit dem ränkevollen Valois zu sprengen. Diesen baldmöglichst zum Abschluß eines Friedensvertrags zu bewegen, durfte kein Preis zu hoch sein; war doch nur dann an eine wirkliche und dauernde Befriedung der unbotmäßigen Provinzen zu denken, wenn es ihm glückte, sie dergestalt ihres außenpolitischen Rückhalts zu berauben.

Sehr geschickt setzte Maximilian den Hebel am neuralgischen Punkt der französischen Politik an: in der Bretagne. Die Bemühungen Karls VIII., dieses reiche Land nach dem Tod des letzten Herzogs Franz II. am 9. IX. 1488 in seinen Besitz zu bringen, hatte binnen kurzem zur Bildung einer spanisch-burgundisch-englischen Koalition geführt, die jenen von drei Seiten her einzukreisen drohte. Da er allein einer solchen Übermacht nicht gewachsen war, entschloß er sich, den ihn umklammernden Ring seiner Gegner zu sprengen, bevor er sich allzu sehr gefestigt hatte. Er erklärte sich also bereit, durch die Preisgabe Flanderns die Freundschaft oder doch wenigstens Neutralität Maximilians zu erkaufen. Nachdem man so einmal zu einer grundsätzlichen Übereinstimmung gelangt war, einigte man sich auch im Sachlichen verhältnismäßig schnell: Bereits am 19. VII. 1489 kam auf dem Frankfurter Reichstag ein Präliminarfriede zustande, der wenig später in aller Form ratifiziert wurde. Darin verpflichtete sich König Karl, mit allen ihm zu Gebote stehenden Mitteln auf eine Unterwerfung der aufständischen Flamen sowie die

---

[9] Näheres hierüber s. in der vortrefflichen Arbeit von Fritz Kern, Recht und Verfassung im Mittelalter in: HZ Bd. 120 (1919) S. 1 ff.

Zahlung einer Kriegsentschädigung von 800000 fl. durch diese hinzu-
wirken. Die Bretagne sollte neutralisiert, ihre Hauptplätze, soweit sie
schon in französischem Besitz waren, einer gemischten Kommission zu
treuen Händen überantwortet, und von einem unparteiischen Gericht
in Jahresfrist endgültig darüber entschieden werden. Die Klärung aller
übrigen Streitpunkte wurden den beiden Königen persönlich vorbehalten
und eine baldige Zusammenkunft derselben in Aussicht genommen.
Wenn der Frankfurter Vertrag auch sonst nicht alle Hoffnungen erfüllte,
so hatte das seine Gründe; immerhin führte er vorerst zu einer unver-
kennbaren Entspannung zwischen dem Römischen und französischen
König und leitete damit eine Entwicklung ein, die 1493 durch den
Frieden von Senlis gekrönt wurde.

Zweifellos verband Karl VIII. mit seiner geflissentlich zur Schau ge-
tragenen Friedensbereitschaft gewisse Hintergedanken, zumal in der
bretonischen Frage, aber in der flandrischen handelte er durchaus loyal.
Ihm vor allem war der Abschluß des Vertrags von Montils-les-Tours am
30. X. 1489 zu verdanken, in dem die Flamen sich in denkbar demütigen-
der Form Maximilian unterwarfen, ihn als rechtmäßigen Regenten und
Vormund Erzherzog Philipps anerkannten, die im Vorjahr anläßlich
seiner Freilassung erpreßten Zusagen annullierten sowie die Entlassung
aller Gefangenen und Zahlung einer Barabfindung von immerhin
300000 fl. versprachen. Damit hatte der Römische König nicht nur seine
in den Augen des Kaisers verwirkte Fürstenehre wiedergewonnen,
sondern auch die außenpolitischen Voraussetzungen geschaffen, um
nunmehr an die endgültige Befriedung der burgundischen Niederlande
denken zu können.

Diese selbst ist vor allem das Werk und Verdienst Herzog Albrechts
von Sachsen, den Maximilian vor seinem Aufbruch ins Reich zum
Generalstatthalter ernannt hatte. Innerhalb weniger Jahre verstand es
der Wettiner[10], die schwer erschütterte Stellung der landesfürstlichen
Zentralgewalt soweit wieder zu festigen, daß die Habsburger sich un-
besorgt andern politischen Aufgaben zuwenden konnten. Mit der
Kapitulation Philipps von Kleve-Ravestein im September 1493 erlosch
auch der letzte organisierte Widerstand.

Die militärische und staatsmännische Leistung Herzog Albrechts ist
um so höher zu bewerten, als er mit außergewöhnlichen Schwierigkeiten
zu kämpfen hatte. Insbesondere mangelte es ihm an einem jederzeit
schlagfertigen und zuverlässigen Heer sowie an ausreichenden Geld-
mitteln. Da beides in den Niederlanden nicht im benötigten Ausmaß
zu beschaffen, andererseits von den Reichsständen kaum nennenswerte

---

[10] Durch seine Mutter Margarethe, eine Schwester Kaiser Friedrichs, war er
übrigens ein direkter Vetter Maximilians, was nicht nur ihr gutes persönliches Verhältnis, sondern auch manche Ähnlichkeit ihres Wesens und Charakters erklären mag.

Hilfe zu erwarten war, blieb als einziger Ausweg die Anwerbung fremder Söldner. Hierfür kamen in erster Linie die kampferprobten oberländischen und eidgenössischen Knechte in Frage. Allein selbst wenn man die erforderlichen Geldbeträge irgendwie aufzubringen vermochte, war man noch keineswegs über dem Berge; denn allenthalben verquickten sich die militärischen und finanziellen Probleme aufs engste mit den politischen.

Da war zunächst der leidige Streit um den Kölner Rheinzoll, den Friedrich III. 1475 der Stadt in Würdigung ihrer Verdienste sowie als Entgelt für ihre Schäden und Unkosten im Kriege wider Karl den Kühnen verliehen hatte. Seine hohen Erträgnisse erregten jedoch alsbald den Neid und die Begehrlichkeit der benachbarten Fürsten, vor allem der drei Kurfürsten von Mainz, Trier und der Pfalz, die den Rhein von altersher als ihre ureigenste Domäne und die Erhebung von Zöllen als eine Art Monopol betrachteten. Nach bewährter Methode begannen sie, dem unerwünschten Konkurrenten das Leben schwer zu machen. Als die reiche und selbstbewußte Stadt daraufhin Gegenmaßnahmen traf und sich klagend an den Kaiser wandte, antworteten die Kurfürsten zunächst mit der Verweigerung jeglichen Geleits für Kölner Bürger und Kaufleute und schließlich am 30. X. 1489 mit einer Sperre der gesamten Rheinschiffahrt unter Umgehung des Kölner Stadtgebiets.

Was diesen Streit jedoch besonders komplizierte und weit über ähnliche Territorialhändel erhob, war die grundverschiedene Stellung, die die beiden Vertreter der Reichsgewalt dazu einnahmen. Daß Friedrich III. zu Köln hielt, war beinahe selbstverständlich, auch wenn er nicht persönlich an den Zolleinnahmen beteiligt gewesen wäre; denn die Unbekümmertheit, mit der die drei Kurfürsten einem von ihm rechtens verliehenen Zoll und damit der freien Ausübung des kaiserlichen Zollregals ihre Anerkennung verweigerten, mußte er als eine bewußte Schmälerung seiner Prärogative betrachten. Im Gegensatz hierzu neigte Maximilian aus politischen Erwägungen heraus mehr auf die Seite der drei Kurfürsten, zu denen sich im Laufe der Zeit auch noch der Kölner und Landgraf Wilhelm d. J. von Hessen gesellten.

Der Kölner Zollstreit hat aber neben der wirtschaftlichen noch eine andere Seite, die gerade in unserm Zusammenhang ausschlaggebende Bedeutung gewinnen sollte. Der Rhein bildete nämlich die natürliche und leistungsfähigste Zufahrtsstraße aus dem Reich in die Niederlande. Die Stillegung der Rheinschiffahrt durch die Kurfürsten drohte darum zwangsläufig, jene zu blockieren und überhaupt jeden geregelten Nachschub zu unterbinden. Ein höchst bezeichnendes Beispiel hierfür bietet das Verhalten Kölns gegenüber den Hilfskontingenten, die der Frankfurter Reichstag von 1489 König Maximilian für den Krieg in den Niederlanden bewilligt hatte. Mochte die Stadt nach einem alarmierenden

Zwischenfall im Vorjahr und angesichts ihres gespannten Verhältnisses zu den rheinischen Kurfürsten auch einigen Grund zur Annahme haben, diese planten einen Anschlag auf ihre Reichsfreiheit, so durfte sie in übertriebenem Mißtrauen doch keinesfalls die eintreffenden Truppen Verräter und Bösewichter schelten. Nicht genug damit, gewährte sie lediglich den Hauptleuten mit zwei bis drei Begleitern Einlaß und drohte jedem Bürger, der einen Soldaten über Nacht bei sich behielt, schwere Strafen an. In kleinen Abteilungen und eskortiert von bewaffneten Stadtknechten mußte das Reichsheer schließlich durch das ungastliche Köln ziehen. Nur allzu begreiflich, daß Maximilian im eigensten Interesse diese unhaltbaren Zustände baldmöglichst zu beenden und Wandel zu schaffen suchte.

Eine weitere, in ihren Auswirkungen noch ungleich verhängnisvollere Schwierigkeit erwuchs ihm aus der alten, vornehmlich aus der trüben Quelle nachbarlichen Konkurrenzneides gespeisten Abneigung zwischen Schwaben und Schweizern, die doch das Hauptreservoir für die beabsichtigten Söldneranwerbungen bildeten. Schon im April 1488, noch ehe der Flandernfeldzug eigentlich begonnen hatte, mußten die Herzöge Christoph und Wolfgang von Bayern nach einer Reihe schwerer Zusammenstöße zwischen schwäbischen Landsknechten und St. Gallener Reisläufern „umb vermeidung merers unrats" letztere heimschicken. Im Herbst desselben Jahres setzte dann ein gereizter Notenwechsel zwischen den eidgenössischen Orten und dem Schwäbischen Bund ein, weil dessen Knechte ihre Schweizer Kameraden in den Niederlanden durch Schmähreden und Schandlieder zutiefst in ihrer Mannesehre gekränkt haben sollten. Vergebens, daß der Bund daraufhin eine hochnotpeinliche Untersuchung einleitete und sich trotz ihres negativen Ergebnisses förmlich entschuldigte. Die Eidgenossen erklärten sich für „nit benügig" und wollten es wohl auch nicht sein; nicht ganz zu Unrecht sahen sie in jenem ein politisches Machtinstrument der Habsburger, das sich eines Tages auch gegen sie und ihre eifersüchtig gehütete Freiheit richten könne. Die schon seit geraumer Zeit bedenklich getrübten Beziehungen zwischen den stammesverwandten Nachbarn verschlechterten sich unter solchen Umständen zusehends und steuerten unaufhaltbar einer kriegerischen Auseinandersetzung entgegen.

König Maximilian geriet hierdurch in eine äußerst heikle Lage. Mußte er doch nicht allein mit ansehen, wie der militärische Kräfteüberschuß der Eidgenossen anstatt ihm selbst in steigendem Maße seinem französischen Rivalen zugute kam, sondern auch sein bisher leidlich gutes Verhältnis zu den meisten Orten drohte sich immer mehr ins Gegenteil zu verkehren.

Sein Standpunkt in dieser politisch so bedeutsamen Frage unterschied sich von jeher und prinzipiell von dem seines Vaters. Als Reichsober-

haupt wie als Habsburger konnte Friedrich III. es zeitlebens nie ver-
winden, daß die Bildung eines autonomen Schweizer Staatswesens sich
fast ausschließlich auf seine und seines Hauses Kosten vollzog. Gemäß
seiner doktrinären Sinnesweise neigte er dazu, diese faktisch schon weit
vorgeschrittene Entwicklung kurzerhand zu ignorieren. Sie mit allen
Mitteln aufzuhalten, wenn nicht gar rückgängig zu machen, hielt er nach
Recht und Gewissen für seine Herrscherpflicht. Eben die sich daraus
ergebende reaktionäre und aggressive Tendenz seiner Politik lehnte
Maximilian jedoch unbedingt ab. Weit realistischer und gewandter als der
greise Kaiser war er durchaus bereit, sich mit der gegebenen Lage abzu-
finden, sofern sie nicht seine eigenen Pläne störte. Wenn also die Eidgenossen sich dazu verstanden, ihm die Anwerbung von Söldnern in
ausreichender Anzahl zu gestatten, das bereits vielerorts auf Widerspruch
stoßende Reisläufer-Unwesen nach Frankreich zu unterbinden und sich
schließlich jeder weiteren Einmischung in die innerösterreichischen Angelegenheiten zu enthalten: Dann war der König seinerseits gewillt, alle
schwebenden Streitfragen in entgegenkommender Weise zu regeln, ja
sogar ein Hilfs- und Freundschaftsbündnis mit ihnen einzugehen.

Dabei kam ihm sehr zustatten, daß er mit dieser, der kaiserlichen
diametral zuwiderlaufenden Politik unmittelbar an die seines Erbonkels,
Erzherzog Sigmunds von Tirol, anknüpfen konnte[11]. Seitdem dieser
erkannt hatte, daß die Ewige Richtung, die 1474 unter Vermittlung und
nicht ohne einen gewissen Druck seitens Ludwigs XI. von Frankreich
zwischen ihm und den Eidgenossen zustandegekommen war, ein durchaus brauchbares Instrument für seine Annäherungspolitik an die früheren
Gegner abgab, war er eifrig bemüht, jene durch die Einfügung entsprechender Hilfsbestimmungen weiter auszubauen. Allein die 1477
mit fünf Orten glücklich abgeschlossene Erbeinung blieb ein Stück
Papier; einmal, weil mit dem Tode Karls des Kühnen die politische
Aktivität Burgunds erlahmte und damit der die Bündnispartner einigende
Gegensatz zu jenem entfiel; sodann aber auch, weil der Erzherzog,
weniger aus Rücksicht auf seinen kaiserlichen Vetter als unter dem
Zwang der öffentlichen Meinung, sich beharrlich weigerte, den schon in
der Ewigen Richtung dafür ausbedungenen Preis, die Öffnung der vier
Waldstädte Rheinfelden, Säckingen, Laufenburg und Waldshut, zu ent-
richten. Die Frage blieb somit offen und vergiftete zusammen mit andern
nachbarlichen Differenzen in steigendem Maße seine Beziehungen zu den
Eidgenossen, die sich gleichsam geprellt fühlten. Lediglich seiner Frei-
gebigkeit und großzügigst gewährten Pensionen hatte Sigmund es zu
verdanken, daß die Ewige Richtung 1483 nochmals erneuert wurde;
von einer Verlängerung der Erbeinung hingegen war keine Rede mehr.

---

[11] Zum Folgenden vgl. einstweilen F. Hegi, Die geächteten Räte des Erzherzogs
Sigmund von Österreich und ihre Beziehungen zur Schweiz (1910) S. 132ff.

Erst als es den unablässigen Bemühungen des Erzherzogs glückte, seinen präsumptiven Erben, König Maximilian, für derartige Bündnispläne zu erwärmen und sie damit auch für die Eidgenossen wieder reizvoller zu gestalten, gerieten die Verhandlungen erneut in Fluß. Wider Erwarten rasch errang der Römische König einen glänzenden diplomatischen Erfolg. Bereits am 14. IX. 1487 ging er auf Lebenszeit mit sieben Orten eine Einung ein, die alle Beteiligten zufriedenzustellen schien. Gleichwohl war dieser kein besseres Schicksal beschieden als der von 1477. Von Anfang an hatten Luzern, Schwyz und Glarus sich ferngehalten; dann lehnten Uri, Unterwalden und Freiburg die bereits zugesagte Besiegelung ab, und schließlich verweigerten auch noch die vier restlichen Orte Zürich, Bern, Zug und Solothurn die Ratifikation der entsprechend abgeänderten Vertragsausfertigung vom 1. X. 1488. Viel zu sehr hatten die Gegensätze sich bereits zugespitzt, um noch mittels derart billiger Kompromisse überbrückt werden zu können. Es war darum kein Zufall, daß der bisher allmächtige Bürgermeister von Zürich, Hans Waldmann, der auf Schweizer Seite als der prominenteste Vertreter einer „reichstreuen" Politik gelten kann, sein unzeitgemäßes Unterfangen im April 1489 mit dem Tode büßen mußte.

Nicht wenig mag zu dieser unerwarteten Wendung beigetragen haben, daß Erzherzog Sigmund von Tirol den politischen Rückhalt, den er so lange, aber vergeblich bei den Eidgenossen gesucht, inzwischen anderswo gefunden hatte: bei den Herzögen Albrecht und Georg von Bayern[12]. Von Natur leichtfertig und verschwenderisch, hatte er sich unter dem Druck seiner chronischen Geldnöte von einigen skrupellosen Räten zu einer Reihe dunkler und höchst bedenklicher finanzpolitischer Transaktionen verleiten lassen. Drei von ihnen wurden besonders wichtig. Am 28. I. 1487 verschrieben Sigmund und Herzog Albrecht sich gegenseitig eine Million Gulden auf die Lande desjenigen von ihnen, der zuerst ohne legitime Manneserben sterben sollte. Da der Herzog eben erst, allerdings ohne die Einwilligung des Kaisers, dessen einzige Tochter Kunigunde geheiratet hatte, kam diese Vereinbarung praktisch einer kaum mehr tilgbaren hypothekarischen Belastung des erzherzoglichen Gesamtbesitzes gleich. War damit dessen Verbleib beim Hause Habsburg schon ernstlich in Frage gestellt, so ging Sigmund bald noch einen Schritt weiter. Im Mai des Jahres übertrug er den beiden bayerischen Herzögen die Verwaltung aller vorderösterreichischen Gebiete mit Ausnahme des Vorarlbergs auf die Dauer von sechs Jahren. Endlich verkaufte er ihnen dieselben am 12. VII. um den Spottpreis von ganzen 50000 fl.

---

[12] Einen guten, wenn auch keineswegs vollständigen Überblick über die Beziehungen des Erzherzogs zu den bayerischen Herzögen gibt das bereits erwähnte Buch von Hegi, zumal S. 47 ff.

Daß Kaiser Friedrich, der während der Abwesenheit Maximilians in den Niederlanden die habsburgischen Interessen im Reich allein wahrnahm, diesen flagranten Bruch der bestehenden Hausverträge nicht nur mit papierenen Protesten beantworten würde, lag auf der Hand. Womit jedoch die Wittelsbacher offenbar nicht gerechnet hatten, war die ungewöhnliche Schnelligkeit und Energie, mit der der greise Herrscher von seinen Machtmitteln Gebrauch machte. Nach zwei vergeblichen Versuchen, den Erzherzog auf diplomatischem Wege zur Vernunft zu bringen, entfernte er mit Hilfe der getreuen Landstände die für das Vorgefallene verantwortlichen Räte kurzerhand aus der Umgebung Sigmunds, erklärte sie in die Reichsacht und stellte letzteren unter die Vormundschaft eines zuverlässigen „Regiments". Durch die Zusammenfassung aller irgendwie von den wittelsbachischen Expansionsbestrebungen bedrohten Reichsstände im Schwäbischen Bund und die Eingliederung der erzherzoglichen Gebiete in diesen hielt er schließlich den wankelmütigen Vetter auf seiner Seite fest und machte ihm weitere politische Seitensprünge unmöglich.

Soweit waren die Dinge gediehen, als die Nachricht von der Gefangennahme Maximilians den Kaiser zur schleunigen Abreise in die Niederlande bewog. Mancherlei deutete jedoch darauf hin, daß der Hauptschlag gegen die bayerischen Herzöge noch bevorstand und lediglich einen durch die Umstände bedingten Aufschub erfahren hatte. Begreiflicherweise blieben diese ihrerseits nicht untätig. Im Verein mit ihrem Vetter und Schwager, Kurfürst Philipp von der Pfalz, suchten sie dem drohenden Generalangriff dadurch zu begegnen, daß sie ihre früheren Bemühungen um das Zustandekommen einer europäischen Koalition gegen die Habsburger in verstärktem Ausmaß und Tempo fortsetzten. Diese Koalition sollte nicht nur alle Mitglieder der Opposition im Reich umfassen, sondern auch die auswärtigen Feinde des Kaiserhauses. Leider gestattet die Quellenlage es uns nicht, die zu diesem Zweck mit den Königen von Ungarn und Frankreich gepflogenen Bündnisverhandlungen in allen ihren Phasen zu verfolgen. Um so deutlicher spiegeln sich die Ziele der bayerischen Großmachtpolitik in den Werbungen wider, mit denen die beiden Herzöge unmittelbar nach Abschluß ihres Kaufvertrags mit Erzherzog Sigmund an die Eidgenossen herantraten.

Hierbei kam ihnen außerordentlich zustatten, daß Graf Jörg von Werdenberg-Sargans, einer der geächteten erzherzoglichen Räte, der nach seinem Sturz in die Schweiz geflüchtet war, seine Popularität zu ihren Gunsten in die Wagschale warf. Nicht von ungefähr hatten gerade die drei Orte, in denen sein Einfluß am stärksten war, nämlich Luzern, Schwyz und Glarus, von vornherein jede engere Verbindung mit dem Römischen König abgelehnt. Ebenso war es kaum ein Zufall, daß auf derselben Tagsatzung im September 1487, auf der jene Einung unter

dem Druck Waldmanns gleichwohl zustandekam, bayerische Gesandte
den Eidgenossen die verlockendsten Angebote machten, darunter auch
die Überlassung der vier Waldstädte[13]. Nicht ungeschickt versuchten sie
auf diese Weise, jene an der Verwirklichung des umstrittenen Kaufvertrags zu interessieren und damit ihr längst schon problematisches Verhältnis zum Reiche mit dem Gegensatz zwischen Habsburgern und
Wittelsbachern zu verquicken. Da ihnen letzteres in der Tat gelang,
konnte es nicht ausbleiben, daß die Rivalität der beiden Fürstenhäuser
immer stärker in den Vordergrund trat und mit der Zeit das gesamte
innen- und außenpolitische Klima zu verseuchen drohte.

Je enger die verschiedenen Probleme sich dergestalt miteinander ver-
filzten und je kritischer die politische Gesamtlage im oberdeutschen
Raume wurde, desto vordringlicher erschien eine Generalbereinigung.
Bezeichnenderweise wich Friedrich III. jedoch einer solchen geflissentlich
aus und begnügte sich statt dessen mit einer Lösung der Tiroler Frage,
die ihm aus naheliegenden Gründen besonders am Herzen lag und zudem
keinerlei Opfer von ihm verlangte. Anstandslos bestätigte er daher den
Schiedsspruch, den die Bischöfe von Eichstätt und Augsburg auf vielfachen Wunsch hin am 7. XI. 1488 zwischen Erzherzog Sigmund und
den bayerischen Herzögen fällten. Sein wichtigster Punkt besagte, daß
beide Teile alle Verschreibungen[14] mit einer gleich noch zu erwähnenden
Ausnahme einander zurückgeben und diese damit ungültig sein sollten.
Die beiden Herzöge erklärten sich wohl oder übel mit diesem Vertrag
einverstanden; hingegen versuchte der Erzherzog, sich seinem Vollzug
unter allerhand Ausflüchten zu entziehen. Immerhin begreiflich, da er
wieder einmal die Kosten tragen und den Bayern zu dem Kaufpreis für
die österreichischen Vorlande noch weitere 52000 fl. als Abfindung für
die übrigen Verschreibungen zahlen sollte. Wer wollte es gar den Tiroler
Landständen verübeln, daß sie als Mitbürgen ebenfalls nur geringe
Neigung bekundeten, diese zusätzliche Belastung zu übernehmen[15]?

[13] Zweifellos stehen diese Anerbietungen in engstem Zusammenhang mit denen
König Maximilians, dessen weitgehendes Entgegenkommen gerade in dieser Frage
wiederum nur aus jenen zu erklären ist. Beide Konkurrenten steigerten sich gegenseitig hinein, um so den Wettlauf um die Gunst der Eidgenossen für sich zu entscheiden — freilich ohne nennenswerten Erfolg.

[14] Unter den zahlreichen Verpfändungen des Erzherzogs an die bayerischen
Herzöge seit 1478, über die Hegi S. 78ff. einen Überblick gibt, war die der Markgrafschaft Burgau an Herzog Georg neben den bereits oben S. 303 erwähnten politisch
die wichtigsten. Auch sie stellt wie schon Hegi S. 76 betont hat, faktisch
einen Verkauf dar, da der Erzherzog nachträglich auf das ihm eingeräumte Wieder-
einlösungsrecht verzichtete. Erst der Augsburger Spruch gestand ihm dasselbe
wieder zu, und bereits am folgenden Tage machte Sigmund davon Gebrauch.

[15] An der mehr als gespannten Finanzlage Tirols äußerte sich auch nach der
Regierungsübernahme durch König Maximilian vorerst nichts. Noch am 9. XI.
1493 mahnte Herzog Georg wegen der ihm geschuldeten 25000 fl.

Wäre damit wenigstens der Verbleib der so wiederum unter die Herrschaft Sigmunds gelangten Gebiete beim angestammten Fürstenhause gesichert gewesen! Allein eben der schien nach wie vor fraglich, weil die einzige Verschreibung, die nach dem Augsburger Spruch in Kraft bleiben sollte, ausgerechnet die vom Erzherzog als Vertreter seiner ihm anvertrauten Nichte und Herzog Albrecht besiegelte Heiratsabrede vom 30. VIII. 1486 war. Bedenklich daran waren nicht einmal so sehr die pekuniären Verpflichtungen, die ersterem daraus erwuchsen, als die leidige Tatsache, daß die junge Herzogin Kunigunde infolge des fehlenden kaiserlichen Ehekonsenses noch immer nicht den üblichen Erbverzicht geleistet hatte. Sie besaß daher gewisse familienrechtliche Ansprüche an das habsburgische Gesamthaus, die jederzeit geltend gemacht werden konnten[16].

Weitere Schwierigkeiten, wenn auch ganz anderer Art, ergaben sich aus der Rivalität des Kaisers und Königs um die Nachfolge Sigmunds. Zweifellos wäre Maximilian letzterem und seinen Ständen als neuer Landesherr ungleich willkommener gewesen als sein hochbetagter, dazu unbequemer und wenig beliebter Vater. Allein dieser beharrte hartnäckig darauf, daß die Herrschaft über Tirol und die österreichischen Vorlande in erster Linie ihm gebühre. Er berief sich dabei nicht nur auf das Familienseniorat, sondern auch auf die bekannte Verschreibung, in der der Römische König sich vor seiner Wahl hatte verpflichten müssen, ihn zeitlebens nicht in der Regierung beirren zu wollen[17].

Maximilian kannte das beinahe krankhafte Mißtrauen und den Starrsinn des Greises, wenn es um seine vermeintliche Autorität oder Prärogative ging, zur Genüge, um zu wissen, daß es völlig zwecklos war, an seine väterlichen Gefühle zu appellieren, geschweige denn, ihn mit Gründen der Vernunft oder Staatsraison eines Besseren belehren zu wollen. Er ließ daher die Tiroler Frage einstweilen auf sich beruhen und und wandte sich der bayerischen zu, in der er mit Recht das zentrale und politisch entscheidende Problem sah.

Selbst Friedrich III. konnte sich nicht länger der Einsicht verschließen, daß hier etwas getan werden müsse, da sonst mit keiner nennenswerten Reichshilfe in die Niederlande zu rechnen war. Nicht nur sachlich, sondern auch über das einzuschlagende Verfahren wurden Vater und Sohn sich merkwürdig rasch einig. Als zweckmäßigstes und am ehesten Erfolg versprechendes Mittel erschien ihnen übereinstimmend ein

---

[16] Welche Bedeutung Herzog Albrecht selbst dem verlangten Erbverzicht beimaß und wie wenig er gesonnen war, diese Waffe vorzeitig aus der Hand zu geben, erhellt daraus, daß er sich erst am 26. V. 1492 dazu verstand, als dank den unablässigen Bemühungen Maximilians seine Aussöhnung mit dem Kaiser gesichert war. Vgl. auch unten S. 336.

[17] Vgl. oben S. 284.

Versuch, den bisher so engen Zusammenhalt der Wittelsbacher durch Verlockungen aller Art zu untergraben. Lediglich über die Frage, wo nun denn eigentlich der schwache Punkt der gegnerischen Front zu suchen bzw. welcher der in Frage kommenden Fürsten auf die Dauer der lohnendste Partner sei, gingen die Meinungen weit auseinander.

Für Maximilian stand von Anfang an fest, daß sein Schwager Albrecht das günstigste Objekt für derartige Spaltungsexperimente sei. Weniger persönliche Sympathien für den Gemahl seiner zärtlich geliebten Schwester als politische Erwägungen dürften für diesen Entschluß bestimmend gewesen sein. Hier wäre vor allem an die obenerwähnten familienrechtlichen Ansprüche zu erinnern, die der Herzog durch seine Vermählung mit der Kaiserstochter erworben hatte. Da er dank jener in der Tiroler Erbfolgefrage zu einem ernsthaften Konkurrenten werden konnte, hatten die Habsburger allen Grund, sich irgendwie mit ihm zu vergleichen und ihn etwa durch anderweitige Zugeständnisse zum Verzicht auf seine Anwartschaft zu bewegen.

Andererseits war auch Herzog Albrecht, seitdem er sich wegen seiner eigenmächtigen Heirat mit dem Kaiser überworfen hatte, lebhaft an einer Normalisierung seiner Beziehungen zur Reichsgewalt interessiert. Verfügte diese doch über zwei höchst gefährliche Waffen gegen ihn. Einmal konnte sie sich die innenpolitischen Schwierigkeiten zunutze machen, in die der Herzog infolge seiner ständigen Zwistigkeiten mit seinen beiden jüngeren Brüdern Christoph und Wolfgang geraten war. Wie, wenn Friedrich III. sich deren annahm und ihr Drängen auf Herausgabe des väterlichen Erbteils bzw. Mitregierung unterstützte[18]? Die an sich schon bedenkliche Lage Albrechts verschlechterte sich noch erheblich, als die landständische Adelsopposition sich 1489 im Löwlerbund zusammenschloß und nicht allein bei seinen frondierenden Brüdern, sondern auch bei Pfalzgraf Otto von Mosbach einen Rückhalt fand. Die von den Habsburgern erstrebte Aufspaltung des Hauses Wittelsbach schien ihnen damit gleichsam in den Schoß zu fallen. Um diesen vernichtenden Schlag zu parieren, mußte der Münchener Herzog unter allen

---

[18] Als erstes Anzeichen einer solchen Entwicklung hat die Bestellung Herzog Wolfgangs zum kaiserlichen Rat am 28. XII. 1487 zu gelten. Er und sein Bruder Christoph gehörten dann zu den ersten Reichsfürsten, die König Maximilian in die Niederlande zu Hilfe eilten. Daß sie ihr Unternehmen durchweg mit nie zurückbezahlten Darlehen finanzierten, für die letztlich die Habsburger selbst aufzukommen hatten, vermochte ihre Wertschätzung bei diesen nicht zu mindern. In diesen Zusammenhang gehört schließlich noch das — vorerst allerdings vergebliche — Bemühen des Kaisers um die Aufnahme seiner beiden Günstlinge in den Schwäbischen Bund, an dem sie den erforderlichen Rückhalt gegen ihren Bruder Albrecht gefunden hätten. Erst Ende 1491 gelang es Herzog Wolfgang gemeinsam mit den Löwlern, die Bundesmitgliedschaft zu erhalten; vgl. darüber weiter unten S. 332.

Umständen wenigstens die fatale Tiroler Frage aus der Welt schaffen. Eine Einigung hierüber war um so dringender geboten, als er selbst durch die rechtswidrige Inbesitznahme der erledigten Herrschaft Abensberg (1485) sowie zumal durch die unter stärkstem politischen und finanziellen Druck erzwungene Unterwerfung der freien Reichsstadt Regensburg (1486) dem Kaiser eine Handhabe geliefert hatte, um jederzeit beim Kammergericht einen Prozeß gegen ihn anzustrengen. Da dessen Ausgang von vornherein außer Zweifel stand, hatte Albrecht stets mit seiner Ächtung und einer förmlichen Reichsexekution zu rechnen — wie es 1492 denn ja auch wirklich geschah.

Aus dieser weitgehenden Übereinstimmung ihrer politischen Interessen erklärt sich die seit dem Spätsommer 1488 sowohl bei König Maximilian als seinem bayerischen Schwager deutlich zutage tretende Neigung, die Differenzen zwischen ihren Häusern ein für allemal zu bereinigen. Bei der offenkundigen Kompromißbereitschaft zweier Hauptbeteiligter versprachen gütliche Verhandlungen um so eher einen raschen Erfolg, als sie durch keinerlei außenpolitische Verwicklungen erschwert wurden.

Jetzt kam es Albrecht außerordentlich zupaß, daß er es zum Unterschied von seinem Vetter Georg immer tunlichst vermieden hatte, die Mitglieder des Schwäbischen Bundes unnötig zu reizen und gegen sich aufzubringen. Der Bund, im Februar 1488 zum Schutze der zahlreichen kleineren Reichsstände im schwäbisch-bayerisch-fränkischen Grenzraum gegründet und durch ihren gemeinsamen Gegensatz zu den wittelsbachischen Expansions- und Hegemoniebestrebungen zu einer organischen Einheit zusammengeschweißt, war nämlich auf dem besten Wege, eine Art Vormachtstellung in Süddeutschland zu erringen. Er verdankte das nicht zuletzt der besonderen Förderung, die ihm der alte Kaiser eben wegen seiner politischen Tendenz zuteil werden ließ. Hierzu gehört vor allem auch die reichsrechtliche Verbrämung des Bundes, dessen Hauptaufgabe angeblich die Durchführung des Frankfurter Landfriedens von 1486 war. Von dieser Seite hatte Herzog Albrecht also keine besonderen Schwierigkeiten zu gewärtigen, zumal Maximilian seine guten Beziehungen zu den maßgeblichen Persönlichkeiten des Bundes zugunsten seines Schwagers spielen ließ.

Ebensowenig waren von König Wladislaw von Böhmen, dem einstigen Bewerber um die Hand der Kaiserstochter, größere feindliche Aktionen zu befürchten. Der Unmut des schwachen und ohne seine Landtafel machtlosen Jagiellonen gegen seinen glücklicheren Rivalen äußerte sich höchstens in gelegentlichen Sticheleien, wie z.B. in der Übernahme der Schirmherrschaft über die Löwler. Ganz ähnlich war auch seitens der Eidgenossen wohl mit kleineren Erpressungsversuchen, aber kaum mit einer bewaffneten Einmischung zu rechnen.

Verblieb somit als einziger ernsthafter, allerdings auch gefährlichster Gegenspieler Kaiser Friedrich selbst — und an dessen starrer Unversöhnlichkeit sollten in der Tat vorerst alle Bemühungen um einen gütlichen Ausgleich scheitern. Sein Groll wider den unerwünschten Schwiegersohn, der es gewagt hatte, seine dynastischen Pläne zu durchkreuzen, steigerte sich mit den Jahren zum Haß und machte nicht einmal vor seinen unschuldigen Enkelkindern halt. Verhängnisvollerweise sollte diese persönliche Animosität auch die politischen Entscheidungen des erzürnten Greises beeinflussen. Gewiß, den „bayerischen handel" wollte er nicht vergessen, wie er das Maximilian beim Abschied in Köln versprochen hatte; allein wenn er sich im Zuge ihrer Spaltungspolitik schon wohl oder übel zu Zugeständnissen an die Wittelsbacher bequemen mußte, so sollten diese wenigstens nicht dem Münchener Albrecht, sondern Georg von Landshut zugute kommen.

In ihm glaubte der Kaiser einen gleichgestimmten und einigermaßen willfährigen Bundesgenossen zu finden. Erfüllte doch schon der bloße Gedanke, daß der ihm geistig weit überlegene und vom Schicksal verwöhnte Vetter bei der Liquidierung des fehlgeschlagenen Tiroler Geschäfts aus seiner Heirat politische Vorteile herausschlagen, und er selbst ins Hintertreffen geraten könne, den selbstbewußten und argwöhnischen Herzog mit tiefem Neid und Mißgunst. Kaum ward er also die veränderte Konstellation und die ihm sich bietende Chance gewahr, als er eilends Gesandte an den kaiserlichen Hof schickte. Leider sind wir über diese, noch im Spätsommer 1488 eingeleiteten Sonderverhandlungen nur sehr mangelhaft unterrichtet. Das Ergebnis bildete jedenfalls eine Reihe von Einzelabmachungen, die alle zwischen dem 20. und 30. I. 1489 datiert sind. Darin verpflichtete sich Herzog Georg, der nicht umsonst den Beinamen „der Reiche" führte, neben einer kurzfristigen Barzahlung von 36 000 fl. an den Kaiser zu weitgehender persönlicher und materieller Hilfe gegen König Matthias von Ungarn, der noch immer große Teile Österreichs besetzt hielt. Ferner verzichtete er auf die Markgrafschaft Burgau und alle sonstigen Ansprüche, die er auf Grund der erzherzoglichen Verschreibungen besaß[19]. Offen blieb dabei wohl nur die Höhe und der Zahlungsmodus der ihm dafür von Friedrich III. großzügig auf Kosten Sigmunds gewährten Abfindung. Ebenso wurde die Abgrenzung der habsburgischen und wittelsbachischen Einflußsphäre in den Hochstiften Salzburg und Passau anscheinend späteren Vereinbarungen vorbehalten.

Wenn Herzog Georg in alledem den Wünschen des Kaisers weitgehend entgegenkam, so setzte er natürlich voraus, daß auch dieser einen angemessenen Preis für die neue Freundschaft entrichte. Wie hoch

---

[19] Vgl. dazu oben S. 305 mit Anm. 14.

er selbst deren Wert einschätzte, verrät sein Verlangen nach der reichsrechtlichen Bestätigung zweier ziemlich anfechtbarer Kaufverträge,
mittels deren er unter Ausnutzung der verworrenen Erbverhältnisse in
den Besitz der Grafschaften Kirchberg und Öttingen gelangt war.

Daß Friedrich III. den Forderungen des Landshuters so prompt und
unbedenklich nachkam, verrät ein erstaunliches Ausmaß an politischer
Naivität; denn es war, als wenn er in ein Wespennest gestochen hätte!
Der einzige, der sich zu beherrschen vermochte und nach außen hin
kaum etwas anmerken ließ, war bezeichnenderweise der von dieser
plötzlichen Wendung der kaiserlichen Diplomatie am stärksten Be-
troffene: Herzog Albrecht von München. Um so lauter und aufgeregter
hallte der Chor der übrigen in Mitleidenschaft Gezogenen, voran Erzherzog Sigmund von Tirol, der seiner Entrüstung über den ihm ge-
spielten Streich in einem förmlichen Protest Luft machte [20]. In ähnlichem
Sinne ließ sich der frühere Pfandinhaber der Markgrafschaft Burgau,
Bischof Friedrich von Augsburg, ein Bruder des einflußreichen königlichen Rats Graf Eitelfritz von Zollern, vernehmen. Dazu gesellten sich
die durch die kaiserlichen Bestätigungen unmittelbar geschädigten Erb-
anwärter, die Grafen von Öttingen, Montfort und Kirchberg, ferner die
Reichsstände, die sich durch die Machtpolitik Herzog Georgs irgendwie
bedroht fühlten: der Abt von Roggenburg, die Burgauer Ritterschaft,
die Reichsstädte Ulm, Memmingen und Nördlingen [21], hinter dem
wiederum die Markgrafen von Brandenburg standen. Kurzum, wie ein
Schrei gellten ihre Stimmen durch die an sich schon reichlich gespannte
Atmosphäre, und vor allem: Nur allzu rasch fanden sie den Weg zu
einer Instanz, die sich ihre Beschwerden bereitwilligst zueigen machte
und gewillt war, denselben mit allen Mitteln, nötigenfalls sogar mit
Waffengewalt, Geltung zu verschaffen, zum Schwäbischen Bund.

So stark war in diesem allmählich die antibayerische Tendenz geworden, daß der Kaiser die Geister, die er 1487 in der Not gerufen hatte,
um dem Vordringen der Wittelsbacher Einhalt zu gebieten, jetzt nicht
mehr los wurde. Sein um diese Zeit erfolgter Bruch mit dem Bundes-
hauptmann Graf Hug von Werdenberg, bis vor kurzem noch einem
seiner vertrautesten Räte und wegen seiner Verdienste um das Zustandekommen des Schwäbischen Bundes eine der einflußreichsten Persön-

---

[20] Das Ganze gewinnt dadurch einen fast grotesken Anstrich, daß die hauptsächlich
auf Kosten des Erzherzogs erfolgte Aussöhnung des Kaisers mit Herzog Georg
ausgerechnet in Innsbruck zum Abschluß gelangte, also gleichsam unter den Augen
Sigmunds, dessen Gäste beide waren.

[21] Dieses war gerade erst 1486 mit Mühe und Not der Gefahr entronnen, eine
Landstadt Herzog Georgs zu werden. Den Abzug seines Heeres hatte die Stadt
freilich weniger den lahmen Vermittlungsversuchen des Kaisers als der tatkräftigen
Unterstützung der Markgrafen von Brandenburg zu verdanken; außerdem hatte sie
den Herzog noch mit einer stattlichen Geldsumme abfinden müssen.

lichkeiten in diesem, ist hierfür geradezu symptomatisch. Als der Kaiser gar versuchte, dem mit der Zeit bedenklichen Umsichgreifen des Bundes gewisse Grenzen zu ziehen; als er im Februar und März 1489 eine Anzahl von Reichsständen vom zuvor anbefohlenen Beitritt dispensierte[22], um jenen nicht allmächtig werden zu lassen; als er vollends befahl, Herzog Georg nicht länger zu behelligen, sondern sich gütlich mit ihm zu vertragen: da wandten sich selbst die gemäßigten Elemente im Bund gegen dessen bisherigen Gönner und obersten Schirmherrn.

Zunächst scheiterten die Schiedsverhandlungen, die auf Veranlassung des Kaisers unter dem Vorsitz des Erzbischofs von Salzburg zwischen Herzog Georg und den Bündischen in Innsbruck begonnen hatten. Für diesen Fall hatte Friedrich sich von vornherein die Entscheidung vorbehalten. Zweifellos stellte seine Zusage, alsdann „mit allen gnaden handlen" zu wollen, einen bewußten Versuch dar, die Bundesmitglieder über die inzwischen eingetretene Wandlung seiner Politik hinwegzutäuschen. Um so verständlicher war ihre Reaktion, als sie sein perfides Spiel durchschauten. Das heftige Mißfallen, das die unentwegte Kompromißbereitschaft Ulms auslöste, ist für den allgemeinen Stimmungsumschwung im Bund nicht minder bezeichnend, als der Umstand, daß der Widerspruch des einen Grafen Wolfgang von Öttingen genügte, um den endgültigen Abbruch der Verhandlungen herbeizuführen. Schließlich schied man mit so „grossem unwyllen" voneinander, daß es „on massen ist".

Die wachsende Entfremdung zwischen Kaiser und Bund, der bisherigen Hauptstütze der habsburgischen Machtstellung im oberdeutschen Raum, wirkte sich beinahe zwangsläufig in einer bedenklichen Zuspitzung der politischen Gesamtlage aus. Als der Bischof von Eichstätt anfangs April auf einem Tag zu Schwäbisch-Hall nochmals versuchte, die Bündischen für die Wiederaufnahme von Verhandlungen unter persönlicher Leitung des Kaisers zu gewinnen, löste sein zu diesem Zweck vorgelegter Entwurf Entrüstung und erregte Proteste aus. Schon wurden Stimmen laut, man müsse sich angesichts der offenkundigen Parteinahme Friedrichs III. für den Landshuter Herzog desto fester zusammenschließen und treu zueinander stehen. Rasch einigte man sich über die Grundzüge einer Verschreibung, die alle Mitglieder und Verwandte des Bundes verpflichtete, bis zu dessen Ablauf im März 1496 unverbrüchlich zusammenzuhalten. Falls jemand von ihnen deshalb irgendwie behelligt werde, sollten alle übrigen ihm mit Rat und Tat beistehen, „solche beswerd abzubringen". Ihren Höhepunkt erreichte

---

[22] So vor allem die Bischöfe von Würzburg, Bamberg und Eichstätt, die Kraichgauer und Ortenauer Ritterschaft, die Reichsstädte Straßburg, Konstanz, Nürnberg und Windsheim, ferner die Kurfürsten von Trier, Köln, Brandenburg und Sachsen, die Herzöge von Jülich-Berg und Kleve-Mark, Markgraf Christoph von Baden u.a.m.

diese Entwicklung, die sich unverkennbar gegen die kaiserliche Politik richtete und auf einen kriegerischen Austrag der Gegensätze hinzielte, auf einem neuen Bundestag zu Eßlingen (18. bis 22. V.). Hier wurde nicht nur die erwähnte Verschreibung ausgefertigt, sondern auch der Haller „Anschlag des herzugs" gegen Herzog Georg in etwas modifizierter Form zum Beschluß erhoben, die Entwürfe für eine Kriegserklärung und ein entsprechendes Ausschreiben genehmigt.

Am schwersten und unmittelbarsten betroffen von dem Verlaufe, den die Dinge hauptsächlich durch das Verschulden des Kaisers nahmen, war zweifellos der Römische König; verstieß die Politik seines Vaters doch wider alle Richtlinien seiner eigenen, die sich damals wie in der Folgezeit etwa auf die knappe Formel bringen läßt: Befriedung des Reichs behufs geschlossenen Einsatzes seiner Kräfte gegen den jeweiligen äußeren Feind. Mit andern Worten: Für Maximilian rangierte die Außenpolitik unbedingt vor der inneren, die kaum mehr als Mittel zum Zweck war. Demgemäß handelte er.

Es würde zu weit führen, seine Friedensbemühungen hier im einzelnen zu schildern. Es muß daher genügen, kurz ihre wichtigsten Phasen hervorzuheben. Zunächst gelang es dem König auf einem Tag zu Oberwesel am 11. III., einen Stillstand im Kölner Zollstreit zu erreichen und die Zustimmung aller Beteiligten außer Kurpfalz zu gütlichen Verhandlungen unter seiner Leitung zu erlangen. Sie sollten auf dem bevorstehenden Reichstag stattfinden. Da die Kölner es jedoch trotz allem nicht mehr wagen konnten, pfälzisches Gebiet zu betreten, sah Maximilian sich im Einverständnis mit den drei geistlichen Kurfürsten und Hessen veranlaßt, den Reichstag von Speyer nach dem günstiger gelegenen Frankfurt zu verlegen und seinen Beginn so weit hinauszuschieben, daß ihm genügend Zeit für seine ferneren Vermittlungsaktionen blieb.

Über Mainz, Stuttgart und Geislingen, wo er zwei hochbedeutsame Unterredungen mit dem alten Grafen Eberhard von Württemberg als dem Haupt der Gemäßigten im Schwäbischen Bund und Herzog Albrecht von Bayern hatte, war er sodann nach Hall [23] geeilt. Hier glückte es ihm, gegen die Stimmen der Kriegspartei unter Führung Markgraf Friedrichs von Brandenburg einen Bundesbeschluß durchzusetzen, der ihm persönlich die Schlichtung der Differenzen mit dem Landshuter Herzog übertrug. Voraussetzung war freilich, daß er bis zum 17. V. die nun einmal unumgängliche Einwilligung des Kaisers erhalte, dessen fragwürdiger Mittlerschaft man sich unter keinen Umständen mehr anvertrauen wollte. Nur unter dieser Bedingung verpflichteten sich beide Teile, einstweilen stillzustehen.

---

[23] Über diesen Bundestag zu Schwäbisch-Hall vgl. auch oben S. 311.

Blieb die allerdings entscheidende Frage, wie Friedrich III. sich zu den Haller Vereinbarungen stellte. Würde er in ihnen, die ihm ausdrücklich die Ausübung seines kaiserlichen Schiedsrichteramtes verwehrten, eine böswillige Mißachtung seiner Autorität und Schmälerung seiner Prärogative oder gar eine Majestätsbeleidigung erblicken und entsprechend darauf reagieren? Oder vermochte er doch noch so weit realpolitisch zu denken, um sie zu billigen und damit Schlimmeres zu verhüten? Wider alles Erwarten und „hergeprachten prauch" entschied er sich nach kurzem Überlegen für letzteres. Er überließ es also dem Römischen König, Herzog Georg mit den Bündischen auf der Grundlage des in einigen Punkten abgeänderten Haller Entwurfs gütlich zu vertragen. Bezeichnend immerhin, daß er die äußere Form durchaus gewahrt wissen wollte und vorerst strengste Geheimhaltung seines überraschenden Entschlusses befahl.

Um so schwieriger gestaltete sich eine allseitig befriedigende Lösung der zweiten Aufgabe, die Maximilian sich bei seiner Reise an den Innsbrucker Hof gestellt hatte. Wahrscheinlich in Geislingen hatte er sich nämlich mit seinem Schwager Albrecht dahin geeinigt, daß dieser auf seine finanzpolitischen Ansprüche betreffs Tirols und der österreichischen Vorlande gänzlich und auf seine familienrechtlichen soweit verzichten solle, als seine Ehre und Herkommen es zuließen. Dafür verlangte der Herzog die kaiserliche Belehnung mit Abensberg und eine zum mindesten langfristige Überlassung Regensburgs; wegen letzterem wollte er sich, um jeder „nachred zu verkomen", äußerstenfalls zu rechtlichem Austrag vor den Kurfürsten verstehen, unter keinen Umständen aber vor Herzog Georg, dem neuen Bundesgenossen seines kaiserlichen Schwiegervaters, wie Maximilian das wohl mit dem arglistigen Hintergedanken angeregt hatte, dergestalt womöglich die beiden Vettern zu entzweien. Allein Friedrich III. lehnte eine Versöhnung auf dieser Verhandlungsgrundlage rundweg ab; hartnäckiger denn je bestand er auf einer bedingungslosen Rückgabe der Stadt an das Reich. Von Tag zu Tag mußte der König seine Abreise aus Innsbruck verschieben, obwohl ihm der Boden allmählich unter den Füßen zu brennen begann; drohte doch jede Überschreitung des ihm vom Schwäbischen Bunde gestellten Termins das gesamte Friedenswerk wieder hinfällig zu machen. Endlich am 25. V., war es so weit, nachdem der Kaiser in letzter Minute dem Kompromißvorschlag zugestimmt hatte, die Regensburger Angelegenheit einstweilen stillschweigend auf sich beruhen zu lassen.

Den tieferen Beweggrund für das neuerliche Einlenken Friedrichs und die Preisgabe seines bisher so zäh verfochtenen Rechtsstandpunktes bildete wohl die Nachricht, daß Matthias Corvinus, der erbitterte und gefährlichste Feind der Habsburger, in deren alten Residenz Wien einen Schlaganfall erlitten habe. Damit gewann die ganze ungarische Frage plötzlich ein völlig verändertes Aussehen. Seitdem der 1487 so vielversprechend begonnene Reichsfeldzug infolge des Ausbleibens der auf dem Nürnberger Reichstag bewilligten Truppen und Geldmittel kläglich im Sande verlaufen war, beruhten die beiderseitigen Beziehungen auf dem Waffenstillstand, den Herzog Albrecht von Sachsen im Dezember d. J. zu St. Pölten mit den ungarischen Räten geschlossen hatte. Zunächst auf sechs Monate befristet, war dieser Vertrag dann zwar immer wieder verlängert worden, aber die ständige Ungewißheit lastete schwer auf den beinahe wehr- und schutzlosen österreichischen Erblanden. In der Tat hielt allein die ungünstige außenpolitische Lage den kriegerischen Corvinen ab, seine wiederholten Drohungen gegen den Kaiser wahrzumachen. Seine schwere Erkrankung, die nicht einmal seine Überführung nach Ofen gestattete, machte mit einem Male alle jene Sorgen gegenstandslos. Ja, angesichts seines nahen Todes und der für diesen Fall vorauszusehenden Thronwirren schien König Matthias sogar bereit, auch mit den Habsburgern seinen Frieden zu machen.

Damit kam er der Politik Venedigs und der Kurie entgegen, die eine Einigung des christlichen Abendlandes zwecks gemeinsamer Abwehr der Türkengefahr anstrebten und deshalb ihre Vermittlung angeboten hatten. Die ungarischen und venetianischen Gesandten, die Mitte Mai in Innsbruck eintrafen, sollten also wohl mit Kaiser Friedrich Fühlung aufnehmen und sich vergewissern, wieweit er bereit war, den Forderungen seines alten Widersachers stattzugeben, bzw. welche Gegenbedingungen er seinerseits stellte. Allein diese Verhandlungen zogen sich in die Länge, weil der Kaiser endlich die Gelegenheit gekommen sah, um die im Ödenburger Vertrag von 1463 verbrieften Ansprüche seines Hauses auf die Nachfolge in Ungarn geltend zu machen; davon auch nur einen Deut preiszugeben, war er unter keinen Umständen gewillt. Daher sein höchst persönliches Interesse an der plötzlich wieder akut gewordenen Ungarnfrage. Verständlich, daß es ihn mehr denn je nach seiner Lieblingsresidenz Linz zog, wo er dem Brennpunkt der kommenden Ereignisse näher war.

Zuvor mußte er freilich die Besprechungen über die König Maximilian am Herzen liegenden Probleme irgendwie zu einem positiven Abschluß bringen. Hatte er dessen Ausgleichsbemühungen bisher ziemlich ablehnend gegenübergestanden, weil sie ihn allzusehr durch die Rücksicht auf burgundische Sonderinteressen bestimmt dünkten, so mußte er jetzt, wenn auch widerwillig, zugeben, daß ihr Gelingen zugleich die Voraussetzung für das seiner eigenen Ungarnpolitik bildete; denn nur dann konnte er hoffen, König Matthias gewachsen zu sein, wenn er vom Reich mit aller Macht unterstützt wurde. So erklärt sich unschwer seine überraschende Nachgiebigkeit, von der oben die Rede war. Selten haben Vater und Sohn so gut miteinander harmoniert wie in diesen Innsbrucker

Tagen, als sie die Reichsstände zum regen Besuch des Frankfurter Tages aufforderten, der nunmehr endgültig auf den 7. VI. verschoben wurde. Die kaiserliche Vollmacht, die Maximilian und Bischof Wilhelm von Eichstätt befugte, mit jenen ihrer „beder erblichen lande und gemeiner deutschen Nation merklich anligend notorft und sachen halb", in erster Linie also über die Bewilligung einer doppelten Reichshilfe, zu verhandeln, ist vom 20. V. datiert. Von den besten Wünschen des Kaisers begleitet und von diesem geradezu demonstrativ ein Stück Wegs geleitet, brach der König fünf Tage später von Innsbruck auf — ein denkwürdiges und ungewohntes Schauspiel!

Wollte er allerdings einigermaßen pünktlich in Frankfurt sein, so war höchste Eile geboten. Mußte er doch noch zuvor Albrecht von Bayern vom Ergebnis der Unterhandlungen in Kenntnis setzen, die er seinetwegen mit dem Kaiser gepflogen hatte. Dies war wohl der Hauptzweck des Besuches, den er (im vollen Einverständnis mit seinem Vater) dem Herzogspaar in den letzten Maitagen zu München abstattete. Von da aus ritt er in Begleitung seines Schwagers nach Dinkelsbühl, wo sich inzwischen der Schwäbische Bund fast vollzählig versammelt hatte. Mochte auch dessen Selbstbewußtsein und Stolz auf die aus eigener Kraft errungene Machtstellung durch die Eßlinger Beschlüsse [24] neuen Auftrieb erhalten haben, so verlor er doch keineswegs den Blick für das politisch Erreichbare. Selbst bei der Kriegspartei stieß Maximilian auf keinen nennenswerten Widerstand mehr. So konnte er am 10. VI. seinen berühmt gewordenen Schiedsspruch fällen, der eine gütliche Regelung aller Streitigkeiten zwischen dem Landshuter Herzog und den Bündischen gemäß dem Haller Entwurf vorsah. Der Friede im oberdeutschen Raum war damit einstweilen gesichert. Wer wollte es dem jugendlichen Herrscher verdenken, daß er im ersten Überschwang und ganzen Hochgefühl der staatsmännischen Erfolge, die ihm in den letzten drei Monaten beschieden waren, wähnte, unmittelbar vor dem ersehnten Ziel zu stehen?

In der Tat läßt sich nicht leugnen, daß das Einlenken des Kaisers zu einer sofortigen und merkbaren Entspannung der innenpolitischen Lage führte. Schon wenige Tage nach dem Dinkelsbühler Spruch vertrugen sich Erzherzog Sigmund und Herzog Georg über alle noch schwebenden Streitfragen. In einigen anderen Fällen wurden auf dem Frankfurter Reichstag Schiedsrichter bestellt. Wenn deren Bemühungen um einen Ausgleich auch nicht immer den erhofften Erfolg hatten, die einzelnen Verfahren sich vielmehr immer länger hinzogen, so ist doch nicht zu verkennen, daß der gesamte Fragenkomplex in der Folgezeit erheblich an politischem Gewicht verlor und ziemlich in den Hintergrund trat. Ähnliches gilt von dem Gegensatz Albrechts von Bayern zu seinem

---

[24] Über diese vgl. oben S. 311 f.

kaiserlichen Schwiegervater; bei dem vertraulichen Charakter der Besprechungen erfahren wir zwar nichts Genaueres darüber, doch läßt die fernere Entwicklung darauf schließen, daß eine Einigung erzielt wurde, die den beiderseitigen Interessen und Wünschen gleichermaßen Rechnung trug. Auf derselben Linie liegen zwei weitere Friedensschlüsse: der sog. Frankfurter Entscheid zwischen den beiden Grafen Eberhard von Württemberg sowie die Einung der Kurfürsten von Trier und der Pfalz, die deren langjährigen Irrungen ein Ende bereitete.

Soweit das Akutwerden der ungarischen Frage zu einer Beruhigung des politischen Klimas im Reiche beitrug, wirkte es sich also ganz im Sinne Maximilians aus. In anderer Beziehung sollte es jedoch seine Stellung auf dem Frankfurter Tag außerordentlich erschweren. Zwar erkannten die Reichsstände unter dem Druck der öffentlichen Meinung, die sich eindeutig für den seit seiner Gefangenschaft überaus volkstümlichen Habsburger aussprach, die Berechtigung der kaiserlichen und königlichen Hilfsforderungen grundsätzlich an; ja sie überboten sich geradezu gegenseitig in patriotischen Kundgebungen und Beteuerungen ihres guten Willens. Als jedoch die Höhe eines doppelten Anschlags gegen die Könige von Ungarn und Frankreich bzw. die niederländischen Rebellen konkrete Verhandlungen über den Umfang und die Modalitäten der von jedem Einzelnen zu leistenden Hilfe notwendig machten, begann die „nationale Front" sehr rasch abzubröckeln.

Ihr Zerfall ist im wesentlichen das Werk Erzbischofs Berthold von Mainz, der fortan der eigentliche politische Gegenspieler Maximilians werden sollte und vornehmlich als solcher in der Erinnerung der Nachwelt weiterlebt. Sehr geschickt verstand er es, die herkömmlichen Standesgegensätze und den natürlichen Egoismus jedes Einzelnen für seine Zwecke auszunutzen und in kurzem die meisten Stände zu überzeugen, daß eine Hilfe in der von der Krone verlangten Höhe ungerechtfertigt und untragbar sei. Zumal die beweglichen Klagen der Städte über ihren unverhältnismäßig großen und darum unbilligen Anteil an den Reichslasten gaben dem Kursfürten einen erwünschten Anlaß, um mit Maximilian und dem Bischof von Eichstätt „dutschlichen" zu reden „von einer zimelichen hilf, die lydenlichen" sei. Indem er sich so zum Sprachrohr einer wachsenden Opposition und Anwalt der ständischen Beschwerden machte, erreichte er dreierlei: Hatte der König es sich am 11. VII. noch erlauben können, ihn als einen böswilligen Intriganten zu brandmarken, unter dessen Umtrieben und Widersetzlichkeit das Staatsinteresse leide, so war Berthold kaum eine Woche später bereits der allgemein anerkannte Führer einer qualifizierten Reichstagsmehrheit. Gestützt auf diese gelang es ihm sodann, die anfänglich auf 40000 Mann veranschlagte Reichshilfe auf 15000 herabzudrücken und schließlich auch deren Bewilligung an schwerwiegende Bedingungen zu knüpfen. Daß die der 6000 Mann, die dem König als Eilende Hilfe in die Niederlande für ein halbes Jahr zugesagt wurden, „nit in anslagswise" erfolgen, sondern lediglich als ein freiwilliger Beitrag verstanden werden sollte, war noch das kleinere Übel. Ungleich schlimmer war, daß die Reichsstände eine sofortige Ungarnhilfe rundweg ablehnten und eine eventuelle spätere Genehmigung der hierfür vorgesehenen 10000 Mann davon abhängig machten, daß der Kaiser ihren wiederholt geäußerten Reformwünschen endlich stattgebe. In erster Linie ging es dabei um die Ausfertigung der kaiserlichen Deklaration vom 19. V. 1487 über die Handhabung des Frankfurter Landfriedens und die Wiederaufrichtung des Kammergerichts.

Mit diesem Beschluß, der auch in den offiziellen Reichstagsabschied aufgenommen wurde, gelang es Kurfürst Berthold, doch noch durchzusetzen, was Maximilian mit allen Mitteln zu hintertreiben versucht hatte: die Bewilligung einer Reichshilfe mit der Durchführung der Reichsreform zu koppeln. War schon Friedrich III. nicht zuletzt deshalb wohlweislich dem Reichstag ferngeblieben, so stand für Maximilian noch weit mehr auf dem Spiele; denn jede Diskussion über diese Frage mußte ihn über kurz oder lang zu einer eindeutigen Stellungnahme nötigen. Eben damit aber lief er Gefahr, es sowohl mit seinem Vater als der Reformpartei zu verderben. Beide glichen sich nämlich insofern, als sie das Problem der Reichsreform ausschließlich vom konservativen Rechtsstandpunkt aus betrachteten, also gewissermaßen eine Prinzipienfrage daraus machten — nur daß Friedrich III. keine seiner ihm noch verbliebenen Befugnisse aus der Hand geben, Berthold von Mainz hingegen fast die gesamte Regierung einem ständischen Reichsregiment übertragen wissen wollte. Im Gegensatz zu ihnen neigte Maximilian mehr zu einer politisch-dynamischen Beurteilung der ganzen Frage. Mit andern Worten: er verschloß sich zwar keineswegs der Notwendigkeit einer umfassenden Staats- und Verwaltungsreform, aber die dadurch erzielte Stärkung der Zentralgewalt sollte ausschließlich ihm selbst zugute kommen und ihn befähigen, seiner und (was für ihn dasselbe war) des Reiches äußeren wie inneren Feinde leichter Herr zu werden. Demgemäß war er wohl zu gewissen Zugeständnissen bereit, aber daß das Reich nach wie vor eine monarchische Spitze behalten müsse, und die Kompetenzen der Krone keinesfalls auf die Stände übergehen dürften, war für ihn gewissermaßen ein politischer Glaubenssatz.

Die Reformfrage stellte ihn daher vor denkbar schwerwiegende Entschlüsse; wollte er sich nämlich nicht zwischen zwei Stühle setzen, so durfte er weder das eben erst mühsam erlangte gute Einvernehmen mit seinem Vater leichtfertig aufs Spiel setzen, noch konnte er es in seiner heiklen Lage auf einen offenen Konflikt mit den Reichsständen ankommen lassen. Nach einem bewährten Rezept habsburgischer Politik zog Maximilian daher der leidigen Alternative: entweder — oder, das konziliantere: sowohl — als auch vor, um auf diese Weise erst einmal Zeit zu gewinnen. Folgerichtig erklärte er sich bereit, die ständischen Forderungen beim Kaiser zu unterstützen, aber unmöglich könne er dessen autoritativen Entscheidung vorgreifen. Während er so die Reichsreform bewußt auf die lange Bank schob, versuchte er die Opposition durch einen außenpolitischen Coup mattzusetzen: Am 19. VII. schloß er mit den nach Frankfurt entsandten Bevollmächtigten Karls VIII. von Frankreich einen Präliminarfrieden. Von dessen Inhalt und Auswirkungen auf die Entwicklung in den Niederlanden war bereits die Rede[25]; hier soll darum seine Bedeutung nurmehr unter einigen anderen Gesichtspunkten umrissen werden.

Zweifellos hat die Beendigung des Kriegszustandes zwischen den beiden Königen den Fortgang der Reichstagsverhandlungen aufs stärkste beeinflußt, auch wenn die versammelten Stände schwerlich sofort die ganze politische Tragweite des Friedensschlusses erfaßten, zumal dessen Einzelheiten vorerst geheimgehalten wurden. Eines mußte ihnen jedoch sehr rasch klar werden: Die Schlüsselstellung, die sie bisher auf Grund ihres Bewilligungsrechtes und der sich daraus ergebenden Möglichkeit, die Höhe der Reichshilfe von der Konzedierung entsprechender Gegenforderungen abhängig zu machen, innegehabt hatten, geriet bedenklich ins Wanken. Nicht allein, daß die Krone in dem Maße, als sie nicht mehr unbedingt auf die Unterstützung und den guten Willen der Reichsstände angewiesen war, ihre Handlungsfreiheit wiedergewann, konnte sie es sich jetzt sogar leisten, deren Reformwünschen die kalte Schulter zu zeigen. Eben das hatte Maximilian mit seiner Flucht in die Außenpolitik ja wohl auch bezweckt.

Allein Erzbischof Berthold war ihm gewachsen; geschickt parierte er diesen Schachzug damit, daß er den König auf seiner einmal eingeschlagenen Verständigungspolitik festzulegen suchte, die ihn über kurz oder lang in offenen Gegensatz zu Friedrich III. bringen mußte. War schon, wie der Kurfürst richtig vermutete, der Friede mit Frankreich ohne kaiserliches Einverständnis zustande gekommen, so bestanden in der Ungarnfrage von Anfang an tiefgehende Meinungsverschiedenheiten zwischen Vater und Sohn.

Seitdem König Matthias jederzeit mit seinem Ableben zu rechnen hatte[26], konzentrierten sich seine ganzen Bemühungen darauf, seinem Bastard Johann Corvinus die Nachfolge zu verschaffen. Um diese sicherzustellen, war er sogar bereit, die den Habsburgern entrissenen Teile ihrer Erblande mit Wien herauszugeben, sofern sie nur die Bestimmungen des Gmundener bzw. Korneuburger Friedens von 1477 erfüllten.

---

[25] Vgl. oben S. 298f.   [26] Vgl. S. 313f.

Mag sein, daß es dem Kaiser in seinen chronischen Geldnöten wirklich schwer fiel, die in die Millionen gehenden Forderungen des Ungarnkönigs zu begleichen; entscheidend war jedoch, daß die von diesem vorgeschlagene Verhandlungsgrundlage für ihn schlechterdings unannehmbar war, weil sie das den Habsburgern im Ödenburger Vertrag von 1463 eingeräumte Sukzessionsrecht kurzerhand ausschloß. Es wäre sinn- und zwecklos, die gegenseitigen Beschuldigungen und Rechtfertigungsversuche auf ihre Stichhaltigkeit nachprüfen zu wollen. Der Gegensatz war in der Tat unüberbrückbar, solange beide sich ausschließlich von dynastischen Interessen leiten ließen.

Ebensolche bewogen umgekehrt Maximilian, einen für alle Beteiligten tragbaren Ausgleich mit König Matthias anzustreben — nur daß es bei ihm die des Hauses Burgund waren. Wiederum spielen in diesem Zusammenhang die bretonische Frage und der Frankfurter Friede eine maßgebliche Rolle. Wie bereits erwähnt[27], hatte Karl VIII. letzteren mit dem Hintergedanken geschlossen, sich durch die Preisgabe Flanderns die wohlwollende Duldung Maximilians zu verschaffen, um erstere in seinem Sinn regeln zu können. Ihm mußte daran um so mehr gelegen sein, als das Protektorat, das der Römische König sich im Bunde mit Spanien und England nach dem Tode Franz' II. am 9. IX. 1488 über dessen noch jugendliche Tochter angemaßt hatte, eine ständige Bedrohung seiner ungedeckten Flanke bedeutete. Nachdem ein Versuch, sich ihrer zu entledigen und das Land, das ja französisches Lehen war, gewaltsam anzueignen, am Widerstand der drei Schutzmächte gescheitert war, versuchte der Valois es mit Diplomatie. Als einfachstes und sicherstes Mittel, um auf friedlichem Wege in den Besitz der Bretagne zu gelangen, bot sich wie von selbst die Hand der Herzogin Anna an. Ihrer Gewinnung standen allerdings eine Reihe von Schwierigkeiten entgegen, zumal die, daß Karl VIII. auf Grund des Arraser Friedens von 1482 bereits mit Maximilians Tochter Margarethe verlobt war.

Schwer zu sagen, ob und wieweit letzterer sich bewußt war, daß diese Verbindung mit dem Frankfurter Frieden politisch eigentlich wertlos, ja geradezu sinnwidrig geworden war. Wohl aber läßt die merkwürdig spröde Zurückhaltung, mit der Maximilian zunächst das verlockende Angebot der französischen Gesandten aufnahm, darauf schließen, daß auch er dem Vertragswerk nicht ohne politische Hintergedanken und innere Vorbehalte gegenüberstand. Insbesondere gedachte er als guter Kaufmann zweifellos, den Preis dieses Handelsgeschäftes durch zähes Feilschen noch beträchtlich in die Höhe zu treiben. Wie sollte es nicht möglich sein, außer dem ihm ohne sein Zutun zugeflogenen flämischen Spatzen auch noch die burgundische und bretonische Taube zu fangen?

---

[27] Vgl. S. 299.

Die Schreiben, die Maximilian und die Reichsstände von Frankfurt aus an die Eidgenossen, den englischen König und die Herzogin Anna richteten, lassen jedenfalls deutlich erkennen, daß er weder auf die burgundischen Stammlande noch die Bretagne, diesen Pfahl im Fleische Frankreichs, verzichten wollte. Am erstaunlichsten war jedoch, daß die Stände mit Berthold von Mainz an der Spitze sich hierbei geschlossen hinter ihn stellten. Einmütig sagten sie ihm ihre Unterstützung zu, obwohl sie ihn noch wenige Tage zuvor beschworen hatten, doch ja „den fridden mit den Frantzosen zu befestigen, damit der gehalten werde".

Hier klafft augenscheinlich ein Widerspruch, der sich auch damit nicht erklären läßt, es habe sich um ein Wiederaufflackern nationaler Begeisterung gehandelt. Weit eher sieht das ganze nach einer geschickten und zielbewußten Regie aus, den Römischen König im Westen zu engagieren und so — um mit dem alten Kaiser zu reden — in „liederliche Händel" zu verstricken. Dazu paßt vortrefflich, daß die Reichsstände Maximilian zugleich baten, alles zu unternehmen, um auch mit Matthias Corvinus zu einem „leidlichen" Abkommen zu gelangen. Nimmt man vollends die Reformfrage hinzu, so erhellt, daß Kurfürst Berthold überall mit sicherem Blick den wunden Punkt in Maximilians Politik, den darin keimhaft enthaltenen Gegensatz zu der Friedrichs III., aufgespürt und sein Möglichstes getan hatte, um beide gegenseitig hineinzusteigern und aufeinander zu hetzen.

Allein der König war trotz seiner Jugend bereits ein viel zu gewiegter Diplomat, um in die ihm gestellte Falle zu gehen. Wohlweislich vermied er es, sich nach irgendeiner Seite festzulegen oder gar zu einem offenen Zerwürfnis mit seinem Vater drängen zu lassen. Vielmehr verschanzte er sich, wie schon zuvor in der Reform-, so auch jetzt in der Ungarnfrage hinter dem fernen Kaiser. Immerhin besagt sein Hinweis, dieser werde womöglich, wenn man ihm jegliche Hilfe verweigere, „in sinem furgenommen unwillen gestirkt . . . und villeicht keyne billiche oder zimliche rachtung" annehmen, wie er selbst sie auf Grund des kürzlich vereinbarten „anstants"[28] anstrebe, genug; denn er lüftet einmal den sonst geflissentlich über die politischen Differenzen im Hause Habsburg gebreiteten Schleier. Es mag dahingestellt bleiben, ob die Reichsstände an der Aufrichtigkeit von Maximilians Anerbieten zweifelten, sich persönlich „hinabe an gelegene malstatt . . . zu fugen", um auch mit König Matthias von „einem ewigen fridden zu reden", oder ob sie befürchteten, sein Verständigungswille könne unter dem verhängnisvollen Einfluß des Kaisers wieder schwankend werden und es gleichwohl zum Kriege kommen. Jedenfalls verlangten sie kurzweg die Hinzuziehung ihrer „treffelich botschaft" zu den Verhandlungen mit Ungarn, die am

---

[28] Vgl. oben S. 314.

8. IX. zu Linz beginnen sollten. Falls diese wirklich an der Unnachgiebigkeit des Corvinen scheiterten und dieser sich „nit richten lassen" wolle, wie Friedrich III. das stets behauptete, stellten sie eine stattliche Reichshilfe wider jenen in Aussicht[29].

Dieses scheinbare Eingehen auf die kaiserlichen Wünsche darf nicht darüber hinwegtäuschen, daß die Reformpartei oder genauer: Berthold von Mainz damit zum kaum verhüllten Angriff auf das wichtigste der der Krone noch verbliebenen Hoheitsrechte, die Leitung der Außenpolitik, überging. Gar bald erwies sich jedoch, daß der Kurfürst zwar ein geschickter Taktiker, aber ein schlechter Menschenkenner war. Sein Versuch, die Reichsaußenpolitik einer ständischen Kontrolle zu unterstellen, bewirkte nämlich das genaue Gegenteil von dem, was ihm während des ganzen Frankfurter Reichstags als oberstes Ziel vorgeschwebt hatte. Statt die beiden Habsburger vollends zu entzweien, schlossen diese sich vielmehr in ihrer Bedrängnis ungeachtet aller Meinungsverschiedenheiten nunmehr aufs engste zusammen. Die Auseinandersetzung zwischen Vater und Sohn, die über die mannigfachen Gegensätze ihres Wesens und ihrer Politik hinaus zugleich eine solche zweier Generationen, ja zweier verschiedener Epochen war, erreichte somit ihren absoluten Höhe- und entscheidenden Wendepunkt.

Zu diesem Umschwung trug nicht wenig bei, daß der Kaiser sich angesichts der drohenden Gefahr, zu allem andern auch noch den einzigen Sohn und Thronerben zu verlieren, zu dem Entschluß durchrang, ihr Verhältnis von Grund auf umzugestalten und den reichlich angehäuften Konfliktstoff tunlichst aus dem Wege zu räumen. Es ist psychologisch außerordentlich reizvoll und hat nachgerade etwas Rührendes, wie in dem scheinbar schon völlig verknöcherten Greis mit einem Male ein tiefes und echt menschliches Gefühl durchbricht; denn nur ein liebender Vater konnte soviel Verständnis für die inneren Nöte und den fatalen Zwiespalt aufbringen, in den Maximilian durch den steten Widerstreit der burgundischen und österreichischen Hausmachtsinteressen geraten war und immer wieder geraten mußte. Ganz behutsam, oft kaum merklich suchte Friedrich III. den eigenwilligen und tatendurstigen Sprößling in den Bannkreis einer Staatskonzeption zu ziehen, die im Rahmen der alten Reichsidee den Erfordernissen einer gesamthabsburgischen Politik ebenso gerecht wurde wie den Belangen des Römischen Königstums. Zu diesem Zweck übertrug er ihm in steigendem Maße Teile seiner Regierungsfunktionen, wobei er sich selbst allerdings eine gewisse Oberaufsicht und die letzte Entscheidung vorbehielt. Wie Maximilian schon auf dem Frankfurter Tag als kaiserlicher

---

[29] Über die einschränkende Klausel, die die faktische Gestellung der ständischen Hilfskontingente von der Durchführung der Reichsreform abhängig machte, vgl. oben S. 317.

Bevollmächtigter die Verhandlungen mit den Reichsständen geführt hatte, so erhielt er jetzt auch die Leitung derjenigen, die mit einiger Verspätung im November 1489 zu Linz mit den ungarischen Räten, übrigens unter Teilnahme mehrerer Reichsfürsten und ständischer Gesandter, aufgenommen wurden. Auf derselben Linie liegt die Überlassung der nicht mehr länger aufschiebbaren Nachfolge des senilen Erzherzogs Sigmund von Tirol im März 1490. Nichts kennzeichnet vielleicht besser Umfang und Grad der kaiserlichen Sinneswandlung als die am 15. II. ausgestellte Urkunde, daß der Römische König damit nicht wider die gegenüber seinem Vater eingegangenen Wahlverpflichtungen verstoße[30].

Natürlich verlief dieser Umschulungsprozeß keineswegs gleichmäßig und geradlinig. Selbst Friedrich III. gab sich keinerlei Täuschungen über die erheblichen Schwierigkeiten und wiederholten Rückschläge hin, die er dabei in Kauf nehmen mußte. Nur die allerwichtigsten können im folgenden angedeutet werden.

Da der Kaiser weder auf die finanziellen Forderungen des Corvinen eingehen noch auf die habsburgische Erbfolge in Ungarn verzichten wollte, endeten die zeitweilig nach Ofen verlegten Verhandlungen, wie kaum anders zu erwarten, im Februar 1490 mit einem ziemlich dürftigen Ergebnis: Der bestehende Waffenstillstand sollte nochmals bis zum 8. IX. verlängert und in der Zwischenzeit tunlichst eine Verständigung über die beiderseitigen Beschwerden erzielt werden. Bevor es jedoch dahin kam, starb am 6. IV. König Matthias, und damit änderte sich erneut die gesamte politische Situation.

Zunächst lebte sofort der alte Zwiespalt zwischen Vater und Sohn wieder auf, wer von beiden die Erbansprüche ihres Hauses auf die Stephanskrone vertreten solle. Nur mit Mühe und Not gelang es Veit von Wolkenstein, dem vertrauten Rat Maximilians, den Kaiser zur Abfertigung einer gemeinsamen Gesandtschaft an die ungarischen Stände mit entsprechend aufeinander abgestimmten Instruktionen zu bewegen. Die nur schlecht getarnte Uneinigkeit der Habsburger und das Versagen der ungarischen Nationalpartei, deren Kandidat Johann Corvinus den Römischen König nicht daran zu hindern vermochte, sich binnen kurzem der altösterreichischen Gebiete mit Wien und Wiener-Neustadt zu bemächtigen, wo er von der Bevölkerung jubelnd begrüßt wurde, dürfte wesentlich dazu beigetragen haben, daß schließlich keiner von ihnen, sondern der Jagiellone Wladislaw von Böhmen als Sieger aus der Königswahl hervorging. Freilich erwuchs auch ihm alsbald im eigenen Bruder, dem polnischen Kronprinzen Johann Albrecht, ein nicht ungefährlicher Rivale, und bis ersterer sich seiner durch den Vertrag vom

---

[30] Vgl. darüber oben S. 284 und 306.

20. II. 1491 entledigt hatte, verging kostbare Zeit. Inzwischen hatte
nämlich Maximilian von einigen Reichsfürsten, vor allem den Herzögen
Georg und Christoph von Bayern, tatkräftig unterstützt und zudem
durch einige ungarische Magnaten, die seine Partei ergriffen hatten,
förmlich zu kriegerischem Eingreifen ermuntert, die Schwächeperiode
seines Gegners geschickt auszunutzen gewußt. An der Spitze eines stattlichen Heeres drang er unaufhaltsam bis Stuhlweißenburg vor; am
17. XI. 1490 nahm er im Sturm die Stadt, in der kaum zwei Monate zuvor
Wladislaw zum König von Ungarn gekrönt worden war. Der Weg nach
Ofen stand offen, als eine Meuterei der oberdeutschen Landsknechte den
so erfolgverheißend begonnenen Feldzug jäh zum Stocken brachte.

Dieser Zwischenfall ist durchweg überschätzt worden; denn weder er
noch die chronische Geldverlegenheit Maximilians können für den
plötzlichen Abbruch des Krieges verantwortlich gemacht werden. Auch
die durch das Wüten einer zügellosen Soldateska entflammten nationalen
Leidenschaften, die wiederum eine Versteifung des ungarischen Widerstandes und das Scheitern aller Schiedsverhandlungen zur Folge hatten,
dürften bestenfalls eine sekundäre Rolle gespielt haben. Der tiefere und
für Maximilians Rückzug letztlich entscheidende Grund ist vielmehr in
seiner zwiespältigen Politik und der hierdurch bedingten Überforderung
seiner Kräfte zu suchen.

Hier muß an frühere Ausführungen über sein problematisches Verhältnis zum französischen König und besonders über die bretonische
Frage[31] erinnert werden. Nicht von ungefähr fällt daher die Preisgabe
der Eroberungen in Ungarn zeitlich ziemlich genau mit einem bedeutsamen diplomatischen Erfolg im Westen zusammen. Dank der Gewandtheit seines Marschalls Wolfgang von Polheim war es Maximilian nämlich
geglückt, allen übrigen Bewerbern um die Hand der Herzogin Anna von
der Bretagne den Rang abzulaufen. Wahrscheinlich Anfang Dezember
1490 war die begreiflicherweise streng geheimgehaltene Vermählung per
procuram erfolgt, die die junge Frau zur Römischen Königin erhob.
Durch den Abschluß eines engeren Bündnisses mit Heinrich VII. von
England im September d. J. hatte Maximilian sich vorsorglich gegen
die vorauszusehenden Gegenaktionen Karls VIII. politisch zu decken
gesucht. Um diesem aber auch militärisch gewachsen zu sein, blieb ihm
kein anderer Ausweg, als sich erneut um Hilfe an die Reichsstände zu
wenden.

Die innen- und außenpolitische Lage, in der der zu diesem Zweck zum
13. III. 1491 nach Nürnberg einberufene Reichstag stattfand, ähnelt in
vielem der des Frankfurter von 1489: Beidemale galt es, sich der Unterstützung der Stände für den Fall eines Zweifrontenkrieges zu versichern;

---

[31] Vgl. oben S. 319f.

beidemale mußte die Krone die Bewilligung eines allgemeinen Anschlags durch weitgehende Zugeständnisse, zumal hinsichtlich der
Reichsreform, erkaufen; beidemale endlich stellten interne Gegensätze
und Konflikte einen einheitlichen und planmäßigen Einsatz der verfüg-
baren Truppenmacht in Frage. Und trotzdem, wieviel hatte sich in den
knapp zwei Jahren geändert!

Vor allem hatte sich das persönliche Verhältnis Maximilians zu seinem
Vater seit 1489 grundlegend gebessert. Hätte der alte Kaiser nicht
prinzipiell zu ihm gehalten und ihn nach außen hin mehr oder minder
gedeckt, selbst wenn er seine Politik mißbilligte, so hätte der Römische
König sich niemals die Eigenmächtigkeiten erlauben dürfen, die er sich
1491 unbedenklich herausnahm. Die kaiserliche Kredenz hatte ihn und
den Bischof von Eichstätt lediglich zu Verhandlungen über eine Ungarnhilfe befugt. Gleichwohl verlangte Maximilian von den Reichsständen
keck einen doppelten Anschlag gegen die Könige von Ungarn und
Frankreich, die dem Reich täglich „großen sweren einbruch" täten. Im
Gegensatz zu 1488/89 verpuffte diese nationale Propaganda allerdings
ziemlich wirkungslos. Die versammelten Stände ließ des „hln. Reichs
und deutscher Nacion notdurft, eeren und nutz" ebenso kühl wie der
schaden, schimpf und nachteil", der ihrem königlichen Herrn aus seinem
bretonischen Abenteuer erwuchs. Erst nach langwierigem und hart-
näckigem Feilschen verstanden sie sich „auß besunderm gutten willen"
dazu, der Krone eine Hilfe von insgesamt 8600 Mann für ein halbes
Jahr oder einen entsprechenden Geldbetrag zu bewilligen. Auch diesen
wollten sie aber nur „auß freyem gemut" und nicht pflichtgemäß auf
Grund kaiserlicher Mandate leisten. Die Befürchtung Maximilians, unter
solchen Umständen könne „in der anzal merglich abbruch gescheen",
war daher nur allzu verständlich; liegen doch noch heute allein im
Kölner Stadtarchiv 37 nicht eingelöste Anschlagsquittungen!

Und das, obgleich Maximilian kein Mittel, nicht einmal eine handfeste
Überschreitung seiner Vollmachten, gescheut hatte, um die Reichsstände
bewilligungsfreudiger zu stimmen. Ausmaß und Grenzen seines Entgegenkommens erhellen wohl am deutlichsten aus dem vielerörterten,
aber meist mißverstandenen Reformprojekt, mit dem er in den ersten
Julitagen, als der Reichstag offiziell bereits beendet war, die Forderungen
der Reichsreformer beantwortete [32]. Wichtiger als die Verlängerung des
zehnjährigen Landfriedens von 1486 auf unbeschränkte Zeit und die
Aufrichtung des Kammergerichts am kaiserlichen Hof ist in diesem
Zusammenhang die entscheidende Rolle, die dem Reichstag künftighin
zugedacht wurde. Er sollte alljährlich stattfinden, also eine ständige

---

[32] Auf Einzelheiten dieses merkwürdigen Stückes kann hier leider nicht eingegangen werden. Ebenso ist hier nicht der rechte Platz, um sich mit den Auffassungen
Ulmanns, Smends, Hartungs u. a. des Näheren auseinanderzusetzen.

Institution werden; seine Beschlüsse sollten für die Krone verbindlich sein und von ihr mit Hilfe der Stände vollstreckt werden. Zur „hanthabung aller obgemelten eynikait und frid dutscher Nacion" sollte das Reich in sechs Kreise eingeteilt und für jeden zwei Hauptleute bestellt werden, die im Einvernehmen mit Kaiser und König für Ruhe und Ordnung zu sorgen hatten. Zu diesem Zweck sollte ein stehendes Heer geschaffen werden, derart, daß jeweils 49 Einwohner den 50. aushalten, und hierbei „glich teilung beschehen", d. h. „der rich dem armen zu stur" kommen solle[33]. In dieser Truppenaufstellung sollten auch die Herzogtümer Burgund und Bretagne, die erst kürzlich an König und Reich „komen sin, begriffen und verfast werden, desglich die Cron zu Engelland und Hyspani, der die Römische königliche Wird zu solcher vereynigung mechtig ist". Zur Bekräftigung dieser Vereinbarungen sollten alle Teile eine Urkunde unter ihrem Siegel ausfertigen und diese auf dem zum 11. XI. nach Frankfurt anberaumten Reichstag beim Erzbischof von Mainz hinterlegen.

Ein überaus merkwürdiges Stück, voller Einfälle und Widersprüche, das in seiner Art geradezu als typisch für den Politiker Maximilian gelten kann. Begreiflicherweise ist es sehr verschieden gedeutet und beurteilt worden. Insbesondere hat man in dem Umstand, daß einige dieser Vorschläge gewissermaßen den Auftakt zu den späteren Reformverhandlungen bilden, einen Beweis sehen wollen, daß der König zur „Zusammenarbeit" mit Berthold von Mainz und dessen Parteifreunden bereit gewesen sei. Dem widerspricht jedoch, ganz abgesehen von Maximilians politischer Gesamtkonzeption und der inneren Logik der weiteren Entwicklung, vor allem zweierlei: die völlige Aussichtslosigkeit, die Zustimmung Kaiser Friedrichs zu diesem Reformprojekt zu erlangen, sowie die zahlreichen darin enthaltenen Fußangeln und hinterhältigen Verlockungen. Zu diesen gehört z. B. die bewußte Ausschließung des reichsfreien Adels und der Reichsstädte von den regelmäßigen Reichstagen; sie steht in auffallendem Gegensatz zu der sonstigen Politik Maximilians und mußte zu endlosen Kontroversen zwischen jenen und den bevorzugten Kurfürsten und Fürsten führen.

Hierher gehören ferner drei Punkte, deren etwaige Verwirklichung für das Reich schwerwiegende außenpolitische Folgen gehabt hätte. So sollte dem König von Frankreich durch eine gemeinsame Gesandtschaft nahegelegt werden, den von ihm ratifizierten und bestätigten Frankfurter Frieden von 1489 in allen Artikeln zu halten. Ähnlich sollte die böhmische Landtafel aufgefordert werden, König Wladislaw zu veranlassen, die Habsburger im ungestörten Besitz der ungarischen Krone sowie ihrer

---

[33] Falls die Kurfürsten und Fürsten diesen Vorschlag nicht billigten, sollte es ihnen überlassen bleiben, „ander weg" zu suchen, um den Unterhalt des Reichsheeres zu gewährleisten.

Erblande zu belassen. Falls er das ablehne, solle er sich wenigstens als Kurfürst, ebenso wie Kaiser und König, einem Schiedspruch der versammelten Reichsstände — gegebenenfalls unter Heranziehung polnischer Gesandter — unterwerfen, wie das die Kurfürsten in solchen Fällen „lang zit . . . herbracht und geübt" hätten. Gerade dieses scheinbare Eintreten des Römischen Königs für die Rechte der Kurfürsten läßt den machiavellistischen Grundzug seiner Politik deutlich werden; denn wie wollte das Reich den Jagiellonen vor sein Tribunal und zur Anerkennung seines Schiedsspruchs nötigen? Kaum minder verfänglich war die dem Reich als solchem zugedachte Rolle, die außerhalb seiner Grenzen gelegenen Herzogtümer Burgund und Bretagne gleichwohl als einen Bestandteil seiner selbst anzuerkennen und somit ihren Besitz den Habsburgern von Rechts wegen zu garantieren.

War das königliche Reformprojekt also lediglich ein raffiniert ausgelegter Köder oder gar ein bewußtes Täuschungsmanöver, um eine größere Reichshilfe zu erlangen als die von den Ständen zu Nürnberg bewilligte? Gewiß haben derartige taktische Erwägungen bei Maximilian mitgespielt, aber ebenso sicher ist, daß sie allein für ihn nicht ausschlaggebend waren. Allerdings ist die eigentlich konstruktive Seite seiner Vorschläge von 1491 und ihre programmatische Bedeutung für die von ihm auf lange Sicht geplante, aber hier erstmals formulierte staatliche Neuordnung des Reiches bisher noch kaum erkannt, geschweige denn gewürdigt worden. Danach sollte die Herrschaft der Krone im wesentlichen auf drei fundamentalen und unabdingbaren Hoheitsrechten beruhen: 1. Auf der Ausübung der Jurisdiktion durch ein am kaiserlichen Hof tagendes Kammergericht. Seine Tätigkeit wird ergänzt durch eine Schiedsgerichtsbarkeit in allen Streitigkeiten zwischen Reichsständen; denn das hat der ausdrückliche Vorbehalt Maximilians zu besagen, persönlich die Irrungen zwischen den Wittelsbachern und dem Schwäbischen Bund (von denen noch zu reden sein wird) auf dem angekündigten Frankfurter Reichstag kraft kaiserlicher Vollmacht gütlich oder rechtens zu entscheiden[34]. 2. Auf einem zwiefachen Mitspracherecht bei der Exekutive, deren Wirksamkeit durch die Schaffung eines stehenden Reichsheeres gewährleistet wird. 3. Auf der Anerkennung der Sonder- und Vormachtsstellung des Hauses Habsburg-Burgund; soweit dessen Besitzungen außerhalb des Reiches lagen, sollten sie doch als Bestandteile desselben gelten, und demgemäß jeder Angriff einer fremden Macht auf sie von Reichs wegen abgewehrt werden. Auf Grund dieser

---

[34] Hieraus erhellt zugleich, daß das oberwähnte Anerbieten Maximilians, den Streit um die Stephanskrone einem Schiedsspruch der Reichsstände zu unterwerfen, nur als diplomatischer Schachzug gewertet werden kann, um König Wladislaw an den Verhandlungstisch zu bringen, da eine Ablehnung die fernere Ausübung seines Kurrechts in Frage gestellt und ihn förmlich zum Reichsfeind gestempelt hätte.

dreifachen Funktion konnte die Krone sich stark genug fühlen, um die Legislative ausschließlich den Reichsständen zu überlassen, die ja sowieso schon das Steuerbewilligungsrecht besaßen.

Maximilian hat diese Richtlinien, die sozusagen sein staatsrechtliches Minimalprogramm darstellten, in seinem Rechenschaftsbericht an den Kaiser als eine vorbehaltlich dessen Einwilligung getroffene Vereinbarung mit den Kurfürsten und Fürsten hingestellt, sie aber im übrigen stark hinter den außenpolitischen und militärischen Fragen zurücktreten lassen. Ebenso hat er die unleugbare Überschreitung seiner Handlungsvollmachten hinsichtlich der Reichshilfe damit begründet, daß das Reich „von fremden gezüngen zwivaltiglich angefochten" werde. Mit dieser (gelinde ausgedrückt) schiefen Darstellung des Sachverhalts hat er zunächst in der Tat erreicht, daß Friedrich III. ihm das Geschehene nicht nachtrug und ihn politisch im großen und ganzen gewähren ließ. Selbst das Reformprojekt, dessen meisten Punkte ihn naturgemäß unannehmbar dünkten, hat er dem König nicht weiter verübelt. Was hingegen sein äußerstes Mißfallen erregte, waren die in dessen Vorschlägen arglistig den Reichsständen unterschobenen Gegenforderungen. Aufs entschiedenste lehnte er daher nicht nur die angeregte Ordnung zur besseren Handhabung des Friedens als irreal und „gantz umbsunst" ab, sondern auch jede Einmischung Unbefugter in die habsburgische Außenpolitik, zumal in der Ungarnfrage. Um alle weiteren Erörterungen darüber zu unterbinden, wies er Maximilian bereits Ende Juli an, den Martini-Reichstag, dessen Beschlüsse doch nur „der kaiserlichen und königlichen oberkeit" zuwiderseien, zu hintertreiben. Als die Reformer trotzdem Anstalten dazu trafen, verbot er am 2. IX. dem Frankfurter Rat kurzweg und unter Androhung schwerer Strafen, die Abhaltung des Tages zu gestatten oder auch nur jene in die Stadt zu lassen.

Das Odium für diese Maßnahme, die praktisch jede Umgestaltung der Reichsverfassung auf gesetzlichem Wege für absehbare Zeit unmöglich machte, traf ausschließlich den alten Kaiser und tat der Volkstümlichkeit Maximilians keinen Abbruch. Hingegen nahm diesem die unerwartet heftige und rasche Reaktion seines Vaters jegliche Hoffnung, vom Reich eine nennenswerte Unterstützung gegen Frankreich zu erlangen. In seiner bereits erwähnten Antwort auf den Nürnberger Rechenschaftsbericht hatte Friedrich III. die Auseinandersetzung Maximilians mit Karl VIII. zwar als eine Art Privatkrieg bezeichnet, ersterem aber zugleich freigestellt, denselben unter seinem königlichen Banner „mit dem Adler mit ainem haubt" zu führen, sofern das mit dem nötigen Nachdruck geschehe und ihm „nit schimpf daraus erwachse". Eben diese fatale Möglichkeit zeichnete sich jedoch infolge des Ausbleibens einer entsprechenden Reichshilfe immer deutlicher ab. Da der Valois zudem

sehr geschickt dem Kaiser die Schlichtung seiner Irrungen mit dem
Römischen König angeboten hatte und auch die Verhandlungen, die mit
König Wladislaw von Böhmen über einen für beide Teile tragbaren
Kompromiß zur Vermeidung eines Zweifrontenkrieges eingeleitet
worden waren, sich vorerst nur wenig erfolgversprechend anließen, hielt
es der Kaiser nachgerade für angebracht, den Tatendrang seines Sohnes
zu zügeln. Allein dieser hatte sich schon allzu tief in das bretonische
Abenteuer verstrickt, um sich noch ohne einen bedenklichen Prestige-
verlust zurückziehen zu können. Ja er verbohrte sich in dem Maße in
seine kriegerische Politik, als Karl VIII. es verstand, ihn an seiner
empfindlichsten Stelle, in seiner persönlichen Ehre, zu treffen.

Im Vertrauen auf die ihr zugesagte Hilfe hatte die jungvermählte
Herzogin Anna es verschmäht, sich vor der französischen Übermacht in
Sicherheit zu bringen; statt dessen zog sie es vor, sich in Rennes ein-
schließen zu lassen und alle Mühseligkeiten einer Belagerung auf sich
zu nehmen. Von allen, auch von ihrem königlichen „Liebhaber" verlassen, mußte sie jedoch am 15. XI. 1491 kapitulieren. In dem darüber
ausgefertigten Vertrag hatte sie sich noch ausdrücklich freies Geleit zu
Maximilian ausbedungen — und zugesichert bekommen. Wider Erwarten zog sie aber nicht nach Deutschland, sondern heiratete drei
Wochen später ihren einstigen Feind, den französischen König, der so
zugleich in den Besitz der langbegehrten Bretagne gelangte. Nur wenige
Tage darauf erteilte Papst Innozenz VIII. dem neuen Paar den gewünschten Ehedispens und beseitigte damit auch das letzte Hindernis,
das diesem Bund noch entgegengestanden hatte.

Maximilian mußte diese Hiobspost um so tiefer in seiner Ritter- und
Familienehre kränken, als Karl VIII. wider alles Recht und jeglichen
Anstand seine bisherige Verlobte, die kaum zwölfjährige Erzherzogin
Margarethe, gewissermaßen als Geisel gegen etwaige Vergeltungs-
maßnahmen ihres begreiflicherweise empörten Vaters zurückhielt. Allein
so richtig der Franzose sonst alles im voraus einkalkuliert hatte — gerade
in diesem Punkt sollte er sich gründlich verrechnen. Zunächst löste die
Kunde von dem Schicksalsschlag, der das „Fräulein von Britannien"
und mit ihr das gesamte Haus Habsburg-Burgund getroffen hatte, im
Reich ähnlich wie 1488 eine neue Welle nationaler Leidenschaften aus,
die Maximilian virtuos für seine Zwecke zu nutzen wußte. Daß die
Fürstenopposition und zumal die Reichsreformer um Berthold von
Mainz nach wie vor jeden Krieg ablehnten, brachte sie nur in Gegensatz zur öffentlichen Meinung, die in seltener Einmütigkeit und Entschiedenheit für den Römischen König als den gegebenen Wahrer der
nationalen Belange Partei ergriff. Selbst der in solchen Dingen nicht eben
empfindliche Kaiser geriet in Wallung und forderte die Reichsstände
zu umfassenden Rüstungen auf, um die französischen Anschläge auf

„den Rainstram und teutsche land" zunichte zu machen; lieber wolle er „seligklich von dieser welt scheiden, dann ein solichen unkristenlichen, snoden handel ungestraft" lassen. Es erübrigt sich, hier näher auf die unerquicklichen und wenig ergiebigen Verhandlungen auf den Tagen zu Metz/Koblenz und Frankfurt/Colmar (1492/93) einzugehen. Es mag vielmehr der Hinweis genügen, daß es Maximilian trotz der unzulänglichen Unterstützung seitens des Reiches und des eigennützigen Abspringens seines englischen Verbündeten dank der Einsatzbereitschaft seiner Truppen gelang, Karl VIII. binnen weniger Monate den größten Teil der einstigen Mitgift Margarethes, vor allem die Franchecomté und den Artois, zu entreißen. Zumal der vielbesungene Sieg über ein starkes französisches Heer bei Salins am 19. I. 1493 ist wahrhaft volkstümlich geworden.

Der unter Vermittlung der Eidgenossen am 23. V. zu Senlis geschlossene Friede hat dann das Ergebnis dieses glücklichen Waffengangs im großen und ganzen bestätigt und Maximilian außer einem nicht unbeträchtlichen Territorialgewinn die geliebte Tochter nach über zehnjähriger Trennung wiedergeschenkt. Zweifellos ein bedeutsamer Erfolg, der auch seine Stellung im Reich erheblich stärkte. Dreierlei hat hierbei zusammengewirkt:

Einmal die seit 1492 erkennbare Um- und Neuorientierung der französischen Außenpolitik sowie die hierdurch bedingte allmähliche Verlagerung ihres Schwergewichts nach Italien. So erklärt sich ohne weiteres der Verzicht Karls VIII. auf seine bisherige Expansionspolitik gegenüber dem Reich sowie seine zunächst etwas überraschende Friedensbereitschaft gegenüber diesem, England und Spanien. Sie fand ihren konkreten Ausdruck in den Verträgen von Etaples, Barcelona und schließlich Senlis. Alle drei bilden die Glieder einer einzigen Kette und bezweckten letzten Endes nichts anderes, als ihm für den geplanten Italienzug die erforderliche Rückendeckung und Handlungsfreiheit zu verschaffen.

Das zweite Moment, das entscheidend zu der oben angedeuteten Entwicklung beitrug, war der nach langwierigen Verhandlungen glücklich zustande gekommene Ausgleich mit Wladislaw von Böhmen und Ungarn. Schon auf dem Nürnberger Reichstag von 1491 hatten seine Gesandten in diesem Sinne vorgefühlt, doch gelang es erst dem vermittelnden Einfluß Kaiser Friedrichs, die anfangs noch weit auseinandergehenden Standpunkte im Laufe des Sommers soweit anzugleichen, daß die Gefahr eines Zweifrontenkriegs endgültig als gebannt gelten konnte. Der Preßburger Friede vom 7. XI. d. J. sicherte dem Jagiellonen und dessen ehelichen Manneserben den ungestörten Besitz der ungarischen Krone zu, für den Fall ihres Aussterbens aber zugleich den Habsburgern das von allen Landständen eidlich zu bekräftigende und urkundlich zu

verbriefende Erbfolgerecht[35]. Bis dahin wollte Maximilian sich mit dem
bloßen Königstitel und einer Kriegsentschädigung von 100000 Gold-
gulden begnügen; letztere ermöglichten es ihm bis zu einem gewissen
Grade, den französischen Feldzug aus eigenen Mitteln zu finanzieren,
so daß er nicht mehr ausschließlich auf den guten Willen der Reichsstände angewiesen war.

In beiden Fällen war Maximilian kaum mehr als der Nutznießer
günstiger Umstände, ohne selbst wesentlich dazu beigetragen zu haben.
Hingegen war die Wiederherstellung des Friedens innerhalb des Reiches,
der seine militärische Schlagkraft naturgemäß erheblich förderte, und
ohne den ein erfolgreicher Krieg mit Karl VIII. einfach undenkbar
gewesen wäre, sein höchstpersönliches Verdienst. Bereits auf dem
Nürnberger Reichstag war es ihm am 31. V. 1491 gelungen, den leidigen
Kölner Zollstreit[36] endlich aus der Welt zu schaffen und damit den
Rhein wieder als Hauptnachschubstraße in die Niederlande benutzbar
zu machen.

Eine politisch ungleich gewichtigere Rolle spielten von jeher die
mannigfachen Irrungen, in deren Mittelpunkt die bayerischen Herzöge
standen. Ihre unentwegten Expansionsbestrebungen hatten zumal Georg
von Landshut in denkbar schärfsten Gegensatz zum Schwäbischen Bund
gebracht. Nur mit Mühe und Not hatte König Maximilian durch den
Dinkelsbühler Spruch noch in letzter Minute den Ausbruch offener
Feindseligkeiten verhüten können[37]. Auf dem Frankfurter Reichstag
hatte er zwar dann zur definitiven Beilegung der einzelnen Streitfragen
Schiedsrichter bestellt, doch kamen die Schlichtungsverhandlungen nicht
recht vorwärts, weil es sowohl dem Wittelsbacher als einem Teil seiner
bündischen Widersacher an dem nötigen guten Willen fehlte. Ein an sich
belangloser Zwischenfall, der eigenmächtige Fehdezug eines pfälzischen
Dienstmannes namens Lindenschmid gegen Eitelschelm von Bergen,
führte im Herbst 1490 erneut bis hart an den Rand eines Krieges und
drohte insbesondere auch Kurfürst Philipp in eine Auseinandersetzung
mit dem Schwäbischen Bund zu verwickeln. Schon rüstete letzterer mit
aller Macht, um den seinem Mitglied Bergen zugefügten Schaden mit
Waffengewalt zu ahnden. Nur dem Eingreifen des alten Eberhard von
Württemberg war es zu verdanken, daß der Friede gewahrt blieb und
am 5. XI. auf Kosten Bischof Ludwigs von Speyer ein Vergleich
zustande kam, der vorerst das Schlimmste verhütete. Allein die ganze
Atmosphäre blieb außerordentlich gespannt, zumal gleichzeitig die alten

---

[35] Analog sollte Wladislaw auch bei den böhmischen Landständen darauf hin-
wirken, Maximilian und dessen Nachkommen als präsumptive Thronerben anzuerkennen. Bekanntlich haben die Habsburger 1526 sowohl in Ungarn als in Böhmen
die Nachfolge der Jagiellonen angetreten.
[36] Vgl. darüber S. 300 und 312.   [37] Vgl. darüber oben S. 315.

nachbarlichen Händel zwischen Kurpfalz und Württemberg wieder
auflebten und der Bund nach wie vor auf dem Beitritt der Kraichgauer
und Ortenauer Reichsritterschaft bestand, die der Kurfürst als seine
Landsassen betrachtete.

König Maximilian hatte dieser bedrohlichen Entwicklung keineswegs
untätig zugesehen. Während des Nürnberger Reichstags von 1491 hatte
er den größten Teil seiner kostbaren Zeit darauf verwandt, die ihm von
allen Seiten vorgetragenen Klagen anzuhören und die streitenden Parteien miteinander zu vergleichen — umsonst! Die plötzliche und überraschende Abreise der drei Wittelsbacher in den frühen Morgenstunden
des 13. VI. vereitelte alle derartigen Bemühungen. Die politische Einmütigkeit und Geschlossenheit, die jene damit gemäß ihrem fünf Viertel-
jahre zuvor geschlossenen Schutz- und Trutzbündnis bekundeten,
wirkte freilich und nicht zum erstenmal allzu demonstrativ und auf-
reizend, um nicht alsbald höchst bedenkliche Reaktionen auszulösen.
Damit ist weniger der fatale Umstand gemeint, daß die fortdau-
ernden Streitigkeiten Herzog Albrechts mit seinen Brüdern Christoph
und Wolfgang sowie den Löwlern beinahe zwangsläufig auch Kurfürst
Philipp und Herzog Georg in jene mit hineinzogen, obwohl sich auch
das in Kürze als überaus folgenreich erweisen sollte. Geradezu entscheidend wurde hingegen, daß König Maximilian angesichts der politischen
Schwierigkeiten, die ihm aus dem engen Zusammenhalt und der Renitenz der wittelsbachischen Fürsten erwuchsen, seine früheren Bemühungen wieder aufnahm, ihre den Habsburgern so lästige Familienkoalition
zu sprengen[38]. Die Art und Weise, wie er diese unter dem Druck der
Zeitnot doppelt heikle Aufgabe bewältigte, kann als ein diplomatisches
Meisterstück gelten; denn an jenem 13. VI., als die drei Wittelsbacher
den Nürnberger Reichstag so unerwartet verließen, trug ihr scheinbar
so festgegründeter Bund bereits den Todeskeim in sich. Am Tage zuvor
waren nämlich die geheimen Verhandlungen Maximilians mit Herzog
Georg über dessen Bestellung zum reichdotierten Regenten des unmündigen Erzherzogs Philipp und dessen Vermählung mit der Landshuter Erbtochter Elisabeth zu einem vorläufigen Abschluß gelangt[39].

Aus dieser dynastischen Verbindung ist bekanntlich nichts geworden,
und ebenso hat Herzog Georg seinen Posten in den Niederlanden
niemals angetreten. Maximilian, der die menschlichen Schwächen seines

---

[38] Zum ganzen vgl. S. 307ff.

[39] Die Verhandlungen, die wohl schon im Spätherbst 1490 in Wien aufgenommen
wurden, zogen sich infolge der überhöhten Forderungen Herzog Georgs und anderer
Schwierigkeiten bis zum 11. XI. 1491 hin. Erst von diesem Tag ist die endgültige
„abred ains heyrats und anderen sachen halben", die die Unterschrift des herzoglichen
Marschalls Sigmund von Frauenberg trägt, datiert. Eine Reihe von Entwürfen, die
sich u. a. auch auf den Abschluß eines politischen Bündnisses zwischen dem König
und Herzog beziehen, verdeutlichen den Gang dieser Verhandlungen.

Partners nur allzu gut kannte, zog nämlich die Einlösung seiner Zut
sagen so lange hinaus, bis dieser, der den verlockenden Köder nicht
mehr auslassen wollte, politisch seine Schuldigkeit getan hatte. Kaum
war das geschehen, als der Habsburger unbekümmert das ganze Projek-
fallen ließ und sich dem weitaus lohnenderen, der spanischen Heirat,
zuwandte. Bis der sonst so mißtrauische Herzog gewahr wurde, daß er
von seinem Gegenspieler schmählich übertölpelt worden war, war es zu
spät[40]. Eine gute Seite hatte diese ärgerliche Episode immerhin: die unentwegten Friedensbemühungen Maximilians bewahrten ihn wenigstens
vor dem drohenden Konflikt mit dem Schwäbischen Bunde. Am 4. VI.
1492 schlichtete der König zu Augsburg endgültig die trotz des Dinkelsbühler Spruchs fortschwelenden Differenzen Georgs mit einer Reihe von
Bundesmitgliedern und beseitigte damit zugleich eines der Haupthemm-
nisse seiner kriegerischen Außenpolitik. Der Landshuter Herzog konnte
sich allerdings nicht verhehlen, daß er dafür einen reichlich hoch be-
messenen Preis bezahlen mußte; auch war es nur ein schwacher Trost,
daß er keineswegs der einzige Leidtragende seiner gar zu hochfliegenden
Ambitionen war. Der eigentliche Verlierer war vielmehr das Gesamthaus
Wittelsbach und innerhalb desselben wiederum vornehmlich Herzog
Albrecht.

Weder dessen diplomatische Gewandtheit und Geschicklichkeit noch
die Gunst seines königlichen Schwagers oder das ihm bisher so treu
gebliebene Glück hatte es verhindern können, daß seine politische Lage
sich seit dem Herbst 1490 zusehends verschlechterte. Am 2. X. hatte
König Wladislaw von Böhmen die aufsässigen Löwler in seinen Schutz
genommen, die damit den langerstrebten Anschluß an eine fremde
Macht fanden. Diesem ersten Wetterleuchten folgte Anfang Dezember
die Aufnahme der Löwler und Herzog Wolfgangs von Bayern in den
Schwäbischen Bund, der sich alsbald zum eifrigen Anwalt ihrer zahlreichen Klagen und Beschwerden machte. Schon weit vernehmlicher
grollte der Donner des über Albrechts Haupt sich zusammenziehenden
Gewitters, als der Kaiser am 16. I. 1491 die Kommission aufhob, die er
Bischof Albrecht von Straßburg und Graf Eberhard von Württemberg
zwecks Beilegung der brüderlichen Händel erteilt hatte. Daß er diese
gleichzeitig vor sein Kammergericht zog und bereits zwei Monate später
einen Rechtstermin anberaumte, war eine kaum mehr zu überhörende

---

[40] Seine begreifliche Verärgerung über König Maximilian und seinen von diesem
sichtlich bevorzugten Münchener Vetter dürfte der Hauptgrund für die Abfassung
des verhängnisvollen Friedrichsburger Testaments gewesen sein, in dem Georg am
19. IX. 1496 den künftigen kurpfälzischen Gemahl seiner Erzherzog Philipp zu-
gedachten Tochter Elisabeth zum Universalerben bestimmte. Der unglückliche Ausgang des Landshuter Erbfolgekriegs besiegelte dann 1505 endgültig das Schicksal der
verfehlten wittelsbachischen Großmachtpolitik.

Warnung; allein der Münchener Herzog beachtete sie unbegreiflicherweise nicht und begnügte sich, seines Rückhalts an den übrigen Wittelsbachern allzu gewiß, mit vorsorglichen Rüstungen. In diese drückend schwüle Atmosphäre schlug dann am 1. X. endlich der zündende Blitz: an diesem Tag erklärte nämlich Friedrich III. kraft eines förmlichen Kammergerichtsurteiles das abtrünnige Regensburg in die Reichsacht, übertrug deren Vollzug den schon lange auf Vergeltung sinnenden Löwlern und gebot allen Reichsständen, ihm behilflich zu sein, die Stadt wieder unter seine Botmäßigkeit zu bringen.

Was den alten Kaiser zu diesem unerwarteten Schritt bewog und seinen Grimm gegen den mißliebigen Schwiegersohn von neuem entfesselte, läßt sich nur vermuten. Höchstwahrscheinlich war es aber die Appellation, die Regensburg mit tatkräftiger Unterstützung seines bayerischen Landesfürsten gegen einen früheren Spruch des Kammergerichts [41] an den Papst und nötigenfalls an das nächste allgemeine Konzil gerichtet hatte. Noch im Juli d. J. hatte Friedrich sich gegenüber König Maximilian bereiterklärt, den von diesem vermittelten Stillstand um ein weiteres Jahr zu verlängern, sofern die Stadt und der zu ihrer „beider verachtung, schimpf und schaden" verhätschelte Herzog von ihrer „unbillichen ubung zu Rome" Abstand nähmen. Gleichzeitig gab er zu verstehen, daß er eine positive Erledigung der Appellation durch die Kurie als eine unzulässige Einmischung in die inneren Angelegenheiten des Reiches und seiner österreichischen Erblande, mit anderen Worten: als einen Bruch des Wiener Konkordats, betrachten werde. Begreiflich, daß Innozenz VIII. es unter solchen Umständen vorzog, die ganze Angelegenheit tunlichst in die Länge zu ziehen. Andererseits bekundete Friedrich, ungeachtet der immer dringlicheren Vorstellungen Maximilians, doch ja nicht den Prozeß gegen Regensburg wieder aufzurollen, bereits im August seinen festen Willen, die Löwler mit der Vollstreckung der kaiserlichen Achtsmandate zu betrauen. Vielleicht wäre es dem Römischen König trotz aller Quertreibereien der Herzöge Wolfgang und Christoph bzw. der Löwler sowie der bedrohlichen Rüstungen des Schwäbischen Bundes geglückt, den außenpolitisch so dringend benötigten Frieden im Reiche zu wahren, hätte nicht Herzog Albrecht selbst in diesem kritischen Augenblick einen nicht wieder gut zu machenden Fehler begangen. Obwohl die kaum mehr zweideutige Haltung seines Landshuter Vetters ihm allmählich hätte zu denken geben müssen, war er sich augenscheinlich noch immer nicht des ganzen Ernstes seiner Lage bewußt; denn sonst ist es schlechterdings

---

[41] Am 14. V. 1490 hatte dieses Regensburg aller seiner Freiheiten und Privilegien für verlustig erklärt, im übrigen aber das Ausmaß seiner Bestrafung dem Ermessen des Kaisers anheimgestellt. Über die Vermittlungsaktion Maximilians und den gleich noch zu erwähnenden Stillstand vgl. oben S. 313.

nicht zu verstehen, daß der stets so Besonnene sich durch die provokatorischen Übergriffe einiger Löwler dazu hinreißen ließ, kurz vor dem Weihnachtsfest mit Waffengewalt gegen jene vorzugehen.

Da dieselben sich formell zu Recht darauf berufen konnten, lediglich das kaiserliche Achtsmandat vollstreckt zu haben, lieferte der Herzog durch seine übereilte Handlungsweise Friedrich III. die schon längst gewünschte Handhabe, um die Reichsacht nunmehr auch auf ihn und alle übrigen „helfer, anhenger und beystender" Regensburgs auszudehnen. Zugleich bestellte er am 23. I. 1492 Markgraf Friedrich von Brandenburg zum Reichshauptmann und beauftragte ihn, mit Hilfe aller Reichsstände, an die noch am selben Tag ein entsprechendes Aufgebot erging, die ungehorsame Stadt wieder in des Kaisers und des Reiches „handen, dahin die gehoret", zu bringen sowie alle ihre Helfershelfer als „Rebelles Impery" gebührend zu bestrafen. Müßig, darüber zu diskutieren, ob Friedrichs III. Autorität an sich ausgereicht hätte, um seinem Willen die erforderliche Geltung zu verschaffen, hätte er nicht im Schwäbischen Bund ein starkes und willfähriges Vollzugsorgan gefunden. Jedenfalls schloß sich unter seiner geschickten Regie der Ring der zahlreichen Widersacher Herzog Albrechts immer enger um diesen; nur allzu bald sollte derselbe die bittere Wahrheit des Sprichworts, daß in der Not 1000 Freunde auf ein Lot gehen, an sich selbst erfahren. Zwar erwogen die Eidgenossen, deren Neutralität die Wittelsbacher sich nach langen Verhandlungen[42] durch den Vertrag vom 23. VIII. 1491 versichert hatten, in dem drohenden Konflikt zu intervenieren; bis sie sich aber über die Verfahrenseinzelheiten schlüssig geworden waren, war die Kriegsgefahr schon wieder vorüber, so daß ihre Abgeordneten nicht mehr einzugreifen brauchten. Von den übrigen Einungsverwandten des geächteten Herzogs kam allein der Kurfürst von der Pfalz seinen Bündnispflichten nach. Nürnberg hingegen verhandelte mit dem Kaiser über eine Geldablösung der geforderten Truppenhilfe, um schließlich, als jener nicht darauf einging, ebenso wie der Bischof von Würzburg[43] doch dem allgemeinen Aufgebot Folge zu leisten.

Trotzdem glaubte Albrecht noch immer, es auf einen offenen Kampf mit dem Schwäbischen Bund ankommen lassen zu können, dessen Heer sich Anfang Mai unter dem Reichsbanner auf dem Lechfeld sammelte und mit der Zeit auf etwa 20000 — nach anderen Nachrichten sogar auf

[42] Vgl. dazu oben S. 305 mit Anm. 13. Näheres darüber in dem S. 302 Anm. 11 und öfters erwähnten Buch von Hegi, zumal S. 416 ff.

[43] Die Haltung Bischof Rudolfs ist wohl das Kurioseste, was sich denken läßt und zeigt deutlich, zu welchem Rechtswirrwarr das spätmittelalterliche Einungswesen führen konnte. Auf Grund seines Bündnisses mit den wittelsbachischen Fürsten sandte er nämlich auch diesen 200 Reisige zu Hilfe, verbot deren Hauptmann jedoch nachdrücklich, sich wider den Kaiser oder den Reichshauptmann verwenden zu lassen, da Kaiser und Reich in der erwähnten Einung ausgenommen seien.

25 000 — Mann anwuchs. Erst am 18. oder 19. Mai gingen dem Münchener Herzog jäh die Augen auf, daß er dank der überlegenen Spaltungspolitik seines königlichen Schwagers politisch fast völlig isoliert war. An einem dieser beiden Tage eröffneten ihm nämlich zwei Räte Herzog Georgs, daß dieser „aus merklichen ursachen" seinem wiederholten und immer dringlicheren Ersuchen „umb hilf mit macht" leider nicht stattzugeben vermöge, sondern sich in Übereinstimmung mit seiner Landschaft neutral zu verhalten gedenke. Bestimmend für diesen Entschluß, zu dem er sich „aus fruntlicher guter meynung" und seinem lieben Vetter eher zu Nutzen als zu Schaden durchgerungen habe, seien vor allem die „swern gebotbrief" in dem Regensburger Handel gewesen, denen er sich auf Grund seiner fürstlichen Verpflichtungen gegenüber Kaiser und Reich nicht gut entziehen könne. Um „unwillen zu verhutten", sei es angebracht, von jeder weiteren „disputacion" abzusehen. Nach Lage der Dinge könne er Albrecht nur raten, in seinem eigensten Interesse das königliche Vermittlungsangebot anzunehmen, auch wenn dessen „bericht . . . Im swär were".

Das war wenigstens deutlich! Immerhin bezeichnend für Albrecht, daß er diesen unerwarteten Schlag ohne persönliche Emotionen hinnahm und endlich zur harten Wirklichkeit zurückfand. Kaum minder charakteristisch, daß er diese schwerste Niederlage seines Lebens Maximilian nicht weiter nachtrug, sondern eine Lehre daraus zog und demgemäß handelte. Fortan blieb er — übrigens sehr zu seinem Vorteil! — im engsten politischen Einvernehmen mit dem Römischen König. Dessen Bemühungen, die Wittelsbacher mit dem Schwäbischen Bund und zumal den Münchener Herzog mit dem alten Kaiser zu vertragen, lagen wiederum ganz auf der Linie seiner bekannten Reichspolitik und lassen sich weit zurückverfolgen[44]. Ungeachtet der sich bedenklich zuspitzenden Lage hatte er daher auf einem Tag zu Augsburg im Dezember 1491 erneut versucht, seinen Schwager zum Einlenken zu bewegen, um ihn wenigstens vor der ihm drohenden Reichsacht zu bewahren. Zunächst vergeblich, weil beide Herzöge in kaum begreiflicher Überschätzung des Rückhaltes, den sie an Maximilian zu haben wähnten, auf ihren hochgeschraubten Forderungen beharrten und davon nicht abgehen wollten. Es spricht für die Ehrlichkeit seiner wiederholten Versuche, wenigstens Albrecht zu einem günstigen Vergleich mit dem Kaiser zu verhelfen, daß der König keine Mühe scheute und in den ersten Maitagen sogar höchstpersönlich eine Blitzreise nach Linz unternahm, um einigermaßen erträgliche Bedingungen für den Herzog zu erlangen. Allein erst als dieser unter dem deprimierenden Eindruck, in einer denkbar kritischen Lage von seinen engsten Verwandten und Verbündeten schmählich im

---

[44] Vgl. dazu oben S. 308 ff. und 312 ff.

Stich gelassen worden zu sein, weitgehende Zugeständnisse machte, führten die unentwegten Friedens- und Vermittlungsbemühungen Maximilians zu dem gewünschten positiven Ergebnis.

Nach wechselvollen, ja geradezu dramatischen Verhandlungen, die wir beinahe bis in alle Einzelheiten verfolgen können, fällte Maximilian am 25. V. 1492 zu Augsburg mit Wissen und Willen aller Beteiligten folgenden Schiedsspruch: 1. Herzog Albrecht gibt Regensburg vorbehaltlos heraus und enthält sich künftighin jeglicher Einmischung. Die Wiedereingliederung der Stadt in den Reichsverband sollen zwei kaiserliche Kommissare überwachen, denen der Herzog freies Geleit und unbehinderte Betätigung zusichert. 2. Desgleichen verzichtet der Herzog auf die mit dem Tod des letzten Abensbergers an den Kaiser heimgefallene, von ihm aber widerrechtlich in Besitz genommene Herrschaft Abensberg; zugleich erhält er sie jedoch als einstweiliges Pfand für die Mitgift seiner Gemahlin zurück. Ferner soll diese den im Hause Habsburg üblichen Erbverzicht ausstellen, und der Herzog ausdrücklich seine Zustimmung geben[45]. Alle zwischen Herzog Albrecht und Erzherzog Sigmund von Tirol ausgetauschten Verschreibungen werden für null und nichtig erklärt; soweit sie sich im Besitz des ersteren befinden, hat dieser sie samt einen förmlichen „Totbrief" herauszugeben. 4. Der Herzog verpflichtet sich, alle Gefangenen gegen Urfehde freizulassen; ebenso sollen alle Lehensträger, die ihm Fehde angesagt haben, ihre Lehen zurückerhalten. 5. Entsprechendes gilt auch für Albrechts Brüder, die Herzöge Christoph und Wolfgang, sowie die Löwler. Zur Regelung ihrer Schadens- und sonstigen Ansprüche tritt bis zum 25. VII. ein Schiedsgericht des Schwäbischen Bundes unter dem Vorsitz des Königs zusammen; seine Entscheidung ist für alle Teile rechtsverbindlich. 6. Dafür hebt der Kaiser die über Regensburg und dessen Helfershelfer, insbesondere auch über Herzog Albrecht verhängte Reichsacht auf, nimmt sie alle wieder in Gnaden auf und erklärt alles Vergangene für ungeschehen.

Kaiser Friedrich hatte allen Grund, mit dem Augsburger Spruch seines Sohnes zufrieden zu sein. Er gab denn auch seiner Genugtuung unverhohlen Ausdruck, daß dieser dem Reich wieder zu dem Seinen und dergestalt dem Recht zum Sieg verholfen habe. Damit schien die Lebensaufgabe des Greises und seine Sendung als Römischer Kaiser gleichermaßen erfüllt. In der Tat hatte er erreicht, was man von einem Herrscher, der sich getreu den mittelalterlichen Anschauungen noch ganz als Beauftragter Gottes und Wahrer eines souveränen, als solchen über dem

---

[45] Die entsprechenden Verzichtserklärungen und Verpflichtungen des bayerischen Herzogspaares sind durchweg noch vom selben Tag oder dem 26. V. datiert, ein Zeichen, wieviel Albrecht daran gelegen war, diesen unerfreulichen Handel so rasch als möglich aus der Welt zu schaffen. Vgl. im übrigen auch oben S. 306 Anm. 16.

Staate stehenden Rechtes fühlte, billigerweise verlangen kann. Wenn Friedrich auch sehr wohl wußte, daß Maximilian im Gegensatz zu ihm den neuartigen Ideen vom Primat der Politik, die vornehmlich Außen- und Machtpolitik war, huldigte, so konnte er ihm doch soweit beruhigt die Nachfolge im Reich überlassen; hatte dieser doch eben erst bewiesen, daß ihm das gute, alte Recht noch etwas bedeutete und weithin die Richtschnur seines Handelns bildete. Seit seiner Aussöhnung und einem melancholischen Wiedersehen mit dem bayerischen Herzogspaar hat der alte Kaiser kaum mehr in die Reichspolitik eingegriffen. In schrullenhafter Zurückgezogenheit, fast ausschließlich mystischen Träumen und alchemistischen Spielereien hingegeben, verbrachte er seine letzten Monate auf seiner Burg zu Linz. Hier ist er, nicht ohne eigenes Verschulden, auf ebenso absonderliche Weise, wie er gelebt hatte, am 19. VIII. 1493 gestorben.

Soweit die Tatsachen. Versuchen wir zum Schluß, in Kürze das politische und geschichtliche Fazit dieser siebenjährigen Doppelregierung Kaiser Friedrichs und König Maximilians zu ziehen. Sie hat in der gesamten deutschen Geschichte höchstens noch ein vergleichbares Gegenstück: die letzte Zeit Maria Theresias und die Anfänge Josephs II. Hier wie dort versuchten zwei aufeinander folgende Generationen gemeinsam zu herrschen, die ihrem ganzen Wesen nach, ihren politischen Anschauungen und den historischen Epochen, die sie verkörperten, die denkbar größten Gegensätze bildeten. Um Wiederholungen zu vermeiden, mag es genügen, früher Gesagtes nochmals knapp zusammenzufassen und in einigen Punkten zu ergänzen[46].

Mehrmals wurde bereits betont, daß Friedrichs III. oberste Regierungsmaxime die statische Rechtsauffassung des Mittelalters war, während Maximilian mehr zu einer dynamischen Politik neigte. Dieser prinzipielle Gegensatz beruht zweifellos auf einem besonders krassen Generationsunterschied, wie er sich um jene Zeit auch anderweitig beobachten läßt. Immerhin ist festzuhalten, daß die konservative Staatskunst des alten Kaisers wesentlich dadurch bedingt und bestimmt wurde, daß das Römische Reich noch immer nicht vermocht hatte, seinen herkömmlichen universal-hierarchischen Charakter abzustreifen. Erst unter Maximilian setzte ein allgemeiner und weitgehender Umbildungsprozeß ein, zumal hinsichtlich der kaiserlichen Gewalt. Den entscheidenden Anstoß dazu dürfte er wohl aus der während seiner burgundischen Zeit gemachten Bekanntschaft mit den nationalen Ideen erhalten haben, die die staatliche Entwicklung Frankreichs und Englands so maßgeblich beeinflußt haben. So nachhaltig waren die Eindrücke und Anregungen, die der Römische König während seines Aufenthaltes in den Niederlanden empfangen

---

[46] Vgl. vor allem die vergleichende Charakteristik Friedrichs und Maximilians oben S. 290ff. sowie zumal die Ausführungen auf S. 321ff.

hatte, daß er auch nach seiner Rückkehr ins Reich im Frühjahr 1489 zunächst und in erster Linie burgundische Interessenpolitik trieb. Wenn er trotzdem zum Unterschied von seinem Sohn und Enkel nicht zeitlebens Burgunder blieb, sondern allmählich ein „typischer Habsburger" wurde, so verdankte er das hauptsächlich der strengen Schule, in die ihn sein kaiserlicher Vater in den folgenden Jahren nahm.

Dazu gesellt sich aber noch ein zweites Moment, das Maximilians Zurückfinden ins Reich und sein Hineinwachsen in den neuen Aufgabenkreis eines deutsch-habsburgischen Kaisers wesentlich beschleunigt und letztlich besiegelt hat: sein Ausschluß von den Regierungsgeschäften in den burgundischen Erblanden; denn sein endgültiger Verzicht auf die Regent- und Vormundschaft über den 1494 für großjährig erklärten Philipp den Schönen erfolgte keineswegs freiwillig. Das erhellt insbesondere daraus, daß Hand in Hand mit der politischen Emanzipation des jungen Erzherzogs, die durch die spanische Heirat nurmehr gefördert wurde, eine wachsende persönliche Entfremdung zwischen Vater und Sohn ging. Es dürfte eine müßige Frage sein, wer von beiden die größere Schuld an dieser verhängnisvollen, von Maximilian stets schmerzlich empfundenen Entwicklung trägt; der eigentliche und tiefste Grund ist wohl überhaupt weniger in menschlichen Unzulänglichkeiten als in dem Aufkommen starker politischer Kräfte in den Niederlanden zu suchen, die man als national-burgundisch bezeichnen kann. Der schwache und psychisch labile Erzherzog vermochte sich ihnen schon darum nicht zu entziehen, weil sein einstiger, aber nach wie vor überaus einflußreicher Lehrer, der Lütticher Dompropst Franz von Busleyden, neben Wilhelm von Croy, Herrn von Chièvres, dem späteren Erzieher Karls V., als ihr prominentester Vertreter gelten kann.

Für Maximilian, der sich damals bereits in den besten Mannesjahren befand, mußte seine neuerliche Verpflanzung aus dem gewohnten und geliebten burgundischen Milieu in den so völlig anders gearteten Kulturkreis des deutschen Reiches eine kaum erträgliche geistige und seelische Belastung bedeuten. Dies um so mehr, als sie zeitlich ziemlich genau mit seiner politischen Umschulung durch Kaiser Friedrich zusammenfiel. Eine minder reich veranlagte und elastische Natur als die seine wäre diesem doppelten Druck auch zweifelsohne erlegen. Bei Maximilian kam es zwar zu keinem eigentlichen Bruch, doch haben jene wechselvollen Jahre gleichwohl tiefe und unauslöschliche Spuren in seiner inneren Entwicklung hinterlassen. Die vielen Unausgeglichenheiten und Widersprüche seines Wesens, die gerade für den späteren Maximilian so typisch und charakteristisch sind, gehen größtenteils darauf zurück. Sie bilden sozusagen die unausgegorenen Rückstände und Schlacken jener allgemeinen Krise, die er während des hier geschilderten Zeitraumes durchmachen mußte.

Nur einige dieser persönlichen und anderweitig kaum erklärlichen Spannungen seien noch eben angedeutet. Von der Zwiespältigkeit und Sprunghaftigkeit der Außenpolitik Maximilians war schon hinreichend die Rede, desgleichen von seiner eigentümlichen Haltung gegenüber den Forderungen der Reichsreformer. Aber so neuartig, ja umwälzend seine Konzeptionen und Methoden an sich auch sein mochten, so war er im Grunde doch alles andere als revolutionär; eher könnte man ihn, so paradox das zunächst auch klingen mag, als einen fortschrittlichen Konservativen bezeichnen. Wohl hat er bekanntlich den Empfang der Kaiserkrone aus der Hand des Papstes entschieden abgelehnt — aber nie hat er dessen Stellung als geistliches Oberhaupt der abendländischen Christenheit in Zweifel gezogen. Gewiß hätte er für Luthers Anliegen und Wirken ungleich mehr Verständnis aufgebracht als sein Enkel Karl V. — nichts hätte ihm jedoch ferner gelegen, als dem katholischen Glauben untreu zu werden, dem er gemäß den Traditionen seines Hauses und seiner persönlichen Überzeugung bis zu seinem Tode anhing. Man hat Maximilian den „letzten Ritter" genannt und damit seine tiefe Verwurzelung in der höfischen Kultur des späten Mittelalters, zumal in ihrer burgundischen Form, zum Ausdruck bringen wollen — allein die Kultur im Reich um 1500, mit der er als dessen Oberhaupt in engste Berührung kam, trug überwiegend bürgerliche Züge. Maximilian hat sich mit dem modernen Kapitalismus, wie ihn vor allem die Fugger repräsentierten, verbündet — aber die Wirtschaftsordnung im Reiche und z. T. sogar in den Niederlanden, soweit sie, wie etwa in den Städten, überhaupt höheren Anforderungen genügte, beruhte im wesentlichen noch auf der alten Zunftverfassung, und die Stimmung des gemeinen Mannes war ausgesprochen antikapitalistisch und monopolfeindlich. So leutselig Maximilian sich gab, und so sehr er auf seine Popularität bedacht war — für die Sorgen und die soziale Notlage breitester Volkskreise besaß er in der stolzen Abgesondertheit seiner kaiserlichen Würde nicht das geringste Verständnis.

Diese ungeheuren Spannungen in Maximilians Wesen lassen ihn als ein echtes Kind seiner Zeit erscheinen, die wahrhaft eine Übergangszeit war. Diese seine geschichtliche Zwischenstellung ist es auch, die eine gerechte Beurteilung seiner Persönlichkeit und Regierung so außerordentlich erschwert. Und doch sollte man über deren meist überbetonten Problematik nicht übersehen, daß andererseits gerade diese „fahrige Reizsamkeit" und schillernde Vielseitigkeit Maximilian zu den verschiedenartigsten und nachhaltigsten Wirkungen befähigte. Auf geistigem Gebiet wäre insbesondere an seine Bedeutung für das Aufkommen einer humanistischen Gelehrtenkultur in Deutschland zu erinnern. Fast noch wichtiger sind die politischen und organisatorischen Ergebnisse seiner Regierungszeit. Maximilian hat nicht nur das schemenhaft gewordene Kaisertum neu belebt und wieder in den Mittelpunkt nationalen Lebens gerückt, sondern auch den neuen Begriff und die neue Form des Reiches geschaffen. Wenn dieses, dergestalt gefestigt, allen Stürmen der kommenden Jahrhunderte zu trotzen vermochte und noch bis 1806 fortbestand, so verdankt es das nicht zuletzt dem politischen Weitblick dieses Habsburgers. Für das richtige Verständnis seiner historischen Leistung ist es jedoch unerläßlich, bis auf die siebenjährige Doppelregierung Friedrichs III. und Maximilians zurückzugehen; denn sie haben seine staatsmännische Laufbahn weitgehend und entscheidend bestimmt. Um freilich die zahllosen ungelösten Fragen, die sich infolge des langen Stagnierens der deutschen Entwicklung allenthalben aufgestaut hatten, zu bewältigen und die Versäumnisse von Generationen nachzuholen, hätte es eines Universalgenies bedurft — und ein solches war Maximilian nun einmal nicht. Aber wer wollte ihm das verargen oder auch nur billigerweise verlangen?

LANDGRAF PHILIPP VON HESSEN
AUF DEM AUGSBURGER REICHSTAG 1530

Von Herbert Grundmann

Bei den Vorarbeiten zum 8. Band der Deutschen Reichstagsakten (Jüngere Reihe) — er wird an den 1935 von Johannes Kühn herausgegebenen, bis zum Speyerer Protestations-Reichstag reichenden 7. Band anschließen und den wichtigen Augsburger Konfessions-Reichstag 1530 mit seinen Auswirkungen bis zur Entstehung des Schmalkaldischen Bundes und zu Ferdinands Königswahl umfassen — fanden sich im Politischen Archiv des Landgrafen Philipp von Hessen zu Marburg[1] einige zumeist eigenhändige Briefe des Landgrafen an seine Frau Christine aus dem Sommer 1530, die auf dessen Verhalten während jenes Reichstages und vor allem auf seine überraschende Abreise aus Augsburg am 6. August ganz neues eigentümliches Licht werfen. Über die Gründe dieses heimlichen Aufbruchs des Landgrafen ohne Wissen auch seiner nächsten Gesinnungsfreunde und gegen den ausdrücklichen Willen des Kaisers ist schon damals, als die Reichstags-Stadt deshalb fast in Aufruhr geriet, und bis heute viel gerätselt worden. Philipp selbst hat sie mit der schweren Erkrankung seiner Frau begründet und entschuldigt, deren Briefe, die ihn heimriefen, er dem Kaiser vorlegen ließ. Ob das der „eigentliche" Grund oder nur ein Vorwand seiner Heimreise war, ist von den Zeitgenossen wie von späteren Forschern oft

---

[1] Staatsarchiv Marburg, Politisches Archiv des Landgrafen Philipp (= P.A.) Nr. 14: Akten der Landgräfin Christine fol. 1—8, s. u. S. 414ff.; es folgen weitere bemerkenswerte, noch kaum benutzte Briefe des Landgrafen an seine Frau bis zu deren Tod 1549, s. F. Küch, Politisches Archiv des Landgrafen Philipp des Großmütigen von Hessen. Inventar der Bestände Bd. 1 (Publikationen aus den Preuß. Staatsarchiven 78, 1904) S. 10f. — Für förderliche Hilfe und Beratung im Marburger Archiv habe ich Herrn Staatsarchivdirektor Dr. Papritz und Herrn Archivrat Dr. Heinemeyer zu danken.

bezweifelt worden. Daß aber die Krankheit der Landgräfin fingiert und vorher verabredet, daß die Heimkehr des Landgrafen von langer Hand vorbereitet und die Briefe seiner Frau im voraus von ihm bestellt waren, hat bisher niemand gewußt oder auch nur vermutet[2]; die vertraulichen Weisungen an seine Frau bezeugen es unwiderleglich. Schon am 31. Mai 1530, zwei Wochen ehe der Kaiser nach Augsburg kam und den Reichs-tag eröffnete, bittet der Landgraf seine Frau um ein bei seinem Abreiten aus Kassel mit ihr vereinbartes undatiertes Schreiben, das am 8. oder 9. Juli in Augsburg eintreffen soll. Am 19. Juni, nachdem er einen Brief von ihr erhalten hat, wiederholt er diese Bitte, bestellt aber diesmal ihr Schreiben auf den 14. oder 15. Juli. Nochmals bittet er am 14. Juli um einen gleichlautenden Brief, wie er ihn inzwischen bekam, der am 3. August ankommen und in dem sie sich „noch kränker machen" soll. Und schließlich kündigt er ihr am 1. August seine baldige Heimkehr an und fordert sie auf, sich bis dahin recht krank zu stellen.

Was besagen diese Briefe und die in ihnen gesetzten Termine? Sie sind kaum verständlich in ihrer vieles nur andeutenden Kürze, wenn man sie nicht aus dem Zusammenhang der Situationen erläutert, in denen sie geschrieben sind und für die Christines Briefe bestellt wurden. Sie können ihrerseits aber diese Situationen erst recht erhellen; ja sie nötigen dazu, das Verhalten des Landgrafen, seine Pläne und Ab-sichten während des Augsburger Reichstages erneut bis ins Einzelne im Hinblick auf diese Briefe an seine Frau zu untersuchen, da sich alle bisherigen Vermutungen darüber nun als irrig erweisen.

So nahe es den Reformationshistorikern von jeher liegen mußte, den fluchtartigen Aufbruch des Landgrafen am Abend des 6. August in ursächlichen Zusammenhang damit zu bringen[3], daß zwei Tage zuvor die „Confutatio" verlesen wurde, die kaiserlich-katholische Antwort

---

[2] Ekkehart Fabian, Die Entstehung des Schmalkaldischen Bundes und seiner Verfassung 1529—1531/33 (Schriften zur Kirchen- und Rechtsgeschichte 1, 1956) S. 13 und 37 hat mit meinem Hinweis auf Philipps Briefe an seine Frau wenig anzu-fangen gewußt.

[3] Für diese oft wiederholte Auffassung mögen zwei Belege genügen: Christoph v. Rommel, Philipp der Großmüthige, Landgraf von Hessen 1 (1830) S. 269 = Ders., Geschichte von Hessen 4 (1830) S. 63: „Nachdem der Kaiser den Evangelischen die Annahme einer sogenannten Widerlegung ohne weitere Antwort unter ernster Drohung geboten, ... sah der Landgraf den trostlosen Ausgang des Reichstags voraus, ... und nicht länger im Stande, unter dem Schein äußerer Mäßigung den inneren Unmuth zu verbergen, suchte er einen freieren Platz, der zugleich seiner Parthei zu einem Stützpunkt diente"; Wilhelm Gussmann, Quellen und Forschungen zur Geschichte des Augsburgischen Glaubensbekenntnisses I, 1 (1911) S. 55: „Auf das Ansinnen des Kaisers, die evangelischen Stände sollten sich dem Urteil der in seinem Namen verlesenen Konfutation unterwerfen, hatte er die schärfste Antwort, die sich überhaupt denken ließ: er ritt hinweg, ohne den Schutzvogt der römischen Kirche noch einmal zu grüßen."

auf das am 25. Juni verlesene Bekenntnis der lutherischen Fürsten und
Städte, so zeigt sich nun doch eindeutig, daß Philipps Abreise schon
längst vorher beschlossen und vorbereitet, also keinesfalls erst durch
die Confutatio veranlaßt war; daß sie und wann sie verlesen würde,
konnte niemand lange vorher wissen. Neuerdings nahm man oft an,
Philipp habe Augsburg verlassen, weil er erfuhr, daß der Züricher Rat
am 30. Juli die Aufnahme Hessens in das „christliche Burgrecht" bewilligte, das Bündnis mit Zürich, Basel und Straßburg, worüber seit
dem Frühjahr 1530 verhandelt wurde; als „offenkundiger Bundesgenosse
des Erzketzers Zwingli" habe sich Philipp in Augsburg nicht mehr
sicher fühlen können[4]. Aber auch diese Erklärung seiner Abreise ist
hinfällig, da er sich längst vorher von seiner Frau den Vorwand liefern
ließ, um seinen Aufbruch zu entschuldigen. Ob er sich dadurch den
während des Reichstags geführten Verhandlungen über den katzenelnbogenschen Erbstreit mit Nassau entziehen wollte, wie andere Forscher[5]
meinten und Philipp selbst nachträglich behauptete, kann nur ein chronologisch genauer Vergleich des Verlaufs jener Verhandlungen mit
Philipps Weisungen an seine Frau klären. Aber des Rätsels Lösung
liegt anderswo, wo man sie bisher nicht suchte.

In der kaum übersehbaren Aktenmasse des Augsburger Reichstages,
wie immer man sie editorisch zu bewältigen versuchen mag, könnten
die kurzen Briefe oder Billette des Landgrafen an seine Frau in ihrem
persönlichen Reiz und ihrem historisch-politischen Quellenwert schwerlich recht zur Geltung kommen. Sie mögen deshalb hier im voraus pu-
bliziert werden, erfordern aber zugleich eine eingehende Prüfung von
Philipps Verhalten vor und auf dem Augsburger Reichstag.

Die Suche nach einer Erklärung jener Briefe lenkte überdies die Aufmerksamkeit nicht nur auf manche noch nicht bekannte hessische Akten in
Marburg, sondern auch auf eine längst gedruckte, aber meist übersehene

---

[4] Daß der Züricher Ratsbeschluß vom 30. VII. „mit zu den Ursachen der Abreise Philipps gehörte", ja dafür „den Ausschlag gegeben" hat, vermutete zuerst
Otto Winckelmann, Der Schmalkaldische Bund 1530—32 und der Nürnberger
Religionsfriede (1892) S. 25f. Was er für wahrscheinlich hielt, gilt bereits als sicher
für William Ernst Nagel, Die Stellung des Landgrafen Philipp des Großmütigen
in der Glaubensfrage auf dem Augsburger Reichstag, in: Forschungen zur Kirchengesch. und zur christl. Kunst (Festgabe für Joh. Ficker 1931) S. 120. Auch Joh. v.
Walter, Der Reichstag zu Augsburg 1530, Luther-Jahrbuch 12 (1930) S. 77 sieht
darin den „eigentlichen Grund" für Philipps Aufbruch, ähnlich H. v. Schubert,
Der Reichstag von Augsburg im Zusammenhang der Reformationsgesch. (Schr. d.
V. f. Ref.gesch. 150, 1930) S. 30f.; in Verbindung mit dem „nassauischen Handel"
Otto Meinardus, Der katzenelnbogische Erbfolgestreit (Nassau-Oranische Korrespondenz I, 1899) 1 S. 146f. und Walther Köhler, Der katzenelnbogische Erbfolgestreit im Rahmen der allgemeinen Reformationsgeschichte bis 1530, Mitteilungen des oberhessischen Geschichtsvereins N.F. 11 (1902) S. 24.

[5] O. Meinardus a.a.O. 1 S. 140ff.; vgl. u. S. 394ff.

Quelle für Landgraf Philipps politische Absichten in jener Zeit aus seiner eigenen Feder, — allerdings eine späte, zähflüssige und ziemlich trübe Quelle, die in keiner Aktenpublikation Platz finden könnte und mit Vorsicht ausgeschöpft werden muß. Zehn Jahre nach dem Augsburger Reichstag geriet er nämlich mit seinem früheren Freunde und Verbündeten Heinrich d. J. von Braunschweig-Wolfenbüttel in einen erbitterten Streitschriftenkrieg[6], in dem sie einander — weit über den akuten Anlaß zurückgreifend — alle ihre früheren Taten und Untaten, Pläne und Absichten vorhielten, kurz ehe 1542 der offene Krieg zwischen dem katholisch gebliebenen Welfen und den Schmalkaldenern ausbrach, die ihn erst aus seinem Lande verjagten und dann jahrelang gefangensetzten. In jener sich immer heftiger steigernden Kontroverse erinnert zuerst der Landgraf daran, wie er kurz vor Beginn des Augsburger Reichstags Anfang April 1530 mit dem seit 1519 aus seinem Lande vertriebenen Herzog Ulrich von Württemberg zu Herzog Heinrich nach Wolfenbüttel kam und mit ihm einen Vertrag über die gewaltsame Rückführung Herzog Ulrichs nach Württemberg schloß; er wirft dem Braunschweiger vor, daß er weder diesen noch einen weiteren, während des Augsburger Reichstags geschlossenen Vertrag darüber erfüllte. Dieser antwortete mit Enthüllungen über verwegene Anschläge des Landgrafen, die er bei jener Wolfenbütteler Zusammenkunft und später in Augsburg gegen den Kaiser und die auf dem Reichstag versammelten Fürsten geschmiedet hätte und von deren Ausführung er ihn nur mit Mühe zurückhalten konnte. Mehrfach geht die polemische Diskussion über diese Vorgänge und über die Auslegung jener von Philipp publizierten Verträge hin

---

[6] Die zu Anfang 1539 einsetzenden Streitschriften zwischen Landgraf Philipp (neben Kurfürst Johann Friedrich von Sachsen und Herzog Ernst von Braunschweig-Lüneburg) und Herzog Heinrich d. J. von Braunschweig-Wolfenbüttel sind fast vollständig mit geringfügigen Retouchen abgedruckt im 4. Buch von Friedrich Hortleder, Der Römischen keyser- und königlichen Maiesteten ... Handlungen und Ausschreiben ... von den Ursachen des Teutschen Kriegs Carls V. wider die Schmalkaldischen Bunds-Oberste ... (1617); ich benutzte und zitiere die 2. Auflage (Gotha 1645) und verglich damit die Original-Drucke der Landesbibliothek Wolfenbüttel (alle in 4°). Vgl. dazu Fr. Koldewey, Heinz von Wolfenbüttel (Schriften d. Vereins f. Reformationsgesch. 2, 1883) S. 72 ff. In dem viermaligen Schriftwechsel zwischen Landgraf Philipp und Herzog Heinrich werden die Ereignisse vor und auf dem Augsburger Reichstag zuerst vom Landgrafen in seiner Apologie vom 12. IV. 1540 erörtert, wo er auch seine Verträge mit Hg. Heinrich von 1530 veröffentlicht (Hortleder IV c. 7 § 95 ff. S. 1056 ff., s. u. S. 417), dann von Hg. Heinrich in seiner 3. Antwort vom 22. VII. 1540 (ebd. IV c. 11 § 90 ff. S. 1198 ff.), wiederum vom Landgrafen in seiner 3. Verantwortung vom 4. III. 1541 (gedruckt Marburg 12. III. 1541, ebd. IV c. 19 § 52 ff. S. 1410 ff.; auch ein Druck der lateinischen Übersetzung findet sich in Wolfenbüttel Gn Sam.Bd. 12); weiter in der bei Hortleder nicht abgedruckten 4. Antwort Hg. Heinrichs vom 4. IV. 1541 (LB Wolfenbüttel Gn 4730) und in Philipps 4. Verantwortung vom 4. II. 1542 (Hortleder IV c. 35 § 43 ff. S. 1660 ff.).

und her, und er selbst sagt dabei: daraus „ist gut abzunehmen, warumb
wir von Augspurg heimlich abgeritten seyn"[7]. Trotzdem hat man diese
nachträglichen Äußerungen und jene auch im Original überlieferten
Verträge noch nie zur Erklärung seiner rätselhaften Abreise aus Augsburg verwendet. Es macht allerdings einige Mühe, den wirklichen Tatbestand aus dem streitbaren Hin und Her der wortreichen, schmäh-
süchtigen Pamphlete Herzog Heinrichs und Landgraf Philipps heraus-
zuschälen, die einander hochverräterischer Pläne bezichtigen und dabei
ihre Erinnerungen an die Zeit vor zehn Jahren aneinander wetzen. Und
doch werden ihre „Enthüllungen" im wesentlichen bestätigt durch
manche bisher nicht beachtete hessische Akten und vor allem durch
Philipps Briefe an seine Frau, die ihrerseits erst aus diesen Zusammenhängen verständlich werden. Manche Irrtümer und alle Zweifel über
das Verhalten und die Absichten Landgraf Philipps vor und auf dem
Augsburger Reichstag und über die Gründe seines vorzeitigen Aufbruchs
sind aus diesen Quellen zu beheben.

I. PLÄNE UND VERTRÄGE VOR DEM REICHSTAG

Als am 7. März 1530 in Kassel das kaiserliche Ausschreiben vom
21. Januar eintraf mit der Aufforderung, am 8. April persönlich zum Reichstag in Augsburg zu erscheinen[1], war Philipp von Hessen zunächst gar
nicht bereit, ihm Folge zu leisten. Am kursächsischen Hof in Torgau
erweckte der „milde" Ton des Ausschreibens die zuversichtliche Hoffnung, der bevorstehende Reichstag, auf dem zum ersten Mal seit 1521
der Kaiser selbst zugegen sein wollte, werde „anstat ains concilii oder
Nacional versamblung" den Zwiespalt im Glauben schlichten; schon
Mitte März rüstete man dort zum Aufbruch und bat auch den Landgrafen wie die anderen Fürsten, die gegen den vorjährigen Speyerer
Abschied protestiert hatten, um persönliches Erscheinen[2]. Philipp antwortete am 20. März, er halte es für unnötig, so sehr zum Reichstage
zu eilen, „dan wir lassen uns beduncken, wiewol wirs nicht vor war
wisten, der werde so furderlich und schleunig, wie er außgekundigt, nit
vor sich gehen"[3]. Damit hatte er völlig recht: erst am 15. Juni kam der
Kaiser nach Augsburg, erst über zehn Wochen nach dem ursprünglich
angesetzten Termin wurde der Reichstag eröffnet. Der Landgraf schrieb

---

[7] Hortleder S. 1413, vgl. auch S. 1062 und 1664.
[1] Staatsarchiv Marburg, P. A. 252 fol. 1, „presentatum Cassel den 7. tag Marcii";
Text des gedruckten Ausschreibens bei Karl Eduard Förstemann, Urkundenbuch
zu der Geschichte des Reichstages zu Augsburg i. J. 1530, 1 (1833) S. 1—9 Nr. 1.
[2] Förstemann 1, 24f. Nr. 6 vom 13. III.
[3] Ebd. I, 61—63 Nr. 25 dat. Immenhausen am Suntag Oculi.

aber dem Kurfürsten auch, er sei „noch nit endlich entschlossen" (und
den Nürnbergern schrieb er gleichzeitig[4]: er sei „zur zeit nicht bedacht"),
persönlich nach Augsburg zu gehen, er habe Grund genug, am Wohlwollen des Kaisers zu zweifeln. Er regte an, „die unsern" vorher zusammenkommen und beraten zu lassen, was auf dem Reichstag „von
unserntwegen solte gehandlet werden". Aber darauf ging Kurfürst
Johann nicht ein. Er lehnte auch gemeinsam mit Herzog Georg von
Sachsen, Philipps Schwiegervater, dessen Ansuchen ab, ihre Räte noch
vor dem Reichstag um Ostern in Erfurt über die „nassauische Sache",
d. h. über einen gemeinsamen Schritt im katzenelnbogischen Erbfolgestreit verhandeln zu lassen; das könne besser „von uns allen, so wir
gegen Augspurg kommen, furgenommen" werden[5].

Am 27. März beauftragte der Landgraf seinen Kanzler Dr. Johann
Feige, den Prediger Mag. Erhard Schnepf und den Grafen Philipp d. J.
von Waldeck mit seiner Vertretung auf dem Reichstag, zu dem er selbst
„aus merglichen und ehafften verhinderungen . . . in der eil" sich nicht
begeben könne[6]. Die ausführliche Instruktion für diese Gesandten[7] legt
in der Glaubensfrage allen Nachdruck auf zwei Punkte: einerseits mit
den anderen Fürsten und Ständen, die „dem evangelio anhengig und
geneigt" sind, nach Möglichkeit einmütig zu handeln, aber jede Trennung
oder Absonderung „der Zwinglischen oder ander opinion halb" zu verhüten („der wir gemeinlich noch nit gleichs verstands oder meinunge
miteinander sein mochten") und sich keinesfalls „von den von Straßburg
und andern, so mit inen der angeregten meinung sein", trennen zu lassen;
andrerseits keinesfalls den Kaiser und den Reichstag als entscheidende
Instanz in der Glaubensfrage anzuerkennen, sondern unentwegt auf das
vom Kaiser und in früheren Reichstagsabschieden in Aussicht gestellte
Generalkonzil zu dringen. Zu dem Erbieten des kaiserlichen Ausschreibens, „alle ains yeglichen gutbeduncken, opinion und maynung zwischen
uns selbst in liebe und gutligkeit zu horen, zu verstehen und zu er-
wegen", bemerkt die Instruktion, „daß die opiniones unserer seiten

---

[4] Theodor K o l d e, Analecta Lutherana (1883) S. 122 vom 20. III.

[5] Gesamt-Archiv Weimar Reg. C 327 fol. 3: Hg. Georg an Kf. Johann am 29. III.,
fol. 4: Kf. Johann an Lgf. Philipp am 1. IV.

[6] St.-A. Marburg P. A. 252 fol. 4 an Graf Philipp d. J. von Waldeck; fol. 22f.
zwei Konzepte der Vollmacht für die Gesandten, vgl. W. G u s s m a n n, Quellen u.
Forsch. z. Gesch. d. Augsb. Glaubensbek. I, 1 (1911) S. 391 Anm. 14.

[7] Die Instruktion (Konzept P. A. 252 fol. 5—18) vollständig bei Ed. D u l l e r,
Neue Beiträge zur Gesch. Philipps d. Großmüt. (Darmstadt 1842) S. 1—11; nur der
Hauptteil über die Glaubensfrage bei K. A. C r e d n e r, Philipps d. Großmüt.
Hessische Kirchenreformationsordnung (Gießen 1852) S. 111—121 und besser bei
G u s s m a n n I, 1 S. 326—332. Die Instruktion wurde auch dem Straßburger Rat
mitgeteilt, Capito kennt sie, s. seine Briefe an Zwingli vom 22. IV. (Corp. Ref. 97,
547ff. Nr. 1012, wo er schreibt: *Princeps Hassie sub initium Cesarem non adibit*) und
vom 15. V. (ebd. 581f. Nr. 1025).

gnugsam und stattlich dargethan werden konnten und mochten, aber solichs in darmaßen kurz angesprengten ile und so man unvergeleitet kommen solte, nicht gescheen". Und nach einer eingehenden Rechtfertigung der reformatorischen Maßnahmen in Hessen, vor allem der Aufhebung der Klöster, heißt es: „wann wir mit gnugsamer sicherheit und geleide versehen, wurden wir on allen zweifel eigner person mitsampt andern erscheinen und hiruber … bericht darthun."

Als dem Kanzler Feige der Auftrag und die Instruktion des Landgrafen am 3. April in Spieskappel überbracht wurde[8], gab er eine Erklärung zu Protokoll[9], die einer Weigerung nahekam, seinen Herrn in Augsburg zu vertreten. Er meinte, der Landgraf sei unentbehrlich auf dem Reichstag, auf dem „offenliche widderwertigkeit" angesichts der „gnedigen und gutigen worte" des Ausschreibens kaum zu besorgen sei; allenfalls könne der Landgraf um kaiserliches Geleit bitten, würde ihm das wider Erwarten abgeschlagen, so habe er dann einen triftigen Grund, daheim zu bleiben. Feige selbst aber sei „der sachen, das wort Gottes belangend, nit gnugsam bericht, hab wenig damit umbgangen"; insbesondere sei ihm in der Instruktion unklar und beschwerlich, ob er „denen von Straßburg und andern, so der Zwinglischen meinung sein, … solt soliche opinion, welcher er nit gewiß noch genugsamen verstand het, helfen verantworten". Überdies hätten die beim Kaiser einflußreichen Grafen von Nassau ihn in Verdacht, er sei die Ursache der Verzögerung des nassauischen Handels. Aus allen diesen Gründen bat der Kanzler, ihn von dem Auftrag zu entbinden.

Man nahm bisher an, vor allem dieser Einspruch seines Kanzlers habe Philipp bewogen, selbst nach Augsburg zu gehen[10]. Er kann jedoch Feiges Erklärung noch gar nicht gekannt haben, als er sich anders entschloß. Spätestens am 29. März hatte er Kassel verlassen[11] und war zu-

---

[8] Daß Feige erst am 3. IV. von den landgräflichen Statthaltern in Spieskappel aufgesucht und beauftragt wurde, sagt deren Brief an den Kammermeister Rudolf v. Weiblingen vom gleichen Tag, P.A. 252 fol. 31 f. Also wurde nicht „eine zuvor schon abgegebene mündliche Erklärung" Feiges, die dem Landgrafen schon eher bekannt sein konnte, erst am 3. IV. zu Protokoll gegeben, wie Gussmann I, 1 S. 390 Anm. 9 meint.

[9] P.A. 252 fol. 27 ff., s. Gussmann I, 1 S. 389 f. Anm. 7.

[10] So zuletzt J. v. Walter, Luther-Jahrbuch 12 (1930) S. 11; ders., Luther und Melanchthon während des Augsburger Reichstags (1931) S. 4; W. E. Nagel a.a.O. S. 110; auch Gussmann I, 1 S. 51: „Den letzten Ausschlag gab … in der Tat die Weigerung seines ersten Ministers", wenn auch „unstreitig noch andere Umstände mitgewirkt" haben: fürstliches Pflichtbewußtsein und „ermunternde Stimmen" aus Straßburg und der Schweiz, die aber Gussmann nur vermutet; S. 390 Anm. 8 hält er es für wahrscheinlich, daß auch die Verhandlungen mit Heinrich von Braunschweig in Wolfenbüttel „etwas zu seiner Sinnesänderung beitrugen".

[11] Am 27. III. schrieb der Landgraf noch aus Kassel an den Statthalter an der Lahn Ludwig v. Boineburg, daß er „etwas verriten" werde (P.A. 252 fol. 26 Konz.) und

nächst wohl nach Schmalkalden geritten; der dortige Amtmann Siegmund von Boineburg schrieb am 2. April an Johann von Sachsen[12],
der Landgraf habe ihm „izo in s. f. g. außerhalb landes abreiten" befohlen, dem Kurfürsten anzuzeigen, daß er „bedacht und gemeint were",
den Augsburger Reichstag in eigner Person zu besuchen. Dasselbe teilte
Philipp tags darauf aus Wolfenbüttel seinen Statthaltern in Kassel mit,
die diesen Bescheid am 5. April erhielten und sofort an Dr. Feige weiter-
gaben[13]; sie wurden vom Landgrafen angewiesen, Quartier in Augsburg zu bestellen, wohin trotzdem die bereits beauftragten Gesandten
vorausziehen sollten.

Unterwegs nach Wolfenbüttel, wohin ihn Ulrich von Württemberg begleitete, hatte sich also der Landgraf zum Besuch des Reichstags entschlossen. Was er gleich darauf mit Heinrich von Braunschweig besprach und
vereinbarte, — einen Vertragsentwurf brachte er schon mit, — muß und
kann allein den Schlüssel zum Verständnis seines Entschlusses geben.

Das Treffen der drei Fürsten war seit langem verabredet. Sie hatten
sich schon einmal knapp ein Jahr früher, bald nach dem Speyerer Reichstag, bei Herzog Heinrich in Fürstenberg an der Weser (bei Höxter nahe
der hessischen Grenze) getroffen und nochmals im Februar 1530; damals
war die nächste Zusammenkunft zur Fastenzeit in Wolfenbüttel vereinbart worden. Immer ging es dabei um den Plan der Zurückführung Herzog Ulrichs nach Württemberg. Seit 1526 beherbergte ihn der Landgraf
in Hessen trotz der über ihn verhängten Reichsacht und versuchte für
ihn auch die Hilfe Heinrichs von Braunschweig zu gewinnen, der
Ulrichs Schwester Maria zur Frau hatte. Als später der Welfe in seinen
Streitschriften um 1540 dem Landgrafen vorwarf, er habe gewalttätig
unter Bruch des Landfriedens den vertriebenen Herzog Ulrich 1534 in
sein Land zurückgeführt, entgegnete Philipp immer wieder, dazu habe ihn
allererst Herzog Heinrich angestiftet und aufgehetzt, „der uns erstmals
an solche Gedanken, Fürnehmen und Handlung des Zugs bracht hat"[14].
Zweifellos war zwar Ulrich zuerst mit Philipps Empfehlung zu Herzog
Heinrich gekommen, der ihm aber sagte, mit bloßen Fürbitten werde
nichts auszurichten sein, und gelegentlich hinzufügte: „Ich dachte wol,
der Landgraf würde den Fuchs alleine nicht beissen." Das wollte zwar
Heinrich d. J. nachher nicht wahrhaben oder anders verstanden wissen,
aber er konnte den Ausspruch nicht ganz ableugnen, und Philipp nagelte

---

bestellte Adolf Raue und Georg Nußbicker zu seinen Statthaltern in Kassel;
diese schickten am 29. III. einen in Abwesenheit des Landgrafen eingetroffenen
Brief an den Kanzler Feige nach Spieskappel (P. A. 1428).

[12] Förstemann I, 139 f. Nr. 44; s. die Antwort vom 13. IV. aus Grefental, bereits
unterwegs nach Augsburg, ebd. S. 143 f. Nr. 46.

[13] P. A. 252 fol. 39 f. und P. A. 1429.

[14] Hortleder S. 1057, auch 1055 u. ö.

ihn darauf fest: „Dann das folgt gewaltig: würde der Landgraf den
Fuchs allein nicht beissen und der Fuchs müßte gefangen sein, so war
von nöten, daß er Hülff hette. Wer sollte nun der Helffer sein anders
dann er? Das wollten wir gern hören."[15] Kurz vor dem Speyerer Reichstag 1529 hatte Heinrich auch zu Ulrich in Philipps Beisein gesagt: „Ich
will dem König (Ferdinand) den Teufel recht schwarz machen", als
habe der vertriebene Herzog großen Anhang im Adel; und wenn die
Fürbitte bei Ferdinand und eine Gesandtschaft zum Kaiser nichts hülfen,
„so wollte er neben uns sein Leib und Gut, Land und Leut bei Herzog
Ulrich treulich aufsetzen und ihm dazu nach all seinem vermögen verhelffen. Sonderlich sagt er mehr denn einmal: Wolan, lieber Schwager,
ich gehe fein dahin und will einmal ein Verderben um deinetwillen
wagen."[16] Die beredten Apologien des Landgrafen vermögen zwar
nicht glaubhaft zu machen, daß ihn erst der Braunschweiger auf den
Gedanken brachte, dem Württemberger notfalls gewaltsam wieder zu
seinem Herzogtum zu verhelfen. Anderwärts[17] gesteht er ehrlicher, daß
er diesem zusagte: wenn Ulrich „ein einichen Fürsten ufbringen mochte,
der selbst ziehen wolte, so wolt ich der ander sein". Aber Philipps
spätere Streitschriften legen es mit geradezu diebischem Vergnügen und
mit lebhafter Erinnerung an viele Einzelheiten darauf an, dem früheren
Freund einen Strick daraus zu drehen, wie unbedacht er sich dabei
äußerte, engagierte und exponierte, — freilich nicht nur um seines
Schwagers willen, sondern weil er als Preis für dessen Unterstützung
die hessische und württembergische Hilfe gegen die Reichsstadt Goslar
zu gewinnen hoffte, die er seiner Landesherrschaft unterwerfen wollte.
(Als er es 1542 versuchte, vertrieben ihn die Schmalkaldener aus seinem
Land.) Er schlug dem Landgrafen und Herzog Ulrich geradezu vor:
„Das were der beste Weg, daß wir ihme zuvor Goslar erobern hülfen,
alsdann brächte man füglich unvermerckt Reuter, Knecht, Geschütz
und alle Rüstung zusammen, so würde er mächtiger und dörfte sich so
viel desto weniger in seinem Abwesen von denen von Goslar besorgen.
Aber Herzog Ulrich und wir (schreibt der Landgraf) wolten uns dasselb
nit führen lassen. Wandten dagegen für, solcher Anschlag were ungewiß.
Goslar wer ein mechtige Stadt geachtet, es möchte als bald fehlen als
geraten. Wenn er aber zu dieser Wirtembergischen Sache geholfen hette,
alsdann wolten wir beide ihme widerumb helfen, darzu er Fug und Recht
hette."[18] Und so habe Herzog Heinrich seine Hilfe für Ulrichs Restitution

---

[15] Ebd. S. 1662.
[16] Ebd. S. 1057f.; ähnlich öfters.
[17] In einer Auseinandersetzung mit Herzog Ulrich nach dessen Restitution, am
5. VIII. 1534, s. Jakob Wille, Philipp d. Großmüt. und die Restitution Ulrichs von
Wirtemberg 1526—1535 (1882) S. 32; Wille gibt die beste Übersicht über Landgraf
Philipps Bemühungen um Ulrichs Wiedereinsetzung.
[18] Hortleder S. 1057.

zugesagt, zunächst für eine neue Fürsprache auf dem Speyerer Reichstag
1529, wo er den Mainzer Erzbischof dazu bringen wollte, daß die Kurfürsten nicht in Ferdinands Königswahl willigten, ehe nicht Württemberg
an Ulrich zurückgegeben würde.

Da aber auch diese Fürsprache vieler Fürsten und des ganzen Reichstags in Speyer wirkungslos blieb[19], drangen Philipp und Ulrich auf
Heinrichs Waffenhilfe. Der erklärte jedoch, er müsse ehrenhalber zuvor
mit dem Kaiser sprechen, dem er sich zu besonderen Diensten verpflichtet habe; könne er ihn nicht zur Rückgabe Württembergs bewegen,
so werde er ihm seine Dienstpflicht aufsagen und sei dann zu allem bereit:
„alsdann hett er darzu ein Herz und Lust und darin kein Bedenken"
und werde „von Anschlegen und alle dem, das zum Krieg gehört,
reden und sein Leib und Gut treulich darstrecken". Nur wollte er sich
auf keinen nahen Termin festlegen, denn das hinge davon ab, wann und
wo der Kaiser zu finden sei; aber spätestens in einem Jahr werde es
soweit sein. Doch das Jahr verging, ohne daß er zum Kaiser reiste.
Bei einer neuen Begegnung in Fürstenberg im Februar 1530[20] versicherte
er, er habe den Ritter Anton von Metz zum Kaiser nach Bologna geschickt, um ihm seinen Dienstbrief zurückzugeben; der sei jedoch vom
kaiserlichen Vizekanzler Waltkirch oder anderen daran gehindert worden.
Man darf es Philipps späterer Darstellung glauben, daß er nachgerade
mißtrauisch wurde gegen diese hinhaltenden Ausflüchte des Braunschweigers, den er nun endlich an feste Zusagen binden wollte.

Als Landgraf Philipp und Herzog Ulrich mit den hessischen Räten
Burckhardt von Saldern und Hermann von der Malsburg am 3. April
1530 nach Wolfenbüttel kamen und den Welfen fragten, ob er nun dem
Kaiser seinen Dienst aufgesagt habe und zum Zug nach Württemberg
bereit sei, führte der Herzog seine Gäste in seinen Lustgarten, um „von
solchen Sachen unvermerkt und in geheim" zu reden[21]. Bei diesem
Gespräch der drei Fürsten ohne andre Zeugen gab es „allerlei Disputa-
tiones" zwischen Herzog Ulrich und seinem Schwager Heinrich, der
vorwandte, er habe noch immer nicht mit dem Kaiser sprechen können,
von dessen „Mildigkeit" man die Rückgabe Württembergs erhoffen
dürfe; jedenfalls würde sich ein Kriegszug nach Württemberg „übel
schicken", wenn der Kaiser jetzt zum Reichstag nach Augsburg käme.
Dieser Darstellung Philipps fügt Herzog Heinrich jedoch in seiner Erwiderung hinzu[22], der Landgraf habe sich damals im Lustgarten zu

---

[19] RTA JR 7 (1935) S. 654, 739 f., 809 f., 827, 1248 f.; Ferdinands Antwort S. 854 f.
[20] P. A. 3054 fol. 40: am 4. II. 1530 schreibt Hg. Ulrich an Lgf. Philipp, daß
Hg. Heinrich d. J. wegen notwendiger Geschäfte nicht vor der Fastenzeit mit
Philipp zusammentreffen könne, falls dieser nicht am 8. II. zum Fürstenberg käme;
offenbar kam er.
[21] Hortleder S. 1058.   [22] Ebd. S. 1201 f.

Wolfenbüttel „frei und ernstiger Meinung vernehmen lassen, . . . daß
er die kaiserliche Majestät, Chur- und Fürsten, wenn sie zu Augsburg
aufm Reichstag bei einander versamblet weren, mit Heereskraft belägern
und uberziehen wolte, daß er mit ihnen allen seinen Willen endigen und
ausrichten möchte". Nur durch die Warnung, er müsse ein „solches
erschröckliches Fürnehmen" dem Kaiser anzeigen, wenn der Landgraf
„solcher Rede nicht stillschweige", habe Heinrich ihn davon abbringen
können. Philipp hat diesen „unglaublichen Anschlag" natürlich demen-
tiert[23], als habe ihm ein solches Vorhaben nie in den Sinn kommen können; aber er begründet das nur militärisch: „Dann welcher König oder
Hauptmann wolt auf einmal so eilend aufkommen, daß er solche Be-
lägerung thet, so viel Kaiser, König, Fürsten, Herren und Stände an
einem Ort zu belägern"; und später hat er diese Erwägungen noch
weiter ausgesponnen[24]: „Wie wäre müglich, ein solch starck gewaltig
groß Heer, damit er Kaiser, König, Chur- und Fürsten, auch andere
Reichsstände dermassen belägern und bekriegen möchte, in solcher
Geheim unverkündigt, es könnte dann fliegen, aufzubringen?" — als
hätte er sich Luftlandetruppen gewünscht! — „Und wann derselbig gen
Ulm käme, hätten dann die jenen, so belägert werden solten, nicht Zeit
gnug, in Bayern, Oesterreichische und ander Lande, ob sie wolten, zu
verrucken? Ob dann einer auch wol also in Augsburg laufen würde,
so es dermassen und mit einer solchen Wacht gefast were? Derowegen
ists ein unglaublicher Anschlag und bedarf derohalben bei vernünftigen
Leuten gar keins Verneinens, dann es mag Niemands begreifen, daß ein
Kriegsmann einen solchen köstlichen Anschlag vergeblich zu machen
also närrisch sei". Trotzdem hielt Herzog Heinrich seine Behauptung
aufrecht[25]: „Solchs hat er sich ganz ernstlicher Meinung gegen uns frei
offentlich vernemen lassen, das sagen und schreiben wir mit allem grund
und warheit unverdichtiglich, das ist sich auch an einem solchen unruhigen mutwilligen friedbrüchtigen verwenten menschen nicht zu-
verwundern". Man wird zwar dem Landgrafen glauben dürfen, daß
er auch zehn Jahre früher in Wolfenbüttel nicht so närrisch war, einen
bewaffneten Überfall auf den Kaiser und alle in Augsburg versammelten
Reichsstände für möglich zu halten, — obgleich man es dort zeitweise
fürchtete. Man darf aber wohl auch dem Braunschweiger glauben, daß
er sich an solche Worte erinnerte, mit denen Philipp ihn schreckte und
seinen Wünschen gefügig machte. Denn was sie nach jenen Gesprächen
im Lustgarten von Wolfenbüttel am 3. April 1530 vereinbarten, war
von jenem „erschrecklichen Fürnehmen" nicht allzu weit entfernt, nur
durch Heinrichs Vorbehalte modifiziert.

[23] Ebd. S. 1413.   [24] Ebd. S. 1664.
[25] Vierte Antwort Hg. Heinrichs gegen Lgf. Philipp, dat. Regensburg 4. April
1541 (LB Wolfenbüttel Gn 4730) Bl. Q^r, nicht bei Hortleder.

Sie schlossen miteinander einen Vertrag, dessen zwei unterzeichnete und besiegelte Originale in Marburg und Wolfenbüttel erhalten sind[26]. Formal ist es kein Geheimvertrag; er beginnt: „Wir .. thun kund und bekennen hiemit offintlich in diesem brief." Er enthält auch keine Geheimhaltungsklausel, ja sein Inhalt erfordert sogar eine Mitteilung des Vorhabens auch an andere Fürsten; trotzdem warfen beide Partner einander später vor, sie hätten das Geheimnis nicht gewahrt. Philipp betonte gelegentlich[27], daß Heinrichs Sekretarius (wohl Johann Hamstett) „und nicht der unser" diese Verschreibung gemacht hat, — aber „auf des Landgrafen anhalten", entgegnete Heinrich. Kein Zweifel, daß der Landgraf und Herzog Ulrich dabei die Initiative hatten; der Entwurf hat sich gefunden, den sie nach Wolfenbüttel mitbrachten; er läßt deutlich erkennen, was dort mit Rücksicht auf Herzog Heinrichs Vorbehalte eingefügt wurde. Sie vereinbarten, gleich zu Beginn des bevorstehenden Reichstags zusammen mit anderen Kurfürsten und Fürsten, die dafür zu gewinnen wären, eine neue Fürbitte bei Karl V. und Ferdinand einzulegen für den widerrechtlich vertriebenen Herzog von Württemberg, „damit er widderumb zu seinen abgetrungenen landen und leuten und zu dem er fug und recht hat, auf ehrliche, tregliche, leidliche wege kommen möge". Erfolgt dann binnen drei Wochen auf diese Fürbitte nicht die Antwort, daß Herzog Ulrich vor dem Johannis-Tag (24. Juni) „in sein land und leut, so viel er des fug und recht hat, restituiert" wird, dann wollen Herzog Heinrich, Landgraf Philipp und Herzog Ulrich auf S. Jakobs-Tag (25. Juli) „mit heres crafft aufs sterckest zu velde anziehen und uns unterstehen, den itzgnanten von Wirtenberg in sein fürstenthumb, lande und leut widderumb einzusetzen". Inzwischen — das stand noch nicht im Entwurf — soll der Landgraf den König von Dänemark und die Herzöge Erich und Ernst von Braunschweig-Lüneburg zu einem „statlichen reuterdienst" für diesen Feldzug verpflichten; gelingt ihm das nicht, so wird der ganze Vertrag hinfällig (§ 4). Außerdem soll sich der Landgraf bei Bischof Erich von Paderborn und Osnabrück (aus einer Nebenlinie der Braunschweiger Welfen) und beim Herzog von Geldern, Heinrich d. J. bei Pommern und Mecklenburg um Hilfe oder Reiterdienst bemühen; und beide — das sah schon der Entwurf vor — wollen auf dem kommenden Reichstag den Kurfürsten, Fürsten und Ständen „personenweis und sonst nach gelegenheit" das an

---

[26] Die beiden unterschriebenen und besiegelten Originale des Vertrags im St.-A. Marburg, Urk.-Abt.: Verträge mit Braunschweig, und St.-A. Wolfenbüttel, Urk.-Abt. 142 Nr. 43a. Ein undatierter hessischer Vertragsentwurf in Marburg P.A. 3054 fol. 40f. mit der Aufschrift: „Notel zu einer vereine, das herzogth. Würtemberg zurestiuyren"; Text des Vertrags s. u. S. 417ff.; bei Hortleder S. 1058ff. sind alle Namen (außer Lgf. Philipp, Hg. Heinrich und Hg. Ulrich) durch N. N. ersetzt.
[27] Hortleder S. 1003, 1055; dagegen 4. Antwort Hg. Heinrichs Bl. Q I[v].

Herzog Ulrich verübte Unrecht als ein „erschreckenliches ebenpild“ vorhalten, das auch ihnen geschehen könnte, insbesondere aber Pfalz, Sachsen, Brandenburg, Jülich und andre Kurfürsten, Fürsten und Städte „in diese einung und hilf zubewegen“ versuchen, zum mindesten sie zur Neutralität veranlassen, „das wir vor inen gesichert sein, dieser sachen halber widder uns nicht zethun“. Alle Beteiligten verpflichten sich zu gegenseitiger Hilfe gegen jeden Angriff wegen dieses Unternehmens; auch das wurde erst in Wolfenbüttel eingefügt. Und ausdrücklich macht Herzog Heinrich den Vorbehalt, daß dieser Zug nur zur Restitution Herzog Ulrichs unternommen wird, nicht dem Kaiser und dem Reich „zu vercleynung, abzuch, emporung, nachteil, schaden oder des glaubens halber“. Er läßt sich seinerseits zusagen, daß ihm nach diesem württembergischen Zug, selbst wenn er fehlschlagen und auch wenn er unnötig werden sollte, der Landgraf und Herzog Ulrich, möglichst auch der dänische König gegen Goslar helfen „zu erlangung unser erbgerechtigkeit des Rammesbergs“. Von der Hilfe für Herzog Ulrich aber darf ihn auch ein Angriff der Goslarer nicht abhalten; gegen sie würde ihn der Landgraf durch daheimgelassene Truppen schützen. Nur im Falle eines Türkeneinfalls ins Reichsgebiet soll bis zu dessen Abwehr der Zug nach Württemberg aufgeschoben werden. Herzog Heinrich hat nachher mehrfach mit Nachdruck und glaubwürdig versichert[28], daß er diesen Artikel erst nach langem Widerstreben des Landgrafen in den Vertrag gebracht hat. Dagegen stand schon in dessen Entwurf und wurde in den Vertrag übernommen, daß ein etwa vom Reichstag beschlossener Zug gegen die Türken zur Wiedereroberung Ungarns den Feldzug nach Württemberg nicht hindern oder verzögern sollte; nur fügte man in Wolfenbüttel hinzu, wenn Herzog Ulrich zuvor restituiert würde, erbiete man sich, die für ihn mobilisierten Truppen dann für den Türkenkrieg zur Verfügung zu stellen, der also geradezu als Druckmittel für die Lösung der Württemberg-Frage benutzt werden sollte.

Das Erstaunlichste an diesem Vertrag ist, daß er — fünf Tage vor dem Termin, zu dem der Reichstag ausgeschrieben war — so kurze Fristen setzte für einen Kriegszug, für den erst noch viele andere Fürsten gewonnen und zu einer weitgreifenden Einung verbunden werden sollten, König Friedrich von Dänemark und die beiden welfischen Herzöge unbedingt — sonst wurde der Vertrag hinfällig, — andere von Geldern bis Pommern, von Jülich und Mainz bis Sachsen und Brandenburg nach Möglichkeit wenigstens zur Neutralität verpflichtet. Wenn aber bis zum 24. Juni Herzog Ulrich nicht restituiert würde, sollte am 25. Juli der

---

[28] Hortleder S. 1201, ausweichende Antwort des Landgrafen S. 1412, dagegen Hg. Heinrichs 4. Antwort Bl. P III^v: „das der Landgraf solchen Artickel lang nicht hat bewilligen oder in der verschreibung gedulden wollen, das kan er nicht verneinen, und beweiset solcher eingeleibter Artickel unser intent und furgeben gantz klerlich“.

Feldzug beginnen! Nun konnte freilich erst am 22. Juni dem Kaiser, der nur eine Woche zuvor nach Augsburg kam, die Bittschrift für Herzog Ulrich überreicht werden. Wartete man dann mit verschobenen Terminen die vertraglich vorgesehenen drei Wochen auf Antwort — die auch dann nicht erfolgte —, so hätte man sich, um den Vertrag sinngemäß zu erfüllen, Mitte Juli zum Krieg entschließen, ihn etwa Ende August beginnen müssen, — während der Reichstag noch bis Mitte November dauerte. Von seinem Ende war aber im Vertrag gar nicht die Rede, als stünde seine Fortdauer, mit der doch zu rechnen war, dem vereinbarten Feldzug nach Württemberg — in die Nähe Augsburgs! — nicht im Wege. War dann der Unterschied sehr groß gegenüber dem „erschröcklichen Fürnehmen" und „unglaublichen Anschlag" eines Angriffs auf die Reichsstagsstadt? Wie hätten Kaiser und Reichsstände dort weitertagen können, wenn jenseits der Donau der Krieg ausbrach, der den Habsburgern Württemberg nehmen sollte? Alles das muß der Landgraf doch erwogen haben, als er in Wolfenbüttel paktierte und fünf Wochen später zum Reichstag ritt. Zu dessen Besuch entschloß er sich erst, als er diesen Vertrag im Sinn und den Entwurf dazu in der Tasche hatte. Wer aber glauben möchte, das alles sei nicht so ernst gemeint gewesen — und bisher hat man es kaum beachtet, obgleich man es längst auch ohne Archivstudien wissen konnte —, der wird sich überzeugen müssen, daß in der Tat das Verhalten Philipps von Hessen auf dem Augsburger Reichstag von Anfang bis Ende von den in Wolfenbüttel geschmiedeten Plänen bestimmt ist. Die Briefe, die er aus Augsburg an seine Frau schrieb und von ihr bestellte, bezeugen das eindeutig; sie sind auf die Vertragstermine abgestellt. Er verließ den Reichstag, als und weil dieser Vertrag sich als unerfüllbar erwies und durch einen neuen, weitfristigeren ersetzt wurde, den er am 28. Juli mit Herzog Heinrich von Braunschweig schloß[29]. Bald darauf ritt er heimlich davon, — und Herzog Heinrich ritt beschwichtigend hinter ihm her. Beide haben die wahren Gründe ihres Verhaltens erst zehn Jahre später in heftiger Polemik gegeneinander enthüllt.

Von Wolfenbüttel aus kehrte jedoch Landgraf Philipp nicht sofort heim, sondern er ritt — so erstaunlich und überraschend es klingt — geradewegs nach Gottorp bei Schleswig, um dort zehn Tage später (am 13. IV. 1530) mit König Friedrich von Dänemark den Vertrag zu schließen, ohne den der Wolfenbütteler Vertrag nicht wirksam werden konnte. Schon zwei Jahre früher hatte der Landgraf sich mit dem dänischen König auf sechs Jahre verbündet, einander gegen jeden Angreifer mit 300 bzw. 400 Reitern drei Monate lang auf eigne Kosten zu unterstützen[30]. Jetzt aber verpflichtete sich König Friedrich in Gottorp,

---

[29] S. u. S. 383 f. und 421 ff.

[30] Die beiden Originale des Vertrags, datiert: „Gescheen und geben anno vicesimo octavo" (ohne Ort und Tag), im St.-A. Kopenhagen und im St.-A. Marburg, Urk.-

eigens für den am 25. Juli vom Landgrafen geplanten Feldzug nach Württemberg zur Restitution Herzog Ulrichs — ohne daß von einer vorherigen Fürbitte für ihn die Rede ist — 400 wohlgerüstete Pferde und 1000 gemusterte Landsknechte oder, „wo wir zu sulcher anzahl nicht kommen kunden", wenigstens 500 auf eigne Kosten drei Monate lang zur Verfügung zu stellen und im Falle eines Fehlschlags dieses Unternehmens und einer Bedrängnis des Landgrafen und der Herzöge Erich d. Ä., Heinrich d. J. und Ernst von Braunschweig-Lüneburg durch Karl V. und Ferdinand „mit aller gewalt nach unserer vormugenheit" ihnen zu Hilfe zu kommen, wie er es seinerseits von ihnen in gleicher Lage auch erwartet. Zu gleicher Waffenhilfe oder entsprechender Geldzahlung verpflichtet sich der Landgraf dem dänischen König, wann immer er es fordern wird, auch wenn der Zug nach Württemberg mißlingt. Überdies wird der Landgraf den Herzog Ulrich verpflichten, nach seiner friedlichen oder gewaltsamen Restitution dem dänischen König auf Anforderung mit 1500 Landsknechten drei Monate lang zu helfen oder ihm eine entsprechende Geldsumme zu zahlen. Und weder der Landgraf noch Herzog Ulrich werden ohne Einbeziehung König Friedrichs sich mit jemand „vertragen oder absunen"[31].

Noch am gleichen Tag stellte allerdings Philipp dem dänischen König einen Revers aus, in dem er ihn mit Rücksicht auf dessen „beswerung .. us ursachen, die uns ire konigliche wirde muntlich hat angezeygt", von der eben eingegangenen Verpflichtung zur Stellung von 1000 Landsknechten entband[32]. Im übrigen sollte zwar der Vertrag in Kraft bleiben, also auch die dänische Hilfspflicht von 400 Reitern; aber offensichtlich kam es dem Landgrafen weniger auf die dänische Waffenhilfe an als auf einen Vertrag, den er dem Braunschweiger Herzog und anderen Verbündeten vorweisen konnte als Vorbedingung für die Erfüllung des Wolfenbütteler Vertrags. Nur insofern ist der Vertrag mit Friedrich von

---

Abt., Verträge mit Dänemark; ein hessischer Entwurf P. A. 1747 fol. 1f. Vertragstext bei L. Laursen, Danmark-Norges Traktater 1523—1750 Bd. 1 (Kopenhagen 1907) S. 78—81 Nr. 17, dat. „omstr. 19. Okt. 1528". An diesem Tag schickte der Landgraf den Vertrag mit der Bitte um Unterschrift und Besiegelung an König Friedrich, mit dem er ihn schon am 4. April 1528 bei einer Zusammenkunft in Gottorp vereinbart hatte. Die Originale sind offensichtlich nicht gleichzeitig unterschrieben und besiegelt. Zur Klärung dieses Tatbestandes verhalf mir Herr Archivrat Dr. W. Heinemeyer (Marburg).

[31] Die beiden offenbar gleichzeitig unterschriebenen und besiegelten Originale gleichfalls in Kopenhagen und Marburg, hrsg. von L. Laursen a.a.O. S. 84—87 Nr. 19. Am Anfang heißt es, daß sich König Friedrich und Landgraf Philipp zu Gottorp am 13. IV. 1530 „freuntlichen underredet, besprochen und voreyniget haben", an ihrer Zusammenkunft kann also kein Zweifel sein.

[32] Nach dem eigenhändigen Original im St.-A. Kopenhagen hrsg. von L. Laursen a.a.O. S. 87.

23*

Dänemark „kaum ernst gemeint"[33]); aber mit allen Mitteln und Finten bereitete Philipp den Zug nach Württemberg für Ende Juli vor und versuchte Heinrich von Braunschweig zu nötigen, ihm dabei zu helfen. Hatte dieser in Wolfenbüttel zur Bedingung gemacht, daß sich der dänische König daran beteiligte, so hatte Philipp gleich darauf diese Bedingung wenigstens scheinbar und teilweise erfüllt; deshalb war er nach Gottorp geritten.

Er hat auch versucht, unterwegs oder nach der Heimkehr noch vor dem Aufbruch nach Augsburg den Herzog Erich von Braunschweig-Kalenberg zu treffen, um mit ihm gleicherweise zu paktieren, wie es der Wolfenbütteler Vertrag vorsah. Doch Herzog Erich schrieb ihm am 29. April[34], wegen anderer dringender Geschäfte könne er nicht dem Wunsch des Landgrafen gemäß tags darauf zu ihm zur Zapfenburg (jetzt Sababurg im Reinhardswald) kommen oder — falls sich sein „ausreyten solang wolt verstrecken lassen" — ihn am 2. Mai bei sich in Nienover (im Solling, westlich Uslar) empfangen; er werde ihm bald nach Augsburg auf den Reichstag folgen und sich dort mit ihm freundlich unterreden. Daraus ist zugleich zu ersehen, daß Philipp mit seiner Rückkehr Ende April oder Anfang Mai gerechnet hatte. Tatsächlich schrieb er schon am 27. April an Herzog Johann von Cleve[35], daß ihm dessen Brief vom 1. April „zu itziger unser hie ankunfft" von den heimgelassenen Räten zugestellt worden und daß er „disser zeit auf wägendem fuss" sei, den Augsburger Reichstag in eigner Person zu besuchen, wo er ihn oder seine Gesandten zu treffen hoffe und ebenso Heinrich von Braunschweig, der, „wie wir uns versehen, auch hinauf khomen" wird.

Vier Wochen lang war der Landgraf außer Landes gewesen. Man hat es bisher seltsamerweise gar nicht bemerkt und sich nicht einmal darüber gewundert, daß aus dieser Zeit jedes Zeugnis einer Verständigung mit dem kursächsischen Hof und seinen Theologen, aber auch mit Zwingli und den Schweizern und Straßburgern fehlt, — obgleich doch der Reichstag bevorstand, für den man sich gemeinsam hätte vorbereiten müssen. Noch am 10. April hatte Melanchthon aus Weimar an den Kanzler Franz Burckhard geschrieben[36], niemand glaube, daß der Land-

---

[33] So E. Egli — W. Köhler in: Zwinglis sämtl. Werke X (Corp. Ref. 97, 1929) S. 444 Anm. 10.
[34] P. A. 1591 fol. 1 Orig., dat. Freitag nach Quasimodogeniti 1530 (ohne Ort), Antwort auf einen Brief Philipps „unser zusammenkunfft halben": . . . „das uns in keinen weg müglich morgen bey e. l. zur Zapfenburgk zu erscheinen. . . . Wie auch e. l. schreiben weyther vermeldet, uns zum furderlichsten widerumb zuverstendigen, ob sich e. l. ausreyten solang wolt verstrecken lassen, weren e. l. bedacht uff schirstkomenden Mondach bey uns zu Niennober anzukomen . . .“
[35] P. A. 2015, dat. Cassel mitwochen nach Quasimodogeniti, Antwort auf einen Brief Hg. Johanns, dat. Cleve 1. IV. 1530.
[36] Schirrmacher, Briefe u. Acten S. 372.

graf zum Reichstag kommen werde, *et constat eum summa ope bellum parare*. Erst am 4. Mai erfuhr er von dem tags zuvor in Augsburg eingetroffenen hessischen Kanzler Feige, daß Philipp unterwegs sei und bald kommen werde [37]. In der Zwischenzeit hatte man nichts voneinander gehört und gewußt, höchstens unklare Gerüchte. Während die Wittenberger und Ansbacher Theologen eifrig ihre Bekenntnisschrift vorbereiteten, blieb der Landgraf daran ganz unbeteiligt und war geradezu verschwunden. Er schloß währenddessen in Wolfenbüttel und Gottorp Verträge zur Rückführung Herzog Ulrichs nach Württemberg im kommenden Sommer, — das war seine Vorbereitung auf den Augsburger Reichstag.

II. FÜRSPRACHE FÜR ULRICH VON WÜRTTEMBERG

Am 12. Mai 1530, neun Tage nach seinem Kanzler Feige und dem Prediger Schnepf, ritt Landgraf Philipp mit etwa 120 Begleitern in Augsburg ein [1], zugleich mit ihm Herzog Heinrich von Braunschweig, beide in aschgrauer Kleidung — das hielten sie später einander vor, um an ihre damalige Eintracht zu erinnern [2] —, nur trugen die Hessischen am Ärmel die Devise V-D-M-I-E: Verbum Dei manet in eternum. Fünf Wochen dauerte es noch, ehe der Kaiser kam und der Reichstag begann. Dem Wolfenbütteler Vertrag gemäß mußten in der Zwischenzeit die beiden Fürsten versuchen, unter den in Augsburg schon Versammelten möglichst viele Verbündete für Herzog Ulrich zu gewinnen. Von solchen Bemühungen ist bisher wenig bekannt geworden; sie dürften aber auch nicht viel Niederschlag in den Akten gefunden haben. Daß der Landgraf von Herzog Ernst von Lüneburg, der am 14. Mai ankam, die in Wolfenbüttel vorgesehene Zusage erhielt, ist aus späteren Zeugnissen zu erschließen, ebenso von Herzog Erich d. Ä. von Braunschweig-Celle [3]. Philipp selbst beteuert noch zehn Jahre später, er habe in Augsburg „warlich als einer, der solchen handel von hertzen gerne in der güte one zug oder bewegung hingelegt gesehen hette, den hochsten vleis, der

---

[37] Corp. Ref. 2, 39 Nr. 679 an Luther, ähnlich am 5. V. an Camerarius ebd. Sp. 42 Nr. 682.

[1] Vgl. Gussmann I, 1 S. 51 und 390 Anm. 9.

[2] Hortleder S. 1413 und Hg. Heinrichs 4. Antwort (13. IV. 1541) Bl. Q I^r: „das wir mit dem Landgraven in einicher kleidung gen Augspurg geritten und der sachen mit ime einig gewesen".

[3] S. u. S. 379: am 14. VII. kann sich der Landgraf gegenüber Herzog Heinrich d. J. auf das Einverständnis der Herzöge Ernst und Erich mit ihrem Vertrag und Angriffsplan berufen. Über Herzog Ernsts Ankunft in Augsburg s. Friedrich Wilhelm Schirrmacher, Briefe und Akten zu der Geschichte des Religionsgesprächs zu Marburg 1529 und des Reichstages zu Augsburg 1530 nach der Handschrift des Joh. Aurifaber (Gotha 1876) S. 44.

uns müglich was", daran gewandt, Fürsprecher und Verbündete für
Herzog Ulrich zu gewinnen; er habe auch mit Heinrich von Braunschweig damals vereinbart — beide bezeichnen das später als einen „Anschlag" des andern —, die Kurfürsten zu veranlassen, daß sie in Ferdinands Königswahl nur willigen sollten, wenn zuvor Herzog Ulrichs
Restitution zugesichert würde; der Landgraf beteuert, er habe sich
darum bei Trier, Pfalz und Sachsen nach Kräften bemüht, doch er bezweifelt, ob es Heinrich d. J. bei Mainz und Brandenburg gleicherweise
versuchte[4]. Einmal fällt — kurz nach der Ankunft des Kaisers in Augsburg — ein Schlaglicht auf Philipps Treiben, da er am 19. Juni einen
Brief an seine Frau schließt: „sag hertzog Urich gutt nacht und sag em,
ich habb vill kardinel und boser schelck dissen morgen zum essen geladen seyner sach zu gut"[5]. Über dieses Gastmahl berichtet auch der als
Prediger Markgraf Georgs in Augsburg anwesende Crailsheimer Pfarrer
Adam Weiß in seinem Diarium[6]: am Sonntag (19. VI.) — dem Vorabend der ersten Reichstagssitzung — hatte der Landgraf als Tischgäste
den Kardinal von Trient und den Bischof von Würzburg, „der hat im
das mal aigentlich wol bezalt vor II jarn" (als der Würzburger Bischof
Konrad von Thüngen zusammen mit Mainz und Bamberg die Kosten
für die hessischen Rüstungen in den Packschen Händeln erstatten
mußte). Das Gespräch mit dem Kardinal von Trient, Ferdinands Kanzler
Bernhard Cles, erwähnt der Landgraf auch in zwei Briefen an den kaiserlichen Vizekanzler Balthasar Merklin, Propst von Waldkirch[7] und an
Ferdinands Ratgeber Gabriel Salamanca Grafen von Ortenburg[8], denen

---

[4] Hortleder S. 1060 und 1201.   [5] S. u. S. 416.

[6] Hrsg. von Jacob Friedrich Georgius, Uffenheimische Nebenstunden, 7. Stück
(Schwabach 1743) S. 696.

[7] P. A. 3054 fol. 52 Konz., dat. Augsburg dinstags nach Joh. Bapt. Anno XXX;
erinnert daran, „welchermas ich mit e. l. rede gehabt habe Wirtemberg betreffen",
und bittet um Fürsprache beim Kaiser, der sich doch gegenüber dem Papst, Frankreich, Venedig, Mailand gnädig zeigte, für Herzog Ulrich, der unverhört geächtet
wurde, obgleich er nie im Unguten gegen den Kaiser und das Haus Österreich
handelte. Eine Rückgabe Württembergs an seine Kinder würde weder ihn noch
seine Fürsprecher zufrieden stellen; bekommt er aber sein Land zurück, so wird
er „e. l. mit einer prelatur unvorsehen (aus alter kuntschaft halber) nit lassen. Deß-
gleichen bin ich gneigt, . . . euch sonderlich mit der pastorei zu Hofheim freundlich
zuvorehren aus sonderlicher liebe, di ich zu e. l. von langem here trage. Was ich auch
weis zu furdern der abtei Hirsfelt (= Hersfeld) halber euch zum besten, wie ich dan
mit euch rede gehabt, sol sich e. l. genzlich zu mir versehen." — Schon eher der Kaiser
nach Augsburg kam, hatte Waltkirch von München aus am 11. VI. einen eigenhändigen Brief des Landgrafen über den württembergischen Handel ausweichend
beantwortet, er sei nur „der ussern ret einer" und könne „in sollichen wichtigen
sachen" nicht „von mein selbst handeln", werde sie aber gern fördern, sofern es
Karl V. und Ferdinand „nit zu unstatten reichet"; P. A. 1374 Or. Vgl. u. S. 369ff.

[8] P. A. 2365 Konz. „an den von Ortenbergk gnant Salamanco" (s. u. S. 380ff.), dat.
dinstag nach Joh. Bapt.; bittet um Förderung der Sache Hg. Ulrichs „uf wege und

er am 28. Juni schreibt: „geselliger weiße" habe ihm der von Trient und ebenso Georg Truchseß gesagt, wenn man Württemberg nicht für Herzog Ulrich, sondern für seine Kinder zurückfordere, „wer wol gut antwort zu erlangen". Dagegen beteuerte der Landgraf, Herzog Ulrich und seine Freunde würden sich darauf nie einlassen, und es wäre auch für Ferdinand vorteilhafter, Württemberg seinem rechtmäßigen Herrn zurückzugeben. Nicht ohne Sorge hat Ulrich diese Augsburger Gespräche aus der Ferne verfolgt und schon am 1. Mai den Landgrafen gewarnt, sich von den österreichischen Herren nicht durch gute Worte oder Zusagen verführen zu lassen, sondern unentwegt auf rechtmäßige Restitution zu dringen[9]. Solcher Mahnungen bedurfte es kaum; sicherlich hat der Landgraf noch mit vielen anderen Fürsten und Herren über die württembergische Sache gesprochen[10], und wirklich erreichte er, daß am 22. Juni dem Kaiser von Markgraf Joachim von Brandenburg eine Supplik vieler dabei anwesender oder vertretener Fürsten für die Restitution Herzog Ulrichs überreicht wurde, der widerrechtlich aus seinem Land vertrieben worden sei[11]. Die Nürnberger Gesandten berichten

---

mittel wi ich mit euch darvon rede gehabt hab"; . . . „so ewer her der konig zu dem gern keme, wie ich mit euch allerlei rede gehabt, wurde solchs obgemelt sehr dorzu furdern, wie ir das widderspil sonst wole villeicht bei euch zu erachten"; weiter wie an Waltkirch; Hg. Ulrich wird sich euch nach seiner Restitution zweifellos erkenntlich zeigen. „Ich wolt mich mechtigen, das Mumpelgart dem könig (Ferdinand) zugestelt solt werden, da er dan leichtlich gelt uff thun kont und solchs einkriegen." — Die Briefe an Waltkirch und Salamanca erwähnt auch J. Wille, Philipp d. Großm. v. Hessen u. d. Restitution Ulrichs v. Wirtemberg (1882) S. 40.

[9] P.A. 3054 fol. 43 Hg. Ulrich eigenhändig an Lgf. Philipp „zu s. l. eigen handen", dat. Cassel uff Philippi und Jacobi im XXX jhar: . . . „Darneben will ich euch gleicher weis gebetten haben, ob die osterreichischen herren den ernst meiner sachen halben mercken würden und sollliche handlung uff verhör spilen woltten, das ier woltt deshalb gewart sein, sonder allein uff das recht, gebürliche restitution und sein geschwornen eid tringen und daruff beharren. ist auch der verschreibung, so mein schwager und ier meinthalben mitt ain uffgericht [= Wolfenbütteler Vertrag], nitt entgegen sonder gemes. latt euch gute wortt oder zusagen, wie das namen haben mocht, nitt verfüren, die restitution gee dan wie rechtmessig und billich for, sonst mach mans wie man woll, so sein mier beschissen und besaicht. damit seidt dem almechtigen gott in all weg treulich bevollen." Weitere meist eigenhändige Briefe Ulrichs (für die dieser Ton charakteristisch ist) an den Landgrafen vom 10. und 19. Mai, 4. und 26. Juni, 24. Juli gleichfalls in P.A. 3054, immer mit der Bitte um Nachrichten aus Augsburg; die (z. T. darin erwähnten) Briefe des Landgrafen an Hg. Ulrich aus Augsburg haben sich bisher nicht gefunden.

[10] Die pfälzischen Gesandten Schenk Veltin von Erpach und Ludwig v. Fleckenstein schreiben am 12. VI. an Pfalzgraf Ludwig: „U. g. h. von Wirtenberg belangend haben wir e. cf. g. gestern tags, was von s. f. g. wegen alhie an uns gelangt, entdecket. So dan der fürbit halb s. g. wegen an unß weiter gesonnen würdet, gedencken wir uns darin e. cf. g. bevelchs zuhalten"; Geh. St.-A. München, K. blau 103/1 D fol. 77—80.

[11] Die Supplik fand ich noch nicht; aus dem Tetleben-Protokoll (fol. 17^{r-v}), den Berichten der Pfälzer und der Nürnberger Gesandten (s. vorige Anm. und Corp. Ref.

sogar, „fast alle Fürsten" seien daran beteiligt gewesen und deshalb zum
Kaiserhof geritten; der Mainzer Domherr Valentin von Tetleben spricht
in seinem Reichstagsprotokoll von den Kurfürsten und Fürsten, „die
nicht im Schwäbischen Bund sind", und er erwähnt, daß die Supplik
vorher im Kurfürstenrat verlesen wurde, wo man gern auch seinen
Herrn Albrecht von Mainz „hineingezogen" hätte, der jedoch nicht
unterschrieb, obgleich er bei der Überreichung der Supplik zugegen war.
Sonst aber schlossen sich alle Kurfürsten (außer Böhmen) der Fürbitte
an und neben Hessen, den drei braunschweigisch-lüneburgischen Welfen
und den Herzögen von Mecklenburg und Pommern — also den im
Wolfenbütteler Vertrag vorgesehenen Partnern — auch Markgraf Georg
von Brandenburg, auch der Erzbischof von Bremen „und andere mehr".
Karl V. bat nach Rücksprache mit Ferdinand um Bedenkzeit, angeblich
bis zum 24. Juni[12]; doch bis zum Ende des Reichstags hat er die Supplik
nicht beantwortet. Sie war ein Schlag ins Wasser, wie es Landgraf Philipp
wohl vorausgesehen hatte. Sie hat den Kaiser nicht daran gehindert,
seinen Bruder Ferdinand am 5. September — nachdem der Landgraf
längst den Reichstag verlassen hatte — nicht nur mir seinen österreichischen Ländern, sondern auch mit Württemberg zu belehnen, und
die an der Supplik beteiligten Kurfürsten und Fürsten, auch Heinrich
von Braunschweig, begnügten sich mit dem Vorbehalt, „das solche
belehnung jedem teyl an seiner gerechtigkeit unschedlich und unverfenglich sein soll."[13]

III. GLAUBENSFRAGE UND BEKENNTNIS

Überreicht wurde die Supplik für Herzog Ulrich eine Woche nach
der Ankunft des Kaisers in Augsburg, zwei Tage nach der Eröffnung

---

2, 127 Nr. 738) und dem Diarium von Adam Weiß (ed. Georgius S. 699) ergeben
sich die Beteiligten.

[12] So nur im Bericht der Nürnberger Gesandten, Corp. Ref. 2, 127 Nr. 738.

[13] S. den Brief Heinrichs von Braunschweig an Hzg. Ulrich vom 8. IX. 1530 bei
Chr. Fr. Sattler, Gesch. des Herzogthums Würtenberg unter der Regierung der
Herzogen 3 (1771) Beilagen S. 44 Nr. 146. Vgl. Tetlebens Protokoll (s. u. S. 365
Anm. 22) fol. 72ᵛf.: *Et licet dux Henricus Brunsvicensis et etiam electores habuerint desuper
(consultationem?), an velint consentire, quod eidem (Ferdinando) etiam ducatus Wirtenbergensis in feudum daretur, tamen postea consenserunt, cum protestatione tamen ‚salvo jure
cuiuscumque'.* Über Ferdinands glanzvoll gefeierte Belehnung außerhalb Augsburgs
bei Schloß Wellenburg, das dem Erzbischof von Salzburg gehörte, also auf österreichischem Boden gemäß dem Privilegium Maius, vgl. die Berichte bei Förstemann
2, 377ff. Nr. 175 und bei Schirrmacher, Briefe u. Acten S. 256, auch den Brief der
hessischen Gesandten an den Landgrafen vom 9. IX. P.A. 255 fol. 31f. — Eine
abschlägige Antwort des Kaisers auf die Fürsten-Supplik für Herzog Ulrich ging
diesem erst nach dem Ende des Reichstags zu, s. seine Entgegnung bei Sattler a.a.O.
S. 52ff. Nr. 153.

des Reichstags, drei Tage vor der Verlesung des Bekenntnisses der Lutheraner vor den Reichsständen. In der Hochspannung jener Tage mochte die Aktion für den vertriebenen Württemberger ziemlich nebensächlich erscheinen. Und doch hatte sich darum der Landgraf bislang offenbar viel eifriger bemüht als um eine Verständigung mit Kursachsen und seinem Anhang in der Glaubensfrage[1]. Es hat merkwürdig lange gedauert, ehe er mit Kurfürst Johann, der mit seinem Sohn schon seit dem 2. Mai in Augsburg war, und mit dessen Räten und Theologen in Kontakt kam. Selbst am Gottesdienst haben sie vor der Ankunft des Kaisers niemals gemeinsam teilgenommen[2]. Der Nürnberger Gesandte Christoph Kreß, der am 16. Mai, gleich am Tag nach seiner Ankunft, zum Landgrafen („der gerad unser herbrig über ligt") gerufen und nach Nürnbergs Haltung in der Glaubenssache gefragt wurde, bemerkte erstaunt, daß sich der Landgraf mit dem Kurfürsten „nit sonders davon unterredt, laß mich auch beduncken, sy steen nit so gar wol miteinander"[3]. Melanchthon widerrief sogar am 22. Mai seinen früheren Rat an Luther (vom 4. V.), auf den Landgrafen durch ein Schreiben an Kurprinz Johann Friedrich einzuwirken, „denn keinen haßt er mehr als ihn, den er früher wie seinen Augapfel zu lieben schien"[4]. Aber nicht nur persönliche Abneigung stand zwischen ihnen. Der Landgraf betonte auch in seinem Gespräch mit Kreß wie früher in seiner Instruktion für Feige, man müsse auf ein Konzil dringen und dürfe keinesfalls die Reichsstände über den Glaubenszwist urteilen und richten lassen, höchstens darüber disputieren. Im kursächsischen Lager wollte man dagegen den Reichstag „anstat ains concilii oder Nacional versamblung" gelten und den Zwiespalt im Glauben schlichten lassen; deshalb bereitete man dort eine Bekenntnisschrift vor, was der Landgraf „in darmaßen kurz angesprengten ile" nicht zumutbar und ratsam fand[5]. Vor allem fürchtete er, daß dadurch der Unterschied zwischen Lutheranern und Zwinglianern erst recht offenkundig und verschärft statt überbrückt würde, während er sich von den Straßburgern und Schweizern nicht trennen lassen wollte. Demonstrativ mied er in Augsburg die Predigten des von Kurfürst Johann bestellten Agricola (Eisleben), der gegen die „Sakramentierer" eiferte und auch durch Verunglimpfung Ulrichs von Württemberg den Landgrafen

---

[1] W. Gussmann I, 1 S. 58 und 395f. Anm. 20 spricht in dieser Beziehung geradezu von „passiver Haltung des Landgrafen".

[2] So Jonas an Luther 12. VI., WA Briefwechsel 5, 355 ff. Nr. 1587.

[3] Corp. Ref. 2, 51 f. Nr. 690; die Nürnberger Gesandtenberichte habe ich, wo nötig, nach den Originalen in der Nürnberger Stadt-Bibliothek Cent. V App. 34 kk verbessert.

[4] Luther WA Briefwechsel 5, 335 f. Nr. 1576; Corp. Ref. 2, 61 Nr. 698: *nullum enim magis odit quam illum, quem antea magis quam oculos suos amare visus est.*

[5] S. o. S. 347.

erzürnt hatte[6]. Philipp ließ nicht nur seinen Magister Schnepf in Augsburg predigen, den auch Melanchthon als *vir optimus et constantissimus* und als Lutherfreund rühmte[7], der aber die Abendmahls-Kontroverse nicht berühren durfte[8]; er hörte auch gern den Augsburger Zwinglianer Michael Keller[9] und machte sich dadurch den Lutheranern vollends verdächtig. Manche gaben ihn ohnehin längst an die Zwinglianer verloren[10], und selbst von Schnepf bekam Melanchthon zu hören, wie stark die Schweizer und Straßburger auf den Landgrafen einwirkten; er erhoffte sich eine Gegenwirkung von einem Brief Luthers an Philipp, der *videtur saepe levibus momentis impelli*[11]. In Wahrheit versuchte Philipp ausgleichend zwischen beiden Lagern zu vermitteln. Sowohl Michael Keller wie den Lutheraner Urbanus Rhegius beschwor er in Augsburg, ihre „Logomachie" einstweilen zu sänftigen[12]. Rhegius lud er zu Tisch (wie dieser am 21. V. an Luther schrieb)[13], unterhielt sich mit ihm stunden-

---

[6] Agricola hatte in seinen „300 Sprichwörtern" (1528/9) auf Herzog Ulrich als Beispiel für Tyrannei und Rechtswidrigkeit hingewiesen; s. Ludwig Friedrich Heyd, Ulrich Herzog zu Württemberg 2 (1841) 360ff. und 3, 208f.; W. Gussmann I, 1 S. 397 Anm. 24. — Am 4. VI. 1530 dankt Hg. Ulrich dem Landgrafen wegen „aller trew und fleiß ... und sonderlich auch das ier euch dermassen gegen dem gots boswicht dem Eisleben haltt", P.A. 3054 fol. 49.

[7] An Luther 3. und 22. Mai, Briefw. WA 5, 305 und 335f. Nr. 1561 und 1576.

[8] So berichtet J. Sturm am 2. VI., Polit. Corresp. Straßburg 1, 447 Nr. 728.

[9] Die Nürnberger Gesandten berichten schon am 17. V. (Corp. Ref. 2, 53 Nr. 691): „meister Michel, den höret der Landgraf gern"; s. a. F. W. Schirrmacher, Briefe u. Acten S. 46 und Brief M. Pfarrers vom 7. VI., Polit. Corresp. Straßburg 1, 451 Nr. 734; Capito an Zwingli c. 20. VI. (Corp Ref. 97, 624 Nr. 1044): *Hessus audit Augustae conciones Michaelis Cellarii, qui noster est. Agricolam Islevium negligit.* Bucer an Zwingli 18./19. Juni (ib. 618 Nr. 1042): *Ißlebius furit in Michaelem, atque adeo in nos omnes, et totum Christum negare palam coram principibus aliquot et solenni auditorio mentitur. Solus Hessus eum non audit, sed Michaelem; unde dici non potest quam odiose de eo loqui illi coeperint.* Vgl. auch Oecolampad an Zwingli aus Basel 15. VII. (Corp. Ref. 98, 28 f. Nr. 1064) und Jonas an Luther am 12. VI. (WA Briefw. 5, 355 ff. Nr. 1587).

[10] Lazarus Sprengler schrieb am 26. III. 1530 an Brenz: „Hessen hat sich als ein Zwinglianer auch gesundert", er sei ein „wankendes Ror, ... durch die Straßburger am maisten verfurt", Stadt-Archiv Schwäb.-Hall, Brentiana III fol. 19, vgl. J. Hartmann — K. F. Jäger, Joh. Brenz 1 (1840) S. 452ff. mit falschem Datum. Bucer bekam im März 1530 von Franz Lambert aus Avignon, der seit 1526 in Hessen reformierte, die Mitteilung, der Landgraf sei den Lutheranern ganz entfremdet, s. J. C. Fueslin, Epistolae ab ecclesiae Helveticae Reformatoribus 1 (1742) S. 71.

[11] Luther-Briefw. WA 5, 304 f. Nr. 1561 vom 4. Mai.

[12] Dr. Gereon Seiler, Arzt in Augsburg, an Matthias Zell und andre Straßburger Prediger, Mai 1530: *Hessorum princeps, aetate adolescens, moribus autem atque prudentia canus, Michaelem et Urbanum vicissim accersivit, sedulo annisus, ut hanc inter eos etsi tollere non posset, ad tempus tamen sopiret logomachiam. Urbanum hortatus est, ut quantum posset suorum commilitonum remolliret animos;* s. Karl Th. Keim, Schwäb. Reformationsgesch. bis zum Augsburger Reichstag (1855) S. 165 Anm. 2.

[13] Luther-Briefw. WA 5, 334 Nr. 1575; in Corp. Ref. 2, 59 Nr. 697 mit dem irreführenden Lesefehler: *Nam sentit cum Zwinglio,* statt *Non sentit ...,* berichtigt von Th. Kolde, Analecta Lutherana (1883) S. 124.

lang bibelkundig über die Abendmahlsfrage, brachte alle Argumente der „Sakramentierer" vor, um ihre Widerlegung zu hören, und bekannte schließlich: er denke nicht wie Zwingli, wünsche aber dringend die Eintracht der Theologen, und Urbanus Rhegius versprach, sein Möglichstes zu versuchen, soweit es mit der Glaubenswahrheit vereinbar sei. Seine Freude, daß der Landgraf weniger zur Spaltung neige als vor seiner Ankunft in Augsburg das Gerücht ging, und seine Hoffnung, er werde für den gesunden Rat Melanchthons nicht unzugänglich sein, ließ nun auch diesen am 22. Mai an Luther schreiben, der Landgraf könne vielleicht noch „herübergezogen" werden (*retrahi ad nostros*), er bemühe sich, dem Bekenntnis „der Unsern" beizutreten (*nunc agit, ut orationi nostrorum subscribat*); Luther möge ihn brieflich ermahnen, daß er sein Gewissen nicht mit der Verteidigung eines *impium dogma* belaste[14]. Als aber fast drei Wochen später der Landgraf an Melanchthon und Brenz eine ihm von den Straßburgern zugekommene Schrift[15] schickte, die zur „Brüderschaft" auch bei verschiedener Auffassung des Abendmahls mahnte und zur Vertagung jeder Entscheidung auf ein Konzil, schien der Gegensatz noch immer unversöhnlich: Melanchthon und Brenz antworteten am 11. Juni[16]: mit denen, die eine Irrlehre verteidigen, könne und dürfe man keine Brüderschaft haben, ja man dürfe sie nicht vor gewaltsamer Unterdrückung bewahren; es sei auch nicht genug, „vor Gott fromlich und erbarlich zu leben" — sonst wären viele Philosophen auch christlich gewesen! —, die wahre Lehre „ist nicht zu richten nach dem Schein eines bürgerlichen Lebens, sondern nach Gottes Wort". Und wenn der Kaiser dem Ausschreiben gemäß prozediere, könne der Reichstag „wohl für ein concilium gelten". Darauf erwiderte der Landgraf[17]: „Wenn dieß hie soll ein concilium sein, so wirds ohne zweifel ein concilium seyn, der keins mehr gewesen ist", und er mahnte nochmals eindringlich zu christlicher Liebe und Brüderschaft trotz verschiedenen „verstands in solchen worten des nachtmahls". Melanchthon und Brenz aber blieben abweisend[18]; sie warnten überdies vor einer „Zerrüttung der Regiment" durch die zu befürchtenden zwinglischen „Praktiken, wie man solchs mit Gewalt hinausführe", während der Landgraf solche Gerüchte — wider besseres Wissen — in Abrede stellte. Über zwinglische *seditiosissima consilia opprimendi imperatoris* schreibt Melanchthon am

[14] Luther-Briefw. WA 5, 335f. Nr. 1576. Wahrscheinlich hatte Luther auf Melanchthons früheren Wunsch schon am 20. Mai an den Landgrafen geschrieben (ebd. 328ff. Nr. 1573), nicht erst am 20. Juni, wie Enders, Luther-Briefw. Erl. Ausg. 8,14 annahm.
[15] Vgl. Polit. Corresp. d. Stadt Straßburg 1, 447 u. 450 Nr. 728 u. 732.
[16] Corp. Ref. 2, 92ff. Nr. 718.   [17] Ebd. Sp. 97ff.
[18] Ebd. Sp. 101ff. — Brenz war mit Adam Weiß und anderen am 13. VI. beim Landgrafen zu Tisch geladen und disputierte mit ihm über die Sakramentslehre, s. Weiß' Diarium ed. Georgius S. 690.

13. Juni auch an Veit Dietrich[19] und ähnlich an Luther, — unmittelbar nach einem Gespräch mit Herzog Heinrich d. J. von Braunschweig, dessen Doppelspiel hier zuerst sichtbar wird: er warnte vor Landgraf Philipps Machenschaften mit Jakob Sturm und Zwingli *in pangendis foederibus*, während er sich selbst so evangelisch gesinnt und verständigungsbereit gab, daß die Lutheraner über seine innere Wandlung staunten[20]. Jedem anderen trauten sie eher als dem Landgrafen und seinen Freunden in Straßburg und der Schweiz.

Ob es in dieser Zeit auch zu persönlichen Auseinandersetzungen zwischen Landgraf Philipp und Kurfürst Johann kam, ist nicht sicher bezeugt. Aber schon Ende Mai hörte man am Kaiserhof in Innsbruck und an der Kurie in Rom, der Landgraf habe sich mit dem Kurfürsten gezankt und entzweit; beide seien mißtrauisch, daß der andre sich mit dem Kaiser verständigen wolle, und jeder behaupte, das gelänge ihm leichter[21]. Der Kardinallegat Campegio frohlockte bereits über diesen *spiritus divisionis*, und der Kaiser bestätigte ihm den Bruch zwischen Landgraf Philipp und Kurfürst Johann. Aber ihre Freude war verfrüht; der Landgraf überließ ihnen nicht die Rolle des lachenden Dritten.

Gerade die ersten schroffen Maßnahmen des Kaisers nach seinem Einreiten in Augsburg am Abend des 15. Juni[22], seine Forderung an die

---

[19] Corp. Ref. 2, 104 Nr. 721 und 4, 1008 Nr. 721 a = Briefw. WA 5, 365 Nr. 1589: *Hodie mihi gravissime conquestus est Henricus Brunsvicensis de Landgrafii disputationibus in ea rea* (der *impia causa* der Zwinglianer) *... Miras insidias ei struunt Cingliani. Hic aperte iactitant se regnum invasuros esse. Tantus furor occupavit eorum animum.*

[20] Luther-Briefw. WA 5, 362f. Nr. 1588: *Miramus omnes hanc in tali Principe mutationem, sed Dominus adhuc forsan majora operabitur,* schreibt Jonas am 13. VI. an Luther, dem er über Melanchthons Gespräch mit Heinrich d. J. berichtete. Vgl. auch Melanchthon an Luther 19. VI. (ebd. 371 Nr. 1591) und 27. VI. (Corp. Ref. 2, 144 Nr. 744).

[21] Die Nachricht Tiepolos aus Innsbruck vom 24. oder 28. Mai in den Diarii di Marino Sanuto 53 (Venedig 1899) Sp. 255f., der Landgraf und der Kurfürst *„siano venuti a parole, perchè si voleano acordar con Cesare l'uno e l'altro non voleva"*, stammt wohl aus gleicher Quelle (von Campegios nach Augsburg vorausgesandtem deutschen Gewährsmann Jodocus) wie die Mitteilung des Kardinallegaten an den päpstl. Geheimsekretär Salviati vom 29. V. (ed. Hugo Laemmer, Monumenta Vaticana, 1861, S. 36 Nr. XXXI): *Langravio d'Assia et Duca Ioanne quali erano congiunctissimi, sono venuti a parole, perchè l'uno dubita che l'altro non si accordi con Cesare, et hannosse dette di molte brutte parole insieme, et il detto Langravio ha detto che è per accordarsi con Cesare piu presto che lui. Bona cosa è che spiritus divisionis sia fra loro ...*" Am 6. VI. fügt er hinzu, der Kaiser habe ihm den Bruch zwischen Kurfürst und Landgraf bestätigt, s. St. Ehses, Röm. Quartalschrift 17 (1903) S. 394.

[22] Bei der Einholung des Kaisers an der Lechbrücke vor Augsburg kam es zwischen Landgraf Philipp und dem Herzog von Pommern fast zu Mord und Totschlag wegen des Vorrangs. Dem Kaiser gelang es am 19. VI., vor Eröffnung des Reichstags, die vielfältigen Sessions-Streitigkeiten einstweilen beizulegen oder zu vertagen — ein vielbewunderter Erfolg. Demnach sollte Hessen vor Pommern

protestierenden Fürsten, ihre Prediger abzustellen und an der Fronleichnamsprozession des nächsten Tages teilzunehmen, führten den Landgrafen mit den Lutheranern erst recht zusammen. Gemeinsam verhandelten sie darüber mit dem Kaiser noch spät abends im Kaisergemach auf der Bischofspfalz. Noch in der Nacht ließ der Landgraf durch seinen Kanzler die Nürnberger Gesandten wecken und darüber informieren[23], wie die beiden alten Fürsten Johann von Sachsen und Georg von Brandenburg „zum höchsten entsetzt" dem Kaiser nicht zu antworten wagten auf seine Zumutung, die Predigten einzustellen; Philipp aber entgegnete[24], „so fest er gekonnt": sie predigten „nichts Böses oder Neues, sondern allein das Wort Gottes", wie es die alten Kirchenväter auslegten; davon könne sich der Kaiser überzeugen, wenn er die Predigten höre. Karl V. bekam das von seinem Bruder Ferdinand ins Französische übersetzt und hat sich „darob etwas angeröt und erhitzt". Als er aber durch Ferdinand sein Ansinnen wiederholen ließ und der wackere Markgraf Georg nun erklärte, ehe er Gott und das Evangelium verleugne, wolle er lieber vor dem Kaiser niederknien und sich den Kopf abhauen lassen, sagte Karl spontan in seinem gebrochenen Deutsch: „Nicht Kopf abhauen, nicht Kopf ab."[25] Die Fürsten erklärten, sie könnten nicht mit gutem Gewissen die Predigt unterlassen; Ferdinand erwiderte, der Kaiser könne das seinerseits nicht dulden, worauf der Landgraf scharf entgegnete: des Kaisers Gewissen „sey aber kein Herr und Meister über ihre Gewissen"[26]. Er berief sich jetzt am nachdrücklichsten auf die Zusage des kaiserlichen Ausschreibens, daß beide Teile gehört werden sollten, sonst wäre er wie vielleicht auch andere dem Reichstag ferngeblieben[27]. Die vorerst ergebnislosen Verhandlungen

---

gehen. Da aber der Landgraf dann der Eröffnungsmesse fernblieb (s. u. S. 367), *non stetit in aliquo ordine*; so meint wenigstens der Mainzer Domherr Valentin von Tetleben in seinem Protokoll des Augsburger Reichstags (Autograph U.-B. Gießen Cod. 296 fol. 13ʳ); das Tetleben-Protokoll wird 1958 im 4. Heft der Schriftenreihe der Histor. Kommission und in den Schriften des Vereins f. Reformationsgeschichte veröffentlicht.

[23] Corp. Ref. 2, 106 Nr. 724.

[24] Die kursächsischen Berichte (Brück, Spalatin, Aurifaber) erwähnen diese Entgegnung des Landgrafen nicht, wie sie seine Mitwirkung überhaupt oft verschweigen.

[25] Schirrmacher, Briefe u. Acten S. 58 f.; Bericht der Nürnberger Gesandten Corp. Ref. 2, 107 Nr. 724; Adam Weiß (Diarium ed. Georgius S. 694), dem Markgraf Georg unter Tränen davon erzählte.

[26] Brenz an Isenmann, Corp. Ref. 2, 115 Nr. 729; ähnlich Adam Weiß, Diarium ed. Georgius S. 694: „der Kaiser hab über sein Gewissen nicht zu gepieten", sagte Philipp zu Ferdinand.

[27] Vgl. den Bericht der Konstanzer Gesandten Conrad Zwick und Peter Labhart vom 16. Juni, Stadt.-A Konstanz, Reformationsakten Bd. 9; sie erfuhren „durch globwirdig personen", daß der Landgraf sagte: „dieweil ir Mt. schriben zu dem Reichstag vermög, baid tail zuhören, sie er der hoffnung, solichs geschee, und darus bericht allen tailen zu gutem erfunden werd; wo aber solichs nit geschehen und ir Mt.

wurden am nächsten Morgen, vor der Prozession, mit Ferdinand fortgesetzt, der dabei in heftiger Erregung „vor zorn gleich gewaint",
während der Landgraf nach dem Ende der wiederum erfolglosen Besprechung „sein hengst getumelt und seer vast gesprengt". Die Ulmer
Gesandten, die das beobachteten[28], fürchteten bereits, daß die Fürsten
„ongehandelt hinweg ritten" und die Städtevertreter in Augsburg allein
ließen.

Philipp rechnete es sich auch als Verdienst an — über das die kursächsischen Quellen wiederum schweigen —, daß die Lutheraner nicht
an der Fronleichnamsprozession teilnahmen. Tags darauf schrieb er
seiner Frau: „Da weren wole ezliche mitgangen, aber wir haben ßo
hart bei denselben angehalten, das dannost keiner von den Fursten, die
das Evangelion angenommen haben, mitgangen ist"[29].

Während dann in den nächsten Tagen ein Fürstenausschuß den Streit
um das Predigtverbot so schlichtete, daß nur vom Kaiser bestellte
Prediger ohne jede Polemik predigen und sich dabei auf Gebet und
Bibellesung beschränken sollten, begannen nun erst ernsthafte hessischkursächsische Besprechungen über das gemeinsame Bekenntnis. Am
19. Juni meinte Melanchthon, der Landgraf werde sich noch genugsam
lenken lassen[30]; am 20. schrieb Sturm an Zwingli: Sachsen und Hessen
bereiten ihr Glaubensbekenntnis vor[31]; am 23. morgens kamen die
Fürsten mit ihren Räten und Theologen und die Vertreter Reutlingens
und Nürnbergs zur Schlußberatung zusammen[32]. Der zwei Tage später
verlesene Text der Confessio zeigt beim Vergleich mit seinen Vorstufen,
daß es dem Landgrafen wenigstens noch gelang, die Forderung eines
Konzils und die Ablehnung der Kompetenz des Reichstages in der
Glaubensfrage durchzusetzen, auch die Verurteilung der übers Abendmahl anders Denkenden ein wenig zu mildern[33]. Allerdings verhehlte er
auch nach der Verlesung der Confessio nicht, daß er mit der Formulierung
des Sakramentsartikels nicht zufrieden war[34].

---

anderer gestalt handeln oder furfaren sollt, wurd nichtz gutz geperen und im ursach
geben, weg zu suchen, wie er sich in die sachen schicken. Wo ouch verhor lut des
usschribens nit verhoffentlich gewest, wern er und villicht ander usbliben, und dannoch ir Mt. zu eren den Reichstag durch ir botschaft besucht."

[28] Bericht von Bernhard Besserer und Daniel Schleicher am 18. VI., St.-A.
Stuttgart, 4/11/80 n. 15

[29] S. u. S. 415.

[30] Melanchthon an Friedrich Myconius 19. VI., Corp. Ref. 2, 118 Nr. 730.

[31] Corp. Ref. 97, 633 Nr. 1046.

[32] Nürnberger Bericht vom 25. VI., Corp. Ref. 2, 127 Nr. 738.

[33] Vgl. W. Gussmann I, 1 S. 56 u. 393f. mit Anm. 17; J. v. Walter, Luther-
Jahrbuch 12 (1930) S. 36f. u. 48f.; W. E. Nagel (Ficker-Festgabe 1931) S. 116f.

[34] Jonas an Luther c. 30. VI., Briefw. WA 5, 427 Nr. 1618: *Landgravius subscripsit
nobiscum, sed tamen dicit sibi a nostris de sacramento non satisfieri.* Deshalb schrieb auch
Melanchthon am 25. VI. an Luther (ebd. 387 Nr. 1600): *Landgravius probat nostram*

Inzwischen hatte der Kaiser die Fürsten auf eine neue Probe gestellt mit dem Wunsch, sie möchten alle zur Eröffnung des Reichstages am 20. Juni der Messe *de spiritu sancto* im Dom beiwohnen. Kurfürst Johann glaubte sich bei dieser Feier seinen zeremoniellen Pflichten als Erzmarschall des Reiches gemäß der Goldenen Bulle nicht entziehen zu dürfen. Auch alle anderen Fürsten gingen mit dem Kaiser zur Kirche, aber der Landgraf verließ sie und Ernst von Lüneburg folgte ihm, als die Messe begann; sie kamen zurück, während Pimpinella, der päpstliche Legat bei Ferdinand, anderthalb Stunden lang lateinisch predigte; sie gingen demonstrativ wieder hinaus, als danach das Offertorium einsetzte, um sich erst nach Schluß der Messe wieder einzufinden und mit dem Kaiser vom Dom aufs Rathaus zu ziehen[35]. Bedenkt man, daß zwei Tage später die Fürsten-Fürsprache für Ulrich von Württemberg dem Kaiser überreicht werden sollte, so erscheint dieses Verhalten des Landgrafen gewiß nicht diplomatisch-opportunistisch aus politischer Berechnung, aber auch nicht nur provozierend, sondern unnachgiebig, wo es um seine religiöse Überzeugung ging. Dabei scheint er damals noch zuversichtlicher gewesen zu sein, wie er drei Tage vorher an seine Frau schrieb: „Wiewol sich auch die sachen hartt angelossen haben, ydoch vorhoffen wir und haben des gute kuntschafft, es werde zu eynem guten ende gedeyen"[36].

---

confessionem et subscripsit; *multum proficies, ut spero, si tuis literis confirmabis eum* περὶ δείπου κυριακοῦ. Wie mißtrauisch man blieb, verrät ein Brief des ansbachischen Predigers Johann Rurer aus Augsburg an Andreas Althamer vom Anfang Juli: *Hessus nondum* (!) *est Zwinglianus, id quod sancte iuravit Ernesto duci a Lunenburg, dum serio ab eo, quid certo sentiret in re sacramentaria, rogaretur. Argumento etiam est, quod nostrae Confessioni subscripsit*; s. Th. Kolde, Die älteste Redaktion der Augsburger Konfession (1906) S. 10.

[35] S. Tetleben-Protokoll fol. 13ʳ; Überlinger Gesandten-Bericht zum 20. VI.: Karlsruhe, GLA, Abt. Überlingen, fasc. 1261, fol. 4/7; anonymer Bericht Stadt-A. Augsburg Litt. 1530/I fol. 295f.; Campegios Sekretär Dr. Daniel Mauch schreibt an den Ulmer Arzt Wolfgang Richard, daß der Landgraf *furibundo similis ex ecclesia fugit* (Der Katholik, 3. Folge 21, 1900, S. 92ff.), und der Mantuaner Gesandte Bagaroto berichtet (M. Sanuto, Diarii 53, 326f.), der Landgraf *„faceva alcune cose più presto da giovane che da homo prudente"*. — Nach Spalatin (Luthers Werke ed. Walch 16, 937) und Aurifaber (Schirrmacher, Briefe u. Acten S. 74) ging Kurfürst Johann nach dem Rat seiner Theologen „nur zur dienstwartung" mit in die Kirche, mit ihm Markgraf Georg. Nach Pimpinellas Rede sind die Kurfürsten — der Sachse das Schwert tragend — „zum opfer gangen, doch die unsern mit einem gelechter; allein der Landgraf hat nicht geopfert". — Schon als beim Einreiten des Kaisers am 15. VI. der Legat Campegio vor einer Kirche der Fürsten segnete, die niederknieten, bleiben Kurfürst Johann und Landgraf Philipp stehen (und Markgraf Georg stand wieder auf, als er das sah); der Landgraf „lechelt und truckt sich hinder eynen grossen leuchter" am Altar; so berichtet ein Augenzeuge U.-B.Gießen Cod. 1044; vgl. Campegios Brief vom 16. VI. bei H. Laemmer, Monumenta Vaticana S. 39f. Nr. 33.

[36] S. u. S. 415.

Er hat dann auch am entschiedensten darauf gedrungen, daß die Bekenntnisschrift nicht nur dem Kaiser lateinisch und deutsch überreicht,
sondern auch vor allen Reichsständen deutsch verlesen wurde. Als man
in der zweiten Sitzung des Reichstags am 24. Juni zu vorgerückter Stunde
damit beginnen wollte, wurde das vom Kaiser verweigert, und vor allem
Ferdinand gab sich alle Mühe, es durch verzögernde Besprechungen zu
verhindern. Der Landgraf aber — wiederum Ferdinands eigentlicher
Gegenspieler — *plane hoc dimicavit et ursit*[37]; und so wurde tags darauf
der deutsche Text vom kursächsischen Kanzler Christian Beyer verlesen,
zwar nicht auf dem Rathaus in aller Öffentlichkeit, sondern in der engeren
Kapitelstube der Bischofspfalz, aber vor allen Reichsständen. Der Landgraf ließ dann auch den Straßburger Theologen Bucer und Capito, die
erst damals nach Augsburg kamen und sich vergeblich um Anschluß an
dieses Bekenntnis unter Vorbehalten in der Abendmahlslehre bemühten[38],
heimlich eine Abschrift der Confessio zukommen[39], damit sie nach deren
Vorbild rasch eine eigene Bekenntnisschrift ausarbeiten konnten, die am
9. Juli eingereichte[40] „Confessio Tetrapolitana", der sich Konstanz,
Memmingen und Lindau angeschlossen hatten.

IV. UNTERREDUNG MIT KARL V.

Während der Kaiser mit dem päpstlichen Legaten und den altgläubigen Fürsten beriet, wie nun mit den Unterzeichnern der Confessio
zu verfahren sei, und die katholischen Theologen mit deren Widerlegung
beauftragte, kam für den Landgrafen die Stunde der Versuchung[1]. Er hat

---

[37] So Jonas an Luther 25. VI., Briefw. WA 5, 392 Nr. 1602, auch bei Schirrmacher, Briefe u. Acten S. 361. Andere kursächsische Berichte erwähnen nichts von
diesem Drängen des Landgrafen, das wohl zu Brücks Antwort an den Kaiser am
24. VI. abends führte.

[38] Jonas an Luther c. 30. VI., Briefw. WA 5, 427 Nr. 1618; vgl. Polit. Corresp.
d. Stadt Straßburg 1, 458f. Nr. 746; Capito und Bucer an die Straßburger Prediger
7. VII.: *Moliti sumus et per Hessum colloquium cum Lutheranis, sed desperat ille ipse, qui
etiam nihil jam apud nos potest, propterea quod eum plane pro Zwingliano habeant*; U.-B. Straßburg Thesaurus Baumianus III fol. 303.

[39] Polit. Corresp. d. Stadt Straßburg 1, 462f. Nr. 750.

[40] Ebd. S. 469 Anm. 2 gegen Schirrmacher, Briefe u. Acten S. 502.

[1] Schon der hessische Chronist Wigand Lauze, noch ein Zeitgenosse Philipps,
stellte es so dar, daß dieser nach Überantwortung der Confession „so bald auff den
hohen berg gefhuret und ime die guter dieser welt gezeiget seind. . . . Aber er hat
sich diesen listigen anlauff gar nichts lassen anfechten", s. Zeitschr. des Vereins f.
hess. Gesch. u. Landeskunde, 2. Supplement 1 (1841) S. 197. Vgl. auch Chr. v.
Rommel, Gesch. von Hessen 4 (1830) S. 60f. und Anm. S. 44ff., der bereits den
Bericht Capitos und Bucers benutzte, aber damit nicht immer Glauben fand; s.
W. Gussmann I, 1 S. 56f.

später selbst dem Nürnberger Gesandten Kreß vertraulich mitgeteilt[2], daß er Ende Juni („vor etlichen Tagen") erfuhr, der Kaiser sei willens, ihn „etlicher Artikel und Beschwerung halben zu Rede zu halten. Als sich aber dasselbige etwas verzogen", sei er von sich aus zu Hofe geritten und vom Kaiser empfangen worden, nur im Beisein Balthasar Merklins, des Propstes von Waldkirch und Bischofs von Konstanz und Hildesheim, und des kaiserlichen Sekretärs Alexander Schweiß. Er war also nicht vorgeladen wie der sächsische Kurfürst, den der Kaiser am 30. Juni „ganz gnediglich" zu sich bat und am 1. Juli empfing[3]. Doch muß der Landgraf von den Beschwerden, über die ihn der Kaiser zur Rede stellen wollte, irgendwie Kenntnis erhalten haben. Denn in den hessischen Akten liegt nicht nur eine fragmentarische Aufzeichnung darüber, was der Landgraf am 1. Juli mit dem Kaiser verhandelte[4], sondern auch der undatierte Entwurf eines ausführlichen, vielleicht für diese Unterredung schon vorbereiteten Verantwortungsschreibens gegen kaiserliche Vorwürfe[5]. Demnach ist der Landgraf offenbar aus eigener Initiative und unangemeldet am 1. Juli in die kaiserliche Pfalz gegangen und vorgelassen worden[6]. Tags darauf erzählte er davon abends im Garten dem

[2] Corp. Ref. 2, 165ff. Nr. 760.
[3] Schirrmacher, Briefe u. Acten S. 99; ähnlich Spalatins Annalen bei E. S. Cyprian, Annales Reformationis (Leipzig 1718) S. 142.
[4] S. u. S. 371 Anm. 12.
[5] St.-A. Marburg P. A. 259 fol. 49—55; Abschrift auch im Straßburger Kommunal-Archiv AA 415 Nr. 3, s. W. Gussmann S. 393, der S. 56 den Schlußsatz zitiert: „Kaiserliche Majestät wolle doch disse großwichtigen sachen umb mehrerer sicherheit willen der gewissen, dieweil sie Gottes ehre und wahrheit und der menschen seelenheil und selickeit betreffen, darüber wichtigers nicht weder im himel noch auf erden ist, zu einem gemeinen freien christlichen Concilion reichen und kommen lassen". Vorher heißt es (fol. 51ᵛ), Philipp könne unmöglich wider sein Gewissen von den überreichten Bekenntnis abweichen „und in die große gotslesterunge, das ich gottes wort, befelch und ordenunge als die ewige und unzergengliche worheit nicht für gottes wort, ordenunge und worheit halten solt, dermassen abzusteen, wie E. kay. Mt. und on zweiffel durch der widerparteischen sovil empsig anhalten an mir zu begern bewegt worden". — Mandate „widder die heilige und natürliche gottes recht" seien nach allen geschriebenen Rechten „uncrefftig und unbündig", daher der Landgraf und seine Mitverwandten dem Kaiser nicht ungehorsam, „wie mir dan auch E. kay. Mt. nehst gnediglich haben anzeigen lassen und mich in diesser großwichtigsten sachen nit wenig erfrawet hat, das E. kay. Mt. ye nicht gern widder die heilige schrift handeln wolt". Im Übrigen geht das Schreiben nicht auf andre Vorwürfe des Kaisers gegen den Landgrafen, nur auf die Glaubensfrage ein; ob und wann es dem Kaiser geschickt wurde, ließ sich nicht feststellen.
[6] Aurifaber bei Schirrmacher S. 99f. behauptet, erst am 2. Juli (Sonnabend nach Visitationis Mariae) habe der Kaiser mit dem Landgrafen „neben dem bischof von Hillensheim gehandelt der leere des evangelii halben auf einem hintergang"; vielleicht erklärt sich die ungenaue Datierung daraus, daß der Landgraf zuerst am 2. VII. abends zu Osiander davon sprach. Schirrmacher S. 496 Anm. 2 macht sich unnötige Gedanken darüber, daß hier der Bischof von Hildesheim genannt ist, im Bericht

Nürnberger Prediger Osiander[7]: Der Kaiser habe ihn „privatim" ersucht und gemahnt, sich von den Lutheranern zu trennen; da das nichts fruchtete, gab Karl freimütig zu, die Confessio sei ja ganz rechtgläubig und schriftgemäß[8], nur in manchen äußeren Dingen bestünde Zwiespalt; von denen solle der Landgraf abstehen bis zum Konzil, das der Kaiser baldmöglichst zustande bringen will. Doch auch damit erreichte er nichts und ließ von seinem Drängen ab. Der Landgraf hatte ihn seinerseits gebeten, den Anschuldigungen seiner Verleumder nicht zu glauben, worauf Karl entgegnete: er sei gut unterrichtet, daß der Landgraf den letzten Speyerer Abschied nicht unterschrieb, daß er von Zwinglis Irrlehre angesteckt sei, daß er heimlich mit Reichsfeinden konspiriere, ja römischer König werden wolle; doch das alles werde ihm verziehen, wenn er einigen ihm vorzuschreibenden Artikeln zustimme. Er aber antwortete frei und unverzagt: „Er hab von nieman begert Kunig zu werden, aber man hab wol mit im darvon gehandelt, aber er wiß sich als ein Furst des Reichs wol zu halten." So hat es der Crailsheimer Prediger Adam Weiß wohl von Osiander selbst in Augsburg gehört und in seinem Tagebuch aufgezeichnet.

Auch die Nürnberger Gesandten wissen schon am 3. Juli morgens von „allerlei Practik und Partita" zu melden[9], mit denen der Kaiser sowohl Kurfürst Johann wie den Landgrafen „abwendig zu machen" suchte; und am 6. Juli kann Christoph Kreß ausführlicher berichten, was ihm inzwischen der Landgraf über seine Unterredung mit dem Kaiser vertraulich und geheim erzählt hatte[10]. Das wird bestätigt und ergänzt durch einen Brief Capitos und Bucers an die Straßburger Prediger, denen sie (wohl am 7. VII.) eingehend mitteilen, was offenbar Jakob Sturm gleicherweise vom Landgrafen selbst darüber zu hören bekam[11]. Einige

der Nürnberger Gesandten vom 6. VII. (Corp. Ref. 2, 165) der Bischof von Konstanz: beides ist Waltkirch.

[7] Darüber Adam Weiß in seinem Diarium (ed. Georgius S. 714f.) mit dem verallgemeinernden Einleitungssatz: *Adeo tentatur princeps Hessus ab episcopis, ut et ei regnum Romanorum offerant, si ad se a nobis deficere velit.*

[8] Ebd.: *Cepit Caesar libere confiteri nostram confessionem plane piam esse et cum scriptura nequaquam pugnare ; tantum de externis quibusdam rebus inter nos dissensiones esse, in quibus usque ad concilium, (quod quam primum fieri posset cogere vellet), rogat ut cedere velit ...* Ähnlich Joh. Rurer an Andr. Althamer: *Hessus Osiandro indicasse, Caesarem ingenue et libere indixisse sibi privatim .... confessionem nostram esse piam christianam a scripturis non alienam, tantum variatio quaedam inter nos et papistas esse in caeremoniis*; s. Th. Kolde, Die älteste Redaktion d. Augsb. Konf. (1906) S. 111, der das für „sehr wenig glaubwürdig" hält — wohl zu Unrecht.

[9] Corp. Ref. 2, 161 Nr. 756.   [10] Ebd. Sp. 165ff. Nr. 760.

[11] U.-B. Straßburg, Thesaurus Baumianus III fol. 301ff. (ungedruckt); das Datum „Augustae VII Augusti" ist in der Abschrift mit gleicher Schrift und Tinte berichtigt: „... VII Julii". — An Zwingli schrieb Bucer c. 5. VII. nur andeutend: *Unus Cattus est, qui idoneum videatur gloriae Christi organum. Is animose et religiose fidem suam confitetur et confessus est eam coram Caesare ipso tum aliis*; Corp. Ref. 98, 9 Nr. 1056.

Hauptpunkte der Unterredung sind überdies in einer gleichzeitigen Aktennotiz des Landgrafen aufgezeichnet[12]. Demnach ließ ihm der Kaiser, der sich zunächst lange mit seinen beiden Räten besprach, durch Waltkirch vier Beschwerden vorhalten: 1. daß er mehr als andere gegen das Wormser Edikt „freventlich gehandelt", 2. daß er von der Irrlehre Zwinglis angesteckt sei und vom Eucharistie-Sakrament nichts halte; 3. daß er während Karls Abwesenheit „allerlei Empörung" angefangen und mit „etlichen Potentaten" Bündnisse gegen Kaiser und Reich geschlossen habe, und 4. daß er dem Kaiser (durch die Protestanten-Gesandtschaft nach Italien im Herbst 1529) die „Summa christianae religionis" des aus Avignon stammenden früheren Franziskaners Franciscus Lambertus zugeschickt habe, die die kaiserliche Majestät beleidigte[12a]. — Zu seiner Rechtfertigung gegen den ersten Vorwurf wies der Landgraf darauf hin, er sei „noch ganz jung" gewesen, als das Wormser Edikt erlassen wurde, es sei aber auch von anderen nicht streng befolgt und auf späteren Reichstagen gemildert worden; er habe nichts dagegen zu Verachtung des Kaisers getan. Zum zweiten Punkt erklärte er (nach dem Bericht von Capito-Bucer), er habe keine Lehre angenommen, die nicht nach seiner Überzeugung von Gott geboten und in der Schrift gegründet sei; er wolle sich gern auf den Weg der Wahrheit lenken lassen, wenn ihm aus der Schrift bewiesen wird, daß er irrt; sonst aber könne der Kaiser nicht fordern, daß er gegen sein Gewissen und Gottes Gebote, wie er sie für gewiß halte, etwas glaube und annehme, so willfährig und gehorsam er ihm im übrigen sei. Das Eucharistie-Sakrament mißachte er keineswegs, sondern er glaube, „welcher dasselb recht empfahe und den Glauben habe, derselbe empfahe den Leib und das Blut Christi" (so Kreß; *vere credentes vere corpore et sanguine Christi in vitam eternam pasci*, Capito-Bucer); — aber zu Kreß wie zu Sturm[13] sagte der Landgraf nachher, daß davon der Kaiser und seine Räte offensichtlich nichts verstanden. Den Vorwurf,

---

[12] St.-A. Marburg P. A. 253 fol. 13: „Uff freitag nach P[etri] et Pauli apostolorum [= 1. VII.] anno XXX hat m. g. h. dießen bericht gethan, wes er mit kay. Mt. gehandelt hab. — dz k. Mt. kein ungnad zu im hab. aber es sei irer Mt. allerley furkommen: 1. dz er dem edict nit gelept; 2. dz er in den sacramenten ein ander meynung het dan ander leut; 3. dz er villerley entporung gemacht, darzu er villeicht durch ander nation gerüst were; 4. so het er ein buch geschickt, domit er im an s. Mt. hocheit gegriffen het. — darauff hab er geantwort ad 1: wan der k. wolt uf dz edict geen dem buchstab nach, wirden (?) dz wenig gehalten. so sei das edict nicht widder sein f. g., dan es sei dorin . . . (?), daz man dz Evangelium lauter predigen solt; ad 2 wer im dz nachsagt, thu im unrecht; ad 3 . . ." — damit bricht die Aufzeichnung ab.

[12a] S. Gerhard Müller, Franz Lambert von Avignon und seine ‚Somme chrestienne', theol. Diss. Marburg 1956, wird von der Histor. Kommission f. Hessen und Waldeck in den „Quellen u. Darstellungen zur Gesch. Philipps d. Großmütigen" veröffentlicht.

[13] *„apud nostrum"* schreiben Capito und Bucer, womit nur Jakob Sturm als ihr Gewährsmann gemeint sein kann.

er habe Empörungen angezettelt, beantwortete er mit dem Hinweis, daß er in der Sickingen-Fehde wie im Bauernkrieg und auch bei den Rüstungen wegen der Packschen Händel nur in Notwehr handelte und niemandem schadete. Und schließlich entschuldigte er sich wegen der Zusendung von Franz Lamberts Buch: da es französisch geschrieben war, konnte er es nicht selbst lesen, glaubte aber, es sei gut geeignet, den Kaiser über den Artikel des Glaubens zu unterrichten.

Dem Bericht von Kreß zufolge ließ der Kaiser durch Waltkirch auf drei Punkte „ganz lind" antworten, so daß der Landgraf meinte, deshalb hätte es keine Not. Nur im Artikel des Glaubens drang Karl nochmals hart auf untertänigen Gehorsam, sonst müsse er sich „dagegen auch beweisen" und verhalten, wie ihm als Römischem Kaiser zu tun gebührt. Auch damit stimmt der Bericht von Capito und Bucer überein[14]. Aber sie wissen noch mehr: Während nach Beginn des Gesprächs der Kaiser mit seinen Räten lange beriet und der Landgraf draußen wartete, kam Waltkirch zu ihm heraus, um ihm den guten Rat zu geben, sich der „lutherschen buberey" zu entziehen; dann würde ihm der Kaiser höchst gewogen und gnädig sein und andere auch, „wir werden uns bemühen und erreichen, daß der Nassauische Handel zu euren Gunsten beigelegt wird, ja wir werden dafür sorgen, daß ihr König werdet". Darauf der Landgraf: „Das wäre kein unnützer Rat, müßte ich nicht zu jeder Stunde gefaßt sein, vor Gottes Richterstuhl zu treten. Welches Los würde mich erwarten, wenn ich hier für mein Wohlergehen sorgte unter Mißachtung der Gebote Gottes, die mir aus der heiligen Schrift gewiß sind? Ich bin wahrhaftig keiner, dem die Annehmlichkeit (*commoditas*) dieses Lebens mißfällt; aber könnt ihr mir raten, sie mit Gottes Zorn zu erkaufen?" Darauf verließ ihn Waltkirch[15]. Als der Landgraf wieder vor den Kaiser trat, sprach er auch zu ihm: „Gewiß bin ich in einem Alter und Stand, in dem ich die Freuden des Daseins und den Beifall der Großen gern genösse und nicht verschmähte; aber da ich an Gott als meinen Schöpfer und Richter glaube, kann ich nicht die trügerische Gunst der Welt seiner

---

[14] Thes. Baum. III fol. 3: *Hortari Caesarem, ut suae de religione decisioni, quam facturus esset, non repugnaret et obedientiae suae se non subduceret, . . . sin, se facturum officium Caesaris Romani.*

[15] Ebd. fol. 301ᵛ: *Interea vero cum consultaretur et Candidus foris expectaret, prima sui excusatione exposita, egressus fuit Hildeshemensis illumque his fere verbis allocutus est: Meus Domine, audi me, dabo tibi consilium cumprimis salubre. Subduc modo te a lutherana perversitate, germanice: von der lutherschen buberey, et habebis non Caesarem solum, sed et alios summe propitios atque faventes. Dabimus operam et efficiemus, ut causa Nassaviensis componatur tuo commodo, quin et regem te evehendum curabimus. Respondit Candidus: Non inutile foret hoc consilium, si non esset adeundum tribunal Dei. Ne una quidem hac hora certus vitae sum. Si jam hoc curarem, ut hic agerem commode, et illud abjectis jussis Dei, de quibus certo per divinas literas persuasus sum, quae queso sors mea maneret evocatus hinc ad iudicium Dei? Certe non sum is, quem vitae praesentis commoditas offendat, sed indignatione Dei illam comparare quaeso an tu consulis? Ille relicto Candido et in animo indubie deriso abiit.*

Gnade vorziehen." In dieser Gesinnung vertraue er darauf, daß der Kaiser ihn nicht nötigen wolle, Gott zu beleidigen, zumal er ihm im übrigen willfährig sei, auch im Glauben belehrbar, aber nur durch die Schrift: hätte er sie nicht in verschiedenen Versionen durchforscht statt menschlicher Autorität über göttliche Dinge zu trauen, so wäre er nie so weit gelangt. — Der Kaiser aber blieb bei seiner vorigen Antwort[16].

Es läßt sich nicht bezweifeln[17], daß damals ernstlich noch einmal versucht wurde, den Landgrafen durch politische Zugeständnisse und Verlockungen seiner religiösen Überzeugung und seinen Gesinnungsgenossen abspenstig zu machen. Das waren keine bloßen „Gerüchte", wie sie auch andere Reichstagsbesucher hörten[18]. Daß von seiten des

---

[16] Ebd. fol. 301ʳf.: *Se alioqui in ea esse aetate et fortuna, ut delitiis vitae huius atque magnatum adplausibus frui forsan et posset et non abhorreret ; sed quia simul certo crederet Deum esse suum fictorem et vindicem, non posse mundi gratiam tam fallacem gratiae praeponere Dei. Sic cum esset animatus se prorsus de Caes. Majestate confidere eam se haud quaquam eo, ut Deum offenderet, impulsurum praesertim caetera tam morigerum ac etiam in religionis negotio adeo docilem, si modo res gereretur per scripturas, quas nisi ipse pervestigasset idque consultis diversis versionibus (nihil enim aeque cavisse quam humanae auctoritati fidem habere de rebus Dei) omnia explorasset, nunquam hucusque progressurum fuisse. Ad haec responsum est : Caesarem ad haec non alia quam prius respondere.*

[17] W. Gussmann I, 1 S. 56f. hält es für „wenig glaubhaft", J. v. Walter, Luther-Jahrbuch 12 S. 67 für „nicht gerade wahrscheinlich, daß die Gerüchte, ihm sei ein Nachgeben des Kaisers in der Württemberger Frage und ein Vergleich im Katzenelnbogenschen Streit, ja sogar die deutsche Krone angeboten worden, irgendwie auf Wahrheit beruhen". Dagegen W. E. Nagel, Ficker-Festgabe S. 119: „Ja mit einiger Wahrscheinlichkeit sind damals die Worte gefallen: *Quin et in regem te evehendum curabo.*"

[18] Vgl. Aurifaber bei Schirrmacher, Briefe u. Acten S. 241: *Landgravio conati sunt persuadere, si Caesari morem gerat, Ulrichum ducem Wirtenbergicum iri restitutum et, quam haberet cum Nassovio de Chattis controversiam, Caesaris interventu posse componi. Sed nihil hiis insidiis effecerunt.* Der Windsheimer Gesandte Sebastian Hagelstein berichtet am 21. VII. über den Versuch, Markgraf Georg durch Versprechungen und Drohungen der neuen Lehre abspenstig zu machen; „desgleichen ist auch hiervor gescheen dem Lantgraff, also das sie sich auch hoch gegen im angepotten", s. J. Bergdort, Windsheim im Zeitalter der Reformation (Quellen u. Forsch. z. bayer. Kirchengesch. 5, 1921) S. 239ff. — Die Frankfurter Gesandten berichten am 5. VII. nur (Schirrmacher S. 407), der Kaiser habe einen Fürsten nach dem anderen beschickt, „was er mit in handelt, ist nit yglichen offenbar". — Der Eßlinger Gesandte Hans Holdermann am 8. VII. (St.-A. Stuttgart, Eßlinger Ref.-Akten 1521—36 Nr. 10): dem Landgrafen habe der Kaiser gesagt, daß er ihm „zu mermals angezeigt worden, darin er bißher seiner jugent verschonet", doch könne das nicht so weitergehen, wenn er die Reichsabschiede nicht annehme. — Der venezianische Gesandte Tiepolo berichtet am 6. VII., der Kaiser habe kürzlich dem Landgrafen schwere Vorwürfe gemacht — „*un gran rebuffo*" nach Sanutos Diarien 53, 343 — wegen Übertretung des Wormser Edikts und wegen der Pack'schen Händel, da er von Mainz und Würzburg 100000 Gulden erpreßte; Tiepolo meint, seitdem scheinen die Lutheraner „*ad humiliarse et remetterse molto*". J. v. Walter, Die Depeschen . . . Tiepolos, Abh. d. Ges. d. Wiss. zu Göttingen phil.-hist. Kl. N. F. XXII, 1 (1928) S. 55f. Nach einem anderen Bericht in Sanutos Diarien blieb der Landgraf „*molto stupefato*

Kaisers und seiner Ratgeber nichts darüber laut wurde, versteht sich. Der Landgraf aber sprach davon vertraulich zu Osiander, zu Kreß und vor allem zu Jakob Sturm, der es Capito und Bucer mitteilte, aber sonst am verschwiegensten blieb; erst als er später (am 16. VII.) dem Straßburger Rat über ähnliche Sonderverhandlungen des Kaisers mit Kurfürst Johann und Markgraf Georg berichtete, fügte er hinzu: „mit dem Landgrafen ist noch nichts gehandelt den das in anlangt, wo er abston würde, wolle man Herzog Ulrich von Würtemberg wieder restituieren, dergleichen in mit Nassaw underston zu vertragen"[19]. Daß auch die Württemberg-Frage in jener Audienz zur Sprache kam, ist trotz des Schweigens der anderen Zeugen schon deshalb wahrscheinlich, weil der Kaiser und vor allem Waltkirch wußten, wieviel dem Landgrafen daran gelegen war. Überdies versuchte Karl V. bald darauf den sächsischen Kurfürsten und den Ansbacher Markgrafen durch ähnliche Angebote seiner Gunst und Drohungen mit seiner Ungnade einzuschüchtern und gefügig zu machen. Dem Kurfürsten, der am 1. Juli vom Kaiser vorgeladen worden war und tags darauf ihn um seine noch ausstehende Belehnung ersuchte[20], wurde vierzehn Tage später durch Pfalzgraf Friedrich, Graf Heinrich von Nassau und zwei andere Beauftragte des Kaisers eröffnet, er könne weder die Lehen erhalten noch die kaiserliche Genehmigung für den Ehevertrag des Kurprinzen mit Sibylle von Cleve (die er 1526 geheiratet hatte), wenn er nicht der Irrlehre Luthers absage. Er hat das standhaft verweigert und ist nicht belehnt worden[21]. Fast gleichzeitig (15. VII.) wurde Markgraf Georg von seinen hohenzollernschen Verwandten, den Kurfürsten von Mainz und Brandenburg an der Spitze, im Namen des Kaisers aufgefordert, von seinem Irrtum im Glauben abzustehen, dann könnten ihm seine Ansprüche auf die schlesischen Grafschaften Oppeln und Ratibor erfüllt werden (gegen die am gleichen Tage eine böhmische Gesandtschaft vor den Reichsständen protestierte!)[22], und man könnte ihm zur Bezahlung seiner Schulden verhelfen; andernfalls müsse er mit der kaiserlichen Ungnade und Strafe rechnen[23]. Ehe der Markgraf dieses Ansinnen am 19. Juli ebenso ent-

---

et sopra di sè", da der Kaiser ihm sagte, „*che lo castigerà*". Über kaiserliche Angebote an den Landgrafen ist in solchen Berichten nichts zu erwarten.

[19] Polit. Corresp. d. Stadt Straßburg 1, 472 Nr. 762.

[20] Schirrmacher, Briefe u. Acten S. 100, anscheinend eine zweite Audienz am 2. VII. vormittags.

[21] Förstemann, Urk.-Buch 2, 80ff. Nr. 121ff.; Antwort des Kurfürsten vom 20. VII., überreicht am 21. VII. ebd. S. 113ff. Nr. 129, französisch bei K. Lanz, Korrespondenz Karls V. 1 (1844) 39ff.; vgl. Corp. Ref. 2, 206 Nr. 786; Schirrmacher, Briefe u. Acten S. 116ff.; J. v. Walter, Luther-Jahrbuch 12 S. 70.

[22] Tetleben-Protokoll fol. 30ᵛ (s. o. S. 365 Anm. 22).

[23] Förstemann, Urk.-Buch 2, 93ff. Nr. 126/27; Corp. Ref. 2, 206 Nr. 788; Schirrmacher S. 412.

schieden wie der Kurfürst zurückwies, hat er mit den anderen Unterzeichnern der Confessio, auch mit Landgraf Philipp darüber beraten[24].
Sie wußten untereinander Bescheid über die kaiserlichen Zumutungen
und Verlockungen. Auch der Landgraf erwartete in diesen Tagen ein
entsprechendes Ansuchen des Kaisers, und viele wunderten sich, daß
es ausblieb[25]; manche meinten sogar, ihm sei wohl schon seine Strafe
zugedacht und man wünsche gar nicht mehr, daß er nachgebe[26]. Er aber
war solchen Versuchungen zuvorgekommen; er hatte gleichsam den
Stier bei den Hörnern gepackt und dem Kaiser zuerst und am deutlichsten ins Gesicht gesagt, daß von ihm kein Nachgeben in der Glaubensfrage zu erwarten war, auch wenn man ihm noch so große politische
Vorteile bot. Gerade daß man ihn nachher nicht nochmals offiziell
darum anging wie den Kurfürsten und den Markgrafen, erklärt sich nur
daraus und macht es vollends gewiß, daß er schon während seiner un-
angemeldeten Audienz beim Kaiser darum befragt wurde, wenn auch
nur im Vorzimmer durch Waltkirch. Man wußte am Kaiserhof zur
Genüge, wie viel ihm am nassauischen Handel, an der endgültigen Sicherung der katzenelnbogenschen Erbschaft für Hessen und an der Rückführung Herzog Ulrichs nach Württemberg lag. Auch seine Agitation
gegen Ferdinands Königswahl konnte nicht verborgen bleiben, und
längst waren Gerüchte verbreitet, daß Philipp selbst König werden
wolle. Ob Waltkirch eigenmächtig oder in Karls Auftrag von dieser
Möglichkeit zu Philipp sprach, wenn er in der Glaubensfrage nachgäbe,
wird sich kaum entscheiden lassen; schwerlich konnte der Landgraf
glauben, daß es dem Kaiser damit ernst war. Eher konnte er ein Entgegenkommen in der Nassauer und Württemberger Sache für möglich
halten. Aber so wichtig ihm beides war, und so viel dem Kaiser daran
liegen mochte, den jungen Fürsten — sei es auch auf Kosten seines
Bruders Ferdinand — für sich zu gewinnen, Philipp hat doch offenbar
keinen Augenblick geschwankt, für solche politische Chancen seine

---

[24] Corp. Ref. 2, 207 Nr. 788.

[25] Bericht der Nürnberger Gesandten vom 17. VII. (ebd.): „So vermutet sich
der Landgraf, es werde in kurz dergleichen handlung bey s. f. g. von kay. Mt.
wegen auch bescheen. S. f. g. vermeint aber ye uff irer seyten vest zuhalten". Am
20. VII. (ebd. S. 216): „Aber mit dem Landgrafen ist in diesem fall noch bißhere
nichts gehandelt". Die Frankfurter Gesandten am 22. VII. (Schirrmacher S. 412):
„Der lantgraff ist nit beschickt worden" wie Kf. Johann und Mgf. Georg, „man
gedenckt villeycht, wo man mit den zweyen reydte, so hets mit im kheyn not".
Vgl. Jakob Sturms Bericht vom 16. VII., o. S. 374 mit Anm. 19.

[26] Capito und Bucer an Zwingli 22. VII. (Corp. Ref. 98, 37 f. Nr. 1068): *Caesar
gravi legatione Georgium Brandenburgium et Saxonem appellavit, ut ad ecclesiam revertantur,
minas diras promissis ingentibus adiiciens. Respondit uterque fortiter a receptis se desciscere
non posse, quicquid immineat, nisi scripturis convincantur errare. Cattum modo non appellavit,
quod forsan spem de illo ex priori confessione* (= Anfang Juli!) *desponderit, quanquam non
desint, qui putent hunc iam poenae destinatum, ita ut nollent eum resipiscere.*

religiöse Überzeugung aufs Spiel zu setzen, die ihm Gewissenssache war.
Karl V. scheint das bei jenem Gespräch so deutlich gespürt zu haben,
daß er seitdem von ihm abließ. Am 3. Juli — einem Sonntag, an dem
Balthasar Merklin, Propst von Waldkirch und Bischof von Konstanz,
vom Mainzer Erzbischof im Augsburger Dom im Beisein der altgläubigen Fürsten auch zum Bischof von Hildesheim geweiht wurde [27], —
ließ der Kaiser den Landgrafen zusammen mit Kurfürst Johann und
Markgraf Georg noch einmal zu sich kommen, um über Mittel zur Beilegung des Glaubensstreites zu sprechen, ehe er zwei Tage später darüber
mit den altgläubigen Fürsten beriet [28]. Seitdem hat er mit dem Landgrafen nicht mehr verhandelt. Philipp hat später seine Abreise von
Augsburg auch damit beim Kaiser entschuldigen lassen [29], — wohl nicht
ohne Ironie —, er sei ja „in keinem ausschuß noch zu sonderlicher han-
lung gepraucht, sondern ein schlechter mitreiter alda gewesen", er
konnte dem Kaiser „dismals nicht sonderlich nutz sein, zudem so weren
wir der jungsten einer und am verstande der geringst"; er war aber mit
seinen sechundzwanzig Jahren fast gleichaltrig mit Ferdinand, nur vier
Jahre jünger als Karl V., dem er gewiß nicht „am verstand der geringst"
schien! Und er hat auch die weiteren fünf Wochen in Augsburg seit
jener Audienz beim Kaiser nicht müßig verbracht, keineswegs nur „abwartend und beobachtend" [30], freilich ganz anders tätig als man annahm und
bisher wußte, aber so, wie er es sich von vornherein vorgenommen hatte.

V. AUSEINANDERSETZUNG UND NEUER VERTRAG
MIT HEINRICH VON BRAUNSCHWEIG

Während aller dieser Verhandlungen auf dem Reichstag, mit den
Konfessionsverwandten und mit dem Kaiser hat Philipp von Hessen

---

[27] Tetleben-Protokoll fol. 25ᵛ.

[28] Ebd. fol. 25ᵛ zum 3. VII.: *Eodem die sacra Ces. Mt. habuit cum luttheranis principibus ad se vocatis in palatio suo varios tractatus de componendo dissidio in fide christiana.
Quid obtinuerit apud eosdem, nondum noscitur; creditur tamen quod nihil amicabilibus suis
tractatibus apud eos obstinatissimos effecerit.* — Aurifaber bei Schirrmacher S. 100:
„Am Sontage nach unser lieben frawen tag (= 3. VII.) hat die keys. Mt. bei ihme
gehabt den churfursten zu Sachsen, marggraf Georg von Brandenburg und den
landgrafen zu Hessen". — Daher können die Nürnberger Gesandten am 3. VII.
berichten (Corp. Ref. 2, 161 Nr. 756), der Kurfürst und der Landgraf seien „etlich
mal" zum Kaiser gefordert worden; aus ihrem Bericht vom 6. VII. läßt sich aber
nicht auf spätere Audienzen des Landgrafen beim Kaiser schließen, wie W. E. Nagel
a.a.O. S. 119 meint. Auch W. Gussmann I, 1 S. 394 sagt ohne Grund: „Die Verhandlungen scheinen sich noch fortgesponnen zu haben, doch fehlen nähere Angaben".

[29] In Briefen an Pfalzgraf Friedrich vom 6. VIII., an Heinrich von Braunschweig
und Bernhard Cles vom 22. VIII., s. u. S. 390 u. S. 395.

[30] So W. E. Nagel a.a.O. S. 119.

seinen Wolfenbütteler Vertrag mit Heinrich von Braunschweig und den Plan ihres Feldzuges nach Württemberg niemals aus dem Sinn verloren. Die in jenem Vertrag vorgesehene Frist für die Restitution Herzog Ulrichs bis zum Johannistag (24. VI.), nach dem man andernfalls den Kriegszug unternehmen wollte, war allerdings durch die Ereignisse überholt. Erst am 22. Juni war die Fürsten-Supplik für Herzog Ulrich dem Kaiser überreicht worden. Ließ man ihm vertragsgemäß drei Wochen Zeit bis zur Entscheidung, so wurde sie am 13. Juli fällig, am S. Margaretentag. Schon am 31. Mai, als man die Ankunft des Kaisers zu Fronleichnam erwartete, hatte der Landgraf seine Frau gebeten, sie möge ihm einen undatierten Brief schicken, wie am Morgen seines Abreitens aus Kassel vereinbart, der am 8. oder 9. Juli in Augsburg eintreffen soll. Am 19. Juni, nachdem er ihr zwei Tage vorher einen unverfänglichen, nicht eigenhändigen Bericht über die Ereignisse nach der Ankunft des Kaisers zugehen ließ, — nicht wie sonst „zu eigen handen", also nicht nur für ihre Augen bestimmt, — gibt er ihr eine neue geheime Weisung: Sie hat ihm inzwischen mitgeteilt, daß sie ihm Briefe durch ihre Kammerjungfer Veronica vom Ende[1] schreiben lassen will, und er ist einver-

---

[1] Im Brief vom 19. VI. (s. u. S. 416) ist der Name „Fronica von Mend" korrigiert zu „End". Schon im Brief vom 31. V. fügt Philipp am Schluß hinzu: „und sag Fronica von Mende, das Melcher hab ir lang vergessen" — offenbar eine scherzhafte Anspielung auf die Beziehung des Hoffräuleins Veronica vom Ende zu Melchior von Lehrbach (bzw. Laurbach, Lawerbach u. ä.), der sie in der Folgezeit heiratete. Wahrscheinlich war er mit dem Landgrafen in Augsburg, doch war er dessen verwegener Politik auf die Dauer seelisch nicht gewachsen: er bekam politische Angst- und Wahnzustände. Als der Landgraf ihn im März 1535 zur Regierung nach Kassel verordnete, meldeten ihm die dortigen Statthalter, er sei „an seiner vernunfft etwas blöde und ungeschickt worden"; er bildete sich ein, man werfe ihm vor, daß er den sächsischen Kurfürsten und den Landgrafen verraten wolle; er fürchtete deshalb gefangen gesetzt und umgebracht zu werden. Da ihn auch zwei Ärzte nicht davon abbringen und heilen konnten, bat man seine Frau und seinen Bruder, ihn zu sich zu nehmen. (P. A. 430 fol. 166, Zettel zu einer undatierten Antwort der Statthalter auf einen Brief des Landgrafen aus Halle vom 8. III. 1535). Lange hat Melchior von Lehrbach nicht mehr gelebt. Seine Witwe Veronica ging nach dem Tod der Landgräfin Christine († 15. IV. 1549) zu deren ältester Tochter Agnes, die 1541 Moritz von Sachsen geheiratet hatte, nach Dresden (s. ihren eigenhändigen Brief vom 5. VIII. 1549, P. A. 12). Im März 1551 bat die Herzogin-Witwe Elisabeth von Braunschweig-Kalenberg in Münden, Veronica vom Ende mit einer Hebamme nach Preußen zu schicken, wo Elisabeths Tochter Anna Marie, die zweite Gemahlin Herzog Albrechts von Preußen, ein Kind erwartete (P. A. 1945); sie folgte jedoch der Aufforderung nicht, andere Frauen gingen nach Preußen, s. I. Mengel, Elisabeth von Braunschweig-Lüneburg und Albrecht von Preußen (Göttinger Bausteine zur Gesch.-Wiss. 13/14, 1954) S. 119. Als Landgraf Philipps Sohn und Nachfolger Wilhelm IV. im Februar 1566 Sabine von Württemberg heiratete, eine Enkelin Herzog Ulrichs, lud Philipp auch Fronica von Lerbach zur Hochzeitsfeier nach Marburg, weil seine zweite Tochter Anna, Pfalzgräfin von Zweibrücken, sie gern dabei wiedersehen wollte (P. A. 39). So eng blieb das einstige Hoffräulein der landgräflichen Familie vertraut.

standen, „das du den handel der massen anfechts"; ihr Brief soll nunmehr am 14. oder 15. Juli eintreffen „und nicht vor Margrete" (13. VII.): das war nun sein Stichtag für weitere Entschlüsse in der Württembergfrage geworden.

Zehn Jahre später hat es der Landgraf seinem früheren Freund Heinrich von Braunschweig öffentlich vorgehalten[2], daß er ihn damals in Augsburg immer wieder gedrängt habe, den Wolfenbütteler Vertrag zu erfüllen, da der Jakobs-Tag herannahe — der darin vereinbarte Termin für den Kriegszug nach Württemberg — und die Supplik für Herzog Ulrich noch nicht beantwortet sei. Herzog Heinrich vertröstete ihn immer wieder: „morgen wirds werden"; zuletzt sagte er: „Wie kann ich kaiserliche Majestät dringen?" Aber darum gehts nicht, meinte der Landgraf, „sondern daß er uffsitze, mit uns heimreite und seiner Verschreibung gnug thue". Schließlich kam es darüber in Heinrichs Herberge zu scharfem Wortwechsel, als dieser ausweichend erklärte, der Vertrag verpflichte ihn ja nur zur Hilfe für Herzog Ulrich, soweit er Fug und Recht hätte; „nun wüste er noch nicht, ob Herzog Ulrich Fug oder Recht hätte". Da fuhr der Landgraf entrüstet auf: „Das ist erst ein feiner Boß! Du hast uns erst in den handel gefuret und uns furgesagt, Herzog Ulrich hette Fug und Recht; nu sprichstu, du wissest nicht, ob er Fug und Recht habe, wie wil dir das anstehen?" — „und er gab uns dasselb mal so unfreundliche wort und geberde (so berichtet der Landgraf über dieses Gespräch), das wir auch meinten, wir müsten uns mit im weiter unwilligen, also daß wir aus der Herberg gingen und schieden dasmal on ende." Aber am nächsten Morgen kam Herzog Heinrich früh zu ihm in die hessische Herberge, nur von seinem Sekretär Hamstett und seinem Diener Draxdorf begleitet, und „hub an beweglich zu reden, als wolte er schier weinen", — was freilich Herzog Heinrich in seiner Entgegnung[3] weit von sich wies; vielmehr habe er dem Landgrafen „zu vielmalen als einem thollköpffischen hoffiren und als einem Affen an der ketten kluntzlen müssen, damit wir ine als domals unsern Freund von seinem bösen Furnemen abhalten möchten". Er bat ihn dringend, zu bedenken, wie die Sache jetzt steht (so erzählt Philipp selbst): „wie ists doch müglich, das man einen solchen zug itzt kan anfahen oder volnenden in ksl. Mt. gegenwertigkeit. Gedencke doch, was grosses ungefallens irer Mt. daran geschehen würde, und theten wirs, es würde zu besorgen sein, alle Fursten des Reichs würden irer maiestat gegen uns helffen. Thue aber so lange gemach, bis das der Keiser aus dem Land kömpt, so werden darnach die Fursten nichts darzu thun, und ich weiß,

[2] Hortleder IV, 7 § 99 S. 1060f. und IV, 19 § 53 S. 1413f.
[3] Ebd. IV, 7 § 94 S. 1202, wo Hortleder jedoch den Text des Originaldrucks vom 22. VII. 1540 Bl. Hh II^r retouchiert (wie öfters); er druckt nur: „... zu vielmalen hofieren müssen, damit ...".

daß der Keiser bald diesen Sommer oder Herbst hinweg zihen wird. Als denn ist gut machen. Und es sey dir zugesagt, laß uns zu nechst Pfingsten anfahen, so wil ich one allen zweiffel mit dir im Felde sein, daran soll mich nichts verhindern"; selbst wenn er dann krank würde, wolle er ihm seine Truppen und Geschütze schicken. Der Landgraf wollte zwar ohne Wissen Herzog Ulrichs auf diese Vertagung des Feldzugs zunächst nicht eingehen. Aber da er sah, daß Herzog Heinrich den Wolfenbütteler Vertrag nicht erfüllen wollte, dachte er schließlich: „besser wenig denn garnichts". Er machte sich freilich dabei „allerlei grosse schwere Gedanken"; er sprach darüber auch „mit einem unsern Freunde" — vermutlich mit Jakob Sturm, den er später auch während des Feldzugs nach Württemberg im Mai 1534 zu Rate zog, ob er nach der Eroberung des Landes weiter gegen Ferdinand vorgehen solle[4]. Schließlich fand er sich zu einem neuen Vertrag mit Heinrich von Braunschweig bereit unter Vorbehalt der Zustimmung Herzog Ulrichs.

Was der Landgraf über jene heftige Unterredung später bekanntgab und Herzog Heinrich nur in Einzelheiten modifizierte, im Ganzen nicht bestritt, wird nun vollauf bestätigt und auf den 14. Juli datiert durch eine eigenhändige Aufzeichnung Philipps in den hessischen Akten[5]: „Uff hút Dornstag nach Margrete hat h(erzog) Heinrich wider mich gesagt, do ich uff en gedrungen, er habb alwegen nyt weyter zugesagt dan so fyll h(erzog) U(lrich) recht habb. Nu habb er h(erzog) U(lrichs) clage alleyn gehort, aber seyn des K(aisers) antwort nyt. Do habb ich geantwort, es stehe aber in unser verschrybung, die selbyge antwort soll in dreyen wochen geschen. Do anwort h(erzog) H(einrich): lieber laß und nyt disputiren; du wyst doch woll, das sant Johan ver ist und sant Jacob vor der dür. Do sagt ich: es sull uber [= aber?] keyn arglist und ohn geverdt solcher handel zugehen. Do sagt er: ich wyl nyt disputiren, du hast myn gemüt woll gehort, das ich halten wyl was ich zugesagt habb."

---

[4] J. Wille, Phil. v. Hessen u. d. Restitution Ulr. v. Wirt. (1882) S. 188f.

[5] St.-A. Marburg, P. A. 253 fol. 15, Rückaufschrift von Kanzleihand: „Memorial. diß ist zu Augsburg gescheen. Wurtenberg betr.". Text von Lgf. Philipp eigenhändig: „Ursachen und uszug, die herzog Heinrich in gegenwerteckeit Herzog Erichs zum Teyl und sunst gebraucht hat. 1. das Johannestag ver sey. 2. man kan nu uff Jacobs tag nyt uff seyn. 3. er will gnugsam versicherung von h(erzog) Erich und Ernst haben, wan er uberzogen wurd W(ürttembergs) halben, welchs h(erzog) Ernst nyt dun hat wollen der hombergischen sach halben; desgleichen h(erzog) Erich. 4. das h(erzog) H(einrich) keyn gelt hab und kan nyt mher dun dan 500 knecht und 200 pferde. 5. das man erst die antwort muß haben vom keyser, ob auch der von W(ürttemberg) myt unrecht verjagt sey, dan er habb nur alleyn W(ürttemberg) gehort. Uff hút . . ." (usw. wie oben im Text). — Ebd. fol. 16 ein Zettel von Philipps Hand: „H(erzog) Erich hatt wieder (?) zugesagt, was h(erzog) Heinrich thue. Herzog Ernst von Lüneburg hat zugesagt eyn r(e)uther dynst zu thun und nit (?) wider (?) Braunschweig zu thun".

Noch am gleichen Tag bat der Landgraf seine Frau, ihm nochmals einen Brief zu schicken wie den, der ihm jetzt überbracht wurde (gemäß seiner Bitte vom 31. V.); der neue Brief soll am 3. August (Mittwoch nach Petri Kettenfeier) in Augsburg eintreffen, — „und mach dich in solchem brieff noch krencker!" Hier wird endlich eindeutig gesagt, was die Landgräfin Christine schreiben sollte und schrieb, wie es Philipp bereits beim Aufbruch zum Reichstag in Kassel mit ihr vereinbart hatte: Er wollte durch ihre Krankheitsberichte einen Vorwand bekommen, um heimzureiten; aber erst während des Reichstags konnte sich herausstellen, wann ihm das möglich und nötig schien. Schon am 27. Mai schrieb er aus Augsburg an die Landgräfin: „ich hoff balt wider zu komen, doch ungewiß"; denn der Beginn des Reichstags verzögerte sich, weil der Kaiser noch nicht kam, — das teilt Philipp seiner Frau nochmals am 31. Mai mit. Dann bestellt er ihren Brief für die Tage nach Margarete, — weil er zu diesem Termin, drei Wochen nach der Fürstensupplik für Herzog Ulrich, aufzubrechen gedenkt. Das Gespräch mit Herzog Heinrich am 14. Juli veranlaßt ihn, noch länger zu bleiben, um zu einem neuen Vertrag mit ihm zu kommen, der erst am 28. Juli geschlossen wird. Am 3. August erwartet und bekommt er den neuen, am 14. Juli bestellten Krankheitsbericht der Landgräfin. Da er sich auch damit nicht so schnell, wie er wünscht, vom Kaiser Urlaub erwirken kann, reitet er heimlich am 6. August abends ab. Das alles greift trotz mancher Verzögerungen so vorbedacht plan- und termingemäß ineinander, daß gar kein Zweifel darüber bleibt, was das Verhalten des Landgrafen in Augsburg von Anfang bis Ende bestimmte, gerade auch in der Zeit zwischen der Verlesung der Confessio und der Confutatio. Daß er nicht längst vor deren Fertigstellung abritt, ergab sich nur durch Herzog Heinrichs Weigerung, mit ihm zu reiten und gegen Württemberg zu ziehen. Die Auseinandersetzung mit ihm fiel gerade in die Zeit, als Kurfürst Johann und Markgraf Georg vom Kaiser unter Druck gesetzt wurden und der Landgraf vergeblich auf ein ähnliches Ansinnen des Kaisers wartete[6]. Aber auch davon machte er sein Bleiben in Augsburg nicht abhängig, nur von der Verhandlung mit Herzog Heinrich über den Württemberg-Zug.

Wie erregend und spannungsreich diese Tage für ihn gewesen sein müssen, lassen zwei Episoden ahnen, die der Öffentlichkeit (und bisher auch der Forschung) die wahren Vorgänge verschleierten. Gerade am Margaretentag (13. Juli), am Abend vor seinem Disput mit dem Braunschweiger, verlor Landgraf Philipp 10000 Gulden im Spiel mit Gabriel Salamanca, dem Grafen von Ortenburg, Landvogt im Oberelsaß, einem der einflußreichsten Ratgeber Ferdinands[7]. Das wurde publik und er-

---

[6] S. o. S. 374f.

[7] Quittungen über die Spielschulden in P. A. 253 fol. 14 und P. A. 2365, auch bei Ulr. Friedr. Kopp, Bruchstücke zur Erläuterung der Teutschen Geschichte und

regte Aufsehen[8]. Man erzählte, der Landgraf habe daraufhin dem Spiel für immer abgeschworen und so vielleicht zu seinem Heil verloren[9]. Man wußte nicht, daß der Landgraf auch mit Salamanca schon vorher über die Restitution Herzog Ulrichs gesprochen und korrespondiert hatte[10] und damals gewiß nicht nur aus Langeweile mit ihm spielte[11].

Am Sonntag den 17. Juli wurde der Landgraf mit dem sächsischen Kurfürsten und dem Ansbacher Markgrafen „und andre ires anhangs sampt andern fursten und hern" von Ferdinand zum Tanz geladen, „da sie auch fast guter ding gewest"[12]. Auch auf diesem Kongreß wurde getanzt, selbst an den Tagen, als die „Confutatoren" an der Arbeit waren, als Kurfürst Johann und Markgraf Georg ihre Antwort auf die

---

Rechte 2 (Cassel 1801) S. 189 f.; vgl. W. Heinemeyer, Polit. Archiv des Lgf. Philipp 3 (Veröff. d. Hist. Komm. f. Hessen u. Waldeck XXIV, 1, 1954) S. 3. — Über Gabriel Salamanca, den aus Spanien stammenden, zeitweise höchst einflußreichen, vermögend und verhaßt gewordenen Generalschatzmeister und Geheimsekretär Ferdinands, s. Alfred Stern, Hist. Zeitschr. 131 (1925) S. 19—40. Ferdinand hatte ihn unter dem Druck des Bauernkriegs und der Ständeopposition entlassen müssen; als er wieder hochkam, begrüßte das der bayerische Kanzler Leonhard v. Eck (Brief an Hg. Wilhelm v. Bayern, Sept. 1528), weil Salamanca nicht lutherisch und ein Gegner Ulrichs von Württemberg, Sachsens und Hessens sei; s. RTA JR 7, 331 Anm. 2.

[8] Der Landgraf erregte auch sonst in Augsburg mancherlei Aufsehen und Anstoß: der Friedberger Gesandte Jakob Zinkwolf berichtete am 26. V.: „Item eyß hott der Langgroff eyn perlenn narn kappen an, wy er spazern ridt, ist sammett; hot eyn paff zu unsser frawen gesatt, wolt der langgraff den glabben myt der narren kappen ußrichten . . .", St.-A. Darmstadt, Reichs- u. Kreissachen d. Stadt Friedberg Conv. I fol. 77. — Sogar in Basel haben Nachrichten vom unordentlichen Lebenswandel Philipps in Augsburg „etwas abschüchens erregt", Polit. Corresp. d. Stadt Straßburg 1, 486 Nr. 781. — Die Überlinger Gesandten schreiben am 15. VII.: „also acht man, werd die kay. Mt. dem Landgraffen von Hessen och ain pantget zurichten mit dem Graffen von Nassen, . . . und wiert geacht, wan die kay. Mt. uber den Landgrafen wurd die acht laussen uss gon, das im sin rechter her wurd komen, damit im sines geloben wol gelont würd. . . . dan ain großer hochmut by im ist", L.-A. Karlsruhe, Abt. Überlingen Fasz. 1261 fol. 14 f. — Nach einem anonymen Bericht vom 9. VII. hat der Landgraf dem Dr. Eck (wohl dem bayrischen Kanzler) „eyn thonnen Eymbekischs birs geschankt" und durch den Hamburger Rentmeister überbringen lassen; „und man hortt, der Landgraf werde widder umbkeren" (U.-B. Gießen Cod. 1044 fol. 185 f.). — Der Windsheimer Gesandte Seb. Hagelstein berichtet Anfang August: der Landgraf und der Bischof von Lüttich „laden einander zugast, welcher Bischoff doch, wie man sagt, key. Mt. sol jar und tag XX[m] knecht zu besoldn verheyssen haben die neue lere zuvertrucken", J. Bergdolt, Windsheim im Zeitalter d. Ref., (1921) S. 248; Höchstetter im Jahresber. d. hist. Vereins v. Mittelfranken 37 (1869/70) S. 94 f.

[9] Adam Weiß, Diarium ed. Georgius S. 732.

[10] S. o. S. 358 f. mit Anm. 8.

[11] Gussmann I, 1 S. 394 meint: „Eine Folge des Unmuts und der Langeweile war wohl auch das leidenschaftliche Spiel, dem sich der Landgraf . . . ergab."

[12] Bericht der Frankfurter Gesandten vom 22. VII. bei Schirrmacher, Briefe u. Acten S. 412.

kaiserliche Zumutung religiöser Konzessionen gegen politische Vorteile erwogen, als der Landgraf mit dem Braunschweiger einen neuen
Pakt zum Angriff auf Württemberg gegen Ferdinand schmiedete.

Wahrscheinlich am Morgen des 15. Juli, zwei Tage vor jenem Tanz
bei Ferdinand, war Heinrich von Braunschweig zum Landgrafen in die
Herberge gekommen, mit dem er sich tags zuvor gezankt hatte. Er
versuchte ihn zu beschwichtigen und erbot sich, zwar nicht jetzt dem
Wolfenbütteler Vertrag gemäß, aber im nächsten Jahr zu Pfingsten mit
ihm nach Württemberg zu ziehen, wenn Herzog Ulrich bis dahin nicht
restituiert wäre. Darauf wollte der Landgraf „hinder Herzog Ulrichen"
und ohne dessen Ermächtigung zunächst nicht eingehen. Er hat später
erklärt[13]: „Weren wir eine Meilwegs von Augspurg gewesen, wir hetten
die Verschreibung mit ihm nicht gemacht. Mehr wollen wir jetzt nicht
sagen. Da wir ihn in dem Willen funden, daß er also für den Garnen
wanckte, umbfiel und nicht halten wolt, fielen uns allerley Gedancken
ein, daß besser were, weit darvon dann nahe darbey, wie ein jeder wol
ermessen mag." Wahrscheinlich erwachte damals das Mißtrauen gegen
seinen Freund Heinz, daß er seine Absichten dem Kaiser verraten könnte.
Gerade deshalb mochte es ihm ratsamer scheinen, ihn auf einen neuen
Vertrag festzulegen, mit dem er ihn bei der Stange hielt und schlimmsten-
falls dem Kaiser gegenüber belasten konnte (wie er es später weidlich
tat). Es hat jedoch noch zwei Wochen gedauert, ehe dieser Vertrag am
28. Juli unterzeichnet wurde. Ob der Landgraf währenddessen mit
Herzog Ulrich korrespondierte, ließ sich nicht feststellen, ist aber wahrscheinlich; denn sonst dürfte man im Vertragstext einen Vorbehalt seiner
Zustimmung erwarten. Nachweislich schickte Philipp in der Zwischenzeit seinen Marschall Hermann von der Malsburg zu König Friedrich
von Dänemark, den er diesmal nicht in Gottorp, sondern erst in Kopenhagen auf einem dänischen Reichstag traf. Nach der Rückkehr berichtete
er am 25. Juli dem Landgrafen nach Augsburg[14], König Friedrich sei
„in bereitschaft deß außzugks gewest; dweil aber solichs widderbotten
und ein ander zeit bestimpt, ist sie [die kgl. Durchlaucht] deß also auch
zufridden"; er bittet aber künftig um rechtzeitige Verständigung, da
ihm diesmal Unkosten entstanden und bei erneuter Terminänderung
wieder entstehen könnten; das „mocht sonst verdrossene und onwillige
leute machen", meint Malsburg. Er fand den König ohnehin verstimmt,
weil er von einem mit dem Landgrafen in Gottorp besprochenen Ehe-
plan, dem nach Philipps Heimkehr Heinrich von Braunschweig zustimmen sollte, seitdem nichts mehr gehört hatte und deshalb zweifelte,

---

[13] Hortleder IV, 19 § 53 S. 1414.
[14] P. A. 1747 fol. 42f. eigenhänd. Orig., dat. Cassel am tage Jacobi apostoli Anno
etc. XXX.

ob er ernst gemeint war[15]. Auch einen Vorschlag Landgraf Philipps und
Herzog Heinrichs, zwischen dem jetzigen und dem früheren, 1523 vertriebenen König Christian von Dänemark zu vermitteln (Karls V.
Schwager, der von den Niederlanden aus zum Gegenzug rüstete), behandelte König Friedrich dilatorisch, da er nicht wissen könne, „uff
was weiße oder wege solichs gescheen solte, auch vom alten konige
verfolgt mochte werden". Im übrigen war er so stark von eigenen Geschäften beansprucht, daß Hermann von der Malsburg wenig bei ihm
ausrichten konnte.

Landgraf Philipp scheint den Bericht seines Marschalls über dessen
Mission nach Dänemark abgewartet zu haben, ehe er am 28. Juli seinen
neuen Vertrag mit Herzog Heinrich schloß[16]. Alle Artikel des Wolfenbütteler Vertrages sollten dabei in Kraft bleiben, nur der Termin für
den Feldzug wurde geändert, weil sich „die handlung und geschefft auf
itzigem Reichstag dermas zutragen", daß der früher vereinbarte Termin
überholt war. Nunmehr wird noch genauer verabredet, daß sich die
Truppen am 30. Mai 1531 (Dienstag nach Pfingsten) vier oder fünf
Meilen vor Frankfurt treffen sollen: Herzog Heinrich mit 300 Reitern
und 1000 Landsknechten zu Fuß, 2 Kartaunen, 2 Notschlangen und
4 Falkeneten, der Landgraf mit 2000 Reitern, 6000 Landsknechten,
6 Kartaunen, 6 Notschlangen und 10 Falkeneten samt Pulver, Kugeln
und Gerät. Nichts soll die beiden Fürsten daran hindern, auch kein
Verbot des Kaisers, seines Regiments oder des Kammergerichts und
keine Einrede ihrer Landschaft. Wird einer krank, so will er trotzdem
seine Truppen schicken. Falls sich aber der dänische König und die
Herzöge Ernst und Erich von Lüneburg nicht bis Ostern zur Truppenhilfe fürs nächste Jahr wie für dieses verpflichten lassen, dann wird
Heinrich von Braunschweig 20000, der Landgraf 40000 Gulden dem
Herzog Ulrich geben, damit er seine Sache selbst nach bestem Vermögen

---

[15] Ebd.: „der heyrat halben" habe der König „geacht und dafur gehalten, es
were im handel meins g. h. herzog Heinrichs, desgleichen e. f. g. ernst gemüte
nicht, dan der abschide gewest, sopalde e. f. g. ghein Wulfenbüttel quemen, wolten
sie irer Dt. endtliche widderpotschaft thun, das nu nicht gescheen; darum ire kö. Dt.
sich wol mit etwas abschlegiger antwort vermircken lassen. Dweil aber e. f. g. als
der unterhandeler die sach so freuntlich getrewlich und gutlich thetten furdern und
gemeinen, wollte sie e. f. g. zu gefallen den handel dannocht nochmals zu Gottorf
gemachter abredde gemeß einreumen und derselben nachkommen. Aber sich mit
mehererm parem gelde, das in diesen läuften außzugeben, zubelestigen, hetten sie
ein beschwerung und bedengken". Wen die Eheabrede betraf, konnte ich nicht
herausfinden.
[16] Die beiden unterzeichneten und besiegelten Ausfertigungen des Vertrags im
St.-A. Marburg, Urkunden-Abt., Verträge mit Braunschweig, und St.-A. Wolfenbüttel, Urk.-Abt. 142 Nr. 43 b; Abschrift im L.-A. Weimar Reg. C 1067 fol. 26—28;
gedruckt in Lgf. Philipps „Verantwortung" gegen Hg. Heinrich vom 12. IV. 1540,
bei Hortleder IV, 7 § 100 S. 1061f. — Text s. u. S. 421ff.

ausführen kann. Hat er dann Württemberg gewonnen, so soll er das Geld „uf tregliche Zeit" zurückzahlen. Wieder wird also der gemeinsame Kriegszug von der Mitwirkung Dänemarks und der Lüneburger Herzöge abhängig gemacht, deren man noch nicht sicher war; andernfalls aber wird nun eine beträchtliche Geldhilfe für Herzog Ulrich versprochen, für die der Landgraf dem Braunschweiger 10000 Gulden auf Bürgschaft und Zins vorschießen will. Die gewaltsame Restitution Ulrichs von Württemberg wurde vertagt, aber umso präziser und bindender „bei unsern fürstlichen Ehren, Treuen und wahrem Glauben im Wort der Wahrheit und an Eides statt" vereinbart.

„Darauf ritten wir von Augsburg ab", — so schließt der Landgraf seine spätere Darstellung dieser Verhandlungen mit Herzog Heinrich über den neuen Vertrag, und deutlicher noch in seiner Replik auf dessen Erwiderung: daraus sei „gut abzunehmen, warumb wir von Augspurg heimlich abgeritten seyn, warumb wir auch die ander Verschreibung haben müssen eingehen"[17]. Offenbar hielt er damit sein Geschäft in Augsburg für erledigt. Für den 3. August hatte er den neuen „Krankheitsbrief" seiner Frau bestellt. Schon am 1. August schrieb er ihr, sie möge alsbald nach Kassel reisen, — sich dabei aber immer so verhalten, „als seyst du serr kranck", — und ihn dort mit den Kindern erwarten, „dan ich wyl ab got wyll balt bey dyr seyn". Seitdem bereitete er also seinen Aufbruch vor.

An Zwingli schrieb er vier Wochen nach der Heimkehr[18]: in Herzog Ulrichs Sache „seyn vyll gütlicher weg vorhanden; wo es aber all nyt helffen wyll, so hat er vertrostung von grossern lütten, die ym uff zukünfftig zeyt gewyslich helffen werden an[19] lengern verzug, es sey dan keyn trauge und glaub uff erdtreich. Es hat (ist?) diß yarr bey den selrygen unmuglich zu erheben gewest, wan aber der zeyt komen wyrt, so seyt *Herzog Ulrichs* yngedenck bey *Zürich und Basel* etc., uff das sie auch das best dun". Schwerlich konnte Zwingli ohne Kenntnis der Augsburger Vorgänge[20] ganz ermessen, wieviel ihm damit über die ihm noch rätselhaften Gründe für Philipps Aufbruch vom Reichstag angedeutet wurde,

---

[17] Hortleder IV, 7 § 100 S. 1061 und IV, 19 § 53 S. 1413; vgl. auch IV, 35 § 48 S. 1664 (Philipps 4. Verantwortung vom 4. II. 1542): „Unsers Abreitens halben von Augspurg seynd wir gehört. Und hette er (Hg. Heinrich) uns solchen falschen Verstandt, den er in der Würtenbergischen Verschreibung jetzt gehabt haben wil, geoffenbahret, wir weren gen Augsburg mit ime nie kommen geschweigen lange da geblieben".

[18] Corp. Ref. 98, 112 Nr. 1088.

[19] Daß im Original (Zentralbibliothek Zürich Mscr. F. 46 p. 270—272) nicht wie im Druck „im", sondern „an (= ohne) lengern verzug" steht und im nächsten Zitat: „wylichs nyt stet (statt: ser) zu schriben", bestätigte mir der Direktor der Zentralbibliothek Zürich. Die kursiv gedruckten Worte sind im Original verschlüsselt, s. u. S. 401 Anm. 1.

[20] S. u. S. 404ff.

über den es in dessen Brief einleitend nur heißt, er habe „große wychtige ursach, ist besser nyt da dan das er noch da werr, wylichs nyt stet zu schriben".

VI. PHILIPPS AUFBRUCH AUS AUGSBURG

Wann Philipp zuerst den Pfalzgrafen Friedrich um eine Audienz beim Kaiser ersuchte, um von diesem Urlaub zu erbitten, ist nicht ganz sicher auszumachen. Nach einem Bericht über die Ereignisse am 6. August[1] geschah das „wol acht tage zuvor", also um den 30. Juli. Unbestimmter schreibt Philipp selbst nach seiner Abreise an Heinrich von Braunschweig[2]: da seine Frau ihm zweimal schrieb, daß sie krank sei, habe er mehr denn einmal bei Pfalzgraf Friedrich um kaiserliche Audienz gebeten, und als „sichs etlich tage verweilt", ging er selbst zum Pfalzgrafen. Das geschah, wie dieser den evangelischen Fürsten nachher sagte[3], am 5. August, zwei Tage nach der Verlesung der Confutatio. Aber da wurde er auf Sonntag den 7. August vertröstet, weil der Kaiser am Samstag auf die Jagd reiten wolle (was er jedoch nicht tat). Inzwischen kam ein weiterer dringender Brief seiner „todkranken" Frau, die ihn heimrief — offenbar der für den 3. VIII. bestellte —, und so ritt er am Samstag abend ohne kaiserliche Erlaubnis davon.

Die Tage zuvor, in denen er jeden Verdacht zu vermeiden suchte, waren noch voller erregender Ereignisse, als wollte sich alles zum Knoten schürzen. Am 31. Juli erzählte ihm Jakob Sturm[4], ihm habe ein Freund aus Zürich geschrieben, daß dort der Große Rat dem Burgrecht mit Hessen zustimmen wolle (wie es wirklich am 30. Juli geschah). Sturm war in großer Sorge, der Kaiser könnte das erfahren und so ungnädig aufnehmen, daß er „etwas gegen dem Landgraven siner person halb beschwerlich mochte furnämen". Deshalb fragte er diesen, ob es ihm erwünscht sei, daß nun auch der Straßburger Rat dem Burgrecht zustimme, wie die Züricher wünschten[5]. Der Landgraf aber hielt es für besser, „mit der sachen ruwig zu sein und still zu stone" bis zum Ende dieses Reichstags, „us ursachen dweil die sach nit mer eile (!) und nit versehenlich, das einicher gewalt oder hörzug vor dem winter und kunftigem frügling furgenommen werde". Ist das ein Zeugnis dafür, „wohin

---

[1] Schirrmacher, Briefe u. Acten S. 189.

[2] O. Meinardus, Der katzenelnb. Erbfolgestreit I, 2 S. 277 ff. Nr. 194; s. u. S. 394 f.

[3] Nach dem Bericht von Josua Weiß an Reutlingen vom 8. VIII. sagte Pfalzgraf Friedrich, der Landgraf „sey zu im kumen uff Dornstag" (= 4. VIII.), s. Gayler, Histor. Denkwürdigkeiten der ehem. freien Reichsstadt ... Reutlingen (1840) S. 361—366; nach Philipps eigener Darstellung (s. o. Anm. 2) ging er am Freitag den 5. VIII. zum Pfalzgrafen.

[4] S. dessen Bericht vom 1. VIII., Polit. Corresp. d. Stadt Straßburg 1, 479 Nr. 772.

[5] Ebd. 1, 478 Nr. 771 vom 30. VII.

sein Scharfblick die Entwicklung in der Glaubensfrage tatsächlich treiben sah?"[6]. Verrät es nicht vielmehr, daß ihm der Abschluß des Burgrecht-Bündnisses mit Straßburg und den Schweizern einstweilen nicht mehr dringlich war, weil er seinen Kriegsplan zur Restitution Herzog Ulrichs aufs Frühjahr vertagen mußte? Es wird noch zu erörtern sein, wie die im März 1530 begonnenen Burgrechts-Verhandlungen neben dem Augsburger Reichstag herliefen und fast gleichzeitg mit ihm erst im November zum Abschluß kamen. Keinesfalls aber hat erst die Nachricht aus Zürich den Landgrafen, der sie so „hinhaltend" aufnahm, zum Aufbruch aus Augsburg veranlaßt, wie man so oft annahm[7].

Auch die Ausgleichsverhandlungen zwischen Hessen und Nassau über Katzenelnbogen kamen gerade in den ersten Augusttagen zu einem gewissen Abschluß, und der Landgraf selbst hat später behauptet, sie hätten ihm — neben der Krankheit seiner Frau — Grund zur Abreise gegeben. Es wird noch zu prüfen sein[8], inwieweit das zutreffen kann, nachdem nunmehr feststeht, daß die Abreise aus anderen Gründen längst beschlossen war.

Und schließlich wurde am 3. August der seit einigen Tagen erwartete[9] „Abschied im Religionsartikel", d.h. die Confutatio im Namen des Kaisers von seinem Sekretär Alexander Schweiß vor den Reichsständen verlesen. Die unmittelbare Wirkung schildern am drastischsten die Frankfurter Gesandten[10]: „Got der sey mit uns, der teufel last sich aber wie oft greulich sehen. Aber der Landgraf hat noch eyn hertz; als er von dissem furhalten zu herberg kham und daß abentmol genommen hat, reyd er so bald uff die ban und berant sich, der meynung, disser dag eynen zu rennen". Er hatte eigens sein „Rennzeug" nach Augsburg bringen lassen, wo man tags zuvor auf dem Weinmarkt einen Turnierplatz zugerichtet hatte für die Feier der Belehnung Ferdinands (die dann erst am 5. September erfolgte). Es wurde viel beachtet[11], daß der Land-

---

[6] So W. E. Nagel, Ficker-Festgabe S. 120; er fährt fort: „Er spricht davon, daß Gewalt und Krieg nicht vor dem Frühjahr zu erwarten seien, hält sie aber damit für unvermeidlich. Infolgedessen mußte er seine Hauptaufgabe jetzt darin sehen, die politische Macht des Protestantismus zu stärken". Aber hätte er dann heimreiten und seine Konfessions-Verwandten in Augsburg allein lassen dürfen?

[7] S. o. S. 343 Anm. 4; sowohl W. E. Nagel S. 120 wie H. v. Schubert a.a.O. S. 30f., auch W. Köhler a.a.O. S. 24 sagen überdies ungenau, am 30. VII. sei das Bündnis mit Zürich abgeschlossen, der Landgraf ins Burgrecht aufgenommen worden; das geschah erst am 16. XI., nachdem auch Straßburg und der Landgraf zugestimmt hatten wie am 30. VII. der Züricher Rat; s. u. S. 401 ff., 407 f.

[8] S. u. S. 394 ff.

[9] S. den Bericht der Nürnberger Gesandten vom 31. VII., Corp. Ref. 2, 242 Nr. 815.

[10] Bericht vom 4. VIII. bei Schirrmacher, Briefe u. Acten S. 418 f., verbessert nach dem Original im Stadt-A. Frankfurt, Reichstagsakten Bd. 44 fol. 35.

[11] Hans v. Schönberg schreibt am 4. VIII. an Dr. Simon Pistoris, den Kanzler Hg. Georgs v. Sachsen: der Landgraf „hatt hir zu Auspurgk ein bane lassen schinten

graf sich zur Beteiligung an diesem Rittersport rüstete und übte. Er
tarnte damit seinen Aufbruchsplan, und er tobte sich aus. Noch einmal
ist er auch vor Kaiser und Reichsständen hervorgetreten. Als am Nachmittag des 5. August den Unterzeichnern der Confessio die vor zwei
Tagen verlesene Confutatio nur unter für sie unannehmbaren Bedingungen ausgehändigt, eine Erwiderung darauf nicht zugelassen werden
sollte und Kurfürst Joachim von Brandenburg sich mit anderen Fürsten
zur vermittelnden Überbrückung dieser „Zweiung“ erbot, „do wischt
der Landgraff her fur und saget zu im also: ‚Es ist nit unsre maynung,
das wir uns mit ksl. Mt. entzweyen wöllen‘, und redt in weydlich zu
hauffen. Und saget: ‚Ksl. Mt. geet uns nichtz an in dem vall; ksl. Mt.
ist unser heer, das erkennen wir und wölle ime auch gehörsam sein
mit leyb und gutte, aber damit [d. h. in dieser Glaubensfrage] haben wir
nichts zu schaffen mit ime, und ob wir schon mit den Bischoffen und
mit euch [den anderen Fürsten] zwispaltig sind des glaubens halben, geet
ksl. Mt. nichtz an‘. Do hiessen in die andren fursten auffhören.“ So
schildert es ein Augenzeuge Caspar Schuler, wohl aus dem Gefolge
Markgraf Georgs, in einem Brief an Adam Weiß[12], und ähnlich wird
auch von anderen bezeugt, daß der Landgraf eine fürstliche Vermittlung
ablehnen wollte in einer Frage, zu deren Entscheidung er den Kaiser
nicht für zuständig hielt[13]. Ja er soll dabei gesagt haben: „Ich will und

uff dem weinmarkt, will rinnen und stechen; er weis aber nicht, was truben wetters
her nach komen wirtt“ (St.-A. Dresden Loc. 10182, II fol. 247). Vgl. auch den Nürnberger Bericht vom 2. VIII., Stadt-B. Nürnberg Cent. V App. 34 kk fol. 165 (nicht
im Corp. Ref.): „das man ein pan zum stechen und rennen zuricht, und soll kon.
Mt. uff nechsten donnerstag ire lehen irer Osterreichischen Land empfahen.“ —
Aurifaber bei Schirrmacher S. 190: „Und nachdem man den 2. tag Augusti zu Augsburg eine pan und schrancken auf dem weinmarckt zu gericht, das die fursten rennen
und stechen möchten, wenn die kgl. wirde zu Behmen von der keys. Mt. alda die
lehen empfahen wurden, so hat der landgraf zu Hessen seine rennezeug auch gen
Augsburg bringen lassen und auf der zugerichten ban beritten, auch angezogen und
sehen lassen, als wolt er auch solcher lehensempfahung gewißlich rennen, aber er ist
heimlich davon gewuscht, ehe man es ist inne worden.“ — Seb. Hagelstein an
Windsheim Anf. August (s. J. Bergdolt a.a.O. S. 94f.): „Der Weynmarck ist
verschrankt, die baan bestroet zustechen, Lantgraf bereuthen sich selbst, weis aber
doch nit ob er selbst stechen wurt.“ Vgl. Joh. Dantiscus unten S. 389 Anm. 22.

[12] H. Jordan, Neue Briefe zum Reichstag zu Augsburg 1530, Beiträge zur bayer.
Kirchengesch. 18 (1911) S. 214f.; Schuller schließ diesen Bericht: „das hab ich vast als
gehört und einesteils hat Dr. Heller des nachtz in der cantzeley ob dem disch gesagt“.

[13] Der Konstanzer Gesandte berichtet am 5. VIII., auf Kurfürst Joachims Ver-
mittlungsvorschlag habe zuerst Markgraf Georg geantwortet, er wisse von keiner
Zweiung mit dem Kaiser; „derglichen Landtgraf von Hessen ouch: was sy ksl. Mt.
libs und guts halben schuldig sien, darin wollen si sich gutwillig und gehorsam
erzaigen; darneben sien si ouch gott und dem, so sy in iren hertzen vergewußt syn
achten, schuldig zu gehorsamen so lang biß sy uss gottlicher schrift, wie sy dann allweg begert haben, anders bericht werden. Ob inen dann Gott darob zuliden geb,
mußen sie erwarten.“ Vgl. S. 388 Anm. 15.

werd uff der meynung, wie wir ubergeben, bestehn, ich werd dan anders, dan noch beschehen, bericht, und solt ich leyb und leben druber lassen". Man habe diese Rede „hoch verubel uf genommen", melden die Frankfurter Gesandten[14]; es war in der Tat offene Auflehnung gegen den kaiserlichen Anspruch, durch die Confutatio die Glaubensfrage zu entscheiden, und Ablehnung jedes fürstlichen Vermittlungsversuches, der nach Philipps Abreiten dennoch vergeblich unternommen wurde[15].

Um so erstaunlicher, daß Melanchthon tags darauf an Luther schrieb, der Landgraf verhalte sich sehr maßvoll (*valde moderate*) und habe ihm offen gesagt, er würde um der Erhaltung des Friedens willen auch noch härtere Bedingungen annehmen, *quascumque sine contumelia evangelii possit accipere*. Aber zwei Tage später, als der Landgraf fort war, gesteht Melanchthon, daß ihm dessen *simulatio moderationis* in diesem Handel verdächtig gewesen sei[16]. Sie hatte ihn einlullen sollen, und das war völlig geglückt: mit reinstem Gewissen konnten auch Philipps nächste Gesinnungsfreunde dem Kaiser versichern, man habe vorher nichts davon gewußt, daß er abreiten wolle.

Dem sächsischen Kurfürsten schrieb der Landgraf in einem eigenhändigen Abschiedsbrief[17] zwar auch von der Krankheit seiner Frau, die ihn heimrief, aber er fügte hinzu: „Darzu hab ich sust auch ursachen, die mych dahin bewegen, wie mein Kanzler [Feige, der mit anderen hessischen Räten in Augsburg blieb] e. l. berichten wirt"; und er mahnte ihn nicht nur, er möge „hart halten und von gots wort in keynen weg abweychen und sich nyt erschrecken lassen, dan es ist nychts darhynder", sondern er bat ihn auch, in Herzog Ulrichs Sache das Beste zu tun, und er schloß: „meyn kanzler wyrt e. l. etwas in geheym sagen". Vielleicht

---

[14] Bericht vom 6. VIII. bei Schirrmacher S. 420.

[15] Bucer schreibt am 14. VIII. an Ambrosius Blaurer (s. dessen Briefwechsel hrsg. v. Th. Schieß 1, 1908, S. 215): *Interim alii principes obtulerunt se sequestros. Cattus tamen, cum adhuc adesset, effecerat, ne id ab illis evangelici orarent ; ultro itaque sibi hoc sumpserunt. Verum expectatur, quae media excogitarunt.* Demnach hat der Landgraf immerhin noch verhindert, daß die evangelischen Fürsten ihrerseits um fürstliche Vermittlung baten.

[16] Luther-Briefw. WA 5, 583 Nr. 1677 vom 6. VIII. und 5, 541 f. Nr. 1680 vom 8. VIII.

[17] L.-A. Weimar Reg. H 12 fol. 71 Orig. — Wahrscheinlich gehörte zu diesem Brief, von gleicher Hand wie dessen Adresse auf gleichem Papier geschrieben, folgender Zettel (ebd. fol. 72): „Wir wollen auch e. l. freuntlicher meynunge unangezeigt nit lassen, weil wir doch zu e. l. disse potschaft haben, das wir vorsehen und mircken, auch glaubwirdig bericht sein, das ksl. Mt. gemuet endlich dohin beredt ist und nit anderst lassen, dan man werde hiernehst nach irem tode sagen, das ein solche große kezerei bei zeiten irs regiments im reich entstanden. Wo nun s. Mt. dieselb kezerei izo nit ußrottet, das wurde irer Mt. dan zu der zeit zu leichtvertigkeit und unehren nachgesagt und geschrieben werden. So aber ir Mt. dieselb kezerei und ir anhengige außrotet, mit ernst verfolget und straffet, das wurde seiner Mt. als einem loblichen chr(istlichen) und gottligen keiser in cronicen und sonst rhumblich und herlich nachgeschrieben werden. dat. ut in litteris."

hat er ihn den wahren Grund seines Aufbruchs vertraulich wissen lassen;
eine Abschrift seines neuen Vertrags mit Heinrich von Braunschweig
liegt bei den kursächsischen Akten.

Die aufregenden Ereignisse jener Nacht, in der Landgraf Philipp
„entwischte", spiegeln sich sehr verschieden in einer Fülle wirrer Berichte und wilder Gerüchte, bei manchen mit aufatmender Freude, bei
andern mit verängstigter Sorge. Selbst Luther glaubte auf der Koburg
im tosenden Sturm und Regen dieser Nacht den Tumult in Augsburg
geahnt zu haben[18]. *Mira in urbe fuit perturbatio*, schreibt Bucer, der
Kaiser selbst soll in Waffen gewesen sein[19]. Von „gelauff und unruwe
in der Stadt" berichten die Nürnberger Gesandten[20]. Nach dem Frei-
singer Reichstags-Protokoll war „das volck aufwegig, und wo es nit
furkommen, zu ainer emporung gewachsen were"[21]. Johannes Danticus
schrieb dem polnischen König[22], daß die kaiserlichen Truppen und auch
die Augsburger Bürger die ganze Nacht unter Waffen waren. Er allein
weiß zu erzählen, daß der Landgraf, der sich dieser Tage auf der Kampf-
bahn vor seiner Herberge im Speerspiel übte, am Samstag abend Gäste
zu Tisch hatte, bis er aufstand und wie zu einem Geschäft davon ging.
Andere erfuhren, daß er kurz vor Torschluß — die Zeitangaben schwan-
ken zwischen 16 und 20 Uhr — verkleidet „in seiner diener farb"[23] mit

---

[18] Luther an Melanchthon, Briefw. WA 5, 548 Nr. 1685. Luther meinte: „es
mocht wohl *ista mora et indignatio* noch einen Landgrafen müde machen". Keinesfalls
kann er schon am 5. VIII. „eine Andeutung von der beabsichtigten Abreise des
Landgrafen empfangen" haben, wie Schirrmacher S. 188 annimmt; der Brief an
Spalatin mit den Worten: *Liber est Lutherus, liber forte et Μαχεδὼν*, ist nicht am 5.,
sondern am 28. VIII. geschrieben, s. Briefw. WA 5, 583 Nr. 1704.

[19] Bucer an die Straßburger Prediger 8. VIII., Thesaurus Baumianus III, 304ᵛ.
Jakob Sturm und M. Pfarrer berichten nach Straßburg, es seien „vill gemurel und
selzamer gedancken und reden entstanden", Straßburg, Thomas-Arch. L. 71 N. 1.

[20] Corp. Ref. 2, 263 Nr. 832.

[21] Haupt-St.-A. München Rep. B 2 IIIa Nr. 200/17. *De nocturna seditione VI.
Augusti nobiscum facta* schreibt auch der Dominikaner-Theologe Joh. Dietenberger
an Fr. Nausea am 9. VIII. (Epistolae ad Fr. Nauseam, Basel 1550, fol. 95).

[22] Acta Tomiciana 12 (1906) 223 vom 12. VIII. über die vom Kaiser nicht bewilligten Urlaubsgesuche des Landgrafen. *Hinc, cum sit impiger juvenis et audet plerum-
que ea, quae cogitat, facere, a multis multa dicebantur ... Antequam abiret, strata erat ante
hospitium eius multa arena ad concurrendum cum hastis, ipseque visus fuit in armis aliquoties
probando se in hoc stadio; eaque nocte, priusquam abiret, pro coena plurimos vocaverat aulicos,
surgensque ex symposio quasi aliud quidpiam negotiaturus discessit, qua de re varia de eo nata
fuit suspicio; sicque cum abiit, mitius quam prius omnia tractantur.*

[23] So Hans Holdermann 16. VIII. an Eßlingen (Stadt-A. 132/204 Nr. 60, 16). Auch
Agricola schreibt am 8. VIII. an Luther (Briefw. WA 5, 543 Nr. 1681): *fallens
mutata veste portarum custodes*, und Brenz (der allerdings in der Tumult-Nacht gut
schlief) an Isenmann: *alieno habitu latens* (Corp. Ref. 2, 276f. Nr. 841). Ein anonymer
Bericht (Schwäb.-Hall K 26 F 8 Nr. 11 Brentiana III fol. 159f.) behauptet, Philipp
sei „zu fuß hinus gangen", während Josua Weiß an Reutlingen berichtet, er sei

wenigen Begleitern durch ein Nebentor entkam, von anderen draußen
erwartet, mit denen er zu sechst in die Nacht davonritt[24]. Noch am
Abend kam ein Bote Pfalzgraf Friedrichs in die hessische Herberge und
wollte den Landgrafen sprechen, um ihn dringend zu warnen, nicht
wegzureiten, ohne die Antwort des Kaisers auf seine Bitte um Urlaub
abzuwarten. Die zurückgelassenen hessischen Räte[25] vertrösteten ihn
auf den nächsten Morgen. Um sechs kam er wieder, und nun erst überbrachten die Räte dem Pfalzgrafen einen eigenhändigen Brief des Landgrafen, in dem er bat, ihn beim Kaiser zu entschuldigen: er habe heimreiten müssen zu seiner kranken Frau, zudem sei er jung und nicht viel
nütze auf dem Reichstag, in keinen Ausschuß verordnet oder sonst
unentbehrlich; er lasse seine Räte mit Vollmacht zurück; wenn seine
Frau gesund und er gebraucht würde auf dem Reichstag, so wolle er
wiederkommen[26].

Inzwischen war aber die Stadt alarmiert. Bald nach Mitternacht, gegen
ein Uhr, wurde der Augsburger Bürgermeister Ulrich Rehlinger ge-
weckt und vom Kaiser beauftragt, keinen Menschen aus der Stadt
hinauszulassen, sei er Kurfürst, Fürst oder Bürgermeister, die Neben-
tore verschlossen zu halten und die vier Haupttore erst später zu öffnen,
da der Kaiser ihre Bewachung verstärken wolle mit je 50—60 Mann
seiner eigenen Truppen, die er nachts unter die Waffen rief[27]. „Man hat
im dem Landgrafen in sein Haws wöllen vallen, und villeicht den andren

---

„ußgeriten als ob er spazciren well und ist mit 6 pferden darvon" (8. VIII., St.-A.
Stuttgart, Rep. Reutlingen II, Büschel 40, fol. 45/46).

[24] Da der Landgraf selbst schreibt, er sei über den Odenwald geritten (s. u. S. 395
Anm. 2), kann es schwerlich zutreffen, daß er schon am nächsten Mittag in Nürnberg
war (so Aurifaber bei Schirrmacher S. 197), obgleich auch Joh. Dantiscus meint
(s. o. Anm. 22): *mettertius contulit se Nurembergam.* Andere erzählten sogar, er sei zu
den Schweizern geflohen, um sie gegen den Kaiser aufzuwiegeln: Mydonius an den
poln. Kanzler Chr. Szydlowiecki am 10. VIII. (Acta Tomiciana 12, 1906, S. 216):
Fama est, ipsum ad Helvetios fugisse, ut eos contra caesarem moveat.

[25] Der Kanzler Joh. Feige, der dem Landgrafen erst Mitte August folgte, Friedrich
Trott und Georg Nußbicker, die bis zum November in Augsburg blieben, ferner
Lic. jur. Niclaus Mair und Mag. Erh. Schnepf. Ihre Vollmacht vom 6. VIII (besiegeltes Original, aber korrigiert, wohl als Konzept verwendet) liegt aus unerklär-
lichen Gründen in Nördlingen, Stadt-A. RTA Fasz. 36 fol. 22. Ihre Berichte in Marburg, P. A. 255, zuerst am 8. VIII. (fol. 1—3).

[26] Dieser Brief hat sich nicht gefunden; beste Inhaltsangabe in Tetlebens Protokoll fol. 48ʳ.

[27] Der anon. Bericht in Schwäb.-Hall, Brentiana III fol. 160 sagt, der Kaiser habe
„in der nacht seim kriegsvolcke uffplassen lassen". Seb. Hagelstein schreibt an
Windsheim am 8. VIII., daß der Kaiser „umb eilf hat lassen in still die landsknecht
uffn platz beruffen und die thor allenthalben mit Spaniern und andern bestellen"
(37. Jahresber. d. Hist. Vereins f. Mittelfranken, 1869/70, S. 92). Nach Brücks Darstellung (Arch. f. d. Gesch. d. kirchl. Reformation, hrsg. v. C. E. Förstemann 1,
1831, S. 79 f.) ist „die wache mit ksl. Mt. gewarde, die deutzschen knechte, bestelt
worden".

fursten auch, do haben sie erfaren wie er schon hin sey", schreibt der
junge Crailsheimer Caspar Schuller aus Augsburg an Adam Weiß[28].
Der Memminger Ratsgesandte Hans Ehinger, den Ulrich Rehlinger
anderntags über die nächtlichen Vorgänge informierte[29], erkundigte sich
bei Markgraf Georg, bei den kursächsischen Räten und dem hessischen
Kanzler und gewann den Eindruck: Die frommen christlichen Fürsten
und wir protestierenden Städte allesamt sind hier bei einander in einem
Sack; jetzt ist der Landgraf frei, den fürchten die Geistlichen alle wie
den Teufel; wollte man nicht „glich und recht gegen uns einziehen",
so kann und weiß der Landgraf den frommen Fürsten und Städten nach
menschlichem Vermögen wohl zu Hilfe kommen, ob er auch vom
Kaiser und König noch mehr Ungnade auf sich lädt. So dient die Handlung doch den genannten Fürsten und Städten — hoffen wir alle —
zum Guten und sie sehen es gern, vielleicht ist es im heimlichen Rat
alles beschlossen, und die Sache steht nun ganz wohl. Diese Annahme
eines heimlichen Beschlusses der Protestanten war freilich irrig, daran
läßt der Bericht der hessischen Räte an den Landgrafen[30] vollends keinen
Zweifel: Wem sie sein Abreiten anzeigten, „die haben alle beschwerung
darin gehabt" außer Ernst und Erich von Lüneburg, „die haben gesagt,
sy kunntens e. g. nit hoch verdencken, doch wollten sy, daß es mit
besserm fugen beschehen wer und sonderlich das e. g. den zeug [d.h.
wohl das „Rennzeug"] desto lenger hinder ir gelassen hett in gestalt
als ob e. f. g. widerzukomen willens were". Auch der Nördlinger Gesandte Niclas Feßner war besorgt, „es werd nichz guz daruß", es werde
dem Landgrafen „bey menigclichen, die im guz und args gunden,
verwißen, und der Kaiser habe deß ein große ungnad"[31]. Der zaghafte
Ulmer Bürgermeister Bernhard Besserer meinte, es weiß „schier niemand wo er dran ist, ... wiewol uns die sach ubel ansicht". Er erzählt
aber auch, daß dem sächsischen Kurfürsten, als er am Sonntag früh
zum Kaiser ritt, wohl hundert Augsburger Bürger nachliefen[32], eher
begeistert als verängstigt durch Philipps Aufbruch.
    Da Kurfürst Johann und sein Anhang mit gutem Gewissen beteuern
konnten, sie hätten nichts von des Landgrafen Vorhaben gewußt und
sie wollten ihrerseits nicht ohne Wissen und Erlaubnis des Kaisers den
Reichstag verlassen, so konnten sie umso nachdrücklicher gegen dessen

[28] Beitr. z. bayer. Kirchengesch. 18 (1911) S. 219; ähnlich Brenz an Myconius
am 8. VIII., Corp. Ref. 2, 261 Nr. 831.
    [29] H. Ehingers Berichte vom 7. und 8. VIII. bei Friedrich Dobel, Memmingen
im Reformationszeitalter 4 (1878) S. 50ff.
    [30] S. o. S. 390 Anm. 25.
    [31] Stadt-A. Nördlingen, Miss. 230, fol. 42 vom 7. VIII.
    [32] Stadt-A. Stuttgart 14/11/80, Nr. 46. Ähnlich Caspar Schuller an Adam Weiß
(Beitr. z. bayer. Kirchengesch. 18 S. 219): „Unseri fursten eilten am Sontag frw zum
keyser und ain grosser hauff burger mit ime."

Absperrmaßnahmen protestieren[33], die er bald rückgängig machen und mit Ausreden entschuldigen mußte[34]. Und bald war der Eindruck allgemein, daß der Kaiser und die altgläubigen Fürsten, insbesondere auch die Geistlichen noch nie so freundlich und friedfertig mit den Lutheranern sprachen und verhandelten wie nach Philipps Abreiten[35]. Dessen Wirkung schien vorerst nur günstig für eine Verständigung — an die er freilich selbst nicht mehr glaubte.

Tagelang erwog Karl V. und beriet mit den altgläubigen Fürsten und allen Reichsständen, ob er oder sie den Landgrafen zur Rückkehr und zu friedlichem Verhalten auffordern sollten und ob die Vollmacht, die er seinen Räten in Augsburg hinterlassen hatte, zu prüfen und anzuerkennen sei oder nicht[36]. Das zu verweigern, wie der Kaiser es wollte, schien den Ständen unvereinbar mit dem Herkommen, d.h. mit dem Reichsrecht, das jedem Fürsten erlaubte, sich auf Reichstagen durch Bevollmächtigte vertreten zu lassen und aus triftigen Gründen auch ohne kaiserliche Erlaubnis abzureisen. Von einer Aufforderung zur Rückkehr rieten auch die altgläubigen Fürsten ab, auch von einer Mahnung, keine Unruhe zu erregen; denn das klänge, als fürchtete sich der Kaiser vor dem Landgrafen, ja es könnte ihn erst recht ermutigen — „denn wenn man die Katze streichelt, richtet sie den Schwanz auf", sagte Herzog Georg von Sachsen, Philipps Schwiegervater. Die Fürsten erboten sich zwar, ihrerseits dem Landgrafen zu schreiben, daß er „stille stehn"

---

[33] Der Kölner Gesandte Arnold von Siegen schrieb von Beschwerden über die „welsche Art", die Tore zu sperren (Stadt-A. Köln, Köln u. d. Reich Nr. 68, fol. 62—66). Kurfürst Johann protestierte, daß ohne ihn als Erzmarschall keine Truppen an die Tore beordert werden dürften; Vertreter des Kaisers und der Stände berieten daraufhin über eine Alarmordnung, s. Tetlebens Protokoll fol. 49v.

[34] Angeblich waren kaiserliche „Trabanten" erstochen oder verletzt worden und man wollte die Täter fassen; selbst Besserer schrieb an Ulm: „das mugen ir glauben, es glaubt sonst niemands." — Am 17. VIII. wurde der Augsburger Prädikant Johann Schneid verhaftet, ein Zwinglianer, — angeblich „nit des glaubens oder predigens, sonder auffrur halber" (Corp. Ref. 2, 291 Nr. 848), weil er in der Nacht vom 6. zum 7. VIII. den sächsischen Kurprinzen gewarnt hatte, der Kaiser wolle die Lutheraner wie den Landgrafen überfallen; s. K. Th. Keim, Schwäbische Reformationsgesch. (1855) S. 188 ff.

[35] H. Ehinger an Memmingen 8. VIII. (bei Dobel a.a.O. S. 53): gestern hat der Kaiser den christlichen Fürsten „fraindlicher zugesprochen dann in 4 wochen nie; er sorgt lecht, es mochten ander fiersten schier auch dem landtgrauffen nachraissen . . . So haind sich gesterg die gaistlichen mer fridlich und guotz mitells erbotten dann noch bisher nie geschechen ist". Besserer an Ulm 8. VIII.: „. . . mit vil gnedigen und freuntlichen erpieten und gar vil anderts dann vor diser zeit beschehen." C. Schuller an A. Weiß 12. VIII.: „Do waren die Bischoffe wieder ganz freuntlich geweßt." Aurifaber bei Schirrmacher S. 193: „Und haben sich die ksl. Mt. in der Religionshandlung nie gnediger als dasselbig mahl vernemen lassen." Vgl. auch den Bericht der Frankfurter Gesandten vom 12. VIII. bei Schirrmacher S. 422 und Joh. Dantiscus o. S. 389 Anm. 22.

[36] Am eingehendsten berichtet über diese Beratungen Tetlebens Protokoll fol. 48r ff.

und keinen „Unfug anheben" möge; doch auch das unterblieb nach einer Beratung des Kaisers mit allen Ständen, die es ihm anheimstellten, ob er dem Landgrafen schreiben wolle oder nicht. Es war zu einer heiklen Reichsrechts-Frage geworden, ob und wie der Kaiser gegen einen Reichsfürsten einschreiten könne und dürfe, der den Reichstag eigenmächtig verließ, dessen Verhalten den Ständen aber nicht strafbar schien. Karl V. hatte in der Tumultnacht überstürzte Maßnahmen getroffen, die die Reichsstände nicht zulässig fanden. Sie wurden bald abgestellt und entschuldigt, und der Kaiser begnügte sich damit, ohne Aufsehen den Herzog Heinrich von Braunschweig zum Landgrafen nach Kassel zu schicken mit „Kredenz und Gewerb"; am 17. August ritt er ab, am 27. kam er nach Augsburg zurück. Über seinen Auftrag blieb man dort im Ungewissen. Manche meinten, er solle den Landgrafen wieder zum Reichstag bringen[37]; andre meinten, er solle ihm die kaiserliche Ungnade androhen, falls er Truppen aufbiete und Unruhe stifte[38]. Dies wird bestätigt durch die nachträgliche Kontroverse zwischen dem Landgrafen und dem Braunschweiger[39]. Nach Philipps Darstellung ließ ihm der Kaiser durch Herzog Heinrich ausrichten: „Fiengen wir in gegenwertigkeit kaiserlicher Majestät einen Krieg an, so wollte ihre ksl. Mt. mit allen Stenden darzu thun." Ähnlich formulierte Heinrich selbst seinen Auftrag an den Landgrafen: „Wo er in rustung were das er dieselben abstellen solte, sonst würden ihre Mt. dargegen zu trachten und fürzunehmen verursacht." Philipp entrüstete sich darüber und verdächtigte seinen „Freund Heinz" geradezu, er habe dem Kaiser „von unserm Krieg anfahen gesagt" und vielleicht besorgt, „wir würden den Zug one ihn thun (den wir doch zu dem mal nicht im sinne hatten)". Aber Herzog Heinrich konnte wohl aufrichtig beteuern[40], nicht er habe „das Geschrei von seiner Rüstung in Augsburg ausgebracht", für das es genug andere

---

[37] Bericht der Nürnberger Gesandten vom 19. VIII. (Corp. Ref. 2, 291 Nr. 848): Hg. Heinrich „ist an gestern frwe selb dritt sampt einem kayserischen, so ime zugeben sein soll, uß Augspurg geritten, und ist die sag, er sey von ksl. Mt. abgefertigt, den Landgrafen von Hessen widerzuholn, damit dester ehr etwas fruchtlichs gehandelt werd. Wie wir aber vernemen, besorgt sich der widertail viel mehr vor dem Landgrafen dann not sey".

[38] Tetlebens Protokoll fol. 64ʳ: Hg. Heinrich *per Ces. Mt. per celeres equos ad lantgravium Hassie, qui exercitum cogere dicitur ad excitandum tumultum contra Cesarem et Catholicos, missus est ad monendum et hortandum eum, ut ab armis absistat, alioquin indignationem majestatis sue expectaturus.* — Melanchthon an Luther 22. VIII. (Briefw. WA 5, 355 Nr. 1691): *Brunswigus coactus erat, abire* πρὸς τὸν Μακεδόνα, *quem timent contrahere exercitum.*

[39] Hortleder IV, 7 § 100 S. 1062 und IV, 11 § 94 S. 1202.

[40] Herzog Heinrichs 4. Antwort (4. IV. 1541) Bl. Q IIIᵛ. — Übrigens schickte Hg. Heinrich dem Landgrafen schon am 13. VIII. seinen Sekretär Joh. Hamstett nach, der in alle ihre Verhandlungen eingeweiht war; sein Auftrag ist unbekannt, seine Kredenz in Marburg P. A. 1506 fol. 15.

Ursachen als ihren Geheimvertrag gab[41]; er habe freilich auch nicht wissen können, ob der Landgraf daheim „in keiner Rustung geweset, so er uns doch nicht all seine meinung, anschlege und furnemen entdeckt". Heinrich wird klug und vorsichtig genug gewesen sein, um dem Kaiser nicht offen zu sagen oder auch nur anzudeuten, was er von den Plänen des Landgrafen wußte und mit ihm vereinbart hatte; aber er wird sich, um ihn zu beschwichtigen, wahrscheinlich gern zur Verfügung gestellt haben, als der Kaiser einen Fürsten zum Landgrafen schicken wollte; und dafür kam er auch aus anderen Gründen besonders in Betracht. Denn Heinrich von Braunschweig gehörte auch mit den Bischöfen von Augsburg und Straßburg zu den Vermittlern eines gütlichen Ausgleichs zwischen Hessen und Nassau im Katzenelnbogen-Streit, in dem man kurz vor Philipps Aufbruch aus Augsburg zu einer für beide Teile annehmbaren Verständigung gekommen zu sein glaubte. Bei seinem Ritt nach Kassel war Herzog Heinrich zweifellos zugleich beauftragt und hat sich nach seiner eigenen Versicherung eifrig darum bemüht[42], den Landgrafen zur Annahme des in Augsburg noch in seinem Beisein vereinbarten Ausgleichs mit den Nassauer Grafen zu bewegen, und das schien nicht erfolglos. Da der Landgraf auch seinerseits damals erklärte, er habe auch um des Nassauischen Handels willen Augsburg verlassen, bedarf auch diese Frage zum vollen Verständnis seines Verhaltens hier noch der Erörterung.

VII. DER NASSAUISCHE HANDEL

Während Heinrich von Braunschweig nach Kassel unterwegs war, gerade am Tag vor seinem Eintreffen schrieb ihm Landgraf Philipp einen Brief nach Augsburg[1] mit einer eingehenden Erklärung, warum er den

---

[41] Der Landgraf erklärte (Hortleder IV, 19 § 53 S. 1413): „Hetten wir daselbst solch Geschrey von einigem Menschen mit dem wenigsten Wort erfahren, wir weren noch ehe hinweg geritten, hätten wol können dencken wo es herkommen were. Wir hatten zu Augspurg keinen Menschen, der von solchen Anschlägen und Verschreibungen wissen hatte; so waren wir anheimisch in keiner Rüstung; das alles wuste ja er wol, were darumb ohne noth gewesen, sich mit Credentz und Gewerbe an uns schicken zu lassen."

[42] Hortleder IV, 11 § 94 S. 1202: „daß wir ... zu Cassel ... zu ihm gekommen sein und ihn allweg freundlich angeredt, daß er den Handel mit dem von Nassaw nicht abschlagen wolt".

[1] Dat. Kassel Montags nach Assumptionis Mariae, Orig. in Wiesbaden, Nassau-Usingen Gen.-A. IVa Nr. 35 fol. 30—38, gedruckt bei O. Meinardus, Der katzenelnb. Erbfolgestreit 2, 277ff. Nr. 194. Undatiertes Konzept in Marburg P.A. 1506 fol. 8—14, erwähnt schon von Chr. v. Rommel, Gesch. v. Hessen 4 (1830) Anm. 92 S. 48f. = Ders., Lgf. Philipp Bd. 2 Anm. S. 248f. — Auf diesen Brief bezieht sich ein Zettel der hessischen Räte in Augsburg (P.A. 255 fol. 35), der zu ihrem Brief an

Reichstag verließ; und fast gleichlautend schrieb er am selben Tag (22. VIII.) auch an den Kardinal-Bischof von Trient Bernhard Cles², den er ausdrücklich bat, den Inhalt dieses Briefes auch dem Kaiser bekannt zu geben³. Auch in diesem Briefen weist er zunächst auf die Krankheit seiner Frau hin, die ihn heimrief, und auf seine vergeblichen Bemühungen, deshalb Urlaub vom Kaiser zu bekommen. Aber er fügt hinzu: auch ohnedies hätte er Grund genug zur Abreise gehabt. Denn in den Ausgleichverhandlungen mit Graf Heinrich von Nassau habe er zuletzt ein äußerstes Angebot gemacht, zu dem sein Vater sich niemals verstanden hätte und er selbst nur dem Kaiser zuliebe und zur Verhütung von Krieg und Empörung. Heinrich von Nassau aber schlug es ab. Darauf bat der Landgraf die Unterhändler — Heinrich von Braunschweig und die Bischöfe von Augsburg und Straßburg, — sein Angebot dem Kaiser zur Kenntnis zu bringen. Da sie ihm jedoch am Morgen des 6. August antworteten, sie wollten das tun in der Erwartung, der Kaiser werde „weiter darin handeln", habe er befürchten müssen, der Kaiser werde sich „uf ein neues in den handel schlagen" und ihn zu weiteren Zugeständnissen drängen wollen; hätte er das dann verweigert, so wäre ihm „ungelimpf" daraus entstanden, hätte er aber weiter nachgegeben, „mocht uns doraus verderblicher schaden und nachteil erwachsen sein". Deshalb möge man dem Kaiser berichten: „Ob wir schon die beweglichen ursachen unsers gemahels schwacheit halben nit gehapt, das wir aus disem verursacht hinweg zu reiten, weitern ungelimpf und schaden zu verhuten". War das nun wirklich ein triftigerer Grund als die angebliche Krankheit der Landgräfin, die Philipp auch in diesen Briefen „aus bekommertem gemute" als Hauptgrund seiner Abreise vorschützt? Zweifellos sollten diese gar nicht geheimen, sondern ausdrücklich ostensiblen Briefe allen Beteiligten und insbesondere dem Kaiser zu verstehen geben, daß der Landgraf in den Verhandlungen

---

den Landgrafen vom 26. VIII. (ebd. fol. 24f.) gehören muß: Philipps Brief an Hg. Heinrich haben sie an sich genommen bis zu dessen Rückkehr — er war vom 18.—27. VIII. von Augsburg abwesend.

² Der Brief an Bernhard Cles ist nur in französischer Übersetzung (wahrscheinlich für Karl V., s. folg. Anm.) überliefert in Wien, RA Wahl- u. Krönungsakten Fasc. 2 fol. 157—159. Das Datum „*de Cassel après (!) lassumtion nostre dame XVᵉXXX*" ist offenbar verderbt; der Brief muß gleichzeitig mit dem an Hg. Heinrich geschrieben sein, mit dem er weitgehend übereinstimmt. F. B. v. Bucholtz, Gesch. der Regierung Ferdinands 3 (1832) S. 487f. Anm. datierte den Brief auf den 16. VIII. und exzerpierte ihn ziemlich fehlerhaft; am drolligsten sein Mißverständnis, daß der Landgraf „auf dem guten Otto" heimritt, während er schreibt: „*par le boy Otton*" = „über den Udenwalt".

³ „*Vous poveis sil vous plait ceste ma lettre laissier lire sa maiesté*"; auch den Braunschweiger bittet der Landgraf, dem Kaiser „dise erzälte bewegung unsers hinwegreitens zum besten furbringen und uns mit denselbigen entschuldigen" zu wollen.

mit Nassau nicht weiter nachgeben wolle und könne, daß er sein äußerstes Angebot gemacht habe. In einer Nachschrift bat er überdies beide Briefempfänger[4] noch um dringliche Fürsprache beim Kaiser, daß er Herzog Ulrich von Württemberg, der nie gegen ihn gehandelt habe und zu allen Diensten bereit sei, „uf zimlich leidlich und ehrlich wege" wieder zu seinem Land kommen lassen möge. Aber wie er hierbei seine geheimen Hintergedanken nicht verriet — die doch gerade Heinrich von Braunschweig am besten kannte—, so auch im Nassauischen Handel.

Denn so schlecht stand diese Sache für ihn nicht, daß er deswegen den Reichstag hätte verlassen müssen. Karl V. hatte zwar zuvor und auf dem Reichstag auf einen Abschluß des seit 1507 schwebenden Katzenelnbogen-Prozesses gedrängt, auf Exekution des von kaiserlichen Kommissaren 1523 und nochmals 1528 gefällten Urteils, damit die Nassauer Grafen „zu dem, was sie mit Urteil und Recht erlangt, unverzuglich kommen"[5]. Er ließ die am 2. Juli ihm eingereichte Fürsprache Kurfürst Johanns und Herzog Georgs von Sachsen für die hessische Appellation gegen jenes Urteil[6] unbeantwortet, und das gleichzeitig erneute Gesuch der Kurfürsten von Sachsen, Brandenburg, Trier, Pfalz und anderer Fürsten um Kassierung der früheren Entscheidung und Wiederaufnahme des Prozesses lehnte der Kaiser am 18. Juli strikt ab[7]. Da er den Landgrafen in seiner Audienz vom 1. Juli nicht mit Zugeständnissen im Nassauer Handel hatte ködern können[8], schien er ihn nunmehr damit unter Druck setzen zu wollen. Trotzdem versprachen sich die Nassauer Grafen von diesem Rechtsweg selbst nichts mehr. Denn auch wenn sie den Prozeß mit kaiserlicher Hilfe endgültig gewonnen hätten, war doch der Landgraf im Besitz der katzenelnbogenschen Grafschaften — und er hatte gesagt, er wolle gern den Schultheißen sehen, der die Nassauer dort einsetzt[9]. Daß sie sich darüber keine Illusionen machten, zeigt am deutlichsten ein höchst merkwürdiger Brief, den Graf Heinrich, der Großkämmerer Karls V. und früher sein Erzieher, am 19. Januar 1530 von Bologna aus an seinen jüngeren Bruder Wilhelm in Dillingen schrieb[10]. Darin rät er ihm zwar scheinbar, auf dem Rechtsanspruch zu beharren und sich nicht auf gütliche Handlung mit dem Landgrafen einzulassen, auch wenn dieser „meher dann zuvor nie zu geben willigen"

---

[4] Im Konzept des Briefes an Hg. Heinrich eigenhändig, anscheinend auch im Brief an Bernhard Cles, wo es am Schluß heißt: „Prendeis en bien ma male escripture, je ne scaye mieulx".

[5] Karl V. an Bischof Christof von Augsburg und die anderen Kommissare, dat. Innsbruck 19. V. 1530, Kopie L.-A. Dresden Loc. 8025 fol. 87f.; dort auch weitere einschlägige Akten. Ähnliches Schreiben Karls V. an dieselben vom 10. Juli 1530 bei Meinardus 2, 273f. Nr. 190.

[6] L.-A. Weimar Reg. C 327 fol. 18—23 Konz., fol. 11—16 Reinschrift.

[7] Meinardus 2, 274ff. Nr. 191f.   [8] S. o. S. 372ff.

[9] Meinardus 2, 135 und 271.   [10] Ebd. 2, 270ff. Nr. 187.

würde. Aber im zweiten, chiffrierten Teil desselben Briefes widerruft er, was er eben schrieb — „das ich doch in dem allen das widerspiel meine": Gerade jetzt, da Karl V. bald zum Reichstag nach Deutschland kommen wird und der Landgraf sich deshalb vielleicht nachgiebiger zeigt, sollte man sich mit ihm zu verständigen versuchen, möglichst noch ehe der Kaiser ins Reich kommt, ehe der Landgraf und andre ihn kennen lernen „und selbst merken, wie ihre Mt. gesint ist und was volstreckung uns vielleicht von ihrer Mt. verholfen werden moecht"; denn „dieselb ire Mt. doch kule ist, und ich sorge, die nit so hart ab der sach halten als vielleicht unser recht erfordern". Heinrich von Nassau kannte Karl V. seit dessen Jugend, er glaubte ihm als sein Erzieher, als Statthalter in Holland, als Großkämmerer in Spanien „langwirige, getreue und (on ruem zu schreiben) erschieslich und nutzliche dinste" geleistet zu haben; dennoch traute er ihm nicht zu, daß er ihm zum katzenelnbogenschen Erbe verhelfen würde, sondern erwartete sich mehr von einer gütlichen Verständigung mit Philipp von Hessen. Tatsächlich wurden schon im Frühjahr 1530 neue Verhandlungen mit ihm angeknüpft[11] und während des Augsburger Reichstags neben dem Prozeßverfahren fortgesetzt. Am 18. Juli — am Tag nach dem Tanz bei Ferdinand, am gleichen Tag, an dem Karl V. die Fürsten-Fürsprache für Hessen im Nassauer Handel abschlug — schrieb Heinrich von Nassau seinem Bruder Wilhelm[12], „daß die gutliche handlung zwischen Hessen und uns uf 400000 gulden in reden stehet, aber ich bin willens, die uf 600000 gulden, der vier an landen und leuten und zwei an barem gelt, furzuslagen und doch sovil muglich die gutlich handlung onzerslagen behalten"; er bat seinen Bruder, deshalb bald nach Augsburg zu kommen. Es ging also schon damals nur noch um die Höhe der hessischen Abfindung für die nassauischen Ansprüche. Das war auf dem Reichstag nicht unbekannt. Am 4. August schrieb Hans von Schönberg, einer der Räte Herzog Georgs von Sachsen, an dessen Kanzler Dr. Simon Pistoris[13]: „Der Langraff stugkt in grosser erbett zcu vortragen; mich deucht, der von Nassaw zeucht im die seitten hoch an, doch so lest er sichs nicht irren." Am gleichen Tag meldeten die Frankfurter Gesandten ihrer Stadt[14]: „Man underphengt sich ytz auch gutlicher handelung zwischen dem lantgrafen und dem von Nassaw, also daß man sich gentzlich versicht, solcher yrthum sol ytz kurtz beygelecht werden." Ein anonymer Bericht über

[11] Nach Meinardus 1, 140 mit Anm. 368 war der kurpfälzische Kanzler Venningen im März 1530 als Mittelsperson tätig; am 1. IV. 1530 schickte der Landgraf einen seiner Räte „in sachen gegen Nassaw zu ferrer handlung" nach Dillingen, s. Marburg P.A. 271 fol. 1.
[12] Meinardus 2, 277 Nr. 193.
[13] L.-A. Dresden Loc. 10182 II fol. 247.
[14] Schirrmacher, Briefe u. Acten S. 419.

die Reichstagsereignisse[15] erwähnt freilich auch die Spannungen, auf
die der Landgra selbst später hinwies: es verlaute, „wie das der Landtgrave von Hessen mit dem von Nassaw in irrung, darunder zu eim
vertrag gehandelt, der dem von Nassaw nit ganz annemig. Er sehe wol,
das die sach nit fort wol, er misch dan ander hendel under. Dargegen
im der Landtgrave entbotten, er wuß von keiner ander handlung dan
des Evangeliums sach. Werd er nu deßhalben ein krig anfahen, sol er
hend gnugk im har haben. Thue er es nit, sollen es ander lewt thon.
Und auf die er der von Nassaw sich verlaß, sollen im auch nit helffen.‟
Es scheint demnach ziemlich heftig zugegangen zu sein. Wir wissen
jedoch zur Genüge, daß sich nicht deshalb und damals erst der Landgraf
zur Abreise entschloß, wenn er sich auch dadurch weiteren Zumutungen
entzog, ein Eingreifen des Kaisers vermied und sich in der Ferne seine
Entscheidungsfreiheit wahrte. Die Verhandlungen wurden auch keineswegs abgebrochen, als er Augsburg verließ, sie schienen sogar bald zum
Abschluß zu kommen. Am 12. August berichteten die Frankfurter Gesandten[16]: „Des grafen von Nassaw handel mit dem Landgrafen ist
dohin gedingt, daß der Landgraf ab oder zu schreiben soll; man
versicht sich aber gentzlich, wo es anders nit sonder ongluck seyn soll,
es sey vertragen‟. Und wenig später schrieb der Windsheimer Gesandte
Sebastian Hagelstein[17]: „Lantgraf von Hessen und Graf von Nassaw sind
vertragen‟; er kannte auch ungefähr die Bedingungen, unter denen am
13. August von den Unterhändlern eine Punktation aufgesetzt und dem
Landgrafen zugeschickt wurde[18]: 50000 Gulden sollte er in bar, 350000
in Grundbesitz und Rechten, Zöllen, Pfandschaften geben; falls die
Wettiner ihn beerben, mit denen er in Erbverbrüderung stand, sollten
sie weitere 100000 Gulden zahlen. Das war weniger, als Heinrich von
Nassau zu erreichen gehofft, kaum mehr als der Landgraf zuletzt geboten
hatte. Als ihm Heinrich von Braunschweig am 23. August diese „Notel

---

[15] Stadt-A. Schwäbisch-Hall, K. 26 F. 8 Nr. 11, Brentiana III fol. 159f.

[16] Schirrmacher S. 423.

[17] J. Bergdolt, Windsheim im Zeitalter der Reformation (1921) S. 257, Bericht
vom 16. VIII. oder bald danach. Vgl. Gilinis Bericht an den Herzog von Mailand
bei M. Sanuto, Diarii 53, 506: „*La Cesarea Maestà ha commesso ad duca Federico palatino,
il vescovo di Augusta et duca de Brunsvich Henrico, che atendano in assetar le liti intercede
tra lantgravio di Essia et conte di Nasao, la qual, sicome è publica fama, importa da 30 milia
fiorini de intrata l'anno*‟; ähnlich A. Bagarotto an den Herzog von Mantua, ebd. 53,
475.

[18] J. Arnoldi, Geschichte der Oranien-Nassauischen Länder und ihrer Regenten
III, 1 (Hadamar 1801) S. 106f. nennt die Höhe der Barsumme und der einzelnen
Verschreibungen und sagt: „Die Hauptpunkte dieses Vergleichs genehmigte Landgraf Philipp persönlich, und Wilhelm mit seinem Bruder, ebenfalls auf dem Reichstag
anwesend, nahmen sie an‟. Meinardus hat davon keine Notiz genommen und
bringt keine Akten darüber; seine Darstellung ist daher nicht nur unvollständig, wie
er selbst weiß (1, 140), sondern sie gibt hier wie öfters ein falsches Bild.

des vertrags" nach Kassel brachte, ließ er zwar den Grafen Wilhelm von Nassau und die fürstlichen Vermittler wissen, daß er sie „in mehr dan einem punkt unserer bewilligung etwas ungemes befunden und derhalb wol ursach gehabt, dieselb und den handel gar abzuschlagen"; aber er zeigte sich doch darauf bedacht, daß deshalb „solcher vertrag unsern halben nit verhindert", sondern seiner Bewilligung gemäß angenommen würde[19]. Es waren Nebenpunkte und Ausführungsbestimmungen, über die weiterhin verhandelt wurde. Alles spricht dafür, daß Philipp damals wirklich zu einem Abschluß des langen Handels mit den Nassauer Grafen zu kommen hoffte und ihnen nicht nur zum Schein in Augsburg eine höhere Abfindung anbot als zuvor[20], hinter die er doch künftig nicht leicht hätte zurückgehen können. Selbst an Zwingli, dem er in dieser Frage gewiß nichts vorzumachen brauchte, schrieb er am 4. September[21]: „Es steht darauf, daß der Landgraf von Hessen mit Nassau vertragen werde, welches dann zu viel Dingen dienstlich sein wird."

Wenn es schließlich damals doch nicht zu einer Verständigung im Katzenelnbogen-Streit kam, die erst 27 Jahre später gelang unter noch größeren hessischen Zugeständnissen, als sie 1530 vereinbart waren, so lag das also gewiß nicht an den Augsburger Ereignissen und Verhandlungen. Warum sie nicht zum Ziele führten, lassen die bisher bekannten Zeugnisse nicht klar erkennen. Der alte aktenkundige Johannes Arnoldi schreibt in seiner Geschichte der Oranien-Nassauischen Länder und ihrer Regenten (III, 1, 1801, S. 108) „Man war dem völligen Abschluß nahe. Plötzlich nahm der Landgraf seine Erklärung wieder zurück. Die wahre Veranlassung dazu ist aus den Nassauischen Akten nicht zu entnehmen. Denn es war wohl ein bloßer Vorwand, wenn Hessen nachher behaupten

[19] Philipps Antwort vom 24. VIII. 1530 an die Bischöfe von Augsburg und Straßburg und an Hg. Heinrich von Braunschweig als Vermittler des Vergleichs, seine Instruktionen für einen Gesandten an Graf Wilhelm von Nassau vom gleichen Tag und dessen Antwort vom 30. VIII. in Abschrift L.-A. Weimar Reg. C 327 fol. 24—36; Antwort der Vermittler vom 3. IX. in Marburg P. A. 2213. Alles das fehlt bei Meinardus. Über weitere Vergleichsverhandlungen in Augsburg berichten auch die hessischen Räte am 9. XI. an den Landgrafen, P. A. 255 fol. 31—33.

[20] Auch Walther Köhler, der in den Mitteilungen des Oberhessischen Geschichtsvereins N. F. 11 (1902) S. 1 ff. den besten Überblick über den Katzenelnbogen-Streit bis 1530 gibt, meint S. 23, man dürfe dem Landgrafen glauben, „daß es ihm ernst damit war". Philipp selbst weist später darauf hin, man habe „in der Handlung zu Augspurg mit denen von Nassaw wol gespürt", daß sein Gemüt damals nicht auf Krieg und Aufruhr gerichtet gewesen sei, Hortleder IV, 19 § 53 S. 1414.

[21] Zwinglis sämtl. Werke XI, Corp. Ref. 98, 112 Nr. 1088, wo zwar ohne Erläuterung gedruckt ist: „myt missa vertragen" (in Zwinglis Opera ed. M. Schuler u. J. Schultheß 8, 1842, S. 505 Nr. 112: „mit Missa"), doch ist im eigenhändigen Original zweifellos zu lesen: „mit nassa", wie mir auf Anfrage der Direktor der Zentralbibliothek Zürich bestätigte.

wollte, eine der ersten Vergleichsbedingungen sei gewesen, daß der
geächtete Herzog Ulrich von Wirtemberg restituirt und in sein Land
wieder eingesetzt werden solle; diese Bedingung sey aber nicht erfüllt
worden. Weder in der Punktation noch in den übrigen schriftlichen
Verhandlungen wird dieser Restitution mit einer Silbe gedacht. Wie
hätte auch Wilhelm und sein Bruder sich auf eine Bedingung einlassen
können, deren Erfüllung im mindesten nicht in ihrer Macht stand?"
Vielleicht hat aber doch diese Frage schon in den Augsburger Verhandlungen mitgespielt, als Heinrich von Nassau behauptete, „das die sach
nit fort wol, er misch dan ander hendel unter", während der Landgraf
das heftig bestritt [22]. Über ein Jahr später, am 14. November 1531, hat
Graf Wilhelm von Nassau seinem Bruder einmal berichtet, „wie unser
bede Katzenelnbogische sach mit dem lantgrafen dieser zeit gestalt;
so wirt Wirtemberg bei demselben enthalten und furgeschoben, und
seint ich und mein (?) unterthan inen am nechsten gelegen" [23]. Tatsächlich scheint Philipp von Hessen vornehmlich um der Württembergischen
Frage willen den Nassauischen Handel damals nicht zu dem in Augsburg vereinbarten Abschluß gebracht zu haben. Heinrich von Braunschweig, der darüber am besten Bescheid wissen konnte, hat schon
Mitte Dezember 1530 eine Anfrage Herzog Georgs von Sachsen, „wie
es um die Nassauische sach stet", und dessen Bitte, den Landgrafen
„von seinem furnemen abzuwenden", beschwichtigend beantwortet [24]:
er habe kürzlich vom Landgrafen selbst gehört, daß er „zu thetlichen
furnemen gar ungeneigt", nur aus Sorge vor der kaiserlichen Ungnade
„allein zu defension und rettung, aber nimants sonst zu beladen und
anzugreifen, in rustung uffem fues geschigt" und „mit den Sweitzern
und andern nicht ein gering gelt hiruber verspildet und ausgegeben";
er könne es ihm aber nicht verdenken, daß er vor einer Verständigung
mit dem Kaiser und in Sorge vor dessen Maßnahmen es vorziehe, „das
gelt, so er Nassau geben solt, inzubehalten und sich damit aufzuhalten,
dann sich mit eigenem schwert slahen lassen". Hier wird einmal besonders
deutlich sichtbar, wie Philipps Politik gegen die Habsburger, sein Bündnis mit den Schweizern und der Nassauische Handel miteinander verknüpft sind, nur daß Heinrich von Braunschweig dabei wohlweislich
von dem ihm wohlbekannten Plan der Restitution Ulrichs von Württemberg schweigt, in dem sich alle diese Fäden gleichsam verknoten. Um
seinetwillen hatte der Landgraf den Reichstag verlassen, als die Verhandlungen mit Nassau dem Abschluß greifbar nahe schienen und als das
Bündnis mit den Schweizern die Zustimmung des Züricher Rates gefunden hatte. Beides war ihm jedoch nicht mehr vordringlich wichtig,

---

[22] S. o. S. 398 mit Anm. 15.   [23] Meinardus 2, 288 Nr. 205.
[24] Ebd. 2, 281 f. Nr. 197, dat. Wolfenbüttel 14. XII. 1530, einen Tag nach der
Rückkehr vom Kaiserhof, vor dessen Besuch Herzog Heinrich beim Landgrafen war.

weil die Württemberger Frage vertagt werden mußte; denn beides stellte er in ihren Dienst. Das wird sich vollends bestätigen, wenn man noch sein Verhältnis zu Zwingli und zu den Eidgenossen in dieser Zeit genauer ins Auge faßt.

VIII. DAS BÜNDNIS MIT DEN SCHWEIZERN

Seitdem Max Lenz 1879 den Briefwechsel zwischen Philipp von Hessen und Zwingli entschlüsselt hat[1], kennt man die weitgespannten politischen Pläne, über die der Landgraf und der Reformator seit dem Marburger Gespräch eifrig miteinander korrespondierten: Bündnisse mit Venedig und mit Frankreich, um Karl V. in Schach zu halten und möglichst nicht über die Alpen kommen zu lassen, Bündnisse mit Dänemark und den norddeutschen Fürsten, mit Geldern, Friesland, Zweibrücken, Straßburg, „vom Meer herauf bis zu den Alpen", damit der Kaiser nirgends am Rhein einen Aufenthalt finden könnte[2], und als Nahziel das Bündnis Hessens mit Straßburg und den zwinglischen Eidgenossen. „Dan warlich verayhnung bringt nur heyl", schrieb der Landgraf eigenhändig schon am 1. Juli 1529 während der Vorbereitung zum Marburger Gespräch an Zwingli[3]. Lenz glaubte zwar dem Reformator die Initiative zu diesen „hohen politischen Phantasien" zuschreiben zu müssen[4]; er nahm auch an, daß Zwingli vielleicht der Urheber des Bündnisentwurfs zum hessisch-schweizerischen Burgrecht war, den die mit den Theologen nach Marburg geladenen Ratsboten von Zürich, Basel und Straßburg zur Beratung heimbrachten und der ein Jahr später auch der Vertragsurkunde des Schmalkaldischen Bundes zugrunde gelegt wurde[5]. Beides ist jedoch mit Recht bezweifelt und bestritten

[1] Max Lenz, Zwingli und Landgraf Philipp, Ztschr. f. Kirchengesch. 3 (1879) S. 28—62, 220—274 und 429—463. Lenz (s. S. 35) fand den Schlüssel zu den von Lgf. Philipp und Zwingli seit Anfang Februar 1530 benutzten Geheimzeichen für alle politischen Namen in Braunschweiger Akten des Marburger Archivs aus den vierziger Jahren, wohin er vielleicht geriet, als der Landgraf für seine Streitschriften gegen Heinrich von Braunschweig 1540/2 seine Korrespondenz mit Zwingli benutzte. Der Schlüssel auch in Corp. Ref. 97, 651 und 98, 651.
[2] So in der von Zwingli verfaßten Züricher Instruktion vom 28. X. 1529 für die Burgrechts-Verhandlungen, s. Eidgenössische Abschiede IV, 1b hrsg. von Joh. Stricker (1876) S. 420 Nr. 212b § 4; s. Lenz ZKG 3, 61.
[3] Eigenhändiges Postscriptum zum Brief vom 1. VII. 1529, Corp. Ref. 97, 188 Nr. 868. Die sinnlosen Worte „verachtung bringt nachteyl" in den Zwingli-Ausgaben (ebd. Zeile 14 f.), auch bei Lenz ZKG 3, 31 berichtigte schon H. Escher (s. u. Anm. 6) S. 123: „verayhnung bringt nur heyl".
[4] Lenz, ZKG 3, 49 ff.
[5] Ebd. S. 57 ff., auch S. 429 f. Die Vermutung von Lenz S. 58 f. und Escher S. 127 Anm., daß dem Burgrechts-Entwurf das „sonderlich geheime Verständnis" der auf

worden[6]. Gewiß erhielt Zwingli auf der Reise nach Marburg Mitte September 1529 in Straßburg beängstigende Nachrichten „aus der rechten Kunstkammer"[7], die ihm die Gefahr eines Habsburger-Angriffs zuvörderst auf die oberdeutschen und schweizer Städte unmittelbar akut und deren religiöse und politische Freiheit schwer bedroht erscheinen ließen. Dem suchte er seitdem mit allen Mitteln vorzubeugen. Überstürzt schickte er seinen Vertrauensmann Collinus (Rudolf Ambühel), der auch mit ihm in Marburg war, Ende 1529 nach Venedig, im Februar 1530 nach Frankreich, ohne hier wie dort etwas auszurichten. Nur beim Landgrafen in Marburg traf er auf Verständnis für seine Sorgen und auf Bereitschaft zur Hilfe. Denn dessen Politik schlug schon vorher die gleiche Richtung gegen die Habsburger ein, nur weniger aufgeregt, planvoller und mit konkreteren Zielen[8]. Nicht zufällig hatte Philipp im gleichen Jahr 1526, in dem er die Kirche seines Landes durch die Homberger Synode zu reformieren begann, den landflüchtigen, geächteten Herzog von Württemberg bei sich aufgenommen, der schon vorher mit Zwingli und Oecolampad in Verbindung stand und wahrscheinlich auch auf deren Einladung nach Marburg einwirkte[9]. Jedenfalls schickte er damit zugleich im Juli 1529 seinen Kanzler Johann von Fuchsstein mit nach Zürich, um die Aufnahme seines letzten schwäbischen Stützpunktes Hohentwiel ins Burgrechts-Bündnis mit Zürich, Bern und Basel zu betreiben[10]. Und er hat dann auch in Marburg mit Zwingli über seine Restitution gesprochen[11]. Hans von Schubert hat wohl zutreffend be-

---

dem Speyerer Reichstag protestierenden Fürsten und Städte vom 22. IV. 1529 zugrunde liegen könnte, bestätigt sich nicht an dessen überall abweichendem Text, s. RTA JR 7, 1321 ff. Nr. 152.

[6] Hermann Escher, Die Glaubensparteien in der Eidgenossenschaft und ihre Beziehungen zum Ausland, vornehmlich zum Hause Habsburg und zu den deutschen Protestanten 1527—1531 (Frauenfeld 1882) S. 127 Anm. und 129 ff.

[7] Lenz, ZKG 3, 53 ff.

[8] Auch die Verbindung mit Franz I. von Frankreich, der 1534 wirklich den Zug nach Württemberg finanziell unterstützte, hat Lgf. Philipp bereits im Frühjahr 1528 gemeinsam mit König Friedrich von Dänemark durch dessen Gesandten Peter Swabe (Suaven) angebahnt, s. J. Kühn, Lgf. Philipp v. Hessen (Festschr. f. E. Brandenburg 1928) S. 118 und RTA JR 7, 258; Akten in P.A. 1747.

[9] Das nimmt auch M. Lenz, ZKG 3, 50 Anm. an, ebenso H. v. Schubert, Die Vorgeschichte des Marburger Gesprächs, ZKG 29 (1908) S. 331 = Ders., Bekenntnisbildung und Religionspolitik 1529/30 (1910) S. 9, s. auch S. 101.

[10] Kredenz vom 27. I. 1529, Corp. Ref. 97, 223 f. Nr. 881; s. u. S. 404, 408; Anna Feyler, Die Beziehungen des Hauses Württemberg zur schweiz. Eidgenossenschaft in der 1. Hälfte des 16. Jh. (Diss. Zürich 1905) S. 314 ff.

[11] Heinrich Bullinger, Zwinglis Nachfolger in Zürich († 1574), schreibt in seiner Reformationsgeschichte, hrsg. von J. J. Hottinger und H. H. Vögeli 2 (1838) S. 236, Zwingli habe in Marburg „vil red gehalten mit dem Landtgraven, insonders von dem Burgrächten, in welches der fürst hernach kummen, ouch mitt dem herzog von Wirtenberg, wie er wider in sin Land kummen möge". Ulrichs Anwesenheit in

merkt[12]: „An dieser württembergischen Sache, deren Durchführung das eigentliche Meisterstück Philipps geblieben ist, erwachte Philipps süddeutsche Politik, erwuchs ihm aus dem Gegensatz, in den ihn der Kampf um die Grafschaft Katzenelnbogen bereits gedrängt, ein umfassender antihabsburgischer Standpunkt, entstand ihm eine immer nähere Beziehung zu Zwingli, die schließlich in der Aufnahme Hessens ins Züricher Burgrecht ihren Gipfel fand."

Um so auffälliger ist es, wie vorsichtig zurückhaltend der Landgraf im Briefwechsel mit Zwingli diese Württemberg-Frage behandelt, auch gerade als sie ihm immer wichtiger und akuter wurde. Zwingli bat ihn nach der Rückkehr aus Marburg, dem Herzog Ulrich zu sagen, „sin sach sehe mich nit übel an"[13]. Fast ein Vierteljahr später erst sieht sich der Landgraf seinerseits durch einen (nicht erhaltenen) Brief Zwinglis an Herzog Ulrich, den er in dessen Abwesenheit öffnete, zu einer vielsagenden Andeutung seiner Gedanken über diese Frage veranlaßt[14]: „Ich hoff auch durch gotlich vorsehung, dem Pharo soll eyn feder entphallen und im das begegen, das er sich garr nit vorsicht, dan alle sachen schicken sich zum besten. Got ist wunderbarlich (Ps. 89, 8), er macht mir freunde[15] und der merr dan eynen, do ich nihe denckens uff gehabt habe. Die zeyt bringt rosen." Kein Zweifel, daß der Pharao Karl V. oder Ferdinand ist, und die Feder, die ihm entfallen soll, Württemberg. Aber der Landgraf fügt noch eigens hinzu: „Laß dissen artickel den Pharo betreffen in geheym bey uch bleiben, biß die zeyt kumpt." Doch so geduldig war Zwingli nicht. Er schrieb bald wieder an den Landgrafen und an Herzog Ulrich über dessen Sache; diese Briefe sind verschollen wenn nicht vorsichtshalber vernichtet worden. Philipp antwortet darauf am 7. Februar 1530, nunmehr mit Geheimzeichen für alle Namen[16]: daß ihr schreibt „zu handeln in *Herzog Ulrichs* sach, wan die blumeleyn hervorstehent, wer woll eyn gutte meynung, wan man wust, was entlich und gewislich die *Venediger* und auch *Zürich, Basel* und *Bern* darbey dun wolten; ... so es got will, wirts geschen und dan weyter offenbar an ort, das es not dut. ... Wie aber solche handelung in geheym (als die notturfft erfordert) zu endt zu bringen sey, stell ich in euer weyter bedencken, mir das anzuzeygen, doch ist meyn bytt, in grosser geheym mit umme zu gehen." Man gewinnt schon hier den Eindruck, daß ihm Zwingli nicht vorsichtig und diplomatisch genug er-

---

Marburg erwähnt Zwingli eigens im Brief an Vadian vom 20. X. 1529, Corp. Ref. 97, 318 Nr. 925.

[12] Bekenntnisbildung u. Religionspolitik (1910) S. 9 = ZKG 29, 331.

[13] Corp. Ref. 97, 333 Nr. 931 vom 2. XI. 1529.

[14] Ebd. S. 422 Nr. 965 vom 25. I. 1530.

[15] So statt „friede" schon von Lenz, ZKG 3, 33 berichtigt; das eigenhändige Original in der Eidgenöss. Zentralbibl. Zürich F. 46 p. 266.

[16] Corp. Ref. 97, 443 f. Nr. 974. Auflösung der Geheimzeichen in Kursivdruck.

26*

schien, um ihn brieflich in alle Pläne einzuweihen. Und am 10. März
1530 antwortet er ihm ausdrücklich auf einen tags zuvor eingetroffenen,
gleichfalls nicht erhaltenen Brief[17], er habe seine Gesandten bereits nach
Basel zur Verhandlung mit Zürich, Bern und Basel über seine Aufnahms
in ihr Burgrecht abgefertigt „mit allem bephelch, ausgescheyden was
Herzog Ulrich angehet, dan solche sach muß in solcher geheym gehalten
werden ader werr vor zelt" — das heißt wohl, sie würde sonst vorzeitig,
verfrüht erzählt. Er fährt fort: „Ich stehe aber in großer hoffnung, ich
woll vill leutt mit ins spill bringen, der man sich nit versicht; ich habs
aber eyn groß bedencken, das ich solt mit *Zürich, Bern* und *Basel* von
Herzog Ulrichs sach witer zur zeyt handeln, nachdem in *Zürich, Bern* und
Basel der rat groß und nichts verswigen woll bleyben kann, und darumb
kan ich mit *Zürich, Bern* und *Basel* nichts von *Herzog Ulrich* handeln, bys
das zeyt ist". Das wird weiterhin noch einmal fast wörtlich wiederholt.
„Aber darneben ist meyn byt, ob die zeyt keme, als ich hoff balt, das
Herzog Ulrichs sach vort gehen solt und *ich* zu *Zürich, Bern* und *Basel*
sambt *Herzog Ulrich* schicken wurde, wult dan fleyß dun, uff das *Zürich,
Bern* und *Basel* dan frey druckten." Und am Schluß des Briefes fügt der
Landgraf die Bitte an, wenn Zwingli an Herzog Ulrich schreiben wollte,
„das ers mit verborgen worten du" mit denselben Geheimzeichen, die
Philipp selbst seit Februar 1530 in seinem Briefwechsel mit Zwingli ver-
wendet; Ulrich habe auf dem Hohentwiel bestellt, daß man dort Briefe
Zwinglis annehmen und ihm zuschicken soll.

Seit diesem Brief — drei Tage nach dem Eintreffen des Reichstags-
ausschreibens in Kassel geschrieben — und einem ganz kurzen Nachtrag
vom 15. März[18] fehlt fast ein halbes Jahr lang, während Philipp mit
Heinrich von Braunschweig paktierte und den Reichstag besuchte, jede
Spur eines landgräflichen Schreibens an Zwingli. Erst am 4. September
schreibt er ihm wieder, vier Wochen nach seiner Heimkehr aus Augsburg, während Zwingli inzwischen mindestens sechs Briefe an den Land-

---

[17] Ebd. 501 ff. Nr. 994. Die Instruktion für die Gesandtschaft nach Basel vom
1. III. 1530 (P. A. 251 fol. 76—79, s. u. S. 406 f.) enthält in der Tat nichts über Ulrich
von Württemberg, ebenso der Basler Abschied vom 15. III., s. Eidgenöss. Abschiede IV, 1 b S. 572 f. Nr. 287. Allerdings verhandelte Philipps Gesandter Siegmund
von Boineburg zugleich im Auftrag Herzog Ulrichs mit Zürich und Konstanz über
die Aufnahme des Hohentwiel in deren Burgrecht (ebd. 570 f. Nr. 286), und der
Landgraf gab ihm eine Empfehlung dafür mit (ebd. S. 571 vom 4. III.). In deren
Konzept (P. A. 1792) sind bei Erwähnung der Grafschaften und Herrschaften, die
Ulrichs Bruder Georg „izo innehat", die Worte gestrichen: „und sein lieb guter hoffnung in kurzem widder an sich bringen wirde"; aber am Schluß heißt es: „Und wir
wollen mit allem muglichen fleys wege und mittel vorwenden, das s. l. zu denselben
iren grafschaften und herschaften, die s. l. bruder itzo innen hat, widderumb on-
zweifelich kommen."
[18] Corp. Ref. 97, 516 Nr. 999, Antwort auf einen verlorenen Brief Zwinglis mit
Nachrichten über den Ulmer Bürgermeister Bernhard Besserer.

grafen geschickt hatte (drei sind erhalten, drei weitere bezeugt). Max Lenz meinte[19], „man braucht nicht anzunehmen, daß der Landgraf weniger oft geantwortet habe, denn ihn gingen die Dinge, die Zwingli'n am Herzen lagen, ebenso nahe an, und er gab sich ihnen mit eben solchem Feuereifer hin". Angesichts der ungleichmäßigen Überlieferung von Zwinglis Korrespondenz wäre es wohl möglich, daß Briefe des Landgrafen an ihn verloren gingen oder gar noch einmal auftauchen. Aber kein Brief Zwinglis aus dieser Zeit nimmt Bezug auf eine Antwort oder Mitteilung Philipps (wie frühere und spätere Zwingli-Briefe oft). Und den Brief vom 4. September beginnt der Landgraf mit einer Entschuldigung seines langen Schweigens[20]: „Das ich uch so lang nyt geschriben hab, hatt die ursach, das man allenthalben uff mych laust (= lauert), ab man briff von myr fynden künte, daryn ych verdacht würde." Max Lenz wollte nicht glauben, daß sich das auf das ganze Halbjahr seit den Märzbriefen beziehen könne[21]. Doch schon damals wie öfters zuvor hatte der Landgraf Zwingli und die Züricher gemahnt, in ihren Briefen vorsichtiger zu sein, da ihm Mitteilungen von anderen zukamen, die bedenklich viel Kenntnis vertraulicher Vorgänge bei den Eidgenossen verrieten; „darumb gehet mit euern sachen heymlich umb und sehet, wem ir trauget!"[22]. Auch Jakob Sturm, der Zwinglis Briefe an den Landgrafen zu vermitteln pflegte[23], bittet den Reformator am 31. Mai aus Augsburg[24]: *Si literas ad me daturus es, vide ut cautius et quam tectissime deinceps scribas; nam si has, quas misisti, aliquis intercepisset, .. non sine periculo meo .. vulgari potuissent.* Am 19. Juni schreibt er ihm[25], daß der Landgraf allein sich „unserer" Sache, der Zwinglianer, annehme, doch auch er nur *tectis consiliis, non propalam.* Sturm selbst wurde zwar in Augsburg vom Landgrafen über vieles vertraulich informiert und zu

---

[19] Lenz, ZKG 3, 42; seine Annahme, daß Philipp am 4. IX. nur die Verzögerung seiner Antwort auf einen Brief Zwinglis vom 3. VIII. entschuldigt, ist hinfällig, weil er nach der älteren Zwingli-Ausgabe diesen Brief falsch datierte (S. 36 sogar auf 2. VIII. — obgleich am Anfang Philipps „heimreiten" erwähnt ist); er ist erst am 30. VIII. geschrieben (s. Corp. Ref. 98, 97 mit Anm. 13), also umgehend beantwortet worden.

[20] Corp. Ref. 98, 111 Nr. 1088.

[21] Lenz, ZKG 3, 42; dagegen Corp. Ref. 98, 111 Anm. 2: „Es bleibt durchaus möglich, daß er auf den Brief vom 15. März zurückgreift, also keine Lücke im Briefwechsel besteht"; trotzdem sprechen die Herausgeber ebd. S. 41 Anm. 17 und S. 95 Anm. 1 ohne triftigen Grund von einem vermutlich verlorenen Brief Philipps an Zwingli.

[22] Corp. Ref. 97, 503 Nr. 994.

[23] Vgl. Sturms Brief an Zwingli vom 31. V. 1530 (Corp. Ref. 97, 603 Nr. 1035) und vom 9. VI. (ebd. S. 629f. Nr. 1045): *Si quid in his consilii habes, rogo communices vel michi vel Catto, quanquam si ad me miseris, facile Catto commune faciam.* Zwingli an Lgf. Philipp am 22. VII. 1530 (Corp. Ref. 98, 36 Nr. 1067): „Was not wirt sin ze schryben, empfelchend es herr Jacob Sturmen, der hatt alle stund botschaft ze fertigen"; vgl. auch Capito und Bucer an Zwingli, 22. VII. (ebd. S. 41 Nr. 1068), dazu M. Lenz, ZKG 3, 40f.

[24] Corp. Ref. 97, 603 Nr. 1035.   [25] Ebd. 629 Nr. 1045.

Rate gezogen wie kaum ein anderer[26], aber er hielt dicht; seine Briefe
an Zwingli wie auch seine Berichte nach Straßburg verraten fast nichts
davon, nur Bucer und Capito teilten einiges mit, was er ihnen erzählte.
Zwingli aber erfuhr in der Ferne nichts von ihm und vom Landgrafen,
was geheim bleiben sollte, er tappte im Dunkeln. Am 22. Juli schrieb
er an Philipp[27]: „*Herzog Ulrichs* halb wird ich stäts gefragt von eren-
lüten, was doch siner sachen halb ze hoffen sye" — er wußte nichts davon.
Und noch über drei Wochen nach Philipps Abreise von Augsburg
schreibt ihm Zwingli verwundert[28], er habe „die ursach noch nit verstanden", er sei auch im Zweifel, ob der Landgraf das Burgrecht mit
Zürich, Basel, Straßburg zur Zeit etwa gar nicht abzuschließen wünsche
„us forcht des *Kaisers*", und er bittet „demütig", fast kleinlaut, ihm zu
berichten, „was doch die sachen sygind" und auch „was mir ze wüssen
zimte von *Herzog Ulrich* und von Nassow, .. so verr es uwer gnaden nit
beschwerlich". Über nichts weiß er Bescheid, was der Landgraf auf dem
Reichstag trieb und warum er ihn verließ. Kein Zweifel, daß er wirklich
monatelang keine Briefe und Nachrichten von ihm erhalten hatte.

Wie ist das damit in Einklang zu bringen, daß gerade in diesen Monaten
unablässig zwischen Zürich, Basel, Bern und Straßburg über ihr Burgrecht mit Hessen verhandelt wurde, an dem doch der Landgraf nicht
weniger interessiert sein mußte als Zwingli?[29] Einen Bündnisentwurf
hatten die Ratsgesandten im Oktober 1529 aus Marburg mitgebracht.
Bald darauf berieten die Städtevertreter darüber in Aarau und nochmals
am 10. Januar 1530 in Zürich mit keinem anderen Ergebnis, als daß sie am
26. März wieder in Basel zusammentreffen und Vertreter des Landgrafen
dorthin laden wollten, aber noch immer zu keiner endgültigen Beschluß-
fassung, sondern „unvorgreiflich und uf hinder sich pringen". Dem
Landgrafen wurde anheimgestellt, diese Tagung um zwei Wochen vorzuverlegen, und wirklich drängte er auf Beschleunigung[30] und in-
struierte seine Gesandten am 1. III. für die Zusammenkunft in Basel
am 14./15. März mit dem Ersuchen, dann eine endgültige Zu- oder
Absage binnen drei Wochen zu vereinbaren[31]. Er schlug überdies einen
Zusatzartikel zum Vertragsentwurf vor, daß man einander die Werbung

---

[26] S. o. S. 370ff., 379 u. S. 411.   [27] Corp. Ref. 98, 36 Nr. 1067.

[28] Ebd. S. 95ff. Nr. 1084 vom 30. VIII.; zum Datum s. o. Anm. 19.

[29] Über diese Verhandlungen vgl. M. Lenz, ZKG 3, 220ff. und H. Escher, Die
Glaubensparteien in der Eidgenossenschaft (1882) S. 133ff., 146ff., auch Walther
Köhler, Der Augsburger Reichstag von 1530 und die Schweiz, Schweizerische
Zeitschr. f. Gesch. 3 (1953) S. 169—189. Die Akten in den Eidgenöss. Abschieden
IV, 1b: 1529—1532, hrsg. von Joh. Strickler (1876), auch Polit. Corresp. d. Stadt
Straßburg 1 Nr. 671, 679, 681, 686 u. ö.

[30] Ebd. Nr. 693 u. 696; Eidgen. Absch. S. 573 zu a 1, Mitteilung Basels an Zürich
vom 2. III. 1530.

[31] Besiegeltes Original der Instruktion für Siegmund von Boineburg und Georg
von Colmatz in Marburg P. A. 251 fol. 76—79, s. o. S. 404; vgl. Lenz, ZKG 3, 238f.

von Hauptleuten und Knechten im eignen Gebiet zulassen sollte. Das
wurde jedoch von den Schweizern, die darin bedenkliche Erfahrungen
hatten, auf der Basler Tagung abgelehnt. Und auch der wichtige Artikel
jenes Entwurfs, der eine Bündnishilfe und Intervention vorsah, „wann
je die Untertanen eines Teils des göttlichen Worts wegen abfällig und
ungehorsam gemacht würden", wurde nicht akzeptiert, weil er von den
Gemeinden ungleich gedeutet werden könnte[32]. Auch weigerte man sich,
die gegenseitige Hilfspflicht auf bestimmte Truppenzahlen festzulegen,
so daß es bei der bloßen Verpflichtung blieb, einander nach bestem
Vermögen und „nach Gelegenheit des Handels" unverzüglich zu helfen,
wenn ein Vertragspartner um des Wortes Gottes willen „oder was demselben anhängig oder daraus gefolget ist" — sei es auch unter einem
Vorwand — angegriffen würde. Am wenigsten wurde die Mahnung des
Landgrafen befolgt, „das die dinge in keinen verzugk gesetzt" werden
dürften. Man beschloß vielmehr, erst am 1. Mai wieder zusammen-
zukommen, und das verzögerte sich weiter bis zum 16. Juni, weil inzwischen Bern bedenklich wurde und sich abwartend distanzierte wie
vorher schon Konstanz. Zürich und nach einigem Zögern auch Basel
beschlossen, trotzdem auf das Bündnis einzugehen, aber auch sie wollten
nun seinen rein defensiven Charakter noch stärker betonen als im Marburger Entwurf: an drei Stellen wurden ihm bei den Beratungen in
Basel am 16. Juni die Worte eingefügt: „allein zu gegenwer und rettungs-
wyse", und entsprechend wurde der Hauptartikel über den Bündnisfall
vorsichtiger gefaßt[33]. In dieser wesentlich abgeschwächten Form hat
dann der Züricher große Rat am 30. Juli dem Bündnis zugestimmt und
auch Basel und Straßburg dazu aufgefordert.

Als das Landgraf Philipp in Augsburg von Jakob Sturm erfuhr, war
er weder besorgt wie Sturm noch begeistert. Seit dem März war er an
diesen Burgrechtsverhandlungen nicht mehr unmittelbar beteiligt und
kaum noch lebhaft daran interessiert; keine Äußerung von ihm liegt
darüber vor — obgleich ihm Zwingli mehrmals darüber schrieb[34] —,
bis er am 31. Juli zu Sturm sagte, man möge einstweilen mit der Sache
ruhig sein und stille stehn, sie eile nicht mehr[35]. Das wurde von den

---

[32] Eidgen. Absch. IV 1b S. 573b.
[33] Der Marburger Entwurf: Eidgen. Absch. S. 384; die in Basel am 16. VI. beschlossene Fassung des § 2 ebd. S. 676, unverändert im endgültigen Vertragstext
vom 18. XI. ebd. S. 1514ff. Beilage 16.
[34] Am 13. VII. 1530 (Corp. Ref. 98, 21 Nr. 1061): „Uwer gnaden sach halb hatt
sich *Bern* etwas schwer gemacht, aber ich hab sidhar verstanden, das man etwas geschickter worden sye." Am 22. VII. (ebd. S. 36 Nr. 1067): „By üns stond alle sachen
recht; dann ob *Bern* glych nit fertig, habend sy doch bewilliget, das *Zürich* und
Basel und die da niden (= Straßburg) die sach mögind beschließen, wellind sy allweg
üns nit verlassen."
[35] Polit. Corresp. d. Stadt Straßburg 1, 479 Nr. 772; s. o. S. 385.

Straßburgern an Zürich und Basel mitgeteilt, und Zwingli fragte deshalb am 30. August beim Landgrafen an[36], der am 4. September nur erwiderte, er werde „yn kurzer zeyt antwordt den *Zürichern* oder iren anhengern uff die sach geben"[37]. Das geschah wohl erst am 19. Oktober, nachdem Philipp schon am 25. September den Straßburgern geschrieben hatte: „Wiewol wir nun in solcher enderung (des Vertragstextes) beschwerung tragen, idoch dweil wir numehr so weit uns mit euch und den andern eingelassen haben, wollen wir zu zertrennung solcher vorhabenden verstentnus nicht ursach geben, lossen uns die gefallen"[38]. Es klingt ziemlich resigniert, als sei ihm dieses verwässerte Bündnis nicht mehr viel wert, um das er sich ein Jahr zuvor so eifrig bemüht hatte. In späteren Briefen an Zwingli ist nicht mehr davon die Rede[39]. Die Aufnahme des Hohentwiel ins Burgrecht, die außer Bern auch Basel verweigerte, kam vollends nicht voran und nie zustande[40], wenn auch Zwingli noch am 13. Oktober 1530 den Landgrafen vertröstete, man werde dazu bereit sein, wenn erst das Bündnis mit Hessen geschlossen ist[41]. Das geschah dann endlich am 18. November in Basel — zufällig

---

[36] Corp. Ref. 98, 95 ff. Nr. 1084: „Wie u. g. wol ze wüssen, ist *Zürich* gutwillig imm handel gewesen, aber *Bern* hat sich allein der offenen handlung verzihen, aber sust in aller trüw verheißen tan, nützid ze underlassen. Aber nach dem hat *Basel* ouch anheben hincken, darumb das die da niden (= Straßburg) geschriben hattend, man sölte still ston, welches doch by uns ze spat kam, dann die sach was schon hinüber; noch so vermeint *Basel*, die da niden sygind villicht durch *den Landgrafen* also bericht, das es imm gedient sye still ze ston oder villicht die handlung geruwen oder us vorcht des *Kaisers* underston für gut anneme. Nun dunckt mich, das gar nützid ze fürchten sye, dann warlich, warlich, laßt der *Kaiser* die kugel an, sy wirt imm ze verr louffen."

[37] Ebd. S. 111 Nr. 1088.

[38] Polit. Corresp. d. Stadt Straßburg 1, 501 Nr. 795; auch bei L e n z, ZKG 3, 255 Anm. 2 mit falschem Datum 30. IX. — Philipps Brief an Zürich vom 19. X. ist nur aus der Antwort bekannt, P. A. 1793.

[39] Nur schrieb der Landgraf am 25. I. 1531 (Corp. Ref. 98, 324 Nr. 1162): „*Herzog Ulrichs* sach stet der massen, das ich verhoff besserung yn eynem ader ynn andern, und wan es eyn mall solt zum rauen ansehen komen, so vorsehe ich mych, yrr und die euern werden an yn nychts erwynden lassen, wye ich uch myt der zeyt weytter anzeygung thun wyll." Ein Brief vom 3. III. 1531 ist verloren (s. Corp. Ref. 98, 359). Philipps letzter kurzer Brief an Zwingli vom 4. X. 1531 (nicht 30. IX., wie Lenz nach der älteren Zwingli-Ausgabe datierte), der ihn kaum noch vor seinem Tod erreicht haben kann († 11. X.), kündigt wieder nur an, „das wir in kurzem euch etliche sachen schreiben und anzeigen wollen, die ir gern horen werdet und den leuten, den ir auch feynt seyt, zuwidder seyn. Wilchs wir dißmals euch noch nicht zu schreiben noch der federn vortrawen wollen" (ebd. S. 637 Nr. 1289).

[40] Verhandlungen darüber s. Eidgen. Absch. IV 1 b S. 340 f. 353 e, 426 ff., 570 ff.

[41] Corp. Ref. 98, 194 Nr. 1115. Aufsehen erregende Gewalttaten von Ulrichs „Kanzler" und Unterhändler Johann v. Fuchsstein auf dem Hohentwiel, den er desavouieren mußte (Brief an Zwingli vom 3. III. 1531, Corp. Ref. 98, 358 f. Nr. 1176), verdarben vollends seine Aussichten; vgl. H. E s c h e r, Glaubensparteien in d. Eidgenossenschaft S. 214 f.; Anna F e y l e r, Die Beziehungen des Hauses Württem-

einen Tag nach dem Augsburger Reichstagsabschied. Man wird jedoch nach alledem die Bedeutung dieses Burgrechts für Philipps Politik nicht überschätzen dürfen, so wichtig es ihm anfangs selbst erscheinen mochte. Für sein Verhalten auf dem Augsburger Reichstag war es nahezu belanglos[42]. Es war zeitweise ein Stein in seinem Brett, aber das Spiel ging anders weiter, ehe er zum Zuge kam, und es wurde schließlich mit anderen Steinen gewonnen.

IX. SCHLUSS

Das auf sechs Jahre geschlossene Burgrecht Hessens mit Zürich, Basel und Straßburg wurde schon ein Jahr später, alsbald nach Zwinglis Tod, von den Schweizern aufgelöst und ist nie wirksam geworden. Die Vertragsurkunde mußte nach der Schlacht bei Kappel, in der Zwingli fiel, den Siegern ausgeliefert und für ungültig erklärt werden. Die in Augsburg vereinbarte Verständigung mit den Grafen von Nassau über die Katzenelnbogenfrage wurde vom Landgrafen noch jahrzehntelang verschleppt. Sein Vertrag mit Heinrich von Braunschweig erwies sich im Frühjahr 1531 als ebenso unerfüllbar wie im Sommer 1530; sie haben sich darüber entzweit und den mehrmals verabredeten Feldzug nach Württemberg nie gemeinsam unternommen. Ohne Truppen- und Geldhilfe des Braunschweigers oder der Eidgenossen, nur mit finanzieller Unterstützung Frankreichs hat Philipp von Hessen allein erst im Frühjahr 1534 Herzog Ulrich nach Württemberg zurückgeführt[1]. Dadurch freilich wurde es dann aller Welt offenbar, daß es keine bloßen Hirngespinste eines unruhigen Pläneschmieds waren, was der Landgraf seit Jahren und insbesondere auch während des Augsburger Reichstags im Sinn gehabt und mit allen Mitteln betrieben hatte: Württemberg den

---

berg zur schweizerischen Eidgenossenschaft in der 1. Hälfte des 16. Jh.s (1905) S. 329 ff. — Während Zwingli noch am 11. II. 1531 dem Landgrafen schrieb (Corp. Ref. 98, 337 Nr. 1167): „Ich hab ietz lange zyt üwer handlungen nützid vernomen *Herzog Ulrichs* halb" und zur Eile drängte, seinetwegen zu handeln, mußte er am 28. IV. gestehen (ebd. S. 423 Nr. 1200a), „das es bij uns gantz verschruwen ist, *Herzog Ulrich* ze verhelffen", dem er gleichwohl seine „arme dienst zu aller zyt" entbot.

[42] Es kann keine Rede davon sein, daß den Landgrafen im Juli 1530 „seine geheimen Verhandlungen über den Burgrechtsvertrag völlig in Anspruch nahmen", wie W. E. Nagel (Ficker-Festschr. 1932) S. 120 meint. Sein einziger Beleg ist der Bericht Jakob Sturms vom 7. VIII. (s. o. S. 385 und 407), der das Gegenteil beweist.

[1] Vgl. Jakob Wille, Philipp d. Großmütige v. Hessen und die Restitution Ulrichs v. Wirtemberg (1882); Alfred Keller, Die Wiedereinsetzung des Herzogs Ulrich von Württemberg durch den Landgrafen Philipp von Hessen 1533/34 (Diss. Marburg 1912); J. N. Wetzel, Herzog Ulrich und die Einführung der Glaubenserneuerung in Württemberg (1933).

Habsburgern zu entreißen und dem neuen Glauben zu öffnen. Dieses
lange erstrebte Ziel hat er schließlich doch noch erreicht, und es ist nicht
auszudenken, wie anders die deutsche Geschichte nicht nur im Südwesten weiterhin verlaufen wäre, wenn Württemberg habsburgisch und
katholisch geblieben wäre. Landgraf Philipp allein hat das verhindert,
es ist neben der Reformation in Hessen seine historisch wirksamste Tat.
Das muß man bedenken, um sein Verhalten auch während des Augsburger Reichstages recht zu würdigen, das schon damals vornehmlich
auf dieses Ziel gerichtet war.

Warum aber steckte er sich dieses Ziel? Es lag nicht im unmittelbaren
Interesse seiner Landesherrschaft wie etwa die Katzenelnbogen-Frage.
Er hat nichts dabei für Hessen und für sich selbst gewonnen, er hat
seinem Land vielmehr große Opfer dafür zugemutet. Württemberg war
ihm auch nicht benachbart. Herzog Ulrich war mit ihm nur sehr weit-
läufig verwandt durch gemeinsame Urgroßeltern, nicht verschwägert
wie mit Heinrich von Braunschweig; sie standen nicht in Erbverbrüderung wie Hessen mit den Wettinern beider Linien im Kurfürstentum
und Herzogtum Sachsen. Sie wurden „Freunde" erst seit Ulrichs Aufnahme in Hessen, als Philipp 22, Ulrich 39 Jahre alt war, und sie blieben
es nur bis zu dessen Rückführung nach Württemberg. Sie mochten trotz
des Altersunterschieds manches gemeinsam haben im Guten und Bösen,
in ihrer Sinnlichkeit, in ihrer Trinkfestigkeit und Jagdleidenschaft, auch
in ihrem politischen Tatendrang. Aber jeder Brief des Landgrafen verrät
in seiner herzhaft-spontanen Menschlichkeit, zutraulich und verständnis-,
ja liebevoll zu den Seinen, eindringlich entschieden und oft vehement
in der politischen und religiösen Auseinandersetzung, einen ganz
anderen Charakter als die allzu oft unflätig derben, polternden Briefe des
Württembergers, der darin eher dem wenig jüngeren Heinrich von
Braunschweig glich. Als der Landgraf 1534 nach Württemberg zog, hat
er dem Kurfürsten Johann Friedrich selbst beteuert, daß er dieses Wagnis
„warlich nicht allein Herzog Ulrichen zu lieb, . . sondern auch zu handt-
habung des heiligen römischen reichs freiheit und ehre furgenommen"
habe[2]. Was er darunter verstand, das hat er noch während des Augsburger
Reichstags in einem Brief an Luther dargelegt, den er angesichts des
drohenden rauhen Reichstagsabschieds um eine Äußerung über das
Widerstandsrecht gegen den Kaiser bat[3]. Die deutschen Fürsten sind,

---

[2] Bei J. Wille S. 294 aus L.-A. Weimar Reg. C 644 pp 1 vom 17. IV. 1534.
[3] Luther Briefw. WA 5, 653 ff. Nr. 1737 vom 21. X. 1530. Luther antwortet am
28. X. ausweichend, es sei ihm „ferlich als einer geistlichen person solchs schriftlich
darthun aus vielen ursachen", ebd. S. 660 Nr. 1740. Der Landgraf hatte seine Auffassung vom Widerstandsrecht ausführlicher schon im Dezember 1529 dem Markgrafen Georg von Brandenburg dargelegt, s. H. v. Schubert, Bekenntnisbildung
u. Religionspolitik (1910) S. 199 ff. = ZKG 30 (1909) S. 287 ff.

anders als die Landpfleger zur Apostelzeit oder auch als die welschen Fürsten, selbst Obrigkeiten und Erbherren in ihrem Land, allein zuständig und verantwortlich für ihre Untertanen (und insbesondere auch für ihre Prediger); kein Kaiser darf sie ihnen entziehen und über sie richten, so wenig er sie auch nur besteuern kann ohne Bewilligung gemeiner Stände. Der gewählte Kaiser aber ist den Fürsten durch seinen Eid verpflichtet wie sie ihm und dem Reich; hält er seine Verpflichtung nicht, so hat er nicht mehr als rechter Kaiser, sondern als Friedbrecher zu gelten. — Als Fried- und Rechtsbruch hat Landgraf Philipp stets die Vertreibung Herzog Ulrichs aus seinem Land betrachtet und als warnendes Beispiel für andere Fürsten und Stände, wie ihre hergebrachte Freiheit durch die Habsburgermacht bedroht sei. Dagegen sich zu wehren hielt er für seine fürstliche Rechts- und Gewissenspflicht [3a], vollends da es nun zugleich um die Freiheit und Verantwortung für den rechten Glauben ging, über den er sich durch eigenes Bibelstudium eifrig zu vergewissern bemüht hatte, weniger sich auf die Ratschläge seiner Theologen verlassend als andere Fürsten, zumal der sächsische Kurfürst. Luther hat ihn einmal 1532 im Tischgespräch deshalb gerühmt, daß er „uns" nicht mehr konsultiert, sondern denkt: „Predig, Luther, so will ich die weill sehen, das man die pferd satle"[4] — Luther lobt ihn deshalb! Und ein andermal erzählt er ohne Entrüstung, wie der Landgraf die Mahnung der Theologen, dem Übel nicht zu widerstehen, d. h. auch der bösen Obrigkeit nicht Widerstand zu leisten, mit den Worten aufnahm: „Herr Doktor, ihr ratet wohl fein, wie aber, wenn wir euch nicht folgten?"[5] Philipp selbst hat seine Gedanken darüber am offensten Jakob Sturm anvertraut in der Zeit der Geburtswehen protestantischer Bündnis- und Bekenntnisbildung zwischen dem Speyerer und dem Augsburger Reichstag[6]: „Dan es ist jo gewiß, das di sach uf dreien wegen stehet; der irst: verlaugnen Christum und sein wort mitsambt seiner gnad und gutthat und den teufel und sein reich dorgegen; der ander weg, das wir volnkomene christen seien (wiewol wirs mit gutem gewissen nit verantworten konnen) und leiden, das man uns leib, gut, ehr und alles nimbt und zusehen, wiewol wir es wol weren konten; zum dritten, das wir uns weren. Uf dem wege stehet gluck und hofnunge, uf den andern garnichts." In demselben Brief heißt es: „Dorumb thue ich wie der getrew Eckart" — und Luther nannte ihn sogar einmal *vere Arminius*,

---

[3a] Über die frühesten Zeugnisse des politisch-religiösen Verantwortungsbewußtseins Philipps seit 1525 s. Walter Heinemeyer, Landgraf Philipps des Großmütigen Weg in die Politik, Hess. Jahrb. f. Landesgesch. 5 (1955) S. 176ff., bes. S. 186f.

[4] Luthers Tischreden WA 2, 108 Nr. 1476 vom April 1532.

[5] Ebd. 2, 405f. Nr. 2285 aus dem Herbst 1531.

[6] Polit. Corresp. d. Stadt Straßburg 1, 408 Nr. 675 vom 30. X. 1529, zuerst bei Lenz, ZKG 3, 458.

in persona exiguus, sed consilio et fortuna fortis[7]. Philipp glaubte es nicht mit
gutem Gewissen verantworten zu können, als „vollkommener Christ"
zu leiden statt sich zu wehren, so gut er könnte. Das aber hieß für ihn
nicht nur abzuwarten, bis er sich verteidigen müßte, sondern der Gefahr
zu begegnen, wo er sie erkannte und rechtzeitig treffen konnte, sich zum
Widerstand zu rüsten und zu verbünden, den Widersacher zu schwächen,
wo er empfindlich war wie in dem württemberger Unrecht. Das hat den
Landgrafen zum Verfechter der Sache Herzog Ulrichs werden lassen.
Das hat ihn auch in Straßburg und in der Schweiz in den Ruf gebracht,
daß er allein um die gemeinsame Sache besorgt war, nicht nur um die
eigene. „*Unus Hessus publicis invigilat, reliqui suis indormiscunt commodis*",
schrieb Capito an Zwingli am Vorabend des Augsburger Reichstags[8].
Im kursächsischen Lager hatte man ihn dagegen in Verdacht, daß er
sich nur um eigener politischer Ziele und Vorteile willen in der Glaubensfrage unnachgiebig zeigte und auch noch nach seinem Abreiten aus
Augsburg seine Räte „hart halten" und nicht weichen ließ vor Melanchthons Friedens- und Ausgleichsbemühungen um jeden Preis. Damals
meinte der kursächsische Kanzler Brück, der Landgraf wolle anscheinend
keinem „fridelichen anstande" zustimmen, sofern der Kaiser und alle
Stände nicht bewilligen, daß sie das Evangelium fürder nicht verfolgen
wollen, — aber vielleicht nur, damit „unther dem schein des evangelii,
dieweil er sich eins anhangs vertrostet, Wirtenberg und Nassaw auch
mit hinausgefurt mochten werden"[9]. Daß der Landgraf politische Ziele
mit religiösen verband, erweckte in Wittenberg und Torgau immer
wieder Mißtrauen gegen ihn. Denn dort war man anders gesinnt. Dort
ließ sich der Kurfürst von seinen Theologen und Juristen sagen, was
seine Pflichten und Rechte als Landesherr und Reichsfürst, im eignen
Land und dem Kaiser gegenüber waren und was er mit reinem Gewissen
als Christ tun dürfte und verantworten könnte. Wie eine kursächsische
Entgegnung auf Landgraf Philipps Äußerung zu Jakob Sturm über die

---

[7] Tischreden WA 4, 184 Nr. 4182 vom Dezember 1538. Im Januar 1532 sagte
Luther einmal bei Tisch (ebd. 2, 461 Nr. 2430), in Augsburg während des Reichstags (wo er selbst nicht war) seien Italiener, Spanier, Franzosen nur auf ihren Eseln
in den Gassen herumgeritten, um Gelegenheit zu finden, den Kaiser zu grüßen;
*at landgravius summo honore habitus est, et vulgus eum sequens ostendit aliquid fatale esse in
illo principe.*

[8] Corp. Ref. 97, 550 Nr. 1012 vom 22. IV. 1530.

[9] E. Fabian, Die Entstehung des Schmalkaldischen Bundes u. seiner Verfassung
(1956) S. 144. Fabian sagt dazu allen Ernstes (S. 47): „Man hatte also in Wittenberg
die frommen Sprüche des Landgrafen durchschaut"! Diese Verkennung Philipps, die
Fabian auch anderwärts zeigt, ist umso schwerer begreiflich, als sein Lehrer Johannes
Kühn die eindringlichste Charakteristik des Landgrafen gegeben hat, s. Staat u.
Persönlichkeit (Festschr. f. E. Brandenburg 1928) S. 107ff., bes. S. 126ff.; Gesch.
des Speyrer Reichstags 1529 (1929) S. 45ff. u. ö.

drei möglichen Wege klingt eine wenig spätere Antwort Gregor Brücks
auf Philipps Mahnung, sich gegen die große drohende Gefahr zusammen-
zuschließen und auch von den Zwinglianern sich nicht durch die verschiedene Auffassung des Abendmahls politisch trennen zu lassen: Sein
Kurfürst, schreibt Brück, vermöchte auf Grund der Ratschläge und
Bedenken seiner Gelehrten nicht „von einicher menschlichen gefhar
wegen in solchem beswerlichen handel wider die gewissen zu handeln",
und der Landgraf wisse selbst am besten, „das einem cristen hog be-
swerlich, mit wankenden oder zappellenten gewissen zu handelen,
das auch weder gluck noch heil dorpei zu sein pflegt"[10]. Dem Kurfürsten
wurde durch sein Gewissen, wie die Gelehrten es ihm einschärften, das
aktive politische Handeln verwehrt, dem Landgrafen gebot sein Gewissen, aus fürstlicher Verantwortung für Recht und Glauben zu handeln.

Als Landgraf Philipp im Frühjahr 1534 in dieser Gesinnung nach
Württemberg aufbrach, wie er es bereits vier Jahre zuvor geplant hatte,
da rieten ihm Luther und Melanchthon dringend ab, dadurch den öffentlichen Frieden zu stören und dem Evangelium ein Brandmal aufzu-
drücken[11]. Und doch hat Luther dann die Wiedereinsetzung Herzog
Ulrichs in Württemberg als Philipps kühnste Tat gerühmt, und Melanchthon hat mit zitterndem Herzen noch während dieses „für alle Welt und
besonders für uns gefährlichen" Zuges bekannt: *Ego certo* τὸν Μακεδόνα
— den Landgrafen — *non possum non amare et nolim cadere*[12]. Er kannte ihn
zur Genüge und hatte oft, vor allem während des Augsburger Reichstags, sein Widerpart im protestantischen Lager sein müssen[13]. Man wird
ihm, gerade nachdem man Philipps Verhalten dort näher kennen und

---

[10] Lenz, ZKG 3, 459f. vom 24. XII. 1529.

[11] Tischreden WA 4, 627 Nr. 5038 vom Sommer 1540 über Lgf. Philipp: *Magna
fuit audacia oppugnare episcopos* (in den Pack'schen Händeln), *sed maior restituere Wirte-
bergensem et expellere regem* (Ferdinand). *Ego et Philippus* (Melanchthon) *pro nostra
rhetorica dissuasimus Wimmarii, ne notam inureret evangelio et turbaret publicam pacem,
sed totus excanduit et rubuit, cum alias candidus esset*; vgl. ebd. S. 634 Nr. 5046. Melanchthon schreibt am 14. V. 1534 an Camerarius (Corp. Ref. 2, 728 Nr. 1191): *Ea, quae
moventur, neque nostro consilio suscepta sunt neque nostris probantibus, sed initio dehortantibus
etiam ... Quamvis autem res difficilis et eiusmodi suscepta sit, ut eventus* (der Erfolg!)
*consilium probaturus improbaturusve esse videatur, ego tamen neque maledicere neque male
opinari* τῷ ὁμωνύμῳ (Philipp) *volo, qui fortassis habet causas, quas ignoramus et tamen
suspicari possumus.*

[12] Corp. Ref. 2, 727 Nr. 1189 vom 8. V. 1534 an J. Camerarius.

[13] Trotzdem ist auch in Augsburg vor wie nach Philipps Abreise ein „heller
Zorn" Melanchthons gegen ihn, von dem W. E. Nagel (Ficker-Festschr. 1932)
S. 122 spricht, in keiner seiner Äußerungen bezeugt. Als der Landgraf Augsburg
verließ, schrieb Melanchthon am 8. VIII. an Luther (Briefw. WA 5, 541, Nr. 1680):
*Ego de Landgravii consilio nihil affirmare possum, sed videtur commotus indignitate actionum
spem pacis abiecisse.* Und Luther schrieb am 11. IX. dem Landgrafen (ebd. S. 619f.
Nr. 1717): „Es erschreckt mich zu erst E. f. g. abschied vom Augsburg. Aber nu
bin ichs gleich von hertzen fro, das E. f. g. davon ist komen."

besser verstehen gelernt hat, schwerlich widersprechen können, wenn er trotzdem während des Württemberg-Zuges des Landgrafen an seinen Freund Joachim Camerarius schreibt: *Hoc mihi exploratissimum : ingenii et consilii tantum ei tribuo quantum purpuratorum nemini*[14].

ANHANG

I. Die Briefe Landgraf Philipps vom Augsburger Reichstag an seine Frau Christine

Staatsarchiv Marburg, Politisches Archiv des Landgrafen Philipp Nr. 14: Akten der Landgräfin Christine fol. 1—8   Or.

1.

fol. 1, eigenhändig, Adresse von Kanzleihand: 27. Mai 1530
„Der hochgebornen Furstin frawen Christinen geborn herzogin zu Sachsen, landgrevin zu Hessen, gravin zu Katzenelnbogen, unser freunt- lichen (lieben) gemahlin zu handen".

Liebes weyb. ich gebb dir zu erkennen, das der keyser noch nit hie ist, kumpt kaumb vor pingsten[1]. ich byn noch got lob gesunt und strack. ich hoff balt wieder zu komen, doch ungewiß. laß dir meyne dochter[2] mit fleyß bevolen seyn. und sag den jungfrawen gutte nacht von meynt wegen. bys got bevolen. datum Augspurg freytag nach unsers hern himelfart anno dni. XXX.

Philips L. z. Hessen etc.

2.

fol. 2, eigenhändig, Adresse von Kanzleihand wie 1:   31. Mai 1530
„. . . unser (freuntlic)hen herzlieben gemahlen" (nicht: „zu handen").

Liebes weyb. ich hor gern, das dyrs und deynen dochtern[2] woll gehet, und got lob es gehet mir noch woll, byn gesunt. aber ich will dir nit bergen, das der keyser vor frolychnams dag[3] kaumb herr kompt. die

---

[14] Corp. Ref. 2, 729 Nr. 1191.   [1] 5. Juni.

[2] Philipp hat damals erst zwei Töchter: Agnes ist 1527 geboren (1541 heiratete sie Moritz von Sachsen, nach dessen Tod 1555 Herzog Johann Friedrich II. von Sachsen; sie starb Ende 1555); Anna ist 1529 geboren (1544 verheiratet mit Pfalzgraf Wolfgang von Zweibrücken; sie starb 1591). Philipps erster Sohn und späterer Nachfolger Wilhelm wurde erst 1532 geboren.

[3] 16. Juni.

zeyt wirt mir minter (?) lang hie. es ist der seltzamest handel hie, das
eyner nit weyß obs swartz oder weyß ist. es dorfft eyner woll vernunfft.
meyn beger ist, wolst myr schriben die meynung, wie ich mit dir redet,
da ich von Kassel reyt den morgen, und an solchen brieff keyn eygent-
lichen dag setzen, wan er geben sey, sonder stragß datum Gronberg[4]
anno dni. XV^cXXX, und das mir solcher brieff uff den freytag oder
sonabent vor Margrete[5] werde hie zu Augspurg. domit bys got bevolen,
und sich woll zu mit den kindern. datum Augspurg dinstag nach exaudi
anno dni. XV^cXXX. sag den jungfrawen gutte nach, und sag Fronicka
von Mende[6], das Melcher[7] hab ir lang vergessen.

Philips L. z. Hessen etc.

3.

fol. 3, Kanzleischrift, nur Unterschrift eigenhändig;   17. Juni 1530
Adresse wie bei 1, doch nicht „zu handen".

Freundtliche herzliebe Gemahel. Wir geben ewer lieb freundlich zu-
wissen, das alle sachen aus verleihung Gottes noch wolstehen. Am nehst
verschienen mitwochen[8] ist die keiserliche Mt. hie einkommen, und
gestern uff Corporis Christi[9] hat sein Mt. ein Prozession, wie bei den
bepstischen gewonlich, gehalten, da weren wole ezliche mitgangen,
aber wir haben ßo hart bei denselben angehalten, das dannost keiner
von den fursten, die das Evangelion angenommen haben, mitgangen ist.
Und lassen wir das heilig Evangelion noch teglichs hie predigen, wiewol
uns keiserliche Mt. deßhalben, das wir die predige nochlossen wolten,
hart angestrengt hatt; ydoch gedencken wir mit gnediger verleihung des
Almechtigen darbei zu pleiben. Wiewol sich auch die sachen hartt angelossen haben, ydoch verhoffen wir und haben des gute kuntschafft, es
werde zu eynem guten ende gedeyen. Und begeren an ewer lieb ganz
freundtlich, die wollen zu ir selbst, auch unsern kindern und sonst allenthalben zum besten zusehen, verhoffenlich, es gehe ewer lieb und unsern
kindern noch wolferig, die wir hiermit dem almechtigen zu gnaden und
seligkait befelhen. Datum Augspurgk am freitag nach Corporis Christi
Anno etc. XXX.

Philips L. z. Hessen etc. subscripsit.

---

[4] Grünberg (Krs. Gießen) südlich von Marburg, wo sich die Landgräfin während
Philipps Abwesenheit aufhielt, zeitweise auch Ulrich von Württemberg, s. dessen
Brief vom 26. VI. 1530, Marburg P. A. 3054 fol. 51.

[5] 8. oder 9. Juli.

[6] Der Name ist im Brief vom 19. VI. berichtigt: „von end". Über Veronica vom
Ende s. o. S. 377 Anm. 1.

[7] Melchior von Lehrbach, s. ebenda.

[8] 15. Juni.   [9] 16. Juni.

4.

fol. 5, eigenhändig, auch die Adresse: 19. Juni 1530
„meyn herzlieben weyb frawen Cristinn
lantgrevyn zu Hessen zu eygen handen."

Liebes weyb. ich habb deyn schriben gelesen und laß mir gefallen,
das du den handel der massen anfechts mit deynen schriben durch
Fronica von End[10], wie du mir geschriben hast, und das solcher briff
mir zu handen kumb uff dornstag oder freytag gewislich nach Margrete[11]
und nicht vor Margrete[12]. bys got bevolen, sich wol zu. sag hertzog
Urich[13] gutt nacht und sag em, ich habb vill kardinel und boser schelck
dissen morgen zum essen geladen seyner sach zu gut. datum sontag nach
korporis cristi anno dni. XV°XXX.

Philips L. z. Hessen etc.

5.

fol. 6, eigenhändig, Adresse von Kanzleihand wie 1,   14. Juli 1530
„. . . unser freuntlichen lieben gemahel zu handen."

Liebes weyb. meyn beger ist an dich, wolst mir eyn briff zuschycken[14],
der eben laut wie disser bryff, den du myr itzt bey Maltetz[15] geschickt
hast, und das mir solcher briff hye zu Augspurk[16] zu kome mitwochen
nach Petry ketten feyr[17]. und mach dich in solchem bryff noch krencker.
domyt bys got bevolen. datum dornstag nach Margrete anno dni.
XV°XXX.

Philips L. z. Hessen etc.

6.

fol. 8, eigenhändig, Adresse von Kanzleihand wie 1,   1. August 1530
aber nicht „zu handen".

Liebes weyb. meyn fründtlich byt ist an dych, wolst dich kranckeyt
annemen und stets dich halten, als seyst du kranck, bys das ich kume.
und wulst dych gleych serr erheben von stunt an und ken Cassel zihen
und meyn da mit sampt deynen kyndern warten. dan ich wyl ab got wyll
balt bey dyr seyn. nym dych aber uff dem weg als kranckeyt an als seyst
du serr kranck. und wan du zu Cassel kumbst, so nym dych noch mher
kranckeyt an. domyt bys got bevolen. datum Augspurg montag nach
Pantalion Anno dni. XV°XXX.

Philips L. z. Hessen etc.

---

[10] „mend" durchgestrichen, dafür „end"; s. o. S. 415 Anm. 6.
[11] 14. oder 15. Juli   [12] nicht vor 13. Juli
[13] Herzog Ulrich von Württemberg, s. o. S. 358.
[14] Danach gestrichen: „der mir"
[15] Ein Bote Maltetz ließ sich in den hessischen Akten nicht feststellen.
[16] „hye zu Augsburg" ist einkorrigiert   [17] 3. August

II. Verträge zwischen Landgraf Philipp von Hessen und Herzog Heinrich von Braunschweig

Unterschriebene und besiegelte Originale im Staatsarchiv Marburg, Urkunden-Abteilung, Verträge mit Braunschweig, und im Staatsarchiv Wolfenbüttel, Urkunden-Abteilung, 142 Nr. 43 a und b. — Entwurf des 1. Vertrags (ohne § 3—4, 6—13 und 14 Abschn. 2—3, sonst wörtlich übereinstimmend) in St.-A. Marburg, Polit. Arch. 3054, Württemberg 1518—1531, fol. 40—41 mit Rückaufschrift: „Notel zu einer vereine, das herzogth. Würemberg zurestiuyren". — Abschrift beider Verträge im L.-A. Weimar, Reg. C 1067 fol. 20—28. — Beide Verträge sind gedruckt in: „Warhafftige, ehrliche, bestendige, christliche verantwortung des ... herrn Philipsen Landgraven zu Hessen ... aller erdichten falschen zumessung seiner fürstlichen gnaden von Hertzog Heinrichen dem jungen von Braunschweig in seinem letzten erdichten bösen unadelichen Ausschreiben auffgelegt. ... Datum Cassel Montags nach Misericordiae Domini Anno etc. XL (12. IV. 1540), Blatt b^v—c^r und c III^r — c IV^r; alle Eigennamen sind durch „N" ersetzt. Danach bei Fr. Hortleder, Handlungen und Außschreiben von Rechtmäßigkeit, Anfang, Fort- und endlichen Außgang des Teutschen Kriegs Kaiser Carls V. (2. Auflage Gotha 1645) S. 1058—1060 und 1061—1062. Hortleder fügt die Paragraphenzählung bei, die hier beibehalten wird.

1.

Wolfenbüttel, 3. April 1530

Wir von gots gnaden Heinrich der Junger herzog zu Braunschweig und Luneburg etc. und wir von denselben gnaden Philips Landgraf zu Hessen, Grave zu Katzenelnpogen, Dietz, Zigenhain und Nidda, thun kund und bekennen hiemit offinlich in diessem brief, das wir uns zusamen gesetzt, vereinigt und vertragen haben, zusamen setzen, vereinigen und vertragen uns geginwertig in craft und macht dieß brives:

[§ 1] Anfenglich, Nachdem der hochgeborner furst her Ulrich herzog zu Wirtenberg und Degk, Grave zu Mümpelgarten unser lieber schwager und vetter widder recht, Gulden Bullen, kaiserlichen landfriden, ordnung des Reichs ungehort und unervolgten rechtens seiner lieb furstenthumb, lande und leut vom Bunde zu Schwaben[1] entsetzt, vertrieben und verjagt und uber alle sein erpieten und nachlagen von kay^r Ma^t und ko^r D^t zu Hungern und Behaim die selben seine lande und leut furenthalten, das er zu verhor und antwurt nicht komen mag und also fur und fur rechtlos gelassen wirdet, So wollen wir baite sambt andern Chur und fursten, wilche alle darzu zuvermogen sein, in arbeit stellen und zum hochsten uns bevleissigen und den von Wirtenberg auf negstkunftigen Reichstag zu Augspurg gegen kay^e Ma^t und ko^e D^t zu Hungern und Behaim verpitten, damit er widderumb zu seinen abgetrungen landen und leuten und zu dem er fug und recht hat, auf ehrliche, tregliche, leidliche wege

---

[1] Im Entwurf folgt durchgestrichen: „verjagt".

komen moge. Und sol solche furbit zum furderlichsten in anfang des
Reichstags gescheen und wir wollen nach getaner furbit der antwurt drie
wochen gewarten.

[§ 2] Wurde aber auf solch furbit innerhalb den angezeigten drien
wochen von kay^r Ma^t nicht antwurt gegeben, das gedachter unser
swager und vetter herzog Ulrich vor sanct Johannistag schirsten widderumb in sein land und leut, so vil er des fug und recht hat, restituiert,
sondern ime alsdan die ferrer widder recht, ordnung des Reichs, gulden
Bullen, landfriden und alle pillickait furenthalten solten werden, alsdan
wollen wir baite sambt herzog Ulrichen auf sanct Jacobs tag^2 schirsten
mit heres crafft aufs sterckest zu velde anziehen und uns unterstehen,
den itzgnanten von Wirtenberg in sein furstenthumb lande und leut
widderumb einzusetzen.

[§ 3] Wir^3 landgraf Philips sollen und wollen aber mitler zeit bearbeiten,
das wir baite des gewis und zuverlessig gesichert sein, das alsdan zu
solchem zug konnigliche wirde zu Dennemarcken, die hochgebornen
fürsten unser lieben vettern ohemen und swager her Erich und her Ernst
herzogen zu Brunschweig und Luneburg einen statlichen reuterdienst
zu einsetzung des von Wirtenbergs thun, doch sol daneben von uns
Landgraven Philipsen mit dem Bischove zu Osnabrugk und Paderborn
und herzogen zu Geldern in gleichem fal gehandelt werden zu solcher
einsetzung ire hilff oder reuter dienst auch zethun.

Und der gleichen wir herzog Heinrich bey Pomern und Meckelnburg
unsern ohemen uns auch bevleissigen wollen, also das wir und die itzgnanten kunig und fursten alle, was sich der in diese hilff begeben, uns
gegineinander verpflichten und verwissen wollen, wu von yemants, was
stands der were, nymant ausgenomen, wir alle oder einsteils und unser
land und leut sambt oder besondern von wegen dieser einsetzung
Wirtenbergs angegriffen, beschedigt oder uberzogen solten werden, das
alsdan wir sambt alle den kunig und fursten obgnant und was wir uns
deren mehr anhengig konnen machen, vor einen man steen und wir alle
und ein yeder sich hinter dem andern nicht absünen, sondern dem oder
den, wilche also beschwerd, angegriffen oder uberzogen wurden, von
stund mit leib, gut, landen, leuten und allem vermogen zuziehen, retten
und helffen wollen.

[§ 4] Ob^3 aber wir Landgrave Philips den kunig zu Dennemarcken,
herzog Erichen und herzog Ernsten zu Brunschwig obgnant in diesse
verpflichtung nicht vermochten oder bringen kondten, alsdan sollen
und wollen wir herzog Heinrich und Landgraf Philips baite dieser
handlung frey steen und unverhafft sein.

---

² „Jakobs" ist im Entwurf durchgestrichen, aber nicht unleserlich gemacht.
³ § 3 und 4 noch nicht im Entwurf.

[§ 5] So wollen wir auch uff itzigem negsten Reichstag wilchermassen herzog Ulrich widder recht und alle pillickeit von landen und leuten vertrieben sambt allem dieser sachen gelimpf Chur fursten und stenden eidhaftig personenweis und sonst nach geleginheit einpilden, mit anzeigung, wue Wirtenberg also widder recht und alle pillickeit solte von landen und leuten enthalten werden, was erschreckenlichen ebenpilds Chur fursten und stenden das kunftig geberen wolte, das gleichmessiger unfal an einem yeden sich ereugen mochte, und uns daneben bevleissigen, Pfaltz, Sachssen, Brandenburg, Gulich und ander Chur fursten und stete in diese einung und hilf zubewegen. So aber wir dieselben nicht an uns bringen mochten, alsdan ye zum wenigsten so vil bearbeiten, das wir vor inen gesichert sein, dieser sachen halber widder uns nicht zethun.

[§ 6] Und[4] solcher zug sol allein zu einsetzung herzog Ulrichs und nit kay^r Ma^t und dem Reich zu vercleynung, abzuch[5], emporung, nachteil, schaden oder des glaubens halber furgenomen und gepraucht werden, des wir herzog Heinrich uns furbehalten und in dem fall unvorpflicht frey steen wollen.

Hirgegen sollen ko^e wird zu Dennemarcken, herzog Ulrich zu Wirtenberg und wir Landgrave Philips nach getanem wirtenbergischen zuge uns herzogen Heinrichen widder die stad Goslar zu erlangung unser erbgerechtigkeit des Rammesbergs und die jhenen wilche sich der von Goslar diesser sachen halber annemen mochten, als die unser herzog Heinrichs hirinne zu entlichem sleunigen austreglichen furderlichen rechten gantz mechtig sein, ein iglicher mit seinen landen und leuten verhelffen und des der kunig und Wirtenberg uns versicherung thun.

[§ 8] Wulte aber der kunig in dieser hilff widder Goslar nit sein oder sich darzu bewegen lassen, alsdan sol dennoch solchs an dem wirtenbergischen zug und auch an der hilff widder Goslar allenthalben zwuschen uns herzog Heinrichen und dem Landgraven unschedlich sein.

[§ 9] Wir Landgraf Philips aber sollen und wollen vor unser person furstant und caucion thun der gestalt, ob der von Wirtenberg durch furbit uf itzkunftigen Reichstag zu Augspurg oder durch diesen wirtenbergischen zug zu seinen landen und leuten keme, oder so sichs begebe, da got fur sey, das durch unfal, als so wir baite gnanten fursten diesen zug zu einsetzung des von Wirtenbergs theten, widder zurucke weichen, geslagen oder ausgeharret worden, so sollen gleichwol wir der Landgrave in eigner person mit unsern landen und leuten sambt allem vermogen zuziehen und solcher Goslarischen sachen, wie wir uns des erpoten haben, unserm ohemen und vettern herzogen Heinrichen zur entschafft abhelffen.

---

[4] § 6—13 noch nicht im Entwurf.
[5] Im Druck von 1540 „und abruch", bei Hortleder „Abbruch" statt „abzuch".

[§ 10] Ob aber mitlerzeit wan wir baite fürsten mit unserm kriegsfolck auffem zug und im velde weren, die von Goslar unsers herzog Heinrichs abwesens unser land und leute beschedigen, angreiffen oder uberziehen wurden, dardurch sol dieser wirtenbergischer zug nit abgeslagen noch wendig sein, dan zu stewer und verhutung des selben sollen und wollen wir Landgrave Philips hinter uns in unserm furstenthumb drie oder vier hundert reisiger geruster pferd und zehen thausent man landfolck vor unserm anzug aus unserm furstenthumb und steten verordnen und bestellen, das die selben zur stund auf anfurdrung unsers ohemen herzog Heinrichs befelhaber ine gewislich widder Goslar zuziehen und sein lant und leut vor solchem gewalt uberzug und beschedigung retten, schutzen und dem helffen furkomen sollen, des wir Landgraf Philips hiemit geginwertiglichen uns verpflichten.

[§ 11] Wo aber ko^e wird zu Dennemarcken von kunig Kersten oder andern, oder herzog Ulrich zu Wirtenberg unser schwager und vetter angegriffen und uberzogen wurden und wir herzog Heinrich irer oder eins iglichen in sondirnheit zu gleich und recht mechtig sein wurden, alsdan wollen wir herzog Heinrich bey ine leib gut landt und leut aufsetzen und nicht verlassen und desselben gleichen von inen herwidder gewertig sein wie sie sich des erpoten, doch in alweg hierine kay^e M^t ausgenomen.

[§ 12] Dar⁶ aber wir Landgraf Philips uberzogen worden, alsdan wollen wir herzog Heinrich bey seiner lieb unser leib gut und alles vermogen sambt landen und leuten aufsetzen in dem wir seiner zu gleich und recht mechtig. Und das selb sol in alweg kay^r M^t nicht zuwiddern und mit dieser vereinigung den alten unsern erbvertregen und pundtnus hiemit nichts benomen sein.

[§ 13] Wir baite obgnante fursten verpflichten und verschreiben uns gegen einander hiemit zum hochsten bey unsern furstlichen wirden, trewen glauben und waren worten geginwertig in craft und macht dieß brieffs, sollen und wollen allen puncten und artickeln dieser vertracht nach irem slechte stracken buchstab einhalt und verstande ane alle entschuldigung ausflucht behelff und verhindrung geleben nachkomen und halten. Es were dan der Turck mit heres crafft und gewaltigen zug uff und in das Reich zoge und angriffe, an wilchem ort es were, keinen ausgenomen, alsdan wollen wir baite herzog und Landgrave diessen wirtenbergischen zug hindan stellen und laut dieser vertracht den furzunemen und auszufuren unvorpflicht sein, bis so lang der selbig Turckisch zug abgewendt und die angegriffen orter oder stende von seiner tyrannischen thetlichen handlung erleddigt sein, und alsdan nach solchem abzug und erleddigung des Turcken sollen und wollen wir baite fursten

---

⁶ Im Druck „So" statt „Dar".

Brunschwig und Hessen mit dem von Wirtenberg in jar und tag dem negstfolginden zu yeder zeit, wilche im selben jar uns am treglichsten und bequemsten sein deucht, nichtdesterweniger den selben zug zu einsetzung herzog Ulrichs widderumbe furnemen und laut diesser beredung volbringen.

[§ 14] So sichs aber begebe von gemeinen Reichsstenden itzo uf kunftigem Reichstag ein zug und hilf zu widderbringung und eroberung des kunigreichs Hungern eingereumet wurde, dar ein sollen noch wollen wir baite fursten nicht gehelen noch von derwegen diesen zug und einsetzung Wirtenbergs untirwegen lassen, sondern nichtdestminder einhalt dieß vertrags mit dem kriegsfolck und aller des selben zubehorigen ratschafft und notturfft zu velde anziehen und mit einsetzung des von Wirtenbergs furtfarn.

Aber[7] darneben dies erpieten thun, wu herzog Ulrich auf ehrlich zimlich tregliche mittel und wege in sein furstenthumb land und leut, so vil er des berechtigt, von stund im fuesstapfen ungesaumbt mochte restituiert werden, alsdan wollen wir zu eroberung des kunigreichs Hungern mit dem selben unserm kriegsfolck zuziehen und uff zimliche tregliche und leidliche wege neben andern Chur fursten und stenden des Reichs als gehorsame fursten unser hilff thun. So das aber abgeslagen und nicht angenomen und herzog Ulrichen sein furstenthumb land und leut ferner widder recht, aufgerichten landfrid und alle pillickeit furenthalten solten werden, alsdan unangesehen solchs hungerischen zugs wollen wir baite mit unserm kriegsfolck zu einsetzung Wirtenbergs inmassen wie obsteet furfarn, alle weiter ausflucht, behelff, ein und gegenrede, argelist und geverde hir innen gantz und gar ausgeslossen und hindan gesetzt.

Zu vester warer urkund haben wir diesser vertreg zwene gleichs einhelligen lauts aufgericht, die mit unsern handen unterschreben und ein iglicher unser furstlich Secreth dar untir lassen drugken, der ein yeder einen zu sich genomen und behalten hat. Geben nach Cristi unsers hern geburt thausent funfhundert und im driessigsten jar am Sontag Judica in der fasten.

H. H. z. B. u. L. d. j.   Philips l. z. Hessen etc.
    mein hant   subscripsit

2.

Augsburg, 28. Juli 1530

Wir von gots gnaden Heinrich der Junger herzog zu Braunschweig und Luneburg etc. und wir Philips Landgrave zu Hessen, Graf zu

---

[7] Das Weitere noch nicht im Entwurf.

Katzenelnbogen, zu Dietz, Zigenhain und Nidda, bekennen vor uns und
ydermenniglich in und an diessem unserm offin brive:

Nachdem wir baite uns laut eins vertrags, des datum stehet Wulffen-
buttel geginwertigen jars am Sontag Judica in der fasten, vertragen und
zusamen verpunden haben, also wu unser vetter und schwager herzog
Ulrich zu Wirtenberg auf diesem Reichstag zu seinen landen und leuten
durch unser und anderer Chur und fursten furbitte nicht kommen
kondte, sondern ime die ferrer widder recht furenthalten solten werden,
das wir alsdan mit heres craft uf itzo verschinen sanct Jacobs tag im
velde sein und sein lieb einsetzen wolten, und doch dieselb zeit ver-
schenen, auch sich sonst die handlung und geschefft auf itzigem Reichstag dermas zutragen, das wir solch einsatzung vermoge ehegemelts vertrags nicht thun konnen, [§ 1] so haben wir uns baite miteinander weiter
darauf vertragen, als wir das auch hiemit geginwertig thun in craft und
macht dieß briffs, also das nichtdesterweniger und unangesehen dieser
vereinigung der furder obgnanter vertrag in allen andern seinen puncten
und artickeln bey vollermacht und creften besteen pleiben und mit diesem
brief mehr befestigt sein sol. [§ 2] Und damit dennoch nicht dester-
minder solch einsatzung herzog Ulrichs, dieweil seiner lieb kain furbitt
erschiessen mag, volnpracht werde, so sollen und wollen wir obgnanten
baite fursten Braunschweig und Hessen in negstkunftigen jar, so man
schreibt einunddriessig jar auf den dinstag nach Pfingsten[8] vier oder
funff meil wegs ungeferlich von der stad Franckfurd als wir herzog
Heinrich mit drenhundert gerusten pferden und ein thausent lantzknecht zu fues und zwen karthunen, zwayen notslangen und vier
falkenethe[9] sampt pulffer, kugeln und anderer gereitschafft, und wir Landgrave Philips zu Hessen mit zwey thausent pferden und sechs thausent
lantzknechten, auch mit sechs karthunen, sechs notslangen, zehen
falckenethen und mit pulffer, kugeln und anderer gereitschafft darzu-
gehorig in eigner person im velde erscheinen und denn negsten nach dem
landt Wirtenberg ziehen und gnanten unsern vettern und swager herzog
Ulrichen in das selb sein furstenthumb einsetzen, daran uns nichts verhindern sol sondern allein sterbens noth, auch sonst kein gebot oder
verpot kay[r] Ma[t] oder ires Regiments und Camergerichts im heiligen
Reich, auch kein entschuldigung, auszug, behelf, spitzfundigkeit oder
wilkür oder aufsatzung unser lantschaft, einrede, statut, absolucion,
relaxacion, privilegien oder ander wolthat der rechten, da mit wir und
ein iglicher uns hievon entbinden und entleddigen mochten. [§ 3] Wu

---

[8] 30. Mai 1531.
[9] Über „Karthaunen“ (Quartana, Viertelbüchse), „Feld- oder Notschlangen“ und die
leichteren „Falken“ oder „Falkonet“ vgl. Max Jähns, Handbuch einer Gesch. des
Kriegswesens von der Urzeit bis zu Renaissance (1880) S. 799; Hans Ziegler, Alte Ge-
schützinschriften (1886) S. 7 ff.; W. Boeheim, Handb. d. Waffenkunde (1890) S. 439 ff.

aber unser einer durch zugefallen leibs kranckeit in eigner person zuziehen verhindert wurd, alsdan sol und wil der selbig krancker dem
andern die obgemelten sein anzal reuter und lantzknecht sampt buchssen
und pulffer wie obstet ane alle waigerung zuschigken und den befel geben,
uf den andern zugewarten und seins befelchs zuhalten. [§ 4] Nachdem
aber wir Landgraf Philips zu Hessen uf den ehegemelten vertrag bey
ko^r wirde zu Dennemarcken kunig Fridrichen und herzogen Ernsten
zu Braunschweig und Luneburg erlangt haben, das ire ko^e wirde und
liebe zu solcher einsatzung Wirtenbergs, wu die dieß jars von uns furgenomen were worden, ire hilf wolten getan haben, wu wir nu den
bemelten kunig und herzogen Erichen und[10] herzogen Ernsten in solche
hilff zwuschen dieß briefs dato und erstkomenden ostern weiter nicht
vermochten oder bringen kondten, alsdan verpflichten wir uns hiemit
in craft dieß briefs, das wir herzog Heinrich zwantzig thausent gulden
in negstkomenden ostern und wir Landgraf Philips viertzig thausent
gulden auch in erstkomenden ostern gedachten unserm ohemen vettern
und schwager herzogen Ulrichen zu Wirtenberg geben und unvorzuglich
zu seinen sichern handen stellen und uberantwurten wollen und sollen,
damit selber sein sach nach seinem pesten vermogen auszufuhren. Und
wir Landgrave Philips wellen unserm vettern herzog Heinrichen, damit
er dester besser zu solchen zwantzig thausent gulden komen moge,
zehen thausent gulden uff seiner lieb burgschaft, glauben und gepurlichen
zins und pension aufbringen. Und wu ime herzog Ulrich damit also
selber verhelffen und in sein land und fürstenthumb Wirtenberg komen
wurde, alsdan sol sein lieb uns und einem yeden untir uns seine summa
noch gelegener zeit und uf tregliche frist und termin widdergeben und
bezalen.

Wilchs wir baite einander bey unsern furstlichen ehren, trewen und
warem glauben im wort der warheit und in eids stat zusagen und globen
stet, vest und unvorpruchlich zuhalten und zuvorfolgen ane alle excep-
tion, einrede, arglist und geverde. Haben des zur urkunde diessen brief,
der gezweifechtigt mit unsern eigen henden untirschreben und unser
petschaft daruntir trugken lassen. der gegeben ist in der stad Augspurg
nach Christi unsers lieben hern und salichmachers geburt thausent funff-
hundert und im driessigsten jar am dornstag nach Jacobi apostoli des
acht und zwantzigsten tags des Monats Julii.

H. H. z. B. u. L. d. j.   Philips l. z. hessen etc.
     mein hant   subscripsit

---

[10] „herzogen Erichen und" in den Originalen am Rande hinzugefügt.